Peter Scholl-Latour

Lügen im Heiligen Land

Machtproben zwischen Euphrat und Nil

GOLDMANN

Umwelthinweis:
Alle bedruckten Materialien dieses Taschenbuches
sind chlorfrei und umweltschonend.

Vollständige Taschenbuchausgabe Februar 2000
Wilhelm Goldmann Verlag, München,
in der Verlagsgruppe Random House GmbH

Umschlaggestaltung: Design Team München
Umschlagabbildung: Dieter Bauer
Karten: Adolf Böhm
Satz: Ditta Ahmadi
Druck: Elsnerdruck Berlin
Verlagsnummer: 15058
Redaktion: Cornelia Laqua
AM · Herstellung: Sebastian Strohmaier
Made in Germany
ISBN 3-442-15058-2

3 5 7 9 10 8 6 4

INHALT

»An dem Tag schloß der Herr einen Bund mit Abraham und sprach: seinen Nachkommen will ich dies Land geben, von dem Strom Ägyptens bis an den großen Strom Euphrat.«
Moses, Buch 1, Kap. 15, Vers 18

»Kämpft wider diejenigen unter den Schriftbesitzern« (Juden und Christen), »die nicht an Allah und den Jüngsten Tag glauben und die nicht als verboten erachten, was Allah und sein Prophet verboten haben, und die nicht die wahre Lehre befolgen – bis sie mit eigener Hand den Tribut entrichten und sich unterwerfen.«
Koran, Sure 9, El Tauba, Vers 29

Avant-propos

Dieses ist ein kontroverses Buch, und der Autor ist sich dessen voll bewußt. Um eine Enthüllungs-Story handelt es sich nicht, wohl aber um eine Darstellung der Ereignisse im Nahen Osten, die den üblichen Schablonen der »political correctness« den Rücken kehrt und sich über manches Tabu hinwegsetzt. Damit werde ich nirgendwo auf ungeteilte Zustimmung stoßen und manchen Leser schockieren. Am sogenannten investigativen Journalismus war mir nie gelegen, und noch weniger will ich mich in jene Kategorie von Rechercheuren einreihen, die die Franzosen mit dem drastischen Ausdruck »les fouille-merde« bezeichnen.

Ich weiß sehr wohl, daß die Veränderungen der Verhältnisse zwischen Euphrat und Nil, die Zerreißproben im Heiligen Land nicht an dem Tag zum Stehen kommen, der für das Erscheinen dieses Buches vorgesehen ist. Deswegen bin ich der Methode einer Chronik im Tagebuch-Stil auch dieses Mal treu geblieben. Ich berichte ohnehin nur über Geschehnisse und Zustände, die ich höchstpersönlich und hautnah erlebt oder aus erster Hand erfahren habe. Immer wieder greife ich dabei auf eine Orient-Kenntnis zurück, die ein halbes Jahrhundert umfaßt. Die Tatsache, daß ich bei den Zitaten früherer Erfahrungen kein Wort verändern, kein Urteil revidieren muß, sollte zugunsten der Stichhaltigkeit meiner Beobachtungen und Prognosen sprechen.

Luxor, Ober-Ägypten, im Dezember 1997
P. S.-L.

Mehr noch als in meinen anderen Büchern habe ich – aus Gründen der Diskretion und vor allem der Sicherheit für die Betroffenen – die Namen meiner Gesprächspartner und die Umstände der Begegnung gelegentlich geändert. Das gilt nicht für Personen des öffentlichen Lebens und deren Aussagen, die exakt wiedergegeben werden.

Bei der Transkription von Ausdrücken aus fremden Sprachen habe ich mich an die übliche, allgemein verständliche Schreibweise gehalten.

Gewisse Wiederholungen in den folgenden Kapiteln sind unvermeidlich. Sie dienen der Darstellung derselben Ereignisse aus unterschiedlichen Perspektiven, seien diese nun divergierend oder übereinstimmend.

Sollte jemand Anstoß an dem häufig verwendeten Begriff »Der Judenstaat« nehmen, so verweise ich auf den Gründer der zionistischen Bewegung, Theodor Herzl, und dessen wichtigste Veröffentlichung, die unter diesem Titel erschien.

Irak

Die Löwengrube Saddam Husseins

An den Flüssen von Babylon

Babylon, im August 1997

Die Augustsonne steht im Zenit über Babylon. Der Euphrat drängt sich nicht mehr mit seiner grünen Flut an das weite Ruinenfeld aus Lehmziegeln. Aber ein neu gezogener Kanal und eine umstrittene Rekonstruktion der alten Metropole erwecken die Illusion, es habe sich nicht allzuviel geändert seit der fernen Zeit, als der Großkönig Nebukadnezar hier das Zentrum seines Reichs zwischen Mittelmeer und Persischem Golf errichtete und die Kinder Israel an den Ufern des fremden Stromes weinend des verlorenen Zion, des verwüsteten salomonischen Tempels gedachten. In der brütenden Mittagshitze heben sich die Palmenhaine fast schwarz vom Rand der nahen, gefräßigen Wüste ab. Die zitternde Luft täuscht in der Unendlichkeit von Geröll und Sand flimmernde Wasserflächen vor.

Ich bin ganz allein in diesem Feuerofen mit meinem archäologisch gebildeten Führer, dem assyrischen Christen Samuel. Mit seiner gedrungenen, fast quadratischen Gestalt, dem Adlerprofil und einem kraushaarigen schwarzen Bart könnte Samuel, der voller Stolz betont, daß er zwar Ur-Semite, aber kein Araber sei, einem Relief von Ninive entstiegen sein.

Der mißlungene Wiederaufbau des blaugetönten Ishtar-Tors, dessen Original sich im Pergamon-Museum in Berlin befindet, hatte mich schon bei einem früheren Besuch im Sommer 1982 enttäuscht. Aber seitdem sind neue Ausgrabungen und historische Nachahmungen großen Stils hinzugekommen. Samuel führt mich über die zentrale Prozessionsstraße, deren Ziegelmauern mit den Darstellungen furchterregender Gottheiten geschmückt sind. Meist offenbaren sie sich in Form von magischen Tieren, als Ungeheuer und Schimären. Auch die Grundrisse des Turms von Babel sind freigelegt, den die früheste Menschheit in ihrem frevlerischen Hochmut – wenn man dem Ersten Buch Mose glaubt – errichten wollte, damit »dessen Spitze bis an den Himmel reiche ... und der Herr sprach: ›Wohlauf, laßt uns herniederfahren und dort ihre Sprache verwirren, daß keiner des anderen Sprache verstehe.‹« Daher heiße die Stadt »Babel«. Im Arabischen hat sich die Bezeichnung »Babel« für Babylon bis auf den heutigen Tag erhalten.

Samuel deutet den Turmbau des Groß-Babylonischen Reiches im siebten oder sechsten Jahrhundert vor Christus als den Wunsch der damaligen Priesterschaft, ihren Götzen in schwindelnder Höhe – möglichst nah an deren himmlischen Gefilden – eine Raststätte auf Erden anzubieten. Auch die hydraulischen Anlagen der »Hängenden Gärten« sucht er mir zu erklären. Die kolossalen Festungsmauern sind in ihren Überresten zu erkennen.

Hunderttausend Einwohner soll Babylon zu seiner Blütezeit gezählt haben, und außerhalb des eigentlichen Stadtkerns mit seinen Tempeln, Palästen und Kasernen war ein vorgeschobenes umfangreiches Viertel angelegt, ebenfalls durch einen Wall – wenn auch viel bescheideneren Ausmaßes – geschützt oder eingezäunt. »Hier lebten die vertriebenen Hebräer«, sagt der Assyrer Samuel feierlich; »hier lebte das ›auserwählte Volk‹ – vierzig- bis fünfzigtausend Menschen insgesamt – in der so eindringlich besungenen Verbannung. Hier war ihnen ihr erstes ›Ghetto‹ zugewiesen worden, aber sie hatten diese Absonderung wohl auch selbst gewählt, um ihre mosaische Religion vor allen heidnischen Anfechtungen zu bewahren. So schlecht kann es den Juden im Zweistromland gar nicht ergangen sein, denn nur ein Teil von ihnen trat die Rückkehr in das Gelobte Land Kanaan wieder an, als die Eroberung Babylons durch den Perser Kyros den Großen ihnen diese Abwanderung erlaubte.«

Jenseits des Kanals erhebt sich – in gelben gebrannten Lehmsteinen und im Stil der Paläste des Nebukadnezar recht geschmackvoll entworfen – der wuchtige Palast des neuen Herrschers über Mesopotamien, der den Namen Saddam Hussein trägt. Ohne Bedenken reiht sich der Diktator von Bagdad in jene monarchische Galerie von Helden ein, die sich in legendärer Vorzeit das weite Land zwischen Ur in Chaldäa und Niniveh in Assyrien untertan gemacht hatten. Aus dem

Schatten der verschachtelten Quartiere von Hofbeamten und Offizieren sind wir wieder in die gleißende, blendende Helligkeit getreten. Der »Guide« deutet auf einen formlosen Ziegelhaufen und jenseits davon auf eine Bodensenke im Geröll. »Hier befanden sich die Gefängnisse und die Folterzellen von Babylon«, werde ich belehrt, »und an dieser Vertiefung erkennen Sie die Löwengrube, in die der Prophet Daniel auf Befehl des Meder-Königs Darius geworfen wurde, als er sich weigerte, dem Gott des Abraham und des Moses abzuschwören.« Der Heiligen Schrift zufolge hat Daniel in der Löwengrube überlebt. »Mein Gott hat seinen Engel gesandt, der den Löwen den Rachen zugehalten hat, daß sie mir kein Leid getan haben«, berichtete der Prophet dem König Darius nach seiner wunderbaren Errettung.

Mit meinem hochgebildeten Begleiter habe ich über meine Absicht gesprochen, über den »Friedensprozeß« im Nahen Osten ein Buch zu schreiben unter dem Titel »Lügen im Heiligen Land«. Samuel hat mich eindringlich angeblickt. »Sie wissen, daß Daniel nicht in Israel oder Palästina, nicht im Gelobten Land Kanaan beerdigt ist, sondern ganz nah von hier in Mesopotamien. Die Muslime und auch wir Christen verehren sein Grab. Die Überreste des gottergebenen Propheten Hiob, den die Araber Ayub nennen, und der wegen seiner Tugend der geduldigen Standhaftigkeit, ›Sabr‹, besonderes Ansehen genießt, ruhten ebenfalls unter einem Kuppelbau neben der Straße nach Hilla, die Sie eben befahren haben. Nein, die ›terra sancta‹ ist nicht auf das heutige Herrschaftsgebiet der Juden beschränkt. Wissen Sie, wie fromme Iraker ihre mesopotamische Heimat nennen: ›Ard-el-anbia‹ – Erde der Propheten. Die weitaus größte Zahl der biblischen Künder des wahren Glaubens an den einzigen Gott haben entlang der Flüsse Euphrat und Tigris gelebt und gepredigt. Hier sind sie gestorben und bestattet worden.«

Die glühende Außentemperatur hat auch meinem assyrischen Gefährten zugesetzt, der früher an einer Hochschule im Nord-Irak Geschichte gelehrt hatte und unter den gegenwärtigen Verhältnissen des Irak – ein ausgebildeter Akademiker verdient den Gegenwert von drei bis fünf US-Dollar im Monat – als Touristenführer in den Sommerferien einen Nebenverdienst sucht. Aber die Besucher aus dem Ausland sind extrem selten geworden, seit das UNO-Embargo die Republik Saddam Husseins von der Außenwelt förmlich abriegelt, seit jeder Flugverkehr mit Bagdad untersagt wurde und der Reisende – von der jordanischen Hauptstadt Amman aufbrechend – etwa tausend Kilometer Wüste mit dem Auto durchqueren muß.

Das Rasthaus von Babylon muß früher einmal recht komfortabel gewesen sein. Nun geht es dem allmählichen Verfall entgegen. Immerhin funktioniert noch eine Klimaanlage, und es wird uns sogar eine gekühlte Pepsi-Cola serviert. »Die jüdischen Jünglinge, die Nebukadnezar zur Zeit der babylonischen Gefangenschaft in den Feuerofen werfen ließ, weil sie sein goldenes Standbild nicht anbeten wollten, und die inmitten der Flammen, ohne Schaden zu erleiden, nicht aufhörten, ihren Gott zu preisen, waren wohl aus einer anderen Substanz geschaffen als wir, wo uns schon eine Mittagshitze von 50 Grad unerträglich erscheint«, scherzen wir. Samuel nimmt das biblische Gespräch bereitwillig auf. Ob ich von den jüngsten Zusammenstößen zwischen zionistischen Siedlern und jungen Palästinensern in der Patriarchenstadt Hebron gehört hätte, fragt er. Zwar verfügt das Hotel »Raschid«, wo ich in Bagdad sehr bequem logiere, über keinen Satellitenempfang – der ist streng untersagt –, aber über ein kleines Transistor-Radio habe ich am frühen Morgen BBC gehört und bin deshalb ausreichend informiert.

»Ich möchte noch einmal auf Ihr Buchprojekt zurückkommen«, insistiert der assyrische Professor; »in Hebron schlagen sich die verfeindeten Nachkommen Abrahams oder Ibrahims, wie die Muslime sagen, einander die Köpfe ein und streiten um den Besitz der Machpela-Höhle, wo ihr gemeinsamer Ahnherr, der Vater Isaaks und Ismaels, bestattet ist. In Wirklichkeit war das eigentliche Ursprungsland Abrahams im südlichen Mesopotamien gelegen, bei Ur in Chaldäa, wo viertausend Jahre vor Christus die erste menschliche Hochkultur der Sumerer erblüht war und die Keilschrift entstand. Abraham war ein semitischer Nomade, ein Aramäer, der – dem Auftrag seines einzigen Gottes folgend – im Gelobten Kanaan, im heutigen Palästina, neue Weidegründe für seine Herden und schließlich eine Grabstätte für seine Sippe suchte. Dennoch, so heißt es bei Moses, ›blieb er ein Fremder im Land der Hethiter und der Philister‹. So heimatverbunden war er bis zuletzt, daß er im hohen Alter seinen Knecht ausschickte nach Ur in Chaldäa, damit er dort für einen Brautpreis von zehn Kamelen nach einer Jungfrau aus dem eigenen Stamm für seinen Sohn Isaak, den Stammvater Israels, Ausschau halte, und der Knecht kam mit Rebekka zurück. Der ältere Sohn Esau hingegen, der sein Erstgeburtsrecht für ein Linsengericht verkauft hatte, war als Gründungsahne des auserwählten Volkes schon deshalb disqualifiziert, weil er eine Hethiterin zur Frau nahm, ganz zu schweigen von Isaaks Halbbruder Ismael, dem Stammvater der Araber, dem die ägyptische Magd Hagar das Leben geschenkt hatte. Sie sehen, schon ganz zu Beginn unserer gemeinsamen jüdisch-christlich-islamischen Heilsgeschichte steht ein Familiendrama mit stark ethnischen, man möchte fast sagen ›tribalen‹ Akzenten. Aber vergessen wir es nie: Der Pentateuch, die fünf Bücher Mose, wurzelt mit seiner Schöpfungsgeschichte in diesem Land der beiden Flüsse Euphrat und Tigris, in dieser ›Erde der Propheten‹, bevor der unerforschliche Ratschluß Gottes auf das sogenannte ›Heilige Land‹ am Jordan fiel und es Abraham zuwies.«

Wir plaudern noch eine Weile über das bizarre Interesse, das im Westen neuerdings allen möglichen biblischen Studien, Interpretationen und vermeintlichen Enthüllungen gewidmet wird. Da wird behauptet, die Geschichte der Juden habe sich gar nicht in Palästina abgespielt, sondern in der südarabischen Küstenprovinz Asir am Roten Meer. Da wird das Alte Testament in einer technisch inspirierten Gnostik nach einem Zahlensystem mit Hilfe von Computern aufgeschlüsselt und als neuer »Kodex« von Prophezeiungen vorgestellt. Da heißt es plötzlich, Moses sei ein Sohn des Pharao gewesen. Andere wiederum beteiligen sich an diesem Rätselspiel unter dem Motto: »Und die Bibel hat doch recht«. Den verspäteten Rationalisten unserer Zeit falle es wohl schwer, die Kraft der Mythen – auch wenn sie jeder Glaubwürdigkeit entbehren – als gewachsene Wirklichkeit zu akzeptieren, meint Samuel. Die abendländische Wissenschaft hänge weiterhin dem Positivismus und den pseudo-materialistischen »Realitäten« an, statt sich mit der Welt als »Wille und Vorstellung« abzufinden. »Demnächst wird irgendein kluger Kopf herausfinden, daß Abraham ein Enkel des babylonischen Gesetzgebers Hamurabi war; was würde das schon ändern?«

»Aber zurück zu Ihrem Buchtitel, zu den ›Lügen‹, die Sie aufdecken wollen«, fährt er fort; »nicht nur unsere göttlichen Offenbarungen stecken ja voller unversöhnlicher Widersprüche und gegenseitiger Verwerfungen. In der aktuellen Politik unserer Region sind wir überreich damit gesegnet. Ich habe nicht die Absicht, mit Ihnen über irakische Politik zu sprechen. Das wäre viel zu heikel und zu gefährlich. Aber eines will ich Ihnen dennoch anvertrauen: Der Golfkrieg gegen die Amerikaner, den unser Präsident die ›Mutter der Schlachten‹ genannt hat, dieser UNO-Feldzug zur angeblichen Befreiung von Kuweit, hat sich im nachhinein als ›Mutter aller Lügen‹ herausgestellt. Ein Gewebe von Fälschungen – das war die Operation ›Wüstensturm‹ schon in ihrer Planungsphase. Und Saddam Hussein, das wage ich zu sagen, war von Anfang an – ohne es zu ahnen – der aktivste, der beste Agent der USA, als er ihnen mit der leichtfertig befohlenen Okkupation Kuweits den heißersehnten Vorwand für die Errichtung ihrer schrankenlosen Hegemonie über den Persischen Golf und Arabien verschaffte.«

Die Argumente des Tariq Aziz

Bagdad, im August 1997

Zwei Tage zuvor hatte ich in aller Eile meine Suite im Hotel Raschid verlassen und bin dabei am Ausgangsportal auf das teuflisch grinsende Porträt des Präsidenten George Bush getreten. Das Mosaik war als Bodenbelag angebracht, damit jeder seinen Fuß darauf setzen müsse. »Bush criminal« stand darüber geschrieben. Wie heißt es doch im Psalm der Hebräer: »Ich habe deine Feinde zum Schemel deiner Füße gemacht.« Überraschend bin ich zu abendlicher Stunde in das Büro des stellvertretenden Regierungschefs der Arabischen Republik Irak, Tariq Aziz, bestellt worden. Nach Saddam Hussein und neben Vizepräsident Taha-Yassin Ramadan gilt Tariq Aziz als der wichtigste Mann im Staat.

Die Häßlichkeit der Sechs-Millionen-Metropole Bagdad ist bereits in einen gnädigen Dunstschleier getaucht, und der Tigris leuchtet wie flüssiges Gold in den letzten Strahlen der dunkelrot sinkenden Sonne. Der Verkehr bewegt sich reibungslos über die zahlreichen Brücken, die während des amerikanischen Bombardements sämtlich zerstört oder beschädigt, aber in Rekordfrist wieder aufgebaut und erweitert wurden.

In einem zinnobergefärbten Hochhaus sind diverse Ministerien untergebracht, darunter auch der Amtssitz des engsten Vertrauten des Staatschefs. Mich überrascht das geringe Sicherheitsaufgebot. Nicht einmal meine Papiere werden überprüft. Dabei weiß ich natürlich, daß jede meiner Bewegungen überwacht ist in dieser Republik, wo die zahlreichen, miteinander konkurrierenden Geheimdienste, die »Mukhabarat«, als tragende Pfeiler des Staatsapparates operieren und gerade durch ihre Rivalität die Sicherheit des Diktators gewährleisten.

Tariq Aziz – aus zahllosen Nachrichtensendungen wohl bekannt – hat an diesem Abend nicht die olivgrüne Uniform angelegt, die in Anwesenheit des Präsidenten obligatorisch ist und die zu diesem eingefleischten Zivilisten schlecht paßt. Er trägt einen dunkelblauen Anzug, ist etwas kleiner, als ich erwartet hatte. Aus dem stark semitisch wirkenden Mann sprudelt unerschöpfliche Energie, die die Gerüchte über seine Erkrankung zu widerlegen scheint. Der Vize-Premierminister – die oberste Regierungsführung wie auch das Amt des Staatschefs bleibt allein Saddam Hussein vorbehalten – gibt sich im Verlauf des Gesprächs völlig unbefangen als katholischer Christ zu erkennen. Er gehört der mit Rom unierten Konfession der Chaldäer an, kann sich also rühmen, von den Ureinwohnern Mesopotamiens abzustammen. Unter dem Namen Mikail Yuhanna wurde er in der Nähe von Mossul 1936 getauft. Die Tatsache, daß Tariq Aziz kein Korangläubiger ist, beraubt ihn der Möglichkeit, jemals nach den allerhöchsten Würden der Republik zu greifen, auch wenn in der irakischen Verfassung die sunnitisch-islamische Glaubenszugehörigkeit des Staatschefs nicht verankert ist. Für Saddam Hussein, der von Verrat und Meuchelmord umgeben ist und jede Nacht sein Quartier wechselt, ist dieser Chaldäer, der von Anfang an seinen brutalen Aufstieg zur Macht begleitete, vielleicht der einzige verläßliche Gefährte, seitdem die eigenen Schwiegersöhne und andere Günstlinge zur amerikanischen CIA überliefen und Verrat übten. Psychologisch gesehen bildet der intellektuelle, verbindlich auftretende Stellvertreter einen Gegenpol zu seinem finsteren Herrn und Meister. Die beiden scheinen sich vorzüglich zu ergänzen.

Etwa eineinhalb Stunden habe ich mich bei diesem Treffen mit Tariq Aziz über Gott und die Welt – im Orient kann die Religion ja nie ausgeklammert werden – zwanglos unterhalten. Der Vize-Premier spricht ein vorzügliches Englisch. Natürlich habe ich versucht, Licht in jene oft kolportierte Verschwörungstheorie zu bringen, der zufolge Saddam Hussein dem amerikanischen Präsidenten Bush in die Falle gegangen sei. Das hartnäckige Gerücht, das sich in hohen Regierungskreisen Bagdads zur Gewißheit verdichtet, besagt, die amerikanische Botschafterin April Glaspie, eine studierte Arabistin, habe vor der Besetzung Kuweits durch die irakischen Streitkräfte am 2. August 1990 ein ausführliches Gespräch mit dem Staatschef geführt. Wie denn Amerika auf eine solche Militäroperation reagieren würde, habe der »Rais« gefragt, und die Antwort Glaspies, die eine solche Erklärung ja nicht ohne Instruktionen aus dem Weißen Haus und dem State Department hätte abgeben können, sei eindeutig gewesen: Die Beziehungen zwischen Irak und Kuweit seien eine innerarabische Angelegenheit, und die USA würden sich – bei allen Vorbehalten gegen jede Expansionspolitik – aus diesem Konflikt herauszuhalten suchen.

George Bush, so heißt es weiter, habe zu jenem Zeitpunkt längst die Entscheidung gefällt, die bedenklich anwachsende Regional-Hegemonie des Diktators von Bagdad, des »neuen Nebukadnezar«, mit allen Mitteln zu brechen. Das reichhaltige Arsenal der Iraker an chemischen und bakteriologischen Waffen, ihre Fortschritte bei der Entwicklung immer weiter tragender Raketen waren dem amerikanischen Nachrichtendienst seit dem achtjährigen Krieg Saddams gegen die Islamische Republik Khomeinis bestens bekannt. Nun kam die Befürchtung hinzu, der größenwahnsinnige Mesopotamier könne in den kommenden zwei Jahren auch eigene Atomsprengköpfe fabrizieren. Es war von zusätzlichen Geheimwaffen die Rede, und der Roman Frederick Forsyths »Die Faust Gottes« ist vielleicht gar nicht so sehr aus der Luft gegriffen, wie manchem Leser erscheinen mag. Wenn der Rais von Bagdad über ein halbes Dutzend Nuklearbomben, also über ein ausreichendes Abschreckungspotential verfügt hätte, so spekulierte man im Pentagon, hätte er fast nach Belieben, ohne vor einer exemplarischen Bestrafung bangen zu müssen, über das wehrlose Scheikhtum Kuweit, eventuell sogar über die nahe gelegenen Erdöl-Förderungsgebiete Saudi-Arabiens am Persischen Golf mit weit überlegenen Panzerkräften herfallen können.

Dem galt es – so lautet die Mär vom amerikanischen Komplott, das so gut in die orientalische Vorstellungswelt vom »Mu'amara« hineinpaßt – mit List und Irreführung vorzubeugen. Saddam Hussein, dessen mangelnde Kenntnis der internationalen Zusammenhänge notorisch ist – wo hätte er sie auch erwerben können? –, sollte veranlaßt werden, nach dem kuweitischen Köder zu schnappen und somit George Bush die Rechtfertigung zu verschaffen, ihn als ruchlosen Eroberer und Aggressor zu brandmarken, den Irak vor das Tribunal der Vereinten Nationen zu zerren und einen Vernichtungsfeldzug gegen dieses neue »Frankenstein-Monster« am Tigris, an dessen Hochrüstung Amerika während des achtjährigen Krieges gegen die Mullahs von Teheran aktiv mitgewirkt hatte, in die Wege zu leiten.

Tariq Aziz ist meiner Frage ausgewichen. Das Eingeständnis, daß der mit allen Gaben menschlicher Weisheit ausgestattete Präsident einer amerikanischen Diplomatin so plump auf den Leim gehen könnte, wäre für dieses hochbejubelte Idol der irakischen Massen nicht gerade schmeichelhaft gewesen. Zu einem klaren Dementi ist es dennoch nicht gekommen. Der agile Chaldäer mit dem weißen Haar, den dichten schwarzen Augenbrauen und der dickgerandeten Brille hat in langen Jahren als »Foreign Minister« des Irak all jene persönlichen Erfahrungen mit der Außenwelt sammeln können, die seinem Chef fehlen. Er glaubt die Absichten des damaligen US-Präsidenten ergründen zu können. »Sie müssen eines wissen«, hebt er an, »George Bush was a political animal.« Bush habe einen bemerkenswerten, raubtierähnlichen Instinkt für die total veränderte Weltsituation nach dem Zusammenbruch der Sowjetunion besessen. Der US-Präsident hatte das machtpolitische Vakuum klar erkannt, das durch die Schwächung Moskaus entstanden war. Von einem Tag zum anderen befand sich die Republik Irak ohne ihren traditionellen russischen Gönner völlig isoliert der Willkür der USA und der von ihnen gegängelten Vereinten Nationen ausgeliefert. Die Kuweiti hatten – von Washington ermutigt – vor dem schicksalhaften 2. August 1990 den irakischen Nachbarn pausenlos provoziert. Da forcierte das Scheikhtum der Dynastie El Sabah die eigenen Erdölexporte weit über die OPEC-Normen hinaus, so daß die Preise sanken und der Irak das Nachsehen hatte. Da wagten die Kuweiti es sogar, Bohrungen und Anzapfungen in jenen strittigen Grenzregionen vorzunehmen, auf die Bagdad seit langem Anspruch erhob. Saddam Hussein war sich bewußt, daß er sein gesamtes Volk – inklusive der meisten Opponenten – hinter sich hätte, wenn er das Scheikhtum Kuweit, diese Erfindung des britischen Imperialismus, zur neunzehnten Provinz des Irak erklären würde.

Gorbatschow hatte den Amerikanern im Sommer 1990 freie Hand in der gesamten Golfregion gewährt. Mehr als einmal wurde mir in Bagdader Gesprächsrunden versichert, der Vater der »Perestroika«, der das Schicksal Erich Honeckers besiegelte, wäre auch bereit gewesen, die Rolle des Totengräbers von Saddam Hussein zu übernehmen. Die Chinesen wiederum, die im Weltsicherheitsrat ein Veto gegen den amerikanischen Feldzug »Wüstensturm« hätten einlegen können, seien zu jenem Zeitpunkt noch durch die Folgen des Tian-An-men-Dramas belastet und der damit verbundenen internationalen Ächtung ausgesetzt gewesen. Peking taktierte vorsichtig in dieser undurchsichtigen Situation.

Um noch einmal auf April Glaspie zurückzukommen: Ein enger Vertrauter Saddam Husseins, dessen Namen ich hier nicht nennen will, hat mir förmlich beteuert, daß die US-Botschafterin in Bagdad das erwähnte Doppelspiel mit großem schauspielerischem Talent getrieben habe. Anschließend wurde sie allerdings aller diplomatischen Aufgaben entbunden und aus dem Verkehr gezogen. Um ganz sicher zu sein, daß sie keine nachträglichen Enthüllungen veröffentlichen könne, sei sie danach von Agenten der CIA ermordet worden. Letzte Behauptung ist wohl aus freien Stücken erfunden. Nach Informationen, die ich einholte, unterrichtet die ehemalige Diplomatin heute an einer amerikanischen Provinz-Universität. Zu den Mutmaßungen, die sich um ihre Person und ihre Rolle ranken, hat sie sich seltsamerweise nie geäußert.

»George Bush hatte seine Stunde erkannt«, fährt Tariq Aziz fort. »Der Weg war im Sommer 1990 frei für das ›great design‹ der USA im Nahen und Mittleren Osten. Der Iran war durch den extrem verlustreichen Krieg, den er gegen uns geführt hatte, ausgelaugt und geschwächt. Es galt also nur noch, den Irak als Machtfaktor auszuschalten, und dann würden die Amerikaner im Rahmen der feierlich angekündigten ›Neuen Friedensordnung‹ die totale Kontrolle über die ungeheuerlichen Petroleum-Reserven dieser gesamten Weltzone ausüben. Die USA wären dann tatsächlich, wie es Präsident Clinton später formulieren sollte, zum ›indispensable state – zum unentbehrlichen Staat‹ geworden für ihre Gegner und für ihre Partner.« Nach der Unterwerfung des Irak würde Washington – so spekulierte man – auch endlich in der Lage sein, den Frieden zwischen Zionisten und Arabern zu erzwingen, auf Kosten der Palästinenser natürlich. Die israelischen Streitkräfte wiederum – deren Schlagkraft niemand in Bagdad unterschätzt – böten sich als verläßliches Werkzeug der Pax Americana an.

Wir behandeln nicht länger das Thema der verpaßten Kompromiß-Chancen in dem Zeitraum zwischen dem irakischen Truppeneinmarsch in Kuweit – zu Kämpfen ist es dabei ja nicht gekommen – und der Auslösung des amerikanisch gesteuerten Luftkrieges der UN-Koalition gegen Bagdad am 17. Januar 1991. In dieser Phase hatte Saddam Hussein in fataler Selbstüberschätzung wie ein Dilettant taktiert. Sein Stellvertreter Tariq Aziz schildert mir das letzte Gespräch, das er am 9. Januar in Genf mit James Baker, dem US Secretary of State, geführt hatte. Baker, der Mann mit dem Poker-Face, muß wie ein unerbittlicher römischer Pro-Consul aufgetreten sein. »We are going to bomb you back into the preindustrial age – wir werden euch in das vorindustrielle Zeitalter zurückbomben«, hatte er Tariq Aziz bedrängt. »Wir werden das jetzige Regime von Bagdad zu Fall bringen.« Die Äußerung erinnert mich an einen ähnlich lautenden Kraftspruch des einstigen Stabschefs der US Air-Force, Curtis LeMay, mit dem er zu Beginn des Vietnam-Krieges die Gefolgschaft Ho-Tschi-Minhs einzuschüchtern suchte: »We are going to bomb them back into the stone age – wir werden sie in die Steinzeit zurückbomben.«

Tatsächlich wurden nach Ausbruch der Kampfhandlungen zwischen dem 17. Januar und dem 18. Februar 106000 alliierte Luftangriffe gegen den Irak geflogen. Den Soldaten Saddam Husseins hingegen gelang es lediglich, 68 Scud-B-Raketen mit sehr mäßigem Erfolg gegen Saudi-Arabien und gegen Israel abzufeuern. Der Judenstaat hat – in kluger Abwägung der Vor- und Nachteile – auf eigene Vergeltungsmaßnahmen verzichtet. Diese Zurückhaltung galt jedoch nur, solange Bagdad sich auf die Verwendung konventioneller Sprengköpfe beschränkte. Wäre Tel Aviv von den Iraki mit Giftgas beschossen worden, dann hätten sich unerträgliche Assoziationen mit den Gaskammern von Auschwitz aufgedrängt und die »Israel Defense Forces« wären ohne Zweifel zum vernichtenden Atomschlag gegen Bagdad übergegangen.

Seit dem zweiten Golfkrieg können zwei Feststellungen getroffen werden: Zunächst sind die USA – heute unter Führung Bill Clintons – eisern entschlossen, ein weltumspannendes Energie-Monopol an sich zu reißen. »We are in the Persian Gulf to stay«, so lautete schon die Carter-Doktrin. Im Zusammenhang mit den amerikanischen Erdöl- und Erdgas-Prospektionen rund um das Kaspische Meer und in Zentralasien hatte ich vor vier Jahren bereits festgestellt: So wie zu Zeiten der Größe des Victorianischen Empire die Engländer einen Finger in das Wasser des Ozeans zu tauchen pflegten mit der Bemerkung: »Tastes salty, must be British – schmeckt salzig, muß deshalb britisch sein«, – so heißt es heute auf den Petroleumfeldern zwischen Algerien und Hindukusch: »Smells oily, must be American – es riecht nach Öl, muß also amerikanisch sein«. Eine andere Behauptung steht auf schwächeren Füßen, wird aber in amerikanischen Diplomaten-Kreisen, ja in der Umgebung des Weißen Hauses immer wieder hinter vorgehaltener Hand geäußert: »Die Nahost-Politik Washingtons wird in Jerusalem gestaltet«, oder – in krasserer Form – »der israelische Schwanz wedelt mit dem amerikanischen Hund«. Ich werde mich auch hier hüten, prominente Namen zu zitieren. Eine offizielle Erklärung des US-Außenministeriums lautet: »Die Vereinigten Staaten fahren fort, der Schaffung eines gerechten, dauerhaften und verständnisvollen Friedens zwischen Arabern und Israeli vordringliche Bedeutung einzuräumen, und zielen darauf hin, jene Staaten zu isolieren, die sich diesem Frieden entgegenstellen.«

Tariq Aziz spricht mich in seinem geräumigen Ministerbüro am Tigris auf den »Wirtschaftskrieg« an, der sich zwischen USA und Europäischer Union anbahnt. Das Ende der Ost-West-Konfrontation habe die Voraussetzungen geschaffen für eine systematische Einschüchterung und ökonomische Benachteiligung der europäischen Verbündeten durch die transatlantische Führungsmacht. Hemdsärmelige Congressmen und rüde Konzern-Bosse gäben dabei den Ton an. Vor allem die Passivität, die Unterwürfigkeit der Deutschen, ihre bedenkenlose Ausrichtung auf die amerikanische Embargo-Politik gegen Irak erregten bei Tariq Aziz, aber auch bei so vielen anderen Irakern, mit denen ich sprach – vom Minister bis zum Bazari –, Irritation und schmerzliche Enttäuschung. Mit einer Rachsucht sondergleichen haben die Vereinten Nationen unter dem Druck Washingtons seit sieben Jahren einen unerbittlichen Boykott über Irak verhängt, der mit der ursprünglich proklamierten Absicht einer rigorosen Rüstungskontrolle nur noch wenig zu tun hat. Dieses »Super-Versailles« wächst sich allmählich zum völkerrechtlichen Skandal aus.

In einem Punkt hat Tariq Aziz zweifellos recht. Der deutschen Diplomatie ist der Schneid abgekauft worden. Die Engländer bewegen sich zwar im Kielwasser ihrer amerikanischen »Vettern«, aber sie haben auch ihren Vorteil davon. Die mediterranen Länder Europas sind nicht von dem deutschen Ehrgeiz geplagt, im Orient als Trabanten der USA aufzutreten. Frankreich hat keinen Ambassadeur entsandt, steht jedoch mit einer qualifizierten Mannschaft in Bagdad bereit, um das Ende des Embargos sofort industriell und kommerziell zu nutzen. Ähnlich, wenn auch bescheidener, verhalten sich Italiener, Spanier und Griechen. Die Bundesrepublik hat zwar ihre Beziehungen zum Irak nicht abgebrochen, ist aber auf beschämende Weise abwesend. Der vorzügliche junge Legationssekretär Rüdiger Bohn, der von Jordanien aus mit der Beobachtung der Vorgänge am Tigris beauftragt ist und fließend arabisch spricht, ist als Gesprächspartner für die irakischen Behörden nicht ausreichend qualifiziert. Die USA hingegen haben mit Saddam Hussein offiziell gebrochen und lassen Polen als

Schutzmacht agieren. Aber es geht das Gerücht in Bagdad, daß ein paar US-Bürger polnischer Abstammung – mit Warschauer Diplomatenpässen versehen – über alle Vorgänge mit Argusaugen wachen. Ähnlich taktiert das Department of State ja auch in Libyen und Iran.

»Wir erkennen die Golf-Region als lebenswichtig für die amerikanischen Interessen an«, hatte Madeleine Albright, die heutige Außenministerin der USA, in ihrer ungeschminkten Sheriff-Sprache gesagt, als sie noch Botschafterin bei den Vereinten Nationen war; »wir werden dort mit anderen multilateral handeln, wenn das geht, und wenn nicht, dann handeln wir eben unilateral.« In dem Sinne hat wohl auch der amerikanische Congress im Jahr 1996 dem Vorschlag des republikanischen Senators Alfonse D'Amato zugestimmt, als dieser – unter Mißachtung aller internationalen Spielregeln – sämtliche ausländischen Unternehmen auf eine schwarze Sanktionsliste der USA setzen ließ, die in Iran oder Libyen mehr als 20 Millionen US-Dollar pro Jahr zur Erschließung von Energiequellen investieren würden. Den Irakern fällt es heute leicht, auf das burschikose Procedere Washingtons gegenüber seinen NATO-Alliierten zu verweisen. Die französische Erdöl-Gesellschaft Total wurde in ihrer Tätigkeit am Persischen Golf behindert und bedroht, ließ sich jedoch nicht einschüchtern. Die Deutschen hingegen zogen sich willfährig aus dem Iran-Geschäft zurück, brachen den »kritischen Dialog« mit Teheran im Gefolge der Mykonos-Affäre ab. Ein dubioser Kronzeuge, der iranische Doppelagent Mesbahi, Mr. C. genannt, hatte – möglicherweise unter Anleitung der CIA – ein naives Berliner Gericht, das auf Medienbeifall bedacht war, verleitet, die gesamte iranische Staatsführung in seinen Urteilsspruch einzubinden. Die Bundesrepublik sah sich schnöde hintergangen, als die Clinton-Administration das saftigste Geschäft mit der vielgeschmähten Mullahkratie, mit diesem schiitischen »Empire of evil«, einer britisch-kanadischen Company zuspielte in der Gewißheit, daß am Ende die großen US-Konzerne davon profitieren würden. Es handelt sich um den Bau einer Erdgasleitung aus Turkmenistan in Richtung Türkei, die allen tugendhaften Beteuerungen zum Trotz über iranisches Territorium führen wird.

Die Elite der amerikanischen Präsidenten-Berater – Alexander Haig, Zbigniew Brzezinski, Brent Scowcroft, Arthur M. Schlesinger, sogar James Baker und Henry Kissinger – tummeln sich unterdessen in den GUS-Republiken des Kaukasus und Zentralasiens. Aus dem offiziellen Dienst ausgeschieden, aber als einflußreiche Lobbyisten hoch geschätzt, sind sie bemüht, den Energie-Giganten aus den USA eine exklusive Plattform zu verschaffen. Nicht nur die deutsche Außenpolitik, sondern auch die deutsche Wirtschaft läßt sich in eine zweitklassige Position abschieben, zumal die Bundesrepublik es versäumt, ja hartnäckig von sich gewiesen hat, die Gründung und Entwicklung einer halbwegs ernstzunehmenden Erdöl-Förderungs- und Vermarktungsgesellschaft, notfalls auch mit staatlicher Förderung, anzupacken. Da sind die Briten, die Holländer, die Norweger und Franzosen ihren Bonner Partnern weit voraus.

Der vorläufige Höhepunkt dieses ökonomischen Schelmenspiels war erreicht, als die Vereinten Nationen mit Zustimmung Washingtons dem Irak endlich erlaubten, zur Deckung seiner dringendsten Bedürfnisse an Lebensmitteln und Medikamenten einen ersten Posten Petroleum im Gegenwert von 2 Milliarden US-Dollar – im Rahmen der Operation »Oil for food« – zu exportieren. Natürlich war Saddam Hussein nicht daran gelegen, seinen amerikanischen Peinigern den Gewinn am Transport dieses Ölkontingents zuzuschlagen. Er wies seine zuständigen Ministerien an, sich an Rußland und Frankreich zu wenden, damit deren Petroleum-Tanker einen Teil der Lieferung im Hafen Umm-el-Qasr in Empfang nähmen. Aus Moskau kam die Antwort, man benötige für die Entsendung eines Schiffes mit ausreichender Kapazität die Frist von vier Wochen, und die Franzosen konnten nicht vor zwei Wochen in Umm-el-Qasr anlegen. So fiel der Deal denn doch einer US-Schiffahrtslinie zu, die binnen 48 Stunden präsent war. Kein Wunder – der Termin dieser partiellen Embargo-Lockerung war von Washington lange vor der öffentlichen Ausschreibung streng vertraulich fixiert worden. Völlig unerträglich erscheint der »D'Amato-Act« angesichts des blühenden Exporthandels der USA mit den Golf-Emiraten. Dorthin werden immer wieder elektronisches Gerät und andere Produkte geliefert, die sich für »dual use«, also für zivile und militärische Nutzung, eignen. Jedes Kind in Dubai und Abu Dhabi weiß, daß die hochsensiblen Güter nach Passieren dieser Zwischenstation an die gegenüberliegende persische Küste weiterverschifft werden.

Tariq Aziz bedauert ebenfalls, daß eine recht bescheidene Bonner Parlamentarier-Delegation, aus zwei Abgeordneten bestehend, in letzter Minute zurückgepfiffen wurde. Andere Staaten würden nicht von ähnlichen Skrupeln geplagt. Deutschland würde vollends als Betrogener auf der mittelöstlichen Szene dastehen, wenn die USA von einem Tag zum anderen und ohne Vorwarnung an die NATO-Alliierten ihre

Meinung zum Irak-Embargo radikal revidieren sollten. Schon haben fünf große amerikanische Ölfirmen erste Abschlüsse im engen Rahmen von »Öl für Nahrung« getätigt. Sie stehen in den Startlöchern für den Zeitpunkt, an dem die Befürchtung, eine ungehemmte irakische Ausfuhr »Schwarzen Goldes« könne die OPEC-Preise drastisch nach unten drücken, sich auf Capitol Hill verflüchtigt.

Der Stellvertreter Saddam Husseins äußert sich vorsichtig über die verbesserten Beziehungen Bagdads zu Syrien. Die beiden Länder – von verfeindeten Flügeln der gleichen »Baath-Partei« regiert – tun sich schwer mit ihrer Annäherung. Immerhin ist der Grenzverkehr wiederhergestellt. Die Pipeline, die von den nordirakischen Erdölfeldern bei Kirkuk zum syrischen Hafen Tartus führt und seit Ausbruch des ersten Golfkriegs im Jahre 1980 stilliegt, wird instand gesetzt. Heftiger Tadel richtet sich gegen die Türkei, und zweifellos begünstigt die militärische Kooperation zwischen Ankara und Jerusalem das Entstehen einer Achse Damaskus–Bagdad. Tariq Aziz findet harte Worte für die Kemalisten, diese »falschen Europäer«. Was sei denn das für eine Regierung in Ankara, in der zwei verfeindete Fraktionen Demokratie vortäuschten, während doch die Armee die wahren Entscheidungen fälle. Vorher sei es dort nicht besser zugegangen, als ein »Hodscha« – gemeint war Neçmettin Erbakan von der islamistischen Refah-Partei – mit einer laizistischen »Emanze«, hier handelt es sich um Tansu Çiller, eine widernatürliche Koalition einging. Die Türkei stehe wieder im Begriff, der »kranke Mann am Bosporus« zu werden wie in der Osmanischen Endzeit. Die Kurdenfrage, so hatte mir schon der stellvertretende Außenminister, Riad-el-Qaissy, versichert, könne Ankara bestimmt nicht lösen, indem man dieses indoeuropäische Volk kurzerhand als »Berg-Türken« bezeichne und seine Identität negiere. Ähnlich borniert verhalte sich der türkische Generalstab gegenüber der koranischen Religion, gegenüber der tief verwurzelten islamischen Volksfrömmigkeit, die seit dem Sturz Erbakans immer neuen Schikanen ausgesetzt sei.

Bagdad empfindet die häufigen Grenzüberschreitungen der türkischen Armee bei der Bekämpfung der kurdischen Aufstandsbewegung PKK als wachsende Bedrohung. Man erinnert sich am Tigris an jene Phase des frühen Kemalismus, als Atatürk noch versuchte, die Erdöl-Region von Mossul und Kirkuk seiner neugegründeten Republik einzuverleiben, und nur am Widerspruch der Briten scheiterte. Nach Aussage Tariq Aziz' ist im kurdischen Grenzgebiet eine neue bedrohliche

Situation entstanden, seit israelische Antiterror-Spezialisten dem türkischen Geheimdienst zur Seite stehen, um die Partisanen des PKK-Führers Öcalan aufzuspüren. Da zeichne sich eine Komplizenschaft ab, die nichts Gutes verheiße. Dennoch ist der Judenstaat – zumindest offiziell – kein großes Thema mehr für Bagdad. »Die Palästinenser«, so betont Tariq Aziz, »sind natürlich unsere arabischen Brüder, und wir haben viel Sympathie für Yassir Arafat. Aber der Irak hat nun einmal keine gemeinsame Grenze mit den Zionisten. Sollten die Palästinenser mit den Israeli zu einer für sie befriedigenden Regelung kommen, wird der Irak sich dem nicht in den Weg stellen.« Von terroristischen Aktivitäten habe Bagdad sich stets distanziert. Tatsächlich hat sich in dieser Hinsicht seit meinem Aufenthalt im Sommer 1982 manches verändert. Damals verfügte der pathologische Killer Abu Nidal noch über eine Operationszentrale in Bagdad, und mir wurde die Wohnung gezeigt, in der die deutsche RAF-Aktivistin Brigitte Mohnhaupt Unterschlupf gefunden hätte.

Der Frage nach dem Erstarken der koranischen Religiosität im Irak weicht Tariq Aziz aus. Der Vize-Außenminister Riad-el-Qaissy hatte sich zu diesem Punkt freimütiger geäußert. Als sunnitischen Moslem konnte es ihn nicht stören, daß Saddam Hussein auf dem Höhepunkt des Golfkrieges – in Abkehr von der säkularen Staatsdoktrin der »Baath« – den islamischen Kampfruf »Allahu akbar« in das Mittelfeld der irakischen Fahne einfügen ließ. Riad-el-Qaissy betrachtet die islamische Rückbesinnung, die überall zu spüren ist, als etwas Natürliches in Tagen der Not und Bedrängnis. »Der sogenannte Fundamentalismus, die ›Usuliya‹, ist nicht immer mit Fanatismus und Extremismus gleichzusetzen«, betonte der erfahrene Diplomat, der sehr britisch auftritt und seinen Oxford-Akzent pflegt. »Der arabische Nationalismus und die islamische Wiedergeburt lassen sich ohne Schwierigkeiten vereinbaren. Wir werden uns vor der Bewußtseinsspaltung hüten, die heute die Türkei heimsucht. Die kemalistischen Politiker von Ankara haben sich offenbar damit abgefunden, die letzten in Europa zu sein, nachdem ihre osmanischen Vorfahren die ersten im ›Dar-ul-Islam‹ waren.« Mit Israel, so meinte er, erscheine jede Normalisierung ziemlich aussichtslos. Die Juden würden nun einmal unter dem Trauma der Babylonischen Gefangenschaft leben, und aus dieser psychischen Belastung könnten sie sich nicht lösen.

Ich habe weder von Tariq Aziz noch von Riad-el-Qaissy die geringste Bestätigung über diskrete israelische Sondierungen in Bagdad erhalten. Aber das Gerücht geht um, eine als »Friedensbewegung« getarnte zionistische Kontaktgruppe habe zu erfahren gesucht, zu welchen Zugeständnissen Saddam Hussein sich aufraffen könne, wenn Israel sich mit Nachdruck für eine Beendigung des UNO-Embargos und die Wiederaufnahme des Irak in die »Völkergemeinschaft« einsetzen würde. Die Juden, so munkelt man am Tigris, hätten sogar angefragt, ob der Irak – im Falle einer positiven Kehrtwendung Jerusalems – sich bereit fände, zwei Millionen ausgesiedelter Palästinenser aus dem Gaza-Streifen und vor allem aus Judäa und Samaria in den fruchtbaren Weiten Mesopotamiens das Niederlassungsrecht als Neubürger zu gewähren. Ein solcher Plan entbehrt wohl jeder Glaubwürdigkeit. Aber es klingt zutiefst verstörend, daß überhaupt die Vermutung aufkommen kann, die jüdischen Opfer der babylonischen Verbannung – die Nachfahren der Propheten Daniel und Ezra – könnten nun ihrerseits erwägen, die Kanaaniter und Philister, die heute im Heiligen Land leben, an die Ufer von Euphrat und Tigris zu verpflanzen. Indirekt ist Saddam Hussein solchen Spekulationen entgegengetreten. In einer Anwandlung panarabischer Solidarität, die gar nicht in diese Zeit paßt, hat er allen Arabern zwischen Maghreb und Golf das Angebot gemacht, die irakische Staatsangehörigkeit zu erwerben. Nur den Palästinensern wird diese Gunst verweigert.

Mutter der Schlachten – Mutter der Lügen

Bagdad, im August 1997

Wer in Bagdad nach Spuren des Golfkrieges und des sechswöchigen amerikanischen Bombardements sucht, kommt nicht auf seine Kosten. Die US Air-Force hatte es nicht darauf angelegt, die irakische Hauptstadt in einen Trümmerhaufen zu verwandeln. Ich wußte es zu schätzen, daß die Informationsbehörden mich nicht drängten, zu der nationalen Trauerstätte von El Amiriya zu wallfahrten, wo am 13. Februar 1991 ein amerikanisches Präzisions-Missile Hunderte von Zivilisten in einem angeblich zerstörungssicheren Bunker getötet hatte. War dort tatsächlich eine Kommando-Zentrale der irakischen Streitkräfte oder gar ein Hauptquartier Saddam Husseins untergebracht, wie das Pentagon hartnäckig behauptet, oder hat der Bundesnachrichtendienst mit seiner kühnen These recht, es sei der amerikanischen Luftwaffe bei diesem Massaker darum gegangen, dem Diktator vor Augen zu führen, daß keine noch so dicke Betonmauer ihn schützen könne? Die Frage bleibt offen. »Allahu wahduhu ya'rif – Allah allein weiß es«, sagen die Iraker dazu.

Unbestritten ist die Zerstörung von zwei großen Krankenhäusern, darunter die größte Entbindungsanstalt Mesopotamiens, durch alliierte Bomben. Hier handelte es sich jedoch nicht um einen gezielten Akt von Mordlust, sondern um mangelnde Zielgenauigkeit. Die US-Flieger hatten das nahe gelegene Gefängnis, eine berüchtigte Folteranstalt des Mukhabara, treffen wollen. Nachträglich hat das »General Accounting Office« des amerikanischen Congress errechnet, daß Air-Force und Navy, darunter auch die legendären Stealth-Maschinen, mit recht mäßigem Erfolg operiert, daß die viel gerühmten Wunderwaffen und Smart-Bombs statt achtzig Prozent – wie offiziell verkündet wurde – nur vierzig Prozent der Ziele erreicht hätten. Noch unbefriedigender waren die Resultate der »unfehlbaren« Marschflugkörper.

Jedenfalls sind heute am Tigris keine Ruinen mehr zu entdecken. Nach Einstellung der Kampfhandlungen lief die Behebung der Schäden auf Hochtouren. Wenn das Land sich so mühselig und langsam vom Krieg erholt, dann liegt das vor allem am Embargo der Vereinten Nationen, das nunmehr sieben Jahre andauert. Das Sanktionskomitee der UNO hat unter amerikanischem Druck eine schikanöse »Rote Liste« von verbotenen Gebrauchsartikeln aufgestellt, der man beim besten Willen keine strategische Bedeutung beimessen kann. Darunter befinden sich – wie eine Studie von »Foreign Affairs« feststellt – Glühbirnen, Socken, Armbanduhren, Öfen, Autobatterien und Autoreifen, Nähmaschinen, Nadeln, Spiegel, Nägel, Textilien, Eisschränke und vieles andere. Die Hauptleidtragenden dieser Willkür sind die Schulen und die Hospitäler. Papier und Kugelschreiber stehen nämlich ebenfalls auf der »Red List«, und – um nur ein Beispiel des sanitären Boykotts zu erwähnen – es fehlt den Krankenhäusern an Betäubungsmitteln für Operationen, weil sämtliche Nitrate militärisch genutzt werden könnten. Laut Aussage der »Washington Post«, die übertrieben sein mag, fordern die UN-Maßnahmen jährlich eine Million Todesopfer, darunter sechzig Prozent Kinder.

Ich will hier nicht alle Absurditäten dieses Rachefeldzuges aufzählen, der natürlich die armen Schichten der Bevölkerung am härtesten trifft. Die Bessergestellten, die Privilegierten des Regimes zumal, können sich in Spezial-Läden, im Baladiya Shopping-Center zum Beispiel, mit Schmuggelware eindecken. Dort ist auch Alkohol, der ansonsten streng verboten ist, in beliebiger Menge, aber gegen harte Devisen zu haben. Beim Minister für Öl-Industrie, Amer Raschid, habe ich mich nach dem Stand der industriellen Rekonstruktion erkundigt. Die Elektrizitätserzeugung wurde zu 90 Prozent, die Raffinerien zu 80 Prozent zerstört. Die petrochemischen Komplexe und Telekommunikationseinrichtungen waren total vernichtet. Amer Raschid, der in seiner grünen Uniform recht schneidig auftritt und vor Energie strotzt, kann eine beachtliche Aufbauleistung vorweisen. Bei meinen Fahrten über Land – vom südlichen Zweistromland bis nach Kurdistan – sollte ich mich selbst überzeugen, daß die meisten Industrieanlagen neu erstanden sind. Die amerikanischen Experten hatten die irakische Selbsthilfe-Kapazität ebenso sträflich unterschätzt wie seinerzeit Engländer und Franzosen die ägyptische Fähigkeit, ohne fremde Anleitung die Schiffahrt im Suez-Kanal zu regulieren. »Wir hatten zwei Elemente des Erfolgs auf unserer Seite«, brüstet sich der Minister; »zunächst besaßen wir nicht die geringste Hoffnung, daß man uns auch nur mit einem einzigen Cent oder einem winzigen Ersatzteil beistehen würde. Wir wußten von Anfang an, daß wir es aus eigener Kraft schaffen müßten. Und dann gab es den Präsidenten, der für eine straffe, einheitliche Koordinierung sorgte, der keine Schlamperei aufkommen ließ.«

Saddam Hussein hatte im März 1991 die Petroleumexperten seines Landes um sich versammelt. »Wie lange braucht Ihr, bis sämtliche Raffinerien wieder arbeiten?« hatte er gefragt. Die vorsichtige Antwort lautete: Ungefähr sechs Monate in Anbetracht der Tatsache, daß wir es in den meisten Fällen nur noch mit verbogenen Blechstangen und mit Schrott zu tun haben. Der Befehl des Diktators war kategorisch: »Ich verlange, daß binnen drei Monaten wieder eine normale Produktion aufgenommen wird.« Im Rückblick reibt Amer Raschid sich die Hände: »Wir haben es tatsächlich geschafft; wir haben Tag und Nacht geschuftet mit erbärmlichen Mitteln und Improvisationen, aber wir haben die gesetzte Frist eingehalten.« Am Tag der kompletten Aufhebung des Export-Boykotts wird die irakische Ölindustrie jedenfalls gewappnet sein, gewaltige Förderungsreserven auf den Weltmarkt zu schleusen. Unterdessen wird an den zahlreichen Tankstellen der Liter Benzin zum Preis von umgerechnet einem Pfennig abgezapft.

Amer Raschid kann noch einen anderen Ruhmestitel für sich verbuchen. Er gilt als Vater des irakischen Raketen-Krieges. Unter seiner technischen Leitung wurde der Radius der sowjetischen Scud-B auf eine Reichweite von achthundert Kilometer erweitert. Damit war Saddam Hussein in der Lage, im ersten Golfkrieg gegen den Iran des Ayatollah Khomeini die Städte Teheran und Isfahan unter Beschuß zu nehmen. Im zweiten Golfkrieg richteten sich diese Trägerwaffen gegen Tel Aviv in Israel und Riad in Saudi-Arabien. Die zahllosen Untersuchungstrupps der Vereinten Nationen, die unter der Abkürzung UNSCOM seit sechs Jahren pausenlos nach versteckten Waffen, Rüstungsanlagen, chemischen Fabriken oder bakteriologischen Laboratorien suchen und sich für keine Schnüffelei zu gut sind, dürften die meisten Schlupfwinkel, die Saddam Hussein anlegte, inzwischen aufgestöbert haben. Sollte ihnen das nicht gelungen sein, müßte man ihnen ein erbärmliches Zeugnis ausstellen. An den rastlosen Recherchen von UNSCOM gemessen, waren die alliierten Kontrollkommissionen des Versailler Vertrages, die Deutschland nach dem Ersten Weltkrieg heimsuchten, relativ harmlose Institutionen. Da der irakischen Regierung – bis zum immer wieder hinausgezögerten Abkommen »Oil for food« – alle Exportgeschäfte untersagt und sämtliche Auslandsguthaben eingefroren waren, erwies sich das offizielle Zugeständnis der UNO, Bagdad könne Nahrungsmittel und Medikamente nach Belieben einführen, als inhaltslose, ja heuchlerische Geste. Für die Steigerung der eigenen Ernten fehlten dem fruchtbaren Zweistromland die unentbehrlichen chemischen Düngemittel und Pestizide, die man in die Kategorie von »dual use«-Importen einreihte.

Daß es diesem tyrannischen Regime dennoch gelang, mit Hilfe von kostenlosen Lebensmittel-Coupons eine Hungersnot zu verhindern und jedem Iraker ein schmales Minimum an Nahrung zu verschaffen, ist eine beachtliche Leistung, die nur unter Androhung drakonischer Strafe im Fall von Veruntreuung erzielt werden konnte. Der Ölminister versucht, aus der Not eine Tugend zu machen. »Unsere Bevölkerung, die durch den mühelosen Reichtum des Erdöls verwöhnt war, stand im Begriff, die Landwirtschaft zu verlernen. Jetzt ist fast jeder Iraker darauf angewiesen, sein Gemüse selbst zu pflanzen, kleine Felder zu bestellen und alle eßbaren Früchte zu ernten.« Wie lange auch die UNSCOM ihre Schnitzeljagd fortsetzen mag, dem resoluten Raketen-Konstrukteur Amer Raschid und seinesgleichen traut man zu, daß sie die Rüstungsindustrie des Irak schleunigst wieder auf Touren bringen, sobald der Eifer der ausländischen Kontrolleure nachläßt oder Washington – aus welchem Grunde auch immer – in seinem Vergeltungsaffekt erlahmt.

*

In diesem Buch ist von Lug und Trug die Rede. Dazu gehört eine besonders abscheuliche Irreführung, deren sich die gesamte Staatengemeinschaft – inklusive Sowjetunion – im Verlauf der beiden Golfkriege schuldig gemacht hat. Wer erinnert sich denn heute noch daran, daß der »neue Hitler« Saddam Hussein, dem die USA seit 1990 in einer Art überdimensionalem Indianerkrieg nachstellen – als hieße er Sitting Bull oder Geronimo – vorübergehend das Hätschelkind des Westens war. Im Sommer 1980 wurde der starke Mann am Tigris als ehrenwerter, willkommener Partner von Amerika und den meisten arabischen Staaten ermutigt, die verhaßte Mullahkratie von Teheran zu stürzen und die schiitische Revolution des Ayatollah Khomeini auszumerzen. Der irakische Eroberungsfeldzug in der persischen Erdöl-Provinz Khusistan war von Washington abgesegnet. Ich beabsichtige nicht, an dieser Stelle das Auf und Ab des achtjährigen Vernichtungskrieges zu schildern, der mit der irakischen Aggression gegen die Islamische Republik Iran begann. Erst im August 1988 kam endlich ein Waffenstillstand zustande, von dem Khomeini sagte, er hätte lieber einen Becher mit Gift geleert.

In den Jahren 1980 bis 1988 wurde Saddam Hussein von den Präsidenten Ronald Reagan und George Bush als Schwertträger der amerikanischen Golf-Politik hoch geschätzt. Von Premierminister Jacques Chirac, der ihm modernste Waffen verkaufte, wurde der irakische Rais als »ami de la France« gepriesen. Niemand nahm damals Anstoß daran, daß der »neue Nebukadnezar« weit und breit bekannt und berüchtigt war für seine Brutalität, seine Menschenverachtung, für die fürchterlichen Methoden, mit denen er die Macht über Mesopotamien errungen und dann konsolidiert hatte. Ursprünglich war Saddam als Verbündeter der Sowjetunion aufgetreten, die ihn mit Rüstungslieferungen überschüttete und auch noch im Kampf gegen Khomeini regelmäßig die aufgeriebenen Panzerdivisionen mit neuem Material auffüllte. Entscheidend war jedoch – nach dem Sturz des Schah – die Gunst der westlichen Führungsmacht, die ihre arabischen Golf-Vasallen zur Finanzierung der Bagdader Kriegsanstrengung verpflichtete und in besonders kritischen Phasen der Schlacht mit eigenen Mitteln intervenierte. So verhängte die US Navy de facto eine Blockade über die iranische Schiffahrt im Golf, und ihre schweren Granaten schlugen in den persischen Ölhäfen ein. Amerikanische und russische Ingenieure wirkten an der Weiterentwicklung der irakischen Boden-Boden-Raketen mit. Spezialisten aus den USA brachten den irakischen Offizieren bei, wie sich solche Trägerwaffen gegen iranische Luftangriffe in der Wüste tarnen ließen. Sie informierten Saddam Hussein mit Hilfe ihrer Satelliten-Beobachtung über persische Truppenkonzentrationen am Schatt-el-Arab und deren offensive Bereitstellungen.

Dennoch war im August 1982, während ich mich in Bagdad aufhielt, die Befürchtung aufgekommen, die Streitkräfte Khomeinis, die schiitische Revolutionstruppe der Pasdaran und das jugendliche Volkssturmaufgebot der »Bassidschi«, die bereits das enorme Panzer-Potential Saddam Husseins in Dezful und Khorramshahr vernichtet hatten, seien nunmehr in der Lage, die irakischen Linien am Schatt-el-Arab zu durchbrechen. Ich erinnere mich lebhaft an eine Frontbesichtigung auf der irakischen Seite im Sektor Qasr Schriin und Mandali. Auf der Rückfahrt hatte der begleitende Offizier die Nachrichtensendung eingestellt. Der Staatsrundfunk von Bagdad übertrug heldische Männerchöre, die vom gottgewollten Sieg der arabischen Seite dröhnten. »Allahu akbar« klang es unentwegt im Programm dieses säkularen Staates. Dazwischen die beschwörende, aufgeregte Stimme des Sprechers. Sondermeldungen jagten sich, untermalt mit Marschmusik. Das Gesicht des irakischen Majors war plötzlich erstarrt. Jedes Gespräch verstummte. Selbst die einfachen Soldaten in unserem Landrover hatten begriffen, daß die Armee Saddam Husseins bei Khorramshahr am Schatt-el-Arab eine vernichtende Niederlage erlitten hatte, daß der Kriegsausgang auf des Messers Schneide stand.

Wenige Tage später hatte ich die Feldpostnummer gewechselt. Über Ankara und Teheran war ich mit Genehmigung des Militärberaters Khomeinis, des General Zaher Nejad, den ich in Iranisch-Kurdistan kennengelernt hatte, mit einer Sondermaschine nach Ahwas und dann im Jeep bis in die vordersten Linien der Pasdaran befördert worden. Dort bot sich ein gespenstisches Bild. Zahllose gefallene Iraker verwesten in der glühenden Sonne. Hunderte ihrer schweren Tanks waren von den Bassidschi geknackt worden, von todesmutigen Halbwüchsigen, ja Knaben, die sich mit ihren Panzerfäusten wie Mammutjäger auf diese stählernen Ungetüme gestürzt hatten. Wäre in jenen Tagen der Rat Zaher Nejads befolgt und der Vormarsch auf Basra, die Metropole des Süd-Irak, ohne Zögern vorgetragen worden, hätte er vermutlich die Kriegsentscheidung zugunsten Teherans davongetragen. Aber die hohen Mullahs befahlen ihm, auf der Stelle zu treten, in der irrigen Annahme, die überwiegend schiitische Bevölkerung Süd-Mesopotamiens werde sich wie ein Mann gegen die sunnitische Herrschaft Saddam Husseins erheben und weiteres Blutvergießen überflüssig machen. Der Aufstand der »Partei Alis« fand jedoch nicht statt. Die iranische Führung war einem verhängnisvollen Irrtum erlegen.

Als nämlich die persischen Pasdaran und Bassidschi nach einer Periode nutzlosen Wartens erneut zum Angriff antraten, auf Schnellbooten und schwankenden Behelfsstegen versuchten, die morastige Schilfwüste östlich von Ahwas und im Abschnitt der Madschnun-Inseln zu überwinden, hatte der Gegner sich wieder gefangen. In selbstmörderischem Ansturm gelang es den Iranern, die irakischen Hafenplätze El Fao und Umm-el-Qasr vorübergehend zu besetzen, ja vier Stunden lang behaupteten sie sich auf einem Abschnitt der Autobahn Bagdad–Basra. Aber Saddam Hussein verfügte über eiserne Nerven. Die unverhoffte Atempause hatte er genutzt. Aus der Sowjetunion waren Massenlieferungen von Panzern und Artillerie eingetroffen. Amerika koordinierte die Hilfe der Golfstaaten. Bei den Kriegern der schiitischen Revolution setzte die Losung des Ayatollah Khomeini »Der Weg nach Jerusalem führt über Bagdad« zwar unvorstellbare Energien, hemmungslose Bereitschaft zur Selbstaufopferung frei, doch da brach ein entsetzliches Unheil über die Perser herein. Unter Mißachtung der Haager Kriegsrechtskonvention befahl Saddam Hussein den massiven Einsatz von toxischen Waffen. Tausende von Giftgas-Granaten gingen über den »Revolutionswächtern« nieder. In dichten Schwaden breitete sich der chemische Tod über den Sümpfen aus. Die Gefolgsleute Khomeinis, die weder über Gasmasken noch Schutzanzüge verfügten, erstickten in diesem mörderischen Nebel, ihre Haut wurde verätzt, sie erblindeten. Mehrere Jahre lang hat diese barbarische Kriegführung gedauert. Zehntausende wurden auf grausame Weise verseucht.

Im Westen regte sich keine einzige berufene Stimme des Protests. Keine Human-Rights-Organisation oder Friedensbewegung meldete sich zu Wort, um diese flagrante Mißachtung des elementarsten Völkerrechtes anzuprangern. Der Einsatz von Giftgasen unterschiedlicher

Zusammensetzung wurde von der internationalen Staatengemeinschaft geflissentlich ignoriert. Es kam zu keiner entrüsteten UNO-Debatte, denn es galt ja, das Übergreifen der schiitischen Gottesstaats-Idee auf Mesopotamien mit allen Mitteln zu verhindern. Die Stabilität am Golf wäre durch einen Waffenerfolg Khomeinis erschüttert worden. Die reibungslose Petroleum-Produktion der ganzen Region stand auf dem Spiel. Da drückte man allenthalben die Augen zu vor dem fürchterlichen Spektakel und ignorierte geflissentlich die Vergasung Tausender iranischer Soldaten. Die Granaten, mit Lost, Sarin, Tabun und anderen Kampfstoffen gefüllt, stammten ursprünglich aus der Sowjetunion, ehe Saddam seine eigene Produktion aufnehmen konnte. Auch deutsche Firmen und amerikanische Chemiker sollen am Bau irakischer C-Waffen-Fabriken maßgeblich beteiligt gewesen sein. Gegen Ende des ersten Golfkrieges, als die Scud-B-Raketen immer häufiger in Teheran einschlugen, mußte Ayatollah Khomeini damit rechnen, daß deren Sprengköpfe demnächst auch toxische Stoffe freisetzen würden. Schon breitete sich Panik unter der Zivilbevölkerung der persischen Hauptstadt aus. Massenflucht setzte ein. Keine westliche oder östliche Staatsführung kann heute behaupten, von diesen mörderischen Vorbereitungen nichts gewußt zu haben. Für die Islamische Republik Iran schlug die schmerzliche Stunde des Einlenkens, der demütigenden Feuereinstellung.

Saddam Hussein hatte die Prüfung überlebt. Im ganzen Land ließ er sich in der Pose des kriegerischen Triumphators akklamieren. Er verglich sich mit dem zweiten Kalifen Omar, dessen Beduinen im Jahr 636 in der Schlacht von Qadissiya das mächtige Perserreich der Sassaniden zerschlagen und den Iran zum Islam zwangsbekehrt hatten. Nach einer Neugruppierung seiner Streitkräfte ging der Iraker mit 60 000 Soldaten gegen die aufständischen Kurden in den eigenen Nordprovinzen vor, und als dieses Unternehmen mehr Verluste forderte als erwartet, wendete er gegen die einheimischen »Peschmerga« die gleiche ruchlose Strategie an, die sich bei der Abwehr der persischen Pasdaran so glänzend bewährt hatte. Er beschoß im Frühjahr 1988 die Kurdendörfer und vor allem die Stadt Halabja mit seinen Giftgas-Granaten. Mindestens 5 000 Zivilisten – in der Mehrzahl Frauen und Kinder – kamen dabei unter schrecklichen Qualen ums Leben. Doch dieses Mal hatte der Diktator von Bagdad die Rechnung ohne die selektive Entrüstung und die doppelte Moral der amerikanischen und europäischen Öffentlichkeit gemacht. Im Gegensatz zu den

Leichenhaufen vergaster Iraner, die niemand sehen wollte, wurden die Bilder der vergifteten Kurden-Familien in sensationeller Presse- und Fernsehaufmachung publiziert. Für Saddam Hussein, der das militärische Potential seiner persischen Todfeinde unter immensen eigenen Opfern auf einen bescheidenen Restbestand reduziert, der dem fundamentalistischen Drachen die Zähne gezogen hatte, galt nunmehr das Schiller-Wort: »Der Mohr hat seine Schuldigkeit getan ...« Die sowjetische Hegemonialmacht, die bisher – im Zuge eines ausgeklügelten Pendelspiels – ihre schützende Hand über Bagdad gehalten hatte, befand sich 1989 bereits in einem fortgeschrittenen Stadium interner Zersetzung. Michail Gorbatschow dachte gar nicht daran, dem Präsidenten George Bush in den Arm zu fallen. Plötzlich wollte niemand mehr etwas zu tun haben mit dem »Killer von Bagdad«, zumal der Irak aufgrund seiner ungeheuren Rüstungsausgaben nicht einmal mehr in der Lage war, seine Verschuldungsraten fristgerecht abzutragen.

Am 3. Juni 1989 war Ayatollah Ruhollah Khomeini in tiefem Gram über das Scheitern seines »Heiligen Experiments« gestorben. Der iranischen Massen bemächtigte sich eine an Hysterie grenzende Welle der Trauer und Verzweiflung. Niemand stand jetzt mehr in Teheran zur Verfügung, um mit vergleichbarer Autorität »den Weg nach Jerusalem« zu weisen. Die »Neue Friedensordnung« im Nahen und Mittleren Osten, die George Bush propagierte und die als Kernstück eine israelisch-arabische Versöhnung enthielt, konnte von der schwer angeschlagenen persischen Mullahkratie nicht länger in Frage gestellt werden. Statt dessen erhob sich nunmehr an den Ufern von Euphrat und Tigris das Gorgonen-Haupt einer unberechenbaren irakischen Herausforderung. Die Raketen und die chemischen Kampfstoffe, die Saddam Hussein so überaus nützlich zur Eindämmung des schiitischen Fundamentalismus eingesetzt hatte, wurden zur unerträglichen Bedrohung, falls sie sich eines Tages gegen den mit den USA aufs engste verknüpften Judenstaat oder gegen den saudischen Vorzugsalliierten richten sollten.

Angeblich war der Irak der Atomschwelle bedenklich nahe gerückt. Im Weißen Haus wurde man sich bewußt, daß man in der Person Saddam Husseins ein orientalisches »Frankenstein-Ungeheuer« herangezüchtet hatte. Der Rais von Bagdad mußte seinerseits mit Verblüffung registrieren, wie die Stimmungsmache der amerikanischen Medien sich schlagartig und mit aller Wucht gegen den Irak und dessen furchterregendes Kriegspotential richtete. Diese Kehrtwendung wurde vollzogen, als von einem Konflikt um Kuweit noch überhaupt nicht die Rede war. Meine Gesprächspartner im Irak, mit denen ich im August 1997 immer wieder die Hintergründe der Operation »Desert Storm« aufzuhellen suche, äußern ausnahmslos die Überzeugung, daß der Feldzug gegen Saddam Hussein, zumindest seine Reduzierung auf die Rolle eines gefügigen Satrapen der USA, beschlossene Sache war, lange bevor die irakische Annexion des Scheikhtums Kuweit der amerikanischen Machtentfaltung am Golf eine weltweit akzeptierte Rechtfertigung verschaffte.

*

Wenn ich die Schwelle zum Hotel Raschid überschreite und mit meinen Fußsohlen auf das Antlitz des Präsidenten Bush trete, muß ich gelegentlich an den CNN-Korrespondenten Peter Arnett denken, der – obwohl US-Bürger – mit stoischer Gelassenheit in Bagdad ausgeharrt und sich zu Beginn des Jahres 1991 durch eine ebenso mutige wie ausgewogene Berichterstattung ausgezeichnet hatte. Mir war der gebürtige Neuseeländer seit dem amerikanischen Vietnam-Krieg als Korrespondent des Nachrichtenbüros der Associated Press von Saigon in positiver Erinnerung. Daß Peter Arnett, weil er sich nicht an der Irreführung der öffentlichen Meinung beteiligte und in das Triumphgeheul der Anti-Saddam-Koalition einstimmte, später zur Zielscheibe »patriotischer« Vorwürfe und kollegialen Neides, daß seine CNN-Karriere sich davon nie erholen würde, konnte damals niemand ahnen.

Ich selbst hatte das spektakuläre Feuerwerk über Bagdad, den Auftakt der »Mutter der Schlachten«, in Florida, an der Küste des Golfs von Mexiko, erlebt, wo ich ein paar Ferientage verbringen und nebenbei auch das Ohr an das imperial schlagende Herz Amerikas legen wollte. Dort, in der heilen Welt eines subtropischen Luxus-Resorts mit Blick auf den schimmernden Golf, auf weißen Strand, Mangrovendickichte, Palmenhaine und üppige Villen – umgeben von den Repräsentanten einer demonstrativen Freizeitgesellschaft –, hatte mich die Nachricht vom Ausbruch des Golfkrieges schon in der Nacht meiner Ankunft erreicht. Die drei nächsten Tage verbrachte ich vor dem Bildschirm. Ich ergab mich dem CNN-Syndrom, ließ das Computerspiel einer manipulierten Kriegsberichterstattung über mich ergehen.

In unserem amerikanischen Bekanntenkreis von Naples, der sich abends im Royal Club traf, herrschte in jenen Januartagen Hochstimmung. Die Amerikaner waren offenbar noch einer nationalen Begeisterung fähig, die den Kontinentaleuropäern längst abhanden gekommen war. Unsere engsten Gesprächspartner, mehrheitlich als wohlhabende Geschäftsleute oder Anwälte etabliert, hatten in ihrer Jugend als Offiziere bei den US Marines gedient. Eine geradezu Victorianische Erfolgszuversicht kam auf. »By Jingo«, so hatte man wohl unter der großen Queen and Empress of India gesungen, »we have the men, we have the ships, and we have the money too.« Jetzt hatte George Bush Männer und Schiffe in einem Umfang gegen die weit überschätzte Armee Saddam Husseins aufgeboten, wie das nach dem Vietnam-Debakel, dessen Trauma es zu überwinden galt, sich niemand mehr vorgestellt hätte. Das Geld für die Monster-Expedition am Golf, so sickerte bereits durch, würde er sich aber bei den Erdöl-Potentaten der Arabischen Halbinsel, bei den Japanern und bei den Deutschen holen. In der zuversichtlichen Anfangsphase der Operation »Wüstensturm« wäre jeder von einem Ausländer geäußerte Zweifel an der Fähigkeit Amerikas, nach der Niederschlagung des Paranoikers von Bagdad im ganzen Orient eine »Neue Friedensordnung« zu schaffen, als Ausdruck von Neid und Häme gewertet worden.

Mich drängte es, an den Ort des Geschehens zu eilen. Zu jenem Zeitpunkt hatte sich bereits erwiesen, daß Riad, daß Dhahran, daß die ganze Golfregion lausige Korrespondentenplätze waren, daß eine bleierne Zensur verhängt, wenn nicht gar eine systematische Desinformation gestreut wurde. Lediglich sorgsam gesiebte »Pools« – unter Bevorzugung der amerikanischen Medien – durften einen Zipfel der »Frontlinie« im Wüstensand besichtigen. Ich entschloß mich deshalb, nach Amman in Jordanien zu fliegen, wo König Hussein sich unter dem Druck seiner überwiegend palästinensischen Untertanen mit der irakischen Sache solidarisiert hatte. Seit im Küstengebiet von Tel Aviv die ersten Scud-B-Raketen eingeschlagen waren, mußte überdies mit einer radikalen Gegenaktion Zahals, der israelischen Streitmacht, gerechnet werden. In diesem Fall hätte man sich in Amman in der vordersten Loge befunden. Vorsorglich beschaffte ich mir auch noch ein Visum für die Arabische Republik Syrien. Vielleicht würde sich ja in der Stunde des Zusammenpralls die Straße nach Damaskus als einziger Ausweg aus der jordanischen Mausefalle anbieten.

Das wirkliche Menetekel, das in jenen Tagen über den Höhen von Judäa aufleuchtete, war die Fähigkeit Saddam Husseins, den Ablauf des Krieges auch mit chemischen Waffen zu beeinflussen und dadurch den jüdischen Staat zu schrecklicher Vergeltung zu zwingen. So wurde die gelassene Stimmung, mit der ich mich nach Amman auf den Weg machte, am Abend vor meinem Abflug ein wenig getrübt, als es zu später Stunde an meiner Zimmertür klopfte und der Portier des Münchner »Vier Jahreszeiten« mir im Auftrag des ZDF ein quadratisches Paket überreichte. Es enthielt, wie ich der Aufschrift entnahm, eine Gasmaske und einen Schutzanzug gegen chemische Kampfstoffe. Eine neue, besonders heimtückische Fratze des Krieges wurde hier plötzlich sichtbar.

Bei der Ankunft in Amman stellte sich Ernüchterung ein. Die Normalität der Verhältnisse in der jordanischen Hauptstadt stand in krassem Gegensatz zu den angespannten Erwartungen und Exzessen des Sensationsjournalismus. Die Zoll-Abfertigung verlief völlig reibungslos, und in den Außenbezirken der Stadt war auch zu dieser späten Stunde keinerlei militärisches Aufgebot zu entdecken. Außer der Hektik der Presseleute, die ohne ein Minimum an Wichtigtuerei offenbar nicht auskommen können, wirkte die Atmosphäre und die Stimmung der Bedienung im mir vertrauten Hotel »Intercontinental« freundlich und durchaus normal. Wenn später behauptet wurde, den alliierten Stäben sei es im Golfkrieg gelungen, sämtliche beruflichen Informanten hinters Licht zu führen und den Nimbus der »war correspondents« ein für allemal anzuschlagen, so kann ich dem in keiner Weise zustimmen. Für geübte Beobachter hatte der unabänderliche Wille des US-Präsidenten, den militärischen Schlag auch zu Lande zu führen, von jenem Tag an festgestanden, da mehr als 500 000 GIs ihre Bereitschaftsstellungen in der Wüste bezogen. Wer Indochina erlebt hatte, mußte eine Analogie zum Vietnam-Krieg, die von den europäischen Medien immer wieder aufgetischt wurde, schon aus Gründen der Topographie weit von sich weisen. Ebenso unseriös wirkten Spekulationen auf einen unmittelbar bevorstehenden Kompromiß der letzten Minute, den der sowjetische Unterhändler Primakow aus der Tasche ziehen werde. Das Ausharrungsvermögen Saddam Husseins wurde sträflich unterschätzt. Lange bevor General Schwarzkopf zu seinem Panzerblitzkrieg ausholte, waren sich alle Experten einig, daß das Ziel einer grundlegenden Veränderung verfehlt würde, falls ein Teil der Präsidenten-Garde überlebte und Bagdad von jeder alliierten Truppenpräsenz verschont bliebe. Auch in Amman wurden die Bilder des Krieges über den CNN-Nachrichtenkanal übertragen und mit extremer Spannung verfolgt. Die Aufnahmen kamen meist in der seltsam abstrakten Form elektronischer »war games« zu uns. Sie entbehrten jeder Realität. Wir verfügten jedoch über die Augenzeugenberichte jener Journalisten, die auf der Wüstenstraße von Rafat nach Bagdad gefahren waren und sich im benachbarten Irak relativ ungestört umgesehen hatten. Auf diese Weise waren wir über den Stand und die Wirkung des Luftkrieges ziemlich wahrheitsgetreu informiert.

Vergeblich starrten wir im Februar 1991 zum Nachthimmel hoch, um eine Scud-B bei ihrem Anflug auf Tel Aviv zu beobachten. Der Raketenkrieg, den Saddam Hussein mit kläglicher militärischer Wirkung, doch gewaltigem Propagandaeffekt gegen Israeli und Amerikaner führte, elektrisierte die jordanische Bevölkerung. Mittelpunkt einer jeden Kundgebung, die von der PLO, der »Organisation zur Befreiung Palästinas«, gegen die »US-Aggressoren« veranstaltet wurde, waren silberbepinselte Blech- oder Papp-Attrappen, die die Raketen Saddams darstellen sollten. In den jordanischen Palästinenser-Lagern wurden vor einer begeisterten Menge Wrackteile abgeschossener amerikanischer Flugzeuge versteigert.

Sogar in den Villenvierteln kamen die Schulkinder der ortsansässigen Bourgeoisie im kalten Winterregen zusammen, um sich unter Anleitung ihrer Lehrer politisch zu engagieren. Gewiß, einige Schüler trugen Abbildungen von Friedenstauben oder Transparente mit der aus Vietnam vertrauten Inschrift: »give peace a chance«. Aber weitaus zahlreicher waren kindliche Zeichnungen mit explodierenden Raketen, die den Judenstaat zerstören sollten. »Ya Saddam, ya habib«, kreischten die »little darlings«, wie Mariam, unsere palästinensisch-christliche Aufnahmeleiterin, sie spöttisch nannte, »Ya Saddam, ya habib, udrub, udrub Tel Abib – O Saddam, unser Liebling, hau doch drauf, hau auf Tel Aviv!« Es bedeute allerhand, kommentierte Mariam, daß die reichen Leute ihre kleinen Lieblinge in das garstige Wetter hinausgelassen hatten. Meine tiefe Abneigung gegen Eltern, die ihre Kinder zu politischen Kundgebungen mitnehmen, und seien deren Zielsetzungen noch so edel, wurde hier bestärkt. Ob die wehrlosen Minderjährigen den Völkerfrieden oder den Völkerhaß akklamieren, wird ihnen schließlich immer von den Erwachsenen suggeriert.

Bei allen Massenversammlungen, die wir in jenen Tagen erlebten, ist uns nie wirkliche Feindseligkeit entgegengeschlagen. Uns störte es wenig, wenn ein Chor alter Männer unter dem rot-weißen Keffiyeh, dem landesüblichen Kopftuch, den amerikanischen Präsidenten »Bosch«, wie sie ihn aussprachen, als ein »Stück Scheiße« bezeichneten. In Mafraq, der nördlichen Grenzstadt zu Syrien, waren gleich zwei säuberlich getrennte Demonstrationszüge angetreten. Beide führten Raketennachbildungen mit sich, doch während die einen unter roten Fahnen marschierten – das waren die Kommunisten –, führten die anderen die grüne Fahne des Propheten mit und gaben sich als Moslem-Brüder zu erkennen. Die jordanischen Sicherheitsbehörden verloren zu keinem Zeitpunkt die Kontrolle über diese Kundgebungen. In Mafraq war der zuständige Polizeimajor, sehr britisch auftretend, um unsere Sicherheit besorgt. Er werde uns diskret schützen lassen, sagte er.

Die Extremisten des »Heiligen Krieges«, in der militanten Palästinenser-Organisation »Dschihad« zusammengeschlossen, scharten sich um eine malerische Patriarchengestalt, Scheikh Assad el-Tamimi. Dieser zornige Eiferer, mit Prophetenbart und dröhnender Stimme, rühmte Saddam Hussein als Hoffnung der Araber und des Islam. Er sah in dem irakischen Diktator einen neuen »Saladin«, der Jerusalem, »die Heilige«, den Ungläubigen entreißen würde. Doch der kämpferische Greis wirkte zu theatralisch, um wirklich ernst genommen zu werden. Beunruhigender waren seine Leibwächter, junge bleiche Leute mit starrem Blick, spärlichem Bartwuchs und pubertären Pickeln, die mit ihren Kalaschnikows hantierten. Offenbar sah der ehrwürdige Scheikh in jedem Deutschen einen potentiellen Judenvernichter. Er selbst gab sich »nuancierter«. Natürlich müsse der Staat Israel zerstört werden. Die Zionisten müßten »Filistin« verlassen, sonst würden sie umgebracht. Im Lande bleiben dürften nur jene Söhne Israels, »Banu Israil«, deren Familien dort bereits vor 1918 ansässig gewesen seien. Zuletzt schreckte Tamimi nicht davor zurück, Saddam Hussein – trotz dessen Zugehörigkeit zur wenig islamischen Baath-Partei – als künftigen Kalifen für die gesamte Umma anzupreisen.

*

Warum hat George Bush die Bodenoffensive der amerikanischen Streitkräfte und ihrer zahlreichen Verbündeten am Morgen des 28. Februar 1991 nach hundert Stunden abgebrochen? Die Iraker leisteten keinerlei Widerstand mehr, sondern flüchteten in aufgelösten Scharen nach Norden. Der militärische Sieg konnte nicht kompletter sein. Die spärlich bewaffnete französische Golfkriegs-Division »Daguet«, die am nördlichsten Sektor durch die Wüste in Richtung Bagdad vorstieß, hatte nur einen Soldaten durch Land-Minen verloren und stand kurz vor dem Euphrat. Der Sturz Saddam Husseins schien besiegelt. Dennoch wurde das Unternehmen »Wüstensturm« überstürzt abgeblasen, wohl sehr zur Verärgerung des amerikanischen Oberbefehlshabers Norman Schwarzkopf.

Wie oft bin ich nach Vorträgen über die Lage im Orient nach den Gründen dieses verfrühten Waffenstillstands gefragt worden. Die Erklärungen sind vielfältig und oft widersprüchlich. Der damalige Stabschef der US-Streitkräfte, General Colin Powell, wollte bei einer Besetzung Mesopotamiens offenbar nicht in einen »protracted warfare«, in einen »quagmire«, so hieß es in Vietnam, verwickelt werden. Häuserkämpfe in Bagdad hätten verlustreich werden können, nachdem bisher nur 126 Soldaten gefallen waren, darunter 79 Amerikaner. Diese Verluste waren zudem noch überwiegend durch sogenanntes »friendly fire« oder Unfälle verursacht worden. Die Scud-B-Raketen Saddam Husseins wurden erst dann wirklich gefährlich, wenn sie von dem völlig unzureichenden Abfangsystem »Patriot« zufällig getroffen wurden und mit erhöhter Splitterkraft einschlugen.

Die offiziellen Sprecher des Weißen Hauses haben behauptet, der Krieg und vor allem die Luftangriffe gegen die flüchtenden Iraker seien eingestellt worden, um kein namenloses Gemetzel beim Gegner anzurichten. Diese Darstellung, die von manchen deutschen Kolumnisten nachgebetet wurde, kann niemanden überzeugen, der Augenzeuge der amerikanischen Bombardements am 17. Breitengrad in Vietnam oder im Mekong-Delta war. Die Schätzungen über die im Krieg getöteten Iraker schwanken erheblich, variieren zwischen 85 000 und 150 000 Opfern. Aber sie bezogen sich fast ausschließlich auf das gewöhnliche Fußvolk, auf die Masse der schlecht ausgerüsteten Divisionen, die im südlichsten Abschnitt von Kuweit und Umgebung massiert waren. Die Elite-Einheiten des Regimes, die »Republikanische Garde«, etwa 80 000 Mann mit ihren modernen T-72-Panzern, waren auf Anordnung Saddam Husseins in rückwärtigen Stellungen disloziert worden und wurden von der US Air-Force aus mysteriösen Gründen verschont.

Eine andere offizielle Erklärung besagt, George Bush habe vom Sicherheitsrat der Vereinten Nationen lediglich den Auftrag zur Befreiung Kuweits und nicht zum Vormarsch auf irakisches Territorium erhalten. Doch wer wäre schon dem US-Kommando in den Arm gefallen, als es um die Eliminierung des »Kriegsverbrechers« Saddam ging, und seit wann schert Washington sich so skrupulös um UN-Resolutionen? Im Gegenteil, es kam weltweite Enttäuschung auf, als sich herausstellte, daß der Diktator von Bagdad sich an der Macht behaupten würde. Schon bekamen die amerikanischen Strategen den Vorwurf zu hören, den einst ein karthagischer Unterführer an den siegreichen Feldherrn Hannibal gerichtet hatte, als dieser sich nach einer Serie beispielloser Siege weigerte, ohne Verzug zur Eroberung Roms auszuholen: »Vincere scis, Hannibal, victoria uti nescis – Zu siegen verstehst du, Hannibal, den Sieg zu nutzen verstehst du nicht.«

Die wirklichen Überlegungen, die dem plötzlichen Stillhalten der US-Streitkräfte zugrunde lagen, hatte ich bereits in meinen Fernsehkommentaren angekündigt, die ich Mitte Februar 1991, also zwei Wochen vor Beginn des Blitzfeldzuges zur Befreiung Kuweits, vom Dach des Hotel Intercontinental in Amman per Satellit nach Deutschland übermittelte. Weder die USA noch deren saudi-arabische Verbündete besaßen irgendein Interesse an der staatlichen Auflösung der irakischen Republik. Ein Sturz Saddam Husseins, eine entscheidende Schwächung der tyrannischen Zentralgewalt in Bagdad hätte diversen separatistischen Tendenzen freien Lauf gelassen. Die Bevölkerung des Zweistromlandes setzt sich zu sechzig Prozent aus Schiiten zusammen, die vor allem südlich der Hauptstadt und im Umkreis von Basra eine erdrückende Mehrheit bilden. Die Gründung eines schiitischen Gottesstaates im Süd-Irak nach dem Vorbild der Khomeini-Revolution wäre in Teheran zwar mit Begeisterung aufgenommen worden, hätte jedoch beim saudischen Königshaus die Befürchtung genährt, nun werde diese religiöse Hochstimmung auch auf jene Schiiten übergreifen, die ausgerechnet in der saudischen Erdöl-Provinz El Ahsa stark vertreten sind.

Im Norden wiederum wäre die Auflösung des Bagdader Staatsapparates von den Kurden genutzt worden, um im Raum von Mossul, Kirkuk, Suleimaniyeh und Halabja eine souveräne Republik zu proklamieren. Was wiederum die türkische Regierung in Ankara und die dortige Armeeführung, die in Ost-Anatolien in einen endlosen Partisanenkrieg gegen die Stalinisten der PKK verstrickt sind, zur militärischen Intervention, ja vielleicht zur dauerhaften Okkupation der irakischen Nordprovinzen bewogen hätte. Kurzum, die Erhaltung des territorialen Status quo erschien den geopolitischen Planern in Washington als das geringere Übel. Der Geheimdienst CIA ging im übrigen von der Gewißheit aus, daß Saddam Hussein nach seiner schmählichen Niederlage vom eigenen Offizierskorps gestürzt würde und daß man sehr bald in Bagdad mit einem neuen Machthaber verhandeln könne. Am Tigris ist mir versichert worden, der irakische Staatschef habe höchstpersönlich das Gerücht dieses unmittelbar bevorstehenden Militärputsches den amerikanischen Agenten zuspielen lassen, um George Bush in Sicherheit zu wiegen und sein eigenes Überleben zu ermöglichen. Der babylonische Präzedenzfall des Frevlers Belsazar, den die Bibel schildert und den Heinrich Heine in seiner Ballade popularisierte, hat sich nicht wiederholt: »... Belsazar ward aber in selbiger Nacht von seinen Knechten umgebracht.« Aus dem Blitzsieg von »Desert Storm« war ein Pyrrhus-Sieg geworden. Daran konnte auch der römisch anmutende Triumphzug des General Schwarzkopf an der Spitze seiner Soldaten auf der Fifth Avenue von New York nichts ändern.

*

Nichts liegt mir ferner, als das Lied des »ugly American«, des häßlichen Amerikaners, anzustimmen. Aber mit allen Registern ist im Golfkrieg gegen Irak »foul« gespielt worden. Die Irreführung der Medien und der Weltöffentlichkeit hat vor, während und nach dem Unternehmen »Wüstensturm« groteske Ausmaße angenommen. Wer konnte während des US-Bombardements noch unterscheiden zwischen realen Luftaufnahmen und Computer-Simulierungen? Die Zahl der rund um Kuweit massierten irakischen Truppen wurde extrem aufgebauscht. Nach ihrem Einmarsch in Kuweit haben sich die Soldaten Saddam Husseins ganz bestimmt nicht wie Gentlemen aufgeführt. Aber sie waren auch nicht die Bestien in Menschengestalt, als die sie von der amerikanischen Greuelpropaganda dargestellt wurden. Plünderungen in großem Ausmaß fanden statt, und das Beutegut ist teilweise heute noch – vom Kühlschrank bis zum Kronleuchter aus Kristall – in gewissen Valuta-Kaufhäusern Bagdads zu erstehen. Oft waren jedoch ortsansässige Kuweiti an diesen Seriendiebstählen beteiligt. Ich habe mich von libanesischen Kaufleuten, die den ganzen Krieg im okkupierten Scheikhtum miterlebt haben, ausführlich informieren lassen. Die Iraker sollen sich nicht wesentlich schlimmer aufgeführt haben, als das andere arabische Eroberer in vergleichbarer Situation getan hätten. Die Verschleppung und die Hinrichtung potentieller politischer Gegner, die nicht rechtzeitig fliehen konnten, sind leider geläufige Praxis im ganzen Orient.

Es gibt Situationen, in denen die Europäer ihrem übermächtigen Bündnispartner jenseits des Atlantiks nicht jeden Streich durchgehen lassen sollten. Eine Portion Gaullismus stünde den verantwortlichen Politikern unseres alten Kontinents gut zu Gesicht, was eine tief verankerte Solidarität mit Amerika keineswegs ausschließt. Auf dem Höhepunkt der Kuba-Krise, als die Welt sich am Rande des Atomkrieges befand, hatte Charles de Gaulle – bei all seinen Vorbehalten gegen den westlichen Hegemonen – dem Emissär John F. Kennedys, Dean Acheson, auf englisch, was für ihn äußerst ungewöhnlich war, deklariert: »If there is a war, we shall be with you – Wenn es zum Krieg kommt, stehen wir auf Eurer Seite.« Aber gewisse »dirty tricks« können einfach nicht hingenommen werden. Ein Paradebeispiel dieser geheimdienstlichen Abgefeimtheit war wohl die Horror-Erfindung von den Brutkästen für Säuglinge in einem Kuweiter Krankenhaus, die von den Irakern angeblich zertrümmert wurden. Die Babys seien dann von diesen Sadisten an den Wänden zerschmettert worden. Um diesen Behauptungen Glaubwürdigkeit zu verleihen, war eine englische TV-Produktionsfirma speziell beauftragt und bezahlt worden, das Gruselspiel absichtlich verwackelt und leicht verzerrt mit Schauspielern zu inszenieren und den Säuglingsmord anhand von Puppen zu simulieren. Dazu gesellte sich die Tochter des Botschafters von Kuweit in den USA, um über sämtliche Fernsehkanäle mit tränenerstickter Stimme Greuelmärchen zu verbreiten, die sie im fernen New York frei erfunden hatte.

Nach Ende der Bodenoffensive kam die Sensationsnachricht von irakischen Giftgas-Anschlägen gegen die vorrückenden Amerikaner auf. In Wirklichkeit hatte die US Army – von ihrem voll informierten Nachrichtendienst unzureichend gewarnt – Bunkerstellungen des Gegners gesprengt, in denen Gasgranaten und Sarin-Kampfstoff lagerten. Seitdem ist in den USA der Streit im Gang um die Entschädigung der durch eigenes Verschulden verseuchten amerikanischen Soldaten, deren Zahl von gewieften Anwälten beliebig in die Höhe getrieben wird. Nur ein geringer Teil der Lügen und Fehlleistungen, die den strahlenden Sieg George Bushs ins Zwielicht rücken, sind bekannt geworden. Man erinnere sich zum Beispiel an die Tatarenmeldung von der totalen Ölverschmutzung des Persischen Golfs durch auslaufendes Petroleum. Als dazu eine drastische Illustration fehlte, wurde die Fernseh-Aufnahme eines im Öl ertrinkenden Kormorans aus der französischen Bretagne zu Hilfe genommen, um die Entrüstung der Umweltschützer anzufachen.

In einem mit Hilfe des deutschen Nachrichtendienstes entstandenen Sachbuch des FAZ-Redakteurs Udo Ulfkotte, dessen Lektüre für naive Gemüter überaus heilsam wäre, sind die von mir summarisch aufgezählten Pannen mit detaillierter Sachkenntnis aufgelistet. Verblüffend an dieser Veröffentlichung sind nicht so sehr die Fakten selbst, die in der amerikanischen Presse längst ausführlich behandelt wurden, sondern die Tatsache, daß ausgerechnet der BND zu einer so schonungslosen Kampagne gegen seine Kollegen der CIA ausholte. In Pullach – das wäre das wahre Hintergrundthema besagten Buches – scheint eine gewisse Schizophrenie vorzuherrschen. Einerseits stellt man die US-Agenten als Stümper und Killer dar, andererseits wird jedoch von Ulfkotte versichert, daß über den BND seit geraumer Zeit sämtliche deutschen Botschaftsberichte an den israelischen Nachrichtendienst »Mossad« weitergeleitet werden. Nun ist aber die Zusammenarbeit zwischen amerikanischen und israelischen »Spooks« aufs engste verzahnt, so daß die Enthüllungen Pullachs, die streng vertraulichen Lagebeurteilungen des Auswärtigen Amtes, zweifellos über Jerusalem ihren Weg nach Langley finden.

Das erträgliche Maß an Skrupellosigkeit und »intoxication« wurde vollends überschritten, als das US-Kommando die Regimegegner Saddam Husseins – insbesondere die Schiiten im Süden und die Kurden im Norden – zum offenen Aufstand gegen den Diktator aufrief und sie dann ihrem tragischen Schicksal überließ. Die Kurden, die im Westen über eine beachtliche Anzahl von Sympathisanten bei linken Alternativen und »Friedenskämpfern« verfügen, kamen noch relativ glimpflich davon. Sie profitierten von den amerikanischen Schutzmaßnahmen, die im Stil der üblichen Schönfärberei mit dem Namen »Northern Shield« und »provide comfort« bezeichnet wurden. Eine schreckliche Untat wurde hingegen an den schiitischen Gegnern Saddam Husseins begangen. Es war nämlich zur Volkserhebung in den meisten Provinzen südlich von Bagdad gekommen. Die Anführer der bislang streng geheimen Untergrund-Organisationen, insbesondere der militanten Gruppe »El Dawa«, tauchten aus ihren Schlupflöchern und ihrer Anonymität auf. Die Geheimpolizei Bagdads hatte schon in den siebziger und achtziger Jahren zur erbarmungslosen Repression gegen die Mullahs und jene schiitischen Intellektuellen ausgeholt, die man als Feinde des säkularen Baath-Regimes, als heimliche Befürworter eines Gottesstaates à la Khomeini verdächtigte. Der oberste Würdenträger der »Partei Alis«, Ayatollah Uzma Mohammed Baqr Sadr, war 1980 hingerichtet worden. Der nächste hohe schiitische Geistliche des Irak, Mohammed Baqr-el-Hakim, entkam nach Teheran, wo er eine »Armee der islamischen Mobilisierung« unter den schiitischen Kriegsgefangenen aus Mesopotamien zu rekrutieren suchte. Viel effektive Hilfe haben die Aufständischen des Süd-Irak von ihren persischen Glaubensbrüdern dennoch nicht erhalten, als die Revolte sich im März 1991 in Windeseile ausbreitete. Teheran hatte sich noch längst nicht von den horrenden Verlusten des ersten Golfkrieges erholt.

Auch ohne nennenswerten äußeren Beistand hatten sich die schiitischen »Gotteskrieger« der südlichen Hälfte des Zweistromlandes bemächtigt. Nach heftigen Gefechten hatten sie die Großstadt Basra von den Schergen Saddam Husseins befreit, die heiligen Pilgerstätten Nedschef und Kerbela für die »Schiat Ali« zurückgewonnen. Ihre Anführer vertrauten darauf, daß Präsident Bush die irakische Armee zumindest daran hindern würde, eine Gegenoffensive in Gang zu setzen und blutige Vergeltung zu üben. Doch in diesem Punkt hatten sich die Schiiten geirrt. Sie waren auf abscheuliche Weise getäuscht worden. Die Kern- und Verfügungstruppe des Saddam-Regimes, die Divisionen der »Republikanischen Garde«, waren ja von amerikanischen Luftangriffen verschont geblieben. Sie standen fast unversehrt bereit, um mit schwerem Material gegen die Aufrührer vorzugehen. Amerika hatte die Volkserhebung gegen den »Hitler von Bagdad« mit allen Mitteln der Propaganda ermutigt. Als aber die Perspektive einer schiitischen Loslösung von der irakischen Zentralmacht sich abzeichnete und die Konturen eines islamischen Gottesstaates in Süd-Mesopotamien Gestalt annahmen, rührten die Streitkräfte des General Schwarzkopf keinen Finger, um diesen Irregeleiteten zu Hilfe zu kommen. Sie sahen taten- und wortlos zu, wie die Revolutionsgardisten unter Befehl des als Schlächter berüchtigten General Ali Hassan el-Madschid die Straßen von Basra in Schutthalden verwandelten, die heilige Stadt Nedschef verwüsteten und das höchste schiitische Sanktuarium von Kerbela, das Grab des Imam Hussein, in Brand schossen.

Washington hat die rebellischen Schiiten ihrem Todfeind Saddam Hussein bewußt ans Messer geliefert. Zwar war von der US Air-Force über breite Streifen im Norden und im Süden des Landes ein Flugverbot für irakische Kampfflugzeuge verhängt worden. Aber über eine nennenswerte Luftwaffe verfügte Bagdad seit Kriegsbeginn ohnehin nicht mehr – die Maschinen waren nach Iran ausgeflogen worden –, und das Startverbot galt nicht für die Hubschrauber, die der Diktator durch geschickte Tarnung gerettet hatte. Die gepanzerten Helikopter stießen nunmehr wie mörderische Raubvögel auf die schlecht bewaffneten Schiiten nieder. Es fand ein entsetzliches Gemetzel statt. Letzte Zuflucht fanden die Aufständischen in jener malerischen Sumpflandschaft, wo sich das Leben der »Marsh«-Araber seit prähistorischen Zeiten nicht geändert hatte. Umgehend ordnete Saddam Hussein an, die potentiellen Widerstandsnester, dieses einzigartige Naturreservat durch Kanalbau und Drainage auszutrocknen und der Versteppung auszuliefern.

Die amerikanische Orient-Politik hatte einen doppelten, zutiefst dubiosen Erfolg verbucht: Saddam Hussein war – mehr noch als bei der Besetzung Kuweits – als grausamer Unhold diskreditiert, und die Schiiten des Irak wurden als potentielle Verbündete des iranischen Gottesstaates ausgeschaltet. Die Vasallen der USA am Persischen Golf – Kuweiti und Saudi zumal – konnten aufatmen. Kein amerikanischer oder europäischer Medien-Kommentator wagte die Feststellung zu treffen, daß das US-Kommando sich gegenüber den Schiiten des Irak ähnlich verhalten hatte wie die Rote Armee Josef Stalins, als deren Divisionen im Warschauer Stadtteil Praga östlich der Weichsel wie gelähmt, ohne auch nur eine Granate abzufeuern, zusahen, wie Wehrmacht und Waffen-SS den patriotisch und katholisch motivierten Aufstand des Oberst Bór-Komorowski zusammenkartätschten, die polnische Widerstands-Elite füsilierten und Warschau in eine Mondlandschaft verwandelten. Ob ein solcher Zynismus sich am Ende auszahlt? Die »glorreiche Sowjetmacht« ist – trotz oder wegen des stalinistischen Verbrechens an der Weichsel – zumindest partiell an der ungebrochenen Beharrungskraft Polens gescheitert. Heute deutet einiges darauf hin, daß das skrupellose Doppelspiel zwischen Euphrat und Tigris, dessen sich die USA schuldig machten, ihnen keinen dauerhaften Vorteil bei der angestrebten »Neuen Friedensordnung« verschaffen wird.

Blutgericht und Sektentaumel

Bagdad, im August 1997

Der Traum Saddam Husseins, Bagdad in eine strahlende Megapolis zu verwandeln wie zu Zeiten des Kalifen Harun-al-Raschid, hat sich nicht erfüllt. Sieben Jahre Wirtschaftsembargo haben sich wie Mehltau auf die Stadt am Tigris gelegt. Wer möchte sich heute noch mit den wuchtigen Wohnblocks des Außenviertels »Saddam City« brüsten, das ursprünglich »Madinat-el-Thaura – Revolutionsstadt« heißen sollte und nun zum Schauplatz ganz gewöhnlicher Kriminalität verkommt. Auch die stattlichen Apartment-Häuser von Haifa-Street – die Namensgebung erinnert an den unverzichtbaren Anspruch auf die israelische Hafenstadt – beeindrucken nicht mehr. Sie sind – wie so viele Neubauten – einer schleichenden Abnutzung ausgeliefert.

Bagdad im Sommer 1997 wirkt weit weniger protzig als fünfzehn Jahre zuvor. Dafür hat die Kapitale zu einer anheimelnden orientalischen Menschlichkeit zurückgefunden. Plötzlich stelle ich fest, daß die alte Hauptstraße parallel zum Strom, die nach Harun-al-Raschid benannt ist, sich seit meinem ersten Besuch im Sommer 1951 kaum verändert hat. Sie ist noch ebenso verdreckt, übervölkert und laut wie wohl schon zur Osmanischen Epoche. Manches offizielle Gespräch führe ich in renovierten, kasernenähnlichen Ziegelbauten, die aus der Zeit der türkischen Sultansverwaltung stammen. Vor 46 Jahren ließen dort die Beamten des Haschemitischen Königshauses dem Besucher von sudanesischen Dienern Kaffee servieren, während dieser auf die Erledigung endloser Formalitäten wartete. Von der Pracht des Abbasiden-Kalifats sind allenfalls ein paar Grabkuppeln und ein Stück Festungsmauer übrig. Der zweifache Mongolensturm – einmal unter dem Dschinghis Khan-Enkel Hülagü, das zweite Mal unter dem grausamen Welteroberer Tamerlan – hatte die Metropole fast ausgelöscht. Die Backsteine Mesopotamiens zerbröckeln allzu schnell unter der brütenden Sonnenglut.

Die Denkmäler zu Ehren Saddam Husseins, die seit der Golf-Niederlage in unverminderter Devotion errichtet werden, fallen heute weniger pompös aus. Aber der starke Mann von Bagdad, der – wenn er lächelt und sich leutselig zeigt – ein wenig an den Filmschauspieler Clark Gable erinnert, bleibt allgegenwärtig. Er winkt auf zahllosen Wandgemälden und Plakaten seinen Untertanen mit der typisch steifen Armbewegung zu. Immer häufiger zeigt er sich in der Tracht des Beduinen oder in der frommen Verbeugung des Beters. Als Kriegsheld oder gar als Exzentriker mit Tirolerhut läßt er sich kaum noch feiern. Seine Auftritte in der Öffentlichkeit, die aus Sicherheitsgründen niemals angekündigt werden, sind selten geworden. Er soll jede Nacht in einer anderen Residenz schlafen. Immerhin sah man ihn – inmitten einer gesiebten Zahl von Anhängern – bei der Grundsteinlegung einer Moschee, die im Herzen von Bagdad entsteht und deren gewaltige Ausmaße die stolzen Konturen der Moschee Hassans II. von Casablanca noch überragen sollen. Der Rais, so wurde mir mehrfach versichert, wende sich mit fortschreitendem Alter einem frommen Lebensstil zu, er habe seinen Alkoholkonsum, der früher erheblich gewesen sei, stark reduziert. Im Fernsehen kann man ihn auch bewundern, wie er nach der UN-Vereinbarung »Öl für Nahrung«, die dem Irak pro Halbjahr einen Petroleumexport im Gegenwert von zwei Milliarden Dollar erlaubt, mit energischem Ruck den Verschluß der Pipeline von Kirkuk aufdreht. Noch spektakulärer sind seine sportlichen Darbietungen. Der Diktator – immer noch athletisch gewachsen – stürzt sich an der Spitze seiner verschüchterten Getreuen in die Fluten des Tigris, erreicht mit kräftigen Schwimmstößen als erster das Gegenufer und übertrifft mit seiner ungebrochenen physischen Kraft sein Modell Mao Zedong, der zu Beginn der Kulturrevolution Chinas in den Fluten des Yang Tsekiang gebadet hatte. Irgendwie imponiert dieser Kraftkerl vom Tigris auch.

Seit dem Desaster von 1991 hat sich sein Charakterbild in der Geschichte allmählich verändert. Gewiß, selbst in Damaskus, wo Präsident Hafez-el-Assad – unter dem Zwang der Umstände – mit dem früheren Todfeind von Bagdad wieder eine diplomatische Normalisierung einleitet, den Handel mit Mesopotamien aktiviert und auf strategische Vorteile bedacht ist, herrscht immer noch keine positive Meinung vor. Ein sehr hoher syrischer Beamter hatte mir unverhohlen erzählt, wie der irakische Staatschef bei gastlichen Empfängen im Kreise seiner Mitarbeiter und Günstlinge unversehens die Pistole zieht und einen vermeintlichen Gegner abknallt, nur weil ihm dessen Auftreten suspekt, der Blick verschlagen erschien. Für viele Iraker, die unter dem Boykott der UNO stöhnen, präsentiert er sich als fürchterlicher, aber unbezwingbarer Fels, der der Koalition von dreißig Feind-Nationen, angeführt durch den Koloß USA, erfolgreich die Stirn geboten hat. Die Legendenbildung sprießt im Orient noch üppiger als andernorts. Jedenfalls tritt Saddam nicht nur in den Augen seiner Untertanen, sondern auch in der Einschätzung vieler Beobachter des arabischen Auslandes neuerdings in der Rolle des »Batal« auf, des Helden, an dem alle Komplotte der amerikanisch-zionistischen Verschwörung unrühmlich zerschellen.

Die Versuche der CIA-Agenten, den Tyrannen vom Tigris auf die eine oder andere Weise zu liquidieren, sind nur zum geringsten Teil bekannt geworden. Jeder dieser Anschläge endete mit einer fürchterlichen Blamage. Dank der amerikanischen Presse – die »New York Herald Tribune« brachte eine umfangreiche Titel-Story – wurde der Riesen-Flop des US-Geheimdienstes im irakischen Kurdistan während des Sommers 1996 in vollem Ausmaß publik. Die Bevölkerung von Bagdad ihrerseits hat sich weit mehr über die konspirativen Eskapaden der Schwiegersöhne des Diktators amüsiert und erregt, die sich im August 1995 – begleitet von zwei Töchtern Saddams – nach Amman absetzten und den Amerikanern geheimste Rüstungsdaten lieferten. Im Gespräch bleibt vor allem Hussein Kamil, der als engster Vertrauensmann des Präsidenten und schlimmster Henker galt. Die öffentliche Verblüffung war total, als besagter Schwiegersohn, nachdem man ihm in Bagdad Straffreiheit zugesichert hatte, tatsächlich in die Höhle des Löwen zurückkehrte und dort – angeblich nicht von den zuständigen Staatsorganen, sondern von Mitgliedern des zutiefst entehrten Familien-Clans – schleunigst umgebracht wurde. Ich habe gefragt, wie eine solche psychologische Fehlleistung eines intimen Kenners des Regimes überhaupt zu erklären sei, und erhielt folgende Antwort: Hussein Kamil stammte aus kleinsten, ja erbärmlichen Verhältnissen. Er hatte durch Skrupellosigkeit und Grausamkeit die höchste Gunst des Serail erworben. In völliger Überschätzung seiner eigenen Bedeutung für die amerikanischen Spezialdienste hatte er wohl gehofft, seinen Schwiegervater an der Spitze des Staates ablösen zu können und selbst Präsident zu werden. Sämtliche irakischen Exil-Politiker jedoch – von den Schiiten bis zu den Kommunisten – wandten sich mit Abscheu von dieser Verrätergestalt ab. Angeblich hat Hussein Kamil – nun auch von seinen »US-Betreuern« mit Mißachtung gestraft – sich mit der Bedeutungs- und Mittellosigkeit im Exil nicht abfinden können. In seiner Verblendung redete er sich ein, sein ehemaliger Wohltäter würde doch noch Gnade walten lassen. Diesen monumentalen Irrtum hat er mit dem Leben bezahlt.

Damit sind die Gerüchte nicht zu Ende. Als im Dezember 1996 Udai, der älteste Sohn Saddam Husseins, bei einer abendlichen Vergnügungstour am Steuer seines Turbo-Porsche im Stadtkern von Bagdad durch ein Attentat schwer verletzt wurde, brachte man diesen Überfall mit dem Drama Hussein Kamils und einer Familien-Vendetta in Zusammenhang. Der verwöhnte Playboy Udai war sogar seinem Vater mit seiner Brutalität, seiner manischen Mordlust lästig geworden. Nach mehreren Operationen der Wirbelsäule tritt der mißratene Sprößling, der seine Teil-Lähmung durch wallende Beduinenkleidung zu verstecken sucht, wieder im Fernsehen auf, um seine fortschreitende Gesundung zu demonstrieren. Dem Zuschauer fällt selbst bei diesen Propaganda-Szenen die Vulgarität des Gesichtsausdrucks, das grausame, erzwungene Lächeln auf.

Bagdad ist in den Prüfungsjahren seiner weltweiten Ächtung wieder eine zutiefst orientalische, eine durch und durch islamische Stadt geworden. Die vielen ausländischen Handelsvertreter, Ingenieure und Finanziers – es war nicht immer die Elite des westlichen Unternehmertums – sind verschwunden. Auch die zahllosen Fremdarbeiter – Süd-Koreaner, Pakistani, Inder, vor allem drei Millionen Ägypter – haben den Irak fluchtartig nach der Niederlage von 1991 verlassen oder wurden ohne Entgelt davongejagt. Geschlossen sind auch die anrüchigen Kasinos und Amüsier-Lokale am Ufer des Tigris. Auf dem Höhepunkt des Gemetzels an der persischen Front floß dort der Alkohol in Strömen, und die Kriegsgewinnler starrten gierig auf die zierlichen asiatischen Tänzerinnen aus Bangkok oder Manila, die sich halbnackt auf der Bühne produzierten, ehe sie mit zahlungskräftigen Kunden in ihren Absteigen verschwanden. Dem Skandal dieses Vergnügungsrummels, der angesichts der fürchterlichen Verlustzahlen auf dem Schlachtfeld zum Himmel schrie, wurde abrupt ein Ende bereitet. Die durch das Embargo bedingte Armut hat es allerdings mit sich gebracht, daß heute junge Irakerinnen, oft Studentinnen, sich als Prostituierte anbieten, um ein bescheidenes Auskommen zu finden. Die offizielle Entlohnung vom Professor bis zum Hilfsarbeiter – in total entwerteten 250 Dinar-Scheinen ausgezahlt – bewegt sich zwischen zwei und fünf Dollar pro Monat, falls man den realen Wechselkurs zugrunde legt. Es handelt sich um ein symbolisches Entgelt, und wie immer bei solchen extremen wirtschaftlichen Engpässen fragt sich der Außenstehende, wie der normale Sterbliche im Irak überleben kann. Die Familienbande sind eben noch intakt, und der Orient ist in dieser Hinsicht manchen Kummer gewöhnt. Der französische Nahost-Experte Eric Rouleau verweist zu Recht darauf, daß noch kein Land der Dritten Welt durch Wirtschaftsboykott allein in die Knie gezwungen wurde.

Auf dem Gemüsemarkt und im Bazar von Bagdad geht es so lebhaft und lärmend zu wie zu Zeiten Sindbads des Seefahrers. Das Angebot an Lebensmitteln ist überreich, doch selbst der Preis für Datteln und Grieß ist für den Durchschnittsverbraucher fast unerschwinglich, ganz zu schweigen vom Hammelfleisch, das sich nur die Privilegierten leisten können. Viele Verkaufsstände des Suq stehen leer. Die Textilhändler breiten billige Stoffballen aus China auf ihren Regalen aus. Am schlimmsten ist es um die Medikamente bestellt, weil fast jedes chemische Produkt – dazu zählen auch Dünge- und Pflanzenschutzmittel – auf der »Roten Liste« steht. Im Irak herrscht keine akute Hungersnot, aber das Trinkwasser verfault und Infektionskrankheiten breiten sich aus. Ich sollte im nördlichen Mossul erleben, wie mein Gastgeber, einer der reichsten Männer der Stadt, schier verzweifelte, weil er für seinen Vater, der gerade einen schweren Herzanfall erlitten hatte, kein Blutverdünnungsprodukt, ja nicht einmal Valium auftreiben konnte. Ähnlich wie im post-kommunistischen Rußland sind im Irak vor allem die Angehörigen des Kleinbürgertums zu bemitleiden. Mit den kümmerlichen Resten ihres Besitzes stehen sie als Trödler am Straßenrand und warten schicksalsergeben auf einen Interessenten.

Vergeblich habe ich im ganzen Land nach Schmähschriften gegen Saddam Hussein Ausschau gehalten. Daran erkennt man die Omnipräsenz der diversen Überwachungsdienste – es sind insgesamt sechzehn – die fast nirgendwo sichtbar in Erscheinung treten, aber die Gewähr dafür bieten, daß jeder aktive Oppositionelle unverzüglich am Galgen hängt. Der Staatschef soll gegenüber den Angehörigen seines Clans und seiner Sippe nach den letzten Enttäuschungen wachsenden Argwohn hegen und sich wieder auf die verschworene Gemeinschaft der alten Baath-Gefährten verlassen. Die akute materielle Bedrängnis seines Volkes hindert ihn nicht, großartige Bauprojekte zu lancieren. Der neue Präsidentenpalast übertrifft an Pracht und Ausdehnung alle bisherigen Staatsschlösser. Eine große Ausstellungshalle ist in Auftrag gegeben. Der einst viel geschmähten Dynastie der Haschemiten, die hier zu Zeiten des britischen Mandats auf einen wackeligen Thron gehoben wurde, ist nachträglich – im Zeichen der nationalen Versöhnung – ein ansehnliches Mausoleum errichtet worden. An die Toten des ersten Golfkrieges gemahnt eine geborstene Kuppel mit grüner Kachelverkleidung. Sie ersetzt die zahlreichen schwarzen Trauertücher, die im Sommer 1982 an so vielen Häusern aushingen und auf denen geschrieben stand: »El schuhada akbar minna dschami'an« – »die Märtyrer« – gemeint waren die Gefallenen – »sind größer als wir alle zusammen.«

Der Irak befindet sich in einem eigenartigen Schwebezustand. Da werden mir im engsten Gassengetümmel jene Verstecke gezeigt, wo – während des zweiten Golfkrieges – die Sprengköpfe der Scud-B-Raketen tagsüber in menschenwimmelnder Umgebung gelagert wurden. Die Abschußrampen waren in der Wüste verscharrt. Jedes Kind in Bagdad wußte um diese hochexplosive Präsenz, aber die CIA hat davon nie erfahren. Was den Amerikanern, die mit allen Mitteln der Elektronik und des High-Tech ausgestattet sind, schmerzlich fehlt, ist die sogenannte »human intelligence«, die unersetzbare Agententätigkeit vor Ort. Trotz aller Stimmungsmache gegen die USA, trotz der astronomischen Reparationsforderungen, die von der gefügigen UNO eingeklagt werden, stößt der westliche Ausländer auf keinerlei Feindseligkeit. Die Freundlichkeit der Menschen ist entwaffnend und fast beschämend. Insgeheim – bei allen Haßtiraden gegen die USA – bewundern ja die Orientalen diese verfluchten Amerikaner. Viele junge Leute ahmen den Lebensstil nach, soweit die Mittel dazu reichen, und so mancher träumt davon, eines Tages in »God's own country« auswandern zu können. Deshalb würde ein abrupter Kurswechsel Washingtons, ein Verzicht auf die kleinliche, die bösartige Diskriminierung und Auspowerung eines ganzen Volkes vermutlich mit großer Erleichterung, ja möglicherweise mit Versöhnungsangeboten quittiert werden. Das »big business« in den USA käme sehr schnell auf seine Kosten. Die Europäer, insbesondere die Deutschen, könnten ganz plötzlich mit ihrer pedantischen Vorschriftserfüllung, ihrer außenpolitischen Zaghaftigkeit wie überraschte Tölpel dastehen.

Diese etwas heruntergekommene Millionen-Stadt am Tigris hat ihren geheimen Charme. Die Bessergestellten treffen sich abends in zerfallenen Restaurants am großen Strom. Da geht es lärmend und nicht sonderlich hygienisch zu. An wackligen Tischen sitzen die Männer in der weißen Dischdascha, schmauchen ihre Wasserpfeifen, plaudern, spielen Trik-Trak und warten geduldig auf die Zubereitung der Fische, die ihnen der schweißtriefende Wirt eben noch lebend in einem

Bassin zur Auswahl gezeigt hat. Diskret werden Bier und Whisky serviert. Da stört es wenig, daß die Katzen sich um die Fischköpfe streiten und Scharen von Ratten die Böschung des Stroms erklettern, um sich erwartungsvoll neben die Gäste zu ducken.

*

Am Nachmittag habe ich mich nach Ktesiphon fahren lassen. Die Besichtigung der antiken Bankethalle, das größte Rundgewölbe, das je von Menschenhand – dazu noch aus Lehmziegeln – gebaut wurde, lohnt den Ausflug zur ehemaligen Hauptstadt des Parther- und Sassaniden-Reiches. Dieses Symbol persischen Widerstandes gegen die römische Allmacht ist nur vierzig Kilometer südlich von Bagdad gelegen. Meine Aufmerksamkeit gilt jedoch vorrangig einem anderen überdimensionalen Projekt der jüngsten Vergangenheit. Etwa auf halber Strecke ist ein riesiges, verwahrlostes Areal durch Stacheldrahtverhaue, Wachtürme und andere Schikanen abgeschirmt. Dahinter türmen sich formlose Lehmhaufen und ein paar verlassene Baracken. An dieser Stelle hatte sich die Nuklear-Aufbereitungsanlage »Ozirak« befunden. Hier hatte Saddam Hussein mit Hilfe französischer Experten den Durchbruch zur Atom-Rüstung forcieren wollen. Die Laboratorien und Werkstätten waren im zentralen Krater einer künstlich aufgeschütteten Erd-Pyramide pharaonischen Ausmaßes verborgen und schienen unverwundbar. Dennoch ist es der israelischen Luftwaffe im Sommer 1981 gelungen, diese unheimliche Waffenschmiede in einem perfekt inszenierten Überraschungsangriff lahmzulegen. Die vernichtende Bombenlast wurde von den Kampfmaschinen mit dem David-Stern in elliptischer Bahn wie beim Basketball-Wurf oder beim Granatwerfer-Abschuß ins Ziel gesetzt. Seitdem ist das Terrain geräumt, der Witterungserosion preisgegeben. Der künstliche Berg brach in sich zusammen. Im Sommer 1982, bei meiner letzten Besichtigung, hatte Ozirak trotz der Volltreffer noch einen ganz anderen Anblick geboten. Auf der Höhe der Sandburg zeichnete sich eine Vielzahl von Flakbatterien und Raketenstellungen ab. Der Himmel wurde durch knallrote Fesselballons verstellt, als solle die Arbeit bei nächster Gelegenheit wiederaufgenommen werden.

Die Nuklear-Proliferation bleibt das alles beherrschende Gespräch in den Militärstäben dieser Region. Jedermann ist überzeugt, daß der irakische Rais seine nuklearen Ambitionen – trotz Niederlage und Sanktionen – nicht aufgesteckt hat. In der Zwischenzeit richten sich die Blicke vornehmlich auf die Islamische Republik Iran, über deren atomare Rüstungsvorhaben angeblich präzise Berichte deutscher Kundschafter vorliegen. Doch es wäre nicht das erste Mal, daß den Mullahs und Pasdaran von Teheran gezielte Irreführungen gelängen. Der lukrative Handel mit angereichertem Plutonium oder miniaturisierten Sprengköpfen aus russischen oder kasachischen Arsenalen kann jederzeit für Überraschungen sorgen.

Im Anschluß an den Abstecher nach Ktesiphon haben mir meine beiden Gönner in Bagdad, der deutsch-irakische Arzt Saad Darwish und der Rektor der alt-ehrwürdigen Mustansiriyeh-Universität, Riad-el-Dabagh, eine abendliche Rundfahrt durch die Stadt Harun-al-Raschids vorgeschlagen. Gemeinsam mit dem deutschen Orientalisten Walter Sommerfeld, der sich um die Entzifferung der babylonischen Keilschrift verdient macht, fördern sie unverdrossen eine »Deutsch-Irakische Gesellschaft« und sind bemüht, nicht alle Fäden Mesopotamiens zur Bundesrepublik abreißen zu lassen. »Die größte Gefahr besteht darin, daß die jungen Akademiker aufgrund der drakonischen Sanktionsmaßnahmen von jedem Kontakt mit dem westlichen Ausland abgeschnitten werden und daß sich eine dauerhafte psychologische Entfremdung einstellt«, hatte sich Walter Sommerfeld vor meinem Aufbruch nach Bagdad beklagt.

Während dieses Irak-Aufenthalts werde ich mir durchaus bewußt, daß ich ein bevorzugtes »Treatment« genieße. Das Informationsministerium hat mir sogar die Erstattung meiner persönlichen Ausgaben angeboten, was ich natürlich strikt ablehnte. Dank meiner beiden Betreuer habe ich binnen kürzester Frist mit fünf irakischen Ministern – darunter Tariq Aziz – lange Gespräche führen können. Es wurde mir absolute Reisefreiheit gewährt, und niemand hat versucht, mich mit plumpen Propaganda-Parolen zu belästigen. Eine solche Liberalität ist um so beachtlicher, als die Bagdader Behörden über meine bisherige Orient-Berichterstattung offenbar gut informiert sind. Sie wissen, daß ich im ersten Golfkrieg engen Kontakt zur militärischen Führung Irans unterhielt und im Februar 1979 mit Ayatollah Khomeini im gleichen Flugzeug von Paris nach Teheran gekommen war. Auch meine Kommentare zum Unternehmen »Wüstensturm« sind in Bagdad registriert worden. Mit Kritik an Saddam Hussein hatte ich nie gespart Doch so klug ist man immerhin in der Umgebung des Rais, daß man sich von den nuancierten Aussagen eines unvoreingenommenen, erfahrenen Beobachters und deren Wirkung auf die deutsche Öffentlichkeit mehr verspricht als von schön geschminkten Reportagen irgendwelcher »newcomer« in dieser Region.

Der Abend hat sich über das Zweistromland gesenkt. Durch ein unvorstellbares Menschengewühl bahnen wir uns den Weg zur schiitischen Moschee von Qadhimain jenseits des Tigris, wo die beiden Imame Musa-el-Qadhim und Muhammad-el-Jawad unter Gold und Silber bestattet sind. Saad Darwish und Riad-el-Dabagh verweisen mich auf die Zunahme der religiösen Inbrunst, die in allen Bevölkerungsschichten, Sunniten wie Schiiten, bei den Alten und plötzlich auch bei den Jungen festzustellen ist. Es ist wohl eine Folge der materiellen Not, aber auch der ideologischen Ratlosigkeit. Arabischer Nationalismus und Sozialismus, die die Baath-Partei – von dem syrischen Christen Michel Aflaq gegründet – einst prägten, haben eben an Glaubwürdigkeit und Attraktivität verloren. Bleibt der Islam als geistliche und moralische Zuflucht, als »feste Burg« in einer schwankenden Welt. Hinzu kommt ein schwindelerregender Bevölkerungszuwachs. »Als wir zur Schule gingen«, berichtet Saad Darwish, habe er gelernt, daß es im Irak fünf Millionen Einwohner gebe. Im Sommer 1982 wurde mir die Zahl von dreizehn Millionen Irakern genannt, und heute schätzt die UNO die Bevölkerung Mesopotamiens auf dreiundzwanzig Millionen.

Mit dem Überschreiten der Schwelle zur Moschee Qadhimain hat mich die Zauberwelt des schiitischen Totenkultes aufgenommen. Das Gebäude ist hell angestrahlt, leuchtet mit seiner riesigen Goldkuppel wie ein Juwel in der Dunkelheit unter dem Halbmond. Die Menge der Frommen umkreist dichtgedrängt die Sarkophage ihrer heiligen Märtyrer. Sie klammern sich segenheischend an das schwere Silbergitter, sinken in schluchzender Trauer vor den massiven Goldtafeln der Grabkammer nieder. Die zahllosen Spiegelfacetten, die mit leuchtenden Kaskaden die Illusion von Jenseitigkeit vermitteln, würden an anderer Stelle kitschig wirken. Hier schimmern sie wie ein Stück Paradies. Es ist stets das gleiche, magische Dekorationsmuster, das die »Partei Alis« zur Ehrung ihrer Imame aufbietet. Ähnlich glitzern die Grabeshöhlen von Meschhed und Qom, von Kerbela, Nedschef und Samara, wo der Zwölfte der Auserwählten, »Mehdi« genannt, sich seinen sunnitischen Verfolgern durch die Flucht in die »Verborgenheit« entzog. Aus dieser Okkultation, so lautet der Glaube, wird der Zwölfte Imam, der »Herr der Zeiten« eines Tages wiederkehren, um das Reich Gottes und der Gerechtigkeit zu errichten. Der Messianismus ist nicht auf das Judentum beschränkt. Warum spüre ich an diesem Abend die Faszination der schiitischen Klage- und Trauergemeinde besonders intensiv? Warum entsinne ich mich plötzlich in aller Deutlichkeit der Hafenstadt Khorramshahr am Schatt-el-Arab, die von den Irakern nach kurzfristiger Eroberung plattgewalzt worden war. »Ya Allah« – stand dort auf einer Banderole, die den Mihrab einer zerschossenen Moschee verdeckte: »Oh Allah, erhalte uns Ruhollah Khomeini bis zur Revolution des Imam Mehdi – hatta el thaura el Imam el Mehdi!« Nicht als Erlöser, sondern als Revolutionär wird der Zwölfte Imam seine Parusie vollziehen.

Saad Darwish schätzt den schiitischen Bevölkerungsanteil von Bagdad auf fünfzig Prozent. Er zeigt mir auch das Mausoleum des Scheikh Abu Hanifa, des Gründers der weit verbreiteten hanefitischen Rechtsschule oder »Madhhab« der Sunniten. Doch diese Gedenkstätte wird kaum besucht. Ich frage den Rektor der Mustansiriyeh-Universität nach dem mittelalterlichen Mystiker El Halladsch, der zur Zeit der Abbassiden gekreuzigt und in Stücke gerissen wurde, weil er mit blasphemischer Arroganz behauptet hatte: »Ana el haq – ich bin die Wahrheit«. Riad-el-Dabagh äußert seine Verwunderung. »Ich weiß, daß dieser Exzentriker im Westen, vor allem bei den deutschen Orientalisten, eine erstaunliche Bewunderung genießt, fast zur Kultfigur der deutschen Sufi geworden ist. Hier in Bagdad spielt er keine Rolle, hat sie auch nie gespielt. Das Volk hat sogar seinen Namen vergessen.« Ähnlich verhalte es sich ja mit anderen muslimischen Mystikern, Gründern von Derwisch-Orden oder »Tariqat«, die im Abendland aufgrund ihrer Beteuerungen der kosmischen Liebe, der »Mahabba«, in pantheistisch anmutender Abweichung vom Koran als Repräsentanten eines alles verzeihenden, alles erduldenden »Herz-Jesu-Islam« stilisiert würden. Dabei hatten die Bedeutendsten unter ihnen doch nur die »Ruhe in Gott« gesucht, um dann »auf dem Wege Allahs« um so wackerer streiten zu können. »Nur Narren können den Quietismus dieser islamischen Vordenker mit Pazifismus gleichsetzen«, sagt der Rektor. »Im Gegenteil, die Inspiratoren dieser religiösen Männerbünde – von den schiitischen Safawiden, den sunnitischen Naqschbandi bis zu den Senussi der Neuzeit – haben unvermeidlich zum Heiligen Krieg gegen die Ungläubigen aufgerufen.« Was konnte die strikte, auf das ungeschaffene Wort Allahs festgelegte Deutung des Koran durch die Ulama mit der Aussage eines Außenseiters anfangen, der sich anmaßte, die göttliche Wahrheit zu verkörpern. »Quid est veritas? – Was ist die Wahrheit?« hatte schon der ratlose Pro-Consul Pontius Pilatus einen angeblichen »Rex Iudaeorum« gefragt, der von sich selbst sagte: »Ich bin die Wahrheit und das Leben.«

Mein wirkliches Eindringen in die geistlichen Abgründe des Orients findet erst am folgenden Tag statt. Von weit her leuchtet das auf Isfahan verweisende, farbenprächtige Blumenornament einer wunderschönen Kuppel über dem alten Stadtkern von Bagdad. Sie schwebt über dem Wallfahrtsort des Scheikh Abd-el-Qadir-el-Keilani, der im zwölften Jahrhundert am Tigris seine Jünger, seine »Muriden«, um sich sammelte. Dröhnende Paukenschläge hallen durch die Nacht. Weißgekleidete, überwiegend männliche Beter strömen von allen Seiten – zu Fuß, in Bussen, in Taxis – zum Gedächtnisritual. Der Geburtstag des Gründers der Qadiriya-Bruderschaft, eine fast weltumspannende Tariqat des sunnitischen Islam, wird wie ein Volksfest und – je geheimnisvoller die Dämmerung sich senkt – als exotisches Mysterienspiel gefeiert. Dieses Mal haben zahlreiche Soldaten der Republikanischen Garde die Sicherung übernommen. Sie tragen Tarnuniform und ein rotes Barett. Die Kalaschnikow halten sie schußbereit auf der Hüfte. Gemeinsam mit dem Arzt Darwish dränge ich mich ins Gewühl, und niemand scheint Notiz von dem Ungläubigen zu nehmen. Es herrscht eine verwirrende, kollektive Erregung. Mit einem Schlag fühle ich mich in eine irreale Welt versetzt, in eine andere Epoche der Menschheit. Ekstatischer Rausch bemächtigt sich der jungen bärtigen Männer in schneeweißer Dischdascha. Viele tragen einen Fez mit Stickereien auf dem Kopf. Auch Kurden – an ihrer Tracht zu erkennen – sind zahlreich vertreten.

Gleich nach ihrer Ankunft bilden die Beter einen Doppelkreis, dessen Tänzer sich in entgegengesetzter Richtung bewegen. Die Pauken geben den Rhythmus dieses zunehmend schnellen Reigens an. Über den Köpfen schwenken die Muriden grüne Fahnen, und aus ihren Kehlen dringt die unaufhörlich wiederholte Beteuerung: »La illaha illa Allah – es gibt keinen Gott außer Gott!« Diese Übung des »Dhikr« habe ich in fast identischer Form in ganz anderen Weltgegenden – auch in Schwarzafrika – bereits erlebt. Doch die eindrucksvollste Begegnung hat vor genau einem Jahr – der Krieg gegen die Russen war noch im Gange – in Tschetschenien stattgefunden. In den Dörfern rund um Grosny waren die kaukasischen Krieger zum selben Ritual, zum Klang des gleichen Glaubensbekenntnisses und dröhnender Trommeln zusammengekommen, hatten den wirbelnden Ring zu

Ehren Allahs geschlossen und die grüne Fahne des Propheten hochgehalten, die zusätzlich mit dem Totem-Tier der Tschetschenen, dem grauen Wolf, geschmückt war. In der westlichen Berichterstattung ist kaum einem Reporter aufgefallen, daß der Widerstand der Kaukasier gegen Rußland – wie schon zu Zeiten des Imam Schamil – sich mehr noch aus dem Geist des Koran als aus dem nationalen Instinkt dieser Bergvölker nährte. Die Geheimbünde, die Tariqat, die geistlichen Derwisch-Orden, hatten dem Islam erlaubt, die siebzigjährige von den Kommunisten verordnete Gottlosigkeit zu überleben und nach dem Zerfall des Sowjet-Imperiums plötzlich wieder präsent zu sein. In der Türkei war die säkulare Islam-Feindlichkeit des Kemalismus auf den gleichen unterirdischen Widerstand gestoßen. Auch dort fanden die Muriden unmittelbar nach dem Tod Atatürks zur Religiosität der Väter zurück. Die Tschetschenen gehören mehrheitlich der »Qadiriya« an, so hatten sie mir versichert. Sie waren Gefolgsleute des Scheikh Abd-el-Qadir-el-Keilani aus Bagdad, vor dessen Grab ich nun stehe.

Im Unterschied zu den relativ nüchternen Gebetsübungen im Kaukasus ist hier gleich von Anfang an eine exaltierte Stimmung aufgekommen. Neben mir geraten mehrere junge Männer in Trance, winden sich wie Epileptiker, verfallen in krampfartige Zuckungen und werden von ihren Gefährten festgehalten. »Je weiter die Nacht fortschreitet, desto intensiver wird sich dieser Zustand der Verzückung der feiernden Qadiri bemächtigen«, kommentiert Saad Darwish. Er bedauert, daß er mich aus Zeitgründen nicht zu einer sakralen Zusammenkunft der »Rifaiya«-Sekte mitnehmen kann. Es fällt schwer, den Rifai, die sich wie hinduistische Fakire aufführen, den Titel von Muriden, von »Gottsuchern«, zuzuerkennen. Bei den Gauklern der Rifaiya-Gemeinschaft wird die pseudo-religiöse Halluzination so weit getrieben, daß frömmelnde Exhibitionisten sich – nach Erreichung des Trance-Zustandes – Messer in den Schädel rammen, sich von Säbeln durchbohren lassen und Neonröhren schlucken. Diese Beleuchtungskörper, die angeblich eine besondere Anziehungskraft auf das Marterbedürfnis der Sektierer ausüben, werden wie Leckerbissen zerkaut. Die geschilderten Extravaganzen sind durch Photos, Filmaufnahmen und auch durch das Zeugnis des nüchternen Professors Sommerfeld belegt, der – wie er mir erzählte – einen dieser Tollwütigen an der Schulter festhielt, während eine stählerne Stange in seinen Brustkorb eindrang.

Die deutschen Sufi-Bewunderer sind sich wohl nicht bewußt, zu welcher Scharlatanerie die mystische »Weltliebe« ihrer hehren islamischen Vorbilder bei den heutigen Derwischen allzuoft verkommen ist. Selbst das touristisch ausgerichtete Spektakel der tanzenden Derwische von Konya hat nur noch wenig mit der tiefgründigen Meditation des Meisters Dschallal-el-Din-el-Rumi zu tun. Wer ist schon zugegen, wenn die Drehübungen dieser »Mönche« sich – fern von fremden Blicken – zum unerträglichen Delirium steigern? Die nüchternen »Fundamentalisten« wollen mit diesen obskurantistischen Degenerationserscheinungen des Glaubens aufräumen und zur koranischen Reinheit zurückführen. Da ist das individuelle »Ruhen in Gott« nur im engen Rahmen der anerkannten Offenbarung erlaubt. Der »Idschtihad« wird auf die Interpretation des Koran und des »Hadith« begrenzt. »Alles steht im Koran«, so lautet die Losung, und das Treiben der Sufi gerät – wie zu Zeiten des Ibn Taimiya – in den Verdacht der sträflichen Glaubensabweichung.

Vermutlich ist diese rigorose Verwerfung des »Tariqa-Wesens« durch die Fundamentalisten und Integristen ein entscheidender Grund für die erstaunliche Toleranz, die Saddam Hussein und so manch anderes Staatsoberhaupt des Dar-ul-Islam – ich denke dabei insbesondere an Islam Karimow in Usbekistan – den Aktivitäten der Derwisch-Bünde entgegenbringen. Mit Hilfe dieser volksverbundenen Wirrköpfe möchte der Rais von Bagdad das Hochkommen jener unerbittlichen Rigoristen verhindern oder zumindest hinauszögern, in deren Idealstaat kein Platz mehr wäre für sein säkulares Baath-Regime und für die religionsfremde Willkür seiner Machtausübung.

Am Rande vermerkt sei die Tatsache, daß israelische Propagandisten, wenn sie in gezielten Filmproduktionen die religiösen Eiferer von Hamas diskreditieren wollen, mit Vorliebe auf die Gruselbilder rasender »Pseudo-Fakire« zurückgreifen. Dabei unterstellen sie, daß solche Exzesse bei den koranischen Erneuerungsbewegungen gang und gäbe seien. Das Gegenteil ist der Fall. Für den Spezialisten eröffnet sich hier ein interessantes Beobachtungsfeld: Wie wird es den islamischen Puristen, den Anhängern der »Salafiya«, die in den streng koranischen Bewegungen Palästinas, Algeriens, Ägyptens, Afghanistans, Palästinas und der Türkei den Ton angeben, am Ende gelingen, mit den altehrwürdigen Erscheinungsformen des Volks-Islam – ich denke hierbei nicht an dessen groteske Auswüchse – fertig zu werden? Wie wollen sie die weitverzweigten Männerbünde der Tariqat integrieren und auf ihre religiöse Linie bringen? Dieses Problem wird sich zumal in den jungen islamischen Republiken der einstigen Sowjetunion stellen.

Mit dem Namen des hochverehrten Scheikh Abd-el-Qadir-el-Keilani verbindet sich die Erinnerung an eine kuriose Episode des Zweiten Weltkrieges. Ein direkter Nachfahre dieses heiligen Mannes, Raschid-el-Keilani, hatte sich als arabischer Nationalist und Gegner der britischen Mandatsmacht auf die Seite Groß-Deutschlands geschlagen. Er war der ideologische Inspirator jener Militärrevolte, die im Frühjahr 1941 vorübergehend die Macht in Bagdad an sich riß und ein Bündnis mit den Achsenmächten einging. Diese antibritische Erhebung fügte sich in den paranoid anmutenden Eroberungsplan Hitlers ein, der über Ägypten und die Levante einerseits, den Kaukasus andererseits seine Armeen so weit nach Asien vortreiben wollte, bis sie sich in Indien mit den japanischen Soldaten des Tenno treffen würden. In einer ersten Phase ließ sich dieses grandiose Projekt sogar recht günstig an: Im französischen Mandatsgebiet Syrien und Libanon behauptete sich der Vichy und Pétain ergebene General Dentz gegen eine Minderheit von Gaullisten. In Ägypten stand Erwin Rommel mit seinem Afrikakorps bei El Alamein vor den Toren Kairos. Im Kaukasus hatten deutsche Gebirgsjäger die Reichskriegsflagge auf dem Elbrus gehißt und drängten zum Kaspischen Meer.

Doch der britische Löwe kannte sich aus im Wüstensand Arabiens. Einige Regimenter des Empire, unterstützt durch einen Trupp »Freier Franzosen« und israelische Haganah-Kämpfer – darunter Moshe Dayan, der dabei ein Auge verlor –, zwangen General Dentz in Damaskus zur Kapitulation. Gegen den Iraker Raschid-el-Keilani wurde die »Arabische Legion« des Emirats Transjordanien unter dem Befehl des Engländers Glubb Pascha in Bewegung gesetzt. Diese vorzüglich gedrillte Beduinen-Einheit setzte dem Treiben der arabischen Nationalisten am Tigris ein jähes Ende und hob dort die pro-britische Dynastie der Haschemiten wieder in den Sattel. Vor den »Glubb-Girls«, wie man sie ihrer malerischen Tracht wegen nannte, mußte Raschid-el-Keilani über die Türkei nach Berlin flüchten. Nach dem Krieg ist er in seine Heimat zurückgekehrt und als angesehener Patriot gestorben.

US-Protektorat Kuweit

Kuweit, im Februar 1997

Die irakischen Behörden konnten aus meinem Paß ersehen, daß ich im Februar 1997 das Scheikhtum Kuweit aufgesucht hatte. Aber niemand hat mir eine Frage gestellt nach den aktuellen Zuständen in diesem Nachbarland, das vorübergehend als neunzehnte Provinz des Irak annektiert worden war. Niemand schien sich für die artifizielle Staatskonstruktion zu interessieren, die eine so disproportionierte internationale Bedeutung gewonnen hatte.

Aus dieser jüngsten Erfahrung fällt mein Urteil über Kuweit noch negativer aus, als es vor dem Golfkrieg ohnehin schon war. Für die Erhaltung des Mini-Gebildes am nördlichen Ende des Persischen Meerbusens, das von Anfang an auf Lug und Trug gebaut war, ist die halbe Welt in die Bresche gesprungen. Gewiß, der irakische Überfall auf das Scheikhtum hatte dem Westen kaum Alternativen gelassen. Doch an dem gigantischen Einsatz der Operation »Desert Storm« gemessen, war das Ergebnis zutiefst deprimierend. Alles erschien nunmehr doppelt hohl und gekünstelt. Das prätentiöse Gehabe der einheimischen Öl-Barone, die sich als Beduinen kostümierten wie auf einem Faschingsball, kontrastierte mit der Unterwürfigkeit ihrer Fronarbeiter aus Indien und Südostasien, die drei Viertel der Bevölkerung ausmachten. Als Wüsten-Nomaden waren die Vorfahren des heutigen Herrscherhauses El Sabah einst aus der Einöde des Nedschd gekommen. Damals war die »Piratenküste« nur wegen ihrer barbarischen Rückständigkeit und ihrer Perlenfischerei bekannt. Diese Eroberer aus dem Nichts waren im Handumdrehen zu Marionetten Großbritanniens, dann zu Handlangern der USA geworden. Ihren unermeßlichen Petroleum-Reichtum hätten die Kuweiti ohne die Ankunft amerikanischer Prospektoren überhaupt nicht wahrgenommen. Jetzt saßen diese Usurpatoren in ihren vergoldeten Prunksesseln – Stil-Epoche »Louis XV.« – wie fette, kastrierte Kater auf ihren riesigen Vermögen. Ohne die wallende Dischdascha, die goldgerandete Abayah und das weiße, feierliche Kopftuch würde man sie auf den ersten Blick als Hinterhof-Bazari entlarven.

Es lohnt sich kaum, die seltenen Gespräche wiederzugeben, die ich mit diesen opportunistischen Nutznießern des »Schwarzen Goldes« führen konnte. »Die USA sind allmächtig«, tönte es da, »Präsident Clinton wird den Friedensprozeß in Palästina schon erzwingen. Die US Navy beherrscht den Golf, und dagegen hat niemand eine Chance.« Die Kontakte zu Kaufleuten aus der schiitischen Minderheit – sie macht ungefähr dreißig Prozent der Staatsangehörigen mit kuweitischem Paß aus – waren etwas aufschlußreicher. »Ob Saddam Hussein stürzt oder nicht«, wurde mir da anvertraut, »die Baath-Partei wird in Bagdad an der Macht bleiben und mit den gleichen Methoden weiterregieren.« – »Die Amerikaner werden das Embargo gegen den Irak sofort aufheben, wenn ihnen Saddam Hussein die volle Nutzung seiner Energie-Vorkommen zusichert, ihnen den größten Anteil am Kuchen läßt.« Eine solche Perspektive beunruhigte den Herrscher Saleh-el-Jaber-el-Sabah und dessen Familien-Clan, denn das Zweistromland besitzt mit 112 Milliarden Barrel Rohöl die bislang zweitgrößten Petroleum-Reserven der Welt, und in den vergangenen Jahren hatten die Feinde Bagdads das irakische OPEC-Kontingent, das durch das Embargo blockiert war, lukrativ untereinander aufgeteilt. Am Rande erfuhr ich, daß – bis zur UN-Resolution 986, die den Rahmen für das Abkommen »Oil for food« festlegte – ausschließlich das Königreich Jordanien über eine von den Vereinten Nationen genehmigte Importquote irakischen Öls verfügte und diese Lizenz benutzte, Schwarzmarkt-Lieferungen von täglich 20 000 Barrel preisgünstig an Israel zu verhökern.

Ich neige nicht zu tugendhafter Entrüstung. Dafür habe ich in allzu vielen Ländern allzu Schändliches beobachtet und erlebt. Aber der Gedanke, daß das Scheikhtum Kuweit nunmehr die »Neue Ordnung« für den Mittleren Osten verkörpern, gewissermaßen als Leuchtturm der Pax Americana herhalten soll, wirkt unerträglich. Für diese Schmarotzer amerikanischer Macht lohnte es sich wahrhaftig nicht, die Knochen eines einzigen pommerschen, kalifornischen oder bretonischen Grenadiers zu riskieren. Für die Streitkräfte Kuweits, für Armee und Nationalgarde, waren – wie in den anderen Emiraten der Piratenküste – ausländische Söldner, überwiegend Pakistani, angeworben worden. Der Kampfwert der Truppe ist extrem niedrig, obwohl sie von der US-Rüstungsindustrie mit modernstem und teuerstem Kriegsmaterial überschüttet wird. Wehe, wenn der kleine Schützling ausnahmsweise ein paar Haubitzen bei der Volksrepublik China bestellt mit dem Hinweis, Peking habe sich während des Golfkrieges im Weltsicherheitsrat doch sehr kooperativ verhalten. Der Zorn des US Congress pocht dann unerbittlich an die Pforten der El Sabah-Paläste.

Es wäre müßig, die scheindemokratische Fassade des Emirats auf irgendeinen Wirklichkeitswert abzuklopfen. Gelegentlich wird in den bestechlichen Presse-Erzeugnissen Kuweits über die Einführung der koranischen Rechtsprechung diskutiert. In Wahrheit geben die Stammesstrukturen, die Clan- und Familienbande weiterhin den Ausschlag. Amerikanische Waffen werden in den Wüstendepots in Hülle und Fülle gelagert, um den Marines und Luftlandetruppen eine sofortige Interventions-Entfaltung im nördlichen und östlichen Grenzstreifen zu erlauben.

Schon am zweiten Tag habe ich ein komfortables Auto gemietet. In Begleitung eines dunkelhäutigen Tamilen-Chauffeurs aus Sri-Lanka habe ich das Schlachtfeld von 1991, den verlustreichen Rückzugsweg der irakischen Divisionen besichtigt. Die gläsernen Hochhäuser, die künstlichen Grünanlagen und Shopping Malls von Kuweit-City lagen bald hinter uns. Die wahre Landschaft nahm uns auf, eine schmutziggelbe Wüste. Hier und dort wuchs graues Gestrüpp, dann drängten sich große Herden schwarzer Kamele an das kümmerliche Futter. Noch nie war mir die saurierähnliche Form des Dromedar-Kopfes so deutlich aufgefallen. Vor einem Kraftwerk mit vier gigantischen Kühltürmen kauerten Beduinenzelte in der Öde. Daneben parkten fahrbare Wasserbehälter, ohne die die Nomaden von heute nicht mehr auskommen. Rundum waren Plastiktüten und leere Konservenbüchsen verstreut. Das perfektionierte Sicherheitssystem eines umfangreichen Compounds signalisierte die Präsenz einer amerikanischen Armee-Einheit. Darüber schwebte zu Beobachtungszwecken ein knallroter Fesselballon.

Je weiter wir uns nach Norden bewegten, desto einsamer und düsterer dehnte sich die Sandfläche. Es war ein nebliger Tag. Am Horizont ballten sich Wolken wie Atompilze. Der sympathische, höfliche Tamile machte mich auf eine langgestreckte Hügelkette, die »Mutla-Ridge«, aufmerksam, der wir nunmehr folgten. »Hier lagen nach dem Krieg Tausende irakischer Fahrzeuge und Panzer im Sand. An dieser Stelle haben die Iraker auf ihrer heillosen Flucht die schwersten Verluste erlitten.« Das zerstörte Material ist abgeräumt worden. Keinerlei Waffenschrott war mehr zu entdecken. Nur ein paar Stacheldrahtverhaue mit roten Dreieck-Schildern warnten vor Minen.

Zur Rechten dehnte sich die zementgraue Wassermasse des Golfs. Ich hatte als Reiseziel die Insel Bubiyan angegeben. Eine weitgeschwungene, kilometerlange Brücke setzte zu diesem flachen Eiland über. Der Boden dort soll mit Petroleum getränkt sein. Der Territorialstreit zwischen Bagdad und Kuweit ist in diesem Winkel noch keineswegs beigelegt. Die Brücke war an zwei Stellen gesprengt. Am Ufer verfaulte das Wrack eines muschelverkrusteten Fischerbootes. Eine arabische Inschrift untersagte die Annäherung. Ein paar zerbombte Betonhütten hatten Squatter angezogen: Beduinen, die sich an einem fahrbaren Verkaufsstand mit billigen Gebrauchswaren eindeckten, und Fremdarbeiter aus der nahen Industriezone. Letztere stammten mehrheitlich aus Bangladesch. Mein Chauffeur unterhielt sich kurz mit ihnen. »Wir haben uns auf Hindi verständigt«, beantwortete er meine Frage.

Wir bogen nach Norden ab, in Richtung irakische Grenze. Die Beklemmung unter dem schweflig gelben Himmel nahm noch zu. Ein kalter Wind war aufgekommen. Die Asphalt-Piste nach Umm-el-Qasr, dem irakischen Hafen am Eingang des Schatt-el-Arab, wurde nachlässig von Blauhelmen der Waffenstillstands-Organisation UNIKOM überwacht. »United Nations Kuwait Observation Mission«, heißt das im Klartext. Die Soldaten stammten aus aller Herren Länder. Für die Staaten der Dritten Welt ist die Truppen-Entsendung im Dienst der Vereinten Nationen ein einträgliches Geschäft. Der weitaus größere Teil des stattlichen Wehrsoldes wird von den Heimatbehörden einbehalten, aber für die Muschkoten aus diesen meist bettelarmen Gegenden lohnt sich der langweilige Dienst immer noch, zumal der Schwarzhandel blüht. Sie kampierten unter weißen Zelten. Viele Stellungen waren verlassen und zur Hälfte vom Wüstensand bedeckt. Ganz in der Ferne konnte ich mit dem Feldstecher ein paar Gerüste, einen Sendemast, die Ladekräne des irakischen Hafens Umm-el-Qasr entdecken. So nah war das Reich Saddam Husseins. Während des ersten Golfkrieges war Umm-el-Qasr vorübergehend von den persischen Pasdaran erobert worden. Sie wichen erst zurück, als sie im Giftgas der Iraker zu ersticken drohten. Der Tamile gab mir zu verstehen, daß er nicht weiterfahren durfte.

Wie gern hätte ich diesen Ausflug fortgesetzt. Nur eine relativ kurze Entfernung trennte uns ja von dem immer noch eindrucksvollen »Ziggurat« und den Königsgräbern, die letzte Kunde von dem uralten Herrschaftssitz Ur in Chaldäa geben. In diesem Raum war der Patriarch Abraham geboren worden, den die Muslime als »Hanif« verehren. Hier wurde dem Erzvater die erste Offenbarung zuteil von der Existenz des einzigen Gottes, der keine Götzen neben sich duldet, eines himmlischen Alleinherrschers und Erbarmers, der weder ergründet noch dargestellt werden darf. Dieser Durchbruch zum Monotheismus war eine Schicksalsstunde in der Geistesgeschichte der frühen Menschheit, die bislang in Verehrung und Furcht vor einem Pandämonium tierähnlicher Idole, blutgieriger Monster oder ausschweifender Fruchtbarkeitssymbole dahindämmerte. Eine solche Erleuchtung konnte wohl nur in der asketischen Einsamkeit der Wüste und ihrer mineralischen Unendlichkeit aufkommen.

Ich warf noch einen Blick auf die Insel Bubiyan, auf die Traurigkeit dieses »letzten Ufers« an einem Meer, das zu Blei erstarrt schien. Die blaue UNO-Fahne und die grün-weiß-rote Trikolore Kuweits mit dem schwarzen Dreieck bildeten die einzigen Farbtupfer. An den zerschossenen Häuserwänden von El Mutla entzifferte ich mühsam ein paar Inschriften. Sie waren politisch bedeutungslos, priesen die Größe Allahs und seines Propheten. Dabei kam mir eine Episode aus dem Herbst 1956 in den Sinn. Der kurze Offensiv-Krieg der Engländer, Franzosen und Israeli am Suez-Kanal war noch im Gange; die Alliierten rückten auf Ismailia vor und der ägyptische Widerstand brach zusammen. Da hatten die pan-arabischen Nationalisten, unentwegte Parteigänger Gamal Abdel Nassers im Libanon, eine trotzige Parole an die Mauern von Saida, Tyros und Tripoli gepinselt: »La tantahi ma'rakat el qanat – der Krieg um den Kanal ist noch nicht zu Ende.« Wenige Tage später sollten sie recht behalten. Die Invasions-Truppen der Entente-Mächte und Israels wurden durch massive Drohungen Washingtons und Moskaus zum Rückzug gezwungen. Am liebsten wäre ich am tristen Meeresstrand von Kuweit aus dem Auto gestiegen und hätte in großen Lettern eine ähnlich lautende Mahnung in den Sand gemalt: »La tantahi ma'rakat el khalidsch – der Krieg um den Golf ist noch nicht zu Ende.«

Die Friedhöfe von Kerbela

Kerbela, im August 1997

»Alles Leben trägt den Geschmack des Todes in sich«; ich glaubte diesen Koranvers längst vergessen, aber jetzt fällt er mir ein, während die goldene Kuppel von Nedschef vor uns auftaucht. Beim biblischen Ekklesiasten, den Martin Luther als den Prediger Salomo bezeichnet, klingt es ähnlich: »Es ist alles von Staub gemacht und wird wieder zu Staub.« In Nedschef, der Stadt am Euphrat, in deren Moschee Ali Ibn Abi Talib seine letzte Ruhe gefunden hat, ist jeder Tag Aschermittwoch. Der Imam Ali – Vetter und Schwiegersohn des Propheten – wird hier als Gründer der schiitischen Glaubensrichtung verehrt, der »Partei Alis« oder »Schiat Ali«, wie sie auf arabisch heißt. Es gibt keinen sehnlicheren Wunsch für einen frommen Schiiten, als in der Nähe dieses Heiligtums begraben zu sein. Aus Persien und Indien nahten früher die Kamelkarawanen mit verfaulenden Leichen – Gestank und Pest verbreitend –, um diesem letzten, heißersehnten Ritual der Gläubigen zu genügen. Der Friedhof von Nedschef erstreckt sich bis zum Horizont. Er hatte mich bei meinem ersten Besuch im Sommer 1982 zutiefst beeindruckt. Der Himmel hing damals schwül und düster über dem grau-braunen Gräbermeer. Die Totentafeln aus Stein und Lehm – nach einheitlichem Muster behauen – standen in Reih und Glied. Aus der Ferne hätte man die nach oben abgerundeten Gedenkmale für erstarrte, verschleierte Frauen halten können oder für eine unheimliche Anhäufung von Sphinx-Darstellungen, denen das Antlitz fehlte. »Der Kult des Todes, dem sich die Schia verschrieben hat«, so schrieb ich damals, »legt sich dem Besucher auf die Brust. Die Luft scheint von Verwesung und Klage erfüllt.«

An diesem Augusttag 1997 steht eine strahlende Sonne am blauen mesopotamischen Himmel. Es kommt nicht das gleiche Gefühl unsäglicher Trauer auf. Aber inzwischen ist der Wallfahrtsstätte von Nedschef ein fürchterlicher Frevel angetan worden. Während des Schiiten-Aufstandes gegen Saddam Hussein im Frühjahr 1991 hat die Prätorianergarde des Diktators ihre Geschütze auf das Mausoleum des Imam Ali gerichtet. Sie zerstörte auch die bescheidenen Wohnviertel im Umkreis des Sanktuariums. In einem dieser Häuser hatte Ayatollah Khomeini fünfzehn Jahre seines Exils verbracht und war jeden Tag zum Grab des Ersten Imam gepilgert.

Der Widerstand der verzweifelten Schiiten, die dem amerikanischen Appell zum Aufruhr gefolgt waren, erlahmte schnell. Sie waren kaum bewaffnet. Sie flüchteten in die riesige Nekropole, versteckten sich hinter den Grabsteinen, lieferten dort ihr letztes Gefecht. Damit diese undurchdringliche Totenwelt nicht noch einmal als Hort der Rebellion genutzt werden könne, hat Saddam Hussein angeordnet, hohe Mauern um den Friedhof zu ziehen. Seine Pioniere schlugen breite, asphaltierte Schneisen durch das Gewirr der Grabsteine und profanierten diesen Ort der Heilserwartung.

Nach der blutigen Unterwerfung ist wieder eine ängstliche Normalität eingekehrt. »L'ordre règne à Nedjef.« Die Kriegsschäden an der Ali-Moschee sind wie mit einem Magier-Trick beseitigt worden. Tag und Nacht muß hier gearbeitet worden sein, um die Sakralwelt der Schia, diese architektonische Verzückung aus Gold, Silber, Kristall und Marmor, in Windeseile aus ihren Trümmern erstehen zu lassen. Aber irgendwie ist die Entweihung zu spüren, fehlt dem renovierten Prunk die ehrwürdige Patina. Das Blutbad, das General Ali Hassan el-Madschid anrichtete, lastet wie eine Gotteslästerung auf den heiligsten Schreinen dieser Religion.

Neben dem Eingangsportal – in einem europäisch möblierten Raum – wachen die Grabeswächter, »Kilidar« genannt, über die Einhaltung des Wallfahrts-Rituals. Sie sind auch zuständig für die Zuweisung von Beerdigungsstätten. Wir werden freundlich von ihnen begrüßt und mit Kaffee bewirtet. Im Irak, so erklärt mir Saad Darwish, begegnet man sich mit dem Segensgruß »Allah bil kheir«. Das Amt des Kilidar, so fügt er hinzu, sei erblich und sehr einträglich. Die Grabeshüter von Nedschef tragen reich bestickte Gewänder. Der rote Fez ist mit einem grünen Schal umwunden. Die beiden kräftigen Männer, denen Saad versichert, ich sei ein frommer deutscher Moslem, sind gesprächsbereit. Das Zweistromland, so erklären sie, gehöre zu den geweihtesten Regionen der Menschheit. In den Sümpfen am Rand des Schatt-el-Arab habe sich wohl einst das Paradies auf Erden befunden. Im nahe gelegenen Kufa, wo der Imam Ali nach dem Tod Mohammeds seinen kurzlebigen schiitischen Gottesstaat errichtet hatte, sei in biblischen Zeiten die Sintflut über Noah und seine Zeitgenossen hereingebrochen. Dort habe er die Arche gezimmert, der seine Sippe ihr

Überleben verdankte. »Dieses ist gesegneter Boden«, beteuert der Kilidar. »Wenn Sie gleich mit mir an den Sarkophag des Imam Ali treten, müssen Sie sich bewußt sein, daß dort ebenfalls die frühen Propheten Adam und Noah – auf arabisch ›Nuh‹ – bestattet sind. Ihre Reste ruhen hinter dem gleichen silbernen Gitter.«

Dann setzen die beiden Friedhofsverwalter zur patriotischen Pflichtübung an. »Daß unsere Ali-Moschee in herrlichem Glanz aus den Verwüstungen des amerikanischen Krieges wiedererstanden ist«, so rezitieren sie im Chor, »verdanken wir unserem großen Präsidenten Saddam Hussein. Er hat der Restaurierung der Heiligtümer von Nedschef und Kerbela unmittelbar nach Beendigung der Kampfhandlungen absolute Priorität eingeräumt. Aus seinem persönlichen Vermögen hat der Rais Hunderte Kilo Gold und Silber gespendet, damit die Moscheen wieder in altem Glanz erstrahlen.«

Diese unterwürfige Huldigung an den Tyrannen von Bagdad, der die fromme schiitische Gemeinde des Irak so schrecklich heimgesucht hatte, wird von den Kilidaren im Brustton der Ehrlichkeit vorgetragen. Ich werde in den folgenden Kapiteln noch mehrfach auf die Übung der »Taqiya« zu sprechen kommen, die es den Schiiten gestattet, ihre intimsten Überzeugungen, ja die Wesenszüge ihres religiösen Bekenntnisses zu verheimlichen, sie sogar feierlich zu verleugnen, sobald die Situation eine solche Täuschung gebietet. Die Taqiya, die Kunst der Irreführung und der Lüge, die sich so trefflich in den Gesamt-Tenor dieses Buches einfügt, hat der »Partei Alis« erlaubt, Jahrhunderte der Verfolgung und der Verfemung zu überleben. Diese seltsame Lizenz des Abschwörens, des scheinbaren Abfalls vom Glauben, findet sich nicht nur bei den Zwölfer-Schiiten, sondern auch bei den Ismailiten, bei den Drusen, bei den Alawiten Syriens und der millionenstarken Alevi-Gemeinde in der Türkei wieder. Sie gilt als durchaus honorig, und im Notfall wird sie zum zwingenden Gebot.

Mein deutsch-irakischer Begleiter erklärt den Grabeshütern in ein paar Sätzen, warum ich mich für die »Schiat Ali« speziell interessiere, und dabei erzählt er beiläufig, daß ich den Ayatollah Khomeini auf seinem Rückflug von Paris nach Teheran begleitet hatte. Der Name Khomeini ist im Staate Saddam Husseins, der einen achtjährigen Vernichtungskrieg gegen die persisch-schiitische Revolution geführt hat, weiterhin streng verpönt, seine bloße Erwähnung mit dem Verdacht des Landesverrats behaftet. In den Gesichtern der beiden Kilidaren taucht flüchtig ein schelmisches Komplizenlächeln auf, eine diskrete Andeutung von Sympathie, die ich sehr wohl wahrnehme. Im Gegensatz zum Sommer 1982 hat sich dieses Mal beim Betreten der Moschee kein gestrenger Mullah vor mir aufgebaut und die Rezitation der Fatiha, der Eröffnungssure des Koran, verlangt, um meine Rechtgläubigkeit zu prüfen. Ohne jeden Einwand werde ich im Gewühl der Beter und Pilger an die schimmernde Umzäunung der Grabstätte Alis, Adams und Noahs geführt. Ich verharre dort in der vorgeschriebenen Andachtsstellung und beweise meinem Begleiter, daß auch ich mich der Schliche der Taqiya zu bedienen weiß.

*

Die Landschaft zu beiden Seiten der breiten Asphaltbahn ist flach und eintönig. Das grüne Wasser des Euphrat steht hoch. Mit modernen Irrigationsmethoden, wie sie die Israeli anwenden, könnten im Zweistromland eine riesige Agrarfläche gewonnen und genügend Getreide, Reis und Obst für die Versorgung des gesamten Orient geerntet werden. Aber am Rande der Felder lauert die Wüste. Immer wieder tritt Salz an die Oberfläche und schimmert wie Eis auf dem unzulänglich drainierten Boden. Die Dattel-Ernte werde nicht gut ausfallen, bemerkt Dr. Darwish. Die nötige Hitze von fünfzig Grad sei in dieser Saison nicht erreicht worden. Immer wieder tauchen Ziegelbrennereien auf, deren Produktionsmethoden seit den Tagen der Assyrer und Babylonier sich kaum verändert haben dürften. In dieser Gegend zwischen Nedschef und Kerbela ist das Polizeiaufgebot, auch die Armee-Präsenz weit sichtbarer als in anderen Landesteilen. Der »Muhafiz«, der Gouverneur von Nedschef, dem wir kurz begegnen, ist wie ein Mafia-Boss von einem ganzen Schwarm Leibwächter umringt. Unsere nächste Station heißt Kerbela.

In der Moschee von Kerbela ruht die vorbildliche Heldenfigur, der perfekte Märtyrer der Zwölfer-Schiiten, der Dritte Imam, Sohn Alis und der Prophetentochter Fatima. »Am Weinen und Trauern über den Tod Husseins erkennt man die wahre Gefolgschaft Allahs und ihre Auserwähltheit«, hatte einst Ayatollah Khomeini gepredigt. Mit 72 Gefährten leistete der Dritte Imam im Jahr 680 verzweifelten Widerstand gegen den »teuflischen« Omayaden-Kalifen Yazid und dessen weit überlegenes Aufgebot. Saddam Hussein wurde von den persischen Revolutionären stets als der »zweite Yazid« geschmäht. Der Untergang und das heroische Leiden Husseins und seiner Getreuen werden von den Schiiten im Trauermonat Muharram inbrünstig nachempfunden und mit kollektivem Geißelungs-Zeremoniell geehrt. Seit dem Golfkrieg sind diese mystischen Prozessionen und Bühnenspiele zu Ehren des großen Märtyrers von den irakischen Behörden strikt untersagt. Das Regime muß stets mit einer religiösen Aufwiegelung seiner Schiiten durch die iranischen Mullahs wie auch mit der subversiven Beeinflussung seiner Sunniten durch die saudischen Wahhabiten rechnen.

Trotz des grellen, schmerzenden Mittagslichts herrscht in Kerbela, mehr noch als in Nedschef, eine gespenstische Atmosphäre. An dieser Stelle hat die Republikanische Garde Saddams tabula rasa gemacht, zur systematischen Zerstörung des Heiligtums und seiner Umgebung ausgeholt, alle Verdächtigen über die Klinge springen lassen. Doch auch diese Kultstätte ist bis in die letzten Einzelheiten aufgebaut und renoviert worden. In den umliegenden Gassen sind ganz ansehnliche Häuserzeilen aus dem Schutt der Vernichtung erwachsen. Die Gebeine des Dritten Imam Hussein sind wieder in Schatzkammern von Gold und Silber gebettet. Die Gipsstukkatur der Wölbung – daran wird noch gearbeitet – ist mit den üblichen Spiegelfacetten ausgelegt, so daß die mächtige Wölbung ins Magische verzerrt wird.

Die Lobpreisungen, die die Kilidaren von Kerbela zum Ruhm des irakischen Despoten vortragen, klingen noch übertriebener, ja schamloser als in Nedschef. »Die schweren Schäden, die an den Heiligtümern entstanden«, behauptet tatsächlich einer der Religionsdiener, »sind durch die Bomben der US Air-Force entstanden.« Natürlich seien die Amerikaner schlau genug gewesen, die Mausoleen der Imame nicht unmittelbar ins Visier zu nehmen. Sie hätten ihre gewaltigen Sprengladungen in einiger Entfernung abgeladen. Als Folge der Erschütterung, eines wahren Erdbebens, seien sämtliche Strukturen zusammengebrochen. In Kerbela hat Saddam Hussein einen Stammbaum anbringen lassen, der ihn als authentischen Nachkommen Alis und Husseins ausweisen soll. Die schiitische Verstellung äußert sich hier in ihrer krassesten Form.

Im Angesicht der Hussein-Moschee – jenseits eines weiten leeren Platzes, über den nur ein paar schwarze Tschadors huschen – erhebt sich das Monument zu Ehren des Recken Abbas. Dieser Halbbruder Husseins hatte sich mit Löwenmut den Schergen des »Gottesfeindes« Yazid in den Weg gestellt. Die Tapferkeit des Abbas ist legendär. Als die Übermacht der Feinde ihn entwaffnen wollte – so heißt es –, als ihm beide Arme abgehackt waren, nahm er den Säbel zwischen die

Zähne und focht bis zum Tod weiter. Während wir die allzu neuen Kacheln, die allzu glänzenden Goldverschalungen der Abbas-Moschee betrachten, wird der Sarg eines frommen Schiiten, geleitet von einer kleinen Trauergemeinde und gemieteten Klageweibern, zum endlosen Gräberfeld getragen, das auch hier umzäunt und profaniert wurde. Von den Menschen, die sich um die Schreine drängen, geht eine tiefe Verzweiflung aus. Unter der goldstrotzenden Herrlichkeit dieser Totenwelt sinkt die Dürftigkeit der menschlichen Natur zur unerträglichen seelischen Misere ab, erweist sich die Rückbesinnung der Schiiten auf ihre transzendentale Bestimmung als der einzige, unveräußerliche Trost.

Welch beschwörende und begeisternde Kraft war doch von dem Wort »Kerbela« ausgegangen, als die iranischen Gotteskrieger noch davon träumten, diese Hochburg schiitischer Gottesnähe für sich zu gewinnen. Es war im Sommer 1982. Ich befand mich – auf persischer Seite – in Frontnähe längs der Straße, die nach Bustan am Rande der Schilfwüste von Madschnun und in das Herz des Zweistromlandes führt. Mehrfach ließ ich den Wagen anhalten, um die Holztafeln vom iranischen Kameramann filmen zu lassen, die in regelmäßigen Abständen als Wegweiser aufgestellt waren. Die Umrisse einer Grabkuppel waren auf grünem Hintergrund dargestellt, und darunter stand in arabischer und lateinischer Schrift »Kerbela« sowie die Entfernungsangabe bis zu dieser heiligsten Stadt der Schia. Von den iranischen Heeresspitzen war sie noch durch dreihundert Kilometer getrennt. Wenn zwei Fahrzeuge mit Revolutionswächtern oder jugendlichen Bassidschi sich begegneten, lautete der Begrüßungs- und Ermunterungsruf: »Kerbela in scha'Allah – Nach Kerbela, so Gott will!« Auf Mauerstümpfen las ich zwischen bunt gepinselten Blumensträußen den beschwörenden Satz: »Kämpfer, so weit ist es nicht mehr bis Kerbela!« Ein Plakat zeigte Ruhollah Khomeini inmitten einer Schar weißgewandeter Märtyrer – »martyrum candidatus exercitus«, hieß es in der römischen Kirche. Doch diesen Schuhada waren die Köpfe abgehackt oder abgeschossen worden, und aus ihren Hälsen strömte das im Dschihad vergossene Blut der Heiligen.

Das Städtchen Bustan war von der Zivilbevölkerung verlassen. Dafür wimmelte es von unrasierten, kaum uniformierten, hohlwangigen Kriegern. Die Stimmung war exaltiert, immer noch begeistert. Vor der zentralen Husseiniyeh, die den programmatischen Namen »Tariq el Quds – Weg nach Jerusalem« trug, warteten Bassidschi und

Pasdaran auf die Essenausgabe. Es war Ramadan, und ein Mullah würde das Signal für den Fastenabbruch geben, sobald ein weißer von einem schwarzen Faden nicht mehr zu unterscheiden ist. Unsere Kamera schuf Ablenkung. Wieder drängten sich wilde, verzückte Gesichter vor der Linse. Man brüllte »Margbar Amerika!« Was nutzte da mein Einwand, daß die zerstörten irakischen Panzer, die in der Wüste von Khusistan verstreut lagen, doch sowjetischer und nicht amerikanischer Fabrikation waren.

Die jungen Leute, die teilweise ein ganz passables Englisch sprachen, verwickelten mich in eine lange politische Debatte. Zentrales Thema war stets der Abwehrkampf gegen die Supermächte, an dem Europa sich doch beteiligen solle. Mit Ungeduld warteten diese Todgeweihten, daß der Imam ihnen die Weisung gäbe, nach Westen zu stürmen. Hatte nicht der Prophet während des Ramadan den Sieg von »El Badr« davongetragen, und ging nicht jeder Schahid, der während des Fastenmonats den Tod fand, mit besonderen Ehren in die Gärten Allahs ein? Khomeini hatte die Losung ausgegeben: »El tariq ila el Quds tamurru bi Baghdad – Der Weg nach Jerusalem führt über Bagdad.« Kein Wunder, daß man in Israel nervös auf die schiitische Revolution reagierte. Es war tiefe Nacht, als wir die Rückfahrt nach Ahwas antraten. Aus den Sümpfen stiegen Schwärme von Stechmücken auf. Die kriegerischen Derwische von Bustan drängten sich um unseren Wagen. »Kerbela, in scha'Allah!« schrien sie aus vollem Hals. »Nach Kerbela, so Gott will!« Aber Allah hat es nicht gewollt.

CIA-Debakel in Kurdistan

Dohuk, Kurdistan, im August 1997

Jenseits von Mossul, der nördlichen Metropole des Irak, beginnt die Improvisation. Bisher war alles strikt nach Plan verlaufen. Ich äußerte meine Reisewünsche, und diese wurden prompt und ohne Einwand erfüllt. Von Anfang an hatte ich beabsichtigt, die Autonome Kurdische Region südlich der türkischen Grenze zu inspizieren, um mir einen authentischen Eindruck zu verschaffen. Aber die Dinge wurden plötzlich kompliziert. Selbst Saad Darwish zweifelte, ob wir den Checkpoint der irakischen Armee passieren könnten. Wir schaffen es dann doch, indem wir mit einem ersten Taxi bis zum nördlichsten Posten der Iraker fahren. Der Grenzoffizier läßt mit sich reden, verlangt nur, daß wir unsere Pässe bei ihm hinterlegen. Wir müssen einen zweiten, klapprigen Mietwagen besteigen, um bis zur kurdischen Kontrolle zu gelangen. Von dort transportiert uns ein drittes Taxi in die Stadt Dohuk, unser Ziel.

Die Kurden haben im Norden des Irak tatsächlich ein Stück Souveränität errungen. Sie könnten sich auf ein fest umrissenes Territorium stützen, wenn ihre internen Rivalitäten sie nicht immer wieder zum Spielball ihrer übermächtigen Fremdherrscher, der Türken, der irakischen Araber, der Iraner machen würden. Jedenfalls stehen an der Schranke nach Dohuk kurdische Posten in der Peschmerga-Kluft – Pluderhose, breite Bauchbinde, Turban mit Fransen – und mustern uns mit mehr Neugier als Mißtrauen. Da ich vergessen habe, meinen Zweit-Paß mit auf diese Reise zu nehmen, zeige ich meinen Führerschein vor, und das genügt. Er sei »Yezide«, teilt mir der Behelfspolizist mit der Kalaschnikow freundlich mit, und zahlreiche seiner Familienangehörigen seien in Deutschland ansässig. Die Yeziden, eine kleine Geheimsekte, sind als »Teufelsanbeter« bekannt. Ihre Anhänger leben auch in Ost-Anatolien und im Kaukasus verstreut.

Die Straße zwischen Mossul und Dohuk führt am Saddam-Stausee vorbei. Sie ist dicht befahren. Jede Form von Schmuggel spielt sich hier ab. Der Laderaum der riesigen Lastwagen ist von den Transportfirmen zu quadratischen Kanistern umgebaut worden, um Erdöl aus Kirkuk an die Türkei zu liefern. Aus Anatolien gelangen Lebensmittel und alle nur denkbaren Gebrauchsartikel auf die irakischen Märkte. Die Kurden in der Gegend zwischen Dohuk, Zacho, Arbil und Salahuddin leiden keine Not. Sie profitieren intensiv von dem halb-illegalen Austausch, erheben Transitgebühren und nehmen sich selbst, was sie brauchen. Der westliche Teil dieses zum Irak gehörenden Gebiets wird von der »Demokratischen Partei Kurdistans« – KDP kontrolliert, die dem Feudalherrn Massud Barzani untersteht. In Peschmerga-Uniform ist der mächtige, wehrhafte Clan-Chef auf zahlreichen Plakaten abgebildet. Er lächelt freundlich auf den Bildern und hält die Kalaschnikow in der Hand.

Das autonome Territorium feiert den 51. Jahrestag der KDP-Gründung. Anfangs stand sie unter dem Befehl von Massuds Vater, Mustafa Barzani, der religiöser sunnitischer Scheikh, Stammeshäuptling und sowjetischer General in einer Person war. Mustafa hatte sich nämlich vorübergehend in den Süd-Kaukasus absetzen müssen und wurde dort auf Vorschlag des KGB befördert. Überall haben die »Demokraten« ihre gelben Wimpel und Fähnchen aufgehängt. Transparente sind über die Hauptstraße von Dohuk gespannt. »Min ajli el salam«, entziffere ich, »Für die Sache des Friedens«. Auch in Kurdistan ist man um flagrante Lügen nicht verlegen.

Ich will nicht die unendliche und extrem verworrene Geschichte der diversen kurdischen Dissidenten und Separatisten erzählen. Die Fronten und Loyalitäten wechseln ständig. Alles dreht sich hier stets um Geld und Verrat. Der kurdische Gegenspieler und Rivale Massud Barzanis heißt Dschalal Talabani und steht seit mindestens zwei Jahrzehnten in offenem Konflikt mit der KDP. Seine Einflußzone beschränkt sich neuerdings auf die östlichen und weniger einträglichen Gebiete im Umkreis von Suleimaniyeh und des Städtchens Halabja, das 1988 von Saddam Hussein vergast wurde. Dschalal Talabani, der weniger kriegerisch, dafür aber intellektueller wirkt als Massud Barzani, hat sich der Patronage der Perser anvertraut. Das war nicht immer so. Als ich im Herbst 1979 in Begleitung des General Zaher Nejad, eines Vertrauten Khomeinis, die Grenzpositionen in Iranisch-Kurdistan inspizierte, wurden mir vorgeschobene Stellungen von Peschmerga gezeigt, die sich Talabani und dessen »Patriotischer Union Kurdistans« – PUK angeschlossen hatten und mit Bagdad paktierten. Im Kontrast zur gelben Flagge Barzanis tritt die PUK unter der grünen Farbe des Islam auf.

Felder von Sonnenblumen säumen unseren Weg nach Dohuk. Die Stadt am oberen Tigris ist in normalen Zeiten ein belangloser Marktplatz von 60000 Einwohnern. Aber in Krisenzeiten schwillt die Bevölkerung auf 300000 Menschen an, wenn die türkische Armee nach Süden vordringt, um die marxistischen Partisanen der Kurdischen Arbeiterpartei PKK des Kurden-Kommandeurs Abdallah Öcalan, »Apo« genannt, zu jagen und zu liquidieren. Die meisten Männer im Straßenbild von Dohuk gehen in kurdischer Nationaltracht. Die Frauen sind fast alle verschleiert. Mir fallen blonde Kinder mit grünen Augen auf. Ein einziges Gebäude wurde während des Aufstandes zerstört, der hier nach dem Debakel Saddam Husseins von 1991 in Kuweit ausbrach, das Gefängnis des berüchtigten irakischen Mukhabara. Die Läden sind heute prall gefüllt mit unterschiedlichstem Warenangebot, doch am Stadtrand fallen mir erbärmliche Flüchtlingslager auf. Wie diese Menschen es versäumen, am blühenden Handel und Tauschgeschäft teilzuhaben, und trotz des Überangebots an internationaler Hilfe im Elend verharren, bleibt schleierhaft. Die Europäische Union und vor allem Deutschland sind hier karitativ stark engagiert.

Dr. Darwish hat einen alten Bekannten namens Suleiman aufgesucht, einen reichen Kaufmann aus Mardin in der nahen Türkei, der elektronisches Gerät verkauft und auch andere diskrete Tauschaktionen tätigt. Der Kurde Suleiman wirkt sehr bürgerlich und gesetzt, trägt dunklen Anzug mit Krawatte. »Die Situation ist zur Zeit recht ruhig«, berichtet er, »die Transportkolonnen bewegen sich unbehindert in Richtung Zacho und werden auch jenseits der anatolischen Grenze nicht angegriffen. Das kann sich schlagartig ändern. Die Freischärler der Kurdischen Arbeiterpartei, die Parteigänger des ›Stalinisten‹ Öcalan, bewegen sich im Untergrund, aber sie sind überall präsent. Niemand weiß, wie bald die türkischen Panzer wieder nach Süden stoßen. Bisher haben sich diese Säuberungsaktionen Ankaras auf die unmittelbare Nachbarschaft unserer Stadt beschränkt, doch wir müssen damit rechnen, daß auch Dohuk selbst in diese Kampfhandlungen nach dem US-Modell ›search and destroy‹ einbezogen wird.« Die Proteste aus Bagdad verhallen in Ankara ungehört. Kein türkischer General kümmert sich im geringsten darum. Laut Suleiman hat die post-kommunistische PKK ihren Zenit überschritten und verliert an Einfluß. Ihre ideologische Ausrichtung auf den Klassenkampf sei nicht mehr zeitgemäß. Wer etwas bewegen wolle in Kurdistan, der müsse am Ende auf irgendeine islamische Karte setzen. Der große Aufstand der Muriden gegen Atatürk im Jahr 1925 könnte dann eventuell als Präzedenzfall dienen.

Der Kaufmann aus Mardin erzählt – sichtlich erheitert – von der blamablen Fehlleistung, die sich die amerikanische CIA im Sommer 1996 geleistet hat, ein »Flop«, der von der »New York Herald Tribune« mit dem Fiasko John F. Kennedys in der Schweinebucht von Kuba verglichen wurde. »Provide comfort – Beistand leisten«, so lautete der Plan des Pentagons, der den Kurden des Nord-Irak, die sich 1991 gegen die Fremdherrschaft der Araber erhoben hatten, einen fest umrissenen Freiraum verschaffen sollte. Der Weltsicherheitsrat hatte die Zone jenseits des 36. Breitengrades für irakische Flugzeuge gesperrt. Nördlich von Mossul und Kirkuk bildete sich das bereits skizzierte autonome Kurden-Territorium ab. Es war mit ein paar Attributen staatlicher Autorität ausgestattet; nicht zu vielen natürlich, denn sonst wären die türkischen Streitkräfte auf den Plan getreten, um diesen Herd nationaler Unabhängigkeit, der in Ost-Anatolien spontanen Widerhall gefunden hätte, im Keim zu ersticken.

Im Zeichen von »Provide comfort« und »Northern shield«, so hieß das andere Kennwort der US-Strategie, hatten alle nur denkbaren humanitären Hilfsvereine in dieser kurdischen Zwischenzone ihre Quartiere aufgeschlagen. Es waren etwa vierzig insgesamt, wenn man die NGOs mitzählt. Im Halbdunkel tummelten sich – wie früher einmal im indochinesischen Laos – die Tarngruppen der CIA. Systematisch verwandelten diese den strategischen Streifen zwischen Dohuk und Arbil in eine Drehscheibe geheimdienstlicher Tätigkeit, ja in eine Ausgangsbasis umstürzlerischer Komplotte gegen den verhaßten Despoten von Bagdad, den Überlebenden des Golfkrieges. Die Amerikaner hatten ihre Rechnung ohne die Wankelmütigkeit, die List, die Verschlagenheit ihrer neuen kurdischen Schützlinge gemacht. Als Massud Barzani gewahr wurde, daß die Hasardeure aus Langley ihn in eine höchst prekäre Situation manövrierten, suchte er in aller Heimlichkeit ein Auskommen mit Saddam Hussein. Mehr als eine Teil-Autonomie konnte er ohnehin nicht für seine Landsleute herausschlagen. Als Gegenleistung würde die irakische Armee, die ja weiterhin existierte, ihm einen großen Dienst erweisen, indem sie die Peschmerga seines Rivalen Talabani aus dem Verwaltungszentrum Arbil vertrieb.

Ende August 1996 sind Verbände der »Republikanischen Garde« überraschend in Arbil eingedrungen. Etwa hundert notorische Gehilfen der CIA wurden auf der Stelle durch die Iraker erschossen. Jetzt gab es kein Halten mehr. Die Soldaten aus Bagdad hielten sich nur ein paar Tage in Arbil auf. Sie übergaben die Kontrolle der Stadt an die KDP Massud Barzanis und rückten schleunigst nach Süden ab, um eine Konfliktausbreitung zu vermeiden. Aus Langley war die Anordnung eingetroffen, sämtliche Kurden, die sich mit den amerikanischen Diensten allzu sichtbar eingelassen hatten und die nun um ihr Leben fürchten mußten, zu »exfiltrieren«, wie es im Spezial-Jargon heißt. In einer Nacht-und-Nebel-Aktion wurden dreitausend Kollaborateure von der US Air-Force ausgeflogen. Man beförderte dieses Strandgut des Golfkrieges – man höre und staune – auf die Insel Guam im West-Pazifik. Ohne bei der UNO auch nur anzufragen, beschloß Präsident Clinton eine Strafaktion gegen den Irak. Die Schiffe der Fünften US-Flotte im Persischen Golf feuerten Marschflugkörper ab. Sie schlugen im Siedlungsgebiet der Schiiten ein und verfehlten meist ihre Ziele. »Um den Norden zu strafen, hat Clinton im Süden zugeschlagen«, beendet Suleiman seinen Lagevortrag. »Wer kann unter solchen Umständen noch Zutrauen zu den Amerikanern haben?«

Sehr intensiv haben wir die wilde Gebirgslandschaft im Umkreis von Dohuk und ihre idyllischen Seen nicht besichtigt. Auf der Straße nach Zacho häufen sich die Sperren bewaffneter Freischärler undefinierbarer Zugehörigkeit. Zum ersten Mal wird Darwish nervös. »Sie haben gesehen, was Sie wollten«, meint er, »Sie haben sich in Irakisch-Kurdistan aufgehalten. Jetzt sollten wir das Schicksal nicht herausfordern und das Risiko eingehen, daß Sie von irgendwelchen unkontrollierbaren Elementen als Geisel festgenommen werden.«

»Mache dich auf nach Niniveh!«

Mossul, im August 1997

Das Restaurant bietet einen weiten Panorama-Blick über den Oberlauf des Tigris. Im Dunst der Mittagsglut, die uns den Atem nimmt, sind die Minaretts und die Kirchtürme der Stadt Mossul nur schemenhaft zu erkennen. Zu unseren Füßen schäumt das grüne Wasser des Stroms – von Schilfinseln unterbrochen – wie ein unerreichbares Labsal. Obwohl ich gar nicht hungrig bin und uns nichts Besseres erwartet als bescheidene Mezze und Schischkebab mit Pepsi-Cola, irritiert mich das endlose Warten auf die Bedienung. Der neue Begleiter, der sich uns in Mossul angeschlossen hat und dem man den Geheimpolizisten anmerkt, gibt meine Beschwerde weiter und kommt mit der Erklärung zurück, der schlechte Service sei auf die Abwesenheit des Besitzers zurückzuführen. Der sei gestern verhaftet worden, weil der Sicherheitsdienst eine Parabol-Antenne zum Empfang ausländischer Fernsehprogramme bei ihm entdeckt habe. In der Republik Saddam Husseins gilt das als schweres Vergehen.

Die Wirklichkeit des Polizeistaates hat uns eingeholt, nachdem wir die Strecke Bagdad–Mossul auf einer schnurgeraden Asphaltbahn – immerhin vierhundert Kilometer – zurückgelegt hatten, ohne auch nur ein einziges Dokument vorweisen zu müssen. Fast wäre die Illusion staatlicher Normalität aufgekommen. Mit Saad Darwish hatten wir uns am Steuer abgelöst. In der Ferne war uns die goldene Kuppel von Samara aufgefallen. Dort hatte der Zwölfte Imam Mehdi den Weg in die Verborgenheit gefunden. Die abbassidische Garnison-Stadt Samara mit den Unterkünften türkischer Palast-Truppen war von dem Kalifen Ma'mun, einem Sohn Harun-al-Raschids, aus Sicherheitsgründen zur Residenz ausgebaut worden. Dort hatte er sich an die Spitze jener kurzlebigen theologischen Schule der »Mu'taziliten« gestellt, die anhand der Philosophie des Aristoteles den Koran im Sinne alt-griechischer Rationalität interpretieren und relativieren wollte. Kein Wunder, daß Ma'mun von den Eiferern des wahren Glaubens an das ungeschaffene Wort Allahs ermordet wurde.

Weiter nördlich – wir rollten bereits durch wüstenähnliches Gelände – tauchte auf der Höhe der Ortschaft Tikrit, in deren Umgebung Saddam Hussein das Licht der Welt erblickte, eine verblüffende Skyline, die Silhouette von Hochhäusern und Luxusbauten auf. So ehrt der Herrscher die Stätte seiner Geburt. Nicht weit von Tikrit erstreckt sich ein perfekt ausgerichtetes Areal mit Unterkünften und Übungsplätzen für die Republikanische Garde. Mehrfach entdeckten wir die Stahlgerüste und qualmenden Schlote von Kraftwerken und Öl-Raffinerien am Horizont. Sie waren nach ihrer Zerstörung durch die US Air-Force tatsächlich wieder in Betrieb und sorgten trotz häufiger Pannen für die Stromversorgung der umliegenden Provinz. Aus der Distanz nahmen sie sich wie neu aus.

Es fehlten noch hundertzehn Kilometer bis Mossul, da bog der Arzt, mit dem ich mich inzwischen angefreundet hatte, nach Westen ab. Wir besichtigten die Ruinenstadt Hatra, die die Iraker gern mit dem syrischen Palmyra vergleichen. Die Tempel- und Königs-Portale sind in der ganzen Herrlichkeit ihrer Steinmetz- und Bildhauerarbeit erhalten. Für mesopotamische Verhältnisse ist Hatra relativ jung. Dieses semitische Reich am Rande der Wüste hatte hundert Jahre nach Christus den Höhepunkt seiner hellenistisch beeinflußten Kultur erreicht. Um so mehr verwundert es, daß seine Einwohner noch nach der Zeitenwende einem Astralkult huldigten, der in die fernste heidnische Vergangenheit des Zweistromlandes verwies. In Hatra, wo die Sonne als höchste Gottheit verehrt wurde, trafen uns die sengenden Strahlen dieses Gestirns mit geradezu rächender Härte. Saad Darwish war offenbar dem Hitzschlag nahe. Wir befanden uns in einem etwas fiebrigen Zustand, als wir die Stadt Mossul und das besagte Restaurant am Tigris erreichten.

Der uns eskortierende Geheimpolizist hat die Weisung erhalten, mich zu diversen Kirchen und Klöstern des orientalischen Christentums im Kernland Assyriens zu führen. Er entspricht damit einem Wunsch, den ich ein paar Tage zuvor im Kultusministerium von Bagdad geäußert hatte. Dort war ich vom zuständigen Minister Dr. Abdel Mun'am Ahmed Salih empfangen worden. Auch er trug die obligatorische grüne Uniform. Die Zahl der Christen, so erfuhr ich, war im Laufe der Zeit auf fünf Prozent der irakischen Bevölkerung geschrumpft. Aber bei Saddam Hussein verfügen sie über zwei Minister im Kabinett, darunter der Chaldäer Tariq Aziz. Die katholischen Chaldäer stellen den weitaus größten Zweig der christlichen Minderheit Nord-Mesopotamiens. Vor ihrer Union mit Rom bezeichnete man sie als Nestorianer. Die osmanischen Türken hatten unter diesen orientalischen Jüngern Christi, noch ehe die Armenier an die Reihe kamen, gnadenlose Massaker verübt. Immerhin bekennt sich in Mossul noch ein Drittel der Einwohnerschaft zum Kreuz.

In dieser Gegend überleben die Konfessionen der orthodoxen und der katholischen Assyrer, die Armenier und Nestorianer, die Jakobiter und andere Splittergruppen. Der Streit um die Heilige Dreifaltigkeit und um die Natur des Jesus von Nazareth hatte am nachhaltigsten dazu beigetragen, diese theologische Vielfalt und Verwirrung zu stiften. Ahmed Salih versicherte glaubhaft, daß die irakische Republik keinerlei Diskriminierung der vielfältigen Bekenntnisse zulasse, die sich neben dem offiziellen Islam behaupten. Er stand dem »Ministerium für fromme Stiftungen und religiöse Angelegenheiten – Awqaf« vor. Zum Beweis seiner Toleranz überreichte er mir das einzige Gastgeschenk, das ich im Irak erhielt, einen Koran und eine Bibel in arabischer Sprache. Ob in der Bibel auch das Alte Testament der Juden enthalten sei, fragte ich den Minister. »Aber selbstverständlich«, bestätigte er lachend. Harte Kritik übte auch dieses Kabinettsmitglied an der Religionsfeindlichkeit der türkischen Kemalisten. In Bagdad ist man endlich dazu übergegangen, von »Israel« und nicht länger von »the zionist entity« zu reden. In manchen Kreisen vernahm ich sogar Bedauern, daß die jüdische Gemeinde Mesopotamiens nur noch als kleines Überbleibsel existiert. Etwa 120 000 Hebräer, die seit den Tagen der babylonischen Verbannung hier gelebt, Wohlstand angehäuft und Ansehen genossen hatten, wurden bei der Gründung des Staates Israel vertrieben. Ihr Weggang hatte manche Lücke hinterlassen.

Die interessantesten Auskünfte erhielt ich von Sami Elias Gargis, einem hohen Ministerialbeamten, ehemaliger General der irakischen Luftwaffe, der, wie sein Name besagt, Christ war und sich zu einer evangelischen Kirche bekannte, was in dieser Region höchst ungewöhnlich war. Gargis – zu deutsch »Georg« – kannte sich bei den kuriosesten Denominationen aus. So definierte er die Sabäer, die der Prophet Mohammed aus unerfindlichen Gründen neben Juden und Christen unter die »Ahl-el-Kitab«, die »Schriftbesitzer«, eingereiht hatte, als eine Mischlehre aus Judentum und Christentum. Ihr Religionsstifter war Johannes der Täufer. Der ehemalige Fliegeroffizier bestätigte, daß sich im Nord-Irak, ähnlich wie im West-Iran, immer mehr Gruppen herausbildeten, die den Imam Ali, den Gründer der Schia, als Gott verehrten. Vor allem kannte er sich bei den Yeziden, den »Teufelsanbetern«, aus. Natürlich sei dieser Ausdruck nicht wörtlich zu nehmen, sondern es gehe dieser durch strenge Esoterik abgeschirmten Sekte darum, Luzifer und die Heerschar der gefallenen Engel mit dem großen Gott des Lichtes zu versöhnen. Ihre Vorstellungen nährten sich aus einem metaphysischen Dualismus, der auch die Lehren Zarathustras inspiriert und die Hebräer – während ihres babylonischen Exils – stärker beeinflußt habe, als es die Talmudisten wahrhaben wollen. Die Welt der guten und bösen Geister, der Engel und Dämonen, sowie gewisse Elemente der höllischen Verdammnis seien wohl aus dieser jüdischen Symbiose mit der mesopotamischen Geisteswelt hervorgegangen und an das Christentum, dann an den Islam weitergereicht worden.

Die Yeziden, so erklärte Elias Gargis, würden den »Herrn der Finsternis« nicht als Satan oder »Scheitan« bezeichnen und noch weniger dessen geflügelte Gefolgschaft als »Teufel«. Das ginge so weit, daß die »Teufelsanbeter« sich die Ohren verstopfen, wenn im täglichen Gebetsritual der Muslime der »gesteinigte Satan – el scheitan el rajim« geschmäht wird. Sie würden sich weigern, Gemüse und Früchte wie Salat oder Erdbeeren zu essen, die unmittelbar auf dem Boden wüchsen, weil sie befürchteten, es könne ein »kleiner Scheitan« darin versteckt sein.

*

Ist es die fiebrige Ermattung? Die kahlen Höhen rings um Mossul erscheinen mir in einem bedrohlichen Licht. Irgendwo in diesem Bezirk, so erzählt der Polizist, befinde sich das Grab des Propheten »Shit«. Nach längerer Überlegung komme ich darauf, daß es sich um Seth handeln muß, den dritten Sohn Adams, der der Heiligen Schrift zufolge gezeugt wurde, nachdem Kain seinen Bruder Abel erschlagen hatte. Der Islam erkennt Tausende von Propheten an, darunter die fünf bedeutendsten: Noah oder Nuh, Abraham oder Ibrahim, Moses oder Musa, Jesus oder Isa und alles abschließend, als Siegel der Offenbarung, Mohammed.

Runde oder quadratische Überhöhungen in dieser gelben Landschaft deuten auf uralte assyrische Überreste hin, deren Erforschung noch gar nicht aufgenommen wurde. Wir stoßen auf ein chaldäisches Kloster, das im Festungs-Stil erbaut wurde und dem heiligen Michael geweiht ist. Keiner der Mönche zeigt sich am massiven Eisentor. Nach einigen Irrfahrten entdecken wir eine assyrisch-katholische Kirche, die unter großem Aufwand völlig erneuert wird. Das Gebäude stammt aus dem vierten Jahrhundert. Der einzige Geistliche behauptet hier eine verlorene Stellung. Der assyrische Pater wirkt beinahe lateinisch mit seinem glatt rasierten Gesicht. Er trägt eine weiße Soutane und ist bei französischen Dominikanern in Mossul zum Priester geweiht worden. Die einsame Kirche ist dem heiligen Behnam geweiht, einem Märtyrer aus fürstlichem Geschlecht, der zur Zeit der Mongolenstürme gelebt hatte. Die Krieger des Eroberers Hülagü hatten sein Gotteshaus geplündert, da beschwerte sich Behnam beim großen Khan und erhielt seine kostbaren Schätze zurück. Zum Dank wurde das Lob Gottes in aramäischer und mongolischer Schrift in einen kunstvollen Rundbogen gemeißelt.

Von diesen versprengten Gemeinden der aramäischen Christenheit, deren Priester und Mönche einst den ganzen Orient bekehrt hatten, deren Missionare in Chinesisch-Turkestan die Taufe spendeten und sich am Hofe von Peking um Einfluß bemühten, geht eine ergreifende Traurigkeit aus. Der Pater, der sich in perfektem Französisch artikuliert, erweckt den Eindruck, als wäre er von einer heimlichen Verwünschung geschlagen. Der Mann ist matt und müde geworden und sieht uns beim Abschied regungslos nach. Der berühmte französische Orientalist Louis Massignon, dessen Vorliebe für die islamischen Mystiker und Sufi sich mit der wissenschaftlichen Neigung Annemarie Schimmels vergleichen läßt, hatte sich übrigens bei den Assyrern zum katholischen Priester weihen lassen, weil die Zugehörigkeit zu diesem orientalischen Ritus ihm erlaubte, seine Ehe aufrechtzuerhalten, und dennoch die Würde des »Sacerdos« zu erwerben.

Wir versuchen nach Nimrud abzubiegen, der legendären Residenz des assyrischen Königs Assurnasipal II., wo die alten Mauern und Tempel noch relativ gut erhalten sind. In Nimrud thronen die mächtigen Stein-Löwen mit den gekrönten Menschenhäuptern. Eine Schranke, mit Militärpolizisten bemannt, verhindert das Durchkommen. Das Ausgrabungsfeld ist während des Golfkrieges von Räubern und Antiquitäten-Schmugglern heimgesucht worden. Nun soll neuer Frevel verhindert werden. Warum fällt mir plötzlich aus einem der erfolgreichsten Abenteuer-Filme Steven Spielbergs jene Szene ein, in der sich Indiana Jones als »Jäger des verlorenen Schatzes« – so lautet die Produktion auf deutsch – in einem imaginären Orient gegen eine Horde gotteslästerlicher Nazis durchsetzt? Es ist bezeichnend für den kümmerlichen Wissensstand des deutschen Kino- und Fernsehpublikums – zumindest wird er von den Programm-Machern so eingeschätzt –, daß man ihm den amerikanischen Originaltitel »The Raiders of the Lost Arch« vorenthielt. Es ging also um die verlorene Bundeslade des Gottes Jahwe, in der die mosaischen Gesetzestafeln ruhen und nach der die frommen hebräischen Haredim in den Gewölben des Tempelberges von Jerusalem noch heute unermüdlich graben. Die Beziehung zum Pentateuch der Hebräer stellt sich auf oft kuriose Weise ein in diesem »Propheten-Land« zwischen Ur und Niniveh.

Auf den ersten Blick enttäuscht der Ausflug zum chaldäischen Kloster der Antonianer. Die Mönche mit ihren schwarzen Kutten erwecken den Eindruck, als seien sie von bösen Geistern geplagt. Auch dieses Monasterium wird unter hohen Kosten renoviert und modernisiert. Ein Knaben-Internat ist ihm angeschlossen, und ein Geistlicher unterrichtet die aramäische Sprache, die Sprache Jesu. Ein buckliger Mönch belehrt mich, daß der heilige Antonius, der als Namenspatron und Ordensgründer verehrt wird, im vierten Jahrhundert auf der Sinai-Halbinsel gelebt habe. Er überreicht mir eine Abbildung dieses Anachoreten, einen billigen Farbdruck, der mich zutiefst überrascht. Rund um den freundlich blickenden Antonius mit dem Rauschebart, der ein Vorläufer des Franz von Assisi gewesen sein mag, sind alle möglichen Tiere der Schöpfung in friedlicher Harmonie versammelt. Darunter befinden sich an prominenter Stelle ein rosarotes Schwein und ein Hund, zwei animalische Gattungen also, die von den Koran-Gläubigen als »unrein« gemieden werden.

Als Folge der fiebrigen Erschöpfung überkommen mich seltsame Halluzinationen, während wir am Rande von Mossul den mächtigen Erdwällen folgen, die die assyrische Herrschaftsmetropole Niniveh umschlossen. Zwölf Kilometer lang waren diese Befestigungen, und ihre fünfzehn Tore waren fünfzehn verschiedenen Gottheiten geweiht. Teilweise hat man die Mauern freigelegt und ist dabei auf die berühmten Monumente mit geflügelten Stieren gestoßen. Die Ausschachtungsarbeiten sind weiterhin im Gang und werden in der ersten Dämmerung von Scheinwerfern angestrahlt. Vielleicht ist es ein Zeichen von später Naivität, daß ich mich in Ermangelung moderner Märchen an Gruselfilmen erfreue. Aber welcher Schriftsteller unserer Tage wüßte denn noch Spukgeschichten zu erzählen wie Edgar Allan Poe oder E.T.A. Hoffmann? So hatte ich mit amüsierter Spannung das Kino-Spektakel des »Exorzisten« genossen. Die Anfangsszene war besonders einprägsam, und beim Blick auf Niniveh habe ich sie schlagartig vor Augen: Der Archäologe, ein katholischer Priester, entdeckt bei seinen mesopotamischen Ausgrabungen das schreckenerregende Götzenbild des leibhaftigen Satans. Durch diese Freilegung des Bösen entfalten sich die Kräfte der Unterwelt bis in jene harmlose amerikanische Middle-Class-Familie, wo ihnen ein unschuldiges Mädchen zum Opfer fällt. Damit schlägt die Stunde der unerschrockenen Teufelsaustreiber, der »Exorzisten«. So fern ist das ja alles nicht her. Noch in meinen Internatsjahren wurde uns die Abwehrformel gegen den großen Versucher beigebracht: »Vade retro Satana!«

Saad Darwish drängt darauf, daß wir uns vor Einbruch der Nacht einer letzten Kultstätte zuwenden. Es handelt sich um eine riesige Moschee, die wie ein Bollwerk auf einer kahlen Anhöhe ragt und von Saddam Hussein zur eindrucksvollen Pilgerstätte ausgebaut wurde. Das Bild des mächtigen Spenders aus Bagdad ist denn auch überall zugegen. In diesem Heiligtum am Rande von Mossul befindet sich das Grab des Propheten Yunis, der Juden und Christen unter dem Namen Jonas bekannt ist. »Dem hatte der Herr Jahwe befohlen: Mache dich auf nach Niniveh und predige wider sie; denn ihre Bosheit ist vor mich gekommen«, heißt es im Alten Testament. Jonas oder Yunis versuchte, diesem gefährlichen Auftrag zu entfliehen, und schiffte sich in Jaffa ein. Er wurde, nachdem die Seeleute ihn während eines Sturms über Bord geworfen hatten, von einem riesigen Fisch verschluckt und nach dreitägigem Aufenthalt in dessen Bauch an der Küste des heutigen Israel bei Ashkalon an Land gespien. Da zog Jonas geläutert gen Niniveh und erwartete von seinem Gott, daß er die dortigen Sünder nunmehr vernichte. Doch im Gegensatz zum Propheten erbarmte sich der Allmächtige und sprach: »Wie sollte mich nicht jammern Niniveh, eine so große Stadt, in der mehr als 120 000 Menschen sind.«

Auf den bunten Kacheln, die den Innenhof der Yunis-Moschee von Mossul schmücken, entziffert Saad Darwish Verse aus jener Koran-

Sure, die nach diesem seltsamen Auserwählten benannt ist. Unter anderem die Aussage Mohammeds: »Jonas ist wahrhaftig ein Gottgesandter.« Die erdrückende Menge schwarz verhüllter Frauen drängt sich an das Gitter, hinter dem der grün verkleidete Sarkophag zu erkennen ist. Der Gynäkologe Darwish macht mich darauf aufmerksam, daß die Wallfahrt an dieses Grab Fruchtbarkeit verheißt, denn das Symbol des Wals, der einen Menschen ins Leben hinausstößt, wird natürlich auf den menschlichen Geburtsvorgang bezogen. Votiv-Zettel und weiße Fäden werden von den Frauen am Grabgitter befestigt, ja da hebt eine von ihnen tatsächlich ihren schwarzen Umhang hoch, reißt einen Fetzen ihrer Unterhose ab und heftet ihn inbrünstig an das silberne Gestänge der Prophetengruft.

Blutrot senkt sich die Sonne über den Tigris. Wir lösen uns mühsam aus dem schwarzen Weibergetümmel. Der Himmel hat sich in apokalyptischen Tönungen verfärbt. Die fürchterliche Hitze hat kaum nachgelassen. Am Empfangsbüro des Hotels werde ich von einem Angestellten angesprochen, der sich als Chaldäer zu erkennen gibt. »Wissen Sie, welcher Jünger Christi hier in Assyrien die frohe Botschaft verkündet hat?« fragt er. »Es war der Apostel Thomas, der sich später in Basra einschiffte, um Indien zu missionieren. Sie kennen ihn doch, den heiligen Thomas, der nicht glauben wollte, daß Jesus von den Toten auferstanden sei, und den der Heiland dann aufforderte, er solle die Hand in seine Wunden legen?« Vom Tigris-Ufer bis zum Mittelmeer-Strand bei Ashkalon, von Niniveh bis Cochin in Süd-Indien – welch seltsame Wege der Gottesglaube, vermengt mit mystischem Wahn, doch beschritten hat! Der Apostel Thomas – der ungläubige Thomas –, dieser skeptische Zweifler, ein Hebräer natürlich wie alle Jünger des Nazareners, gäbe wohl einen vortrefflichen Schutzpatron ab für dieses Buch über die »Lügen im Heiligen Land«.

Israel – Palästina I

Die bitteren Früchte von Oslo

Die Bunker von Tel Faher

Golan, im Frühjahr 1997

Die Wunden des Krieges sind vernarbt in Tel Faher. Erst bei näherem Zusehen bohren sich die Stollen tief in den schwarzen Lavafels der Golan-Höhen. Der Frieden ist tückisch an dieser Drehscheibe zwischen Israel, Syrien, Jordanien und Libanon. Dabei strahlt der Ostersonntag in so herrlichem Licht. Der fromme Christ könnte meinen, die Natur feiere die Auferstehung des Herrn. Nicht weit von der beherrschenden Kuppe, die wir auf gewundenen Pfaden erreicht haben, soll Jesus von Nazareth dem Fischer Simon die Verheißung gegeben haben: »Du bist Petrus der Fels, und auf diesen Felsen will ich meine Kirche bauen.«

Im Norden erhebt der Hermon-Berg – Dschebl-el-Sheikh auf arabisch – seinen breiten greisen Schädel in den makellos blauen Himmel. Die grünen Hänge sind mit weißen und gelben Blüten übersät. Das Drusendorf Majdal Shams, »Sonnenturm« in der Übersetzung, klebt wie ein Adlernest zu Füßen des schneebedeckten Kegels. Zwischen den sprudelnden Bächen von Banijas wurde im heidnischen Altertum der bocksfüßige Gott Pan verehrt. Die korinthischen Säulenstümpfe aus herodianischer Zeit künden von dem einzigartigen Zusammentreffen hellenistischer Kultur und römischer Macht. Sogar die grauen Zyklopenmauern der Festung Nimrod, die die Kreuzritter an dieser eminent strategischen Position errichteten, um dem Ansturm der türkischen Seldschuken zu trotzen, könnten eine romantische Märchenvision vortäuschen, würde nicht das Blut von so viel mörderischem Glaubenseifer an ihren geborstenen Zinnen haften.

Mein Begleiter Aharon hat die präzise Stelle ausfindig gemacht, nach der ich suche und derentwegen ich diesen Abstecher unternommen habe. Der marokkanische Jude Aharon ist im Alter von zwölf Jahren aus Oujda, unmittelbar an der Grenze Algeriens, nach Israel ausgewandert, ins Land der Väter heimgekehrt, wie die gläubigen Hebräer sagen. Wir hatten uns zufällig im maghrebinischen Restaurant »Minarett« kennengelernt, einem der wenigen Lokale West-Jerusalems, wo halbwegs genießbare Speisen serviert werden. Ich hatte mich mit dem etwa fünfzigjährigen Kaufmann, dessen umtriebige Geschäftstätigkeit sich auf mancherlei Gebiete erstreckte, schnell angefreundet. Er spricht Französisch mit dem unverkennbaren Akzent der nordafrikanischen »pieds noirs«. Sein kehliger arabischer Dialekt ist für die Palästinenser schwer verständlich. Nachdem Aharon erfahren hatte, daß ich mich im Maghreb gut auskannte, bot er mir spontan seine Begleitung und sein Fahrzeug an. Er sollte sich in den folgenden Tagen als wertvoller, extrem landeskundiger Gefährte erweisen.

Wir sind die einzigen Besucher auf der steil abfallenden Felsklippe Tel Faher. Der Ort ist zur nationalen Gedenkstätte erklärt worden. Unter gelb-grünen Wimpeln haben die israelischen Behörden eine Tafel errichtet mit den Namen von 23 Soldaten jener legendären Golan-Brigade, die hier am 9. Juni 1967 bei der Erstürmung dieser syrischen Schlüsselstellung den Tod fanden. Genau 30 Jahre sind seit dem jüdischen Triumph des Sechs-Tage-Krieges vergangen. Das berauschende Gefühl, mit Jahwes Segen von Sieg zu Sieg zu stürmen, ist in Israel einer Stimmung düsteren Zweifels und böser Ahnungen gewichen. Das Ehrenmal von Tel Faher wirkt enttäuschend. Da ist ein verrosteter Half-Track der besiegten Araber abgestellt worden, und ein verbeulter Stahlhelm hängt an einem Eisengestell. Touristen haben den üblichen Abfall – Plastiktüten und Coca-Dosen – respektlos hinterlassen. Die Unterstände der Syrer, mit dicken Panzerplatten abgedeckt, ein ausgeklügeltes Grabennetz, das dank seiner Einbettung in die Lava-Masse dem Beschuß durch Artillerie und Raketen widerstehen konnte, sind weit eindrucksvollere Erinnerungen an einen Waffengang, der bis auf den heutigen Tag fortwirkt. Das Verteidigungssystem war übrigens in den frühen sechziger Jahren mit Hilfe sowjetischer Militärexperten ausgebaut und perfektioniert worden. Die Stacheldrahtverhaue von einst dienen heute dazu, die Minenfelder abzugrenzen, die nie geräumt wurden. Als Tarnung gegen Lufteinsicht hatten die Syrer einen dichten Eukalyptushain gepflanzt, so daß auch hier die Illusion eines harmlosen Ausflugsziels aufkommt. Im üppig schießenden Gras leuchten die knallroten Blüten des Klatschmohns. Ein antiquiertes Kriegslied drängt sich auf: »Freund Hein malt Blumen rot.« Wer weiß heute noch in Deutschland um diese heldisch-kitschige Verklärung des Soldatentodes?

»Das ist Ihr Platz«, sagt Aharon, »auch wenn Sie ihn zunächst nicht wiedererkennnen. Wir sind am Ziel.« Es fällt mir tatsächlich schwer, mich in den Herbst 1951 zurückzuversetzen, an jenen trüben, nebligen Tag, an dem ich zum ersten Mal diese vorgeschobene Beobachtungsposition inspiziert hatte. Damals – vor 46 Jahren – war die Ebene zu meinen Füßen noch durch das sumpfige Wasser des Hule-Sees ausgefüllt gewesen. Inzwischen haben die Israeli – nach der Vertreibung der Syrer von dem bedrohlichen Plateau – die feuchte Mulde drainiert und in fruchtbares Ackerland verwandelt. Im Oktober 1951 gab es hier keine Eukalyptusbäume. Im weiten Umkreis war alles öd und leer. Natürlich hatten sich damals auch noch keine jüdischen Kolonisten niedergelassen. Jetzt reihen sich deren schmucke, weiße Häuschen mit roten Ziegeldächern aneinander. Diese Kibbutzim und Moshavim überziehen den Golan mit Orangenhainen und Getreidefeldern. Nur der Fernblick nach Westen ist der gleiche geblieben, die beherrschende Sicht auf die Hule-Senke und die Hügellandschaft Galiläas. Die steil abfallenden Kliffe von Tel Faher böten sich jedem arabischen Kriegführenden auch in Zukunft perfekt an, um das gesamte Tiefland Nord-Israels unter Beschuß zu nehmen und das Leben rund um den See Genezareth durch Artilleriefeuer unerträglich zu machen.

Ich habe Aharon freimütig erzählt, auf welch ungewöhnliche Weise mein erster Besuch der Golan-Festung stattgefunden hatte, deren Zugehörigkeit zu Syrien zu jenem Zeitpunkt unumstritten war. Ich war von Damaskus aufgebrochen, um drei Jahre nach Gründung des Judenstaates einen Erkundungsblick auf »Eretz Israel« zu werfen. In Begleitung eines syrischen Oberleutnants waren wir zu früher Stunde aus der ehrwürdigen Kalifenstadt der Omayaden nach Süden abgefahren. Die Strecke bis zum Golan beträgt knapp sechzig Kilometer, aber der Zustand der Straßen war miserabel. Wir schlugen zudem einen Umweg über das Städtchen Deraa ein. Durch dessen graue, trostlose Steingassen war im Ersten Weltkrieg, so bestätigte mir mein militärischer Schutzengel, der berühmte Lawrence of Arabia als einsamer, unvorsichtiger Späher in der Verkleidung eines Beduinen geirrt. Von einer türkischen Patrouille war er aufgegriffen und verhört worden. Die kollektive, brutale Vergewaltigung, die der Held der »Sieben Säulen der Weisheit« dann über sich ergehen lassen mußte, hat ihn – vielleicht gerade weil er homophil veranlagt war – auf neurotische Weise gezeichnet. Er wurde zum haßerfüllten Türkenschlächter, wann immer sich die Gelegenheit bot. Danach konnte nicht genug Blut fließen, und es wurde kein Pardon gewährt, wenn eine osmanische Nachhut in den Hinterhalt der Beduinen des Oberst »El Aurens« geriet. So nannten ihn die Araber, und so sprach ihn auch mein syrischer Begleiter aus, obwohl er einen Lehrgang in den USA absolviert hatte.

In engen Schleifen war die Schotterpiste nach Nordwesten abgezweigt und erklomm die Hochebene. Vulkanische Felslandschaft bedrängte uns. Das Gestein war schwarz. Schwarz waren auch die Ziegen, die durch den Lärm unseres Jeeps verscheucht wurden. Zwei drusische Hirtenknaben trieben sie mit rauhen Rufen und Steinwürfen wieder zusammen. Wir näherten uns der syrisch-israelischen Demarkationslinie, die 1951 noch präzis jener willkürlichen Mandatsgrenze entsprach, die Engländer und Franzosen gemäß dem Sykes-Picot-Abkommen zwischen Palästina und Syrien gezogen hatten. In Wirklichkeit handelte es sich jetzt bereits um eine Frontstellung im arabisch-jüdischen Konflikt. Ein Zeltlager der Syrer kam in Sicht. Von einem Militärpolizisten mit roter Schirmmütze wurden wir kurz kontrolliert. Ein Hauptmann mit zwei Soldaten gab uns Geleit bis zur vordersten Stellung. An diesem Punkt fiel der Golan wie eine Sprungschanze steil nach Westen ab. Zu unseren Füßen erstreckte sich, wie erwähnt, die Jordan-Senke mit dem Hule-See. Dahinter die sanften Hügel Galiläas. Der Name Tel Faher kam in dem kurzen Lagevortrag des jovialen syrischen Hauptmanns nicht vor.

Der Kontrast konnte damals nicht krasser sein als zwischen den steilen nackten Höhen, auf denen wir uns befanden, und dem jüdischen Pionierland jenseits des Hule. Dort drüben hatte eine intensive Agrarbearbeitung die Landschaft mit saftigem Grün überzogen. Die spröden Hänge wurden mühsam aufgeforstet. Die syrischen Offiziere waren sich dieser Diskrepanz wohl bewußt. »Wir sind ein armes Land«, betonten sie unisono, »das auf seine eigenen bescheidenen Kräfte angewiesen ist. Aber den Zionisten steht die ganze Kapitalkraft des Weltjudentums zur Verfügung.« Der Hauptmann führte mich zu einer Kette flacher Betonbunker im Westwall-Stil, deren Schießscharten auf die israelischen Kibbutzim gerichtet waren. »Wir verfügen hier über eine erstklassige, überlegene Position, wenn eines Tages der Krieg um Palästina wieder ausbricht«, meinte der Capitaine. »1948 haben wir unseren Befreiungskampf unter dem Druck Amerikas und der UNO abbrechen müssen. Aber der Tag der Vergeltung wird mit Sicherheit kommen. – Diese Kampflinie ist übrigens von Ihren deutschen Freunden entworfen worden, denen Sie in Damaskus begegnet sind und die Sie uns empfohlen haben.«

Tatsächlich verdankte ich die Expedition in die vorgeschobensten syrischen Stellungen der Bürgschaft des deutschen Oberst Kriebel, der zu jener Zeit im syrischen Verteidigungsministerium eine Gruppe von etwa dreißig ehemaligen Wehrmachtsoffizieren befehligte. Diese Militärmission, deren Angehörige vom syrischen Generalstab individuell rekrutiert worden waren, entsprach durchaus nicht den phantastischen Gerüchten, die damals im ganzen Mittleren Osten kolportiert wurden. Eine deutsche »Orient-Armee« in Stärke von 12 000 Mann, so hatte ich in Bagdad vernommen, stehe auf seiten der Araber zum Einsatz gegen Israel bereit. Oberst Kriebel hatte mich ohne Umstände in seinem Büro in Damaskus empfangen, das von syrischen Militärpolizisten bewacht war. Er entsprach dem Typus des intellektuellen Generalstäblers und sollte später – nach Gründung der Bundeswehr – der erste deutsche Militärattaché in Kairo werden. Die Atmosphäre in Kriebels Amtsstube war nüchtern. Er betonte, daß er Experten und keine Landsknechtsnaturen um sich gesammelt habe. Aus Bonn hatte er keine Weisungen erhalten. Am Rhein trug man sich damals mit anderen Sorgen, und die Bundeswehr befand sich in ihrer frühesten Konzeptionsphase. Die westlichen Alliierten hätten keine Einwände gegen diese bescheidene deutsche Präsenz erhoben, erklärte der Oberst. Etwa vorhandene Bedenken hätten sich seit Ausbruch des Korea-Krieges und der Eskalation des Ost-West-Konfliktes erledigt. In Washington zöge man die Aktivität der Westdeutschen in Syrien einer eventuellen sowjetischen Einflußnahme bei weitem vor. Letztere sollte sich erst sehr viel später, dann aber höchst massiv, einstellen und zur zusätzlichen Befestigung der Golan-Grenze führen. Kriebel hatte seinen Offizieren Befehl erteilt, stets Zivil zu tragen. In Ägypten war seines Wissens eine ähnliche deutsche Beratergruppe am Werk.

Es ging wirklich sehr preußisch zu bei dem versprengten deutschen Häuflein in Damaskus. Orientalisch wirkten nur die syrischen Ordonnanzen, die in kurzen Abständen türkischen Kaffee servierten. Kriebel verheimlichte nicht, daß dieser Kargheit und Disziplin, die er seinen

Mitarbeitern auferlegte, eine sehr viel abenteuerlichere Phase vorangegangen war. Der Militärdiktator Husni Zaim, der vier Jahre nach Kriegsende einen Militärputsch in Damaskus inszenierte, hatte sich angeblich eine Leibwache ehemaliger Angehöriger der SS zugelegt. Bei der Aufstellung dieser Garde aus überzeugten Nostalgikern des Dritten Reiches soll der französische Geheimdienst die Hände im Spiel gehabt haben. Den gaullistischen Agenten ging es darum, in Fortsetzung einer uralten franko-britischen Rivalität den Londoner Fusionsplänen im sogenannten »Fruchtbaren Halbmond« – im weit gespannten Bogen zwischen Palästina, Syrien und Irak – einen Riegel vorzuschieben. Zur Durchkreuzung der ehrgeizigen Pläne des Foreign Office hatten die gallischen Experten ja sogar den Groß-Mufti von Jerusalem, Amin-el-Husseini, den ehemaligen Verbündeten Hitlers, nach Palästina eingeschleust. In Paris hatte man längst nicht verschmerzt, daß unmittelbar nach dem alliierten Sieg von 1945 die französische Truppenpräsenz in Syrien und Libanon, die sich in törichter Verkennung der Sachlage sogar zu einer Bombardierung der arabischen Nationalisten in Damaskus hatte hinreißen lassen, durch massiven Druck Großbritanniens beendet worden war. »Wenn ich die Mittel dazu hätte«, so kabelte Charles de Gaulle damals an Winston Churchill in einer wenig bekannten Depesche, »würde ich Ihnen den Krieg erklären.«

Auch im Falle des Oberst Husni Zaim, den Frankreich als eigene Schachfigur ins Spiel bringen wollte, hatte der »Intelligence Service« den längeren Arm. Der kurzlebige Militärdiktator fiel einem syrischen Offizierskomplott zum Opfer. Seine SS-Leute konnten nicht verhindern, daß er verhaftet und umgehend füsiliert wurde. Die Pariser Zeitung »Le Monde« kommentierte diese Exekution in einem Leitartikel unter dem Titel: »I.S. (Intelligence-Service) fecit.« Später sickerten andere Desperados nach Syrien ein. Einer Anzahl deutscher Soldaten war die Flucht aus den englischen Kriegsgefangenenlagern auf Zypern geglückt. Mancher ehemalige Gefreite beförderte sich selbst zum Major und wollte den Syrern das Kriegshandwerk beibringen. Sogar drei israelische Agenten, als Wehrmachtsoffiziere getarnt, hatten sich den Stäben von Damaskus angedient, so enthüllte mir in jenem September 1951 ein Major des dortigen Deuxième Bureau. Dieser verschlagen, aber hochintelligent wirkende Offizier trug den Namen Abdulhamid Serradsch. Ich konnte nicht ahnen, daß er eines Tages zum gefürchteten Geheimdienst-Chef seiner Republik und 1958 zum

Mentor des mißglückten Anschlusses Syriens an die Vereinigte Arabische Republik Gamal Abdel Nassers werden sollte. Zu jener Zeit wußte auch noch niemand von dem jüdischen Meisterspion Elie Cohen, der das Vertrauen der höchsten Staats- und Armeeführung in Damaskus genoß, ehe er durch einen Zufall demaskiert wurde und trotz aller Bemühungen Israels öffentlich am Galgen endete.

Schon im Spätsommer 1951 wurde Damaskus mit eiserner Faust regiert. Unabhängig von den Zivilkabinetten, die sich am Barada-Fluß ablösten, lag die reale Macht in den Händen des Oberst Adib Schischakli, dessen Gesicht wie in Stein geschnitten war. Das Machtinstrument Schischaklis war das erste Panzerbataillon der Hauptstadt, das er persönlich kommandierte. Er habe einst der »Syrischen Volkspartei« PPS nahegestanden, so hieß es, jener »Hizb-el-qaumi-el-suri«, die von dem libanesischen Christen Antun Saada gegründet worden war. Schischakli hing einem wirren Sozialismus nationalistischer Prägung an und betrieb die radikale Säkularisierung des Staates. Die PPS ihrerseits träumte in jenen Tagen von einer groß-syrischen Republik, die das türkische Kilikien, Jordanien, Palästina, die Sinai-Halbinsel und sogar Zypern umfaßt hätte. Ähnlich wie Atatürk den Hunnenkönig Attila zum türkischen Nationalhelden auserkor, holte die PPS den Feldherrn Hannibal aus der Mottenkiste der Geschichte und spannte den Karthager für ihre utopischen Ziele ein. Ein Vierteljahrhundert später – im libanesischen Bürgerkrieg – sollte die PPS, unter dem veränderten Namen »Sozialistisch-nationale Partei Syriens« von ahnungslosen westlichen Korrespondenten als fortschrittliche Bewegung hochgelobt werden. Dabei bezog sie von Anfang an ihre verschwommene völkische Ideologie aus germanischer Inspiration, ja sie führte ein stilisiertes rotes Hakenkreuz auf weißer Scheibe und schwarzem Hintergrund in ihrem Wappen. Doch die verschlungenen Wege der syrischen Innen- und Libanon-Politik wollen wir in einem späteren Kapitel erörtern.

*

Aharon hat mich aufgerüttelt. »Wir müssen weiterfahren, wenn wir vor Abend wieder in Jerusalem sein wollen.« Ich kann mich nicht losreißen von dem Panoramablick auf Galiläa. 27 Jahre war ich alt, als ich hier das »Gelobte Land« zum ersten Mal erspähte. Die Höhe Tel Faher war mein Berg Nebo. Eine solche Reminiszenz ist nicht frei von Nachdenklichkeit und vom Gefühl der eigenen Vergänglichkeit. Wo besser ließe sich über die »vanitas mundi« meditieren als in dieser Landschaft, in der die geistigen Werte, von denen wir heute noch zehren, ihren mythischen Ursprung nahmen? Zudem lohnt es sich, eine Schlüsselposition, die im Ringen um die Zukunft des Nahen Ostens und jenes vielzitierten »Friedensprozesses« im Heiligen Land eine so eminente Rolle spielt, noch einmal mit wachen Augen zu prüfen. Der Golan ist ja nicht die geringste Trumpfkarte in jener trickreichen Pokerpartie, mit der die semitischen Vettern, Juden und Araber, die gesamte Weltöffentlichkeit in Atem halten.

Heute sieht alles ganz anders aus. Die Front hat sich nach Osten verschoben. Knappe zwanzig Kilometer trennen uns in Tel Faher von der aktuellen Demarkationslinie zwischen Syrien und dem von Israel besetzten Golan-Territorium. Dort verläuft jene neutrale Zone, die unter Vermittlung der Vereinten Nationen nach dem Yom-Kippur-Krieg mühsam ausgehandelt wurde, um die gegnerischen Stellungen auf Distanz zu halten. Es ist bezeichnend für die Disziplin des Damaszener Regimes, daß sich auf diesem schlauchähnlichen Gebilde, das sich in drei, fünf, höchstens zehn Kilometer Tiefe vom Hermon im Norden bis zum Yarmuk-Fluß im Süden hinzieht, innerhalb von zwei Dekaden kein nennenswerter Zwischenfall ereignete. Gewisse geheime Drähte zwischen den verfeindeten Parteien scheinen reibungslos zu funktionieren.

Wir fahren streckenweise durch blühende Landschaften. Citrus-Plantagen, Getreidefelder, Eukalyptus- und Korkeichen-Wälder säumen die glatte Asphaltbahn. In der Gegend von Buqata und I-Rom alternieren die Ruinen der zerstörten syrischen Dörfer – selbst die Moscheen sind verwüstet – mit den koketten Moshavim der Juden. Die häßlichen Baracken-Ansammlungen von einst existieren längst nicht mehr. Die Arbeiter-Partei, die sich heute als Vorkämpferin der Idee »Land für Frieden« gebärdet und in den letzten Geheimverhandlungen von Washington mit den Emissären Hafez-el-Assads die Rückgabe des Golan prinzipiell schon konzediert hatte, war in den späten siebziger Jahren der Motor der zionistischen Kolonisierung dieses eroberten syrischen Gebietszipfels gewesen. Die hiesigen »Settler« gehören der israelischen Linken und nicht der national-religiösen Fraktion an. Sie wurden vom Staat kräftig subventioniert. Immerhin leben zur Zeit 13 000 Juden auf dem umstrittenen Plateau, während die im Gebirge verwurzelten Araber – in der Nord-Ost-Ecke am Fuß des Hermon konzentriert – zu etwa 25 000 ausgeharrt haben. Sie sind samt und sonders Angehörige der esoterischen Drusen-Sekte.

Bevor wir den offiziellen, touristischen Aussichtspunkt bei Quneitra erreichen, bitte ich Aharon, trotz des Stop-Schildes auf eine Bunkerstellung der Vereinten Nationen zuzusteuern. Ein athletischer blonder Major der kanadischen Armee läßt uns zwar nicht in das Innere des befestigten Observationspostens, aber er erklärt bereitwillig die Lage. Als Aharon von der israelischen Seite der Demarkationslinie spricht, wird er von dem Kanadier zurechtgewiesen. »Was immer die Regierung von Jerusalem beschlossen hat, befinden wir uns hier laut internationalem Recht und Beschluß der Vereinten Nationen weiterhin auf okkupiertem syrischem Boden. Ich nehme unter Berücksichtigung der jüngsten Ereignisse nicht an, daß sich daran etwas ändern wird.«

Die Ruinen von Quneitra liegen zum Greifen nahe. Bei einer früheren Reise durch diese Gegend im Frühjahr 1969 hatte sich das Verwaltungszentrum des Golan in israelischer Hand befunden. Die dünne Schneeschicht reichte nicht aus, die schwarzen Lavafelsen zuzudecken. Der Judenstaat lebte – zwei Jahre nach dem Sechs-Tage-Krieg – noch im Bewußtsein seines phänomenalen Triumphs über sämtliche arabischen Nachbarn. Trotz der Mittagsstunde war es bitterkalt, und der düstere Himmel verfärbte sich magisch wie im Polarlicht. Die ersten jüdischen Kolonisten hatten sich in provisorischen Behausungen verschanzt. Unvermittelt kam penetranter Schneeregen auf, und wir flüchteten fröstelnd in die Bar des »Golan-Hotels«, eines zerschossenen Betonbaus, wo ein Kooperativ-Laden eingerichtet war und aus einer Juke-Box hämmernde Musik dröhnte. Die jungen Wehrbauern des benachbarten »Nahall« plauderten dort mit einem Trupp Fallschirmjäger, verwegenen und drahtigen Gestalten, denen man jedes Commando-Unternehmen zutraute. Die Soldaten genossen sichtlich das Hochgefühl ihrer vermeintlichen Unbesiegbarkeit. Wie zu Zeiten der Eroberer Joshua oder David hatte der streitbare Gott Jahwe seine Fittiche über das auserwählte Volk gebreitet.

Dreizehn Jahre später wiederum – es war im Februar 1982 – herrschte eine weniger euphorische Stimmung rund um den Golan-Stützpunkt 92. Im Yom-Kippur-Krieg von 1973, der als schreckliche Überraschung über die feiernden Juden hereinbrach, hatten die syrischen Panzerbrigaden an dieser Stelle einen massiven Durchbruch erzwungen, der nur durch die überstürzte Aufbietung aller Reserven der »Israel Defense Forces« (IDF) aufgefangen werden konnte. So schnell waren die T-34 und T-54 aus Damaskus vorgeprescht, daß das Oberkommando in Tel Aviv bereits vorsorglich den Befehl zur Räumung der Stadt Tiberias am See Genezareth angeordnet hatte. In endlosen Waffenstillstandsverhandlungen war das Städtchen Quneitra schließlich der Regierung von Damaskus zurückerstattet worden. Trotz des Rückschlages herrschte im Februar 1982 Gelassenheit im neuen Grenzbereich. »Wir haben keinen Ärger mit den Syrern«, sagte mir der israelische Leutnant, der den Stützpunkt 92 kommandierte. »Jenseits von Quneitra liegen zwei ihrer Infanteriebrigaden. Sie verhalten sich ruhig. Wir wissen sehr genau, was sich da drüben bewegt. Schauen Sie sich unsere Radargeräte an. Die spähen bis Damaskus, und bis dort hin sind es fünfzig Kilometer Luftlinie.«

Seitdem sind die Späh- und Abhöranlagen extrem perfektioniert worden. Angeblich können sie die Nummernschilder der Autos in Damaskus erkennen. Aharon zeigt mir die ballonähnlichen Einrichtungen und die elektronisch bestückten Riesenantennen, die die Höhen des Tel Abu Nida – oder war es der Tel Arital? – krönen. Auf einer benachbarten Bodenerhebung sind energieerzeugende Rotoren aufgestellt, die wie Windmühlen Strom für die umliegenden Ortschaften beschaffen. Ihre futuristisch anmutenden Stelzen erscheinen mir irgendwie befremdlicher als die Riesenbunker aus grünen Sandsäcken und Lavabrocken, die mit Eisenstreben ineinander verschachtelt sind. Diese Befestigungen erinnern mich fatal an die einstige Bar-Lev-Verteidigungslinie am Suez-Kanal.

Am Rastplatz, der unmittelbar den Stacheldraht und das vorderste Minenfeld überragt, hat ein alter drusischer Händler seinen Minibus in einen transportablen Suq verwandelt. Kekse, Schokolade, Coca-Cola bietet er an, aber auch Teller mit Landschaftsszenen des Golan sowie kitschige Souvenirs aus Israel. David-Sterne, siebenarmige Leuchter, Kruzifixe, Madonnenbilder und Koransprüche sind in allen billigen Varianten vorhanden. Der schnauzbärtige Druse mit der weißen Kappe und der schwarzen Pluderhose betreibt sein bescheidenes Geschäft ohne jeden religiösen oder ideologischen Vorbehalt. Aharon spricht ihn in seinem maghrebinisch gefärbten Arabisch an, fragt nach dem Umsatz und der politischen Einstellung. »Es kommen zu wenig Kunden«, beklagt sich der fliegende Händler, »die Ausländer bleiben weg, und die Juden sind sparsam. Die Lage ist zu unsicher.« Ob er sich als Bürger Israels oder als Syrer fühle, forscht Aharon. Die Antwort, in arabischer Hochsprache formuliert, ist unzweideutig. »Natürlich bin ich zuerst Druse. Aber ich bin auch Israeli. Meine Familie lebt auf dem Karmel-Berg bei Haifa. Dorthin wandere ich ab, falls der Golan an die Syrer zurückfällt. Hören Sie sich doch um: von den Drusen, die auf diesem Plateau leben, sympathisieren nur zwanzig Prozent mit Damaskus.« Aharon, der bei allem Zweifel an der politischen Weisheit der sukzessiven israelischen Regierungen doch ein strammer zionistischer Patriot ist, zeigt sich über die Antwort hoch erfreut. Ich dämpfe seine Genugtuung. »Wissen Sie, daß die religiöse Gemeinschaft der Drusen, genauso wie die muslimischen Schiiten oder Ismailiten, die ›Taqiya‹ praktizieren, die systematische Verheimlichung ihrer tiefsten Überzeugungen, ja ihrer heiligsten Glaubenssätze«, wende ich ein. Die Taqiya bewährt sich bei diesen konfessionellen Minderheiten nicht nur als letzter Ausweg in der Bedrängnis, diese Täuschung ist ihnen zur zweiten Natur geworden und wird von ihren geistlichen Führern als Überlebensrezept aus politischer Klugheit empfohlen.

Wir wenden uns dem weißgetünchten UN-Camp zu, wo vor allem österreichische und polnische Soldaten Dienst tun. Natürlich üben diese Friedenssoldaten nur Beobachterfunktionen aus und verfügen über keine Feuererlaubnis. Mein neugieriger Begleiter nimmt sich inzwischen eine israelische Ausflüglerfamilie vor, die neben uns picknickt. »Wie können Sie sich denn die Lösung der Golan-Frage vorstellen?« fragt er. Der Familienvater zuckt ratlos mit den Schultern. »Wir sollten es mit dem weisen König Salomo halten«, sagt er, »der beim Streit der beiden Mütter um den Besitz eines Neugeborenen das Urteil fällte, den Säugling zu zerhacken.« – »Als ob das eine Antwort wäre!« erregt sich der Marokkaner. »Jeder weiß, wie die biblische Fabel ausgegangen ist. Die rechtmäßige Mutter hat sich jeder Zerstückelung widersetzt – wie heute die Syrer im Hinblick auf den Golan – und ihr hat am Ende der König Salomo das Kind zugesprochen.«

*

In Majdal Shams ist der Libanon zum Greifen nahe. Das Städtchen mit seinen 12000 drusischen Einwohnern würde sich vorzüglich in den konfessionellen Flickenteppich der Zedern-Republik einfügen. Die Israeli haben diese äußerste Nord-Ost-Spitze des besetzten Golan zu einer bescheidenen Wintersportstation ausgebaut. Sogar ein Skilift erklimmt die verschneiten Hänge des Hermon. Aus der Nähe betrachtet ist die Ortschaft »Sonnenturm« ein reizloses Sammelsurium steiler Gassen und oft unvollendeter Betonhäuser. Ein paar Geschäfte und Imbißstuben umlagern den runden Zentralplatz. Dort überrascht ein mächtiges Bronze-Denkmal. Hoch zu Pferde, mit gezücktem Krummsäbel, reckt sich der Drusenführer Sultan el-Atrasch gegen die französischen Kolonialisten der Mandatszeit. Ein Krieger in der typischen Tracht seiner »Taifa«, das Gewehr fest umklammert, steht dem Helden Atrasch zur Seite. Ein Intellektueller symbolisiert den Willen dieser kleinen, verschworenen Gemeinschaft zur kulturellen Identität. Zu Füßen des Feldherrn streckt sich die Leiche eines Märtyrers im Befreiungskampf, von einer halbverschleierten Mutter mit weit aufgerissenem Mund pathetisch beklagt. Die Gruppe ist trotzig gegen den feindlichen Westen gerichtet, von wo alles Unheil kam, während auf der Rückseite des Monuments eine Gruppe von Kindern – Getreidebündel und Schulbücher zur Hand – hoffnungsvoll nach Osten und in eine bessere Zukunft blickt. 1987, so ist in den steinernen Sockel gemeißelt, ist Sultan el-Atrasch, hoch in den Neunzigern, gestorben. Sein Ruhm geht auf das Jahr 1925 zurück, als er an der Spitze seiner unerschrockenen Gefolgsleute den vorrückenden Truppen der französischen Mandatsmacht, insbesondere dem Zweiten Kavallerieregiment der Fremdenlegion, schwere Verluste zufügte und hartnäckigen Widerstand leistete. Die Gefechte konzentrierten sich damals auf ein kreisrundes Gebirge am südlichen Rand des heutigen Syrien, den Dschebl Drus, der von der Baath-Partei in Damaskus in »Dschebl-el-Arabi« umbenannt wurde.

Bei aller Abgeschiedenheit ist Majdal Shams ein recht wohlhabender Flecken. Vier drusische Dörfer gruppieren sich im Umkreis mit insgesamt 25 000 Seelen. Dieses ist ein selbstbewußter, robuster Menschenschlag. Hier weicht niemand dem politischen Gespräch aus. Und sehr schnell gesellt sich in der Kaffeestube ein kraftstrotzender Clan-Chef zu uns, der vorzüglich Englisch spricht, einen luxuriösen Mercedes mit deutscher Nummer fährt und einen Teil seines Reichtums dem Handel mit den aromatischen Äpfeln des Golan verdankt. Die Ernte lagert in riesigen klimatisierten Kellern. Brik Bahjat, so lese ich auf seiner Visitenkarte, schmückt sich wie die meisten Drusen mit einem mächtigen Schnurrbart. Obwohl er höchstens vierzig Jahre alt ist, gebietet er in Majdal Shams über unangefochtene Autorität. Seine jüngeren Brüder halten sich – wie sich das in der Levante gehört – in respektvoller Distanz.

Ob er sich als Syrer fühle oder als Israeli, frage ich unvermittelt nach Erledigung der üblichen Höflichkeitsfloskeln. Da gibt es kein Zaudern bei Brik Bahjat. »Wir Drusen des Golan betrachten uns als syrische Staatsbürger, und daran wird sich niemals etwas ändern. Die Juden sollen abziehen, wie die Resolutionen der Vereinten Nationen das gefordert haben, denn sie befinden sich auf fremdem Boden.« Im Gegensatz zu der etwa 60 000 Menschen zählenden Drusengemeinde, die im alt-israelischen Staatsgebiet am Karmel-Berg ansässig ist und die ihre Söhne sogar in den Eliteeinheiten von Zahal, der israelischen Armee, dienen läßt, haben sich ihre Glaubensbrüder des Golan stets gegen die Eroberer des Sechs-Tage-Krieges zur Wehr gesetzt. Im Dezember 1981, nachdem Ministerpräsident Menachem Begin – wohl als Kompensation für die Rückgabe der Sinai-Halbinsel an Ägypten – die administrative Einverleibung dieses Hochlandes in den jüdischen Staat verfügte, wollten die Besatzungsbehörden die dort lebenden Drusen mit israelischen Kennkarten ausstatten. Der Integrationsversuch stieß auf heftigsten Widerstand, der sich zur Zeit meiner damaligen Anwesenheit zum Generalstreik und einer Mini-Intifada Steine schleudernder Jugendlicher aufheizte. Inzwischen haben die Israeli zumindest in diesem Punkt resigniert.

Der Clan-Chef von Majdal Shams weicht dem politischen Streitgespräch mit Aharon in keiner Weise aus. Der Disput wird sehr orientalisch ausgetragen. »Sie werden es noch erleben«, insistiert der Druse gegen den heftigen Protest des marokkanischen Juden, »Israel wird sich am Ende des Osloer Prozesses auf die Grenzen von 1967 zurückziehen. Man kann im Leben nicht alles erreichen. Yassir Arafat möchte im tiefsten Herzen auch Tel Aviv und Haifa für seinen palästinensischen Staat zurückgewinnen. Das wird ihm nicht gelingen. Aber schließlich haben ja auch die Juden gelernt zurückzustecken. Wer erinnert sich heute noch daran, daß Groß-Israel – gemäß der Verheißung der Bibel – sich ›vom Euphrat bis zum Fluß Ägyptens‹, also bis zum Nil erstrecken sollte. Die beiden blauen Streifen in der zionistischen Flagge, die den David-Stern einrahmen, wiesen doch ursprünglich auf diese geographische Dimension hin.«

Was den Golan betrifft, ist unser Gesprächspartner kategorisch. Die Forderungen aus Damaskus seien den Israeli wohlbekannt. Das Räumungsabkommen müsse sich in allen Punkten mit jenem Vertrag decken, den Menachem Begin einst mit Anwar-el-Sadat über die Evakuierung des Sinai geschlossen hatte. Das besetzte Gebiet würde bis zum letzten Quadratmeter an Syrien zurückerstattet, was eine Demilitarisierung sowie eine internationale Überwachung keinesfalls ausschlösse. Die diskreten Sondierungen zwischen Hafez-el-Assad und

Shimon Peres hätten unmittelbar vor dem Abschluß gestanden, als Bibi Netanjahu seinen überraschenden Wahlsieg errang. »Doch auch hier wird sich erweisen, daß es für den konservativen Likud leichter ist, schmerzliche Konzessionen zu machen, als für die halbherzigen ›peaceniks‹ der Arbeiterpartei«, meint Brik Bahjat. »Begin und nicht Rabin hat Frieden mit Kairo gemacht.« Jerusalem habe stets behauptet, es sei für den Judenstaat leichter gewesen, auf den Sinai zu verzichten als auf den Golan. Letzterer sei unentbehrlicher aus Gründen der Strategie, der Wasserversorgung und der bereits fortgeschrittenen Kolonisation. In Wirklichkeit, so widerspricht der stämmige Druse von Majdal Shams, sei der Sinai für die Sicherheit, für den Wohlstand und das Selbstverständnis der Zionisten weit wichtiger gewesen. Die Tiefe des Wüsten-Glacis sorgte für militärische Abschirmung gegenüber dem Massenaufgebot der ägyptischen Armeen. Die Erdöl-Vorkommen dort reichten voll aus für den Energieverbrauch Israels. Siedler habe es auch im Kibbutz Yamit gegeben, und deren Evakuierung sei von Zahal mit Brachialgewalt erzwungen worden. Vor allem in religiöser Hinsicht besitze der Berg Sinai, wo dem Propheten Moses die Gebote Gottes auf Steintafeln überreicht wurden, eine unvergleichbare mythische Bedeutung.

»Rabin und Peres haben ja nicht einmal die Courage gehabt, das Teilungsabkommen über Hebron, das sie vereinbart hatten, in die Tat umzusetzen«, fährt Brik fort. »Das mußte Netanjahu auf sich nehmen. Ähnliches wird sich im Süd-Libanon abspielen. Die dortigen Stellungen der IDF sind auf Dauer nicht zu halten. Die schiitischen Partisanen der Hizbullah, der ›Partei Gottes‹, fordern nicht mehr, aber auch nicht weniger als die Räumung dieses geraubten Grenzstreifens, den die Zionisten allem Völkerrecht zum Trotz nicht herausrücken wollen.« Allmählich streift der Druse seine Gelassenheit ab. »Was bilden die liberalen Juden sich eigentlich ein?« fragt er Aharon. »Sie lassen die Palästinenser wie Leibeigene das Land bearbeiten, auf das sie – die Palästinenser – ein ererbtes Recht besitzen, und dabei sonnen sich diese Schöngeister in ihrer angeblichen Friedensbereitschaft. Glauben Sie mir, sobald sich eine Gelegenheit bietet, werden die Araber diesen Heuchlern die Gurgel durchschneiden.«

Ob so viel Offenheit äußere ich meine Verwunderung. »Fürchten Sie nicht, daß die Israeli Sie morgen wegen solch verbaler Ausfälle verhaften?« frage ich. Brik Bahjat lenkt lachend ein. »Solange ich nur meine Meinung äußere, und sei sie noch so dezidiert, passiert mir gar nichts. Aber wenn ich anfange, Steine oder Molotow-Cocktails zu schleudern oder gar Bombenattentate zu inszenieren, dann wird der israelische Geheimdienst sehr bald zur Stelle sein.«

Hier setzt Aharon vehement an: »In Ihrem geliebten Syrien könnten Sie überhaupt keine politische Aussage machen, die nicht einer kniefälligen Verehrung des Zaim Hafez-el-Assad gleichkäme. Dort säßen Sie bereits im Gefängnis. Aber hier, unter israelischer Kontrolle, leben Sie in einer toleranten Demokratie, wo jeder seine Überzeugung vertreten kann. Dieses Privileg wissen Sie gar nicht zu schätzen.« Der Druse reagiert mit Ironie. »Sie als orientalischer Jude, als Sepharde, reden von Demokratie und Gleichberechtigung in Israel? Sie sind doch lange genug beschimpft und wegen Ihrer dunklen Hautfarbe diskriminiert oder verspottet worden. Sie haben doch lange genug gebraucht, um von den arroganten europäischen Aschkenasim als Gleichberechtigte anerkannt zu werden, und im Grunde sind Sie es heute noch nicht, auch wenn Ihre Politiker im Kabinett sitzen. Haben Sie von dem jüngsten Zwischenfall gelesen, den die ›Jerusalem Post‹ ausführlich schildert? Da ist einem äthiopischen Juden, einem Fallascha, der seinen Wehrdienst brav ableistete, vom weißen jüdischen Militärarzt die Aufnahme ins Lazarett verweigert worden, und zudem wurde er noch als ›Kuschim‹, als Schwarzer, beschimpft. Gewiß, anschließend ist dieser Soldat – ich glaube, er hieß Asemare – zur Wiedergutmachung von Netanjahu persönlich empfangen und umarmt worden. Aber zunächst hatte der Äthiopier verzweifelt geweint. Der jüdischen Presse entnehme ich, daß bei den Fallascha-Wehrpflichtigen, die nur 0,5 Prozent des gesamten Mannschaftsbestandes ausmachen, die Zahl der Selbstmorde sich auf zehn Prozent beläuft.«

Die Unterhaltung wird durch die Ankunft eines rothaarigen israelischen Kaufmanns unterbrochen, mit dem der Druse auf hebräisch ein paar kommerzielle Absprachen trifft. Der Neuankömmling stammt aus Rußland, und ich stelle fest, daß er eine frappierende Ähnlichkeit mit dem engsten Präsidialberater Boris Jelzins, Vizepremierminister Anatolij Tschubais, aufweist. Der Besucher aus Nazareth wird schnell und freundlich abgefertigt. Brik ist alles andere als ein Fanatiker. Er ist pro-syrisch, aber kein deklarierter Anhänger des Diktators Assad. Den islamischen Fundamentalisten traut er schon gar nicht über den Weg. Als Angehöriger einer geheimnisvollen Sekte, die von den rechtgläubigen sunnitischen Kalifen fast tausend Jahre lang verfolgt und ins unwirtlichste Gebirge abgedrängt wurde, fühlt er sich aufs engste mit seinen drusischen Brüdern im Libanon und im Dschebl-el-Arabi verbunden. Ich berichte von meiner engen Bekanntschaft mit dem drusischen Feudalherrn Walid Dschumblat, in dessen libanesischem Schloß von Mukhtara im Schuf-Gebiet ich mehrfach zu Gast war. Wir stimmen überein, wie bitter es für diesen extravaganten stolzen Mann sein muß, regelmäßig zur Huldigungsgeste nach Damaskus zu reisen, wo doch jedermann weiß, daß sein Vater, Kamal Dschumblat, durch den syrischen Geheimdienst ermordet wurde. Wir verstricken uns in der endlosen Kette von Komplotten und Intrigen des Orients. Flüchtig wird auch der Golfkrieg erwähnt, in den Saddam Hussein durch amerikanische List und Täuschung hineingelockt worden sei, und immer wieder taucht der unvermeidliche arabische Begriff »Mu'amara« – zu deutsch »Verschwörung« – auf. Die Themen folgen einander ohne jedes System. Aharon wirkt zusehends irritiert. »Wer ist eigentlich Bibi Netanjahu?« fragt der Druse. »Der Mann ist undefinierbar. Was treibt ihn an? Im Grunde gibt es doch keinen profunden ideologischen Unterschied zwischen Likud-Block und Israelischer Arbeiterpartei oder ›Avoda‹, zumal demnächst Shimon Peres durch General Ehud Barak abgelöst werden dürfte.« Netanjahu und Arafat hingegen befänden sich in einer grundsätzlich unterschiedlichen Position. Der jüdische Premierminister sei jederzeit ersetzbar, während bei den Palästinensern die gesamte politische Fortentwicklung auf den unentbehrlichen Mann mit dem schwarz-weißen Keffiyeh, auf Abu Ammar, angewiesen sei. »Der Mossad hat einen schweren Fehler begangen, als er den zweitbesten Mann der PLO, Abu Dschihad, in Tunis durch ein Spezial-Kommando umbringen ließ«, beschließt der Druse die sprunghafte Tour d'horizon mit einem Schuß Sarkasmus. »Und wissen Sie, wer diese Tötungsaktion in allen Phasen kommandierte? Das war Ehud Barak, der Hoffnungsträger der Friedenspartei von Tel Aviv, der nächste Chef der Avoda.« Zum Abschied werden wir mit einer Kiste köstlich duftender Äpfel beschenkt.

*

Nach der ersten Biegung kommen wieder die gewaltigen Steinmassen des Qala'at Nimrod in Sicht. Die Kreuzritterburg zeichnet sich jetzt vom schneeigen Leichentuch des Hermon-Gipfels ab. Wer ahnt in Europa schon, daß zwischen der Geheimlehre der versprengten drusischen Gemeinschaft und den fränkischen Rittern aus dem Abendland eine düstere historische Beziehung besteht? Bekanntlich führen die

Drusen, nach dem Prediger Darasi benannt, ihre religiöse Inspiration auf jenen geistesgestörten Fatimiden-Kalifen Hakim-bi-Amrillah zurück, den sie als göttliches Wesen, zumindest als einen Messias verehren. In den Geheimnissen der synkretistischen Glaubensgemeinschaft findet sich neben manchen Zarathustra-Mythen sogar die hinduistische Seelenwanderung wieder. Mit dem rechtgläubigen Islam der Sunniten sind diese aus einer ismailitischen Verirrung hervorgegangenen Abweichler nur noch nominell verbunden. Doch zurück zu dem Kalifen Hakim-bi-Amrillah, der die christlichen Kopten wie auch die Juden des Niltals in Scharen abschlachten ließ. Die islamische Toleranz gegenüber der »Familie des Buches«, der Ahl-el-Kitab, ist eben längst nicht so generös gewesen, wie sie von manchen westlichen Schwärmern immer wieder dargestellt wird. Im Abendland verbreitete sich die Kunde dieser ägyptischen Pogrome, und das Maß war voll, als Hakim im Jahr 1009 die Grabeskirche von Jerusalem verwüsten ließ. Zuvor hatten die türkischen Seldschuken ja schon die Pilgerwege zum Heiligen Land für die Christen gesperrt. Damit heizte sich im aufgebrachten Abendland ein Vergeltungstaumel sondergleichen an. Die Stunde war reif für den feierlichen Aufruf Papst Urbans II. zum ersten Kreuzzug.

Ich bitte Aharon anzuhalten und gehe spazieren. An dem strahlenden Ostersonntag lädt dieses Bollwerk kämpferischen Glaubens zur Nachdenklichkeit ein. Das ganze Heilige Land ist mit den wuchtigen Zeugnissen abendländischen Herrschaftswillens und religiöser Inbrunst übersät. Der Kampfruf der Kreuzritter »Deus vult« – »Gott will es!« dröhnte damals ebenso machtvoll zwischen Anatolien und dem Roten Meer wie der islamische Siegesschrei »Allahu akbar!«, der bis auf den heutigen Tag seine triumphierende Kraft bewahrt hat. Nichts liegt mir ferner, als den Horror und auch die Schmach zu verschweigen, die die heroische Legende der sukzessiven Kreuzzüge verdüstert. Die abscheulichen Judenverbrennungen durch den fanatisierten teutonischen Mob begleiteten diesen stürmischen Aufbruch. Nach der Eroberung Jerusalems durch Gottfried von Bouillon wateten die Kreuzfahrer im Blut der niedergemetzelten Muselmanen und Juden. »Abyssus abyssum invocat« – »der Abgrund ruft den Abgrund herbei« war ein Aufsatzthema in unserem Collège Saint-Michel gewesen, und erst viel später erfuhr ich, daß es sich dabei um ein Zitat aus den Psalmen handelte. In jener Epoche des hemmungslosen religiösen Wahns gab es ja auch für die christlichen Ketzer Okzitaniens – um nur sie zu nennen – kein Erbarmen. Als der französische König Ludwig IX., der Heilige, sich anschickte, im Auftrag des Papstes Innozenz III. den albigensischen Irrglauben im südwestlichen Gallien mit Feuer und Schwert auszurotten, als die Heilige Inquisition ihre unerbittliche Prüfungsarbeit aufnahm und die abtrünnigen Katharer – enge Glaubensverwandte der bosnischen Bogumilen übrigens – zum Tod auf dem Scheiterhaufen verdammte, hatte der päpstliche Legat auf den Einwand, unter den Verurteilten befänden sich doch fromme Katholiken, kategorisch erwidert: »Tötet sie alle! Gott wird die Seinen erkennen.« Als der gleiche Prälat mitsamt seinen Dominikaner-Mönchen seinerseits von den Äxten und Spießen der Häretiker zerhackt wurde, nahm er unter freudigem Absingen des Te Deum das Martyrium auf sich.

In seinem Buch »Les croisades vues par les Arabes« hat der orientalische Christ Amin Maalouf ein allzu einseitiges Schreckensgemälde dieser grimmigen Feldzüge zur Rettung der Christenheit entworfen. Der damalige sunnitische Kalif von Bagdad, der rechtmäßige Schatten Allahs auf Erden, wurde zu jener Zeit von ganz anderen Weltuntergangsvisionen geplagt. Die Mongolenstürme aus Zentral-Asien kündigten sich an und verbreiteten im ganzen islamischen Orient lähmendes Entsetzen. An den alles vernichtenden Wirbelstürmen Dschingis Khans, Hülagüs und später Tamerlans gemessen, war die abendländische Invasion von ein paar Tausend christlichen Rittern und deren Troß ein bescheidenes Randphänomen. Sie waren fromme Toren des Kreuzes und grausame Plünderer zugleich. Immerhin haben sich die fränkischen Feudalherren zwei Jahrhunderte lang in der Levante behauptet, auch wenn ihr Herrschaftsbereich nach und nach wie ein Chagrin-Leder schrumpfte unter den Schlägen der türkischen Seldschuken, des genialen kurdischen Strategen Saladin und schließlich unter dem Ansturm der ägyptischen Mameluken, ehemaliger Militärsklaven aus dem Kaukasus, die sich des Niltals bemächtigt hatten. Die eigentlichen Araber hatten einen sehr geringen Anteil an dieser islamischen Reconquista.

Bei meinen zahlreichen Reisen durch den Nahen Osten haben mich die Trutzburgen des Grafen von Toulouse im libanesischen Tripoli, die Traumvision des »Krak des Chevaliers« und auch der Qala'at Nimrod weniger beeindruckt als jener kleine, verwitterte Inselturm im Golf von Aqaba, der dem israelischen Hafen und Touristen-Rummelplatz Eilath vorgelagert ist. Von diesem winzigen Stützpunkt aus hatte der Chevalier Raymond de Châtillon mit ein paar Dutzend Gefolgsleuten zur tollkühnen Eroberung der arabischen Westküste angesetzt und war mit seinen Nußschalen bis in die Nachbarschaft von Medina, fast bis zur Grabstätte des Propheten vorgestoßen. – Aharon unterbricht meine Denkpause. Energisch mahnt er wieder zum Aufbruch. »Wissen Sie eigentlich«, frage ich den maghrebinischen Gefährten, »daß die Araber immer wieder die Gründung Israels mit den fränkischen Fürstentümern im Heiligen Land vergleichen und dem jüdischen Staat das gleiche Schicksal voraussagen?« – Aharon seufzt. »Wie sollte ich das nicht wissen? Aber wir haben im Gegensatz zu den Kreuzrittern keine Ländereien im Abendland, auf die wir zurückkehren können. Soll ich mich etwa wieder nach Marokko auf den Weg machen und mich als ›dhimmi‹, als Schutzbefohlener, der Huld Seiner Majestät Hassan II. anvertrauen? Gewiß, der jetzige Sultan bekundet uns Juden sein Wohlwollen. Aber neben dem Titel des Königs, des ›Malik‹, beansprucht er die kalifatsähnliche Würde des ›Befehlshabers der Gläubigen – Amir-el-mu'minin‹.«

*

Zum Abschluß unseres Golan-Ausfluges haben wir einen Abstecher nach Katzrin unternommen, wo sich die israelischen Verwaltungsbehörden in einer völkerrechtlichen Grauzone etabliert haben. Auch hier stoßen wir auf eine stattliche moderne Ortschaft. Die Architekten des Judenstaates haben seit den Gründungsjahren viel dazugelernt. Für den Bau dieser Bungalows und die Pflanzung der üppigen Vegetation müssen beachtliche staatliche Mittel geflossen sein. Wie schmerzhaft wäre es, diese üppige Investition eines Tages an die Herren von Damaskus abtreten zu müssen.

Im späten Juni 1993 hatte das ungewisse Schicksal des Golan noch einige patriotische Gemüter erregt. Im »Wohl Roses Garden«, unmittelbar neben der Knesset in Jerusalem, waren ein paar hundert Demonstranten zusammengekommen, die gegen die drohende Auslieferung ihrer Wahlheimat an die Araber protestierten. Neben Transparenten mit der Aufschrift: »Rabin, who gave you the mandate?« – »Rabin, wer hat dir das Mandat zu diesem Verzicht erteilt?« – trugen sie auch Windmühlen oder Propeller aus Pappe, um die Wankelmütigkeit der regierenden Arbeiterpartei anzuprangern. Jetzt fühlten sich diese Menschen verraten und preisgegeben. Itzhak Rabin hatte auf die Agitation seiner enttäuschten Gefolgsleute recht schnodderig reagiert: »Sie sollen ruhig Wind machen mit ihren Mühlen und Propellern, aber unsere politische Entschlossenheit werden wir nicht durch Kundgebungen beeinflussen lassen.«

Schon im Sommer 1993 kam eine an Defätismus grenzende Resignation bei vielen Bewohnern West-Jerusalems und mehr noch der Küstenebene auf. Ganz beiläufig war ich mit einem jüdischen Autoschlosser namens Schlomo ins Gespräch gekommen, der dem Golan-Protest als Zuschauer beiwohnte und mit seiner Meinung nicht zurückhielt. »Was sollen wir uns an diese exponierte Position gegenüber Damaskus klammern?« murrte er skeptisch. »Wozu haben unsere Stellungen auf dem Golan genutzt, als die irakischen Raketen Saddam Husseins vor zwei Jahren in Tel Aviv einschlugen?« Er habe ja Verständnis für die Erbitterung der Wehrbauern, aber Israel müsse jede Friedenschance ergreifen. Am besten lasse sich der arabisch-israelische Konflikt wohl durch eine Volksbefragung aller Beteiligten entschärfen. So sei man doch in Algerien und Süd-Afrika verfahren – unter de Gaulle und de Clerk. Offenbar hatte Schlomo, der aus Rumänien stammte, gar nicht zur Kenntnis genommen, daß das Referendum über die Unabhängigkeit Algeriens im Frühjahr 1962 die Massenflucht der in Nord-Afrika seit hundert Jahren ansässigen Franzosen – mehr als eine Million – ins Mutterland ausgelöst hatte. Was nun die Republik von Pretoria betraf, so steht die Probe aufs Exempel noch bevor, sind die unerbittlichen Konsequenzen aus dem Prinzip »one man, one vote« für die weiße Minderheit gar nicht ausgereift.

Ich halte nicht viel von der Befragung von Straßenpassanten, eine Praxis, die in vielen Fernsehsendungen zu übelster Meinungsmanipulation mißbraucht wird. Aber in Katzrin bitte ich den Maghrebiner, sich bei den jungen Leuten umzuhören, die – wie er selbst – mehrheitlich aus Nord-Afrika stammen. Ich hatte flammende Durchhalteparolen und eisernen Beharrungswillen erwartet und bin zutiefst verdutzt, wie sehr sich sämtliche Befragten auf fast zynische Weise mit einer unvermeidlichen Abwanderung abfinden. Aharon teilt meine Verwunderung, zögert unter dem Schock sogar mit der Übersetzung. Der erste Zufallspartner, ein flapsiger junger Mann aus Casablanca mit Ohrringen und zerrissenen Jeans, antwortete spontan. »Ich bin bereit zu gehen«, sagt er, »hier hält mich nichts mehr. Zur Fabrikarbeit muß ich jeden Tag nach Kiryat Shmoneh in Galiläa fahren, weil es hier keine Jobs gibt. Meine Frau war durch die berufliche Chancenlosigkeit und die Langeweile so deprimiert, daß sie nach Haifa abgewandert ist und mich verlassen hat. Jetzt sind wir geschieden.«

Eine kleine Runde von Neugierigen hat sich gebildet. Sie gehören alle der gleichen Altersgruppe an, und ihre Beschwerden klingen ähnlich. »Früher genossen wir hier die Begünstigungen der Regierung. Für 50000 Dollar konnten wir zu besten Kreditbedingungen ein Haus erwerben. In Alt-Israel werden mindestens 250000 Dollar dafür bezahlt. Steuern wurden im Golan nicht erhoben, und es gab jede Menge Zuschüsse. Aber der Geldhahn ist von Rabin und Peres radikal abgedreht worden, und auch Netanjahu rückt nichts heraus«, so klingt es im Chor. Alle sind sich einig, daß es in dieser Gegend kein »Yamit« geben werde. Gemeint ist der jüdische Fischer-Kibbutz an der Sinai-Küste, der durch Sonderpolizei mit Gewalt geräumt werden mußte. In Tel Aviv sei es doch viel schöner, so hören wir; dort könne man die Discos besuchen und den Strand genießen. Richtig wohl würden sich nur die Besserverdienenden in Katzrin fühlen, die Wein-Produzenten und Händler, die Gastwirte, die vom Tourismus leben, eventuell auch die Militärs. »Geben Sie mir 250000 US-Dollar«, drängt sich ein Witzbold mit hellblauen Augen nach vorn, »und morgen bin ich in Galiläa; noch einmal 250000 Dollar, und ich wandere ganz weg aus diesem Land.« Früher, so erfahre ich, habe man in Katzrin geschlossen für die Arbeiterpartei gestimmt, aber inzwischen würden fünfzig Prozent mit dem rechten Likud-Block sympathisieren.

Aharon gibt verärgert Gas. Er ist als redlicher Zionist ins Gelobte Land gekommen, hat es durch harte Arbeit zu Wohlstand gebracht, ist stolz auf seine Kinder. Er ist beileibe kein Fanatiker. »Wir haben unsere Rechte auf den Verbleib in Israel durch einmalige Pionierarbeit erworben. Wir haben die Wüste zum Blühen gebracht«, schnaubt er, räumt aber gleichzeitig ein, daß er Verständnis für das Aufbegehren der Araber habe. »Da wächst eine neue Generation heran«, klagt er, »eine verwöhnte Generation des Kompromisses und des blinden Pazifismus. Neuerdings ist es bei den kleinen ›Lieblingen‹ – ›chez les petits chéris‹ – der israelischen Bourgeoisie Mode geworden, am palästinensischen ›Tag des Bodens‹ – eine Protestveranstaltung der Araber gegen die jüdische Landnahme – gemeinsam mit den Arafat-Freunden unter dem Keffiyeh zu demonstrieren. Naiv und charakterlos, so benehmen sich diese Muttersöhnchen, die von den unerbittlichen Überlebensgesetzen des Orients nicht die geringste Ahnung haben.«

Die zufällig gesammelten Aussagen von Katzrin sollen nicht leichtfertig verallgemeinert werden. Aber bei den Liberalen ist ein seltsamer Konsens aufgekommen. Syrien stelle keine Gefahr mehr dar, und Israel könne ohne größeres Risiko die Räumung des Golan in Kauf nehmen. So schnell wie die Tank-Brigaden aus Damaskus im Falle einer Verletzung der Demilitarisierung auf diesen Höhen auftauchen würden, wären auch die überlegenen Panzer der IDF zur Stelle. In den Stäben von Zahal sieht man das wohl anders. Das Golan-Plateau fällt nach Osten relativ sanft ab, während man die steile westliche Gebirgswand von Galiläa aus nur auf engen Haarnadelkurven erklimmen kann. Das würde den Syrern klare Vorteile verschaffen in der Hypothese eines Überrumpelungsschlages. Beim israelischen Militär gilt überdies der Grundsatz, daß man die eigene Sicherheit auf keinen Fall einer ausländischen Truppengarantie anvertrauen darf. Die Erfahrungen mit den Vereinten Nationen auf dem Sinai, den die Blauhelme 1956 auf Anweisung des ägyptischen Präsidenten Nasser überstürzt räumten, haben tiefes Mißtrauen hinterlassen. Noch blamabler hat sich die 5 000 Mann starke, bunt gescheckte UNIFIL im Süd-Libanon verhalten. Diese internationale Truppe hatte weder die Infiltrationen der palästinensischen Fatah-Kämpfer noch die Vorstöße der schiitischen Hizbullah ins Vorfeld Nord-Galiläas behindert, ganz zu schweigen von der israelischen Großoffensive gegen Beirut im Frühsommer 1982. Damals hatten sich die wackeren Friedenswächter der Weltorganisation in ihre Bunker verkrochen und bestenfalls die Panzer mit dem David-Stern gezählt, die in Richtung Norden vorbeirasselten. Die Ruhe und Friedfertigkeit, die sich im Umkreis von Quneitra bewährt, so sagten wir schon, ist auf stillschweigende Absprachen zwischen Damaskus und Jerusalem gegründet. Die Präsenz von Österreichern, Polen und Kanadiern wird von beiden Kriegsparteien als bequemes Alibi für das eigene Stillhalten willkommen geheißen.

Könnte sich das ändern, wenn an die Stelle der Blauhelme amerikanische Elite-Einheiten träten, die – mit klarem Schießbefehl ausgestattet und aufs modernste gerüstet – notfalls gewaltsam über die Einhaltung der noch zu treffenden Golan-Abmachungen zwischen Syrern und Israeli wachen würden? Schließlich hatte das Auftreten der amerikanischen GIs in Bosnien – mit der Aura totaler militärischer Überlegenheit, ja der Unbesiegbarkeit verklärt – dem grauenhaften Bürgerkrieg zwischen Serben, Kroaten und Muslimen ein vorläufiges Ende gesetzt, nachdem UNO und Europäer sich jahrelang vergeblich bemüht hatten. Würde erst das unermeßliche Potential der einzig verbliebenen Supermacht, die Entfaltung des Sternenbanners über den

Bunkern des Golan-Plateaus allen Aggressions- oder Revanchegelüsten einen Riegel vorschieben? Vom jetzigen Verteidigungsminister der USA, William Cohen, wurde ich schon im August 1996 eines Besseren belehrt. »Machen Sie sich keine Illusionen über die weltweite Einsatzbereitschaft der Vereinigten Staaten«, hatte Cohen in einem Privatgespräch gewarnt. »Zur Stunde sind wir nur noch in der Lage, zwei Regionalkonflikte gleichzeitig einzudämmen. Bei zusätzlichen Herausforderungen wäre das Pentagon strategisch überfordert.« Im übrigen gelte auch bei den US-Streitkräften das oberste Prinzip »to save American lifes«. Hohe Verluste würden weder vom Congress noch von der Öffentlichkeit mehr hingenommen. »Die kriegerischen Einsätze, auf die wir uns vorbereiten, dürfen keinen nennenswerten amerikanischen Blutzoll fordern. Das galt schon für die ›Operation Wüstensturm‹ im Irak«, fuhr der Senator fort; »aber erinnern Sie sich auch an die tragischen Ereignisse von Beirut im Oktober 1983. Das Kamikaze-Unternehmen von ein paar schiitischen Fanatikern, das 242 US Marines und 68 Franzosen das Leben kostete, hatte den sofortigen Abzug unseres Expeditionscorps und die Preisgabe unseres Befriedungsprojektes in der Levante zur Folge.« Auf ähnlich schwankenden Füßen stehe die US-Präsenz auf dem Golan, falls Syrer und Israeli sich tatsächlich einigen sollten. Wenn schon der heutige amerikanische Verteidigungsminister solche Vorbehalte hinsichtlich der Zuverlässigkeit eines eventuellen US-Engagements äußert, wieviel mehr müssen sich die verantwortlichen Strategen Jerusalems solcher Unwägbarkeiten bewußt sein?

Auf dem Golan, zumal an den Hängen des Hermon, wächst ein vorzüglicher Wein. In Katzrin hat die Kelterei-Kooperative ein geschmackvolles, einladendes Verkaufszentrum eingerichtet. Rachel, die Verwalterin des Unternehmens, eine resolute, etwa dreißigjährige Jüdin, spricht fließend Englisch. Auch diese dunkelhaarige attraktive Frau ist von bösen Ahnungen geplagt. »Die meisten unserer Siedler hier«, so bestätigt sie, »sind bereit, das Terrain zu räumen. Manche möchten sogar unter den Syrern bleiben, obwohl ich nicht sehe, was sie sich davon versprechen.« Rachel kennt sich in den komplizierten Machtverhältnissen und den Nachfolgeproblemen von Damaskus erstaunlich gut aus. Die Situation dort erscheine ihr recht unheimlich. »Die letzte Entscheidung am Golan hängt doch von IHM ab«, meint sie schließlich. »Everything depends on HIM.« Wen meint sie damit? Etwa den Gott Abrahams, Isaaks und Jakobs? Das paßt eigentlich nicht zu dieser emanzipierten Geschäftsfrau. Oder steht das Wort »HIM« für Bibi Netanjahu? – »Nein«, antwortet Rachel; »mit ›HIM‹ meine ich Hafez-el-Assad, den Staatschef von Syrien.«

Es war einmal ein »guter Zaun«

Nord-Galiläa, im Frühjahr 1997

Da stehe ich also wieder am »guten Zaun«. Dieses einst hoffnungsvoll propagierte Symbol friedlicher jüdisch-arabischer Koexistenz an der Grenze Galiläas zum Libanon illustriert heute das Scheitern eines politisch-strategischen Entwurfes. Das Städtchen Metulla, früher Ausflugsort für Touristen, die sich T-Shirts mit den einträchtig kombinierten Flaggen Israels und Libanons überzogen, ist in den Zustand mißtrauischer Spannung zurückgefallen. Für den Schnickschnack der unentwegten Verharmloser ist hier kein Platz mehr. »The Good Fence« hat sich in ein tief gestaffeltes Verteidigungsfeld verwandelt, mit Stacheldraht, Minenfeldern und Wachtürmen. Der Übergang für die wenigen südlibanesischen Zivilisten – meist schiitische Putzfrauen und Fabrikarbeiterinnen, die sorgfältigst überprüft die dreifache Kontrolle durchqueren – ist durch mächtige Betonklötze abgesichert, die in ihrer weiß-blauen Bemalung nicht harmloser wirken. Das Dorf Metulla am äußersten Nordfinger von Galiläa ist erneut zur Frontstellung geworden, auch wenn sich weiterhin die israelische Armee jenseits der Grenze in einem etwa zwanzig Kilometer breiten Sicherheitsstreifen festgekrallt hat.

Die Soldaten mit dem grünen Barett berichten von den sich häufenden Überfällen der schiitischen Hizbullah. Das seien keine Amateure mehr, erklärt mir ein Major, wie früher die Fatah-Partisanen Arafats. Am liebsten hätte der PLO-Chef doch mit Artillerie und Panzern gespielt, wenn man ihm diese Prestigewaffen überlassen hätte. Da seien die Kämpfer der »Partei Alis« von ganz anderem Kaliber. Ihre Instrukteure hätten Partisanenkrieg und Sabotagetechnik in Afghanistan und Iran gelernt. Jetzt gehe es bei ihnen hochprofessionell zu mit ferngesteuerten Minen auf den Verbindungswegen, die raffiniert mit Plastiküberzügen wie Felsblöcke getarnt seien. Besonders gefährdet sei die kleine, etwa 1500 Mann starke Hilfstruppe, die sich unter dem

Namen »Südlibanesische Verteidigungs-Armee« dem Judenstaat zur Verfügung gestellt hat. Neuerdings sei man dazu übergegangen, die israelischen Soldaten in Hubschraubern an ihre vorgeschobensten Stützpunkte bei Merjayoun und in das Umfeld der immer noch imponierenden Kreuzritterburg Beaufort abzusetzen, die selbst durch zahllose Bombenangriffe nicht geschleift werden konnte. Doch selbst das sei, wie jüngste Unfälle gezeigt hätten, kein ungefährliches Unterfangen. Mit Rockets und Granatwerfern gelinge es den »Kriegern Allahs« immer wieder, ihren Gegnern Verluste zuzufügen.

Seit meinem letzten Besuch in Metulla im Februar 1982 hat sich die Lage dramatisch verschlechtert, obwohl kurz danach – im Sommer 1982 – der israelische Eroberungsfeldzug gegen Beirut unter dem trügerischen Motto »Frieden für Galiläa« eingeleitet wurde. In einem bescheidenen, aber gastlichen Hotel war im Februar 1982 die Zusammenkunft mit Major Saad Haddad vereinbart worden. Haddad war katholischer Offizier der libanesischen Armee. In den Wirren des Bürgerkrieges hatte ihn seine Regierung beauftragt, für die Sicherheit der christlichen Dörfer im äußersten Süden zu sorgen. Es lebten dort zahlreiche Maroniten, Angehörige der wichtigsten mit Rom unierten orientalischen Konfession. Dieser Minderheit sollte er zu Hilfe kommen. Die Palästinenser waren mit den maronitischen Christen wie auch mit der großen Mehrheit der schiitischen Lokalbevölkerung ziemlich rücksichtslos umgesprungen. Alle litten unter der Willkür und Arroganz der unkontrollierbaren Splittergruppen der PLO im sogenannten »Fatah-Land«. Jeder Vergeltungsschlag der Israeli nach dilettantischen Übergriffen der Arafat-Fedayin gegen galiläische Kibbutzim forderte weit mehr Opfer bei den einheimischen Zivilisten als bei den palästinensischen Guerilleros. Auf dem Höhepunkt des grauenvollen Konfessionskrieges, der die Zedern-Republik fünfzehn Jahre lang heimsuchte und Beirut, die »Perle des Orients«, in einen Trümmerhaufen verwandelte, hatte Major Haddad in seiner schmalen Kommandozone mit etwa 130 000 Einwohnern den Schutz der Israeli akzeptiert. In den Augen der arabischen Nationalisten war er dadurch zum Verräter geworden. Die Behörden von Beirut, die sich seit 1976 unter syrischer Kontrolle befanden, distanzierten sich eilfertig von diesem eigenwilligen Sonderling und verleugneten die Weisungen, die sie ihm ursprünglich erteilt hatten.

Major Haddad, ein sympathischer, offener Mann, wirkte sehr europäisch mit seinem dunkelblonden Haarschopf und den grauen Augen.

Er hatte sich vor unserer Kamera neben einer rot-weißen Libanon-Fahne mit der grünen Zeder im Mittelfeld lässig in Positur gebracht. Während des französischen Algerien-Krieges hatte er in der Waffenschule von Saint-Maixent einen Lehrgang absolviert, und jetzt ging, bevor er zur offiziellen TV-Aussage ansetzte, der Schalk mit ihm durch. Oder war es Verzweiflung? Er imitierte den General de Gaulle auf dem Höhepunkt des Generalputsches von Algier: »Françaises et Français, aidez-moi!« parodierte Haddad. Aber dann wurde er nachdenklich und bitter. »Frankreich«, so sagte er, als die Kamera lief, »war einmal unsere zärtliche Mutter – notre tendre mère –, aber jetzt ist Frankreich eine harte Mutter geworden – une marâtre –, gierig auf Erdöl bedacht und pflichtvergessen gegenüber ihren Kindern.«

Haddad sei zur tragischen Figur geworden, hatte mir damals der israelische Verbindungsoffizier gesagt. Eines Tages werde er wohl in Israel um Asyl nachsuchen müssen. Die Demütigung blieb dem Libanesen erspart. Er starb ein paar Monate nach unserer Begegnung an einem Krebsleiden. In seine Fußstapfen sollte nach der großen israelischen Nord-Offensive der libanesische General Antoine Lahad als Vasall des Judenstaates treten. Auch um diesen Kollaborateur ist es nunmehr – seit Oslo die Evakuierung des südlibanesischen Okkupationsgebietes zum Verhandlungsthema gemacht hat – fast ebenso hoffnungslos bestellt wie einst um seinen Vorgänger Haddad.

Gemeinsam mit Aharon klettern wir zum vorgeschobensten Beobachtungsposten. An ein Betreten des südlibanesischen Sicherheitsstreifens ist nicht zu denken. Dazu bedürfte es einer Sondergenehmigung aus Jerusalem. Beim Panorama-Blick auf die Ruinen der Burg Beaufort und die grünlich schimmernde Kirchenkuppel von Merjayoun tauchen die Bilder aus dem Februar 1982 auf. Damals lebten 30 000 Maroniten und etwas mehr als 100 000 Schiiten im Haddad-Land. Die pro-israelischen Milizionäre, überwiegend Christen, ratterten mit altertümlichen Panzerfahrzeugen – amerikanischen Sherman und französischen AMX 13 – durch die verwaisten Dörfer. Die Tanks waren kurioserweise in schwarz-silbernen Zebrastreifen angemalt. Neben der Vorderluke waren Abbildungen des Heilands und der Mutter Gottes auf die Panzerklappe geklebt. Die »christlichen« Kettenfahrzeuge trugen ein weißes Kreuz als Kennung. »Jesus, ich vertraue auf Dich«, las ich unter der Kanone eines Sherman.

Zwischen Schiiten und Israeli herrschte Anfang 1982 eine Art friedlicher Koexistenz. Die islamische Revolution Khomeinis hatte sich im äußersten Süd-Libanon noch nicht voll ausgewirkt. Die Jünger der »Partei Alis« trafen sich im Dorf Kafr Kila in einer neuerrichteten Versammlungshalle, einem »Club«, wie sie sagten. In Wirklichkeit handelte es sich um eine Husseiniyeh, wo im Trauermonat Muharram der Leiden des Imam Hussein gedacht wird. Bei den Schiiten stieß ich immer wieder auf Plakate mit dem bärtigen Antlitz ihres in Libyen verschollenen Helden und »Mudschtahid«, des Imam Musa Sadr, über den noch zu berichten sein wird. Mit Rücksicht auf die jüdische Armee waren die Porträts Khomeinis beseitigt worden. Die religiös motivierte Verstellung, die »Taqiya«, erlaubte solche Zugeständnisse an die ungläubigen Besatzer. In Merjayoun war die Einwohnerzahl von 11000 auf 4000 geschrumpft. Ein schneidender Wind wirbelte durch die braunen Gassen und zerrte an den schwarzen Hauben von vier griechisch-orthodoxen Nonnen. Der Chef der örtlichen Zivilverwaltung, ein maronitischer Lehrer, verzweifelte an der Zukunft seiner Heimat. »Wir sind in diesem Niemandsland allen Zufällen ausgeliefert, und da wirkt es paradoxerweise beinahe tröstlich, daß – nicht weit von hier, wo das Flachland zur Bekaa-Hochebene ansteigt – die Syrer militärisch präsent sind. Entlang der ›Roten Linie‹, die insgeheim zwischen Jerusalem und Damaskus vereinbart wurde, kommt es zu keinen Zwischenfällen. Da stehen die Palästinenser unter strenger Aufsicht.«

Fünfzehn Jahre sind seitdem vergangen. Im Rückblick erscheint die Zwischenphase des Major Haddad wie eine ferne Idylle, zumindest wie eine Atempause in der mörderischen Anarchie. Seit Israel sich endgültig mit Teheran überwarf, in die amerikanischen Beschuldigungen gegen die Mullahs und das schiitische »Reich des Bösen« einstimmte, seit die schiitische Hizbullah an die Stelle der PLO-Fedayin getreten ist, wurde »The Good Fence« mit seinem optimistischen Touristen-Brimborium vollends zur Farce. Der schwerbewachte Grenzübergang von Metulla erinnert weit mehr an einen Durchlaß des Kalten Krieges als an ein Tor der Versöhnung. Und dennoch haben die Israeli jene Tafel nicht entfernt, auf der das Orakel des Propheten Jesaja in hebräischer und englischer Sprache – die Losung machte ja auch in Deutschland Furore – trügerische Hoffnungen weckt: »And they shall bend their swords into ploughshares and their spears into pruning hooks – Nation will not lift up swords against Nation, neither shall they learn war anymore.« – »Sie werden ihre Schwerter zu Pflugscharen machen und die Speere in Sicheln verwandeln. Die Völker werden nicht länger das Schwert gegen andere Völker erheben, und nie wieder werden sie den Krieg erlernen!« Die Verkündung von Unheil und Untergang steht den Propheten wohl besser an als die Verheißung irdischen Glücks und brüderlichen Einklangs.

*

Das Zentrum von Kiryat Shmoneh ist noch im Kaninchenbau-Stil der ersten Einwanderungsjahre errichtet und überwiegend von marokkanischen Juden bevölkert. Aharon besucht in diesem bescheidenen Industrie-Städtchen Nord-Galiläas, das im Yom-Kippur-Krieg die ersten syrischen Panzer auftauchen sah, einen Vetter und Geschäftsfreund. Das verschafft mir Muße, eine »Milk-Bar« aufzusuchen und einen Arrak zu trinken. Dabei mache ich mir Notizen und lasse die erlebte Vergangenheit an mir vorbeiziehen. Israel, das ich in meiner ersten Zeitungsreportage des Sommers 1951 als »Sparta im Heiligen Land« beschrieben hatte, ist von einem Waffengang in den anderen getrieben worden. Wer kann heute Anstoß daran nehmen, daß die Begeisterung der Gründerjahre erlischt, daß die Makkabäer der Neuzeit dieser permanenten Nervenbelastung überdrüssig werden? Über die Geburtswehen des Judenstaates im Jahr 1948, über die existentielle Bedrängnis der Zionisten, die sich am Rande des Abgrundes bewegten, über den unerbittlichen Befehl Ben Gurions, den Weg nach Jerusalem um jeden Preis freizukämpfen, ist von den Autoren Collins und Lapierre in einer spannenden und akribisch recherchierten Chronik berichtet worden. Im Schicksalsjahr 1948, vor genau einem halben Jahrhundert, wurde die gesamte arabische Welt, ja die weltumspannende islamische Umma ihrerseits in eine fundamentale Bewußtseinskrise, in einen Zweifel an der eigenen Identität geschleudert. Davon hat sie sich bis heute nicht erholt. Die militärische Demütigung der verbündeten arabischen Armeen durch eine schlechtbewaffnete jüdische Miliz hat unmittelbar zum Sturz der ägyptischen Monarchie beigetragen. Auf deren Trümmern errichtete der »Bikbashi« Gamal Abdel Nasser die Vereinigte Arabische Republik, beflügelte dieser bislang unbekannte Oberst vom Nil den Mythos des panarabischen Nationalismus. Zwanzig Jahre lang ist es dem Rais von Kairo gelungen, die breiten Bevölkerungsmassen zwischen Marokko und dem Persischen Golf zu glühender Begeisterung und überschwenglichen Hoffnungen anzuspornen.

Nasser war zugute gekommen, daß der Feldzug, den Briten, Franzosen und Israeli im Herbst 1956 als Strafaktion nach der Verstaatlichung des Suez-Kanals vom Zaun gebrochen hatten, mit einem beschämenden Fiasko endete. Die Vorbereitungen dieses schwerfälligen und dilettantischen Unternehmens hatte ich zuerst von Algier aus beobachten können, wo General Jacques Massu seine Fallschirm-Regimenter auf den Einsatz am Nil vorbereitete. In Griechenland, wo ich mich aufhielt, als sich die britisch-französische Invasionstruppe auf Zypern sammelte, entzifferte ich den Zeitungstitel »Hoi Galloi stin Kypron« – so weit reichte mein Schul-Griechisch noch –, und die Operationspläne der Entente-Mächte wurden auf dem offenen Markt gehandelt. In Kairo, das ich wenige Wochen vor der Intervention – von Khartum kommend – aufsuchte, spekulierte man nur noch über das präzise Datum der Landung. Wie gesagt, es war von Anfang an ein erbärmliches Abenteuer. Zwar stürmten im Oktober 1956 die Israeli im Blitzfeldzug bis zum Suez-Kanal. Die französischen und britischen Fallschirmjäger wurden bei ihrer Landung in Port Said durch den Mut der bewaffneten ägyptischen Zöllner mehr behindert als durch die in heller Auflösung davonlaufende ägyptische Armee. Der Draufgänger Massu hatte Ismailia mit seinen Voraustruppen bereits erreicht, und in Kairo breitete sich Untergangsstimmung aus. Doch weder London noch Paris hatten die Zeichen der Zeit erkannt. Washington und Moskau, Dwight D. Eisenhower und Nikita Chruschtschow kamen sehr schnell überein, daß die Epoche für spätkoloniale Extravaganzen der europäischen Mittelmächte endgültig vorbei sei, daß von nun an nur noch die nuklear aufgerüsteten Supermächte derlei strategische Initiativen für sich beanspruchen dürften. Die Sowjetunion drohte sogar mit atomaren Repressalien gegen die vorwitzigen Entente-Staaten. Schlagartig kam die Suez-Offensive zum Stehen. Die UNO erwies sich einmal mehr als gefügiges Instrument der US-Diplomatie. Sie vermittelte den Waffenstillstand. Sie organisierte den Rückzug der west-europäischen Invasoren und die erste Räumung der Sinai-Halbinsel durch die Israeli.

Die Konsequenzen dieses stümperhaften Suez-Engagements waren gewaltig. Von nun an wußte der Judenstaat, daß er sich im Extremfall nur auf die eigene Kraft verlassen und jedem Verbündeten mißtrauen müßte. Der Pseudo-Sieger von Suez, Gamal Abdel Nasser, steigerte sich in einen Rausch der Überheblichkeit und wurde zum Helden der ganzen arabischen Nation. Die Inschrift »el Sina' – ard-el-nasr; Sinai – Erde des Sieges« wurde damals von den Propagandisten des Rais auf die zurückgewonnenen Lehmmauern östlich des Kanals gepinselt.

Was noch von der britisch-französischen Waffenbrüderschaft aus dem Ersten Weltkrieg übriggeblieben war, ist in Suez zerbrochen. Nunmehr konnte von »Entente cordiale« keine Rede mehr sein. Für das Fiasko von Port Said trug die sozialistische Regierung Guy Mollet – der spätere Präsident Mitterrand war prominent in diesem Kabinett vertreten – die volle Verantwortung. Jetzt erteilte die IV. Republik ihren Wissenschaftlern den dringlichen Auftrag zur atomaren Aufrüstung. In Zukunft sollte Frankreich nicht noch einmal ungerüstet dem Erpressungsspiel der Supermächte ausgeliefert sein. Parallel dazu aktivierte ein gewisser Shimon Peres, sozialistischer Verteidigungsminister Israels, den Ausbau der Forschungsstätte Dimona im Negev. In Rekordzeit entwickelte Israel sein eigenes nukleares Potential.

Die pharaonische Hybris, die sich des ägyptischen Staatschefs nach seinem spektakulären Erfolg von 1956 bemächtigt hatte, sollte ihn 1967 in die Katastrophe treiben. Gamal Abdel Nasser ließ die Meerenge von Tiran sperren und blockierte somit die israelische Schiffahrt im Roten Meer. Er wies die UN-Überwachungstruppe am Sinai an, dieses ägyptische Territorium unverzüglich zu räumen. Generalsekretär U Thant kam diesem Befehl widerspruchslos nach. Schließlich schuf der Rais mit der Massierung von ein paar ägyptischen Divisionen alle Voraussetzungen für den phänomenalen israelischen Präventivschlag, für jenen Sechs-Tage-Krieg im Juni 1967, der in die Annalen der Kriegsgeschichte eingegangen ist. Die Luftwaffe Ägyptens wurde am ersten Tag am Boden zerstört. Die Panzerarmeen Nassers wurden am Mitla-Paß vernichtet. Das Ostufer des Suez-Kanals war in Rekordzeit besetzt. Die Syrer, die sich an der erhofften Zerschlagung des Judenstaates beteiligen wollten, verloren die Golan-Höhen, und der Weg nach Damaskus stand offen. Das Haschemitische Königreich Jordanien hatte seine übliche Vorsicht dieses Mal über Bord geworfen und sich am Kesseltreiben gegen die Zionisten beteiligt. Damit erhielt Israel die Chance, seine originäre, seine biblische Bestimmung zu verwirklichen. Ost-Jerusalem mit dem Tempelberg wurde von den Fallschirmjägern Zahals gestürmt, und die östliche Wehrgrenze Israels an den Jordan verlagert. Der Triumph war total. Nicht nur die tief religiösen Juden, selbst viele säkular eingestellte Zionisten erlebten mit mystischem Schaudern, daß das Wohlwollen Jahwes wieder auf seinem auserwählten Volk ruhte. Dem »Gelobten Land« wurde plötzlich die verheißene Ausdehnung der Bibel zuteil. Das Reich Davids und Salomos feierte seine Wiederauferstehung.

Mit dem Sechs-Tage-Krieg, den ich von Paris aus verfolgte, verbindet sich die Erinnerung an eine Pressekonferenz, die Charles de Gaulle einige Wochen später im goldverschnörkelten Festsaal des Elysée-Palastes zelebrierte. Der General hatte dem israelischen Außenminister Abba Eban dringend von dem »Präventiv-Schlag« abgeraten und – in seniler Verstocktheit, wie alle damals meinten – den strahlenden Sieg der israelischen Armee als Vorboten endloser und weniger erfolgreicher Konflikte mit den ins Mark getroffenen arabischen Nachbarn abgewertet. Auf seiner Tribüne vor dem roten Vorhang beschrieb de Gaulle die Juden als »peuple d'élite, sûr de lui, dominateur« – als »elitäres Volk, selbstbewußt und auf Herrschaft bedacht«, was einen Sturm der Entrüstung in den pro-zionistischen Medien auslöste. Dabei hatte der Gründer der V. Republik, der die Franzosen gelegentlich als »Kälber – des veaux« bezeichnete, den Israeli doch nur jene Eigenschaften zugestanden, die er bei seinen eigenen Landsleuten oft schmerzlich vermißte.

So ganz falsch hatte der alte Magier im Elysée wohl doch nicht gelegen. Die Galionsfigur des panarabischen Nationalismus, Gamal Abdel Nasser, Protagonist einer relativ modernistisch und sozialistisch orientierten Staatsidee, sollte sich von diesem Absturz ins Bodenlose nie mehr erholen, auch wenn die hysterischen Kairoer ihm immer noch verzweifelt zujubelten. Mit Nasser, der bald darauf starb, scheiterte die Idee der »Ummat-el-arabiya«, der gesamten arabischen »Nation«. Dieser aus dem Okzident importierte Begriff hatte sich als untauglich erwiesen, der Herausforderung des zionistischen Zwergstaates zu begegnen. Der ägyptische Rais, der in seiner Jugend den Moslembrüdern Hassan-el-Bannas nahegestanden hatte, war zu seiner Regierungszeit mit außerordentlicher Härte gegen die islamischen Integristen vorgegangen. Neben vielen anderen frommen Predigern hatte er 1966 den einflußreichsten Propagandisten der religiösen Erneuerung, Scheikh Sayid-el-Qutb, am Galgen hinrichten lassen. Sayid-el-Qutb hatte den Ausdruck »Usuliya« geprägt und gilt heute noch im Niltal als der kompetenteste Interpret des koranischen »Fundamentalismus«.

In der Milk-Bar von Kiryat Shmoneh, wo außer mir nur ein paar griesgrämige Zivilisten sich die Zeit mit Kartenspiel vertreiben, blättere ich in den Tagebucheintragungen, die ich im Februar 1982 zu Papier gebracht hatte. Im Grenzort Metulla, am »Good Fence«, hatte ich mit Uri, dem Korrespondenten einer Jerusalemer Zeitung, einen langen Dialog geführt. Mit dem bärtigen, massiven Mann, der wohl auch eine Funktion als Nachrichtenoffizier in der Umgebung des Major Haddad ausübte, waren wir aus seinem überheizten, chaotischen Büro in die kalte sternenklare Nacht getreten. »Erst allmählich entdecken wir Juden, welche entscheidende psychologische Wende bei den Arabern seit dem Sechs-Tage-Krieg eingetreten ist«, sagte mir der Israeli. »Nach dem kläglichen Scheitern ihres nationalen Konzeptes der arabischen ›Umma‹, das als sittliche Verirrung entlarvt wurde, sind sie auf die ewigen koranischen Werte zurückverwiesen worden, auf das überlieferte Postulat, wonach zwischen Religion und Staat – ›din wa dawla‹ – keine Trennlinie gezogen werden darf. Die islamische Gesellschaft, so heißt es nun wieder, sei von Anfang an auf die Gottesherrschaft ausgerichtet.« Uri schwieg eine Weile. »Doch warum verwundern wir uns?« fuhr er fort; »geht es uns aufgeklärten Israeli im Grunde nicht ähnlich wie unseren arabischen Vettern? Was motiviert denn die Präsenz unserer nach Jahrtausenden heimgekehrten Diaspora am Strand von Palästina und auf den Hügeln von Judäa, wenn nicht der Glaube an den Gott Jahwe und die Auserwähltheit seines Volkes? Immer wieder wird Israel auf die Bibel zurückgezwungen. Haben Sie von der jüngsten Geschmacklosigkeit aus London vernommen?« fragte Uri. »In einem Theaterstück taucht der greise Adolf Hitler im Amazonas-Dschungel auf und hält sich – weil er durch seine Ausrottungsaktion die Rückwanderung der überlebenden Juden ins Gelobte Land forcierte – für den Messias.«

Uri schwieg eine Weile. »Etwas anderes sollten wir bedenken. Unser zutiefst gottesstaatlicher Identitätsbegriff, auch wenn die meisten Zionisten sich gegen ihn sträuben, hat auf die Araber, auf den Islam rundum abgefärbt. Wir hatten immer gehofft, durch unsere Technik, unsere Modernität, unsere Fortschrittlichkeit im Orient eine Welle der Säkularisierung, der Abkehr von den religiösen Erstarrungsformen des Korans auszulösen. Ansätze dazu waren ja bei den Arabern vorhanden. Aber mir scheint manchmal, als hätten wir mit dem religiösen Mythos unseres unveräußerlichen Anspruchs auf Eretz Israel auch bei unseren Nachbarn die eigene Suche nach göttlicher Berufung ausgelöst, und die ist im Islam ohnehin programmiert. Wir ließen den Jüngern Mohammeds doch gar keine Wahl. Der Zionismus hat sie gewissermaßen zur Theokratie zurückgetrieben. Heute blicken wir alle wie gebannt auf die Welle des Fundamentalismus, die aus Persien auf uns zustürmt. Aber der Ayatollah Khomeini, der den Schah stürzte –

bewegt er sich am Ende nicht in der Logik eines politisch-religiösen Selbstverständnisses, das uns sehr vertraut ist? Sollte er uns nicht als eine Art unheimlicher ›Golem‹ unserer eigenen Wiedergeburt erscheinen?«

Der Nimbus der Unbesiegbarkeit ist den Israeli im sogenannten Yom-Kippur-Krieg von 1973 abhanden gekommen. Davon hat sich der Judenstaat nie erholt. Im Frühjahr 1969 hatte ich die Bar-Lev-Linie besichtigt, die den eroberten Sinai vor dem Zugriff Ägyptens schützen sollte. Da zweifelte niemand in Jerusalem an der Unverletzbarkeit dieser orientalischen Maginot-Linie auf dem Ostufer des Suez-Kanals. Riesige Bunker aus Sandsäcken – durch schwere Metallnetze zusammengehalten und mit den herausgerissenen Eisenschienen der Küstenbahnstrecke verstärkt – bildeten nach Ansicht der maßgeblichen Experten ausreichenden Schutz gegen jede Form von Beschuß. Auf der westlichen Seite hatten die Pioniere des ägyptischen Präsidenten Anwar-el-Sadat, des Nachfolgers Nassers, weit weniger eindrucksvolle Monumente der Abwehr errichtet. Statt dessen hatten sie endlose bräunliche Zeltplanen hochgezogen in der naiven Vorstellung, mit dieser mindestens zehn Meter hohen Tarnung den Einblick in ihr Aufmarschgebiet zu verhindern. Zur Zeit meiner Inspektion herrschte große Lässigkeit längs der ganzen Front, die Stimmung einer »drôle de guerre«. Im Vollgefühl ihrer Überlegenheit ließen uns die Israeli in den Stollengängen der Festungsungetüme Bar Levs herumklettern, die in diesem überaus kritischen Abschnitt allzu weit auseinandergezerrt und unzureichend bemannt waren. Die Minenfelder und Sandwälle allein boten keine angemessene Barriere. Jenseits des Kanals blickten wir durch das Fernrohr den khaki-uniformierten Fellachen des Niltals unmittelbar ins Gesicht.

Bis auf den heutigen Tag bleibt es unerklärlich, wie der israelische Nachrichtendienst Mossad, der als der beste der Welt gilt, im Frühherbst 1973 die Massierung des ägyptischen Offensivpotentials – inklusive Panzerkolonnen und Pontons – nicht rechtzeitig ausgemacht und gemeldet hat. Die hochgespannten Zeltplanen waren wirklich kein Hindernis. Die Luftaufklärung der IDF hätte diese Konzentration in der offenen Wüstenlandschaft von Anfang an orten müssen. Wie konnten nur jene gewaltigen Gebläse-Geräte übersehen werden, die die Ägypter in Stellung brachten und mit deren Hilfe breite Kerben in die von Zahal aufgetürmten Sand-Barrieren und Panzergräben getrieben wurden? Ebensowenig läßt sich vorstellen, daß die israelischen

Abwehrdienste keine Kunde von der strategischen Synchronisierung hatten, die zwischen Kairo und Damaskus mit bemerkenswerter Präzision ablief. Dieses Zusammenspiel gipfelte im gleichzeitigen Angriff der ägyptischen und der syrischen Streitkräfte auf der Sinai-Halbinsel und den Golan-Höhen. Ein seltsamer Vergleich drängt sich auf. Ähnlich ahnungslos und passiv hatte sich Josef Stalin angesichts aller Warnungen, aller übermittelten Daten des Unternehmens »Barbarossa« verhalten. Erschwerend kam in Israel die strikte Observanz des höchsten religiösen Feiertages Yom Kippur hinzu, die eine dreitägige Teil-Lähmung der Entscheidungsinstanzen zur Folge hatte.

Als ich in jenen Tagen auf dem Landweg – über Bengazi, die Cyrenaika, das Schlachtfeld von El Alamein und Alexandria – in Kairo eintraf, war jede Frontbesichtigung ausgeschlossen. Die angereisten Journalisten vertrieben sich die Zeit am Swimmingpool des »Nile-Hilton« und zählten bestenfalls die dickbäuchigen Antonow-Maschinen, die in pausenlosem Karussell sowjetisches Kriegsmaterial nach Kairo heranschafften. Dem bulligen israelischen Kommandeur Ariel Sharon war es schließlich zu verdanken, daß der ägyptische Sinai-Vorstoß scheiterte. Sein kühner Durchbruch am Déversoir leitete die Umzingelung der Dritten Ägyptischen Armee und die Wende des Kriegsglücks ein. »Arik, Melech Israel!« jubelten damals seine Soldaten. »Arik, König von Israel!« Das Gerücht ging in Kairo um, daß die Regierung von Jerusalem in der Stunde der größten Gefahr die Entschärfung ihrer Atomwaffen befohlen hatte, was von Moskau mit dem Hinweis auf eventuelle nukleare Unterstützung für Kairo beantwortet worden sei. Mit einem blauen Auge war der Judenstaat noch einmal davongekommen. Israel hatte sich zu einer verspäteten, aber grandiosen Verteidigungsleistung aufgerafft. Nach den mächtigen Gegenschlägen Zahals an beiden Fronten stand den Israeli der Weg ins Niltal und nach Damaskus offen.

Im Rückblick hat das Abkommen von Camp David, das mit dem Segen Jimmy Carters im März 1979 vom ägyptischen Präsidenten Anwar-el-Sadat und dem israelischen Regierungschef Menachem Begin feierlich unterzeichnet wurde, die erhoffte Friedensdividende nicht erbracht. Zwei Jahre später starb der »Pharao« Sadat im Kugelhagel fanatisierter islamischer Rächer der eigenen Armee. Sein Nachfolger Hosni-el-Mubarak hält den Buchstaben des Camp-David-Abkommens zwar ein, doch von einer Versöhnung zwischen dem ägyptischen und dem jüdischen Volk kann keine Rede sein. Die Presse Kairos ergeht sich weiterhin in wilder Hetze gegen den Judenstaat. Der neue Rais kann es sich mit Rücksicht auf die schleichende Islamisierung der Massen des Niltals gar nicht leisten, eine aufrichtige Kooperation mit Jerusalem ins Auge zu fassen. Mubarak hat genug damit zu tun, den offenen Terrorismus der »Dschamaat-el-islamiya« niederzukämpfen. Ägypten hatte gewiß seinen Gewinn: Endlich konnte es die Last als führender arabischer Frontstaat abstreifen, seine territoriale Integrität wiederherstellen, die Erdölvorkommen im Golf von Suez für sich ausbeuten und den Verkehr im Kanal als Einnahmequelle nutzen. Israel wiederum sah sich an seiner Süd-Flanke durch die kontrollierte Entmilitarisierung der Sinai-Halbinsel strategisch entlastet. Dieses Gefühl relativer Sicherheit hat vermutlich den Judenstaat zu einer Offensivaktion ermutigt, deren negative Konsequenzen bis heute fortwirken.

Wieder einmal mußte das Wort »Peace« zur Rechtfertigung eines Waffenganges herhalten. Die Orwellsche Begriffspervertierung war im Orient längst heimisch geworden. Unter dem Motto »Frieden für Galiläa« holte Zahal zum Großangriff an der Nordgrenze aus. Der »Palästinensischen Befreiungsorganisation« PLO, die den Süd-Libanon zum Fatah-Land gemacht hatte, die Katjuschas auf jüdische Kibbutzim abfeuerte und in Beirut ihr Hauptquartier unterhielt, sollte ein für allemal das Rückgrat gebrochen werden. Ich werde auf den Feldzug Israels gegen die Zedern-Republik, den ich in allen Phasen aus der vordersten Loge beobachten konnte, noch ausführlich eingehen. An dieser Stelle soll nur erwähnt werden, daß den vielgerühmten Spezialdiensten Israels im Kontakt mit den verfeindeten Konfessionsgruppen des Libanon alle nur denkbaren psychologischen Irrtümer unterliefen.

Neben den »Kataeb« oder »Phalanges«, den Kampfverbänden der christlichen Maroniten, hätten die Israeli eventuell auch auf die kriegerische »Taifa« der Drusen als Alliierte zurückgreifen können. Aber statt diese beiden Religionsgruppen zur Eintracht zu mahnen, heizten israelische Agenten die Drusen zu einem sinnlosen Stammesfeldzug gegen ihre christlichen Erbfeinde an. Noch ungeschickter verhielten sich die jüdischen Besatzungsbehörden im Süd-Libanon. Durch ihre Überheblichkeit brachten sie die starke Gemeinschaft der Schiiten – ob sie nun den Organisationen »Amal« oder »Hizbullah« angehörten – gegen sich auf. Zwar wurden die PLO-Partisanen aus der Grenzzone mit Galiläa vertrieben und in ihre Flüchtlingslager zwischen Tyr und Saida verbannt, doch an deren Stelle traten nunmehr extrem gefährliche Gegenspieler, die todesmutigen Gotteskrieger der schiitischen »Partei Allahs«. Gewiß, die vorübergehende Besetzung Beiruts durch die Israeli wurde auch den Gefährten Yassir Arafats zum Verhängnis. Aber der Kern der Fatah-Milizen wurde durch die Intervention von Amerikanern und Franzosen vor der Vernichtung bewahrt. Sie gingen im August 1982 voll bewaffnet und wild in die Luft schießend, als hätten sie einen Sieg errungen, an Bord von Transportschiffen, die sie in verschiedene Länder der arabischen Welt, in den Süd-Jemen, den Sudan, in den Maghreb abtransportierten. Arafat schlug sein neues Hauptquartier in Tunis auf.

Das Massaker in den Beiruter Palästinenser-Lagern Sabra und Schatila, das von einer maronitischen Kataeb-Horde mit stillschweigender Duldung der benachbarten Einheiten Zahals durchgeführt wurde, löste in Tel Aviv heftige Protestkundgebungen aus. Nunmehr formierte sich die jüdische Opposition gegen diesen maßlosen Eroberungsfeldzug der eigenen Armee, der aus dem Ruder zu laufen schien. Spätestens nach dem vernichtenden Selbstmord-Überfall schiitischer Fanatiker, die die Wachsamkeit der israelischen Garnison von Saida überrumpelten und zahlreiche Opfer unter den Besatzern forderten, war für jedermann klar, daß die Armee des Sechs-Tage-Krieges für eine politisch nuancierte Partisanenbekämpfung in dieser trügerisch levantinischen Umgebung nicht geschaffen, ja untauglich war. Von der Operation »Frieden für Galiläa« blieb nach sukzessiven Rückzugsmanövern nur noch der schmale Sicherheitsstreifen rund um Merjayoun und Dschezin übrig, der sich von dem Grenzflecken Metulla so prächtig einsehen läßt.

Ohne Zutun Arafats und seiner PLO, aber getragen von der ohnmächtigen Wut der jungen Palästinenser, die mindestens siebzig Prozent der Bevölkerung in den besetzten Gebieten ausmachen und sich jeder Zukunftsperspektive beraubt sehen, brach im Sommer 1987 der große Aufstand aus, jene »Intifada«, die man mit »Aufrütteln« übersetzen kann. Vier Jahre lang wurde Zahal in eine unrühmliche Polizeirepression gegen steinewerfende Gegner verwickelt, die dem Kindesalter oft noch nicht entwachsen waren. Seitdem flackert dieser Kleinkrieg immer wieder auf. Mochte die Armee auch mit Hartgummi- und Plastikgeschossen auf die unerschrockenen kleinen Aufrührer feuern, diese Straßen-Guerilla, die mit brutalen Übergriffen geahndet wurde, übte bei den jüdischen Soldaten eine zutiefst demoralisierende Wirkung aus. Für israelische Zivilisten war es von nun an lebensgefährlich, die Transitstraßen durch die besetzten Gebiete zu benutzen. Die

Militärposten verbarrikadierten sich hinter Gittern und Eisenplatten. Das Rollenspiel der biblischen Geschichte hatte sich auf tragische Weise verkehrt. Nicht der kleine Hebräer David trat gegen den Philister-Riesen Goliath an, sondern die jungen »Philister« – Palästina heißt auf arabisch »Filistin« –, die Knaben der Intifada, gingen mit ihren Steinschleudern gegen den jüdischen Koloß Zahal vor.

Das unermüdliche »Aufrütteln« hat vermutlich die Einleitung des »Friedensprozesses«, die Verhandlungen von Madrid und Oslo nachhaltiger beschleunigt als die paar irakischen Scud-B-Raketen, die im Januar 1991 während des amerikanischen Golfkrieges in Tel Aviv und Herzlia einschlugen, ohne nennenswerten Schaden anzurichten. Deren Schockwirkung war dennoch ungeheuer. Zum ersten Mal bekam der Judenstaat zu spüren, daß er auch in seinem mediterranen Kern- und Küstengebiet nicht gefeit war gegen den Missile-Beschuß seiner arabischen Gegner, daß die äußere Vernichtungsbedrohung kombiniert mit internem Aufruhr sich zu extrem düsteren Perspektiven verdichtete. Die Konzessionen von Oslo lassen sich wohl nur unter dem Aspekt einer steten psychologischen Abnutzung, eines langsamen Abschieds vom jüdischen Triumphalismus begreifen.

*

Es macht keinen Sinn, Freund Aharon auf meine Betrachtungen und Reminiszenzen anzusprechen, während wir quer über den Golan – den Jordan auf der Bailey-Brücke von Bnot Yaakov überquerend – zum östlichen Ufer des Sees von Genezareth zurollen. Der Marokkaner hätte sich dagegen verständlicherweise gesträubt; ich hätte ihn vielleicht zutiefst verletzt. Man konnte die Dinge ja auch ganz anders sehen: Durch die Zerschlagung der Streitmacht Saddam Husseins durch das US-Unternehmen »Wüstensturm« war ein haßerfüllter Todfeind Israels auf absehbare Zeit seiner Mittel beraubt. Das Ende des Kalten Krieges, die Selbstauflösung der Sowjetunion wirkte sich verheerend für die arabische Kriegspartei aus. Syrien, um nur die Republik Hafez-el-Assads zu nennen, hatte seinen mächtigen Moskauer Protektor und großzügigen Waffenlieferanten verloren. Der zweite Golfkrieg hatte die Arabische Liga in feindliche Lager gespalten, und die »Neue Friedensordnung«, die Präsident Bush vorschwebte, zielte vorrangig auf die endgültige Pazifizierung Palästinas hin. In syrischen Strategie-Analysen wurde das Einlenken Arafats als Unterwerfungsgeste gegenüber den Zionisten beschrieben. König Hussein von Jordanien, so las man dort, ordnete seinen Wüstenstaat der Einflußzone Israels unter, die nunmehr fast bis zur visionären Euphrat-Grenze des Pentateuch reichte.

Von echter Versöhnung oder harmonischer Koexistenz konnte allerdings nirgendwo die Rede sein. Das Zähneknirschen war unüberhörbar. Um seine Wahlchancen in Israel zu verbessern und den Zuspruch des harten Flügels seiner Landsleute zu gewinnen, hatte der »Friedensapostel« Shimon Peres noch im April 1996 ein unerbittliches Bombardement des Süd-Libanon befohlen. Dessen Code-Name hieß »Trauben des Zorns«. Von Anfang an stand der Friedensprozeß im Heiligen Land unter dem Stigma der gegenseitigen Täuschung.

So idyllisch und gesegnet wie an diesem Ostertag ist mir das Meer von Tiberias noch nie erschienen. Eine Abendstimmung aus Samt breitet sich aus. Die üppige Vegetation schmiegt sich ohne jede menschliche Verschandelung an den sanften Strand. Wo sonst hätte Jesus von Nazareth seine acht Seligpreisungen verkünden sollen, die für die rauhe Epoche römischer Fremdherrschaft ebenso irreal klingen mußten wie für unsere heutige Welt, die auf Mammon, Glamour und jede Abart von Exhibitionismus fixiert ist. »Selig die Mühseligen und Beladenen ... selig die Friedfertigen ... selig die Armen im Geiste, denn ihrer ist das Himmelreich.« Es bedurfte der Geistesverwirrung einer anpasserischen Klerisei unserer Tage, um aus dieser erhabenen Erlösungsformel, dieser Verheißung ewigen Heils, ein politisches oder soziales Programm mit Nutzanwendung für die moderne Konsumgesellschaft abzuleiten. Als ob die kleine Gemeinde der Urchristen an die Ausübung weltlicher Macht, an die Schaffung einer alle verpflichtenden Gemeinordnung gedacht hätte! Die frühe Gefolgschaft Christi lebte in der freudigen, ja ungeduldigen Erwartung des Weltunterganges, aus dessen apokalyptischen Zuckungen das Reich Gottes in all seiner Herrlichkeit hervorgehen würde.

Wie oft hatten mich diverse Korangelehrte, die »Ulama«, auf den fundamentalen Unterschied zwischen frühchristlicher und frühislamischer Wahrnehmung der göttlichen Fügung verwiesen. »Mein Reich ist nicht von dieser Welt«, »Gebt dem Kaiser, was des Kaisers ist, und Gott, was Gottes ist«, »Wer zum Schwerte greift, wird durch das Schwert umkommen« – das waren Kern-Aussagen des Nazareners Isa, wie Jesus von den Mohammedanern genannt und als einer ihrer größten Propheten betrachtet wird. Aber seine Botschaft war mit der Lehre Mohammeds nicht zu vereinbaren. Dieser Künder aus Mekka und Medina, der keinen Funken göttlicher Natur für sich beanspruchte, wurde lediglich als der perfekte Mensch und als verpflichtendes Vorbild verehrt. Der »Rassul« hatte das Werk seiner frommen Vorläufer Noah und Abraham, Moses und Jesus vollendet. Er war das Siegel der Offenbarung und hatte den »Qur'an el karim«, das von Ewigkeit ungeschaffene Wort des Allmächtigen, seinen Jüngern als unantastbare Richtschnur hinterlassen. Darüber hinaus war Mohammed Gesetzgeber und Staatsgründer, Sozialerneuerer und – vor allem auch – Feldherr gewesen. Das mosaische Vergeltungsgebot »Auge um Auge, Zahn um Zahn, Blut um Blut« hatte in der koranischen Rechtsordnung seine volle Gültigkeit bewahrt, was der sanfte Nazarener zugunsten einer alles verzeihenden Nächstenliebe aufheben wollte – »Und wer dich schlägt auf die eine Backe, dem biete die andere auch dar.« Und dennoch würde Isa, der liebenswerteste aller Sendboten Allahs, der entgegen der Behauptung der Christen nicht am Kreuz gestorben ist, sondern ohne Leiden in die Jenseitigkeit entrückt wurde, als Künder des Jüngsten Gerichts am »Tag der Schuld« über Jerusalem erscheinen und den Urteilsspruch des einzigen Gottes ankündigen, der keinen Sohn haben kann, da er – wie der Koran beteuert – »weder gezeugt wurde noch selber zeugt«.

Wie weit sich die christliche Realität des waffenklirrenden Abendlandes, wie weit sich die sieghafte »civitas Dei«, die Papst Innozenz III. im zwölften Jahrhundert fast verwirklicht hätte, von den acht Seligpreisungen entfernt hatte, davon geben die gigantischen Trutzburgen der Kreuzritter Kunde, die immer wieder in unser Blickfeld rücken. Eine mystische Verklärung ist diesem Land erhalten geblieben. Davon wird auch der nord-galiläische Flecken Safed berührt, den wir bei unserem Ausflug streifen. Hier hatte zur Zeit der gewaltsamen Entjudaisierung des heutigen Palästina durch Byzanz eine kleine Gruppe gelehrter Rabbiner und Talmud-Lehrer Zuflucht gefunden und sich den magischen Geistesübungen der Kabbala ergeben.

Am Südzipfel des Kinneret, wie die Israeli sagen, haben die wohlhabenden Kibbutzniks geschmackvolle Ferienvillen gebaut. An dieser Stelle öffnet sich das Tal des Yarmuk, an dessen Ufern der Kalif Omar die Heerscharen des Kaisers von Konstantinopel überrumpelte und zur Preisgabe ganz Syriens an die arabisch-islamische Herrschaft zwang. Am Zusammenfluß von Jordan und Yarmuk, auf dem winzigen Gebiet von Baqura, das zwar dem Haschemitischen Königreich Jordanien angehört, aber jüdischen Landwirtschaftsexperten zur Erschließung überlassen wurde, hatte sich vor wenigen Tagen ein abscheulicher Zwischenfall ereignet. Bis dahin galt dieser Punkt, dem man – vom Wunsch nach »Schalom« besessen – eilfertig den Namen »Friedensinsel« verliehen hatte, als begehrtes Ausflugsziel vieler Israeli. Sogar Helmut Kohl begab sich in Begleitung Itzhak Rabins und König Husseins an diesen Platz der Hoffnung. Der Wachturm, über dem die Flagge Jordaniens wehte, symbolisierte die enge Kooperation, die sich nach Abschluß des Friedensvertrages zwischen Amman und Jerusalem anzubahnen schien. Wie es zu dem Massaker von sieben jüdischen Schülerinnen kam, ist nicht voll geklärt. Ein jordanischer Grenzsoldat hatte sein Schnellfeuergewehr hochgerissen und zielgenau in die weibliche Besucherschar geschossen. Es habe sich um einen Geistesgestörten gehandelt, so hörte man zunächst beschwichtigend aus Amman, bis auch die israelische Presse einen ganz anderen Tatverlauf andeutete. Besagter jordanischer Wachtposten hatte sich gerade zum Gebet nach Mekka verneigt. Seine rituellen Verbeugungen wurden angeblich vom Spott und vom Gelächter der Mädchenklasse begleitet. Die Reaktion darauf war der mörderische Kugelhagel. Daß junge Juden leider allzuoft auf koranische Kultübungen mit Überheblichkeit herabblicken, sollte mir später an der Universität Tel Aviv bestätigt werden.

Auf der »Friedensinsel« ist inzwischen wieder Normalität eingekehrt, aber ausgelassene Ferienstimmung kommt hier nicht mehr auf. Aharon wirkt nachdenklich und deprimiert. Über das Autoradio hat er die letzten Nachrichten gehört. In Ramallah ist es zu den üblichen Straßenschlachten zwischen arabischen Steineschleuderern und israelischen Patrouillen gekommen. Schwere Panzer Zahals haben zur Einschüchterung der aufsässigen Bevölkerung rund um die Stadt Nablus im Herzen Samarias Stellung bezogen. Damit wird den Palästinensern deutlich vor Augen geführt, was von der ihnen zugestandenen Selbstverwaltung inklusive Sicherheitshoheit in der privilegierten A-Zone zu halten ist. Die neue Intifada sei schon im Gange, beklagt sich Aharon, und das pro-israelische Engagement der Amerikaner habe spürbar nachgelassen. Für die Yankees zähle doch nur das Erdöl, und die phänomenalen Machtverschiebungen in Ost-Asien stünden auf der diplomatischen Prioritäten-Liste Washingtons ganz vorn.

*

Das besorgte Gesicht des Marokkaners hellt sich erst wieder auf, als wir die schattigen Palmenalleen von Beit Shean erreichen. Auch ich fühle mich von dieser neuen Umgebung angenehm berührt. Hier kommen ferne Erinnerungen hoch. Die Einwohner von Beit Shean sind fast ausschließlich maghrebinische Juden. Bei ihnen geht es fröhlicher zu als bei den osteuropäischen Aschkenasim, auf denen immer noch die Nachwehen des Grauens von Auschwitz und Treblinka zu lasten scheinen. Beit Shean, so stelle ich fest, könnte ein wohlhabendes Dorf der algerischen Mitidja sein, jener fruchtbaren Zwischenebene am Rande des Atlas, wo die französische Kolonisation einen speziellen mediterranen Menschenschlag, die »pieds noirs«, wie sie sich selber nannten, hervorgebracht hatte. Heute ist die Gartenlandschaft der Mitidja zur Steppe geworden, und in diesem einstigen Paradies spielen sich die grauenhaftesten Gemetzel zwischen den Islamisten der »GIA« und den nicht minder blutrünstigen Sicherheitsorganen der algerischen Militär-Junta ab.

Aharons Schwester, eine von Lebenskraft und guter Laune strotzende Frau mit grauen Augen, besitzt gemeinsam mit ihrem ebenfalls nordafrikanischen Mann eine kleine Gaststätte, eine »Pizza Hut«. Natürlich werde ich zu einer Kostprobe eingeladen. Wie die Familienangehörigen da miteinander scherzen, sich umarmen, die herbeigeeilten Kinder mit lauten Rufen des Entzückens herzen, da lebt auf einmal die untergegangene Welt der Europäer von Nord-Afrika wieder auf. Die algerischen Juden waren schon im Jahr 1870 durch das Gesetz Crémieux den Mutterlandsfranzosen juristisch gleichgestellt worden. »La famille Hernandez« war zum Inbegriff dieser jovialen Mischkultur geworden. Die Mädchen auf dem Corso von Beit Shean, die zwischen Bougainvilleen und Rosenbeeten paradieren, haben die schwarzen Haare oft blond gefärbt, was gar nicht zu den dunklen Augen passen will. Sie sind gewiß nicht so schön wie die Filmschauspielerin Mireille Darc, die – aus jüdisch maghrebinischer Familie stammend – im Paris der siebziger Jahre gefeiert wurde. Aber diese »jeunes filles« von Beit Shean versuchen mit den letzten Modekatalogen Schritt zu halten, tragen die klobigen Schuhe und allen möglichen Putz, der gerade »en vogue« ist. Mit provozierender Körpersprache, mit ihren »œillades assassines« versuchen sie, Eindruck auf die jungen Machos zu machen, die auf der anderen Straßenseite das Schauspiel genießen. »Das ist ja fast wie in Nord-Afrika«, sage ich lachend zu Aharon, und der gibt noch eins drauf: »Mais, c'est l'Afrique du Nord!« Eine Spur

Nostalgie kommt plötzlich auf beim Gedanken an die Studenten-Cafés der Rue Michelet, der ehemals europäischen Flanierstraße von Algier, die heute nach dem Märtyrer der Befreiungsfront, Mourad Didouche, umbenannt ist und ein Stück schäbiger Orient wurde.

Der Abend senkt sich. Der blaßblaue Himmel verfärbt sich rosarot. Der frühe Mond steht über den Moab-Bergen. Ich blicke lange auf das fahle Gestirn, während wir auf der schnurgeraden Asphaltstraße in Richtung Jericho nach Süden rasen. Zwar haben die Astronauten aus der Neuen Welt inzwischen ihren Fuß auf diesen Trabanten unseres Planeten gesetzt, aber die Mythen, aus denen sich der Konflikt um das Gelobte Land nährt, reichen zurück in jene abrahamitische Vorzeit, als die heidnischen Stämme Kanaans die volle Scheibe des Mondes als Verkörperung der Fruchtbarkeitsgöttin Ashdaroth anbeteten.

Auf dem jordanischen Gegen-Ufer flackert die elektrische Beleuchtung der Dörfer auf. Dieser strategische Parcours ist auf israelischer Seite kaum bevölkert. Wüstenlandschaft löst sich mit Palmenhainen und Citrus-Gärten ab, die zionistische Pionierarbeit dem Sand abgerungen hat. Entlang der ganzen Strecke dehnt sich eine Befestigungsanlage, die mich wiederum nach Nord-Afrika zurückversetzt. Das schmale Flußbett des Jordan ist nach Westen durch ein tiefgestaffeltes Sicherheitssystem hermetisch abgeschirmt, dessen Modell mir wohlbekannt ist. Es beginnt in Ufernähe mit ausgedehnten Minenfeldern. Dann kommen zwei hohe Stacheldrahtverhaue, die mit Starkstrom aufgeladen sind. Dazwischen verläuft eine sandige Spur, auf der Patrouillen in kürzester Frist zur Einbruchstelle preschen können. Spürhunde sind dort angesetzt, und die Fußabdrücke eventueller Eindringlinge sind im weichen Boden leicht zu erkennen. Die Höhen von Judäa sind in regelmäßigen Abständen mit Radarstationen und Artilleriestellungen bestückt. Sie umringen die vordersten Wehrdörfer der nach einem sozialistischen Minister benannten Allon-Linie. Das System, das ich hier inspiziere, gleicht in allen Punkten jener »Ligne Morice«, die die französische Armeeführung im algerischen Grenzgebiet gegenüber Tunesien von der Mittelmeerküste bis tief in die Sahara ziehen ließ, um die Infiltrationen der sogenannten algerischen Grenzarmee von Oberst Boumedienne zu vereiteln. Die Morice-Linie war übrigens eine der wenigen militärischen Maßnahmen der Generäle Salan und Challe, die sich im französischen Algerien-Krieg vollauf bewährte. Verständlicherweise werden die Offiziere von Zahal nur ungern auf solche Parallelen angesprochen. Nun wende ich mich den arabischen Dörfern am Rande der Straße zu. Auf den flachen Lehmdächern haben sich Störche niedergelassen. Es sind meist ärmliche Hütten, die neben den stattlichen Kolonisten-Siedlungen besonders kümmerlich wirken. Hier und dort tauchen Beduinenzelte auf, vor denen Lagerfeuer flackern. Ein israelisches Armeefahrzeug hat sich quer über den Asphalt gestellt. Mosaische Bürger des Judenstaates werden hier – wo die autonome palästinensische Enklave von Jericho beginnt – aus Sicherheitsgründen nicht durchgelassen. Aber Aharon wirkt so arabisch mit seiner maghrebinischen Facies, und für mich als Ausländer gibt es ohnehin keine Transit-Restriktion. Das gelbe Nummernschild, das die Jerusalemer Registrierung unseres Autos anzeigt, wird sowohl an Juden als auch an Araber der »ungeteilten Hauptstadt Israels« ausgegeben.

Von nun an mehren sich die arabischen Beschriftungen an den Amtsstuben der »Palestinian National Authority«. Darüber wechseln sich die Farben der PLO mit Abbildungen Yassir Arafats ab. Unter weißen Zelten sind palästinensische Polizisten, die recht militärisch wirken, zur Nachtübung angetreten. Ansonsten liegt Jericho – angeblich die älteste Stadt der Welt – fast ausgestorben und träge unter den aufkommenden Sternen. Am nördlichen Rand gruppieren sich Villen und Verwaltungsbauten, die oft unvollendet sind. Die Lehmruinen, die vor ein paar Jahren noch an die überstürzte Flucht eines Teils der arabischen Bevölkerung erinnerten und wie Relikte des biblischen Vernichtungswerks aus der Zeit des Eroberers Joshua anmuteten, sind nivelliert worden. Das beherrschende neue Wahrzeichen dieser ersten befreiten Palästinenserstadt auf der Westbank ist eine schneeweiße riesige Moschee. Die Minaretts sind von Scheinwerfern angestrahlt. Eine gemischt israelisch-arabische Patrouille signalisiert das Ende des Autonomen Gebiets Jericho, wo die deutsche Diplomatie wohl aufgrund unzureichender Information ihre erste offizielle Vertretung installierte. In dieser stillen Oase mit ihren gefügigen Ureinwohnern wird sich das Schicksal Palästinas bestimmt nicht entscheiden. Die Höhle im nahen Gebirge, wo Jesus – der Schrift zufolge – den Versuchungen Satans widerstand, ist bereits in Finsternis begraben. In steilen Windungen erklimmen wir das Plateau von Judäa. In einer Schlucht des Kelbtales sind die Umrisse des griechisch-orthodoxen Georgs-Klosters aufgetaucht. Noch umfängt uns die Wüste. Unvermittelt erstrahlt das Lichtermeer Jerusalems auf den Höhen von Zion.

Ins Hotelzimmer des »King David« zurückgekehrt, nehme ich die Bibel zur Hand. Ich suche nach der fernen Legende des Feldherrn Joshua, der die Bundeslade um die Mauern von Jericho tragen und sieben Tage lang die Posaunen erschallen ließ, bis die Festungswälle barsten. Keiner der Einwohner ist mit dem Leben davongekommen mit Ausnahme der Sippe der Hure Rahab, die den hebräischen Kundschaftern den Weg gewiesen hatte. Am Ende des Kapitels 6 aus dem Buch Joshua entdecke ich die Verwünschung: »Zu dieser Zeit schwor Joshua und sprach: Verflucht sei der Mann vor dem Herrn, der sich aufmacht und diese Stadt Jericho wieder aufbaut! Wenn er ihren Grund legt, das koste ihn seinen ersten Sohn, und wenn er ihre Tore setzt, das koste ihn seinen jüngsten Sohn!«

Ein geteiltes Haus

Jerusalem, im Frühjahr 1997

An diesem Karfreitag in Jerusalem ist man nicht sonderlich stolz darauf, Christ zu sein. Jesus wußte, warum er die Händler aus dem Tempel vertrieb. Die Via Dolorosa war schon immer ein Basar für kitschige Devotionalien, aber dieses Mal herrscht eine ängstliche und mürrische Grundstimmung bei den arabischen Ladenbesitzern. Ihre Sorgen sind erdrückend. Der Kommerz ist stark zurückgegangen, seit aus Israel und den besetzten Gebieten täglich Bilder der Gewalt und des Todes nach außen dringen. Bei dem jüngsten Attentat eines Selbstmord-Terroristen in Tel Aviv waren »nur« drei Opfer zu beklagen. Zur gleichen Zeit wurden in Algerien Dutzende von Menschen hingemetzelt, teilweise mit der Kreissäge zerstückelt, aber wer blickt schon nach Algier? Die christlichen Karfreitagspilger sind keine Kreuzritter mehr, und die meisten bleiben vorsichtig zu Hause. Die Europäer, die früher das stärkste Kontingent stellten, sind durch andere Büßer ersetzt worden, die den Spuren ihres leidenden Erlösers folgen wollen. Vielleicht ist das nur ein partieller Eindruck, aber an diesem Morgen bilden die Lateinamerikaner – überwiegend fromme katholische Indios – und die Filipinos, die seltsamerweise von den Bolivianern, Mexikanern und Kolumbianern kaum zu unterscheiden sind, die große Mehrheit. Sie tragen schwere Kreuze auf den Schultern und singen

Chöre, in die sich die Schwermut der Anden mischt. Bei diesen einfachen Menschen ist der Glaube noch intakt. Das gleiche kann man schwerlich von den paar deutschen oder französischen Gruppen sagen, die in ihrer oft saloppen Kleidung von Touristen kaum zu unterscheiden sind. Von so manchen Dogmen ihrer Kirche haben sie längst Abschied genommen. Die römischen Kleriker ihrerseits tragen keine wallenden Soutanen mehr. Allenfalls die Franziskaner halten an ihren braunen Mönchskutten fest.

Echte Bedrohung ist in der arabischen Altstadt Jerusalems nicht zu spüren. Der palästinensische Widerstand wird sich hüten, sein Ansehen durch Anschläge gegen christliche Pilger aufs Spiel zu setzen, wo doch die Weltmeinung endlich zu seinen Gunsten umzuschlagen scheint. In Bethlehem hingegen, an der Geburtsstätte Christi, kommt es an diesem Osterfest, das mit dem palästinensischen »Tag des Bodens« zusammenfällt, zu heftigen Zusammenstößen. Die Bulldozer, die im ausgeweiteten Süd-Bezirk Jerusalems den Hügel Har-Homa für ein zusätzliches, rein jüdisches Stadtviertel freibaggern, haben wütenden arabischen Protest ausgelöst. Am Rande Bethlehems, das sich zusehends von zionistischen Siedlungen eingekreist sieht, fliegen Steine und Molotow-Cocktails gegen die israelischen Sicherheitskräfte. Doch in Jerusalem selbst, wo die jüdischen Taxifahrer des Hotels »King David« sich im Sommer 1993 noch weigerten, aus Angst vor muslimischen Überfällen auch nur zum Restaurant »Philadelphia« in der Nähe des Damaskus-Tors zu fahren, hat sich die »pax iudaica« mit durchgreifenden Polizeimaßnahmen etabliert. Der Infrastruktur-Minister Ariel Sharon hat dafür gesorgt, daß sogar die Talmud-Schüler sich an normalen Tagen wieder in den Gassen des arabischen Stadtkerns, den der osmanische Sultan Suleiman der Prächtige mit der schönsten Festungsmauer der Welt umgürtete, ziemlich ungefährdet bewegen können.

Für die Pilger hat die Regierung des Judenstaates zusätzlichen Schutz aufgeboten. Überall wimmelt es von Soldaten Zahals mit schußbereiten Schnellfeuergewehren und kugelsicheren Westen. Sie verhalten sich so diskret wie möglich, aber die Altstadt lebt dennoch im Belagerungszustand. Das israelische Militär blickt mit einiger Verwunderung auf das Treiben der Christen, und dazu bieten ihnen manche Exzentriker allen Anlaß. Eine amerikanische Sektenvereinigung aus dem »Bible-Belt« hat sich in den angeblichen Trachten der Zeit Jesu kostümiert. Die blonden Frauen haben sich als Orientalinnen geschminkt und spielen Veronika und Maria Magdalena. Römische Legionäre – mit allen Requisiten einer Provinzbühne ausgestattet – begleiten den kleinen Zug und den schwarzbärtigen Schmerzensmann, der in seiner grotesken Nachahmung Christi fast wie ein Frevler wirkt. Dieser US-Bürger tritt halbnackt unter der Dornenkrone auf und läßt sich von einem kostümierten Simon von Kyrene beim Schleppen des Kreuzes helfen. Der falsche Jesus ist blutüberströmt – so wirkt es auf den ersten Blick. Ich frage die Amerikaner, ob eine freiwillige Geißelung stattgefunden habe, wie das heute noch bei manchen ekstatischen Katholiken der Philippinen üblich ist. Doch die »Heilige Veronika«, die ihr Schweißtuch schon ausgebreitet hat, versichert beschwichtigend, daß es sich lediglich um rote Farbe und nicht um Menschenblut handelt. Zumindest haben diese Exhibitionisten für ihr Märtyrerspiel kein Ketchup verwendet.

An solchen Festen wird deutlich, wie unvereinbar das jüdische und das christliche Religionsverständnis bleibt trotz aller »Wochen der Brüderlichkeit«, trotz oder gerade wegen des gemeinsamen Offenbarungsursprungs. Viele orientalische Christen Palästinas – überwiegend Griechisch-Orthodoxe, die sich neuerdings Arabisch-Orthodoxe nennen – haben dem Heiligen Land den Rücken gekehrt und mehrheitlich in Nord- oder Südamerika eine neue Heimat gefunden. So ist die Altstadt Jerusalems wie auch die Ortschaften Bethlehem und Ramallah ihrer christlich-arabischen Bevölkerungsmehrheit verlustig gegangen. Der Ruf des Muezzin übertönt dort den Klang der Glocken. Die Kluft zwischen den wetteifernden und verwandten Bekenntnissen hat sich im Orient nie geschlossen. Für die dortigen Christen – die römischen Maroniten und die griechisch-katholischen Melkiten machen da keine Ausnahme – sind die Juden, allen Mahnungen des Vatikans zum Trotz, die Verantwortlichen für den Kreuzestod Christi geblieben, das verstockte Volk der ursprünglichen Auserwähltheit, das sich dem wahren Messias verweigerte. In den Augen der Juden, auch daran hat sich nichts geändert, gilt Jesus, der Nazarener, als einer der Ihren, ein mystischer und verbohrter Außenseiter, der sich von der Gemeinschaft, in die er hineingeboren wurde, lossagte, dessen exaltierte Heilsbotschaft auf dem Irrweg einer historischen Zufälligkeit universale Ausmaße angenommen hat und dem eigenen Volk zum Verhängnis wurde.

Der Orient eignet sich nicht zur konfessionellen Eintracht und zum ökumenischen Dialog. Das sollten – spätestens seit den Bürgerkriegen in Libanon und Bosnien – auch die westlichen Theologen begreifen. Warum fällt mir beim Anblick dieser mißlungenen, überreizten Karfreitagsveranstaltung jener Dominikanerpater ein, der zur Zeit des nationalsozialistischen Neuheidentums in seiner Exerzitienpredigt unseres Schweizer Internats Saint-Michel in Fribourg für die bevorstehende Massenvernichtung des europäischen Judentums folgende Deutung fand: »Satan, der Fürst der Finsternis, wird all seine mörderische Gewalt aufbieten, um das auserwählte Volk Israel auszulöschen. Der Teufel hat eine alte Rechnung zu begleichen, denn aus dem Stamme David ist jene Jungfrau hervorgegangen, die den Erlöser gebar, die zur Mutter Gottes wurde und die Menschheit den Klauen der Hölle entriß.«

Noch vor Erreichen der Grabeskirche sind wir aus dem Wallfahrtszug ausgeschert und in eine enge Seitengasse abgezweigt. Plötzlich geraten wir in eine ganz anders geartete Menge. Die Muslime Jerusalems bewegen sich in Richtung auf den Tempelberg. Sie streben der El-Aqsa-Moschee zu, wo das islamische Freitagsgebet stattfindet. Die älteren Männer tragen das würdige Beduinengewand. Die Frauen haben ausnahmslos das weiße Kopftuch angelegt, und darunter kommt die bunte, kunstvoll bestickte Tracht der Palästinenserinnen zum Vorschein. Das Betreten des »Haram-el-scharif« ist am koranischen Feiertag nur den Muselmanen erlaubt. Darüber wachen israelische Soldaten und unbewaffnete palästinensische Wärter. Es gilt vor allem, militante jüdische Orthodoxe vom Gebet der Muslime fernzuhalten und Zwischenfällen oder Provokationen vorzubeugen. Ein jüdischer Unteroffizier spricht mich zunächst auf hebräisch an, und als ich eine unverständliche Erwiderung murmele, fragt er mich in klarem Arabisch: »Anta min el Urdun – Bist du aus Jordanien?«, was ich mit »na'am« bejahe. Der palästinensische Aufpasser hingegen läßt sich nicht täuschen. Vom Typus her könnte ich sehr wohl als orientalischer Koran-Gläubiger durchgehen, aber Eva, die nicht einmal ein Kopftuch angelegt hat, wirkt in dieser Umgebung allzu exotisch. So warten wir – nach einem freundlichen Gespräch mit dem arabischen Torhüter, der uns für alle anderen Tage der Woche herzlich zum Besuch der heiligen Stätten einlädt – am Eingang des salomonischen und herodianischen Tempelareals. Aus der Ferne beobachten wir die Beter, die sich zum Ruf »Allahu akbar« immer wieder nach Mekka verneigen.

Für die frommen Muslime rangiert Jerusalem – El Quds, die Heilige genannt – fast gleichwertig neben Mekka und Medina. Folgendermaßen schildert der Hadith, die Überlieferung aus dem Leben des Propheten, die »Nacht des Schicksals«, die sich kurz vor der Flucht von Mekka nach Yathrib, dem späteren Medina, vollzog: Mohammed schlief nahe dem Heiligtum der Kaaba, da erschien der Erzengel Gabriel, auf arabisch »Dschibril«, spaltete ihm die Brust und wusch sie mit dem Wasser der Zem-Zem-Quelle aus. Dann bestieg der Prophet das Fabelwesen Buraq, ein geflügeltes Pferd mit dem Kopf einer Frau, und wurde über Hebron und Bethlehem nach Jerusalem entführt. Dort auf dem Hügel Moria, wo sich einst das Allerheiligste der Juden befand und heute neben dem goldenen Felsendom die silbern verblichene Kuppel der El-Aqsa-Moschee glänzt, wurde Mohammed zum Siebten Himmel erhoben, um seinen illustren Vorläufern zu begegnen. Er besprach sich mit Ibrahim, Musa und Isa. Dabei spürte er die unmittelbare Nähe Allahs wie »eine eisige Kälte und eine verzückte Auflösung«. Selbst ein so nüchterner Gläubiger wie König Hassan II. von Marokko, der sich nicht scheut, dezidiert für den Friedensprozeß einzutreten und mit israelischen Ministern zu konferieren, hat keinen Zweifel aufkommen lassen, daß »El-Quds-el-scharif« – gemeint ist die Altstadt, der Ostteil Jerusalems – für jeden Araber, für jeden Muslim unter Androhung ewiger Verdammnis unverzichtbar sei.

*

»Sind Sie zum ersten Mal in Jerusalem?« werde ich immer wieder gefragt. Auch in dieser Hinsicht kann ich auf den Frühherbst 1951 verweisen. Meine Begegnung mit dem Heiligen Land geht also auf eine Zeit zurück, da weniger als eine Million Juden den Staat Israel bevölkerten. Die große Mehrheit seiner heutigen Bürger war 1951 entweder noch nicht eingewandert oder noch nicht geboren. Bevor ich im Wagen des französischen Generalkonsulats durch das Mandelbaum-Tor über die erst drei Jahre zuvor fixierte Waffenstillstandslinie nach West-Jerusalem durchgeschleust wurde, hatte ich einige Tage in der jordanisch verwalteten Altstadt verbracht. Es hatte sich ein orientalischer Lebensrhythmus erhalten, eine von Touristen ungetrübte Beschaulichkeit. Über dem Ölberg ruhte eine biblische Weihe.

Doch die friedliche Illusion brach zusammen, sobald man sich dem historischen Tempelbereich näherte. Dort hatten sich die jordanischen Vorposten der »Arabischen Legion« hinter Sandsackbunkern und Drahtverhauen verschanzt. Sie trugen sämtlich das rot-weiße Keffiyeh, das Kopftuch der Beduinen. Durch die Schießscharte zeigten sie auf die feindlichen zionistischen Linien, über denen eine riesige blauweiße Fahne mit dem David-Stern die Geburt des jüdischen Staatswesens und den Beginn einer neuen Ära signalisierte. Aus dieser jordanischen Frontstellung warf ich auch meinen ersten Blick auf das wuchtige Mauerwerk des Hotels »King David«, dessen sich die zionistische Haganah-Miliz drei Jahre zuvor bemächtigt hatte. Ein Flügel dieses massiven Blocks, der der britischen Mandatsmacht bis 1948 als Hauptquartier gedient hatte, war 1945 von Saboteuren der jüdischen Extremisten-Organisation »Irgun Zwi Leumi« gesprengt worden. Mehr als hundert Menschen fanden bei dieser Aktion den Tod, und niemand hätte damals vermutet, daß der Kommandeur der Desperados, ein gewisser Menachem Begin, zwischen 1977 und 1983 zum Regierungschef Israels aufsteigen würde.

Die Ruhe war in jenem September 1951 trügerisch. In den Gassen der Jerusalemer Altstadt brodelte es. Wenige Wochen zuvor war König Abdallah von Jordanien, der Großvater des heutigen König Hussein, beim Besuch der El-Aqsa-Moschee durch einen palästinensischen Fanatiker – angeblich ein junger, introvertierter Schneider – erschossen worden. Abdallah, der es sich als direkter Nachkomme des Propheten aus dem Hause Haschem, aus dem »ahl-el-beit«, leisten konnte, dem Zionismus relativ unbefangen zu begegnen, hatte damals schon versucht, mit den Israeli einen Modus vivendi zu finden. Zwischen dem West-Jordan-Ufer, das er de facto annektiert hatte, und dem Judenstaat wollte er eine enge wirtschaftliche Zusammenarbeit vereinbaren und Haifa als Transithafen benutzen. Die spätere israelische Ministerpräsidentin Golda Meir war in jenen Tagen – als Beduinenfrau verkleidet – mehrfach zu Geheimverhandlungen nach Amman gereist.

Seine Kompromißbereitschaft war dem greisen Haschemiten-Herrscher zum Verhängnis geworden. Dreißig Jahre vor Anwar-el-Sadat bezahlte er seine politische Flexibilität mit dem Leben. Die Wüstenkrieger der Arabischen Legion hatten auf den Mord ihres geliebten Königs mit Wut und Ausschreitungen reagiert. Beim Sturm durch den Suq der Altstadt hatten sie die Palästinenser, deren sie habhaft wurden, verprügelt und zahlreiche ihrer Läden verwüstet.

*

Mit allen Zeichen der Verärgerung ist David Ben Ruben, so wollen wir ihn nennen, im »King David« eingetroffen. »In ganz West-Jerusalem ist wegen des Sabbats heute mittag kein einziges Lokal geöffnet«, stellt er fest. »Wir müssen uns mit dem Angebot des Hotels zufriedengeben.« Das ist kläglich genug. Im Restaurant des »King David« werden nur kalte Speisen serviert, die die frugalen Vorschriften des Talmud berücksichtigen. Der Salat mit Ziegenkäse ist ebenso ungenießbar wie der Salat mit kaltem, am Vortag gebratenem Thunfisch. David Ben Ruben ist hoher Polizeioffizier, war als Botschafter im Kaukasus tätig, kennt wohl viele Geheimnisse des Staates, dem er dient. In Tiflis hat er eine junge georgische Jüdin geheiratet, mit der er sich noch auf russisch unterhält.

Tatsächlich hat sich in der Stadt Davids seit meinem letzten Aufenthalt im Juni 1993 ein befremdlicher Wandel vollzogen. Lebensfroh war es in Jerusalem von Anfang an nie zugegangen. Dazu lastete das Erbe starrer Religiosität, die Furcht vor dem gestrengen Gott Jahwe, zu spürbar über dieser erhabenen Bergfestung Judäas, deren Türme, Zinnen und Bollwerke bei Sonnenauf- und -untergang wie ein versteinerter Rosengarten erblühen. Das Lied »Jeruschalaim, du Stadt aus Gold« kommt der Wahrheit dann recht nahe. Von Jahr zu Jahr hat die jüdische Orthodoxie immer militanter und unduldsamer um sich gegriffen. Hatte man mir 1951 noch die schwarzen Kaftane, die Papilloten, die Bärte der chassidischen Juden im ghetto-ähnlichen Stadtviertel Mea Shearim als kuriose Außenseiter vorgeführt, so sind sie jetzt drauf und dran, das Straßenbild der Hauptstadt nachhaltig zu prägen.

David Ben Ruben gehört zu den aufgeklärten, im Sinne des westlichen Säkularismus erzogenen Israeli. Vermutlich steht er der Arbeiterpartei nahe. Er hat als Offizier im Libanon-Krieg von 1982 wohl eine bedeutende Rolle im Geheimdienst gespielt. Jetzt blickt er mit Sorge auf sein Vaterland. Sein Patriotismus ist über jeden Zweifel erhaben, aber er sieht eine unaufhaltsame Orientalisierung kommen, und diese Entwicklung kann sich, so meint er, nur auf Kosten der demokratischen Grundordnung vollziehen. Für ihn bleibt Bibi Netanjahu ein Rätsel. Der derzeitige Ministerpräsident hatte doch in Madrid die ersten Verhandlungen mit den Palästinensern – es handelte sich damals noch überwiegend um die großbürgerlichen Honoratioren aus dem Umkreis Feisal-el-Husseinis – im Namen des konservativen Likud-Blocks geführt. Jetzt, so scheint es, wolle er die bescheidenen Ergebnisse von Oslo rückgängig machen und annullieren. Ein Wunder ist es, daß Netanjahu, der auf die Zustimmung der Ultra-Religiösen angewiesen ist, noch mit Mühe und Not das Hebron-Abkommen unter

Dach und Fach brachte. Es war eine unbefriedigende Zwitterlösung: Ein Fünftel der Patriarchenstadt fiel an Israel, vier Fünftel verblieben den Palästinensern. Bezeichnenderweise hatte sich keiner der beiden Friedens-Nobelpreisträger Rabin und Peres dazu gedrängt, dieses heikle Kapitel abzuschließen, solange sie noch regierten. Nun droht dieser einzige Punkt, in dem Netanjahu sich an die Osloer Vorgaben gehalten hat, ihm selbst zum Verhängnis zu werden. Grausame Ironie eines intrigenreichen Koalitionsschachers.

David Ben Ruben kennt sich in diesem »Bibi-Gate«, wie es bereits in Tel Aviv genannt wird, gründlich aus, war es doch die israelische Polizei gewesen, die dem Generalstaatsanwalt das Material zugespielt hatte, das eine Anklageerhebung wegen angeblicher Korruption gegen den Regierungschef ermöglichte. Im Zentrum des Skandals steht die von extrem religiösen orientalischen Sephardim getragene Schas-Partei, die für das Überleben der Rechtskoalition unentbehrlich ist. Deren charismatischer Führer Arieh Deri ist seit fünf Jahren in einen Veruntreuungs- und Unterschlagungsprozeß verwickelt. Als Bedingung für seine Zustimmung zur Aufteilung Hebrons hatte er gefordert, einen ihm gewogenen Juristen namens Bar-On, dem es jedoch an der nötigen Kompetenz fehlte, in das Amt des Generalstaatsanwalts zu berufen. Davon versprach sich Deri eine günstige Auslegung der gegen ihn vorgetragenen Beschuldigungen. Bar-On war – angesichts des Aufschreis der liberalen Öffentlichkeit und wohl auch in Erkenntnis der eigenen Unzulänglichkeit – zwar binnen 48 Stunden zurückgetreten, doch der anrüchige Kuhhandel war durch eine Reporterin des israelischen Fernsehens ruchbar geworden, und nun geriet Benjamin Netanjahu unter direkten Beschuß.

»Eine offizielle Anklageerhebung gegen den Ministerpräsidenten«, so meint auch David Ben Ruben, »würde fast unweigerlich zu seinem Sturz führen, was wiederum den israelischen Staat zum denkbar ungünstigsten Zeitpunkt in politischer Lähmung erstarren ließe.« Ein Drittel der Bevölkerung des Judenstaates bekenne sich inzwischen zu einer religiös-nationalistischen Ideologie, ganz zu schweigen von den verbohrten Ultra-Orthodoxen. Man könne vom Vormarsch eines mosaischen Fundamentalismus sprechen, bedauert der Polizeioffizier. Bei den Knesset-Wahlen am 29. Mai 1996 sei der Vorhang des Tempels plötzlich zerrissen. Die orthodoxen Zionisten der »Mafdal«, einer Bewegung, die in chiliastischen Visionen befangen ist, hat neun Sitze erhalten, wovon sie drei den Siedlerstimmen in den besetzten Gebieten verdankt. Die bereits erwähnte Schas, deren religiöse Inbrunst sich offenbar mit finanziellen Machenschaften und mit Einflußschacher prächtig vereinbaren läßt, hat es im Verbund mit den »schwarzen Hüten« der Vereinigten Thora-Bewegung osteuropäischer, also aschkenasischer Provenienz zu einem Bündnis von vierzehn Abgeordneten gebracht. Diese neuen »Zeloten« seien in der Lage, jeden Kabinettsbeschluß zu blockieren. In den vergangenen Jahren waren ihre Splittergruppen zwischen dem rechten Likud-Block und der sozialistisch gefärbten Arbeiterpartei opportunistisch hin- und hergependelt.

»Israel wird zum psychologischen Bestandteil des Nahen Ostens und seiner politischen Unberechenbarkeit, ohne jedoch vom Nahen Osten akzeptiert zu werden«, stellt David fest. Netanjahu versuche dieser Situation durch List und – wenn nötig – Verschlagenheit zu begegnen. Aber die Hoffnung auf Frieden, die laut meinem Gesprächspartner real gewesen sei, schwindet zusehends. Nicht zum ersten Mal bin ich erstaunt über die Unverblümtheit, mit der selbst hohe Beamte Israels, darunter mehrere Botschafter, ihre eigene Regierung kritisieren, ja in Bausch und Bogen verwerfen. Überparteiliche Loyalität zum jeweils gewählten Ministerpräsidenten scheint kaum vorhanden zu sein. David Ben Ruben ist über das Scheitern der Verhandlungen mit Syrien besonders empört. Alles sollte dort präzis nach dem Präzedenzfall Sinai ablaufen, und auch die lebenswichtige Frage der Wasserverteilung – ob diese Irrigation sich nun aus dem Jordan, dem Yarmuk, dem Litani, den Zuflüssen des Hermon oder der Hügel Samarias speist – sei praktisch geregelt gewesen. Notfalls hätten Aquädukte aus der Türkei die Lücken geschlossen. Als ich einigen Zweifel an soviel Zuversicht anmelde, entgegnet David heftig: »Die Araber, insbesondere die Palästinenser, können sich Vertragsverletzungen überhaupt nicht leisten. In fünf Minuten wären unsere F-15-Bomber zur Stelle und hätten die Wortbrüchigen zur Räson gebracht.« Das klingt dennoch etwas anmaßend angesichts der Erfahrungen der Intifada, der der Friedens-Nobelpreisträger Itzhak Rabin anfangs »die Knochen brechen wollte« und mit der er in vier endlosen Jahren des Aufruhrs nicht fertig wurde.

David wirkt zutiefst verärgert. Die jüngsten Bomben-Attentate seien von den persischen Mullahs angestiftet worden, aber eindeutige Beweise dafür liegen nicht vor. Bedenklicher sei die Feststellung, daß der islamische Fundamentalismus zusehends die Palestinian Authority Arafats und die Fatah-Bewegung durchdringe. Anfangs habe die Zusammenarbeit zwischen den israelischen und palästinensischen Sicherheitsorganen beim Aufspüren von Terroristen von Hamas oder »Dschihad-el-Islami« erstaunlich gut funktioniert. Aber auf der Gegenseite komme wachsende Renitenz auf. Die offizielle Palästinenser-Polizei habe zunehmend Angst, in den Ruf von Kollaborateuren des Zionismus zu geraten.

Ein »Comeback« des überrundeten Sozialisten Shimon Peres könne er sich nicht vorstellen, auch wenn der sich plötzlich als Partner einer großen Koalition anböte. Falls es zum »Bibi-Gate« komme, sei eine solche Konstellation ohnehin ausgeschlossen. »Nein, Peres tanzt seinen letzten Tango«, sagt der Polizeioffizier frei heraus. »Die Hoffnungen der Arbeiterpartei richten sich jetzt auf ihre neue Galionsfigur, den robusten General Barak.« Immer wieder kommen wir auf den Verlust des Judenstaates an Okzidentalität und Demokratie zu sprechen. Seit die »Aliya« aus den Nachfolgestaaten der Sowjetunion gewaltig anschwoll, hat sich diese Tendenz noch verstärkt. Angeblich sind 800 000 »Russen« eingewandert, von denen etwa 200 000 sich die Bescheinigung ihrer Zugehörigkeit zum mosaischen Bekenntnis durch Bestechung der Behörden ihres Ausreiselandes beschafft hätten. Diese Neubürger aus der Sowjetunion haben sich unter Anleitung des einst im Westen hochgefeierten Dissidenten und Kybernetikers Nathan Scharanski in einer gesonderten Einwanderer-Partei »Israel B'Aliya« organisiert und verstärken gemeinsam mit den Orientalen die Hinwendung zu einer intoleranten und erratischen Repressionspolitik gegenüber den Arabern. Eine seltsame Parallelität habe sich also zwischen den Zeloten der Thora und den Eiferern des Korans herausgebildet. Die verfeindeten Söhne Abrahams glichen sich häufig bis ins Detail: Man versuche auf beiden Seiten die Rückwendung zu archaischen Glaubensritualen und zur Theokratie mit dem Erwerb oder dem Ausbau modernster Hypertechnologie zu kombinieren. Das verheiße nichts Gutes.

»Schon büßen wir Juden Ansehen und Prestige in den USA ein«, zürnt David. »Washington ist nicht mehr einseitig auf den Nahen Osten fixiert, wie sich unsere Nabelbeschauer das immer noch einbilden. Die finanzielle Unterstützung der jüdischen Diaspora, gerade der reichsten Milliardäre aus USA und Australien, fließt in die Kriegskasse der religiösen Extremisten.« In Israel nehme unterdessen das Auswuchern von Clan- und Klientelwesen levantinischen Zuschnitts rapide zu. »A house divided«, seufzt Ben Ruben, »so heißt es schon im Neuen Testament der Christen«, als »gespaltenes Haus« präsentiere sich heute der Staat Israel.

*

Am Vorabend des Sabbat bin ich ohne präzises Ziel durch die Jerusalemer Altstadt geschlendert. An diesem klaren, empfindlich kühlen Tag habe ich das Jaffa-Tor und das Armenische Viertel hinter mir gelassen. Ohne es recht zu merken, gerate ich in das historische Judenviertel der Stadt Davids. Nach der Vertreibung der hier alteingesessenen frommen Hebräer, die um den Verlust ihres Tempels trauerten, war das enge Gassengewirr 1948 von den Jordaniern dem Erdboden gleichgemacht worden. Nach dem Sieg von 1967 hat sich der zionistische Staat dieses verlorenen Herzstücks des Judaismus liebevoll angenommen und unter großem finanziellem Aufwand dessen Rekonstruktion eingeleitet. Die Architekten haben hier eine beachtliche Leistung erbracht. Harmonisch, fast luxuriös ist dieses Wohnviertel der Frommen wiedererstanden und bietet mit den einfallsreichen Häuserfronten aus löwenfarbigem Kalkstein ein harmonisches Ensemble.

Um so befremdlicher erscheinen die Menschen, die sich zu dieser Anbruchstunde des Sabbat aus den eleganten Portalen lösen. Sie reden kaum miteinander und bewegen sich, als zöge sie ein Magnet in südwestliche Richtung. Die Männer sind ganz in Schwarz gekleidet. Nur ein Außenseiter präsentiert sich wie ein Engel von Kopf bis Fuß in makellosem Weiß. Die meisten dieser »Haredim« haben Vollbart und die typischen Schläfenlocken, die Papilloten, die manchmal bis auf die Schultern fallen. Die insgesamt einheitliche Tracht schließt Extravaganz nicht aus. Vor allem die Kopfbedeckungen variieren. Der breitkrempige »Hirtenhut«, wie ihn früher einmal die katholischen Priester trugen, ist weit verbreitet. Kreisrunde Pelz-Schapkas werden mit besonderem Stolz getragen. Die überlieferten Kaftane sind oft mit Troddeln geschmückt, die an den Hüften baumeln. Beim Anblick der Pelzhüte drängen sich Assoziationen mit Zentral-Asien und dessen Tatarenstämmen auf. Die Gesichter dieser Frommen zeichnen sich meist durch ihre bleiche, fast anämische Tönung aus, und ihr Haar ist oft rötlich gefärbt. Die dicken Brillengläser zeugen von angestrengtem, pausenlosem Thora- und Talmud-Studium.

Die Frauen haben weite Gewänder um sich geschlungen, die den Körper vom Hals bis zu den Knöcheln verhüllen und keine Ahnung femininen Reizes aufkommen lassen. Die Antlitze sind unverschleiert und von ähnlicher Blässe gezeichnet wie die der Männer. Jede Spur von Schminke, Make-up oder Mode ist offenbar verpönt. Den Kopf tragen diese Jüdinnen, die der Vorschrift des »Scheitel« treu geblieben sind, sittsam verdeckt. Mehrere haben groteske Rundhüte mit aufgeworfener Krempe auf dem Haupt, andere den Schädel mit einem dichten Netz umschlungen. Für die Stoffauswahl haben sie trübe, ja häßliche Farben ausgesucht. Gemessen an dieser Vermummung erscheint der iranische Tschador beinahe erträglich. Die Einwohner des alten Judenviertels von Jerusalem sind stets von einer dichten Schar Kinder umgeben, die die rituellen Kleidersitten ihrer Eltern bereits eifrig nachahmen. Die verheirateten, jüngeren Frauen sind – falls sie nicht gerade einen Säugling auf dem Arm tragen – ausnahmslos schwanger. Die laizistischen Israeli haben nur Spott übrig für diese streng religiösen Familien, bei denen die Zahl der direkten Nachkommenschaft zwischen zehn und fünfzehn schwankt. »Da sie kein Fernsehen einschalten dürfen und jeder weltlichen Vergnügung aus dem Weg gehen, bleibt ihnen wohl nur die Freude der Zeugung«, mäkeln die Lästerer. Aber beim Anblick dieser in sich gekehrten Gemeinde kommt der Verdacht auf, daß sogar die Fortpflanzung von ihnen eher als eine heilige Pflicht denn als Fleischeslust empfunden wird. Jedenfalls sind wir weit entfernt von jener sinnlichen, erotischen Trunkenheit, die aus so manchen Versen des »Hohenliedes« klingt.

Eine prächtige Marmortreppe führt zu religiösen Stiftungen, auf deren Front in hohen, oft goldenen Lettern die Namen großzügiger Spender verewigt sind. Der Nazarener Jesus kannte seine Landsleute wohl recht gut, als er die Forderung erhob, »die linke Hand solle nicht wissen, was die rechte tut«. Mir fällt ein besonders imposantes Gebäude der »Lubawitsch-Sekte« auf, eine exzentrische, finanzstarke Gruppe, die in New York erheblichen Einfluß ausübt und deren Gründer sich am Ende angeblich für den Messias hielt. Von der Erhöhung des Lubawitsch-Hauses fällt der Blick auf den Ölberg und das Kidron-Tal mit seiner Ansammlung hebräischer Gräber. An dieser Mulde, »Yehoshapat – Gott wird richten« genannt, soll das letzte Urteil über die Menschheit gefällt werden. In die Süd-Ost-Flanke der Festungsmauer ist auch das vermauerte Tor eingelassen, durch das der Messias am Tage seiner Parusie in die Stadt Davids einziehen soll.

Dem anschwellenden Strom der Gläubigen folgend, bin ich in Sichtweite der Klagemauer angelangt. Eine Schleuse sichert den Zugang, und ich werde von israelischen Polizisten nach Waffen abgetastet. Der Vorplatz des Tempels hat sich bereits mit einer einheitlich schwarzen Menschenmasse gefüllt. Es muß sich überwiegend um ultra-orthodoxe, chassidische Juden handeln, die unter der heutigen Bezeichnung als »Haredim«, als Gottesfürchtige, auftreten. Die älteren Männer, darunter eindrucksvolle Patriarchengestalten, sind unmittelbar bis an die eigentlichen Felsquadern des herodianischen Sakralbaus herangetreten, um – in ständig wippender Bewegung – ihr Zwiegespräch mit Jahwe zu führen. Da liegt nun das Allerheiligste, die Heimstätte, die der Gott der Heerscharen für die Verehrung der Bundeslade vor 3 000 Jahren ausgesucht hatte, in unmittelbarer Reichweite der Frommen. Aber eine Verfügung der israelischen Regierung und auch die Furcht, durch unbefugtes Betreten des geweihten Bodens Frevel auf sich zu laden, halten die »Haredim« davon ab, die Triumphbauten des erobernden Islam – den Felsendom, Stätte des abrahamitischen Opfers, und die koranische »Himmelsleiter«, die »Musjid-el-Aqsa« – durch den Bau eines neuen jüdischen Sanktuariums zu ersetzen.

Aus den Reihen der Betenden klingen die beschwörenden Rufe bis zu dem kleinen Grashügel, auf den ich geklettert bin, um gemeinsam mit diversen Touristengruppen und ein paar weltlich orientierten Juden die kultische Übung zu überblicken. Blau uniformierte Wächter achten darauf, daß nicht photographiert wird. Das Schauspiel vor der Klagemauer wirkt zutiefst verwirrend. Einzelne Beter haben sich vor Pulten ausgerichtet, auf denen der Pentateuch aufgeschlagen ist. Die Frauen werden von den Männern durch einen häßlichen Lattenzaun getrennt, verrichten teilweise ein ähnliches Ritual oder sitzen lässig auf Stühlen, um das Treiben ihrer Väter und Gatten zu beobachten. In gedrängten Reihen, aber in gebührendem Abstand von der Mauer und den Ältesten rotten sich junge Männer zusammen. Auch sie sind ganz in Schwarz gekleidet, tragen aber nur die Rundkappe, die Kipa, auf dem Hinterkopf. Von den Jungen geht ein rhythmischer Gesang aus, schallt ein altertümlicher, martialischer Chor. Das tönt ganz anders als die ergreifenden, melodischen Kantor-Hymnen der Synagogen. Nach einer Weile bilden diese »Yeshiva-Schüler« einen Kreis und beginnen zu tanzen. Doch das ist kein fröhlich ausgelassener Reigen, keine fröhlich verzückte Anrufung des Herrn, wie sie angeblich die Chassidim in ihren osteuropäischen Ghettos einst praktizierten, um dem schrecklichen Elend ihres Alltags, um der lockenden Assimilierung an die sündige, verführerische Umgebung der Christen und der Gottlosen zu trotzen. In Paris – bei einer jüdischen Großkundgebung, die in Gegenwart François Mitterrands unter dem Motto »vingt-quatre heures pour Israël« stattfand und die wir filmten, war es fröhlich und zugleich ekstatisch zugegangen bei den wirbelnden Bühnendarbietungen, an denen auch Mädchen teilnahmen. Ähnlich überschwenglich und heiter ist die Chagallsche Welt der Chassidim ja auch in verschiedenen amerikanischen Filmen dargestellt worden, die die armselige Existenz der »schtetel« Galiziens idyllisch verklären.

An diesem Vorabend des Sabbat in Jerusalem bewegen sich die Tänzer in trippelnden Schritten. Ihnen fehlt jeder Überschwang. Ein tiefer Ernst, ja eine ergreifende Traurigkeit liegt auf den jungen Gesichtern, die, von den Papilloten eingerahmt, archaisch und furchtgebietend wirken. »Da sind sie, unsere eigenen Ayatollahs«, sagt eine westlich emanzipierte Jüdin aus den USA, die eben daran gehindert worden ist, ihre Kamera zu zücken. »I am a Jewish believer myself«, fügt sie hinzu, »but look at these people: only a mother could love them.« Es ist nicht die einzige Beschwerde dieser Art, die ich von aufgeklärten Israeliten zu hören bekomme. Gerade die engagierten Zionisten empören sich über die Selbstgerechtigkeit der »Haredim«: »Da genießen sie den Schutz des jüdischen Staates, aber akzeptieren wollen sie ihn nicht. Sie verweigern den Wehrdienst und oft sogar die Steuern. Ihr ganzes Leben lang verbringen sie mit Gebeten, mit theologischen Spitzfindigkeiten der Talmud-Auslegung und werden für diese Absage an jede produktive Tätigkeit auch noch vom Staat subventioniert. In den Vierteln, wo sie die Mehrheit bilden, gehen die ›Gottesfürchtigen‹ am gebotenen Ruhetag mit Steinwürfen gegen Autofahrer vor. Am Sabbat bestehen sie sogar darauf, die zentrale Bar-Ilan-Straße für jeden Verkehr zu sperren. Sie betrachten sich als unsere neuen ›Leviten‹, die ihr Leben ausschließlich damit verbringen, Jahwe zu dienen, seine geheimsten Ratschlüsse zu ergründen und auf den Messias zu warten. In Wirklichkeit sind sie in einer sterilen Rabulistik erstarrt und wollen den perfekten Gottesstaat. An ihrem Rigorismus gemessen, sind die islamischen Fundamentalisten Männer der zupackenden Tat, des sozialen Engagements, ja notfalls des freudig akzeptierten Märtyrertodes.« Ich fasse hier nur ein paar Äußerungen zusammen, die ich aus jüdischem Munde vernommen hatte. Für besondere Irritation sorgen die Haredim, wenn sie sich – allen ihren antizionistischen Bekenntnissen zum Trotz – mit diversen religiösen Splittergruppen am politischen Leben Israels höchst aktiv beteiligen und als Mehrheitsbeschaffer sämtliche Regierungen unter Druck setzen.

Die Religiösen sind unbestreitbar auf dem Vormarsch. Sie haben Jerusalem, das auch in den frühen Jahren Israels nie eine frivole Stadt war, unter die Strenge der rabbinischen Aufsicht gestellt. Sie verweisen darauf, daß der demokratische jüdische Staat über keine Verfassung, es sei denn die Thora, verfügt, daß neben juristischen Anleihen beim britischen Mandatssystem, ja beim längst verblichenen Osmanischen Reich, die vom Talmud geprägte Rechtsprechung der »Halacha«, vor allem in Fragen des Zivilrechts, weiterhin maßgebend ist und den Alltag nachhaltig bestimmt. Gewiß, so räumen die Anhänger der säkularen Staatsidee ein, die auf die Trennung von Staat und Religion pochen, habe bei der zunehmenden Schar der »National-Religiösen« eine bemerkenswerte Umkehr stattgefunden: Im Zeichen eines neu interpretierten, auf territoriale Expansion ausgerichteten Zionismus hätten sich diese Zeloten mit der Gründung Ben Gurions abgefunden, ja sich zu glühenden Vorkämpfern von »Groß-Israel« bekehrt. Dabei hätten sie auch die Waffe zur Hand genommen. Eine solche Wende sei erst möglich gewesen, nachdem im Sechs-Tage-Krieg die hebräischen Stammlande Judäa und Samaria dem Judenstaat strategisch einverleibt wurden. Deshalb kommt aber auch für diese militanten Eiferer ein territorialer Verzicht auf das von Gott verheißene Kanaan überhaupt nicht in Betracht.

Wie sich denn die heranwachsenden Haredim gegenüber dem Militär verhielten, hatte ich einen Fallschirm-Offizier gefragt. Schon das absurde Festhalten vieler Yeshiva-Schüler an der polnischen Bürgertracht des 17. und 18. Jahrhunderts – knielange Bundhose, weiße Strümpfe, Schnallenschuhe, dazu der Krempenhut – erscheint als demonstrative Absage an jede Wehrtüchtigkeit. In bibeltreuer Ablehnung der wilden Kraft des Jägers Esau, der auf sein Erstgeburtsrecht verzichtete – so schreibt auch der ehemalige Außenminister Abba Eban –, habe sich bei den neuen Leviten wohl auch ein Mangel an körperlicher Robustheit eingestellt. »Viele von ihnen möchten wir bei Zahal gar nicht haben«, hatte mir der breitschultrige Hauptmann mit dem dunkelroten Barett ärgerlich geantwortet; »aber bedrohlich stimmt es schon, daß die Wehrdienstverweigerer aus religiösen Gründen, die anfangs im Staat Israel nur eine verschwindende Minderheit bildeten, inzwischen auf fünf bis sieben Prozent der Musterungsanwärter angewachsen sind.«

Der Abend senkt sich über Jerusalem. Die Yeshiva-Studenten – »unsere Taleban«, wie sie ein wütender Professor in Tel Aviv unter Hinweis auf die »Koranschüler« Afghanistans genannt hat – bilden eine VGiererkolonne und ziehen singend auf eine Synagoge des Judenviertels zu. Dabei legen sie einander die Arme auf die Schultern. Die fromme Gemeinde vor der Klagemauer löst sich nach und nach auf. Von der El-Aqsa-Moschee hallt der Ruf des Muezzin »Allahu akbar« und dann folgt die Schahada: »Ich bekenne, daß es keinen Gott gibt außer Gott; ich bekenne, daß Mohammed der Prophet Gottes ist.« Was die Meinungsmacher, was viele Meinungsmanipulierer im Medien-Konsens ihrer »political correctness« nie wahrhaben wollen, hier konkretisiert es sich zur greifbaren Wirklichkeit. Es geht auf den Hügeln von Judäa nicht nur um den Besitz von Boden und Wasser, ja nicht einmal um Krieg und Frieden. Hier wird zwischen den beiden semitischen Trägern der Verheißung um die Gunst Gottes gerungen. In der Stadt Davids, anders gesagt, in »El Quds«, ist das Sakrale zu Stein geworden. Die Frage stellt sich heute schon, wie lange es dauern kann, ehe das anschwellende Lager der israelischen Zeloten sich der Mahnungen des Propheten Zacharias entsinnt und deren Einlösung fordert: »Also hat der Herr der Heerscharen gesprochen: Ich bin von großem Eifer für Jerusalem und Zion erfüllt … Ich habe mich Jerusalem voll Erbarmen wieder zugewandt. Mein Tempel soll dort wieder aufgebaut werden, denn der Herr wird Zion aufs neue trösten und Jerusalem wieder erwählen.«

*

Ich hatte eine Reportage aus dem Jahre 1951 in mein Reisegepäck gesteckt. Es lohnt sich, diesen verstaubten Text heute noch einmal zur Hand zu nehmen. Die fundamentalen Probleme des Judenstaates sind dort von Anfang an zu erkennen.

Ich beschrieb damals aus Tel Aviv die euphorische Aufbruchstimmung drei Jahre nach der Proklamation Israels. Ausführlich zitiere ich da die Begegnung mit dem damaligen Korrespondenten der »Agence France Press«. Die französische Botschaft hatte mir die Bekanntschaft des Kollegen Chaim vermittelt, mit dem ich mich schnell anfreundete. »Chaim stammte aus Lemberg, hieß ursprünglich Leo und hatte zur Zeit der Weimarer Republik als Journalist in Berlin, dann in Paris gearbeitet«, so begann ich das Porträt, das ich hier wiedergebe. »Auf abenteuerlichen Fluchtwegen war Leo der Vernichtung entkommen.

Nach seiner Ankunft im britischen Mandatsgebiet Palästina hatte ihn eine schwere Lähmung befallen, und er bewegte sich nur noch im Rollstuhl. ›Irgendwie bin ich symptomatisch für meine Generation, für das Volk des Exodus‹, scherzte er ohne Bitterkeit. ›Auf meinem Rollstuhl fühle ich mich wie Moses auf dem Berg Nebo. Ich sehe das Gelobte Land, aber ich nehme keinen wirklichen, tätigen Anteil mehr an ihm. Schauen Sie sich jedoch meinen achtjährigen Sohn an. Er ist ein echter ›Sabra‹, er ist gesund und unkompliziert. Der ist unbelastet von der tausendjährigen Demütigung des Ghettos. Was hat es mir genützt, daß ich mich den Europäern, den Gojim, assimilieren wollte, daß ich an die Aufklärung, die Menschenrechte, den Sozialismus, das Weltbürgertum glaubte? Ich habe alle ihre Sprachen gesprochen – Deutsch, Polnisch, Russisch, Französisch, Englisch. Mein Sohn lernt nur noch Hebräisch. Er soll ein israelischer Nationalist sein und nichts anderes mehr.‹

»In Wirklichkeit war Chaim ein nuancierter und skeptischer Intellektueller geblieben. Er war sich des unglaublichen Unterfangens wohl bewußt, an dieser Küste Asiens aus dem Nichts einen Staat zu schaffen. ›Ich bin kein Zionist gewesen‹, fuhr Chaim fort. ›Ich habe diese Bewegung der Rückwanderung seinerzeit als utopisch und romantisch abgelehnt. Ich fühlte mich der deutschen Kultur verbunden. Die antisemitischen Pogrome der Zaren in der Ukraine gingen mich nicht unmittelbar an, und die Dreyfus-Affäre in Frankreich, die Theodor Herzl zum Judenstaat bekehrte, war für mich ein hysterischer Anfall französischer Chauvinisten. Hitler hat uns den Zionismus eingebleut. Er hat uns keine Wahl gelassen. Er hat die Befürworter der jüdischen Anpassung an die Gastvölker Europas wieder in ihre uralte mosaische Identität zurückgestoßen.‹

»Chaim war sich durchaus bewußt, daß die deutsche Wandervogel-Bewegung, daß sogar die völkisch-germanischen Hirngespinste im moribunden Habsburger-Reich die zionistische Rückbesinnung zutiefst beeinflußt hatten. ›Ein Jude sei unfähig zur Landwirtschaft, hat man uns unterstellt. Jetzt haben wir einen Staat von Wehrbauern geschaffen und machen die Wüste urbar wie niemand vor uns. Die Juden seien untauglich für den Kriegsdienst. Jetzt sind wir dabei, die beste Armee des Orients, ja der ganzen Welt aufzustellen. Wir bauen eine Luftwaffe und eine Marine auf. Sie müssen die amerikanischen Juden beobachten, wenn sie uns besuchen kommen, wenn sie sich darüber begeistern, daß es hier nicht nur israelische Kaufleute, Anwälte und Ärzte gibt, sondern daß wir eigene Industriezweige entwickelt haben.

Unsere Kinder haben Abschied genommen vom Kosmopolitismus, und wenn man uns im Westen plötzlich vorwirft, wir – die Opfer des Hitlerschen Holocaust – hätten uns zum ›Blut-und-Boden-Mythos‹ bekehrt, dann kümmert uns das nicht.‹

»Natürlich war Chaim, als er noch Leo hieß, Freidenker gewesen. Die orthodoxen Juden von Mea Shearim, die den Staat Israel ablehnten, weil sie die wirkliche Befreiung ihres Volkes von der Rückkehr des Messias erwarten, waren ihm ein Greuel. Dennoch machte ihm die religiöse Frage zu schaffen. Nicht die Identität der Rasse und des Blutes habe Israel zusammengehalten in den Jahrtausenden der Zerstreuung, sondern der mosaische Pentateuch und der Glaube an die göttliche Auserwähltheit. ›Ob wir es wollen oder nicht, wir sind ein Gottesstaat. Israeli kann nur sein, wer Jude ist. Deshalb bilden wir eine ganz besondere Gemeinschaft. Sogar den überlieferten Namen des Landes, in dem wir uns niedergelassen haben, suchen wir möglichst totzuschweigen, denn Palästina, auf arabisch ›Filistin‹, ist nach unseren biblischen Erzfeinden, den Philistern, benannt. Wir haben – rein äußerlich – alle angeblichen Tugenden, die exklusiven Eigenschaften der Arier übernommen und übersteigert. Am Ende steht jedoch unser unlösbarer Bund mit dem wahrhaftigen Gott.‹«

Ich vermied es damals tunlichst, eine andere Parallele zu erwähnen, das Buch des Schriftstellers Hans Grimm »Volk ohne Raum«, das die Besiedlung Deutsch-Südwestafrikas durch germanische Einwanderer idealisierte. »Das deutsche Volk braucht Sonne und Raum, um gut und schön zu werden«, hatte der von den Nationalsozialisten geschätzte Autor in Anlehnung an den altgriechischen Begriff »kalokagathos« phantasiert. In einem Punkt hatten Chaim und ich schnell übereingestimmt. Der grundlegende Irrtum Theodor Herzls, als er sein Manifest »Der Judenstaat« veröffentlichte, lag in der Behauptung, »ein Volk ohne Land nehme in Palästina ein Land ohne Volk« in Besitz. Der Wiener Journalist Herzl hatte die Realität einer alteingesessenen, überwiegend semitischen, aber keineswegs hebräischen Ur-Rasse ignoriert, die sich sprachlich und kulturell zum Arabismus bekannte und in ihrer Erbmasse das Blut der Kanaaniter, Amalekiter, Idumäer, Philister, Phönizier, Amoriter und anderer vereinte. Die Illusion, mit diesen entfremdeten und rückständigen »Vettern« dennoch in Harmonie koexistieren zu können, bestand schon, als die ersten Zionisten den Boden Palästinas aufkauften und dessen Wasser für sich abzweigten. Sie ist bis auf den heutigen Tag nicht erloschen.

Die Rückkehr des Propheten Ezra

Jerusalem, im Frühjahr 1997

Das Gespräch mit dem AFP-Korrespondenten Chaim findet an diesem kühlen Märzabend 1997 – mit 46 Jahren Abstand – eine fast nahtlose Fortsetzung und Abrundung. Ich habe mich im Hotel mit einem Antiquar verabredet, den ich vier Jahre zuvor in Jaffa kennengelernt und bei dem ich ein paar alexandrinische Münzen gekauft hatte. Schmuel mag etwa 80 Jahre alt sein. Der bärtige, umfassend gebildete Mann, der stets die Kipa trägt, sieht aus wie ein Jude aus dem Bilderbuch. Er ist stolz darauf, daß seine Familie aus der litauischen Fürstenstadt Wilna stammt, die vor dem Wüten der Mörderbanden Hitlers als »Jerusalem des Nordens« verehrt wurde. Sein Geschäft in Jaffa, wo neben archäologischen Funden auch neue kunstvolle Silberarbeiten ausgestellt waren, die das jüdische Leben von einst liebevoll und oft witzig darstellten, hat Schmuel irgendeinem Neffen vermacht. Nach reiflicher Überlegung ist er nach Jerusalem umgezogen, obwohl es ihm insgeheim graut vor der um sich greifenden Intoleranz der dortigen Orthodoxen und deren Selbstgerechtigkeit. »Wenn schon der Gauner Robert Maxwell sich im Kidron-Tal bei den Auserwählten pompös bestatten läßt, dann darf wohl auch ich die Nähe dieser geweihten Stätte suchen, ehe ich das Zeitliche segne«, bemerkt er bissig. Schmuel drängt darauf, das renommierte King David schleunigst zu verlassen. Er könne die Gesellschaft der reichen angereisten Glaubensgenossen aus den USA nicht ertragen, die als Touristen oder Geschäftsleute mit verbeulten Jogging-Anzügen und schlechten Manieren einen robusten »Sabra-Stil« imitieren. »Fink's Bar«, unser nächstes Ziel, ist wie stets ausgebucht. Dieses Lokal galt einmal als Oase einer nach Judäa verpflanzten mitteleuropäischen Gemütlichkeit. Hier fühlten die »Jeckes«, die aus Deutschland immigrierten Juden, sich am wohlsten und lauschten den Klängen der »alten Burschenherrlichkeit«. Obwohl der Gastwirt Fink aus Würzburg stammte, ist nach und nach eine Wiener Endzeitstimmung in dieser Kneipe aufgekommen, ein Hauch k.u.k.-Nostalgie, als wäre hier Joseph Roth zu Hause.

Schließlich suchen wir Schmuels neue Wohnung im Viertel Har Nof auf. Der Blick von seinem Balkon schweift weit über den Zionsberg. Was Schmuel an diesen aufwendigen Häuserblocks aus Naturstein mit den festungsähnlichen Grundmauern stört, ist die Nachbarschaft. Es sind meist streng religiöse Israeliten, die in diese Bollwerke eingewiesen wurden, und sie bestimmen den Lebensrhythmus. »Einen Sabra-Likör wollen Sie sicher nicht trinken, der ist Ihnen zu süß«, sagt der Antiquar, »und der Wein ist mir ausgegangen. Versuchen wir es doch mit dem alten traditionellen Arrak, den unsere arabischen Freunde so zu schätzen wußten, ehe sie zu den alkoholischen Abstinenzgeboten der Scharia zurückfanden. Auf allen Seiten kommt die religiöse Unduldsamkeit und Prüderie wieder auf.« Am Sabbat könne man in seiner Wohngegend froh sein, wenn die Straßen nicht durch irgendwelche »Spinner« blockiert würden. In manchen Autobuslinien Jerusalems würden die Geschlechter bereits getrennt. In dieser Beziehung stehe man Teheran keineswegs nach.

Helle Empörung regt sich bei den Liberalen vor allem über die Wiedereinführung der »Sabbat-Polizei«. Es handelt sich um »Religionswächter«, den »Mutawa« Saudi-Arabiens durchaus verwandt, die die Schließung aller Geschäfte zwischen Freitag und Samstag abend kontrollieren. Auf Anordnung des Innenministers, der der Schas-Partei angehört, werden die »Sabbat-Schänder« mit Strafzetteln belegt, deren Text angeblich mit den Worten beginnt: »Der Zuwiderhandelnde ist Jude ...« Das Groteske an dieser verschärften Anwendung des mosaischen Gesetzes besteht darin, daß die Kontrollen keinesfalls durch Juden durchgeführt werden dürfen, die ja ebenfalls zur Respektierung des Feiertages verpflichtet sind. Also greift man auf Araber zurück, meist Angehörige der Drusen-Sekte, wie sich überhaupt manch allzu strikte Talmud-Regelung nur mit Hilfe dieser »Schabbes Gojim« umgehen läßt. Das leicht abwertende Wort »Goj« gilt weiterhin für alle Nichtjuden. »Was soll ich mich aufregen?« fährt Schmuel mit lebhaften Handbewegungen fort. »Aber wenn Sie sehen, wie die neuen Zeloten von Jerusalem und die Laizisten, die Herodianer von Tel Aviv, aufeinander eindreschen – die Unterscheidung wurde übrigens von Arnold Toynbee definiert, noch ehe es den Staat Israel überhaupt gab –, dann kann einem angst und bange werden. Auf der einen Seite reden sie von Gotteslästerung, auf der anderen von theokratischem Obskurantismus.«

Tatsächlich hatte die Zeitung »Yediot Ahronot« im Dezember 1996 die bestürzenden Ergebnisse einer Meinungsumfrage veröffentlicht: 47 Prozent aller Israeli schlossen demnach einen religiös motivierten Bürgerkrieg unter Juden in den kommenden Jahren nicht aus. Wir schweigen eine Weile und widmen uns dem Genuß des kaum verwässerten Arrak, der auf leeren Magen doppelt wirkt. Ich betrachte die Ausgrabungsschätze, die Schmuel auf seinen Regalen angehäuft hat. Die phallischen Symbole der Kanaaniter, die suggestiven Rundungen ihrer Fruchtbarkeitsgöttinnen verweisen auf die ausschweifende Sexualität dieser heidnischen Urbevölkerung, die auch der Tempelprostitution huldigten. Die Richter und Propheten des auserwählten Volkes hatten die zum Sakralbrauch erhobene kollektive Unzucht der Unterworfenen oder feindlichen Fremdvölker im Gelobten Land mit dröhnenden Bannflüchen belegt und gegen jede Form von Hurerei gewettert. Die prüde Leibesfeindlichkeit der heutigen Haredim knüpft an die moralischen Verwünschungen an, die zum Teil in die vorbabylonische Ära zurückreichen.

Die skrupulösen Regeln und Verbote des Talmud wiederum, die von den neuen Leviten im schwarzen Kaftan ihr ganzes Leben lang kasuistisch untersucht werden, sind zwischen dem ersten und dem vierten Jahrhundert unserer Zeitrechnung ausgearbeitet worden und lassen sich – so erfahre ich an diesem Abend – in eine babylonische und eine palästinensische Niederschrift unterteilen. Da geht es natürlich nicht nur um die peinliche Anwendung restriktiver Ernährungsvorschriften. »Koscher« steht im Hebräischen gewissermaßen für das arabische Wort »halal«. Bei den Juden wie bei den Jüngern Mohammeds ist der Genuß von Schweinefleisch bekanntlich untersagt. Das Schächten, das Ausbluten der Schlachttiere, ist in beiden Konfessionen ein zwingendes Gebot. Darüber hinaus ist im Pentateuch der gleichzeitige Genuß von Fleisch und Milchprodukten kategorisch verboten, was die Gaumenfreuden außerordentlich reduziert. Dieser Regel entsprechend ist sogar der Genuß von Cheeseburgern verpönt. Der Siegeszug des Big Mac, der Moskau und Peking im Sturm eroberte, scheiterte in Judäa an einem Tabu, das vor rund 3500 Jahren in der Wüste des Sinai verhängt wurde. Zwar läßt das mosaische Gesetz den Genuß von Alkohol zu, im Gegensatz zum Koran, aber die schikanöse rabbinische Aufsicht hat den meisten Gastronomen das Verbleiben in Jerusalem verleidet. Ich erzähle Schmuel, wie ich bei »Kathy«, einer nordafrikanischen Jüdin, deren Speiselokal in den Reiseführern gelobt wird, als einziger Gast diniert hatte. Die wenigen Kunden, die sich präsentierten, traten den sofortigen Rückzug an, als die Wirtin auf ihre »nicht-koschere« Küche verwies.

Der Antiquar hegt die Befürchtung, daß die Zukunft des Judenstaates in den Bann einer unseligen fernen Vergangenheit geraten könnte. An diesem Abend bin ich an den richtigen Mentor, einen leidenschaftlichen Amateur-Historiker geraten, um meine recht spärlichen Kenntnisse des Alten Bundes zu erweitern und zu vertiefen. Die katholischen Patres, die mich im Alten Testament recht und schlecht unterwiesen hatten, interpretierten die nach-salomonische Epoche der Propheten und der Prüfungen lediglich als eine endlose Adventszeit, als sehnsüchtige Erwartung des Erlösers, und der hieß Jesus Christus. Von den innerjüdischen Zerwürfnissen und den verruchten Königinnen Jezabel und Athalie erfuhr ich allenfalls aus dem biblischen Bühnenstück Jean Racines.

»Ein weitverbreiteter Irrtum führt alles Unheil, das über Zion hereingebrochen ist, auf die Zerstörung des zweiten Tempels im Jahr 70 unserer Zeitrechnung durch den römischen Feldherrn und späteren Kaiser Titus zurück«, so doziert der alte Jude aus Wilna. »In Wirklichkeit hat die Kalamität fast tausend Jahre früher begonnen. Hatte der Kriegsheld und König David noch in unentwegten Feldzügen die zwölf Stämme Israels geeint, das Patriarchengrab von Hebron unter jüdische Kontrolle gebracht und Zion erobert, wo er die Bundeslade mit den mosaischen Gesetzestafeln von den Leviten bewachen ließ, so ist sein Sohn Salomo als Friedensfürst, als Baumeister, als geschickter Bündnispolitiker in die biblische Chronik eingegangen. Vor allem hatte Salomo, dessen Schiffe vom Rot-Meer-Hafen Eilath aus bis zum äthiopischen Osthorn Afrikas segelten, den ersten jüdischen Tempel gebaut. Er verlieh dem strategisch gelegenen Flecken ›Jeruschalaim‹ eine religiöse Weihe, mit der sich keine andere Ortschaft messen konnte.«

Nur runde 90 Jahre hat die Herrlichkeit Davids und Salomos gedauert. Aus ihr nährt sich der Stolz der Hebräer bis auf den heutigen Tag. Da vollzog sich auch schon um 920 vor Christus ein blutiger Spaltungsprozeß, an dessen Folgen – so seltsam es klingt – der zeitgenössische zionistische Staat in seinem innersten Wesen immer noch krankt. Die Todfeindschaft zwischen den beiden Erben Salomos, Rehabeam und Jerobeam, kulminierte in der Gründung zweier rivalisierender Königreiche. Auf der einen Seite schlossen sich die zehn Stämme, überwiegend in Samaria und Galiläa siedelnd, unter Jerobeam zum Bund »Israel« zusammen, während die sich schon damals durch religiöse Strenge auszeichnenden Angehörigen des Stammes Juda, gemeinsam mit dem kleinsten Stamm Benjamin, im Umkreis der Stadt Davids und des salomonischen Tempels ihren eigenen Gottesstaat und Rehabeam zu ihrem König, »Melech«, ausriefen. Diese mythische Rivalität zwischen »Israel« und »Juda« spiegelt sich auf krasse Weise in den Zerwürfnissen unserer Tage und wurde unlängst im Tel Aviver Nationaltheater »Habimah« zusätzlich aktualisiert. In dem Bühnenstück »Am grausamsten ist der König« wird das postsalomonische Blutbad unter den beiden Thronanwärtern und ihrer jeweiligen Kamarilla so blasphemisch und gegenwartsbezogen inszeniert, daß ein früherer sephardischer Oberrabbiner, Wortführer der extrem religiösen Schas-Partei, die Hinrichtung der lästerlichen Schauspielertruppe verlangte.

Es ist faszinierend zu verfolgen, wie die ideologisch-konfessionelle Konfrontation zwischen »Juda« und »Israel«, zwischen den unerbittlichen, unverzagten Jüngern von Thora und Talmud einerseits und den Befürwortern einer säkular ausgerichteten Zeitanpassung des Judentums andererseits, fast drei Jahrtausende lang das zentrale Thema für einen leidenschaftlichen Dissens hergab. Von Anfang an geriet Samaria, anders gesagt das Stammland »Israels«, in den Verdacht, den Baal-Kult der besiegten Kanaaniter zu dulden, ja zu übernehmen. Samaria wurde zum Symbol eines schrittweisen Abfalls vom einzigen Gott, während Juda sich auf seinem winzigen Süd-Territorium als Garant und Wächter der wahren Glaubensreinheit bewährte. Diese Zeit der Wirren hat fast vier Jahrhunderte gedauert und wurde von den zornigen Klagerufen der Propheten begleitet. Da brach aus Osten das große Unglück über das Judenvolk herein. Erst überrannten die Heerscharen des babylonischen Großkönigs Nebukadnezar das in jeder Hinsicht erschlaffte Samaria, setzten dem Königreich Israel ein Ende und versklavten dessen Bevölkerung. Im Jahr 587 vor der Zeitenwende suchte die Katastrophe auch das fromme Kernland Juda heim. Die heidnischen Eroberer aus Mesopotamien erstürmten die Mauern von Jerusalem. Sie zerstörten und plünderten den Tempel Salomos. Auch diese gottergebenen Hebräer wurden nun nach Babylon in die Verbannung verschleppt. Der erste und absolute Tiefpunkt der biblischen Geschichte war erreicht.

Die babylonische Gefangenschaft hat das Judentum bis auf den heutigen Tag gezeichnet. Das Exil der Kinder Israels an den Ufern von

Euphrat und Tigris hat zwei religiöse Wesenszüge hinterlassen, die nie mehr ausgelöscht wurden. Zum einen blieb die brennende, oft utopisch wirkende Sehnsucht wach, ins Gelobte Land heimzukehren und den Boden der Väter zurückzugewinnen. Zum anderen kristallisierte sich die verzweifelte Bemühung, das auserwählte Volk – soweit es verstreut lebte – in seinem Glauben an den einzigen Gott von aller heidnischen Götzendienerei reinzuhalten und über seine Homogenität zu wachen. Dazu gab es bei einer Lehre, die ex origine tribalistisch ausgerichtet war und sich niemals für die Missionierung Andersgläubiger interessiert hatte, nur einen Weg: den der Abkapselung sowohl im geistlichen wie im räumlichen Sinne. Das kultische Ritual wurde immer strenger und komplizierter. Es zwang gewissermaßen die hebräischen Gemeinden zum engen Zusammenrücken in deutlich umrissenen Stadtvierteln.

Die Psalmen geben Auskunft über die Stimmung des geplagten Gottesvolkes. »An den Wassern von Babylon saßen wir und weinten, wenn wir Zions gedachten.« Die Klage war so eindringlich, daß sie zweitausend Jahre später die schwarzen Sklaven Nordamerikas zu ihren schönsten Negro-Spirituals inspirierte. Etwa fünfzig Jahre lang hatten die Juden unter der assyrischen Willkürherrschaft gelitten. Dann vernichtete der persische Großkönig Kyros über Nacht die Anmaßung Babylons und erlaubte den Juden die Rückkehr in ihre kanaanitische Heimat. Längst nicht alle Hebräer haben sich dieser »Aliya« angeschlossen. Von nun an sollte die Zahl jener Israeliten, die sich zwischen Zentralasien und Iberien in der Diaspora etablierten und es dort zu Ansehen wie Wohlstand brachten, größer sein als die der Heimkehrer, die sich unter dem Propheten Ezra zusammentaten, um in Zion einen neuen Tempel auf den Ruinen des salomonischen Heiligtums zu errichten. Das Land Samaria hatte sich unterdessen der wahren Offenbarung Jahwes entfremdet und in weiten Teilen dem Götzenkult ergeben. Nur in Juda, wo der Hohepriester und die Leviten über die Gesetzestreue des Volkes gewacht hatten, erhielt sich eine Burg kompromißlosen Glaubens. Im Jahr 517 vor der Zeitenwende wurde unter der Ägide Ezras der zweite Tempelbau begonnen.

Natürlich verläuft meine nächtliche Konversation mit dem Antiquar aus Jaffa nicht in Form eines strengen historischen Seminars. Wenn ich den fernen Zeitablauf dennoch in ein System einzuordnen versuche, so wegen seines brisanten Bezugs zur Gegenwart. Ohne diesen summarischen Rückblick lassen sich die derzeitigen Spannungen im Heiligen Land kaum erklären. Die persischen Großkönige – »Schah-in-Schah«, sagte man schon damals – waren recht milde Herrscher, zumindest was ihre kleine judäische Satrapie betraf. Ein totaler Umbruch entstand hingegen, als Alexander der Große zu seinem legendären Eroberungszug ansetzte und die Hegemonie der Achämeniden beiseite fegte. Hatte schon dem mazedonischen Kriegshelden eine Verschmelzung aller ihm unterworfenen Völkerschaften vorgeschwebt, so verstärkte sich nach seinem frühen Tod unter den Diadochen der fast unwiderstehliche Trend zur kulturellen Angleichung an den erblühten Hellenismus. Selbst das Imperium Romanum sollte ja dieser Versuchung in weiten Teilen erliegen. »Graecia capta ferum cepit victorem«, schrieb der lateinische Dichter.

Unter den Seleukiden, jener Diadochen-Dynastie, der das heutige Palästina zufiel, lief sogar das gestrenge Juda Gefahr, sich dem Hirten- und Wüstenglauben des Abraham und Moses zu entfremden. Die Hebräer fanden Gefallen an der griechischen Kultur und deren Lebensstil. Die Vorstellung von der Einzigartigkeit der jüdischen Berufung schien langsam dahinzudämmern oder zu einem orientalischen Kuriosum zu verkümmern. Erst als die letzte ägyptische Dynastie der Ptolemäer die Kontrolle über das Heilige Land an sich riß, als Antiochus IV. die Tempelschätze Jerusalems raubte und die jüdische Kultausübung verbot, schlug im Jahr 167 vor Christus die latente Aufsässigkeit der kleinen Leute in offene Revolte um. Was als ein Partisanenkampf der einfachen Landbevölkerung gegen die frevlerischen Fremdherren und die eigene assimilationswillige Oberschicht begonnen hatte, kulminierte unter Juda Makabi in der Rückeroberung Jerusalems 163 vor Christus und der Neueinweihung des Tempels, ein Ereignis, an das heute noch das jüdische Chanukka-Fest erinnert.

Doch der Verfall setzte bald wieder ein. Es läge nahe, auch den neu entbrennenden Sektenstreit zwischen Pharisäern und Sadduzäern – die Namen sind uns aus den Evangelien wohlvertraut – in das moderne Schema von Orthodoxen und Säkularen zu zwingen. So weit wollen wir jedoch die Bemühung um Kontinuität nicht treiben. Hingegen vollzog sich mit der Eingliederung des maroden Makkabäer- oder Hasmonäer-Regimes in das Imperium Romanum die entscheidende Wende. Die Römer verstanden sich auf Machtausübung. Mit ihrem Schützling Herodes beriefen sie einen energischen und grausamen Herrscher an die Spitze des brodelnden jüdischen Protektorats. Dieser idumäische König betätigte sich als Schrittmacher hellenistischer

Umerziehung, ließ in der Stadt Davids heidnische Spiele und Gladiatorenkämpfe veranstalten. Gleichzeitig förderte Herodes jedoch den prächtigen Ausbau des zweiten, bislang recht bescheidenen Tempels, um die Priesterkaste für sich zu gewinnen. Dieser Herrscher von Roms Gnaden entstammte dem Geschlechte der Idumäer, war also – der biblischen Legende zufolge – ein ferner Nachfahre jenes Abraham-Enkels Esau, dessen Bruder Jakob, später Israel genannt, sich das Recht der Erstgeburt für ein Linsengericht erschlich.

Zur Zeit des Herodes, so besagt die Heilige Schrift, wurde in einer Krippe zu Bethlehem der Sohn Gottes geboren. In den römischen Annalen ist kein Hinweis darauf zu finden, daß 33 Jahre später ein gewisser Jesus von Nazareth – »rex Iudaeorum« – am Kreuz gestorben sei. Ich verweise Schmuel darauf, daß der Koran zwar die Jungfrauenschaft Mariae bestätigt, den Martertod des Propheten Isa jedoch ausdrücklich verneint.

Die Folge ist bekannt: Die kollaborationswillige Partei unter den Juden, die man von nun an »Herodianer« nannte und in der überwiegend die gehobenen Stände vertreten waren, geriet unter den Druck einer fanatischen Volksbewegung religiöser Eiferer, der »Zeloten«, die nicht davor zurückschreckten, das Römische Reich herauszufordern. Flavius Josephus, der jüdische Chronist des »Jüdischen Krieges« – ursprünglich hatte er in Galiläa am Aufstand gegen die Römer teilgenommen –, hat uns eine präzise Schilderung dieser Tragödie hinterlassen. Im Jahr 70 nach Christus triumphierte der Feldherr Titus, Sohn des Kaisers Vespasian, über den letzten Widerstand der jüdischen Traditionalisten. Die Stadt Davids wurde unterjocht, der Tempel geschleift und seitdem nie wieder aufgebaut.

Ein letztes Mal zwischen 132 und 135 unserer Zeitrechnung kam es zum religiösen Aufbäumen der Eiferer unter Simon Bar-Kochba, dem »Sternensohn«. Die jüdischen Rebellen bemächtigten sich kurzfristig der umstrittenen Hauptstadt. Doch da marschierte die zehnte Legion des Sextus Severus aus Osten kommend in Judäa ein. Die Auslöschung jüdischer Präsenz im Heiligen Land war nunmehr besiegelt. Kein Hebräer durfte in Jerusalem verbleiben, das in Aelia Capitolina umbenannt wurde. Judäa hieß von nun an Palästina. Der Tempelberg wurde mit Salz bestreut. Lediglich der westliche Festungswall, die heutige Klagemauer, am Fuße des Moria-Hügels blieb übrig. Im nördlichen Galiläa hatte sich eine kleine Gemeinde frommer Talmudisten erhalten. Doch die Masse des Judentums wurde in alle Winde zerstreut. Es begann der schmerzliche, der endlose Irrweg durch Exil und Diaspora. Daß dennoch die Erinnerung an Jerusalem, die Klage um den zerstörten Tempel in der versprengten Gemeinschaft Jahwes überlebte, ja das jüdische Seelenleben mit einer an Besessenheit grenzenden Intensität durchdrang, kam einem Wunder gleich. Unermüdlich wurde in den Synagogen und Thora-Schulen rund um den Erdball der beschwörende Ruf des Psalmisten wiederholt: »Vergesse ich Dein, o Jerusalem, so verdorre meine Rechte. Meine Zunge soll an meinem Gaumen kleben, wenn ich Deiner nicht gedenke, wenn ich nicht lasse Jerusalem meine höchste Freude sein.«

*

Im März 1982 hatte ich Israel im Gefolge François Mitterrands besucht. Im Rückblick erscheint diese Episode recht aufschlußreich. Ich berichte dem Antiquar Schmuel ausführlich darüber. Zwischen dem französischen Gast und dem damaligen israelischen Ministerpräsidenten Menachem Begin war es zu unterschwelligen Irritationen gekommen. Das wurde schon beim feierlichen Staatsbankett im Festsaal des Parlaments spürbar. Begin gab den Ton an. Was ihm an Gefälligkeit der Gesichtszüge versagt blieb, ersetzte der israelische Regierungschef durch sorgfältige Kleidung, Handkuß und eine altmodische Courtoisie des Umgangs, die an Vorkriegs-Polen erinnerte. Aufgrund einer schweren Hüftverletzung war der Ministerpräsident im Rollstuhl an seinen Tisch unter den Wandteppichen Marc Chagalls mit den biblischen Motiven geschoben worden. Doch zur Willkommensrede erhob er sich, ließ sich dabei die Anstrengung und den Schmerz nicht anmerken. Begin drückte sich in fehlerfreiem Französisch aus, betonte die bekannten Positionen Israels ohne jede Konzession an seinen Gast, der in der vermeintlichen Rolle eines Vermittlers nach Jerusalem gekommen war. Das Wort »Palästinenser« wurde in dieser Ansprache ausgespart.

Mitterrand seinerseits brachte einen lyrischen, blumigen Toast aus. Es war darin die Rede von der fatalen Eile eines jeden Staatsbesuchs, von seinem Bedauern, »nicht wie ein Landmann behutsam über die Äcker schreiten zu können ...«, von »blühenden Bäumen, denen nicht genug Aufmerksamkeit geschenkt wird«. Die Journalisten lauschten diesen bukolischen Sprüchen mit einiger Skepsis. Sie spähten die Politiker des Judenstaates aus: Shimon Peres, den sozialistischen Oppositionsführer, der im Schatten Begins eine sympathische, aber schwache Figur abgab; Itzhak Shamir, der kleingewachsene Außenminister mit dichtem weißem Haar und Schnurrbart; man hätte ihm nie zugetraut, daß er beim Kampf gegen die englische Mandatsmacht jener gefürchteten »Stern-Gang« angehörte, die den UNO-Beauftragten Graf Bernadotte umgebracht hatte. Am häufigsten wurde der Verteidigungsminister Ariel Sharon photographiert, dem dieses stilisierte Getue im Knesset-Festsaal offenbar gleichgültig und lästig war. Ariel Sharon – Arik, wie ihn seine Freunde nennen – war im Gegensatz zu Begin nicht in der Diaspora geboren, sondern in Eretz Israel. Er war im Kibbutz aufgewachsen, bewirtschaftete jetzt eine staatliche Farm im Negev. Sehr bäuerliche Züge hafteten ihm an, und man sah dem untersetzten, dicken Mann die Kraft eines Stieres an. Die Berufspolitiker in Jerusalem blickten mit einiger Besorgnis auf diesen ungestümen Rivalen.

An den festlich gedeckten Tischen rivalisierten die polnischen Casino-Allüren Menachem Begins mit dem Literaten-Talent François Mitterrands. Madame Navon, die Frau des damaligen Staatspräsidenten, eine ehemalige Miss Israel, sonnte sich in ihrer Schönheit und Eleganz. Aber gleich nebenan, in der trüben Kantine, wo man die internationale Presse mit einem scheußlichen Selbstbedienungs-Buffet abfütterte, präsentierte sich eine sehr unterschiedliche Gesellschaft. Da boten die Polizisten und Sicherheitsbeamten, die Parlaments-Angestellten und Putzfrauen in brüderlichem, ungezwungenem, lautem, burschikosem Durcheinander ein ganz anderes Bild vom Judenstaat. Hier wurde die Egalität dieser Stammes-Gemeinschaft überbetont. Die rauhe Kibbutz-Pose, die nur für die wenigsten eine erlebte Wirklichkeit darstellte, vermischte sich mit galizischem Schlendrian. Während Begin und Mitterrand wohlgesetzte Reden austauschten, legten sich Staatsschützer und Reinemachefrauen zu einem Nickerchen auf die schäbigen Bänke. Die geladenen Journalisten – Elite aus aller Welt – standen sich die Beine in den Bauch. Als ein Pariser Korrespondent sich über diese mangelnde Rücksichtnahme in heftigem Ton beschwerte, wurde er von einer stämmigen Dolmetscherin zurechtgewiesen: »Schreien Sie mich nicht an; wir sind doch keine Freunde!«

»Wie kommen diese zahllosen Neueinwanderer mit der hebräischen Sprache zurecht?« hatte ich einen ortsansässigen deutschen Kollegen gefragt. Der lachte: »Es kommt nicht darauf an, daß sie das Ivrit korrekt sprechen, sondern schnell und laut, und daß sie die Schimpfworte beherrschen.« – Der gleichheitsbesessene Sozialismus der ersten Zionisten gab dem Judenstaat weiterhin das Gepräge. Die tatsächliche Differenzierung des Gesellschaftslebens vollzog sich überaus diskret. Man hielt hier offenbar nicht viel von jener schauspielerischen Noblesse, mit der die Araber demonstrativ ihre Gastlichkeit schmücken. Dafür war das jüdische Volk durch zu viele Feueröfen gegangen.

Am nächsten Vormittag schlug die Stunde der Wahrheit. Mitterrand blieb seinem Vorsatz treu, die Palästinenser-Frage in aller Deutlichkeit vorzutragen. Vor dem Hintergrund der mächtigen Quadersteine herodianischen oder gar salomonischen Ausmaßes, die über der Rednertribüne der Knesset lasten, bezeichnete der französische Staatspräsident die PLO als die reale Vertretung der Kämpfenden. Er bekannte sich zum Selbstbestimmungsrecht der Palästinenser, ja zu ihrem Anspruch, ein eigenes Staatswesen zu bauen. Doch es nützte dem Gast aus Paris wenig, daß er von Begin als »Freund Israels« belobigt wurde, daß er nach Präsident Carter aus den USA und Anwar-el-Sadat aus Ägypten als erster ausländischer Staatschef in diesem Rahmen auftrat – kein günstiges Omen übrigens –, und daß er aufgrund der zahlreichen und einflußreichen Juden in seiner engsten Umgebung von den Pariser Journalisten als »judéophile« bezeichnet wurde. Die flüchtige, frühe Bindung dieses schillernden Mannes an das Vichy-Regime des Marschall Pétain, die er selbst kurz vor seinem Tod in die öffentliche Debatte warf, war damals noch kein Thema.

Für Menachem Begin blieb die Organisation Yassir Arafats eine Vereinigung von Terroristen. Den Buchstaben L der PLO, der für »Liberation« steht, wollte er nicht gelten lassen. »Dieses Land ist längst befreit worden, als wir das britische Mandat abschüttelten«, beteuerte der Premierminister. Während der Ansprache Begins, die sich ausführlich mit der sowjetischen Bedrohung des Orients befaßte, sprang ein arabisch-christlicher Abgeordneter aus Nazareth, der Arzt Tewfik Tubi, auf, um sich gegen den systematischen Antisowjetismus und die antipalästinensische Hetze der Likud-Regierung zu verwahren. Tewfik Tubi konnte trotz mehrfacher Ansätze den Redefluß Begins nicht bremsen. Der Abgeordnete aus Nazareth gehörte der Kommunistischen Partei Israels, Rakah, an, und es war ein erschütterndes Zeichen, daß sich dieser soignierte, großbürgerliche Akademiker, der im griechisch-orthodoxen Glauben erzogen war, an den sowjetfreundlichen Marxismus klammerte wie an eine letzte Chance des Widerstandes gegen den zionistischen Herrschaftsanspruch von heute und – wer weiß! – gegen die radikale Re-Islamisierung seiner arabischen Landsleute, die sich vielleicht für morgen ankündigte.

Am Abend war eine Pressekonferenz im Kellergeschoß des »Sheraton« einberufen. Menachem Begin, immer noch im Rollstuhl, war in großer Form. Wenn ich ihn früher auf dem Fernsehschirm beobachtete – neben dem jovialen Anwar-el-Sadat, der sich die Allüre eines Grandseigneurs gab –, hatte der Israeli stets schlecht abgeschnitten. Aber hier, im Dialog, in der Herausforderung mit den Journalisten, gewann dieser kleine, spröde Mann das Format eines Politikers ersten Ranges. Fast wurde er zur biblischen Richtergestalt. Der PLO, einer Organisation, die die Vernichtung des Judenstaates zum Grundsatz ihrer Charta gemacht habe, könne kein Zugeständnis gemacht werden, erklärte er. Man würde ihm zwar immer sagen, die Resolutionen der Palästinenser seien so schlimm nicht gemeint, aber ähnliches habe man einmal vom antisemitischen Wahn Hitlers, wie er sich in »Mein Kampf« ausdrückte, auch behauptet. Im Hinblick auf das West-Jordan-Ufer und den Verdacht israelischer Anschlußabsichten in diesem Raum hatte Begin unlängst geäußert: »Warum sollen wir annektieren, was uns ohnehin gehört?« In Gegenwart Mitterrands gab er sich nuancierter. Am Ende brach es dennoch aus ihm heraus. »Dieses ist das Land unserer Väter, unserer Könige, das Land der Verheißung, das Gott uns angewiesen hat. Wie könnten wir darauf verzichten? Als ich ein kleiner Junge war in Polen, in Brest-Litowsk, da betete mein Vater: ›Nächstes Jahr in Jerusalem‹, und er sagte zu uns Kindern nicht: ›Wir werden einmal nach Palästina auswandern‹, sondern er sagte: ›Wir werden nach Israel heimkehren ...‹«

Vor dem Telex-Raum hatte ich an jenem Abend Eugène Mannoni getroffen, Korrespondent der Wochenzeitschrift »L'Express«, ein Veteran, mit dem ich seit den Kongo-Wirren befreundet war. Er stand noch unter dem Eindruck der Pressekonferenz Begins und der letzten Meldungen über Protest-Kundgebungen der Palästinenser bei Nablus. Eugène seufzte über seinem Manuskript. »Ist das nicht alles hoffnungslos?« fragte er. »Du wirst mich für zynisch halten, aber im Grunde gibt es nur einen Mann, der dieses Land begriffen hat: Pontius Pilatus.« Der römische Statthalter hatte sich die Hände in Unschuld gewaschen, als man ihm ein Urteil über den Angeklagten Jesus von Nazareth abverlangte.

*

»Menachem Begin war natürlich kein ultra-orthodoxer Mystiker«, korrigiert Schmuel, der den einstigen Ministerpräsidenten gut gekannt hatte. »Er war ein national-religiöser Fanatiker, und deshalb muß ihm das Camp-David-Abkommen unendlich schwergefallen sein.« Ganz bestimmt sei Begin kein säkularer Zionist gewesen wie etwa Israels berühmtester Kriegsheld Moshe Dayan. Der hatte im Sechs-Tage-Krieg von 1967 die Besetzung der arabischen Altstadt von Jerusalem zunächst mit den Worten abgelehnt: »Was sollen wir mit diesem Vatikan anfangen?« Als dann siegestrunkene jüdische Fallschirmjäger die Fahne mit dem David-Stern über der Omar-Moschee hißten, habe er sofort deren Entfernung befohlen. Die Betreuung des »Haram-el-scharif«, der biblischen Tempelstätte, blieb weiterhin der muslimischen Waqf-Verwaltung überlassen. Moshe Dayan gehörte eben noch zu jener im »Alt-Neu-Land« geborenen ersten Generation von »Sabras«, deren Pionier-Väter und -Mütter ihre Kibbutzim auf dem kargen Boden Palästinas erblühen ließen und die die Regeneration ihres Volkes in harter Feldarbeit suchten. Sie huldigten einem einzigartigen Ideal-Kommunismus, der keinerlei persönliches Eigentum in den wehrhaften Agrargenossenschaften duldete und sogar die Kinder kollektiv aufwachsen ließ.

Auch dem Gründungsvater David Ben Gurion war daran gelegen, den Judenstaat vor jeder theokratischen Schwärmerei zu bewahren. Er hatte mit dem Gedanken gespielt, seine Hauptstadt in Tel Aviv oder in Haifa zu etablieren, um Israel gegen die religiöse Faszination Jerusalems zu immunisieren. Aber als es zum Schwur kam, als die arabischen Freischärler die Stadt Davids im Sommer 1948 zu überrennen drohten, da räumte der alte Löwe Ben Gurion der Rettung Jerusalems die höchste militärische Priorität ein.

Das ganze zionistische Experiment war ja von Anfang an mit Zweideutigkeit belastet gewesen. Theodor Herzl war so kosmopolitisch geprägt, so sehr aber auch in den völkischen Schimären seiner Epoche befangen, daß er sich für die Sammlung der jüdischen Nation notfalls auch ein anderes Land als Palästina vorstellen konnte. Es war damals sogar von Uganda als neuer Heimat der Hebräer die Rede, ein im Rückblick geradezu absurd anmutendes Projekt. So wurde denn im Heiligen Land selbst die mediterrane Küstenebene zwischen Akko und Ashkalon zum Schwerpunkt, zum ersten Ballungsgebiet zionistischer Kolonisation, eine Region also, in der die zwölf Stämme Israels des Altertums sich niemals niedergelassen hatten. Im Gegenteil: Hier hatten die Todfeinde der Hebräer, die kriegerischen Philister und andere »Meer-Völker«, ihre Burgen und Häfen besessen, während bei Haifa bereits die überlegene Kulturzone der handeltreibenden Phönizier und ihres kinderverschlingenden Feuergottes Moloch begann. Tel Aviv als neuralgischer Punkt, als Herzstück des Judenstaates, das war im Jahr 1948 wohl den wenigsten aufgefallen, war gewissermaßen die Negierung des »Zionismus«, falls dieses Wort einen Sinn haben sollte. Die Abwendung von der Stadt Davids kam damals schon – in den Augen vieler orthodoxer Juden – einer Gotteslästerung gleich.

»So ganz unrecht haben unsere Nationalreligiösen ja gar nicht«, sinniert Schmuel, und jetzt wird er sehr ernst. »Es war ja, entgegen der These Herzls vom ›Land ohne Volk‹, kein unbewohntes Territorium, in dem die Juden aus aller Welt eine Heimstatt suchten. Wenn die Gründung Israels im Mai 1948 von allen maßgeblichen Mächten und den Vereinten Nationen akzeptiert wurde, so lag das teilweise am politischen und publizistischen Einfluß des amerikanischen Judentums, das Präsident Truman unter Druck setzte. Das lag an dem machiavellistischen Kalkül Stalins, der den Orient – diese ›chasse gardée‹ der Westmächte – in eine heillose Krisenzone verwandeln wollte, was ihm ja auch gelungen ist. Entscheidend jedoch für die anachronistisch wirkende und keineswegs gewaltfreie Landnahme eines nahöstlichen Gebietes durch sukzessive Einwanderungswellen überwiegend aschkenasischer, also europäischer Emigranten war doch die Erinnerung an den Holocaust. Ohne die Gaskammern von Auschwitz und Treblinka wäre es gar nicht zu jener engagierten Sympathie der Christen in den USA und Europa für die überlebenden Juden, zu dieser einseitigen Voreingenommenheit zugunsten der Wiedergeburt Zions gekommen. Das schlechte Gewissen, das kollektive Schuldgefühl der Gojim hatte immensen Anteil an der internationalen Anerkennung des Judenstaates. Die Opfer waren die Palästinenser, die ihr Land verloren. Sie wurden – ohne jedes eigene Verschulden – die Leidtragenden der Shoah-Verbrechen. Sie wurden ihrerseits zum ›Volk ohne Land‹ und in die Rolle des ruhelosen Ahasver gedrängt. Wie man es dreht und wendet – auch unter Berücksichtigung der sensationellen Urbarmachung dieser bei Ankunft der ersten ›Aliya‹ wirtschaftlich brachliegenden Gebiete –, gibt es doch nur eine einzige moralisch theologische Recht fertigung für das Unheil, das wir über die Palästinenser gebracht haben«, fährt der alte Mann aus Wilna fort. »Wir Juden müssen uns an den Mythos unserer eigenen Auserwähltheit klammern. Wir müssen uns als Vollstrecker eines göttlichen Ratschlusses präsentieren, der uns – wie einst den Urvätern Abraham und Moses – befahl, das Gelobte Land Kanaan in unseren Besitz zu bringen. Wenn wir diesen magisch-ethnischen Auftrag negieren, wie es unsere Säkularen versuchen, die gern ein Volk wie jedes andere sein möchten, dann fehlt dem Judenstaat das alles tragende theozentrische Argument.«

*

Die Mitternacht ist überschritten, als ich in mein Hotelzimmer zurückkehre. In drei Stunden würde bereits der Ruf des Muezzin zum Frühgebet ertönen. »El salat kheir min el naum – das Gebet ist besser als der Schlaf.« Der reichliche Arrak-Genuß hat mich hellwach gehalten, und so nehme ich – mit der Absicht einer flüchtigen Synopsis – zwei Bücher zur Hand: das Alte Testament mit den Büchern Moses, der Chronik der Könige, den Mahnungen der Propheten und – gewissermaßen als aktualisierende Deutung – die profunde Studie des ehemaligen israelischen Außenministers Abba Eban, das auf deutsch den Titel trägt: »Dies ist mein Volk.« Es geht mir vor allem um die Ergründung jenes biologischen Zusammenhalts, jener tribalistischen Absonderung, die allen Vertreibungen und auch Vermischungen zum Trotz sich als entscheidende Voraussetzung jüdischen Überdauerns bewährten.

Wieder einmal geht alles auf die Babylonische Gefangenschaft und die mühsame Rückkehr der Kinder Israels in das verwüstete Judäa zurück. In jenen Tagen – ein halbes Jahrtausend vor Christus – lag der Prophet Ezra weinend und betend vor dem Haus Gottes. Dann versammelte er die Männer aus den Stämmen Juda und Benjamin. »Und Ezra, der Priester, stand auf und sprach zu ihnen: ›Ihr habt dem Herrn die Treue gebrochen, als ihr euch fremde Frauen genommen und so die Schuld Israels gemehrt habt. Bekennt sie nun dem Herrn, dem Gott eurer Väter, und tut seinen Willen und scheidet euch von den Völkern des Landes und von den fremden Frauen.‹ Da antwortete die ganze Gemeinde und sprach mit lauter Stimme: ›Es geschehe, wie du uns gesagt hast! ...‹ Und sie gaben die Hand darauf, daß sie ihre Frauen verstoßen und einen Widder für ihre Schuld als Sühneopfer geben wollten ... Und nun entließen sie Frauen und Kinder« (Ezra, Kapitel 10).

Vor dem mesopotamischen Exil war es nicht so streng zugegangen bei den Stämmen Israels. Die Mutter des Königs Salomo und Lieblingsfrau Davids – um nur dieses hervorragende Beispiel zu erwähnen – war eine Jebusiterin namens Bethsabee. Die kulturelle Abschottung des Judentums nach außen war ein Vermächtnis des Propheten Ezra und galt diesem als Voraussetzung für die Treue der Hebräer zu ihrem Gott. Die Verbannung an Euphrat und Tigris hatte sie zusammengeschweißt. In dieser Zeit der Prüfung hatte sich das Netz der religiösen Verpflichtungen und Gebote gesponnen, das sich in den folgenden Jahrhunderten verdichten sollte. Mehr und mehr sonderte sich das auserwählte Volk von allen »gentiles« ab, um die Reinheit seiner Abstammung und seiner Offenbarung zu bewahren.

Die Säkularen im zionistischen Staat von heute sehen in Ezra den Beginn einer Entwicklung, unter der sie weiterhin leiden. Die Bekehrung von nicht-jüdischen Ehepartnern zum mosaischen Glauben wird vom Obersten Rabbinat durch immer neue Auflagen erschwert. »Der Gipfel wurde erreicht«, so empört sich der liberale Publizist Ehud Spinzak, »als der geistige Inspirator der ultra-religiösen Schas-Partei Ovadia Yossef von seinen Anhängern verlangte, selbst in extremer Lebensgefahr jegliche Bluttransfusion von Nicht-Juden, ja sogar von nichtpraktizierenden Israeliten zu verweigern.« Mit dem Eindringen der hellenistischen Kultureinflüsse in das antike Palästina hat sich diese Opposition zwischen rigoristischen und weltoffenen Juden zusätzlich vertieft, um schließlich – zur Zeit Christi – in die bittere Feindschaft zwischen »Herodianern und Zeloten« einzumünden. Es gibt wirklich »nichts Neues unter der Sonne«.

Nach der Vernichtung des Tempels durch Titus und der Vertreibung der Juden aus Palästina hat deren Suche nach religiösem und kulturellem Zusammenhalt nicht nachgelassen, ja sie wurde zur Obsession. Das galt während der Epoche des römischen Niedergangs, vor allem aber in der nachfolgenden mittelalterlichen Gesellschaft, die sich unter der zunehmend autoritären Weisungsgewalt des Papstes zur »civitas Dei« entwickelte. In einer theologischen Deutung, die man heute als »fundamentalistisch« bezeichnen würde, wurde dabei der »consensus fidelium«, die dogmatische Übereinstimmung aller katholischen Gläubigen, als tragende Säule des pontifikalen Universal-Anspruchs vorausgesetzt. In diesem monochromen Umfeld mußten die Judengemeinden als bizarrer Fremdkörper erscheinen. Dennoch war der erste Anstoß zur Bildung von separaten Wohnvierteln – »judería«, »juiverie«, »Judengasse« und erst sehr viel später Ghetto genannt – ursprünglich vom Rabbinat ausgegangen.

Niemand hat diesen Vorgang anschaulicher beschrieben als der bereits erwähnte Außenminister Abba Eban: »Die Selbstverwaltung der jüdischen Gemeinden in Europa wurde durch den für die mittelalterliche Gesellschaft insgesamt kennzeichnenden Hang zur Abkapselung erleichtert. Daß die Juden von der andersgläubigen Bevölkerung abgesondert leben wollten, galt nahezu als selbstverständlich, obwohl die Rabbiner mit diesem Gesetz auch noch einen anderen Zweck verfolgten. Sie wollten verhindern, daß sich nicht-jüdische Lebensgewohnheiten in ihrer Gemeinde breitmachten. Die Juden begrüßten die Zuweisung abgeschlossener Viertel oft selbst als Gunstbeweis, vor allem wenn diese sogenannten juderías, wie sie in Spanien hießen, in befestigten Orten lagen. So ließ Bischof Rüdiger von Speyer 1084 ein solch abgetrenntes, von einer Mauer umgebenes Judenviertel anlegen, um Juden in seine Stadt zu ziehen und ihr dadurch zu höherem Ansehen und besseren Handelsverbindungen zu verhelfen. Die Judenviertel waren damals also keineswegs Ghettos im engeren Sinne des Wortes. Eine Anzahl von Juden lebte außerhalb, während sich andererseits mancher Nicht-Jude darin niederließ. Die durch das Gesetz erzwungene Absonderung der Juden sollte erst später kommen. Sie war, wo immer sie auch eingeführt wurde, stets ein Zeichen dafür, daß sich die natürlichen Schranken zwischen den beiden Gruppen stark abgebaut hatten und die Mehrheit eine Verwässerung ihrer Eigenart durch fremde Elemente befürchtete. Vor 1200 jedoch lebten die Juden in fast allen Städten aus freiem Willen in geschlossenen Bezirken, weil sie so die erzieherischen und religiösen Möglichkeiten und die Annehmlichkeiten, die das Leben in einer geistig und gesellschaftlich homogenen Gruppe bot, besser wahrnehmen konnten. Unumschränkter Herrscher im Judenviertel war das Gesetz. Die Gemeindevorsteher und die Justizgewalt genossen das volle Vertrauen der Gemeindemitglieder. Die Verwaltung war nach alten, durch Gesetzesverfügungen neu bestätigten Bräuchen geregelt, deren göttlichen Ursprung alle anerkannten. Hinter dem Wall aus Gesetz und Brauchtum, der einen besseren Schutz bot als der Mauerring, spielte sich das Drama des jüdischen Lebens ab. In ihrer geistigen Festung eingeschlossen, fühlten sich die Juden ihren Glaubensbrüdern in den fernsten Ländern enger verbunden als ihren nichtjüdischen Mitbürgern, deren Probleme und Verhalten sie vielfach nicht begreifen konnten und für deren Kultur, Familien- und Gesellschaftsleben sie wenig Sympathie empfanden.«

An einer anderen Stelle desselben Buches heißt es: »Baut einen Zaun um die Thora, hatten die alten Rabbiner den Juden eingeschärft, und die Ghetto-Bewohner befolgten die Weisung. In dieser Periode fand das Gesetz des Talmud, das das Leben im Ghetto regelte, seine umfassendste Anwendung. Dieselbe Zucht und Lauterkeit in Fragen des Gesetzes und der Moral, die sich zur Zeit Jochanan Ben Sakkais beim Widerstand gegen Rom bewährt hatte, wurde nun Roms Erben, dem Heiligen Römischen Reich und der katholischen Kirche, entgegengesetzt. Im großen und ganzen konnten die Juden hinter ihrem »Zaun« ein Leben nach eigenen Vorstellungen und Gesetzen führen. Und das zu einer Zeit, in der die Kirche Christen schon beim geringsten Anzeichen solchen Unglaubens, wie ihn die Juden unbehelligt in aller Öffentlichkeit in ihren Synagogen predigten, auf den Scheiterhaufen schickte. Und der nämliche Staat, der gegen Ungläubige im In- und Ausland mit Waffengewalt zu Felde zog, nahm seine Kammerknechte, obwohl sie Christus leugneten, in Schutz. Solange die Juden diese paradoxe Lage zu ihren Gunsten auszunutzen verstanden, indem sie im wahrsten Sinne des Wortes unsichtbar blieben, ließ man sie am Leben. Sowie aber ihre Aktivität der einen oder anderen der beiden Mächte, die ihr Dasein duldeten, als Bedrohung erschien, kam es zur Katastrophe. Das war der Preis, den die Juden jahrhundertelang zahlen mußten, um existieren zu können.«

*

Nichts liegt mir ferner, als diesen Erlebnisbericht über die Lage des Nahen Ostens mit theoretischen Betrachtungen zu überfrachten. Aber die Pelz-Schapkas und Kaftane der Ultra-Orthodoxen an der Klagemauer hatten Assoziationen mit jenen unendlichen Steppen Zentralasiens geweckt, wo ich unlängst noch ähnlich gewandeten Turkstämmen begegnet war. Der Lektüre Arthur Koestlers »Der dreizehnte Stamm« verdanke ich meine Kenntnisse über jenes geheimnisvolle Steppenvolk der Chazaren, das im fünften Jahrhundert nach der Zeitenwende zwischen dem Kaspischen und dem Schwarzen Meer ein kriegerisches Nomadenreich errichtet hatte. Die Überlieferung berichtet, daß der Chazaren-Fürst Bulan, er trug den Titel »Chagan«, sich um 750 von den Vertretern der verschiedenen Konfessionen ihren Glauben darlegen ließ und sich daraufhin für die mosaische Thora entschied. Zumindest die Oberschicht dieser türkischen Ethnie bekehrte sich also zum Judentum, auch wenn sie den Talmud weitgehend ignorierte. Zwischen dem Kaiserreich von Byzanz und dem Abbassiden-Kalifat von Bagdad hatten die Chazaren einen mächtigen Pufferstaat gebildet, bis sie im zehnten Jahrhundert in die Abhängigkeit der Kiewer Rus gerieten und gegen Mitte des 13. Jahrhunderts im Chaos des Mongolensturms untergingen.

Arthur Koestler hat aus diesem einmaligen Vorgang der Massenbekehrung eines fremden Volkes zum Judaismus eine höchst gewagte Theorie abgeleitet. Die osteuropäischen Juden, die Aschkenasim – die aus Deutschland Stammenden, wie das hebräische Wort besagt –, stellen, dem ungarisch-englischen Autor zufolge, nur einen geringen Prozentsatz jener geballten hebräischen Population dar, die sich in ganz Osteuropa über Polen und Litauen, Wolhynien und Podolien ausbreitete. Angeblich hätten die Juden des Abendlandes zwar in Scharen ihre Ghettos im Heiligen Römischen Reich in Richtung Weichsel und Dnjepr verlassen, als sie von den Pogromen der frühen Kreuzzüge heimgesucht wurden. Aber in Wirklichkeit seien die Aschkenasim überwiegend Nachkommen der Chazaren, und die Tatsache, daß die »Ostjuden« sich auf jiddisch ausdrückten, sich einer mittelhochdeutschen Mundart bedienten, die mit hebräischen Vokabeln durchsetzt ist, bestätige lediglich die bedeutende Rolle der deutschen Verkehrs- und Handelssprache in dem sich ausdehnenden Einflußbereich der Hanse und des Magdeburger Stadtrechts. Arthur Koestler, das sei nur am Rande vermerkt, hat in seinem Roman »Thieves in the Night« die Atmosphäre der frühen Kibbutzim, ihre zionistische und gleichzeitig kollektivistische Ideologie mit seltener Eindringlichkeit geschildert.

Weder das Ober-Rabbinat der Aschkenasim noch das der Sephardim – jener, wie das hebräische Wort besagt, spanischen Juden, die sich nach der vollendeten Reconquista über den ganzen Mittelmeerraum und das Osmanische Reich verteilten –, können an der Chazaren-Theorie Gefallen gefunden haben. Sie stellt die abrahamitische Erbfolge in Frage und widerspricht jenem streng ethnischen Gemeinschaftsbewußtsein, dem sich das Judentum seit dem Propheten Ezra verschrieben hatte. Die beiden anderen monotheistischen Bekenntnisse – Christentum und Islam –, die aus der mosaischen Überlieferung hervorgegangen sind, hatten sich zum Ziel gesetzt, den ganzen Erdball zu missionieren. »Gehet hin in alle Welt und lehret alle Völker, und taufet sie im Namen des Vaters und des Sohnes und des Heiligen Geistes«, hatte Jesus gesagt. Im Koran erhebt der Prophet Mohammed die Forderung: »Bekämpft sie, bis aller Glaubensstreit ein

Ende hat und keine andere Religion mehr besteht als jene Gottes.« (Sure 2, Vers 216). Geschlossene Gruppen von Proselyten hatten sich den Juden eher zufällig angeschlossen, bei den Berbern Nord-Afrikas, bei gewissen Gebirgsstämmen des Jemen, bei den schwarzhäutigen Fallascha Äthiopiens. Präzis zu dem Zeitpunkt, als die Mehrheit der Oasen-Bewohner der arabischen Halbinsel im Begriff stand, ihre angestammte Idolatrie gegen das Bekenntnis des einzigen Gottes Jahwe einzutauschen, also zum Judentum zu konvertieren, da war aus Mekka und Medina die mächtige Stimme des Propheten Mohammed erschollen, der nach einem vergeblichen Annäherungsversuch an die Banu Israil von Yathrib sich selbst als berufenen Botschafter Allahs und den heiligen Koran als Siegel der göttlichen Offenbarung kundtat.

Mit dem Aufkommen der europäischen Aufklärung – man verzeihe den Zeitsprung – wurde das Judentum West- und Mitteleuropas mit einer geradezu existentiellen Herausforderung konfrontiert. Nicht von ungefähr wurde der Philosoph Spinoza vom Zorn des orthodoxen Rabbinats verfolgt. Zwar war der Freigeist Voltaire ein überzeugter Antisemit, aber nach der »Déclaration des droits de l'homme« nahm sich der Abbé Grégoire der kleinen mosaischen Gemeinden Frankreichs an. Deren Synagogen hatten im wesentlichen im ehemaligen Reichsland Elsaß und im päpstlichen Comté Venaissin bei Avignon überdauert. Grégoire betrieb die Gleichberechtigung dieser exotischen Außenseiter im Rahmen einer vorbehaltlosen Integration in die »République une et indivisible«. Vergessen wir in diesem Zusammenhang nicht, daß kein Geringerer als Napoleon Bonaparte dem widerstrebenden Königreich Preußen die Emanzipation seiner Juden-Gemeinschaft aufzwang. Damit eröffnete er den Kindern Israels im deutschsprachigen Raum den günstigsten Nährboden für eine geistige und kulturelle Entfaltung sondergleichen.

Die jüdischen Denker, Schriftsteller, Maler, Wissenschaftler sind aus dem abendländischen Aufbruch des 19. und 20. Jahrhunderts nicht fortzudenken. Ihnen fiel oft genug die Rolle einer intellektuellen Avantgarde zu. Man zitiere nur die Namen Karl Marx, Sigmund Freud, Albert Einstein und viele andere. Mit seiner Relativitätstheorie machte Einstein den Weg frei für die Meisterung der Kernspaltung und leitete einen technologischen Durchbruch ein, der alle bisherigen Menschheitserfindungen überschattet. Karl Marx wiederum, als Christ getauft und dem traditionellen Judentum in keiner Weise gewogen, hatte ein Jahrhundert zuvor jene weltumspannende Ideologie entworfen, die sich schon beim flüchtigen Zusehen als Ersatzreligion für ein erlöschendes Christentum anbot. Diese neue Lehre beinhaltete durchaus biblisch anmutende Verheißungen – dem Proletariat fiel die Rolle des »auserwählten Volkes« zu, und das Paradies der Werktätigen rückte das messianische Reich der Gerechtigkeit in die Diesseitigkeit der klassenlosen Gesellschaft.

Warum ich auch noch diese Abschweifung in meine nächtlichen Betrachtungen über die Gegensätze zwischen Säkularen und Orthodoxen im heutigen Israel einfüge? Weil das Aufkommen der aufklärerischen Emanzipation, die vor allem von den Juden Deutschlands nach Osteuropa ausstrahlte, einen theologischen Disput ausgelöst hat, der sich in unseren Tagen zwischen Jerusalem und Tel Aviv dramatisch aufheizt und unerbittlich andauert. Die Impulse der »Haskala« oder Aufklärung, die zuerst Österreich, dann Polen sowie Litauen erfaßten und bald auch im Umkreis von Odessa Anklang fanden, stießen in jenen wolhynischen und podolischen Ghettos, wo die ärmliche Landbevölkerung unter Bevormundung ihrer Rabbis in strenger Gesetzestreue verharrte, auf Mißtrauen und Widerstand. Um den Verlockungen der Säkularisierung und der bürgerlich-westlichen Assimilation entgegenzuwirken, bildete sich unter den »Gottesfürchtigen« die mystische, die ekstatische Bewegung der Chassidim heraus, deren Zauberwelt sich in den Gemälden des Weißrussen Marc Chagall spiegelt. Bis in die Gegenwart sind diese Chassidim, die neben Jerusalem auch den New Yorker Stadtteil Brooklyn zu ihrer Hochburg ausbauten, sind diese »Männer in Schwarz« die Garanten einer kompromißlosen Einhaltung der mosaischen Vorschriften und des talmudischen Rituals. Einer ihrer prominentesten Vertreter schreckte dieser Tage auf einer Rednertribüne in Tel Aviv nicht vor der Behauptung zurück, der Holocaust habe nur stattfinden können, weil so viele assimilierte Juden Europas den Sabbat geschändet hätten. Aus gleichem Grunde, so verkündete ein Transparent bei dieser Gelegenheit, sei vor zweitausend Jahren der zweite Tempel Jerusalems der Vernichtung durch die Römer anheimgefallen.

Heute sind es die Russen, die das bei weitem stärkste Element der jüngsten »Aliya« bilden, etwa 800 000 Menschen. Zwei Millionen zusätzlicher jüdischer Einwanderer, so hofft man in Israel, stehen noch in den Nachfolge-Republiken der einstigen Sowjetunion bereit für die Rückkehr ins Gelobte Land. Auf welche Weise diese Neulinge, die im offiziellen Atheismus des Marxismus-Leninismus aufwuchsen und den tradierten Moralbegriffen entfremdet sind, sich in das zionistische Gebäude einfügen werden, ist noch nicht abzusehen. Neben den mafiosen Randelementen, die bei ihnen ebenso ausgeprägt sind wie bei den deutschen Rücksiedlern aus Rußland, hat sich die große Mehrheit wider Erwarten hinter dem ehemaligen Sowjet-Dissidenten Nathan Scharanski gesammelt, und der betont seine angestammten Bindungen. Er ging mitsamt seinen sieben Abgeordneten ein Zweckbündnis mit dem Likud-Block Netanjahus ein. In Rußland weiß jedermann, daß die intellektuelle Vorhut der Bolschewiki, die dem Kommunismus in St. Petersburg und Moskau zum Sieg verhalf, sich überwiegend aus jüdischen Intellektuellen zusammensetzte, die mit Hilfe der Oktoberrevolution die unerträglichen Demütigungen und Verfolgungen durch den Zarenthron und die ihm verbündete prawoslawische Orthodoxie abschüttelten. Einer der wenigen Gojim in der höchsten Parteispitze, der Georgier Josef Stalin, hat nach der Ächtung seines Rivalen Leo Bronstein, genannt Trotzki, die allmähliche Eliminierung dieser Kommunisten mosaischer Abstammung eingeleitet. Er hat sie in den Schauprozessen von 1936 dezimiert. Möglicherweise hätte der Rote Zar die gesamte jüdische Gebildetenschicht der Sowjetunion schließlich liquidiert, wenn er 1953 nicht plötzlich dahingerafft worden wäre. Stalin war in den dreißiger Jahren auf den grotesken Einfall gekommen, ein sowjetisches Zion, eine Karikatur des Judenstaates, ein Hebräer-Reservat in der fernsten und unwirtlichsten Region seines Imperiums zu gründen. Ich habe dieses Territorium an der Grenze zur Mandschurei im Juli 1993 bereist und nur noch eine winzige mosaische Gemeinde angetroffen, die sich zur Ausreise nach Israel anschickte.

*

Nach dem Ruf des Muezzin verkündet das christliche Glockengeläut den aufgehenden Tag. Nur die Juden haben sich zu einem merkwürdigen Schweigen verurteilt und müssen weiterhin auf das Blasen des Schofar-Horns im Bereich des einstigen Tempels verzichten. Jenseits der Türme und Zinnen Suleimans des Prächtigen färbt der Himmel sich strahlend rot, als sei die Stadt Davids jenen Flammen ausgeliefert, in die einst der babylonische Tyrann Nebukadnezar die unverzagten Jünglinge werfen ließ. Sie hatten den biblischen Feuerofen unversehrt überlebt und in der Glut nicht aufgehört, den Herrn zu preisen.

Die lange Nacht habe ich mit Reden, Lesen und Grübeln verbracht. Bevor ich mich mit schmerzenden Gliedern und dröhnendem Kopf niederlege, werfe ich einen letzten Blick auf die El-Aqsa-Moschee. Dabei fällt mir eine düstere Aussage meines Arabisch-Professors Jacques Berque ein, die er kurz nach dem Sechs-Tage-Krieg bei einem Treffen im Collège de France formulierte: »Le destin de Jérusalem n'est pas un problème politique«, hatte Jacques Berque doziert und mit einer Geste der Ohnmacht die Arme erhoben; »das Schicksal Jerusalems ist keine Frage der Politik; – c'est une sentence du jugement dernier – das Schicksal Jerusalems ist ein Urteil des Jüngsten Gerichts.«

Schüsse am Platz der Könige

Tel Aviv, im Frühjahr 1997

Zu einer Stätte der Verworfenheit und der sündigen Ausschweifung ist Tel Aviv nicht verkommen. Das behaupten nur die Zeloten. Aber schön oder faszinierend ist diese Küstenmetropole mit ihrer halben Million Einwohner auch nicht. Da mögen ein paar Israel-Fans von der fröhlichen Ausgelassenheit der Dizengoff-Straße und der Allenby-Road schwärmen. Fastfood-Restaurants in gehobenerer Qualität sind heute über die ganze Welt verteilt. Die Humus-Falaffel schmeckt zwar besser als der »gefillte Fisch«; eine Delikatesse ist sie deswegen noch nicht. Die viel gerühmten Luxusgeschäfte – mit den Namen großer internationaler Marken dekoriert – gehen unter in einem Sammelsurium von Ramschläden. Die Discos, in denen angeblich die enthemmte Lebensfreude einer neuen, vorurteilsfreien, ja hedonistischen Generation explodiert, sind auch nicht viel aufregender als im Industriegürtel der englischen Midlands, zumal auch die säkularen Juden sehr mäßige Alkohol-Konsumenten sind.

Schon bei meinem ersten Aufenthalt im Sommer 1951 war mir Tel Aviv, diese Hochburg des aschkenasischen Zionismus, als ein extrem widersprüchliches, ja artifizielles Gebilde erschienen. Das war in mancher Beziehung »Lodz am Mittelmeer«. Die jüdischen Gründungsväter hatten plausible Argumente für ihre urbanistische Fehlplanung. Die Stadt wurde überstürzt in den Sand gerammt, und es fehlte an Geld für aufwendige Dispositionen. Man war damals – als die Bevölkerung sich noch mit knappen Rationierungskarten am Leben hielt und nur der vitaminreiche Orangensaft in beliebiger Menge vorhanden war – fieberhaft damit beschäftigt, die Neuankömmlinge der letzten Aliya in aller Hast unterzubringen. Wer aus den Todeslagern Hitlers kam, mußte sogar die Kaninchenställe der Mietshäuser mit den Asbest-Dächern und den sonnengeheizten Wasserreservoirs als aufwendigen Luxus empfinden. Erst sehr viel später stellte sich heraus, daß sogar die Bauhaus-Experimente, die ein paar wohlhabende Immigranten aus Deutschland an diesen philistinischen Strand verpflanzt hatten, sich als architektonische Verirrung erwiesen. Dazu gesellte sich eine pseudo-orientalische Flachdach-Moderne, die jeder Ästhetik entbehrte. Inzwischen haben die feinen und reichen Leute – Botschaftsangehörige, Finanziers und prominente Politiker oder Künstler – ihre Wohnstätte aus Tel Aviv nach Herzlia, knapp zwanzig Kilometer nach Norden verlagert. Sie genießen dort die Annehmlichkeit breiter Palmen-Alleen und die Blütenpracht der Bougainvilleen. Wem Tel Aviv heute zu laut, zu vulgär erscheint – manchmal erinnert es stark an das einstige Europäerviertel Saint-Eugène am Westrand von Algier –, der kann im nahen Jaffa Zuflucht suchen. Man gelangt dorthin entlang einer scheußlichen Verschachtelung verrosteter Hafenanlagen und zerfallener Schuppen.

Vor der Gründung des Staates Israel war Jaffa ein fast rein arabischer Ort. Nach der Vertreibung der Muslime sind die historischen Bauten – Festungswälle, türkische Bäder, Moscheen und Serails – mit viel Geschmack restauriert, teilweise völlig erneuert worden. Den schönsten Ausblick genießt man von der Terrasse des Aladin-Cafés, das anstelle eines alten Hamam errichtet wurde und wo guter orientalischer Mezze serviert wird. Von dort aus läßt sich die Skyline der klotzigen Strandhotels von Tel Aviv in der Dämmerung tatsächlich mit Miami-Beach vergleichen. Doch leise Melancholie kommt auf. Die verwaisten Moscheen rufen die Verse des maurischen Dichters El Ranadi in Erinnerung: »Öde ist dieses Land geworden, dem Islam wurde es entfremdet, und mit Ungläubigen hat es sich gefüllt. – Hier klagen die Gebetsnischen, obwohl sie aus Stein sind, und die Kanzeln weinen, als wären sie nicht aus Holz«, so jammerte er einst über den Verlust Andalusiens an die katholische Reconquista.

Auch Jaffa galt von früh an in den Augen des Rabbinats als Ort unzüchtiger Exzesse und der Hurerei. Der Vorwurf mag im Jahr 1969, als ich meinen ersten Film über Israel produzierte, noch eine gewisse Berechtigung gehabt haben. Die »sexual permissiveness« der 68er Generation hatte auch auf diese östliche Mittelmeerküste abgefärbt, und ausgerechnet die englische Skandalnudel Mandy Rice-Davies, die platinblonde Gefährtin des gestrandeten Playgirls Christine Keeler, hatte hier einen Night-Club errichtet, wo es sehr locker zuging. Inzwischen, so scheint mir, ist Jaffa sehr viel biederer geworden, aber vielleicht hat sich mein Blick mit fortschreitendem Alter verändert. In Tel Aviv – so heißt es bei den Eiferern der Thora – seien Sodom und Gomorrha aus ihrer Asche auferstanden. Tatsächlich gibt man sich dort sehr weltlich. In den nicht-koscheren Gaststätten werden Schweinefleisch und Schalentiere serviert. Im Sommer setzen sich viele junge Jüdinnen mit nacktem Busen der Sonne aus. Die Prostitution greift um sich, seit mit der letzten »Aliya« auch russische Zuhälter und Mafiosi ins Heilige Land gelangten. Michael Jacksons Lieder sind hier der aufwachsenden Generation angeblich geläufiger als die Texte der Psalmen. Treffs von Homosexuellen haben sich eingenistet. Der heidnische »Hellenismus« der Neuzeit hat in Tel Aviv seine zentrale Bastion bezogen und kontrastiert mit der heiligen Reinheit Jerusalems. Dieses sei das neue Samaria, so klagen die Frommen. Hier steht – in historischer Erbfolge – Israel gegen Juda.

Die Hure Babylon, von der auch in der Geheimen Offenbarung des Apostels Johannes so eindringlich die Rede ist, hat gewiß nicht in Tel Aviv ihr Lotterbett aufgeschlagen. Aber die Stimmung hat sich abgrundtief geändert, seit jenem Sommer 1951, auf den ich immer wieder Bezug nehme. Damals flanierten dort die Jugendlichen, auch die Mädchen, in kurzen Hosen mit breiten Koppeln. Sie genossen noch das Hochgefühl der Wehrhaftigkeit und des militärischen Sieges, das ihrem Volk seit zweitausend Jahren vorenthalten worden war. Sie träumten davon, in Elite-Einheiten der neuen jüdischen Armee zu dienen und ihren unbändigen Mut zu erproben. Bei meinem jetzigen Besuch – so scheint mir – ist Heroismus nicht mehr sonderlich gefragt. Vermutlich hat die Intifada einen psychologischen Bruch bewirkt. Welchem normalen Soldaten könnte es denn behagen, mit weit überlegener Bewaffnung schreiende Horden steinewerfender arabischer Kinder immer wieder in brutalen Polizeiaktionen zu zerstreuen? Die säkularen jungen Israeli wollen leben wie ihre Altersgenossen in der übrigen westlichen Welt. Die viel erwähnte »Globalisierung« im Zeichen des »American Way of Life« hat auch diese dezidierten Laizisten erreicht, im Verbund mit den Utopien einer konformistischen und naiven Menschenrechts-Ideologie. Manchen von ihnen hatte vielleicht die allmähliche Umwandlung des Staates Israel in einen schwerbewaffneten »Club Méditerranée« vorgeschwebt. Sie verschlossen sich der Einsicht, daß der Judenstaat – umringt von einer erdrückenden arabischen Überzahl – dazu verurteilt bleibt, wie »Daniel in der Löwengrube« zu leben.

Es war ein herrlicher, euphorischer Rausch, dem sich die israelischen Pazifisten hingaben, als zweihunderttausend Menschen am 4. November 1995 im Herzen von Tel Aviv, am »Platz der Könige Israels«, zusammenströmten, um ihre Hoffnung in die Zukunft zu beteuern. Die Menge tanzte im Wasser der Springbrunnen, während beliebte Pop-Stars sich neben den prominentesten Politikern der regierenden Arbeiterpartei auf dem Balkon des Rathauses produzierten. So viele Menschen hatten sich in Israel noch nie versammelt. Ministerpräsident Itzhak Rabin, der als erfahrener Stratege der angeblichen Aussöhnung mit den Palästinensern und den damit verbundenen Zugeständnissen mit heimlicher Sorge gegenüberstand, war in den Wochen zuvor wüsten Schmähungen seiner politischen Feinde ausgesetzt gewesen. In dieser Feierstunde von Tel Aviv – so berichtete später seine Frau Lea – habe er zum ersten Mal das Gefühl einer wirklichen Befreiung, einer ungetrübten Genugtuung empfunden.

War es nicht doch ein Fehler, daß er – zögernd zwar – in das »Friedenslied« einstimmte, das eine üppige, knallblond gefärbte Sängerin vortrug und das die Masse in einem gewaltigen Chor aufnahm? War es nicht eine Provokation, daß bei der gleichen »Schalom-Show« der Sänger Aviv Geffen das »Trauerlied auf einen gefallenen Freund« anstimmte? Aviv Geffen verkörpert alles, was die gestrengen »Haredim«, aber auch so manche stramme Offiziere von Zahal verabscheuen. Hinter Schminke und Lippenstift tritt dieser Sproß aus der Familie des einäugigen Kriegshelden Moshe Dayan wie ein Transvestit auf. »Nachdem Gott die Dunkelheit verhängte, schuf er das Mondlicht, damit er erkennen kann, wie traurig und ängstlich wir sind«, schmachtete der dreiundzwanzigjährige Rock-Star. Hoch über der jubelnden Menge wurde er vom Regierungschef umarmt. Minuten später starb Rabin unter den Kugeln des jüdisch-jemenitischen Fanatikers Yigal Amir

Es wird den Säkularen von Tel Aviv kaum gelingen, aus Aviv Geffen einen Bannerträger des Liberalismus gegen den religiösen Obskurantismus der Zeloten zu machen. Der Sänger und Dichter, dessen gesamte Verwandtschaft der höchsten Nomenklatura Israels angehört, kann so »vernünftig« nicht sein, wenn er seinen Landsleuten vorwirft, sie seien nicht Idealisten, sondern »Angepaßte in einer inhumanen Macho-Gesellschaft«. In den Medien entrüstete er sich zu Recht darüber, daß der Gedenkstein für den ermordeten Ministerpräsidenten am Platz, der nunmehr den Namen Rabin trägt, immer wieder besudelt wird. Aber wenn er erklärt, diese Erinnerungstafel sei für ihn wichtiger als die Klagemauer, fordert er, um mit dem französischen Politologen Gilles Kepel zu sprechen, »die Rache Gottes« heraus.

Es wird dem Judenstaat schwerfallen, sich von der Bluttat am Platz der Könige Israels zu erholen. Zu tief ist seitdem die Spaltung aufgerissen. Vierzig Prozent der säkular eingestellten Bewohner Jerusalems, so heißt es, erwägen, in eine andere Stadt umzusiedeln, um der Intoleranz der Ultra-Orthodoxen zu entgehen. Die unerbittlichen Haredim hingegen denken mit Entsetzen an das frevlerische Fest des 4. November 1995 in Tel Aviv zurück. Nicht weil an jenem Abend ein von ihnen verabscheuter Politiker umgebracht wurde, sondern weil die Kinder Israels dort zu falschen Idolen beteten, weil sie in ihrer heidnischen Abweichung von der Reinheit des Gesetzes – wie zu Zeiten des Moses und des Sinai-Gewitters – den Tanz um das Goldene Kalb wieder aufnahmen. Die »Gottesfürchtigen« von Juda stehen doch in einer ganz anderen chiliastischen Erwartung. Das »Rote Kalb« soll nämlich geboren sein, so heißt es nicht nur in den Talmud-Schulen und den Orakel-Stuben der Kabbalisten. Damit sei das Zeichen gesetzt für die jüdische Rückgewinnung des Moria-Berges und die Errichtung eines neuen Tempels. Die Asche einer »Roten Kuh« gehörte zum kultischen Reinigungsritual, dem sich einst die Leviten unterzogen, ehe sie das Allerheiligste betreten durften. Der Streit um die Öffnung des hasmonäischen Tunnels, die Netanjahu anordnete, hat wohl deshalb solch mörderische Leidenschaften aufgewühlt und das erste Feuergefecht zwischen Zahal und der palästinensischen Polizeitruppe provoziert, weil die jüdischen Mystiker mit ihrer Wühlarbeit im Untergrund des Tempels unverzagt hoffen, dort eines Tages die verschollene Bundeslade mitsamt den mosaischen Gesetzestafeln auszugraben. Dann wäre die Niederkunft des Messias nicht mehr fern.

Voreilig war im November 1995 behauptet worden, das Attentat auf Itzhak Rabin sei für Israel ein einmaliges Ereignis: Niemals zuvor habe ein Jude einen anderen Juden aus politischen Gründen getötet.

»Politischer Mord ist in Israel so weit verbreitet wie Humus-pie«, erwiderte darauf ein jüdischer Kolumnist in der »Herald Tribune«. Er erinnerte an diverse mißlungene Anschläge gegen David Ben Gurion, an das verlustreiche Feuergefecht, das die Elite-Einheit »Palmach«, der zionistischen Haganah-Miliz untergeordnet, den Extremisten der »Irgun Zwi Leumi« lieferte, als diese – unter Bruch aller feierlichen Vereinbarungen – die Ausschiffung von Waffen für ihren Eigenbedarf vornahmen. Diese Palmach-Truppe soll in der Schicksalsnacht des Jahres 1948 unter dem Befehl eines jungen Offiziers namens Itzhak Rabin gestanden haben. Schon 1924 wurde der populäre Zeitungskorrespondent Jacob de Haan, der eine plötzliche Hinwendung zum religiösen Integrismus vollzogen hatte, von säkularen Zionisten erschossen.

Wer war nun dieser Itzhak Rabin, der nicht nur in Israel, sondern in der ganzen westlichen Welt zur Kultfigur aller Friedensbewegten aufstieg und dessen tragisches Ende mit dem Tod John F. Kennedys verglichen wurde? Seine Bekehrung zum Ausgleich mit den Arabern hat relativ spät eingesetzt. Wir erwähnten bereits, daß er der Intifada »die Knochen brechen« wollte. Im Sommer 1993 – nach einem Katjuscha-Angriff der schiitischen Hizbullah auf jüdische Dörfer in Galiläa – hatte er zum gewaltigen Vergeltungsschlag ausgeholt. Eine Feuerwalze von 30 000 Bomben und Granaten war flächendeckend niedergegangen, und zahllose libanesische Zivilisten mußten Hals über Kopf nach Norden in Richtung Beirut flüchten. Rabin hatte sich in früheren Regierungszeiten nicht gescheut, ungeniert mit der heute verpönten Schas-Partei der sephardischen Orthodoxen zu koalieren und auf deren maßlose Forderungen einzugehen.

Es lohnt sich immer wieder, auf eigene Niederschriften vergangener Jahre zurückzugreifen. So finde ich unter dem Datum des Juni 1993 folgende Eintragung: »Die zionistischen Helden sind müde geworden«, so schrieb ich. »Die Verhandlungen mit den Palästinensern, die von James Baker mit eisernem Druck vorgetrieben wurden, haben Verwirrung gestiftet. Ob Itzhak Rabin, der im Ausland viel gefeierte Ministerpräsident der Sozialisten, tatsächlich der rechte Mann für diese schwierige Stunde ist? Ich war ihm 1983 in kleiner, privater Runde begegnet und hatte mir den Oberbefehlshaber des siegreichen Sechs-Tage-Krieges anders vorgestellt. Rabin war ein blendend aussehender Mann mit tiefer, dröhnender Stimme; aber er wirkte irgendwie fahrig, als stünde er unter permanentem Streß. Seine Gegner erinnern daran, daß er auf dem Höhepunkt des Feldzuges von 1967 einen kurzen Nervenzusammenbruch erlitt. Seine jüngste Linie – flexible Kompromißbereitschaft am Konferenztisch, härtestes Vorgehen gegen Intifada und Hizbullah – nimmt sich recht widersprüchlich aus. Die Palästinenser verweisen darauf, daß in ihren Reihen mehr ›Märtyrer‹ unter der Regierung Rabin umgekommen sind als zur Zeit des ›Hardliners‹ Itzhak Shamir, seines Vorgängers vom Likud-Block. Auch mit Shimon Peres, dem derzeitigen Außenminister, hatte ich mich vor langen Jahren ausführlich besprechen können. Dieser kluge, weltweit geschätzte Sozialist hatte sich in den innenpolitischen Querelen abgenutzt und machte jetzt nur noch den Eindruck eines gewieften Routiniers. Da war die alte Mannschaft des Likud wohl doch aus einem härteren Holz geschnitzt. Menachem Begin und Itzhak Shamir hatten mit ihren wenig einnehmenden Gesichtszügen fast wie ›Höhlenmenschen‹ gewirkt, so spotteten die Israeli, aber eine unbändige Kraft war von den ehemaligen Untergrundkämpfern der ›Irgun‹ und des ›Stern‹ ausgegangen. Sie waren in den Jahren vor der Staatsgründung, als es für Israel um Sein oder Nichtsein ging, weder vor der Sprengung der britischen Offiziersunterkunft im ›King David‹ noch vor der Ermordung des UN-Vermittlers Graf Bernadotte zurückgeschreckt. Vor allem der winzige Shamir hatte mir mit seiner eisernen Gelassenheit, mit seinem grimmigen Humor imponiert.«

*

Mit solchen sehr persönlich geprägten Reminiszenzen liege ich heute zweifellos falsch. Die Verehrung Rabins stützt sich auf zwei Zeuginnen, die ihm am nächsten standen, seine Ehefrau Lea – aus Königsberg gebürtig –, die auf den deutschen Bildschirmen mit viel Würde aufgetreten ist, und die Enkelin Noa Ben Artzi-Pelossof. Letztere wurde ebenfalls von einem deutschen Fernsehsender zu ihrem Erfolgsbuch »Trauer und Hoffnung« interviewt. Sie trat als sympathisches und attraktives Mädchen auf. Was sie über ihren Großvater Itzhak sagte, ging zu Herzen, und ihr Bekenntnis zum Friedensprozeß klang ehrlich. Doch plötzlich kam der Schock. Ob sie denn palästinensische Freunde, zumindest gute arabische Bekannte habe, wurde sie gefragt. Und da stockte sie. Nein, räumte sie ein, sie habe eigentlich nie Kontakt zu Arabern gehabt. Die Peinlichkeit der Situation erkennend, fügte sie schnell hinzu: »Aber doch: Yassir Arafat hat uns einmal – als Jude verkleidet – besucht, und auch König Hussein von Jordanien war bei uns zu Hause. König Hussein ist doch Araber.«

Der Zauber war gebrochen. Darin liegt die Schwäche, die latente Unglaubwürdigkeit der israelischen Friedensbewegung: Die wenigsten ihrer überwiegend jugendlichen Anhänger haben je ein persönliches Gespräch mit einem Palästinenser geführt. Die Älteren hatten wohl hier und da irgendwelchen arabischen Tagelöhnern Weisungen erteilt. Ein so enges, fast freundschaftliches Verhältnis, wie es der im Kibbutz geborene Moshe Dayan zu den Söhnen Ismaels pflegte – möglicherweise in Unterschätzung der unüberwindlichen Gegensätze –, konnte kaum ein anderer Israeli aufweisen, ganz bestimmt nicht jene liberalen Intellektuellen, die sich auf arabischer Seite nur mit ihresgleichen unterhielten und nichts ahnten von den Nöten und Demütigungen der kleinen Leute in Gaza und auf dem West-Jordan-Ufer.

Mein marokkanischer Gefährte Aharon war während unseres Golan-Ausflugs mehrfach auf diese Selbsttäuschung der Europäer, der Aschkenasim, zu sprechen gekommen. »Sie haben keine Ahnung von der arabischen Mentalität«, hatte Aharon beteuert. »Die friedenswilligen Aschkenasim leben in völliger Unkenntnis ihrer palästinensischen Nachbarn. Unter den verwöhnten Söhnen und Töchtern der gehobenen Klasse herrscht Naivität, aber auch eine unterschwellige Arroganz, die sogar wir Sephardim zu spüren bekommen. Bei uns orientalischen Juden ist das anders«, fügte er hinzu. »Diejenigen, die aus den üppigen Gemeinden des Irak oder Ägyptens stammen, setzen sich in den Regierungsinstanzen am besten durch. Aber wir Maghrebiner sind immer noch nicht voll akzeptiert. Warum scharen wir uns denn so begeistert um den Rabbi Deri und seine Schas-Partei?« fragte der Mann aus Oujda. »Mag sein, daß dieser gewiefte Politiker, der sich angewöhnt hat, im schwarzen Anzug aufzutreten, allzu geschäftstüchtig ist. Aber das Geld kommt unseren sozialen Einrichtungen zugute, den Armen und Bedürftigen, die gerade bei den Sephardim besonders zahlreich sind.« Hatte die islamistische Hamas-Bewegung, wie so viele ihrer Schwester-Organisationen zwischen Algier und Ankara, nicht dadurch ihre Volksverbundenheit bewiesen, daß sie sich der Enterbten und Entrechteten, der »Mustazafin«, wie Ayatollah Khomeini sie nannte, brüderlich annahm? Der religiöse »Fundamentalismus« ist sich in seinen Wesenszügen sehr ähnlich, ob er nun im Gewand der koranischen Vorschriften oder des mosaischen Gesetzes auftritt.

»Was die Araber betrifft«, so hatte Aharon insistiert, »da machen wir uns nichts vor. In Nord-Afrika haben wir nicht im Ghetto, sondern im ›Mellah‹ gelebt, und wir wissen, daß es zur Zeit der islamischen Herrschaft über Spanien durchaus nicht immer so harmonisch zuging, wie die Orientalisten heute behaupten.« Die fanatisierten Berber-Horden der Almoraviden und Almohaden, die aus dem Atlasgebirge über die Straße von Gibraltar setzten, neigten nicht zu interkonfessioneller Toleranz. Der Begriff »Mellah«, so wußte ich aus meinen nordafrikanischen Erkundungen, war von dem Wort »melh«, das heißt »Salz« abgeleitet, weil es den Juden Marokkos in ihren streng abgesonderten Vierteln oblag, die Köpfe der Feinde des Sultans einzupökeln, die vor den Stadttoren zur Abschreckung aufgespießt wurden. Die Juden hatten als »dhimmi«, als Tributpflichtige mit geminderten Rechten, eine »verächtliche Duldung« genossen, und mehr wurde ihnen selten gewährt. Aharon war sich seines arabischen Umfeldes wohl bewußt. »Wir Sephardim würden niemals unser Schicksal dem Wohlwollen oder den feierlichen Zusagen der Muslime ausliefern im Gegensatz zu diesen törichten Aschkenasim, die nur noch das Wort ›Schalom‹ im Mund führen«, ereiferte er sich. »Andererseits fühlen wir uns den Arabern, die uns so nah verwandt sind, deren Sprache wir sprechen, deren Lebensstil wir teilen, eng verbunden. Wir werden nie so verachtungsvoll auf sie herabblicken, wie das die aschkenasischen Haredim tun.« Es sei doch bezeichnend, daß bei dem großen Friedensfest von Tel Aviv, das so tragisch endete, unter den zwei- bis dreihunderttausend begeisterten Menschen kein einziger Palästinenser zugegen gewesen, geschweige denn, daß ein arabischer Redner auf der Rathaustribüne zu Wort gekommen sei. Da hätten sich sogar die Franzosen mit ihrem verrückten Engagement für die »Algérie française« im Mai 1958 klüger verhalten. Sie hatten zahlreiche Muselmanen aus der Kasbah zu ihrem Versöhnungsfest auf dem Forum am Gouvernement Général beordert, und neben den putschenden Generalen war auch ein eingeborener Kollaborateur im Burnus aufgetreten.

*

Zwischen dem »Goldenen Kalb« von Tel Aviv und dem »Roten Kalb« von Jerusalem ist wenig Raum übrig für die Gründungsmythen des Zionismus. Wer redet heute noch vom »Geist von Massada«? Natürlich bin auch ich bei früherer Gelegenheit zu dieser Felsfestung herodianischen Ursprungs hochgepilgert, die die Mondlandschaft rund um das Tote Meer und dessen Schwefeldünste überragt. Auf dem Ostufer des Grabens, in dem einst Sodom und Gomorrha dem Zorn Jahwes anheimfielen, erhebt sich der Berg Nebo. Von diesem Massiv hatte der sterbende Moses seinen letzten sehnsüchtigen Blick auf das Gelobte Land gerichtet. Doch von der Legende des Widerstandes einer zum heldischen Untergang entschlossenen jüdischen Gruppe, die nach der Zerstörung des Tempels durch Titus in diese Öde entkommen sei und den Tod der Gerechten fand, ist nur ein Zerrbild übriggeblieben. Die modernen Historiker Israels haben sich dieses Themas mit ikonoklastischem Eifer bemächtigt. Die masochistische Entstaubung tradierter nationaler Ruhmesblätter ist offenbar nicht auf Europa beschränkt. Was man als eine Art »Fort Alamo« des Zionismus gefeiert hatte, wurde im nachhinein als ein dubioses Unternehmen verstockter Sektierer entlarvt. Der zeitgenössische Chronist des »Jüdischen Krieges«, Flavius Josephus, empfand nicht die geringste Bewunderung für die rund tausend Juden – Männer, Frauen und Kinder –, die in Massada in den Selbstmord flüchteten, noch ehe die römischen Legionen zum Sturm ansetzten. Das waren auch keine frommen Zeloten, wie sie später noch einmal der Widerstandskämpfer Bar-Kochba aufzubieten verstand, sondern verschrobene Sonderlinge, die bei der jüdischen Bevölkerung als »Sicarier«, als Dolchträger, gefürchtet waren. Sie massakrierten ihre eigenen Glaubensbrüder im nahen Städtchen En-Gedi und erwarben sich den Ruf eines Bundes von visionären Mördern, durchaus vergleichbar mit jenen ismailitischen »Haschischin«, die etwa tausend Jahre später unter der Führung des Alten vom Berge den Orient terrorisierten. Ihr grausiges Ende erinnert wiederum an kollektive Suizid-Aktionen unserer Tage, die von manischen Kündern der Endzeit im Dschungel Guayanas, im texanischen Städtchen Waco, in den Kultstätten der »Sonnentempler« angezettelt wurden.

Hat Israel sich wirklich vom Massada-Komplex befreit? Von dem amerikanischen Journalisten Stewart Alsop befragt, hatte die Ministerpräsidentin Golda Meir wütend geantwortet: »Ja, wir leiden unter dem Massada-Komplex, dem Pogrom-Komplex, dem Hitler-Komplex, wenn Sie es genau wissen wollen.« Golda Meir wußte ja auch von jener düsteren Beratung, die im Januar 1942 in Massada von den führenden Zionisten – darunter auch der junge Shimon Peres – einberufen wurde, um Extremmaßnahmen für den Fall einer Eroberung Palästinas durch das deutsche Afrika-Korps Erwin Rommels zu planen. Damals wurde vereinbart, daß die gesamte jüdische Bevölkerung des Heiligen Landes auf dem Karmel-Berg bei Haifa versammelt würde, um dort bis zum letzten Blutstropfen zu kämpfen. Das Vorhaben trug den Code-Namen »Massada« und kam – nach dem Scheitern Rommels vor El Alamein – natürlich nicht zur Anwendung. Nach Gründung des Staates Israel war es üblich, daß die Soldaten der Panzertruppen Zahals in den Festungsruinen hoch über dem Toten Meer vereidigt wurden.

Wie die Zeiten sich doch geändert haben! Seit 1971 führt eine bequeme Seilbahn auf die Höhe des Unheils, die zur touristischen Attraktion degradiert wurde und wo die israelische Polizei 1993 gegen eine tosende »rave-party« jugendlicher Bilderstürmer vorgehen mußte. »Niemals wieder wird Massada fallen«, unter diesem Slogan traten hier die Rekruten an, um ihren Treueschwur zu leisten. Heute will keiner mehr etwas zu tun haben mit dem blutigen Mahnmal: Die Säkularen nicht, weil sie der waffenklirrenden Romantik überdrüssig sind; die Orthodoxen nicht, weil ihnen die Exzesse der »Sicarier« von Anfang an wenig »koscher« vorkamen.

Gewiß, hier geht es nicht um mein persönliches Urteil, aber der Judenstaat gefiel mir besser, als er noch mit patriotischer Liturgie seine militärischen Weihen vollzog. Ende der achtziger Jahre war das rührselige Ritual, das dem Geist von Langemarck verwandt war, von Massada nach Jerusalem verlegt worden. Es war im März 1982, und ich schrieb damals: »Die Vorfrühlingsnacht war beißend kalt. Eben hatte der Muezzin der El-Aqsa-Moschee zum Abendgebet gerufen. Auf der großen gepflasterten Esplanade vor der Klagemauer waren Einheiten der israelischen Armee angetreten. Zuschauer drängten sich in großer Zahl – darunter auch orthodoxe Juden mit Schläfenlocken und Kaftan. Sie wurden von Militärpolizisten auf Abstand gehalten. Aus dem Lautsprecher ertönte das Lied: Jerusalem, du Stadt aus Gold. Die israelische Armee zelebriert seit ein paar Jahren die Rekrutenvereidigung im Angesicht des salomonischen Tempels. Die Hoffnungen des Jahres 1967, als Moshe Dayan mit den ersten Sturmtruppen zur Klagemauer vorgedrungen war und in eine Ritze des Gesteins den Zettel mit dem Wort ›Schalom‹ gesteckt hatte, gehörten der Vergangenheit an. Die Rekruten waren keine Jünglinge mehr. Es handelte sich um Neu-Einwanderer aus Australien, aus Argentinien, vor allem aus Rußland. Sie waren zwischen 25 und 35 Jahre alt und würden nur eine begrenzte Dienstzeit absolvieren. Die meisten wirkten kein bißchen soldatisch, waren von zu vielen Jahrhunderten in den Ghettos Osteuropas gezeichnet. Aber der Wille zum kriegerischen Einsatz und die eifernde Disziplin waren ihnen deutlich anzumerken. Ein schlanker, sehniger

Offizier gab Kommandos. Die Sergeanten prüften wie Wachhunde die exakte Ausrichtung der Rekruten. Rings um die Klagemauer und vor jenem unterirdischen Einlaß, wo nach den Fundamenten des Tempels Salomos gegraben wird, brannten Fackeln. In Flammenschrift leuchteten hebräische Buchstaben auf: ›Lehre den Sohn Juda, mit Pfeil und Bogen zu schießen‹, lautete der Bibelspruch. Der Schofar, das jüdische Horn, wurde geblasen, und ein Feld-Rabbiner nahm das Gelöbnis entgegen. Einer nach dem andern liefen die Rekruten nach vorn. Mit der Linken nahmen sie das Gewehr, mit der Rechten den Pentateuch, die fünf Bücher Mose, entgegen. Dann erklang – in musikalischer Anlehnung an die ›Moldau‹ von Smetana – die schwermütige Nationalhymne Israels. Der jüdische Staat – gerade weil er aus dem Nichts aufgetaucht war – wußte, daß eine Armee auf die Kraft der Symbole, ja auf Totems und Fetische nicht verzichten kann, daß die Bereitschaft zum Tod mit der Waffe in der Hand auf Pathos und Pomp angewiesen ist. Zahal verstand sich auf Weihe und Dekorum. Eine schmächtige blonde Soldatin hatte unmittelbar vor der Klagemauer zur Gitarre gegriffen. Auch das war Bestandteil der Eidesleistung. Von zwei weiblichen Offizieren eingerahmt, begann sie ihren Gesang: ›Ein Mädchen stand vor der Mauer und küßte sie. Das Blasen des Schofar-Horns klingt so mächtig, so sagt sie mir, aber die Stille tönt viel mächtiger. Auf ihrer Stirn im Abendlicht leuchtet der Purpur der Königinnen. Die Mauer ist verlassen und traurig, eine Mauer aus Blei und Blut. Es gibt Menschen mit steinernem Herz. Es gibt Steine mit menschlichem Herz. Aufrecht vor der Mauer verharrt ein Fallschirmjäger, der einzige Überlebende seiner Gruppe. Der Tod hat kein Gesicht, so sagt er mir, er hat nur ein Kaliber, neun Millimeter. Das ist alles, und ich weine nicht ... Aufrecht vor der Mauer – ganz in Schwarz – steht eine Soldatenmutter. Die Augen meines Sohnes, so sagt sie mir, leuchten heller als die Kerzen, die hier gezündet wurden. Ich schreibe keinen Zettel, den ich in die Spalte der Mauer schiebe. Denn gestern erst habe ich dieser Mauer etwas Größeres geopfert, als Worte und Buchstaben ausdrücken können.‹«

Die »Fünfte Kolonne« des Arabismus

Tel Aviv, im Frühjahr 1997

Die Sicherheitskontrollen am Eingang der Universität Tel Aviv sind streng. Dafür bestehen triftige Gründe, auch wenn die Terroranschläge islamischer Attentäter in letzter Zeit nachgelassen haben. Jederzeit kann es zu neuen Bluttaten kommen. Die Café-Terrasse der Hochschule ist dicht mit Studenten besetzt. Die jungen Leute gleichen ihren Kommilitonen in so vielen westlichen Ländern, bewegen sich lässig und unbeteiligt. Verwahrloste Kleidung hat sich auch hier durchgesetzt. Nur selten entdecke ich den strammen Sabra-Typus von einst. In dieser Hochburg der Säkularen hält man ebensowenig von militärischer Zackigkeit wie vom schwarzen Outfit der Religiösen. Seltsam, daß einen die jungen Israeli und Israelinnen – vor allem letztere – am stärksten beeindrucken, wenn sie ihre olivgrüne Uniform tragen und – Männlein wie Weiblein – mit dem Schnellfeuergewehr ausgerüstet sind. Die Amazonen-Kluft steht den Mädchen gut. In der Uni Tel Aviv glaube ich Mißmut zu verspüren, oder es ist nur ein burschikoses, ruppiges Genre, das man sich gibt, eine rauhe Schale, die zum Landesstil gehört. Der Friedensprozeß von Oslo hatte hier wohl die größten Erwartungen geweckt und die hellste Begeisterung ausgelöst. Jetzt stellen sich Ernüchterung und Katzenjammer ein.

*

Die Qualität des Lehrkörpers ist vorzüglich. Im »Moshe Dayan-Center für Mittelöstliche und Afrikanische Studien« der Tel Aviv-University verfügt Israel über ein einmaliges Forschungsinstrument. Die Bibliothek ist mit seltenen Schätzen gefüllt, und das Zeitungsarchiv erfaßt jede Meinungsregung im beobachteten Großraum. Die Büros der Professoren sind so nüchtern wie Mönchszellen. Die Auskunftsfreudigkeit der Dozenten sowie – in den meisten Fällen – die völlige Vorurteilslosigkeit der Analysen unterscheiden sich wohltuend von ähnlichen Fachinstituten in anderen Ländern.

»Das größte Problem für Israel ist nicht dort, wo man es am häufigsten sucht«, beginnt Dr. Elie Rekhess das Gespräch. »Keiner redet darüber, aber die auf unserem Staatsgebiet lebenden Palästinenser, die auch die israelische Nationalität besitzen, werden uns immer mehr Kopfzerbrechen bereiten. Wenn man Jerusalem – wie das fast alle israelischen Parteien fordern – dem Judenstaat zurechnet, beläuft sich die Zahl dieser Araber auf 1,1 Millionen, das ist ein Fünftel der Gesamtbevölkerung. Die Geburtenrate liegt ungewöhnlich hoch bei drei Prozent im Jahr. Die Beduinen bringen es sogar auf fünf Prozent. Das Durchschnittsalter liegt bei 18 Jahren. Achtzig Prozent dieser israelischen Araber sind jünger als 34 Jahre.«

Elie Rekhess ist ein sachlicher, ruhiger Gelehrter. Von Panikmache ist hier keine Spur. Er stellt bei den israelischen Arabern, die bis vor einigen Jahren der Militärverwaltung unterstanden, einen denkwürdigen politischen Wandel fest. Vor diesem Datum, in den fünfziger und sechziger Jahren, wählten sie mehrheitlich die extrem links ausgerichtete Mapai-Partei; denn schon damals durften sie eigene Abgeordnete in die Knesset entsenden. Ein folgenschwerer Umschwung fand 1967 nach dem Sechs-Tage-Krieg statt. Zu jener Zeit lag die politische Führung noch überwiegend bei christlichen Arabern, die vor allem in Galiläa und in Jerusalem stark vertreten waren. Sie waren für ein massives Umschwenken zur Kommunistischen Partei verantwortlich, wie in jener Zeit ja auch die radikalsten Widerstandsgruppen des Auslandes sich um die palästinensischen Christen George Habbash und Nayef Hawatmeh scharten, die beide aus ihren marxistisch-leninistischen Ideen kein Hehl machten.

Mit der allmählichen Abwanderung des christlichen Bevölkerungsteils – überwiegend Griechisch-Orthodoxe – verschoben sich die Gewichte. Nach der Gründung der Palästinensischen Befreiungsfront PLO durch Yassir Arafat setzten sich zunächst national-arabische Vorstellungen durch. Es folgte eine Periode zunehmender Spannung, und im Parlament von Jerusalem pflegten die arabischen Abgeordneten zugunsten von linksliberalen oder sozialistischen jüdischen Parteien zu stimmen. Angesichts verstärkter israelischer Landnahme in Galiläa veranstalteten die palästinensischen Bürger des Judenstaates, die – mit Ausnahme der drusischen Minderheit – vom Militärdienst ausgeschlossen waren, am 30. März 1976 zum ersten Mal »The Day of the Land«, eine jährliche Protestkundgebung, die später auch auf die besetzten Gebiete übergreifen sollte. Immerhin stellt die arabische Minderheit in Galiläa fünfzig Prozent der Bevölkerung, im Küstengebiet bringt sie es auf fünfundzwanzig Prozent.

Mit Ausbruch der Intifada im West-Jordan-Land und im Gaza-Streifen vollzog sich der entscheidende psychologische Umbruch. Der »Islamismus« wurde zur beherrschenden Ideologie. Die Vorstellung von der »Ummat-el-Islamiya« trat an die Stelle des westlichen Klischees von der »Ummat-el-arabiya«. Von nun an fand – parallel zum religiösen »revivalism« bei den frommen Juden – auch die Sehnsucht nach dem koranischen Gottesstaat eine wachsende Zahl von Anhängern. Seit dem Golfkrieg sind die arabischen Bürger des Judenstaates nicht mehr gewillt, den David-Stern auf Paß und Landesfahne als Zeichen ihrer staatlichen Identität zu akzeptieren. Noch energischer verwerfen sie die offizielle Nationalhymne, die »Hatikwa«. Wie sollten sie sich mit einem Text abfinden, der folgendermaßen lautet: »Solange im Herzen drinnen – ein jüdisches Fühlen noch taut, – solange gen Südost zu den Zinnen – von Zion ein Auge noch schaut, – solange lebt die Hoffnung auf Erden, – die uns zweitausend Jahre verband, – daß ein Freivolk wir würden werden – in Zions, Jerusalems Land.«

Bei den Muslimen mit israelischem Paß hat sich die Hinwendung zum »Fundamentalismus« bisher nicht in Terroranschlägen geäußert. Es setzte jene »schleichende Islamisierung« aller Bereiche des privaten und gesellschaftlichen Lebens ein, die sich im ganzen Orient, inklusive der Türkei, ausbreitet. Die militanten Islamisten – in sich gespalten, wie das der schmerzhaften Tradition der »Fitna« entspricht – rivalisierten miteinander auf dem Terrain der Sozialarbeit. Sie kümmerten sich um die Armen, die Darbenden und Entrechteten. Oft waren es arabische Ärzte, die die Initiative an sich rissen. Die offiziellen Prediger, die »Schuyukh-el-dini«, die Imame spielten eine relativ bescheidene Rolle bei der Errichtung von neuen Schulen und Krankenhäusern. Die Moscheen dienten als »Community Centers«, denen oft Karate- und Taekwondo-Schulen angeschlossen waren, wie das auch bei den in Deutschland lebenden Türken die Regel ist. Überhaupt verlief diese werbende Untergrundtätigkeit nach dem bewährten Muster der Moslem-Brüder in Ägypten und Jordanien, der Refah-Partei in der Türkei, der »Islamischen Heilsfront« Algeriens, solange letztere Organisation noch nicht der erbarmungslosen Repression durch das Militär ausgeliefert war. Bei den Gefolgsleuten des »Dschihad-el-Islami« mögen gewisse iranische Einflüsse eine Rolle gespielt haben, doch die entscheidende Finanzquelle – außer den üblichen Spenden aus Saudi-Arabien – sprudelte bei den reichen Exil-Palästinensern in USA und Lateinamerika.

Während die Frage der politischen Repräsentanz in der Knesset einen heute noch andauernden Disput aufwarf, verlagerten die Islamisten ihre Hauptanstrengung auf die Kommunalebene und errangen hier beachtliche Erfolge. In etwa hundert Ortschaften gewannen sie die Lokalwahlen und zogen diskret die Verwaltung an sich. Der Schwerpunkt dieser arabischen Rückbesinnung auf israelischem Staatsgebiet befindet sich in der Ortschaft Umm-el-Fahm. Die jüngeren Muslime haben überdies 48 Fußballmannschaften gebildet, verweigern jedoch jedes sportliche Treffen mit jüdischen Teams. Elie Rekhess hat die diversen Strömungen akribisch aufgeschlüsselt und auch untersucht, welche religiösen Direktiven ausgegeben werden, um die Beteiligung an den Knesset-Wahlen zu genehmigen oder zu untersagen. Die Pragmatiker halten sich an eine »Fatwa« des Scheikh Taha-el-Barakati, der als Direktor für geistliche Führung in der Scharif-Moschee von Mekka predigt. Sie folgen dem Beispiel des Propheten-Vetters Dschafar Ibn Ali Talib, der sich auf Befehl Mohammeds im Jahr 616 mit seiner kleinen Truppe von Gläubigen in das christliche Abessinien abgesetzt hatte und dort zwölf Jahre verbrachte. Voraussetzung war, daß der Negus von Abessinien das Recht der koranischen Minderheit respektierte, ihren Kult unbehindert auszuüben und ihr religiös geprägtes Gemeinwesen nach eigenen Regeln zu gestalten. Das gleiche Zugeständnis wird heute vom jüdischen Staat gefordert.

Wenn ich diese Argumente so ausführlich wiedergebe, so weil sie extrem aufschlußreich sind. Der radikale Flügel, der sich auf die Meinung von zwei Koran-Gelehrten aus dem nördlich gelegenen Umm-el-Fahm stützt, betrachtet eine Knesset-Beteiligung der Araber als vergebliche Anstrengung. Alle Mühe soll auf die kommunale Ebene umgeleitet werden. Einer der hardliner, Scheikh Radschid, führte dazu aus: »Die Knesset stellt eine Form von Gesetzgebung dar, die sich in Widerspruch zu dem befindet, was Allah uns befahl und verordnete.« Die Radikalen sehen keine Möglichkeit, die Scharia mit der jüdisch-zionistischen Natur Israels in Einklang zu bringen, und verwerfen darüber hinaus die westlichen Vorstellungen von Parlamentarismus und pluralistischer Demokratie. Eine extreme Koran-Interpretation fordert sogar die »Hidschra«, die Auswanderung der Muslime, falls sie in ein islam-feindliches System gepreßt würden. Sie können sich dabei auf die diversen Migrationen von Türken und Muselmanen im zerfallenden Osmanischen Reich sowie auf die massive Flucht der »Muhadschirin« von Indien nach Pakistan anläßlich der »Partition« des Subkontinents nach dem Zweiten Weltkrieg berufen.

In Wirklichkeit sind die Meinungen weiterhin gespalten bei den Arabern Alt-Israels. Bei den Wahlen von 1965 präsentierten sich sechs Parteien für 150 000 Urnengänger. In einer fast alle Fraktionen umfassenden »Schura« hielten sich die Befürworter und die Gegner einer Beteiligung – das betraf das Jerusalemer Parlament wie auch den neuerdings plebiszitierten Regierungschef – ungefähr die Waage. Schon zeichnet sich jedoch ab, daß die islamische Repräsentanz in der Knesset folgende Ansprüche vordringlich erheben wird: Rückgabe der »Waqf-Güter«, der religiösen Stiftungen, an eine muselmanische Autorität; Einsetzung von Religionsgerichten und Berufung von Qadis für Zivilangelegenheiten; Einführung eines koranischen Erziehungssystems; Anerkennung Jerusalems als heilige Stadt des Islam; Haftentlassung des Hamas-Führers Scheikh Ahmed Yassin.

Nicht nur den jüdischen Ultra-Orthodoxen, die opportunistisch zwischen Likud und Arbeiterpartei taktieren und um Einfluß schachern, auch der Muslim-Fraktion in der Knesset fällt die Funktion eines Züngleins an der Waage zu. Es gehörte die ganze ideologische Voreingenommenheit der westlichen Medien dazu, den Wahlsieg Benjamin Netanjahus über Shimon Peres, der äußerst knapp ausfiel, einer mangelnden jüdischen Gefolgschaft zuzuschreiben. Die arabischen Stimmen, die natürlich für Peres optierten, haben den Vorsprung des Likud-Politikers so außerordentlich reduziert. Andererseits sollte man sich in Erinnerung rufen, daß das Osloer Abkommen über den »Friedensprozeß«, das nur mit einer Stimme Mehrheit das israelische Parlament passierte, ohne die wenigen, aber entscheidenden arabischen Voten eindeutig gescheitert wäre. Mit einer Million palästinensischer Muslime sieht sich der jüdische Staat innerhalb der international anerkannten Grenzen von 1967 mit einer mächtigen Fünften Kolonne konfrontiert.

»Hier geht es wirklich um eine Existenzfrage«, betont Elie Rekhess in seiner trockenen Art. Er überreicht mir den Text einer Fatwa, die zu dem Thema im Mai 1995 von einem jordanischen und einem ägyptischen Korangelehrten verfaßt wurde. Andere Ulama haben sich dieser Interpretation der Scharia inzwischen angeschlossen, was einen düsteren Schatten auf jede israelische Koexistenzabsicht mit seinem nahöstlichen Umfeld wirft. »Israel ist laut koranisch-juristischer Auslegung eine fremde Einheit in dieser Region, eine Einheit, die sich der

Region aufgezwängt hat durch die Gewalt von Eisen und Feuer, durch Blutvergießen und durch die terroristische Vertreibung der ursprünglichen Bevölkerung«, so heißt es in dem Text. »Daraus resultiert, daß ein fremder, die Ziele der islamischen Gemeinschaft (Umma) verneinender Staat in einem Teil des ›Dar-ul-Islam‹ eingepflanzt wurde. Die koranische Rechtsposition gegenüber der zionistischen Einheit postuliert eine totale Verwerfung, anhaltenden Widerstand, unablässigen Dschihad (Heiliger Krieg). Die korrekte Haltung vom Standpunkt der Scharia muß darin bestehen, jede Teilnahme am feindlichen Parlament der Zionisten zu verneinen, weil daraus eine eventuelle Anerkennung des jüdischen Anspruchs abgeleitet werden könnte, auf dem usurpierten Land zu existieren oder zu verbleiben. Letzteres sollten wir mit allem Nachdruck verweigern.«

*

Die meisten Professoren und Dozenten des »Moshe Dayan-Centers« sind natürlich überzeugte Laizisten und sympathisieren mit der Arbeiterpartei. Das trübt jedoch ihren Blick nicht. Ich will hier nicht im Detail ihre Auskünfte über die arabischen Nachbarländer wiedergeben. Festhalten möchte ich nur, daß der Jordanien-Experte, Professor Asher Susser, überhaupt nichts von einer These hält, die dem Osloer Abkommen zugrunde lag, wonach Israel und Jordanien – so hieß es da – prädestiniert seien, wirtschaftlich aufs engste zusammenzuarbeiten. »Die Interessen Ammans«, so doziert Asher Susser kategorisch, »sind eindeutig auf den Irak ausgerichtet, und der Transitverkehr zwischen dem jordanischen Rot-Meer-Hafen Aqaba und Bagdad wird auch in Zukunft eine prioritäre Bedeutung einnehmen.« Hingegen könne sich eine allmähliche bevölkerungspolitische Osmose zwischen den beiden Ufern des Jordan anbahnen. Im Haschemitischen Königreich liege die Ökonomie ja ohnehin in den Händen der dort lebenden Palästinenser, die mindestens sechzig Prozent der Gesamtbevölkerung ausmachen. Verwaltung und Militär würden von König Hussein weiterhin den angestammten Alt-Jordaniern, insbesondere den Beduinen-Abkömmlingen überantwortet. Wie sich Thronfolger Hassan, der Bruder Husseins, behaupten werde, wenn er den Thron besteige, sei schwer vorauszusagen, aber in dieser Hinsicht müsse man erhebliche Risiken einkalkulieren.

Die Gespräche setzen sich teilweise im geschmackvollen Marcelle-Gordon's-Club der Universität fort. Vor allem den Experten für Irak und Syrien ist anzumerken, wie sehr es sie schmerzt, daß sie ihre Recherchen nicht an Ort und Stelle verifizieren können. Doch sie sind bestens informiert über die Clan-Kämpfe zwischen Tikrit und Bagdad, über das Nachfolgeproblem, das sich dem syrischen Präsidenten Hafez-el-Assad stellt, seit sein Lieblingssohn Basil-el-Assad in seinem Turbo-Porsche tödlich verunglückte. Auch der Tatsache, daß Saddam Hussein in den Augen der arabischen Massen zwar als brutaler Gewaltmensch gefürchtet, gleichzeitig jedoch als Held, als »Batal«, bewundert wird, der alle Intrigen der USA überlebt, wird von den Spezialisten voll Rechnung getragen. Die Stadt Tel Aviv steht ja weiterhin unter dem Trauma jener Scud-B-Raketen aus der irakischen Wüste, die in ihre Randzone während des Golfkrieges einschlugen.

Im Büro Egal Zissers, dem für Syrien zuständigen Dozenten, wird »couleur locale« gepflegt. Ein riesiges Plakat mit Hafez-el-Assad und seinen beiden Söhnen Basil und Bashar hängt an der Wand. Überall sind Exemplare der Damaszener Zeitung »El Thaura« verstreut. Dr. Zisser bestätigt, was uns die Drusen von Majdal Shams zu Füßen des Hermon bereits versicherten, daß nämlich der beherrschende Einfluß im Libanon für Syrien ungleich wichtiger sei als die Rückgewinnung des Golan und daß nur Narren davon träumen könnten, der starke Mann von Damaskus werde eines Tages wie der Ägypter Anwar-el-Sadat als Redner vor der Knesset auftreten.

Durch seine protokollgerechte Kleidung – dunkelblauer Anzug mit Nadelstreifen – gibt Professor Itamar Rabinovich zu verstehen, daß er sich weiterhin als Diplomat betrachtet. Bei der Begrüßung erinnert er daran, daß wir uns im Jahr 1983 ja schon einmal in der Wohnung des damaligen Stern-Korrespondenten Shabtai Tal begegnet sind und daß Itzhak Rabin an jenem Abend das Gespräch beherrscht hatte. Rabinovich war ein Vertrauensmann Rabins. Der weltmännisch auftretende Mann hatte als Botschafter Israels in Washington Geheimverhandlungen mit seinem syrischen Counterpart über einen eventuellen Friedensschluß geführt. Entgegen anderslautenden Presseberichten sei seinerzeit ein Durchbruch in der Golan-Frage nicht voll erzielt worden. Das eindeutige Signal aus Damaskus sei ausgeblieben. Aber man war der Rückgabe dieses Gebiets an Syrien und der gleichzeitig vereinbarten Demilitarisierung der strategischen Höhen doch sehr nahe gekommen.

Itamar Rabinovich hat auch eine einflußreiche Rolle bei den Osloer Verhandlungen gespielt, die auf israelischer Seite von Vize-Außenminister Jossi Beilin, einem engagierten »peacenik«, geführt wurden, während der palästinensischen Delegation der geschmeidige Arafat-Vertreter Abu Mazen vorstand. Rabinovich läßt seiner Verbitterung über das voraussichtliche Scheitern des Friedensprozesses freien Lauf. Für Benjamin Netanjahu findet er nur negative Beurteilungen. In der locker geführten Konversation mit dem früheren Botschafter werden einige Grundzüge der Osloer Absichten deutlich, wie sie der Regierung Rabin-Peres vorschwebten. Die vorgesehenen Zugeständnisse gingen sehr weit. Jossi Beilin hatte offenbar eingeräumt, daß Jerusalem die doppelte Hauptstadt der Israeli und der Palästinenser würde. Die Ausrufung eines Palästinenser-Staates war positiv entschieden. Die Golan-Frage – so nahm man damals an – sei auf gleiche Weise zu lösen wie seinerzeit die Rückgabe der Sinai-Halbinsel an Kairo, und Rabin hatte die Restitution des syrischen Territoriums bis zum letzten Zoll konzediert. Eine Umgruppierung und Sammlung der jüdischen Siedlungen auf der Westbank sollte sich auf zwei Ballungsgebiete konzentrieren, das eine südlich von Jerusalem in Judäa, das andere nord-östlich von Tel Aviv in Samaria. Das Jordan-Tal und die dortige Wehrgrenze gegenüber dem Haschemitischen Königreich wäre den Arabern zugefallen. In Gaza wurde der Ausbau eines internationalen Hafens beschlossen. Die im Ausland lebenden arabischen Flüchtlinge – vor allem die Gestrandeten in den libanesischen Camps waren damit gemeint – sollten mit palästinensischen Pässen ausgestattet werden; dann wäre das dornige Problem ihrer Heimkehr ein internes Problem Arafats und ginge die jüdische Regierung nichts mehr an.

Rabinovich verweist auf die negativen Symptome der letzten Monate. Israel habe es nun mit einer neuen Form der Intifada zu tun. Täglich komme es zu gewalttätigen Auseinandersetzungen und zum Tod junger Palästinenser. Seit der Wahlniederlage Shimon Peres' sei die Entfremdung von Amerika weit vorangeschritten, und Washington entdecke neue Prioritäten jenseits des leidigen Nahost-Puzzles. Die harsche Kritik des ehemaligen Botschafters entspricht den Attacken, die die israelischen Intellektuellen und die meisten maßgeblichen Opinion-leader in den diversen Medien des Judenstaates gegen die Likud-Regierung reiten. In einer Situation höchster nationaler Gefährdung verdammen die Friedensapostel den »Verrat« Netanjahus am Geist von Oslo und stimmen wütende Tiraden gegen die angebliche »Kriegspartei« im eigenen Lager an. Damit tragen sie mächtig dazu bei, das bisher im Ausland einseitig gehätschelte positive Image Israels anzuschlagen. Die gleiche Kampagne gegen die Likud-Politik wird von gewissen jüdischen Publizisten der Diaspora fortgeführt, die den liberalen Vorstellungen eines Rabin, Peres oder Beilin nahestanden. So war mir ein einflußreicher deutscher Journalist mosaischen Glaubens aufgefallen, der den Namen Netanjahu nur mit spürbarer Abscheu über die Lippen brachte. Daß damit dem Staate Israel – unabhängig von seiner derzeitigen Orientierung – ein nicht wiedergutzumachender Schaden zugefügt, daß ein Umschwung der bislang pro-zionistischen Sympathien zugunsten der palästinensischen Sache bewirkt würde, dessen waren sich diese Stimmungsmacher offenbar nicht bewußt, oder sie wollten es nicht wahrhaben. Gemessen an diesen »querelles juives« scheinen die oft zitierten »querelles allemandes« geringfügiger Natur zu sein.

Am Tage meiner akademischen Begegnung in der Tel Aviv University wird aus dem Gaza-Streifen gemeldet, daß zwei arabische Selbstmord-Kandidaten sich in die Luft gesprengt haben, bevor sie ihr Ziel, zwei Schulbusse mit jüdischen Kindern, erreichen konnten. Zwischen Hebron und Jericho sind zwei junge Palästinenser bei einem Zusammenprall mit israelischen Soldaten tödlich getroffen worden.

»Baut der Thora eine Mauer!«

Hebron, im Frühjahr 1997

Das also ist der Stein des Anstoßes, Har-Homa genannt. So zahlreich sind die grünbewaldeten Hügel auf den karstigen Höhen von Judäa nicht, und es wäre schön gewesen, wenn der Wald aus Korkeichen und Fichten erhalten geblieben wäre. Aber Benjamin Netanjahu hat angeordnet, auch südlich von Jerusalem, im erweiterten Ostteil der Stadt Davids, ein zusätzliches Bollwerk des Zionismus errichten zu lassen. Die Bulldozer haben breite Schneisen in das bislang unberührte Gelände geschlagen. Es wird nicht lange dauern, dann werden zunächst 2450, dann 6500 Wohneinheiten insgesamt 30000 neue jüdische Siedler an dieser Stelle beherbergen. Alle Proteste des Auslandes haben bislang nichts bewirkt. Das fast einstimmige Votum des Weltsicherheitsrats gegen den einseitigen Beschluß der israelischen Regierung wurde durch ein Veto der USA blockiert.

Fieberhaft wird nicht gearbeitet an diesem klaren, kühlen Frühlingstag am Berg von Har-Homa, den die Araber von alters her Dschebl Abu Ghneim nennen. Ich bin wieder mit Aharon unterwegs, der mich mit maghrebinischer Gastlichkeit in seinem Wagen nach Hebron fährt. Die Baustelle ist durch Drahtverhaue abgeschirmt. Ein gemischtes Aufgebot von Polizei und israelischem Militär steht für alle Fälle bereit. Auch an diesem Tag findet eine Kundgebung gegen die angebliche Verletzung des Friedensprozesses von Oslo statt, aber dabei geht es recht müde zu. In einem kargen Olivenhain gegenüber Har-Homa haben sich etwa dreißig junge Leute zu einem Sit-in versammelt. Sie halten Transparente in hebräischer Schrift hoch. Es sind ausschließlich junge Juden europäischen Typs, die gegen den Ausbau von Abu Ghneim passiven Widerstand leisten. Aharon hält mit seiner Mißbilligung nicht zurück. »Das sind die Kinder reicher Leute, die verwöhnten Jung-Intellektuellen, denen nicht viel mehr einfällt, als ›Schalom‹ zu rufen. Laut Umfragen haben sich 56 Prozent der Israeli für diese zusätzliche Absicherung Jerusalems ausgesprochen, und nur 29 Prozent sind dagegen.«

Mein sephardischer Mentor steht eindeutig auf Netanjahus Seite. Shimon Peres habe nur den Ausverkauf vorbereitet. Im übrigen spiele die Arbeiterpartei ein sehr undurchsichtiges Spiel. Heute entrüsten sich deren Wortführer über das Bündnis der Likud-Regierung mit der streng religiösen und stark nordafrikanisch geprägten Schas-Partei. Dabei habe in vergangenen Jahren doch auch Itzhak Rabin mit den Ultra-Religiösen paktiert, wenn es um die Mehrheitsbeschaffung in der Knesset ging. »Die Aschkenasim mögen schlauer und weltgewandter sein«, meint Aharon, »aber wir sind vitaler und realistischer. Schauen Sie doch auf das Niltal. Dort wird in den Provinzstädten und Dörfern Oberägyptens ganz heimlich und unter trügerischen Verklausulierungen für die christlichen Kopten, die Ureinwohner des Landes, wieder die Kopfsteuer eingeführt. Zusätzlich wird die Forderung erhoben, die unzuverlässigen ›Nasrani‹, die Nazarener, vom Militärdienst auszuschließen.« Tatsächlich ist die »Dschiziyah«, die Kopfsteuer, für die nicht-muslimischen Schriftbesitzer ein Kernstück ihres verminderten Status als »dhimmi«; so entspricht es der koranischen Gesetzgebung.

Auf der Weiterfahrt nach Süden entdecken wir auf der Höhe zur Linken die Häuser Bethlehems. »Du Bethlehem im Lande Juda, bist nicht die Geringste unter den Fürstenstädten Israels, denn aus Dir wird hervorgehen ...« so etwa habe ich die Prophezeiung des Alten Testaments im Ohr, die von den frühen Christen begierig aufgegriffen wurde, um die messianische Identität des Jesus von Nazareth zu belegen. Neuerdings ist Bethlehem, dessen ursprünglich christlich-arabische Mehrheit durch Auswanderung drastisch reduziert wurde, der sogenannten A-Zone zugeschlagen, die im Abkommen von Taba definiert wurde. Die Ortschaft steht also nicht nur unter palästinensischer Verwaltung, sondern auch unter palästinensischer Sicherheitshoheit. Die Soldaten von Zahal sind aus dem Straßenbild verschwunden. Dafür kontrollieren sie weiterhin, manchmal in gemischten Patrouillen mit den Männern Arafats, die unmittelbare Umgebung. Immer wieder kommt es – insbesondere seit dem Baubeginn in Har-Homa – zu wütenden Zusammenstößen mit der neuen Intifada. Das Wort heißt bekanntlich »aufrütteln« in der Übersetzung, und aufgerüttelt wurden die Bewohner Bethlehems, ja zutiefst verstört und in Rage versetzt, als sie entdeckten, daß die zionistische Neusiedlung auf dem Dschebl Abu Ghneim darauf hinzielt, ihre Ortschaft von der direkten Verbindung mit Jerusalem abzuschneiden, einen Sperriegel zu schieben zwischen die Geburtsstätte Christi und den arabischen Siedlungsraum rund um Ramallah, nördlich von Jerusalem. In Zukunft wären sie auf eine weit nach Osten ausgreifende Umgehungsstraße angewiesen.

*

Ob wohl das schöne orientalische Haus meines Freundes Mansur die urbanistische Neugliederung im Niemandsland zwischen der Jerusalemer Altstadt und der nunmehr palästinensischen Enklave Bethlehem überlebt hat? Mansur war Redakteur der arabischsprachigen Zeitung »El Quds«, die ihre antizionistische Grundausrichtung nicht verheimlichte. Ich halte jetzt vergeblich Ausschau nach dem levantinischen Anwesen, das den Villen des Libanon so ähnlich war, mit dem flach ansteigenden Ziegeldach, der prächtigen Natursteinterrasse, die durch drei symmetrisch geschwungene Bögen veredelt wurde. Es war im Februar 1982 gewesen an einem kalten Wintertag, als wir in dem großen Salon unser besinnliches Gespräch führten. Wir drängten uns an den Petroleumofen, während der Sohn des Hauses, Kamal, etwa achtzehn Jahre alt, mit gebührendem Respekt dem Vater und dem Gast Tee mit Süßigkeiten servierte, um sich dann zurückzuziehen. Möge doch den jungen Arabern diese Tugend der »Hischma«, der schamhaften Zurückhaltung, die so gar nicht in unsere Zeit paßt, noch lange erhalten bleiben.

Ich traf Mansur an jenem Wintertag 1982 nicht zum erstenmal, aber seine Klage war stets die gleiche. »Ich hänge an Jerusalem wie an einer geliebten Frau«, beteuerte er, »und ich bin rasend eifersüchtig, wenn man sie mir nehmen will.« Das Aussehen Mansurs entsprach keineswegs seinem »sieghaften« Namen. Er war kleingewachsen und trug ein etwas unseriöses Menjou-Bärtchen unter der breitgedrückten Nase. Der Palästinenser machte jedoch seine mangelnde Attraktivität durch orientalische Liebenswürdigkeit wett. »Sie sehen einen Heimatlosen in seiner eigenen Heimat«, fügte er hinzu, bevor er sich der aktuellen Politik zuwandte. »Wir sind an einer Wende angelangt«, sagte er schon damals. »Es wird jetzt deutlich, daß der jüdische Regierungschef Menachem Begin – nachdem er 1979 seinen Frieden mit Ägypten gemacht hat – gar nicht daran denkt, auf echte Autonomie-Verhandlungen für das West-Jordan-Ufer einzugehen. In Wirklichkeit wollen die Israeli Judäa und Samaria, wie sie sagen, für sich behalten.« Der Journalist hatte sich über die jüngste israelische Methode beschwert, in den arabischen Dörfern sogenannte »Village Leagues« aus palästinensischen Kollaborateuren zu rekrutieren und sogar verräterische Söldner zu bewaffnen. »Viele Freiwillige stellen sich nicht zur Verfügung«, sagte er, »aber Sie kennen doch das System aus dem Algerien-Krieg, als die Franzosen die nordafrikanischen Verbände der Harki aufboten.«

Mansur war ein nuancierter Mann, ein Angehöriger jenes palästinensischen Bürgertums, das – wie er selbst eingestand – mehr zum pathetischen Wort als zur revolutionären Tat neige. Es sei eine Tragödie, so meinte er, daß die palästinensischen Intellektuellen, die die Vorhut der arabischen Erneuerung und Modernisierung hätten bilden können –, in keinem anderen Land der Umma gebe es so viele Diplomierte und Promovierte – zum Exil, zur Hilfsarbeit oder zur Zweitrangigkeit verurteilt blieben. Von den Auslands-Organisationen Arafats war er damals nicht sonderlich begeistert. »Sie wissen, wie man Yassir Arafat bei uns gelegentlich nennt: ›el rajul min al barra – den Mann von draußen‹, und tatsächlich fehlt es den Emissären der PLO oft an Instinkt für unsere Probleme in der alten Heimat.« Er befürchtete, daß die Israeli systematisch dazu übergehen könnten, die Araber Palästinas, deren Bevölkerungszuwachs für den Judenstaat ein unlösbares Dilemma darstellt, aus dem Land zu ekeln. Die meisten Akademiker seien bereits abgewandert, und von der PLO-Zentrale aus Beirut tönten nur heldische Durchhalteparolen. Der tatsächliche Widerstand gegen die zionistischen Annexionsabsichten komme spontan von Jugendlichen und Kindern, von Schülern und Studenten. Die gingen auf die Straße, würden Barrikaden errichten, Steine gegen die israelischen Militär-Patrouillen schleudern, Streiks erzwingen. Aber die Gegenseite sei nicht zimperlich. Die orthodoxen jüdischen Neusiedler würden mit ihren Uzi-Maschinenpistolen auf die demonstrierenden Palästinenser schießen.

»Unsere Jugend ist in Bewegung geraten«, sagte Mansur. »Vor allem in Nablus neigen unsere muselmanischen Studenten mehr und mehr der fundamentalistischen Richtung zu. Vielleicht haben die Israeli ursprünglich solche Spaltungssymptome gefördert. Doch die Tendenz gewinnt jetzt ihre eigene Dynamik. In der El-Nadschah-Universität von Nablus ist ein marxistischer Lehrer von seinen islamischen Studenten aus dem Fenster geworfen worden, und der Kampfruf lautet auch bei uns: ›Allahu akbar‹. Kennen Sie den Hadith, der dieser Tage bei uns viel zitiert wird? Demnach verkündete der Prophet all jenen Gläubigen, die im Bereich von El Sham leben – damit ist Damaskus und Syrien unter Einschluß Palästinas gemeint –, daß sie auf alle Zeiten dazu verurteilt seien, Mudschahidin zu bleiben. Das trifft auf unsere Kinder zu. Auch mein Sohn Kamal läßt sich von mir kaum noch mäßigen.«

Wir sprachen zwangsläufig von der Bedeutung Jerusalems für den Islam seit dessen fernen Ursprüngen. Der Prophet Mohammed war in seiner seherischen Inspiration ja zutiefst durch die Juden Arabiens beeinflußt worden, die dort im fünften Jahrhundert eine führende intellektuelle Rolle spielten. Einige der berühmtesten Qassida-Dichter arabischer Sprache waren Juden. Ganz Arabien stand damals – wenn Mohammed nicht gekommen wäre – möglicherweise im Begriff, zum mosaischen Glauben überzutreten, wie das ein paar jemenitische Stämme bereits vollzogen hatten. Bei seiner Flucht nach der Oase Yathrib, die später in Madinat-el-Nabi umbenannt wurde, hatte der Prophet wohl gehofft, die dort siedelnde jüdische Gemeinde – sie war zahlreich und wohlhabend – werde seiner Botschaft lauschen. Mit Rücksicht auf diese erhoffte Konvertierung ließ er anfangs die Gebetsrichtung, die Qibla, nach Jerusalem orientieren und noch nicht nach Mekka. Den Sabbat, nicht den Freitag bestimmte er zum Tag des Gebets. Erst als die Juden von Medina diesen wirren Wüstenprediger, der sich als Siegel der Offenbarung aufführte, alle ihre Propheten durcheinanderwarf und den Talmud nur vom Hörensagen kannte, mit

Hohn und Spott überhäuften, als die gelehrten Rabbis von Yathrib ihm verächtlich den Rücken kehrten, holte Mohammed zum schrecklichen Strafgericht aus, eroberte die Lehmburgen der Israeliten und ließ die Männer erschlagen, Frauen und Kinder in die Sklaverei verkaufen.

»Heute sind wir die Bedrängten«, seufzte Mansur. »Was mich am meisten an den Juden stört, die durch Jahrtausende verfolgt und gedemütigt wurden, das ist ihre Selbstgerechtigkeit, ihr Mangel an Mitgefühl für unsere palästinensische Tragödie. Der Prophet soll über das von ihm angerichtete Unglück der Juden von Medina immerhin geweint haben. Vielleicht liegt es daran, daß unser Gottverständnis universal ist, für alle Menschen gilt, während der jüdische Jahwe ein Stammesgott blieb.«

Zwei Wochen nach meiner damaligen Abreise aus Israel erhielt ich die Mitteilung, daß Kamal, der Sohn Mansurs, bei einer antiisraelischen Kundgebung schwer verletzt worden war. Ich schickte dem palästinensischen Journalisten einen Brief, um meine Anteilnahme zu bekunden. Zehn Tage später erhielt ich seine Antwort: Kamal müsse sich noch einer dritten Operation unterziehen, aber Gott sei gnädig gewesen, er befinde sich außer Lebensgefahr.

*

Die Strecke nach Hebron ist voller Überraschungen. Hier wird sichtbar, wie unwiderstehlich der jüdische Lebensraum sich auf der West-Bank erweitert. Es handelt sich nicht um provisorische Maßnahmen. Die durch Drahtverhaue und Blockhäuser gegen arabische Überfälle gesicherten Neusiedlungen der Zionisten sind Ansammlungen von geschmackvollen Bungalows mit blühender Vegetation rundum. Man denkt an die Zukunftsvision Theodor Herzls, der in seiner Broschüre »Alt-Neu-Land« Tausende weißer Villen aus dem Grün üppiger Gärten leuchten sah. Wie in Jerusalem wird ausschließlich der prächtige Kalkstein Judäas verwendet. Die Moshavim, wie man die landwirtschaftlichen Kooperativen nennt, sind an den roten Ziegeldächern zu erkennen. Doch die meisten dieser Wohnungen beherbergen keine Pioniere mehr. Die weitaus meisten Einwohner der ständig expandierenden Wehrdörfer gehen tagsüber höchst prosaischen Berufen in der nahen Hauptstadt nach. Der Aufenthalt auf der umstrittenen West-Bank wird durch großzügige Kreditgewährung, durch Steuervorteile jeder Art stimuliert. Die nackte Profitsucht, so meinen die Skeptiker in Tel Aviv, habe sich längst an die Stelle des Aufbauwillens und der zionistischen Begeisterung gedrängt. Nicht das Abenteuer suchten die jüdischen Kolonisten im Umkreis von Jerusalem, sondern das bequeme Leben.

Besonders drastisch offenbart sich die Bevölkerungsumschichtung entlang der Straße nach Hebron. Dort sind erstaunliche Bauvorhaben durchgeführt worden. Um die Zufahrt zu den jüdischen Settlements abzusichern, wurden breite Asphaltbahnen angelegt, die von Zahal leicht einzusehen sind. An jenen Engpässen, wo die kärglich und altertümlich wirkenden Dörfer der Araber allzu dicht an die Verbindungsstränge heranrücken, wurden sogar Tunnel durch die felsigen Hügel und deren Olivenhaine gegraben. Die Kosten dieses zusätzlichen Netzes von Highways und Unterführungen, die den verbleibenden palästinensischen Lebensraum einschnüren, müssen gewaltig sein. Die Mehrzahl dieser Projekte wurde übrigens von der Regierung Rabin-Peres in Auftrag gegeben und von Netanjahu lediglich weitergeführt. Auf das gesamte West-Jordan-Ufer übertragen, dessen Fläche ja ohnehin sehr bescheiden ist und nicht einmal dem Umfang von Rheinland-Pfalz entspricht, entstand in dieser Krisenzone, von den westlichen Medien bislang kaum beachtet, ein »Leopardenfell«, wie man einst im Vietnam-Krieg sagte, ein heilloser Flickenteppich, der – falls nicht eine radikale und für Israel höchst schmerzliche Neuverteilung und Reduzierung der jüdischen Einsprengsel stattfindet – die Ausrufung eines Palästinenser-Staates zur Farce werden ließe.

Am Wegrand macht ein israelischer Polizist Autostopp, und wir nehmen ihn mit. Sein Ziel ist die rein jüdische Stadt Kiryat Arba in unmittelbarer östlicher Nachbarschaft von Hebron. Sie soll inzwischen mehr als fünftausend Menschen beherbergen. Im Februar 1969 hatte ich einen ersten Blick auf Kiryat Arba geworfen. Da standen auf diesem unwirtlichen Felshang nur ein paar Baracken hinter Stacheldraht und ein hölzerner Wachturm, von dem die Fahne mit dem David-Stern im Schneeregen flatterte. Es war eine bedrückende Vision. Dreizehn Jahre später, als ich dorthin zurückkehrte, hatte sich Kiryat Arba in eine stattliche Wohnburg verwandelt, einen Komplex von mehrstöckigen Häusern, deren wuchtige Betonmauern sich zum Widerstand gegen Artilleriebeschuß eigneten. Seitdem ist die Ortschaft weiter expandiert und hat sich hinter elektronischen Sperranlagen zusätzlich verschanzt. Wir setzen den Polizisten an einem automatisch bedienten Eisentor ab und verzichten auf die Besichtigung. Zu den jüngsten Sehenswürdigkeiten Kiryat Arbas gehört nämlich das zum Heldendenkmal erhobene Grab des Arztes Baruch Goldstein, der am 25. Februar 1994 in die Ibrahimi-Moschee von Hebron eingedrungen war und mit seiner Maschinenpistole 29 betende Muslime niedergemäht hatte.

»Erbstreit im Hause Abraham«, diesen Titel hatte ich im Jahr 1982 einem Dokumentarfilm über das Verhältnis von Juden und Arabern vorangestellt. Er ist seitdem häufig plagiiert worden. All jenen, die den religiösen, den mythischen, den total irrationalen Grundcharakter des urzeitlichen Widerstreits zwischen den beiden semitischen Völkern verneinen, kann ich nur raten, nach Hebron aufzubrechen und dort die Augen zu öffnen. Auf Umwegen sind wir an Kiryat Arba vorbei zu den Machpela-Gräbern gelangt. Der mächtige, quadratische Sockel des Heiligtums geht auf den König Herodes zurück, der auch den zweiten Tempel von Jerusalem erweitern und schmücken ließ, um die Gegnerschaft seiner jüdischen Untertanen zu beschwichtigen. Das obere Mauerwerk, ebenfalls in riesigen Klötzen geschichtet, wurde vom byzantinischen Kaiser Justinian in Auftrag gegeben.

Das herodianische Bauwerk umschließt jene legendäre Höhle von Machpela, in der neben anderen Patriarchen und deren Frauen der Urvater Abraham begraben ist. Die Bestattungsstätte ist immer wieder beschrieben, auf zahlreichen Bildern reproduziert worden. Die israelischen Sicherheitsmaßnahmen sind an diesem Tag weniger streng als erwartet. Die jungen Soldaten von Zahal wirken locker und freundlich. Die mächtigen Sarkophage im verstaubten Innern des düsteren Gewölbes sind durch reichbestickte Brokatdecken verhüllt. Zur Zeit der Mameluken-Sultane wurden die Mauern im damaligen Sakralstil mit kunstvollen Koransprüchen dekoriert. Hebräisch beschriftete Votiv-Zettel fallen uns auf, die achtlos verstreut sind. Eine kleine Gruppe orthodoxer Juden, mit Papilloten, schwarzem Hut und Kaftan, ist vor der Gruft Abrahams versammelt. Die meist jungen Männer huldigen in pendelnder Körperschwingung dem biblischen Urahnen und dem sieghaften Gott Israels, wobei der eine von ihnen die Hände tief in den Hosentaschen vergraben hat. An einer vorgeschriebenen Stelle der Thora-Rezitation ergreift ein hochgewachsener Talmud-Student das geschwungene Hammelhorn, den Schofar. Ein langgezogener klagender Ton dringt durch die Gruft.

»Am Anfang steht Abraham«, so hatte ich schon im März 1969 meinen Fernsehfilm »Der biblische Krieg« über den damaligen Stand der Nahostkrise begonnen. Der Patriarch, der Erzvater, war in grauer Vorzeit aus Ur in Chaldäa aufgebrochen und vom Gott Jahwe in das Land

Kanaan geführt worden, das man heute Palästina nennt. Abraham hatte von seiner Frau Sara einen Sohn, Isaak. Isaak zeugte Jakob, der nach seinem Kampf mit dem Engel »Israel« gerufen wurde. Auf diesen Stammvater Jakob-Israel führen die Juden ihren Ursprung als Volk zurück. Abraham, den die Muslime Ibrahim heißen, hatte von seiner Magd oder Nebenfrau Hagar einen zweiten Sohn, den er Ismael nannte. Im fernen westarabischen Hedschas, dort wo die heiligen Stätten von Mekka verehrt werden, erbaute Ibrahim dem Koran zufolge gemeinsam mit Ismael das Haus Allahs, »Beit Allah«, über dem schwarzen Meteoriten der Kaaba. Heute noch erinnert das Ritual der Mekka-Pilger an jene Episode aus dem Leben des kleinen Ismael, als er mitsamt seiner Mutter Hagar – von Abraham auf Betreiben der eifersüchtigen Sara verstoßen – in der Wüste zu verdursten drohte. Damals entdeckte Hagar nach verzweifeltem Suchen – das die Mekka-Pilger in vorgeschriebenem Laufschritt nachahmen – die Quelle Zem-Zem, die ein von Allah gesandter Engel aus dem Felsen sprudeln ließ. Der biblischen und der koranischen Tradition zufolge gilt Ismael als der Stammvater der Araber.

Der Koran deutet ebenfalls an, daß Ibrahim in Mekka von Gott aufgefordert worden war, das Opfer seines Sohnes – Ismael oder Isaak, das bleibt umstritten – zu vollziehen, und daß er den Teufel, den Scheitan, der ihn zum Ungehorsam verleiten wollte, durch Steinwürfe vertrieb. Das Ersatzopfer des Hammels, den der Stammvater anstelle des eigenen Sohnes schlachtete, nachdem wiederum ein Engel ihm Einhalt geboten hatte, brachte er jedoch im Bereich des salomonischen Tempels von Jerusalem dar, auf jenem Felsen, über dem sich heute die goldene Kuppel der Omar-Moschee wölbt. – Ibrahim, so betont der Koran, war weder Jude noch Christ, sondern »Hanif«, ein inspirierter Gläubiger an den einzigen Gott. Der Bibel zufolge haben Isaak und Ismael zum Zeichen der Versöhnung ihren Vater schließlich gemeinsam in Hebron bestattet, wo der Patriarch zu Lebzeiten mit seinen Herden kampiert und dem Hethiter Ephron die künftige Grabstätte abgekauft hatte. Dennoch heißt es im ersten Buch Mose von Abraham: »Er blieb ein Fremdling im Land der Philister.«

*

Möge der Gott Abrahams – ob er nun unter dem Namen Allahs, Jahwes oder der Dreifaltigkeit verehrt wird – das Heilige Land vor dem Schicksal Hebrons bewahren! Was König Salomo einst als List erfand, um eine der verfeindeten Mütter der Lüge zu überführen – nämlich die Teilung des umstrittenen Säuglings –, das ist den Unterhändlern der Abkommen von Oslo und Taba als Besitzregelung für die Patriarchenstadt eingefallen. Sie ist zerstückelt worden in einen palästinensischen H 1- und einen israelischen H 2-Sektor. Vier Fünftel Hebrons fielen den 120 000 muslimischen Einwohnern zu, ein Fünftel bleibt den rund 400 jüdischen Zeloten vorbehalten, die sich im Umkreis des Beit Hadassah und des Hügels Tel Romeida verbarrikadiert haben. Um diese aberwitzige Formel durchzusetzen, ist Netanjahu auf die dubiosen Bedingungen der ultra-orthodoxen Schas-Partei eingegangen und hat seine Existenz als Regierungschef aufs Spiel gesetzt.

Beim Gang durch den Suq von Hebron habe ich auf die Begleitung Aharons verzichtet. Mochte er noch so maghrebinisch aussehen, für einen Juden ist es nicht ratsam, in dieses malerische Gewirr rein arabischer Gassen, in das Halbdunkel der überwölbten Verkaufsstände einzutauchen, deren Architektur auf die Kreuzritter und die Mameluken zurückgeht. Ich habe Aharon in der Nähe des israelischen Kontrollpostens vor der Machpela-Höhle zurückgelassen, wo die Minarett-Spitze der Ibrahimi-Moschee jenseits der Herodes-Mauer noch gerade zu erkennen ist. Ein palästinensischer Souvenir-Händler – als Beduine kostümiert – hält dort Devotionalien aller drei Konfessionen feil und redet jedem Käufer nach dem Mund.

Im Suq überrascht die Vielzahl der palästinensischen Fähnchen. Keine Frau geht hier unverschleiert, zumindest hat sie ein Tuch um den Kopf gewunden. Feindseligkeit bekommt der Fremde nicht zu spüren. Die Touristen sind hier extrem selten geworden, und die Geschäfte gehen schlecht. Gelegentlich stößt man auf bärtige Fanatikergesichter von Fundamentalisten. Neben der Polizei Yassir Arafats versucht auch eine unbewaffnete internationale Friedenstruppe für Ordnung und ein Minimum an Entspannung zu sorgen. Es sind freundliche Männer aus Italien, Norwegen, der Türkei, Dänemark, der Schweiz und Schweden, die hier in orangefarbenen Jacken jeweils zu dritt ihre Runden drehen. Unter der Abkürzung TIPH verkörpern sie eine gutgemeinte »Temporary International Presence in Hebron«. Hingegen ist es wenig empfehlenswert, in die eigentliche Kasbah vorzudringen. Dort sollen Aktivisten der Hamas-Bewegung über die Unberührtheit von »El Khalil« wachen. »El Khalil – der Gottesfreund«, so heißt Hebron auf arabisch, und gemeint ist natürlich der Stammvater Ibrahim.

Es ist nicht schwer, sich bei den Muslimen über die politische Stimmung zu informieren. Sie ist grauenhaft. Bei den palästinensischen Wahlen am 20. Januar 1996 hat die Fatah-Bewegung Yassir Arafats eine triumphale Mehrheit erhalten. Dennoch sollen die Sympathisanten der PLO auf der einen, der Islamisten auf der anderen Seite sich ungefähr die Waage halten, wobei der ideologische Unterschied zwischen beiden Tendenzen immer mehr verwischt wird. In einem Taxi lasse ich mich zum »dar-el-baladiya«, zum Rathaus von Hebron, fahren. Die Außenmauern sind mit Bildern Yassir Arafats beklebt. Zwei Kommunalbeamte halten Mittagsschlaf. Die Stimmung ist schlecht, erklären sie, nachdem ich sie wachgerüttelt habe, aber ein Fortschritt sei es schon, daß die israelischen Besatzer vier Fünftel der Stadt geräumt hätten. »Das ist natürlich nur ein erster Schritt, denn wir wollen ganz Hebron zurück«, meinen die Männer mürrisch. Am Ende eines schmuddeligen Ganges entdecke ich eine Tür mit dem blauen Sternenwappen der Europäischen Union. Eine kleine Gruppe Techniker, darunter ein oder zwei Deutsche, sollen für den Ausbau der Abwasseranlage von Hebron sorgen. Nach den Gerüchen rund um den Suq zu urteilen, ist das kein überflüssiges Unterfangen.

Auf dem Rückweg zur Ibrahimi-Moschee fahren wir direkt an Kiryat Arba vorbei. Der Name ist biblischen Ursprungs und wird bereits im Ersten Buch Mose erwähnt. Das jüdische Bollwerk hat sich unmittelbar an die Araberviertel von El Khalil herangeschoben, ist von ihnen nur durch einen natürlichen Graben und dichtgestaffelte Drahtverhaue getrennt. Sogar die Machpela-Gruft befindet sich hier in unmittelbarem Zugriff der militanten Zionisten. Das hat jedoch einen Trupp von modernen jüdischen Zeloten unter der Führung des aus Deutschland stammenden Rabbiners Moshe Levinger nicht gehindert, eine alte Rechnung zu begleichen. Unter Berufung auf ein bescheidenes sephardisches Ghetto, eine Yeshiva, eine Kabbala-Studiengemeinde, die sich seit der spanischen Reconquista im Herzen Hebrons niedergelassen hatte und im Jahr 1929 – also zur Zeit des britischen Mandats – durch ein mörderisches Pogrom arabischer Nationalisten ausgelöscht wurde, erzwangen fünfzig Jahre später ein paar israelische Familien die Inbesitznahme dieser geweihten Stätte im Umkreis der verwüsteten Avinu-Synagoge und des Beit Hadassah. Acht Monate mußte diese kleine Vorhut aushalten, ehe die israelische Regierung ihre dortige Präsenz legalisierte.

Seitdem haben sich etwa vierhundert ultra-orthodoxe Eiferer in dieser Exklave festgekrallt. Viele von ihnen stammen aus den USA. Es ist generell bemerkenswert, daß in den exponiertesten jüdischen Vorposten auf der West-Bank Neu-Einwanderer aus Nordamerika meist den Ton angeben, sich durch rüde Manieren hervortun und in Eretz Israel wohl eine Art orientalischen Wildwest-Ersatz gefunden haben. Der Anblick dieser verschworenen Gemeinde rund um das Community Center von Beit Hadassah, die Talmudschule Beit Romano und das Beit Schneersohm, wo schon zu Beginn des neunzehnten Jahrhunderts auch chassidische Juden aus Rußland eingetroffen waren, ist zutiefst beklemmend. Das verschachtelte Karree ist extrem begrenzt. Für die zahlreichen Kinder, deren Schläfenlocken oft blond sind, wurden winzige Spielplätze mit buntbemalten Karussellen aufgestellt. Die Halbwüchsigen hantieren schon mit der Maschinenpistole. Der kurze Bus-Transport zur Yeshiva wird militärisch eskortiert. Diese religiösen Desperados, die sogar der sozialistischen Regierung Rabin ihren Willen aufgezwungen hatten, sind durch Betonbunker und gepanzerte Container von den feindlichen Nachkommen Ismaels abgegrenzt. Hier herrscht permanenter Belagerungszustand. Die Hauptbetätigung der frommen Exzentriker erschöpft sich im Gebet und im Talmudstudium. Ihnen zuliebe wurde ein Fünftel von Hebron mit 20 000 arabischen Einwohnern von der übrigen Stadt abgetrennt und bleibt weiterhin der israelischen Militäradministration unterstellt. Mächtige Bagger und ohrenbetäubende Bohrmaschinen sind dabei, das selbstgewählte Ghetto von Beit Hadassah zusätzlich abzuschirmen. Eine massive Betonwand verstärkt die Isolation. Die arabischen Nachbarn und Händler, die dieser lärmenden Präsenz ausgeliefert sind, stehen oft hilflos vor den verrammelten Türen, vor den geschlossenen Eisenläden ihrer eigenen Häuser und Geschäfte. Die Wohnungen der Palästinenser sind – neben wüsten Beschimpfungen – mit David-Sternen und Abbildungen des siebenarmigen Leuchters bemalt.

Geradezu surrealistisch geht es auf dem strategischen Hügel Tel Romeida zu. Von dieser Höhe hatten schon die Kreuzritter versucht, die Stadt Abrahams zu beherrschen. Einer ihrer Festungstürme ist als Ruine erhalten. Daneben haben sich neue Eindringlinge niedergelassen, etwa hundert jüdische Extremisten. Sie hausen wie Nomaden in Wohnwagen. Die Matratzen haben sie zum Durchlüften im Freien ausgebreitet. Im Inneren der Caravans bietet sich ein Bild großer Unordnung, fast asozialer Verhältnisse. Doch die Kinder turnen bereits zahlreich und pausbäckig an improvisierten Geräten. Die Armee-Sicherung ist in Tel Romeida auf die Spitze getrieben. Ein dunkelhäutiger Zahal-Unteroffizier äthiopischen Ursprungs erklärt uns die perfektionierte Alarm-Anlage und die Abfangstellungen. 1500 bis 2500 reguläre Soldaten müssen an den winzigen Außenforts von Beit Hadassah und Tel Romeida zur Stelle sein, um ein paar hundert verbohrte Kolonisten dieses nahöstlichen »OK-Corral« zu schützen. Von Friedensprozeß kann wirklich nicht die Rede sein. Hier weht der Atem des Heiligen Krieges. Selbst der bullige Likud-Minister Ariel Sharon, der Held des Yom-Kippur-Krieges, der im Kabinett Netanjahu für die Infrastruktur zuständig ist, soll die Kräfteverzettelung scharf kritisiert haben.

Bei meinem Gespräch in der Universität Tel Aviv hatte der ehemalige Botschafter Rabinovich das Versagen der Regierung Rabin in diesem Punkt lebhaft bedauert. Nachdem im Februar 1994 der Arzt Baruch Goldstein das Blutbad in der Ibrahimi-Moschee angerichtet hatte, wäre es für den damaligen Ministerpräsidenten Israels ein leichtes gewesen, mit plausiblen Argumenten diesem Spuk der Zeloten von Hebron durch Überführung nach Kiryat Arba ein Ende zu setzen. Doch diese Chance wurde vertan. In manchen Fällen ist Itzhak Rabin wohl doch ein Cunctator gewesen.

*

Gemeinsam mit Aharon begebe ich mich auf die Suche nach einem alten Bekannten, der im Dezember 1981 in Kiryat Arba wohnte. Der Marokkaner hat in Erfahrung gebracht, daß Elyakim Ha'etzni, ein maßgeblicher Wortführer des streng religiösen und streitbaren »Kerns der Gläubigen« oder Gush Emonim, in die nahe Ortschaft Hartzina umgezogen ist. Hartzina gehört zu jenen israelischen Neugründungen, die in aller Diskretion und ganz plötzlich aus dem Boden schießen und das Bevölkerungsgefüge Judäas tiefgreifend verändern. Vor dem Verlassen des arabisch verwalteten Areals von Hebron passieren wir unter einem gigantischen Arafat-Poster die palästinensische Kontrolle. Der Polizist mit Kalaschnikow, in Tarnuniform und mit rotem Barett, überprüft flüchtig die Wagenpapiere Aharons und demonstriert einen Hauch palästinensischer Souveränität.

Elyakim Ha'etzni erwartet mich auf der Schwelle seiner gefälligen Behausung. Im Garten blühen Rosen und Anemonen. Die Wohnstube würde gut nach Deutschland passen. Sie ist gemütlich und fast pedantisch aufgeräumt. Kein Wunder, Elyakim Ha'etzni ist in Kiel geboren, und seine Frau, die neben dem Englischen auch Jiddisch spricht, ist von der Kultur Mitteleuropas geprägt. Ha'etzni, der nach der rechtzeitigen Auswanderung seiner Familie zunächst in Tel Aviv als Anwalt tätig war, hat sich ganz dem zionistischen Pionierideal verschrieben. Wir sind beide ungefähr gleichaltrig. Er erinnert sich mühsam an meinen ersten Besuch vor sechzehn Jahren, als er unserem Kamera-Team – vor dem Hintergrund der rauhen verschneiten Felslandschaft Judäas – eine flammende Erklärung abgegeben hatte. Natürlich ist er älter geworden. Das dichte Haar ist fast weiß, aber aus seiner Rede sprudelt noch der gleiche Enthusiasmus und auch die gleiche alttestamentarische Unversöhnlichkeit. Elyakim Ha'etzni ist ein Prophet im heutigen Israel, das heißt, er ist ein Künder des Unheils. Gleichzeitig aber vertraut er das Schicksal des auserwählten Volkes dem Ratschluß Jahwes an. Sein bebrillter Intellektuellenkopf erinnert an Trotzki. Seine Stimme klingt oft schrill, wenn er sich ereifert. Seine Frau hingegen ist von der sanften Art. Sie serviert uns Kaffee und Kuchen. »Sie gehören zu den wenigen Leuten, die uns noch besuchen kommen«, sagt sie. »Den meisten ist diese Fahrt zu gefährlich.« Über den gehäkelten Zierdeckchen und bunten Sofakissen hängen zwei große Gemälde: Das eine stellt den Tempelplatz von Jerusalem dar, das andere König David mit dem Psalter.

»Was bringt die Zukunft für Israel?« frage ich Elyakim Ha'etzni, der in Kiel sicher ganz anders hieß. »Es wird Krieg geben!« lautet die schmetternde, fast heitere Antwort. »Es gibt gar keinen anderen Ausweg als Krieg.« – Da stellt sich bei mir die Erinnerung an seine lodernden Ankündigungen vom Februar 1982 ein, und ich stelle eine merkwürdige Parallelität fest. An jenem fernen Tage hatte er sich – wie ich notierte – folgendermaßen geäußert: »Der nächste Krieg gegen die Araber kommt bestimmt; er muß kommen«, hatte er pathetisch ausgeholt. »Wir werden tief nach Norden in den Libanon vorstoßen, um den Terroristen ein für allemal das Handwerk zu legen. Der erste Feldzug von 1978, der nur bis zum Litani-Fluß führte, war gewissermaßen eine Fehlgeburt. Wir dürfen der großen Auseinandersetzung mit den Amalekitern nicht ausweichen, wenn wir uns in diesem, in unserem Land behaupten wollen.«

Die seherischen Gaben des Sprechers vom »Kern der Gläubigen« hatten sich damals bewährt. Weniger als sechs Monate nach seiner Voraussage, am 6. Juni 1982, donnerten die Panzer Zahals in Richtung

Beirut und besetzten die libanesische Hauptstadt. Das Unternehmen sollte sich im Endeffekt als Fehlschlag erweisen. Seit diesem militärischen Fiasko der Israeli in der Zedern-Republik sind die Grenzen der strategischen Möglichkeiten des Judenstaates sichtbar geworden. Für einen Eroberungsfeldzug mit anschließender territorialer Konsolidierung reichen die Mannschaftsbestände nicht aus, und was den Umgang mit fremden Bevölkerungsgruppen betrifft, so legen die sonst so gescheiten Zionisten ein seltsames psychologisches Unvermögen an den Tag.

Hat sich wirklich so viel verändert im Heiligen Land seit dieser ersten Begegnung vor sechzehn Jahren? Schon damals hatte Elyakim gegen die Kompromißler und Beschwichtiger in den eigenen Reihen gewettert. »Die Palästinenser haben ihre Chance verwirkt, als sie nach Camp David das begrenzte israelische Autonomie-Angebot verwarfen«, hatte er im Winter 1981 gezürnt. »Unsere Regierung hat nun nach langem Zaudern neue administrative Instanzen geschaffen und Dorf-Ligen der Araber ins Leben gerufen, um den Emissären der PLO entgegenzuwirken. Wir sind endlich abgekommen von der törichten Zurückhaltung Moshe Dayans, der – wie er selbst sagte – keine palästinensischen ›Quislinge‹ wollte. Was hat er sich dafür eingehandelt? Arabische Bürgermeister, die offen mit Yassir Arafat sympathisieren und die Weltpresse gegen uns aufhetzen. Diese Periode ist vorbei. Entweder akzeptieren die Palästinenser den verbürgten Anspruch Israels auf die alte Heimat, die Gott uns zugewiesen hat, oder sie erleiden das Schicksal der Kanaaniter. Jaffa war auch einmal eine rein arabische Küstenstadt. Heute ist sie überwiegend jüdisch bevölkert. Genauso könnte es Hebron und seinen Einwohnern ergehen, wenn sie in ihrer Verstocktheit verharren.«

Würde unser Gastgeber auch dieses Mal recht behalten mit seiner kriegerischen Vision? Jedenfalls ist er immer noch Feuer und Flamme, wenn er das Strafgericht des Gottes Jahwe beschwört und dem eigenen Volk – wie ein neuer Jesaja – mit dem Untergang droht. Ein Vers aus »Athalie«, dem biblischen Drama Jean Racines, den ich einmal als Schüler auswendig lernen mußte, kommt mir in den Sinn: »N'es-tu plus le Dieu jaloux? N'es-tu plus le Dieu des colères? – Bist Du nicht mehr der eifersüchtige Gott, bist Du nicht mehr der Gott des Zorns?« Racine, der zur Zeit des Sonnenkönigs der kleinen jansenistischen Gemeinde von Port Royal angehörte, hatte dem Geist des Alten Testaments recht nahe gestanden.

Was das Abkommen von Oslo denn für ihn bedeute, frage ich Elyakim. »Oslo, das ist der programmierte Untergang Israels«, antwortet er. Aber auch die Regierungsführung Benjamin Netanjahus löst bei ihm keinerlei Begeisterung aus. »Wer ist denn dieser Netanjahu?« spottet er. »Wer kennt ihn denn wirklich? Ist er ein Zwitter? Heißt er ›Shimon Netanjahu‹ oder ›Benjamin Peres‹?« Dem Judenstaat mangele es jetzt an resoluten Kämpfergestalten wie dem ehemaligen Ministerpräsidenten Itzhak Shamir. Der Name Rabin löst zusätzliche Entrüstung aus. »Dieser Mann ist als Stratege stets überschätzt worden, von seinem ersten Einsatz bei der Palmach-Miliz bis zur Führung des Sechs-Tage-Krieges. Nach seinem Tod wird er als der ›Heilige Isaak Rabin‹ auf die christlichen Altäre gehoben« – absichtlich benutzt er die westliche Aussprache des jüdischen Namens – »man wird ihm Kirchen weihen.« Der Friedensnobelpreisträger Shimon Peres sei kurzerhand reif für das Irrenhaus. Peres habe in seinem pazifistischen Taumel versprochen, den kümmerlichen Küstenort Gaza in ein nahöstliches Singapur zu verwandeln. »Dann soll er aber auch die dortigen Araber durch Chinesen ersetzen«, meint Elyakim sarkastisch und macht sich über die Absicht der Arbeiterpartei lustig, die Süßwasserversorgung Israels durch Zulieferungen aus der Türkei sicherzustellen. »Unser Wasser kommt nun einmal vom Golan, von den Höhen Samarias, vom Litani-Fluß in Libanon, und wenn wir diese Positionen weggeben, dann werden wir verdursten.«

Beim Gush Emonim macht man sich offenbar Sorgen über einen allmählichen Sinneswandel der amerikanischen Schutzmacht. Das arabische Öl sei den USA wichtiger als die Freundschaft der Juden. »Netanjahu hat alles falsch gemacht«, sagt Elyakim; »statt selber die Inkohärenz der Osloer Abmachungen vorzuführen, hätte er Yassir Arafat diese Rolle zuspielen sollen. Dann stünde der Palästinenser heute als der Buhmann der internationalen Öffentlichkeit da.« Der an gebliche Friedensprozeß sei so unausgegoren, so nebulös, so verlogen, daß sich jede der beiden Parteien zwangsweise in diesem Knäuel verstricken und ins Unrecht setzen müsse. Natürlich hätten die »Schalom-Schreier« von Tel Aviv den Verzicht auf die meisten jüdischen Siedlungen, die Preisgabe Judäas und Samarias in Kauf genommen. Doch die heute so friedensbesessene Avoda habe zur Zeit ihrer Regentschaft die Voraussetzungen für eine weitere, unaufhaltsame Expansion geschaffen. »Es waren doch Peres und Rabin, die in Weiterführung des sozialistischen Allon-Planes, als von der Osloer Kapitulation noch keine Rede war, eine systematische Quadrillage dieser Region eingeleitet hatten. Sie haben sie mit einem Netzwerk von Verbindungsstraßen, Elektrizitäts- und Wasserleitungen, ja sogar Fernsehanschlüssen für die neuen Pionier-Dörfer überzogen. Wenn heute von einem palästinensischen Flickenteppich die Rede ist, so geht er doch auf die Vorarbeit von Peres und Rabin zurück. Hier ist ein gordischer Knoten entstanden, und niemand scheint in der Lage zu sein, ihn zu durchschlagen. Zur Stunde siedeln etwa 140 000 Juden in Judäa und Samaria. Die Infrastruktur, die Aufnahmeanlagen für eine halbe Million stehen dort zur Verfügung, und wir werden sie nutzen.«

Frau Ha'etzni schenkt derweil mit gütigem Lächeln Kaffee ein und serviert Sandkuchen. Dann spielt sie mit einer zutraulichen grauen Katze. »In der Geschichte sind die Juden die schlimmsten Feinde der Juden gewesen«, hebt der Prophet von Kiryat Arba wieder an, und jetzt ist kein Spott mehr in seiner Stimme. »Unter den Juden hat es stets Verräter gegeben, auch im Dritten Reich Hitlers. Denken Sie an die Rolle der jüdischen Kapos in den Konzentrationslagern oder an gewisse Judenräte in den Ghettos des Generalgouvernements. Wie oft waren wir verblendet! Als Kind habe ich mit Grauen das Lied gehört, das die SA-Rotten anstimmten: ›... wenn das Judenblut unter dem Messer spritzt‹, und den Verbrecherschrei ›Juda verrecke!‹ Wie viele meiner Glaubensbrüder haben damals dennoch geglaubt, als die Judentransporte nach Osten rollten, es handle sich nur um eine geordnete Umsiedlung! Daß am Ende die Gaskammern stehen würden, wollten die wenigsten wahrhaben. Spätestens im Herbst 1938 hätte jeder wissen müssen, daß der Krieg unvermeidlich war, und trotzdem behauptete der ›Appeaser‹ Chamberlain, Hitler sei der einzige, unverzichtbare Gesprächspartner. Ähnlich klingt es heute in Israel, wenn Yassir Arafat als Friedensprotagonist, als unentbehrlicher ›Counterpart‹ hochgejubelt wird. Wo liegt denn der Unterschied zwischen der Fatah Arafats und der Hamas-Bewegung der Fundamentalisten? Sie ziehen alle am gleichen Strang, ja sie ergänzen einander. – Der Antisemitismus, der Haß gegen die Juden«, so fügt Elyakim unvermittelt hinzu, »ist eben ein Urinstinkt bei allen Andersgläubigen. So war es jahrhundertelang in Europa, so ist es heute im Nahen und Mittleren Osten. So wird es demnächst in Amerika sein.« Besondere Sorge bereiten ihm die paramilitärischen Verbände der neu aufgestellten Palästinenser-Polizei, die er auf 50 000 Mann schätzt und die angeblich neben ihren Kalaschnikows auch über panzerbrechende Waffen und erste Boden-Luft-Raketen verfügen. Das sei nur der Anfang.

Das Gespräch springt nun von einem Thema zum andern. Was er denn von der massiven russischen Aliya halte, die Mafia und Verbrechen in den israelischen Küstenstädten heimisch mache? »Wer weiß, wozu die Verbindungen der Russen-Mafia und ihre Geldwaschanlagen eines Tages gut sein können?« lautet die Antwort. »In unserer Umgebung haben wir keine Vorurteile. In Kiryat Arba leben fünfhundert russische Zuwanderer. Sie bilden ein hervorragendes Element, und wir sind nicht so borniert wie die Rabbis der Ultra-Orthodoxen. Uns genügt es, daß diese Neubürger einen einzigen jüdischen Großelternteil benennen können, dann nehmen wir sie gleichberechtigt in unsere fromme, wehrhafte Familie auf.« In Kiryat Arba, so versuche ich zu scherzen, würden die Nürnberger Arier-Paragraphen auf den Kopf gestellt – und ich stoße auf keinen Widerspruch. Wir wenden uns Südafrika zu: Mit Nelson Mandela hätten die Südafrikaner großes Glück gehabt, räumt Elyakim ein, aber die Weißen hätten es versäumt, rechtzeitig ein separates eigenes Territorium, eine »Wagenburg« gewissermaßen, zu schaffen. Auf lange Sicht sei deren große Mehrheit zur Auswanderung verurteilt.

Ein Tour d'horizon über die Nachbargebiete erzielt folgende Einschätzung: Wie könne man auf den Gaza-Streifen verzichten? Dann würde dort bald die israelische Hafenstadt Ashkalon unter Artilleriebeschuß liegen. Eine Preisgabe der Golan-Höhen würde nichts bringen, denn Syrien sei der Feindstaat Nummer eins für Israel, unabhängig von dem Potentaten, der gerade in Damaskus die Macht ausübe. Alle Liebesmühe um Ägypten habe doch nichts gefruchtet. Heute sei der Ton der ägyptischen Presse ebenso gehässig gegenüber Israel wie zu Zeiten des »Pharao« Gamal Abdel Nasser, und die Predigten in den Moscheen des Niltals gipfelten oft im Aufruf zum Dschihad. Jordanien wiederum sei ein Kuriosum. König Hussein werde zwar allerseits hoch geschätzt, und sein Wankelmut, der während des Golfkrieges publik wurde, als er sich mit Saddam Hussein solidarisierte, sei längst vergessen. Damals habe sich dieser Nachkomme des Propheten einen Bart wachsen lassen – ein Zeichen muslimischer Würde, um sich auf die Aufteilung der arabischen Halbinsel einzustellen. Der haschemitische Monarch habe 1991 gehofft, die Westküste mit Hedschas und den Heiligen Stätten, wo seine Familie jahrhundertelang geherrscht hatte, für die Dynastie zurückzugewinnen. Der arabische Osten mit dem Erdöl von Dhahran wäre dann dem irakischen Diktator zugefallen.

Im Februar 1982 hatte ich noch das Gefühl gehabt, der streitbare Mann befürworte den »Transfer«, die Zwangsvertreibung der in Judäa und Samaria lebenden Philister in die arabischen Nachbarstaaten. Jetzt distanziert er sich von einem solchen Projekt, das – unmittelbar nach dem jüdischen Waffentriumph von 1967 – unter Gewährung gewaltiger finanzieller Zuschüsse an die Ausgesiedelten vielleicht vorstellbar gewesen wäre. Heute ist an eine solche brutale Aktion nicht mehr zu denken. Es leben etwa 1,2 Millionen Palästinenser auf der West-Bank. Ihre Zahl hat sich in dreißig Jahren verdreifacht. Die USA würden eine solche Maßnahme nicht durchgehen lassen und zu verhindern wissen. »So schlecht geht es den Arabern unter jüdischer Verwaltung doch gar nicht«, behauptet Elyakim. »Wenn sie bei uns arbeiten, werden sie besser bezahlt und behandelt als von ihren eigenen Feudalherren. Die Stimmung wird durch die Terroristen künstlich hochgeputscht.« Doch in diesem Punkt muß ich an der Einsicht unseres resoluten Freundes zweifeln. Ähnliche Sprüche hatte ich allzu oft von den französischen »Colons« der Algérie française vernommen, um nicht hellhörig und mißtrauisch zu sein.

Im Eifer des Gesprächs haben wir die Nachrichtensendung versäumt und erfahren also nicht, daß zur gleichen Stunde – knappe drei Kilometer entfernt – eine furiose Straßenschlacht zwischen israelischen Soldaten und palästinensischen Jugendlichen Hebrons stattfindet. Nach einer letzten Tirade Ha'etznis gegen das »Krebsgeschwür von Oslo« verabschieden wir uns von diesem unerträglichen und doch so liebenswerten Eiferer, dessen Wut immer wieder in jüdischen Witz umschlägt. Im Auto – auf der Heimfahrt – zeigt Aharon sich tief beeindruckt. »In den meisten Aussagen hat der Mann vermutlich recht«, reflektiert er. »Aber so exaltiert und unversöhnlich wie er können wohl nur die Aschkenasim argumentieren, und er als ›Jecke‹ gehört natürlich dazu. Diese überlebenden Juden aus Europa tragen alle noch das schreckliche Brandmal des Holocaust.« Nebenbei teilt er mir mit, daß er in jüngeren Jahren als israelischer Militärberater auf Madagaskar tätig gewesen ist. Das traut man ihm heute gar nicht zu, aber man sollte sich stets vor der Unterschätzung der Angehörigen dieses einzigartigen Volkes hüten.

In Tel Aviv und Jerusalem ist Elyakim Ha'etzni für die dort lebenden Liberalen eine Schreckensfigur. Die Behörden verärgerte er, als er vor der Küste Israels einen schwimmenden Privatsender aktivierte, der die extremistischen Siedler mit Durchhalteparolen versorgt. Natürlich hat David Ben Ruben als hoher Polizeioffizier ein wachsames Auge auf diesen Unruhestifter von Kiryat Arba geworfen. »Ha'etzni wird von manchen Säkularen als ›letzter Mohikaner‹ belächelt. Aber der Mann verfügt über Einfluß und Überzeugungskraft. Er ist ein gefährlicher, ein böser Mohikaner«, hatte David beim Mittagessen gesagt.

Die Rückkehr nach Jerusalem ist aufschlußreich. Dämmerung hat sich über Judäa gesenkt. Aharon späht aufmerksam wie ein Sioux nach allen Seiten aus. Aus der Ferne hören wir gedämpfte Schüsse und Sprechchöre. »Die Polizei feuert wieder ihre Gummigeschosse ab«, stellt der Marokkaner fest. »Die jungen Palästinenser versuchen wohl, die neue, angeblich sichere Straße der Siedler zu blockieren, und unser Militär riegelt die Umgebung ab. Ich schlage vor, daß wir die alte, die ›arabische Straße‹ benutzen, dann kommen wir schneller zum Ziel.« Er tritt auf das Gaspedal und passiert in rasender Fahrt die uns entgegenkommende Kolonne palästinensischer Fahrzeuge. Die orientalischen Dörfer mit den PLO-Fahnen huschen an uns vorbei. »Das ist unser Alltag«, seufzt Aharon, »sobald wir die Grenzen von 1967 hinter uns lassen.«

Rund um das Patriarchengrab von Hebron kann es sehr viel tragischer zugehen als am Tag unseres Besuchs. In Jerusalem entdecke ich in der Pariser Zeitung »Le Monde« die ausführliche Schilderung blutiger Zusammenstöße der Vorwoche. Da hat ein Yeshiva-Student der Siedlung Beit Hadassah einen Bazar-Händler der Altstadt mit seinem Schnellfeuergewehr M-16 erschossen, weil der Araber eine Sprühdose mit Tränengas auf ihn richtete. Am folgenden Tag, bei der Beerdigung, flogen die Pflastersteine, die dank ihrer Gummischleudern mit großer Wucht aufprallten, Molotow-Cocktails flackerten auf. Die Soldaten der IDF reagierten mit Gummigeschossen, die einen Stahlkern enthalten und tödlich sein können, wenn sie aus kurzer Entfernung abgefeuert werden. Bei diesem Zusammenstoß kam ein weiterer Palästinenser ums Leben. Hundertdrei arabische Verletzte kamen ins Krankenhaus, fünf durch Steinwürfe verletzte Israeli wurden in Ambulanzen nach West-Jerusalem evakuiert.

Die jungen Leviten der Yeshiva »Rückkehr nach Hebron«, die von Rabbi Levinger in ihrem Kampfgeist bestärkt werden und die M-16 stets an der Seite tragen, gehören nicht zu den chassidischen Mystikern, die den Waffendienst verweigern und passiv auf die Erscheinung des Messias warten. Sie knüpfen ganz bewußt an jene streitbaren Makkabäer des Altertums an, die dem Abfall Israels vom wahren, strengen Glauben mit dröhnenden »Hammerschlägen« entgegentraten.

Die Rache der Philister

Gaza, im Frühjahr 1997

»Checkpoint Charlie« im Heiligen Land, oder ist es Panmunjom – der schwerbewachte Übergang zwischen Nord- und Süd-Korea? Die Passierstelle zum Gaza-Streifen trägt den Namen Erez und ist ein weltweit bekannter Begriff, wie einst die Schleuse durch die Berliner Mauer. Bei früheren Besuchen waren mir hier die langen Schlangen palästinensischer Gelegenheitsarbeiter aufgefallen, die gottergeben, aber insgeheim wohl fluchend die langwierige Kontrolle israelischer Soldaten über sich ergehen ließen, ehe sie sich im Judenstaat als Tagelöhner, Obstpflücker oder Hilfskräfte am Bau verdingen konnten. In den ersten Jahren nach dem Sechs-Tage-Krieg pendelten hier täglich achtzigtausend Araber zur Arbeit und zurück. Aber seit Ausbruch der Intifada wurde Erez immer häufiger geschlossen. Nach jedem Attentat gegen jüdische Passanten in Tel Aviv oder Jerusalem verschärfte sich die Blockade. Wenn in diesen Tagen zehntausend Söhne Ismaels durchgelassen werden, dann ist das eine beachtliche Zahl. Der durchschnittliche Tageslohn – so wurde errechnet – liegt für diese »Gastarbeiter« bei 25 US-Dollar. Dafür würde kein Israeli arbeiten. Doch für die Slums und Flüchtlingslager des Gaza-Streifens, wo etwa eine Million Menschen in einer winzigen Enklave zusammengepfercht sind, ist das ein unverzichtbarer Beitrag zum kollektiven Überleben.

Heute ist wieder einmal eine totale Sperre verhängt. Der jüdische Taxifahrer aus Jerusalem hat mich am katholischen Kloster von Latrun vorbei, wo die Patres sich im Weinbau bewährt haben, zur israelischen Hafenstadt Ashkalon gefahren, eine ziemlich häßliche Industrie-Konzentration. Hier, so besagt die Heilige Schrift, wurde der Prophet Jonas von dem legendären Walfisch ausgespien. Bis Erez ist es dann nicht mehr weit. Unter flatternden Fahnen mit dem David-

Stern erstreckt sich ein ausgeklügeltes System von Betonklötzen und Kontrollposten. Aus Sicherheitsgründen ist an eine weitere Benutzung des israelischen Mietwagens nicht zu denken. Der Ort erinnert in seiner weit gestreuten Anlage nun doch eher an die frühere DDR-Passierstelle Dreilinden als an das Nadelöhr am Checkpoint Charlie oder an die Heinrich-Heine-Straße in Berlin-Mitte. Um die letzte israelische Überprüfungsbaracke zu erreichen – auch sie ist in freundlichem Blau-Weiß angestrichen wie die schußbereiten Zementbunker –, muß ich ein weites, asphaltiertes Areal überqueren. Ich bewege mich als einziger Grenzgänger auf dieser offenen Fläche. Ein seltsames Gefühl kommt dabei auf. Man empfindet sich als potentielle Zielscheibe irgendeines anonymen Mauerwächters und – trotz der hellen Mittagsstunde – in eine Roman-Szene John Le Carrés versetzt. Wer Erez so passiert, fühlt sich ein wenig wie »Der Spion, der aus der Kälte kam«.

Bei den israelischen Beamten in olivgrüner Uniform geht es zwanglos und burschikos zu. Da ich vorher mit palästinensischen Gesprächspartnern in Gaza telefoniert und meine genaue Ankunft in Erez angekündigt hatte, sind die jüdischen Grenzer – dank ihrer Abhörinstallationen – über mein Eintreffen wohl voll informiert. Eine präzise Computerkontrolle findet dennoch statt, und ich werde zur nächsten Baracke weitergewinkt. Dort steht bereits die arabische Kontaktperson neben einem weißen Mercedes in Bereitschaft. »Mr. Peter«, ruft er von weitem und begleitet mich in die letzte Bürostube der Israeli. Omar, so gibt er sich zu erkennen, fungiert offenbar häufig als »go between«, ja als Vertrauensmann. Mit den jüdischen Kontrolleuren geht er jovial und selbstbewußt um, und die Soldaten erwidern sogar seine Freundlichkeit. Man ist versucht, sich die Augen zu reiben, so sehr kontrastiert die bedrohliche Festungsumgebung, dieser orientalische »Eiserne Vorhang«, mit der entkrampften Lockerheit, die der Araber Omar im Kontakt mit seinen potentiellen zionistischen Feinden an den Tag legt. Ich werde höflich gebeten, zwei weitere Minuten zu warten, bis eine letzte Bestätigung eintrifft. Ich nehme auf einem Klappstuhl Platz, setze meinerseits ein verbindliches Grinsen auf und verstehe kein Wort von der Konversation, die auf hebräisch geführt wird.

Der stämmige Polizeioffizier Omar mit dem mächtigen Schnurrbart und dem dunkel gegerbten Gesicht hat früher vermutlich zu jener Verfügungstruppe Yassir Arafats gehört, die nach der Eroberung Beiruts durch die israelischen Streitkräfte unter amerikanischem und französischem Schutz überstürzt eingeschifft wurde, den Libanon, in dem sie beinahe heimisch geworden war, verließ, um dann in irgendwelchen fernen Sammel- und Ausbildungslagern des Jemen oder Tunesiens zu stranden. Omar war zweifellos ein vertriebener Palästinenser und hatte zum »Hardcore« des Fatah-Widerstandes gezählt. Aber das läßt er sich nicht anmerken. Hat die schiitische Übung der Taqiya, der Verheimlichung aller Ressentiments, nun auch auf diesen palästinensischen Zweig der sunnitischen Umma übergegriffen, so frage ich mich. Auch die Selbstmord-Attentate, zu denen sich immer wieder junge, fanatische Sunniten bereit finden, entsprechen einer zutiefst schiitischen Glorifizierung des selbstgewählten Märtyrertodes. Sogar die begeisterte Unterordnung der jungen Fundamentalisten unter die ideologische Autorität islamischer Revolutionsführer – in der Mehrheit sind das inspirierte Laien, deren theologische Bildung begrenzt ist und die deshalb von den ausgewiesenen Korangelehrten, den »Ulama«, mißtrauisch beäugt oder auf Distanz gehalten werden – gemahnt irgendwie an die schiitische Übung, sich einen geistlichen Mentor, einen »Mudschtahid«, auszusuchen, dessen mystische Interpretation dann verpflichtend ist.

Erlebe ich in dieser Baracke von Erez nur eine neue Demonstration jener orientalischen, für Abendländer zutiefst schockierenden Politik des »kissing and killing«? Wenn es opportun erscheint, küßt und umarmt man den Todfeind mit strahlendem Lächeln, wo man ihm doch am liebsten den Dolch in den Rücken bohren möchte. Wenn Yassir Arafat und König Hussein sich wie Blutsbrüder begegnen, weiß jedermann in der arabischen Welt, daß in beiden Köpfen mörderische Gedanken umgehen. In diesen Kontext muß man wohl auch den »Friedensprozeß« zwischen Israeli und Palästinensern einordnen und werten. Man erlaube mir die Einfügung einer persönlichen Anekdote: Nachdem im September 1993 Itzhak Rabin und Yassir Arafat sich unter der Patronage Bill Clintons die Hand gereicht hatten – der Jude tat das mit sichtlichem Widerstreben –, brach in der gesamten Medienwelt ein unbeschreiblicher Begeisterungssturm aus. Ungeachtet der extrem verschwommenen Absichtserklärungen des Oslo-Abkommens war Euphorie angesagt, obwohl kaum einer der wirklich relevanten Gegensätze – von der palästinensischen Staatswerdung bis zum Status Jerusalems – ausgeräumt war. Die »political correctness« erforderte in jenen Tagen eine bedingungslose Akklamation der nahöstlichen Friedenshelden und Nobelpreisträger, der Herren Arafat, Rabin und Peres.

Von Joachim Fest war ich aufgefordert worden, den historischen Händedruck, das große Versöhnungsfest im Rosengarten von Washington in der »Frankfurter Allgemeinen Zeitung« – une fois n'est pas coutume – zu kommentieren. Es wurde mir eine winzige Kolumne ganz am Ende des vielstimmigen Begeisterungschors eingeräumt, der auf zwei großen Druckseiten von allen nur denkbaren erlauchten Geistern angestimmt wurde.

Wie gern hätte ich mitgejubelt, aber eine fünfzigjährige Erfahrung des Nahen Ostens und die intime Kenntnis seiner Völker veranlaßten mich zu folgender Stellungnahme, die am 18. September 1993 publiziert wurde:

»Am Tage der Unterzeichnung des Gaza-Jericho-Abkommens wurde über dem Damaskus-Tor von Jerusalem eine riesige Fahne der PLO gehißt. Das ganze West-Jordan-Land, das schon niemand mehr mit den Namen ›Judäa und Samaria‹ bezeichnen möchte, ist seitdem in das Flaggenmeer des palästinensischen Widerstandes getaucht. Das ist mehr als Symbolik, zumal die israelischen Streitkräfte diese Embleme nicht mehr vom Mast reißen. Das Hissen einer Flagge gilt traditionell als territoriale Besitzergreifung.

»Die jüdischen Siedler zwischen Nablus und Hebron müssen sich als Opfer des allseits gefeierten ›historischen‹ Prozesses der Annäherung zwischen Arafat und Rabin betrachten. Es waren bestimmt nicht die schlechtesten Zionisten, die sich zur Gründung dieser isolierten Pionier-Dörfer auf der umstrittenen West-Bank bereit fanden. Der Kompromiß von Oslo gibt sie den Risiken eines unkalkulierbaren Versöhnungsexperiments preis. Selbst im friedlichen Jericho feiern die Arafat-treuen Demonstranten bereits die Rückgewinnung Jerusalems als unverzichtbares Ziel arabisch-palästinensischer Politik. Doch was bedeutet noch Zionismus, wenn der Besitz Zions zur Debatte steht?

»Die PLO hat sich zur Niederhaltung der ›Intifada‹ und zur Bekämpfung der nationalistischen oder religiösen Gewalttätigkeit in den von ihr kontrollierten Gebieten verpflichtet. Die jüdischen Sicherheitsdienste und die neu entstehenden Fatah-Kommandos sollen gemeinsam operieren, um die Hamas-Bewegung zu neutralisieren. Dennoch besteht kein Grund, Arafat als Verräter anzuprangern. Seine Strategie läuft auf die Aushöhlung des Judenstaates hin, und seine besten Verbündeten sind jene friedenshungrigen Bewohner von Tel Aviv und Haifa, die der Belastung des ewigen Kriegszustandes nicht mehr gewachsen sind. Israel ist nun einmal dazu verurteilt, im Feuerofen zu leben. Wenn es diese Prüfung nicht mehr erträgt, wäre es zum Untergang verurteilt.

»In Gaza, das anläßlich der jüdischen Feiertage wieder militärisch abgeriegelt wurde, soll der Versöhnungsprozeß beginnen, ausgerechnet in der Hochburg der islamistischen Hamas, auf dem blutigsten Schlachtfeld der Intifada. Man unterschätze die ›Fundamentalisten‹ nicht! Es könnte durchaus sein, daß sie ihren langfristigen Vorteil erkannt haben. Jede Veränderung des Status quo vollzieht sich zugunsten der Palästinenser und – auf Dauer – des militanten Islam. Der Staat Israel hingegen bewegt sich Schritt um Schritt – es sei denn, er reißt das Steuer brutal herum – auf sukzessive Zugeständnisse hin. Die Vereinigten Staaten, auf die manche hoffen, haben in Mogadischu bewiesen, daß sie höchst unzuverlässige Garanten sind.

»Nicht umsonst kommt das Wort ›Palästina‹ den israelischen Unterhändlern so schwer über die Lippen. Auf arabisch heißt es ›Filistin‹, das ›Land der Philister‹, der historischen Erzfeinde der Hebräer. In Gaza, so meint Shimon Peres, werde ein ›neues Singapur‹ entstehen. Der Vergleich mit Soweto wäre vermutlich angebrachter. Unter dem Jubel der Medien und der Politiker läuft der Judenstaat Gefahr, das Schicksal des biblischen Helden Samson zu erleiden – geblendet zu sein in Gaza.«

*

Wenige Tage später nahm ich am »Presseclub« des Westdeutschen Rundfunks zu besagtem Thema teil. An jenem Mittag wäre ich beinahe an mir selbst irre geworden. Bei dem Gespräch war ein mir bekannter israelischer Korrespondent zugegen, der seit langem in Bonn lebt, wohl der Arbeiterpartei nahestand und sich stets durch kluge Mäßigung hervorgetan hatte. Der Überraschungsgast war der Palästinenser, der mir vertraut vorkam, aber den ich zunächst nicht einzuordnen vermochte. Der kräftige, sympathische Araber kam auf mich zu: »Wir kennen uns doch aus Beirut«, sagte er lächelnd. Jetzt erinnerte ich mich vage. »Haben wir uns dort nicht im Pressebüro der PLO getroffen?« fragte ich. »Nein«, antwortete der Palästinenser mit einem seltsamen Lächeln, »dort nicht.« Die Diskussion kam in Gang, und ich erlebte mit einigem Erstaunen, daß der gemeinsame Optimismus, die strahlenden Freundschaftsbekundungen zwischen dem Juden und dem Araber alle Einwände der übrigen Diskussionsteilnehmer beiseite fegten. Die semitischen »Vettern«, so schien es, hatten zur angestammten abrahamitischen Gemeinsamkeit zurückgefunden, und jeder Skeptiker wurde als störender Außenseiter empfunden. Das Palästina-Problem, so hätte man bei diesem »Presseclub« meinen können, sei wie mit einem Zauberstab bereinigt worden. Verweise auf die strittige Grenzfrage, die jüdischen Siedlungen, die palästinensischen Flüchtlinge wurden ignoriert oder in fröhlichem Zweiklang als irrelevant bezeichnet angesichts des gelungenen Friedensfestes. Der Araber, wenn ich mich recht erinnere, verabschiedete sich von dem Israeli sogar mit dem Gruß »Schalom«. Ich kam mir etwas töricht vor, wie ein »trouble-fête«.

Auf dem Rückflug nach Paris kam mir die Erleuchtung. Plötzlich fiel mir ein, wo in Beirut ich unserem arabischen Diskussionspartner tatsächlich begegnet war. Es war wohl im März 1982, das Treffen hatte nicht in einer Fatah-Filiale Yassir Arafats stattgefunden, sondern in dem schwerbewachten, diskreten Hauptquartier von George Habbash, des Führers der »Volksfront für die Befreiung Palästinas«. Diese radikale Splitterfraktion hatte sich in den frühen siebziger Jahren durch sensationelle Flugzeugentführungen und Terroranschläge einen gefürchteten Namen gemacht. Bei jener fernen Verabredung in Beirut hatte mich vor allem die Gegenwart Bassam Abu Scharifs, eines der angesehensten Kämpfer der PFLP, Popular Front for the Liberation of Palestine, beeindruckt. Der palästinensische Untergrundführer trug noch die frischen Narben eines Briefbomben-Attentats, für das der israelische Geheimdienst verantwortlich zeichnete. Das Gesicht Bassam Abu Scharifs – später sollte er sich einer plastischen Operation unterziehen – war schrecklich entstellt. Seine fast erblindeten Augen wurden durch schwarzes Glas geschützt. Es fehlten ihm mehrere Finger. Zum engsten Stabe Bassam Abu Scharifs hatte – wenn mich nicht alles täuscht – dieser palästinensische Teilnehmer am Kölner »Frühschoppen« gehört, und ich hatte mich damals eine Weile auf deutsch mit ihm unterhalten. Seine Sprachkenntnisse hatte er in den Ausbildungslagern der DDR erworben.

Aus einem unversöhnlichen Gegner des Zionismus und des Judenstaates ist also über Nacht ein engagierter Befürworter des Friedensprozesses mit Israel geworden, so mußte ich im Hinblick auf seine Aussagen im WDR schließen. Der kleinen Terror-Gruppe George Habbashs, der auf unversöhnlichem Kurs verharrte und weiterhin von Damaskus aus konspirierte, hatte unser Mann offenbar den Rücken gekehrt und sich in das kompromißbereite Lager Yassir Arafats begeben. Noch verdutzter war ich, als ich kurz danach erfuhr, daß auch Bassam Abu Scharif, der ja einige Gründe hatte, seine jüdischen Gegenspieler zu hassen, nunmehr zu den prominentesten Anwälten des Osloer Abkommens zählte, ja an dessen Zustandekommen diskret, aber wirksam beteiligt gewesen war. Wie konnte ein so radikaler Sinneswandel plausibel sein? Hatte sich hier wirklich ein in allen Künsten des politischen Meuchelmordes erfahrener »Résistant« in eine Friedenstaube verwandelt? Nun war der sprichwörtliche »Weg nach Damaskus« ja nicht fern, und die Experten des Mossad mußten angestrengt rätseln, ob tatsächlich aus einem Saulus ein Paulus geworden war. Doch wer nahm diese Ungereimtheiten schon zur Kenntnis? Ich war in die Rolle des ungläubigen Thomas, des »Rufers in der Wüste« geraten und stand mit meinem Verdacht gegen den »peace process« wirklich mutterseelenallein. Ein hochgestellter israelischer Diplomat soll mich als Kassandra getadelt haben. Dabei hätte er nicht auf eine trojanische Seherin zurückgreifen müssen; Künder des Unheils – von Jeremia bis Jesaja – hätte er in überreicher Zahl in seiner eigenen Historie, in der biblischen Überlieferung, finden können.

*

Mit einem kräftigen Ruck hat Omar mich an der Schulter gefaßt und aus meinem Grübeln gerissen. »Sie werden in Gaza erwartet«, drängt er. Wir nähern uns in zügiger Fahrt dem Befehlszentrum Arafats im Heiligen Land. Wenn es zu Verkehrsstaus kommt, schaltet Omar das Martinshorn an. Natürlich hat sich der Gaza-Streifen nicht in blühendes Land verwandelt. Die Elendsviertel der Flüchtlinge sind nicht fortgezaubert worden, seit die Palestinian National Authority hier in Anwendung der Vereinbarungen von Oslo, Kairo und Taba die Verantwortung für Verwaltung und auch für innere Sicherheit übernahm. Doch atmosphärisch ist eine spürbare Veränderung eingetreten. Die Bevölkerung leidet zwar weiterhin unter extremer Armut, aber sie hat Hoffnung geschöpft. Dieser Stimmungsumschwung entspricht nicht einer vorgefaßten Meinung des Beobachters. Mag das junge PLO-Regime Arafats auch schon mit allen Makeln der Willkürherrschaft behaftet sein – mit wachsender Korruption, mit Mafia-ähnlichen Erpresserstrukturen und einem brutalen Polizeisystem –, diese Mängel gehören zur orientalischen Normalität. Die rüden, manchmal tödlichen Verhör- und Foltermethoden der palästinensischen Ordnungshüter mögen noch härter sein als die ihrer israelischen »Kollegen«

vom Shin Beth. Doch diese Auswüchse werden wohl weniger schmerzlich empfunden, wenn sie von Einheimischen praktiziert werden und nicht von ungläubigen Besatzern.

Abgesehen von ein paar Blumenrabatten und einer Anzahl repräsentativer Neubauten hat sich das Straßenbild Gazas kaum gewandelt. Aber jetzt flattern hier keine Fahnen mehr mit dem David-Stern. Es fahren nicht mehr Dutzende von Militär-Jeeps ihre Runden, auf denen israelische Soldaten den Finger am Abzug ihrer M-16 halten. Die Straßensperren aus Beton, die Bunker, die zahllosen Sicherheitsschikanen sind beseitigt. Der Überwachungs- und Spitzel-Apparat Arafats, der bezeichnenderweise von den arabischen Brüdern den ominösen Namen »Mukhabara« entliehen hat, ist allgegenwärtig. Der von fremden Invasoren verhängte Belagerungszustand hingegen gehört der Vergangenheit an. Die neue Autorität wird durch dunkelblau uniformierte arabische Polizisten verkörpert sowie durch paramilitärische Verbände, die Tarnjacken und rotes Barett tragen. So ähnlich geht es auch in Damaskus oder Kairo zu. Unzählige schwarz-weiß-grüne Wimpel mit dem roten Dreieck sind in Girlanden über die Chaussee gespannt. Die Porträts Yassir Arafats hängen überall. Seine Popularität soll wieder angezogen haben, seit der Baubeginn in Har-Homa die palästinensischen Reihen zusammenschweißte. An den Mauern verkünden riesige arabische Inschriften: »Es gibt keine Lösung, solange die zionistischen Siedlungen bestehen!« – »Es gibt keine Lösung ohne Jerusalem!«

Der Zustand des Gaza-Streifens unterscheidet sich grundlegend von jenen Städten des West-Jordan-Ufers – Ramallah, Bethlehem, Nablus, Qalqiliya, Dschezin, Tulkarem oder Jericho –, die zwar ebenfalls der vollen Autorität der Palestinian Authority unterstellt sind, wo die arabische Bevölkerung jedoch ein Käfig-Dasein fristet und von den israelischen Armeestreifen schon an der Kommunalgrenze nach Belieben überprüft wird. Im Gaza-Fetzen – vierzig Kilometer lang und sechs Kilometer breit – wächst trotz aller Restriktionen ein neues palästinensisches Selbstbewußtsein heran. Der Strand des Mittelmeers weckt die Illusion internationaler Öffnung. Der Palästinenser-Staat, den die Mehrheit des israelischen Wahlvolkes bis auf weiteres ablehnt, ist in Gaza bereits Realität geworden. Die arabische Vokabel »Istiqlal« – Unabhängigkeit – braucht hier gar nicht mehr als Forderung an die Wände geschmiert zu werden, sie ist in den Köpfen, wenn auch nicht laut Gesetz Wirklichkeit geworden.

Natürlich ist Gaza alles andere als eine Idylle. Erträgliche Lebensverhältnisse wird es in absehbarer Zukunft nicht geben. Neben den PLO-Emblemen weht von zahlreichen Gebäuden weiterhin die blaue Flagge der Vereinten Nationen. Die UNO steht hier nicht als Friedenswächter. Sie lindert seit 1948 die kollektive Not dieser Million Menschen, die auf dem Streifen wie in einer Sardinenbüchse zusammengepfercht sind. Mit der Gründung des Judenstaates hatte sich eine Flüchtlingswelle von zweihunderttausend Vertriebenen in diesen abgelegenen Südzipfel Palästinas ergossen, der im Süden an den ägyptischen Sinai grenzt. Diese »Refugees« haben sich massiv auf etwa eine Million vermehrt, und die UNRWA, die United Nations Relief and Works Agency, sorgt unermüdlich seit einem halben Jahrhundert dafür, daß zumindest keiner verhungert. Das allgemeine Elend haben die internationalen Helfer nicht mindern können. Es ist mit der Einwohnerzahl explodiert. Die Arbeitslosenquote liegt bei mindestens sechzig Prozent. In erster Linie sind die Jugendlichen davon betroffen, die die große Mehrheit bilden und als potentielle Terroristen kaum Gelegenheitsbeschäftigung in Israel finden. Sehr viele dieser Halbwüchsigen, die nach 1967 zur Welt kamen, haben ihre Mini-Heimat und deren Stacheldrahtverhaue noch kein einziges Mal verlassen dürfen. Vermutlich hat diese hermetische Abschirmung dazu beigetragen, eine kollektive Belagerungsmentalität zu schüren, die sich nach Abzug der Besatzungsmacht zu eigenstaatlicher Solidarität ausweitete.

Als unerträgliche Provokation wird in Gaza die Präsenz von rund fünftausend jüdischen Kolonisten empfunden, deren schwerbefestigte Camps bei Gush Katif unweit der ägyptischen Grenze konzentriert sind und den Arabern ein Viertel ihres kümmerlichen Reservats wegnehmen. Selbst Parteigänger Netanjahus betrachten diesen zionistischen Bodenerwerb als eine unvernünftige Schikane. Der Übergang zum großen nilotischen Nachbarland wird ohnehin von Zahal unter scharfer Observanz gehalten.

Abdallah Frangi erwartet mich am Eingang eines weißgetünchten orientalischen Hauses. Neben ihm steht sein Sohn Beschar, der in Deutschland Politologie studiert. Wir sind alte Bekannte. Über den SPD-Politiker Hans-Jürgen Wischnewski habe ich Zugang zu diesem Repräsentanten der PLO in der Bundesrepublik gefunden. Seit mindestens zwanzig Jahren fungiert Frangi als kompetenter Sprecher Yassir Arafats in Bonn. Im Auftrag des Senders RTL hatte ich in Köln eine

Diskussion zwischen Frangi und dem ersten Botschafter Israels in Deutschland, Asher Ben Nathan, moderiert. Das war 1986, also lange bevor man an die Begegnungen von Madrid und Oslo überhaupt zu denken wagte. Das Fernsehgespräch wurde mit großer beiderseitiger Höflichkeit geführt, aber es rannte sich schnell an den Kernfragen fest, die da hießen: Jerusalem, israelische Siedlungspolitik, Heimkehr der arabischen Flüchtlinge, endgültige Grenzziehung im Heiligen Land. Der Dialog verlief ergebnislos, dafür war er vielleicht ehrlicher und realistischer als manche der Wunschvorstellungen und vagen Goodwill-Erklärungen, die in Oslo zwischen Jossi Beilin und Abu Mazen skizziert wurden. Helmut Thoma, Geschäftsführer von RTL, hatte nach Abschalten der Kameras mit Wiener Sarkasmus beanstandet, daß eine hübsche, volkstümliche Unterhaltungssendung sicherlich ein höheres »Rating« für seinen Sender eingebracht hätte.

Mein Begleiter Omar hat mir bei der Einfahrt nach Gaza mitgeteilt, daß Frangi, der neuerdings den Titel »Botschafter Palästinas in Bonn« auf seinem Briefkopf trägt, zu großen Aufgaben berufen wurde. Als wir im Obergeschoß des stattlichen Hauses inmitten der landesüblichen Aufreihung von Sesseln und Sofas Platz genommen haben und Kaffee trinken, bestätigt mir der Palästinenserführer, daß er sich um den Ausbau der Fatah-Bewegung zur straff organisierten Partei kümmern solle. Wie sich denn das Verhältnis zwischen der säkular ausgerichteten PLO und den »fundamentalistischen« Eiferern von Hamas und Dschihad-el-Islami gestalte, frage ich. Die Beziehungen seien relativ entspannt, erfahre ich. Arafat unterhalte zu ihnen ähnliche Kontakte wie früher zu den marxistisch-leninistischen Splittergruppen von George Habbash und Nayef Hawatmeh, wobei die Zahlenverhältnisse allerdings nicht vergleichbar seien. »Wir stehen im Kontakt zu Hamas und wir verhandeln«, sagt Frangi.

Bei meiner ersten flüchtigen Besichtigung ist mir aufgefallen, daß ich keine einzige Frau entdecke, die nicht mindestens ihr Haar durch ein Kopftuch verhüllt hat. Die meisten tragen die schwarz-weiße Einheitstracht. Der Ausbau mächtiger Moscheen geht offenbar schneller voran als die Schaffung des verzweifelt benötigten Wohnraums. Auch eine islamische Universität ist fast vollendet. Den Imamen und Ulama, so bestätigt der Botschafter, sei bei ihren Freitagspredigten die Auflage gemacht worden, keine einseitigen politischen Botschaften unter das Volk zu bringen. Kaum geboren, sieht sich das freie Palästina bereits mit der existentiellen Streitfrage aller islamischen Politik konfrontiert, mit der koranisch begründeten Einheit von »Religion und Staat – din wa dawla«.

Abdallah Frangi ist in Beersheba, am nördlichen Rand der Negev-Wüste, geboren und als Flüchtling in Gaza aufgewachsen. Wenn er den Keffiyeh trüge, könnte er sehr beduinisch aussehen, obwohl sein Name – der »Franke« in der Übersetzung – auf eine ferne Abstammung von Kreuzrittern verweisen soll, wie er selber scherzend meint. In Gaza pocht Frangi auf das Recht der politischen Flüchtlinge auf Rückführung in ihre Heimat. »Das ist eine essentielle Forderung, von der wir nicht abrücken können«, betont er gleich zu Anfang. Wo man die Masse von etwa drei Millionen Menschen – falls sie diese Rücksiedlung mehrheitlich in Anspruch nähmen – auf der spärlichen Fläche Palästinas unterbringen würde, habe ich aus Takt erst gar nicht erkundet, aber ich erinnere mich an das Zugeständnis eines extrem liberalen Israeli, der einem Maximum von hunderttausend arabischen »Refugees« die Niederlassung auf der West-Bank zugestehen wollte. Auch in diesem Punkt klaffen die Optionen meilenweit auseinander.

Ob ich zum ersten Mal in Gaza sei, lautet die unvermeidliche Frage. Da kann ich zu einer weiten Retrospektive ausholen. Die seltsamste Erinnerung geht auf die Neujahrsnacht 1971 zurück, die ich ursprünglich im »Dan-Hotel« von Tel Aviv mit dem Kamera-Team hatte feiern wollen. Ich kam von einem Abstecher zum Suez-Kanal zurück, und der israelische Begleitoffizier hatte die Umgehungsroute um den Gaza-Streifen verpaßt. Er saß dann mit entsicherter Pistole neben mir, auf das Schlimmste gefaßt. Kein Mensch, kein Auto begegnete uns in den verödeten Barackensiedlungen der Araber außer einem einzigen Ambulanzwagen mit riesiger entfalteter Rot-Kreuz-Flagge, die wohl Schutz vor Attentaten gewähren sollte.

Zwei andere Besuche erscheinen mir denkwürdig. Im Sommer 1988 hatte mich Pater Immanuel, der damalige Benediktiner-Prior der »Dormitio« auf dem Berg Zion, seinem Koch Ibrahim, der aus Gaza stammte, anvertraut. Wir hatten die israelischen Kontrollen in dessen ramponiertem Peugeot mit weißem Nummernschild passiert. Die Intifada befand sich damals noch in ihrer Anfangsphase, aber schon waren die diversen Spitäler mit jungen, oft kindlichen Verwundeten gefüllt. Die israelischen Soldaten verwendeten Plastik- und Gummigeschosse gegen die arabischen Aufrührer, doch auch deren Wirkung war schlimm. Die Verletzten zeigten mir stolz ihre riesigen Operationsnarben auf Brust und Bauch. Das palästinensische Krankenhauspersonal war eifrigst um diese halbwüchsigen Schuhada bemüht, und die Stimmung war alles andere als gedrückt oder unterwürfig. Trotz und Haß loderten aus den dunklen Augen.

In Gaza wurde mir an jenem Tag voll bewußt, warum die Israeli das Wort »Filistin« – der arabische Ausdruck für Palästina – so ungern hören. Es beschwört ferne Reminiszenzen an das Volk der Philister, das in Gaza beheimatet war und gegen die Hebräer endlose Kriege führte. Seit die Steine der Intifada flogen, hatte der junge Hirte David – so schien es – im Kampf gegen Goliath die Seite gewechselt, denn hier wirkte die israelische Besatzungsarmee wie der waffenstarrende Riese der biblischen Überlieferung. Der Nama Gaza erinnerte ebenfalls, wie ich später in der »FAZ« andeuten sollte, an den Untergang des jüdischen Helden Samson. Nachdem ihn Dalilah seines langen Haarschopfes und damit seiner übernatürlichen Kräfte beraubt hatte, war Samson von den Philistern gefangen worden. Die Augen hatte man ihm ausgestochen. Er wurde zum Spott der Heiden von Gaza, ehe er mit Hilfe Jahwes die Säule, an die er gekettet war, einriß und seine Feinde unter den Trümmern des Daches begrub.

»Eyeless in Gaza – Geblendet in Gaza«, der Buchtitel von Aldous Huxley gewann hier im Hinblick auf den jüdischen Staat der Neuzeit eine beklemmende Aktualität. Auf den Wänden der Krankenstationen prangten damals schon das Wappen der Befreiungsfront und das Porträt Arafats. Die Islamisten waren erst langsam auf dem Vormarsch.

Fünf Jahre später, im Juni 1993, war an eine individuelle Expedition auf eigene Faust und eigenes Risiko nicht mehr zu denken. Am Übergang Erez erwartete mich ein sympathischer Oberleutnant der israelischen Luftabwehr. Sein Bataillon war für vier Monate in den Gaza-Streifen abkommandiert. Dieser Turnus sei bei allen Einheiten Zahals üblich. Ein paar Kilometer südlich des Kontrollpostens, wo sich Kolonnen arabischer Lastwagen stauten, stießen wir auf das Zeltlager der Flak-Einheit. Bei gewöhnlichen Dienstübungen von Reservisten bricht oft die männliche Freude am Pfadfinderspiel wieder durch. Aber die Soldaten, die ich hier traf, versahen einen Polizeidienst, der ihnen wenig behagte, und sie drückten das deutlich aus.

Diese Rundfahrt war in keiner Weise spektakulär. Die abscheulichen Lebensbedingungen in den Flüchtlingslagern waren mir bekannt. Die Verhältnisse waren radikal verschlechtert, seit Israel drei Monate zuvor eine systematische Blockade verhängte. Die meisten Palästinenser, die nun auch ihre Gelegenheitsjobs im Judenstaat verloren hatten, mußten sich als Straßenfeger oder Müllarbeiter in dieser übervölkerten Sperrzone verdingen. Erst nach und nach lockerten sich die Vergeltungsmaßnahmen, die eine Serie besonders blutiger Attentate ahnden sollten.

Die »Terroristen« verfügten neuerdings über Kalaschnikows und Handgranaten, die auf waghalsigen Umwegen eingeschleust wurden, berichtete der Oberleutnant. Doch die Waffen blieben die meiste Zeit vergraben. Von einem regulären Partisanenkrieg war Gaza weit entfernt. Der Bataillonskommandeur stellte mir einen Jeep zur Verfügung. Zwei weitere Fahrzeuge übernahmen den Geleitschutz. Keine Sekunde ließen die jungen Israeli das entsicherte Schnellfeuergewehr aus der Hand. Sie spähten angestrengt in alle Richtungen.

An diesem Tag ging es relativ ruhig zu im Umkreis des Refugee-Camps El Buredsch. Sogar einige Geschäfte waren halb geöffnet. Die Frauen gingen meist verschleiert. Die Passanten blickten trotzig an der israelischen Patrouille vorbei, aber es flogen keine Steine. Die zahllosen arabischen Inschriften auf den Mauern waren übertüncht. Die lokalen Einwohner mußten diese Säuberungsarbeit selbst verrichten. Nur eine einfältige Abbildung des Felsendoms und des mythischen Rosses Buraq waren verschont geblieben. Ich fragte den Oberleutnant, welche Botschaften in den gelöschten Inschriften denn enthalten gewesen seien. Es handele sich meist um Koranzitate mit Aufrufen zum »Kampf auf dem Wege Allahs – fi sabil Allah« oder um Kommuniqués über gelungene Überfälle auf israelische Wachen, lautete die Antwort. Vielleicht war die trügerische Ruhe, die bis zum Ende unserer Inspektionsfahrt andauerte, sowie das Ausbleiben einer jeden Protestaktion dem Umstand zu verdanken, daß ich mich ohne Kamera-Team, ja ohne Photoapparat den Soldaten angeschlossen hatte. Die Kühnheit der Intifada wurde auch in Gaza wohl durch die Präsenz der Medien angestachelt. Wieder einmal bewahrheitete sich die Feststellung Malraux': »Es gibt keine Helden ohne Zuschauer – Il n'y a pas de héros sans spectateurs.«

*

Abdallah Frangi denkt ernsthaft daran, sich auf Dauer in Gaza niederzulassen. Er hat bereits – für sehr teures Geld – ein Grundstück am Strand erworben. Wir besichtigen das nahe gelegene Küstengelände, Rimal genannt. Eine Reihe von luxuriösen Villen wächst aus dem Sand. Viele sind unvollendet. Diverse Ministerien sind dort untergebracht, aber auch wohlhabende Privatleute oder hochgestellte Persönlichkeiten der PNA quartieren sich in diesem Exklusivviertel ein. »Wir haben erhebliche Probleme mit den Abwässern«, bedauert Abdallah. »Sie fließen ungehindert ins Meer und verpesten stellenweise die Promenade.« Er zeigt mir auch die Residenz Yassir Arafats, ein großes weißes Gebäude, dessen Zugang durch einen Panzerspähwagen bewacht wird. Ein »Palast« – wie es im Volksmund heißt – ist das nicht. Dennoch ist der Präsident der Palestinian National Authority ins Gerede gekommen. Manche fromme Muslime haben ihm nicht verziehen, daß er eine palästinensische Christin aus großbürgerlichem Haus, Suha Tawil, geheiratet hat. Diese rotgefärbte Dame der guten Gesellschaft, die das Kopftuch sehr locker trägt und angeblich einen roten Porsche bevorzugt, ist zur Entbindung ihrer Tochter nach Paris gereist, weil ihr – wie die Schandmäuler sagen – die Spitäler Gazas nicht gut genug waren. Ausländische Kreditgeber und Investoren können sich schlecht an das Geschäftsgebaren des Rais gewöhnen. Bislang hat er sich stets geweigert, auch für Millionenbeträge eine Quittung auszustellen. Wie es sich für einen arabischen Staatschef gehört, ist er auf Repräsentation und Prestige bedacht. Seine Autokolonne, falls er den als Festung ausgebauten »Palast« verläßt, imponiert durch das Sicherheitsaufgebot – inklusive Ambulanz –, das seinen silbernen Mercedes abschirmt. Der Mann hat guten Grund, stets auf der Lauer zu sein.

Abdallah Frangi gehört zu den Vertrauensleuten Arafats. »Er wird immer wieder unterschätzt«, beteuert der Botschafter. »Arafat ist ein Kämpfer, und bisher hat ihn keiner kleingekriegt. Er ist auch der einzige, der dem palästinensischen Volk Konzessionen, ja Opfer im Schacher mit den Israeli zumuten kann, die von keinem anderen akzeptiert würden.« Glücklicherweise stellt sich bei dem PLO-Chef nicht die familiäre Nachfolgefrage, die in Syrien und Irak die Gemüter unablässig beschäftigt. Sein Töchterchen Zahwa kann man sich schlecht als palästinensische Benazir Bhutto vorstellen. Im übrigen würden die Araber, im Gegensatz zu den Pakistani, schwerlich einer Frau ihre höchste Führung anvertrauen.

Vor meinem Aufbruch nach Gaza hatte ich mein libanesisches Tagebuch aus dem April 1982 zur Hand genommen. Ich zitiere hier im Wortlaut. Die Zeilen fügen sich ganz organisch ein in diesen Ausflug in die alte Philisterburg, wo »el rajul min al barra – der Mann von draußen« nach endlosen Jahren des Exils und der Demütigung wenigstens ein Stückchen Heimat wiederfand.

»Tiefe Nacht in Beirut«, so habe ich 1982 geschrieben. »Die Palästinenser sind Menschen der Dunkelheit, und Yassir Arafat trifft seine Verabredungen gern nach Mitternacht. Mahmud Labadi, der offizielle Sprecher der Sammelorganisation, hat es sich im PLO-Informationsbüro bequem gemacht. Er hat die Schuhe ausgezogen und streckt sich auf einem durchgesessenen Sofa. In Labadi, so schien es, hatte Arafat einen hervorragenden Anwalt seiner Sache gefunden. Für seine Kontakte mit deutschen Medien kam ihm die perfekte Kenntnis der deutschen Sprache zugute, die er in der Bundesrepublik und in der DDR erworben hatte. Mahmud Labadi war in melancholischer Stimmung, was seine semitischen Züge hinter der dunkel gerandeten Brille besonders betonte. In dem vergammelten Empfangsraum hielt sich noch ein halbes Dutzend anderer Palästinenser auf, darunter unser Begleiter Mohammed Schaker und ein junger Mann, der gelangweilt mit seiner Kalaschnikow spielte.« Damals konnte niemand ahnen, daß der treue Gefolgsmann Labadi seinen Meister Abu Ammar verraten und sich zwei Jahre später auf die Seite einer syrisch gesteuerten Gegenbewegung schlagen würde.

»Eine Art Liliputaner in schmuddeligem Nachthemd brachte uns Tee. Dabei kippte eine Tasse auf den Schreibtisch Labadis. Der wischte die Flüssigkeit mit einem Achselzucken von den eng beschriebenen Blättern, die sich dort häuften. ›Ich arbeite an einer neuen Studie über den Zionismus‹, sagte er resigniert. Auf den abblätternden Tapeten klebten die üblichen Propagandaplakate: Eine stilisierte Karte Palästinas, dekoriert mit einer Moschee-Kuppel und einem Kirchturm, Symbol der überkonfessionell betonten Eintracht der PLO; ein waffentragendes Mädchen mit roter Kommando-Mütze und schwarz-weißem Keffiyeh, die programmatische Inschrift ›Revolution bis zum Sieg – el thaura hatta el nasr!‹ – Während unseres Gesprächs, das ungezwungen, planlos, in einer zutiefst menschlichen Atmosphäre verlief, starrten die jungen Palästinenser, die des Deutschen nicht mächtig waren, auf den flackernden Bildschirm, wo eine schwülstige ägyptische Liebesromanze mit viel Gesang und Bauchtanz ablief.

»Eine blonde, dezidierte Amerikanerin gesellte sich ein paar Minuten zu uns. Es handelte sich um die Journalistin Flora Lewis, die eine Verabredung mit Yassir Arafat treffen wollte. In ihrer Anwesenheit verebbte das Gespräch. ›Das ist so eine Zionistin‹, sagte der PLO-Sprecher, nachdem sie gegangen war. Ob er auch die Italienerin Oriana Fallaci betreut habe, fragte ich. ›Die kommt hier nie wieder hinein‹, wehrte Labadi ab; ›sie hat in ihrem Artikel behauptet, Yassir Arafat sei schwul.‹ Der Mann sei ja allen möglichen Verleumdungen ausgesetzt. So habe ihn der ägyptische Präsident Gamal Abdel Nasser stets verdächtigt, Moslem-Bruder gewesen und geblieben zu sein. Aus dem Gedächtnis zitiere ich den Journalisten Laschen aus dem Buch ›Die Fälschung‹ von Nicolas Born: ›Und was bedeutete es, daß er Ariane liebte ... Die Frage könnte er Mr. Arafat stellen, der mit einem Lenin-Zitat darauf antworten würde ...‹ Zum ersten Mal grinste Labadi über das ganze Gesicht: ›Wissen Sie, daß Arafat seit einiger Zeit immer häufiger den Koran betet? Und schauen Sie hier, was ich lese: eine Studie über die ›Raschidun‹, die vier ›Rechtgeleiteten‹ Kalifen des Früh-Islam. Wissen Sie, welche Parole in unserer Heimat, auf der West-Bank, umgeht: Die sechziger Jahre seien die Jahre des arabischen Nationalismus gewesen, die siebziger die Jahre der palästinensischen Revolution, die achtziger Jahre seien die Dekade des islamischen Durchbruchs. Sie sehen es ja selbst: Überall haben wir es mit religiösen Führern zu tun: Ayatollah Khomeini, Ayatollah Begin und unlängst noch Ayatollah Carter.‹

»Eine Maschinengewehr-Salve hallte von der Küsten-Corniche herüber und brachte uns jäh zum Libanon zurück sowie zum Thema der israelischen Offensive im Süden, die nun von einem Tag zum anderen fällig wurde. Labadi versicherte uns, daß die PLO in keiner Weise an der Wiederaufnahme der Kämpfe interessiert sei, sondern auf ihre volle diplomatische Anerkennung im Westen hinarbeite. Das wisse Menachem Begin natürlich auch. Die jüngsten Attentate gegen israelische Diplomaten seien gezielte Provokationen und paßten besser in das Konzept der Zionisten als in das der PLO. ›Was uns an den Israeli am meisten bekümmert‹, sagte Labadi, ›das ist ihre Unfähigkeit, unser Unglück nachzuempfinden. Ihr totaler Mangel an ›compassion‹. Sogar Anwar-el-Sadat hat das in tragischer Weise zu spüren bekommen. Nachdem er das Abkommen von Camp David unterzeichnet und seinen Frieden mit Israel gemacht hatte, war er überflüssig geworden, hat man ihn seinen Feinden im eigenen Land ans Messer geliefert, statt ihm ein paar Konzessionen zu machen, die ihm erlaubt hätten, die Kritiker der islamischen Opposition zu entwaffnen.‹ Die amerikanische CIA habe zugestimmt, daß der Ägypter Sadat geopfert wurde, während der gleiche Geheimdienst keine Anstrengungen scheue, den syrischen Präsidenten Hafez-el-Assad, diesen angeblichen Sowjet-Freund, zu warnen und abzuschirmen. Wir waren mittendrin in den typisch orientalischen Mutmaßungen über die abgefeimte Verschwörung des Westens. Wieder einmal hieß das arabische Stichwort ›Mu'amara‹.

»Das Telefon unterbrach uns. Es mochte jetzt zwei Uhr nachts sein. Yassir Arafat erwarte uns und sei zum Gespräch bereit, wurde uns mitgeteilt. Die Fahrt war kurz. Die Etagenhäuser glichen sich alle im Umkreis der Arabischen Universität. Die bewaffneten Männer in Uniform und in Zivil waren besonders zahlreich. Man führte uns in Begleitung Mahmud Labadis und Mohammed Schakers in einen großen Sitzungssaal. An der Wand hingen eine Landkarte Palästinas und Photos der Städte Jaffa und Hebron.

»Es ist überflüssig, Arafat zu beschreiben. Er kam durch die Tür wie seine eigene Legende mit schwarz-weißem Keffiyeh, Stoppelbart und leicht geröteten Basedow-Augen, trug olivgrüne Uniform und den Revolver an der Hüfte. Ein paar Tage zuvor hatte ein amerikanischer Kollege ihn noch als ›Mensch gewordenes Reptil‹ bezeichnet und sich über die wenig einladende Erscheinung dieses Mannes mokiert, der sich spätestens seit seinem ersten UNO-Auftritt mit viel Geschick und Geschmeidigkeit um die Sympathie der westlichen Öffentlichkeit bemühte.

»In Wahrheit und aus der Nähe wirkte der Palästinenser ganz anders. Er strahlte sogar eine gewisse Wärme aus. In dem fahlen, übernächtigten Gesicht blickten traurige, fast fiebrig glänzende Augen, und das stereotype Lächeln erschien als Gemisch von lauernder List und Scheuheit. Der Händedruck war lasch. Jedenfalls war dieser Mann ein Überlebenskünstler, der zahllosen Attentaten und Verschwörungen entkommen war, ein Meister des Kompromisses und der Täuschung, ein Widerstands-Taktiker, dessen allzu betonter Sinn für die Realität ihm zwar erstaunliche Erfolge auf dem Feld der Diplomatie einbrachte, seine tatsächliche Glaubwürdigkeit jedoch fatal beeinträchtigte. Wie er als Guerilla-Führer im chaotischen, mörderischen und tückischen Schlangenknäuel der PLO zwanzig Jahre lang seine Position behaupten konnte, wird eines Tages nur Yassir Arafat selbst erzählen können. Weder das lange Gespräch mit ihm noch das anschließende kurze Fernseh-Interview brachte irgendeine Neuigkeit. Dem PLO-Chef wurden nach jeder Frage kleine beschriebene Zettel von einem Mitarbeiter zugeschoben. Menachem Begin habe die Annexion des West-Jordan-Ufers längst beschlossen, betonte Arafat, und die Jerusalemer Regierung sei nichts anderes als eine Junta. Die Palästinenser müßten die Rechnung für jene Verbrechen zahlen, die Europa an den Juden begangen habe. Die Palästinenser seien andererseits das Gewissen und die Vorhut der arabischen Nation. Der angekündigten Offensive der Israelis sehe die PLO mit Gelassenheit entgegen. ›Wir sind wie ein Schwamm, der sich unbegrenzt vollsaugen kann‹, sagte Arafat. ›Wir haben nichts zu verlieren, und es ist nicht leicht, uns zu knacken … Wenn die Dunkelheit am tiefsten erscheint, dann ist die Morgendämmerung nahe … Manche Libanesen mögen sagen: Arafat, go home; nichts anderes verlange ich.‹ Viermal erwähnte er, daß er ägyptischer Reserveoffizier sei. Sein Wunsch, mit Kairo wieder ins Gespräch zu kommen, war unüberhörbar.

»Auch vor der Kamera bewahrte Arafat seine leicht provozierende Selbstsicherheit und wiederholte seltsam lächelnd die bekannten Thesen. ›Wenn die Israeli mit ihren Divisionen zu uns kommen wollen, dann erwarten wir sie in aller Ruhe und wir sagen ›welcome‹.‹ Vor dem Fernseh-Auftritt hatte ich ihm – wie das üblich ist – meine Fragen genannt. ›Einverstanden‹, hatte Yassir Arafat gesagt, ›bis auf den letzten Punkt. Da wollen Sie meine Meinung zur islamischen Revolution, zum religiösen Fundamentalismus hören. Doch hierzu werde ich mich nicht äußern.‹«

*

Das Restaurant, in dem wir am Südrand von Gaza zu Mittag essen, heißt »Mirage«, wohl eine Anleihe aus der TV-Serie »Dallas«. Laut Reiseführer gibt es noch zwei andere empfehlenswerte Lokale: »Loveboat« – das klingt recht unziemlich in dieser Umgebung – und »Andalus«, eine nostalgische Mahnung an die längst verlorene und immer noch betrauerte Herrschaft des Islam über Spanien. Die Geschichte ist hartnäckig im Orient. Sie läßt sich nicht verdrängen, und wenn sie als Mythos weiterlebt. In dieser Beziehung sind sich Juden und Araber sehr ähnlich.

Vor uns liegt der langgezogene Strand. Schawarma- und Kebab-Verkäufer haben ihre Buden errichtet. Am Abend, wenn die Kinder auf den Schaukeln wippen, genießen die Eingeschlossenen von Gaza den Blick auf das offene Meer. Ein Touristenparadies wird hier dennoch nicht erblühen. Um auch nur halbwegs auf tunesisches Niveau zu gelangen, müßten gewaltige Anstrengungen der Hotellerie vollbracht werden. Im übrigen fehlt jedes Hinterland für Exkursionen. Zumindest sollten die Stadtbehörden von Gaza anfangen, den Müll und den Abfall der Ausflügler – Plastiktüten, Blechdosen und Schlimmeres – wegzuräumen. Das Mittelmeer erweckt nur eine Fata Morgana ungehemmter Freiheit. Draußen patrouillieren die israelischen Schnellboote. Hubschrauberinspektionen wachen immer wieder darüber, daß keine Waffen an Land gebracht werden.

Wie an dieser Stelle jemals ein internationaler, weltoffener Hafen entstehen soll – davon schwärmte ja Shimon Peres –, ist unerfindlich. Im Altertum reichten winzige Hafenbecken aus, um die Nußschalen der Philister und Phönizier aufzunehmen. Die Philister, die dem Land den Namen gegeben haben, gehörten zu jenen kriegerischen See- und Piraten-Völkern, die von Kreta in die Levante aufgebrochen sein sollen. Sehr empfehlenswert waren diese rauhen Schiffer wohl nicht, sonst hätte das Schimpfwort »Krethi et Plethi« sich nicht bis auf den heutigen Tag erhalten. Wie die »peaceniks« Israels ihren arabischen Partnern in Gaza einen offenen Hafen zugestehen und gleichzeitig verhindern wollen, daß in den schwer zugänglichen Verstecken der nahen Slums massive Waffenlager angehäuft würden, ist weder in Oslo, in Kairo noch in Taba zur Sprache gekommen. Sogar die Ägypter schauen ja voller Argwohn auf diese arabischen Brüder von Gaza. Präsident Mubarak kann es nur recht sein, wenn Zahal weiterhin die Grenze zwischen dem palästinensischen Küstenstreifen und dem Sinai militärisch abschnürt. Wie oft habe ich in Kairo vernommen, daß man Gaza auch als Geschenk nicht akzeptieren würde. Man fürchtet am Nil eine kommerzielle Dynamik, der die trägen Epigonen des Pharaonen-Reiches nicht gewachsen wären, und im übrigen gilt Gaza als Brutstätte vielfältiger Formen umstürzlerischer Besessenheit.

Besser steht es wohl um den Flugplatz, der zügig ausgebaut und von einem steinreichen Palästinenser aus den USA – er spendete 50 Millionen US-Dollar – finanziert wird. Vorläufig muß Abdallah Frangi noch über den Ben-Gurion-Airport von Lod einfliegen, was – so bestätigt er – ziemlich reibungslos abläuft. Sein Sohn Bashar hingegen hat bei solchen Anlässen peinliche Leibesvisitationen und endlose Kontrollen der israelischen Zoll- und Einwanderungsbehörden über sich ergehen lassen müssen. Mit Sicherheit wird der Inlands-Geheimdienst des Judenstaates, Shabak, auf eine diskrete Überwachung des Reisebetriebes von Gaza nicht verzichten wollen, sobald regelmäßiger Luftverkehr aufkommt. Auch in diesem Punkt liegt jedoch keinerlei bindende Absprache vor, und Arafat benutzt vorzugsweise die ägyptische Rollbahn von El Arish im Sinai.

Das Essen im »Mirage« ist vorzüglich. Der Mezze ist vielfältig, und der frischgefangene Fisch zergeht auf der Zunge. Wir sitzen etwas abseits im Restaurant. Was mich frappiert, ist der krasse Unterschied des menschlichen Verkehrs, den Juden und Araber pflegen. In Israel bildet man sich etwas darauf ein, rauhbeinig und fast schnoddrig aufzutreten. »Es ist nicht so, daß die Israeli schlechte Manieren hätten«, heißt ein oft zitierter Scherz, »sie haben gar keine Manieren.« In Gaza hingegen, in diesem isolierten Außenposten der »Uruba«, hat sich trotz allen Elends und jahrzehntelanger Unterdrückung eine orientalische Gesittung, ein Codex der Höflichkeit erhalten, den man in dieser Umgebung nicht erwartet. »Auch ich bin immer wieder erstaunt, daß hier in fast fünfzig Jahren der Knebelung und Aussperrung keine Verrohung der Sitten, keine totale Verwahrlosung des Umgangs eingerissen ist«, bemerkt Frangi. »Irgendwie ist es den Leuten gelungen, ihre Würde zu bewahren. Die Kriminalität ist relativ gering.« In dieser Hinsicht habe eben der koranisch geprägte Lebensstil feste Normen gesetzt, sich heilsam und disziplinierend ausgewirkt. Selbst im Intifada-Jahr 1988, als ich von dem Kloster-Koch Ibrahim nach Gaza geleitet worden war, hatte er mir in seiner extrem bescheidenen Behausung Kaffee und Keks mit einer gewissen Noblesse serviert. Die weiblichen Mitglieder der Familie hatten mich züchtig, aber anmutig begrüßt.

Wir kommen auf die zwei mißlungenen Attentate zu sprechen, die vor drei Tagen die israelische Öffentlichkeit aufgewühlt haben. Die Kamikaze-Täter, so hieß es, hätten beabsichtigt, zwei israelische Schulbusse in Gaza zu sprengen und unter den Kindern der dort verstreuten jüdischen Siedler ein Blutbad anzurichten. »Glauben Sie mir«, wendet der Botschafter in Bonn ein, »wir haben Recherchen bei Hamas und Dschihad angestellt. Sie schworen Stein und Bein, daß sie keinen solchen Auftrag erteilten. Es muß sich um vereinzelte Desperados gehandelt haben, und dazu noch um klägliche Dilettanten im Bombengeschäft. Die Hamas-Führung glaubt sogar, daß die Zündung des Sprengstoffs durch israelische Fernsteuerung vorzeitig ausgelöst wurde. So ähnlich ist ja auch Yahia Ayash, der große Anstifter und Organisator so vieler antizionistischer Anschläge, ums Leben gekommen. Dem ›Ingenieur – el muhandis‹, wie man ihn nannte, war bei der Explosion seines Handy der Kopf abgerissen worden.«

Wir tauchen unvermeidlich ein in die trübe Atmosphäre der Verdächtigungen und Komplotte, die für den ganzen Orient so charakteristisch ist. »Mu'amara – Verschwörung«, so lautet seit langem die Anklage, die die palästinensischen Fedayin einst in ihren Kampfliedern wie einen unaufhörlichen Refrain herauspreßten. Abdallah versichert feierlich, daß Yassir Arafat in keiner Weise »grünes Licht« gegeben habe für neuen Terror, wie Netanjahu das immer behauptet, auch nicht nach dem Baubeginn am Dschebl Abu Ghneim. Die Kontakte zwischen den jeweiligen Geheimdiensten seien allerdings auf ein Minimum reduziert worden. Ich spreche Frangi auf Jerusalemer Vermutungen an, die fünftausend jüdischen Kolonisten im Gaza-Streifen wollten zusätzliches Land konfiszieren. »Wenn das geschähe, dann würde Blut fließen, sehr viel Blut«, lautet die Antwort.

Der Lokalpolitiker Heidar Abdel Schafi, ein palästinensischer Arzt und Politiker von Gaza, der – obwohl er als Kommunist bekannt ist – hohes Ansehen aufgrund seiner aufopfernden Menschlichkeit genießt, ist offenbar zur Randfigur geschrumpft. Notfalls dürften die »Mukhabarat« Arafats nachgeholfen haben, denn Schafi ist ein dezidierter Gegner des Osloer Abkommens. Der Marxismus erscheint hier tatsächlich als ein Anachronismus. Der religiöse Fundamentalismus hat sich zwar noch nicht unwiderstehlich durchgesetzt, aber die Eiferer beider Seiten – Zeloten und Hizbullahi – schaukeln sich gegenseitig hoch. Von den Iranern ist in Gaza wenig zu spüren. Sie pflegen wohl eine Vorzugsbeziehung zu den Fanatikern des »Dschihad-el-Islami«, aber die stellen eine verschwindende Minderheit dar.

Sorge hingegen bereitet die zwielichtige, auf permanentem gegenseitigem Mißverständnis beruhende Zusammenarbeit zwischen den saudischen Missionaren und den Agenten der CIA. »Wer weiß, welches Unheil diese seltsame Kombination noch anrichten wird?« Die Frage habe ich immer wieder von jüdischer und von muslimischer Seite vernommen. Aus den machiavellistischen Intrigen der Spione von Langley, die auf die unerschöpflichen Finanzquellen der bigotten saudiarabischen Oligarchie zurückgreifen können, hat ja schon manche Fehlleistung resultiert, so kommen wir im »Mirage« überein. Man denke nur an den ominösen und zudem blinden Scheikh Omar Abdel Rahman aus Ägypten, dem man die Sprengung des World Trade Center in New York anlastet, oder an die Steinzeit-Islamisten Afghanistans, die finsteren »Taleban«, sogenannte »Koranschüler«, deren Unterstützung durch die USA die amerikanische Forderung nach Respektierung der Menschenrechte und der Demokratie als Heuchelei abstempelt. Eine ähnliche politisch-strategische Mißkalkulation ist vermutlich auch dem neuen afrikanischen Despoten Laurent-Désiré Kabila zugute gekommen, der mitsamt seinen Tutsi-Kriegern und Simba-Horden nicht nur die Bodenschätze Zaires der Begehrlichkeit Uncle Sams ausliefert, sondern angeblich auch zwischen Äthiopien und Kongo einen Abwehrwall gegen das Vordringen der militanten Islamisten des Sudan errichten soll.

In Afghanistan hat nicht nur jener Urknall stattgefunden, der den Anfang vom Ende der Sowjetunion signalisierte. Dort hat sich auch jene islamische »Fremdenlegion« herausgebildet, die Frangi als »grüne Komintern« bezeichnet. Gewiß ist die Einheit der islamischen Welt eine Schimäre. Statt dessen – man kann es nicht genug wiederholen – wurde die Umma von Anfang an vom Krebsübel der Spaltung, der »Fitna«, heimgesucht. Aber am Hindukusch sammeln sich die frommen koranischen Eiferer, die islamischen Revolutionäre aus aller Welt. Sie kommen aus Algerien und Ägypten, aus Arabien, aus der Türkei und Pakistan, um sich im Partisanenkrieg zu üben und die mörderische Technik der Sprengstoffanschläge zu erlernen. Hier bildet sich eine übergreifende Solidarität heraus. Die ursprünglichen Förderer dieser verschworenen Gemeinschaft, die den Sturz der korrupten und heuchlerischen Despoten oder Militärcliquen in den eigenen Ländern, den Tod der »Munafiqin«, der »Knechte des US-Imperialismus«, auf ihre grüne Fahne geschrieben haben, waren paradoxerweise amerikanische CIA-Agenten, die davon träumten, Lawrence of Arabia zu spielen, saudische Geldmagnaten, die sich von ihrem Verrat an der koranischen Tugend freikaufen wollten, und die überforderten Offiziere des pakistanischen »Inter-Services-Intelligence«.

Ich bin überrascht, bei Frangi nicht jene resignierte Anerkennung oder zumindest Inkaufnahme der amerikanischen Allmacht vorzufinden, die ansonsten im Orient wie in weiten Teilen der sogenannten Dritten Welt verbreitet ist. Im Deutschlandfunk hatte ich eines Morgens diesen Botschafter Palästinas in heftiger Form gegen die proisraelische Einseitigkeit des amerikanischen Vermittlers Dennis Ross protestieren hören. Für die große Strategie der USA, für die globale von Washington inspirierte »Friedensordnung« in Nah- und Mittelost sei es zu spät, meint Frangi. Es könne dem FBI nichts Schlimmeres passieren als die Aufdeckung einer Mittäterschaft Teherans an jenem Bombenanschlag von El Khobar in Saudi-Arabien, der neunzehn GIs das Leben kostete. Was vermöchte denn Amerika gegen die Republik der Mullahs in diesem Fall auszurichten? Washington sei ja nicht einmal mehr in der Lage, Saddam Hussein in die Knie zu zwingen oder ihn zu eliminieren. Wenn es als Folge einer totalen Fehlentwicklung in Palästina wirklich zum Krachen käme, so lautet eine weitverbreitete Meinung, dann wäre es um die Dynastie Saudi-Arabiens binnen zwei Jahren geschehen.

Unterdessen beobachtet man in der Umgebung Arafats mit großen Erwartungen den Stimmungsumschwung, der sich in Ägypten vollzieht, wo allenfalls noch von einem eiskalten Frieden mit Israel die Rede ist und bei verschiedenen Anlässen die Fahne mit dem David-Stern verbrannt wird. Unheimlich erscheint den Palästinensern weiterhin der Löwe von Damaskus, Präsident Hafez-el-Assad, aber auch sie stimmen überein, daß für die Syrer der Libanon weit wichtiger ist als der Golan. Man redet nicht gern vom Irak. In fataler Fehleinschätzung der amerikanischen Entschlossenheit nach der Besetzung Kuweits hatte Arafat sich Anfang 1991 lautstark auf die Seite des Bagdader Diktators Saddam Hussein geschlagen, was zur Folge hatte, daß Hunderttausende, meist wohlhabende Palästinenser aus ihren Gastländern am Golf ausgewiesen wurden und er selbst für lange Zeit in Quarantäne geriet. Aber hatte denn der PLO-Chef damals so ganz unrecht? War die Operation »Wüstensturm« des General Schwarzkopf, die 48 Stunden zu früh abgebrochen wurde, nicht ein Pyrrhus-Sieg? Die Alliierten sollten ihrer Anfangserfolge nicht froh werden.

Am Tage meines Besuchs in Gaza ist der einzige Durchlaß für Araber, über den sie in das eigentlich israelische Staatsgebiet und ins West-Jordan-Land gelangen können, total blockiert. Aufgrund der angespannten Lage nach dem Baubeginn von Har-Homa hat die israelische Regierung den Checkpoint Erez dichtgemacht. Nun war eine der Grundbedingungen der Osloer Absprache wie auch der späteren Implementierungs-Abkommen von Kairo und Taba, daß den Palästinensern volle Bewegungsfreiheit zwischen dem Gaza-Streifen einerseits, dem West-Jordan-Ufer andererseits garantiert werde. Das setzt aber voraus, daß die Araber ungehindert eine Strecke von fünfzig oder sechzig Kilometern – je nach Führung der Trasse – über alt-israelisches Gebiet benutzen müßten. Unter Berücksichtigung der realen Verhältnisse und unter Verzicht auf zweckoptimistische Verrenkungen muß festgehalten werden, daß eine solche freie und unbeschränkte Passage aller Voraussicht nach zu Mord und Totschlag führen würde. Tägliche Zusammenstöße und Zwischenfälle wären geradezu programmiert. So sind auf israelischer Seite in aller Stille Überlegungen angestellt worden, wie ein permanenter Durchgangsverkehr zwischen Gaza und Hebron ermöglicht werden kann, ohne daß die jüdische Präsenz in der Zwischenzone in Mitleidenschaft gezogen wird. Die Hypothese eines etwa fünfzig Kilometer langen Tunnels, zweifellos die sicherste Lösung, kommt aus Kostengründen nicht in Frage. So wird der Plan einer gesonderten, überhöhten Straße, einer Art endlosen Stelzenbrücke, ins Auge gefaßt, um feindselige Begegnungen zu vermeiden. Die ganze Absurdität der Situation wird durch einen fatalen Vorgang illustriert: Israelische Experten erkundigten sich bei den einschlägigen Ministerien in Bonn, wie denn die DDR-Transitbehörden den Verkehr zwischen Helmstedt und Berlin kanalisiert hätten, ohne daß es zu unerwünschten Kontakten zwischen West- und Ostdeutschen kam. Die faulen Tricks des Kalten Krieges und der deutschen Spaltung sollen offenbar herhalten, um dem »Frieden im Heiligen Land« eine Chance zu verschaffen.

»Unter diesem Aspekt müssen Sie auch die Entscheidung von Har-Homa, besser gesagt von Abu Ghneim, sehen«, stellt Abdallah fest. »Es geht nicht nur um die strategische Abschirmung Jerusalems in Richtung Südosten. An dieser Stelle soll jede direkte Verbindung zwischen den arabischen Städten Hebron und Bethlehem im Süden, Ramallah und Nablus im Norden zerschnitten werden. Die jüdische Landnahme in Har-Homa versperrt den Zugang nach El Quds, zwingt die Palästinenser, eine weit nach Osten ausgreifende Umgehungsstrecke auszubauen und zu benutzen, um – wie die Israeli sagen – von Judäa nach Samaria zu gelangen. Wenn Sie einen Blick auf die Reliefkarte werfen, wird Ihnen bewußt, daß die konsequente Siedlungserweiterung der Zionisten darauf hinzielt, das ohnehin extrem reduzierte Territorium, das für den Staat Palästina noch verbleibt, nicht nur in zwei Teile – Gaza und West-Bank –, sondern in drei Stücke zu zerreißen. Selbst wenn nicht alle 140 jüdischen ›Settlements‹ erhalten blieben, entstünde ein unerträgliches Mosaik, das von strategischen Autobahnen und Tunnels allerorts unterminiert wäre. Das alles kommt der Strangulation unseres Staatsgebietes gleich.«

Anhand einer Landkarte erörtern wir den derzeitigen Stand, der sich aus dem Abkommen von Kairo ableitet und den Palästinensern weitgehende Souveränität in Gaza und der Enklave Jericho im Jordan-Tal zusprach. Die anschließende Vereinbarung von Taba schuf die sogenannte Zone A und unterstellte acht Städte der West-Bank – Hebron nur zu achtzig Prozent – der Autorität Arafats. Vielleicht wurde vom israelischen Oberkommando als Erleichterung empfunden, daß sie ihre Besatzungsfunktion in den stets brodelnden und explosiven Ortschaften der Zone A an die Polizisten der PLO abtreten konnten. Doch nun führen diese befreiten »Townships« – Ramallah, Dschenin, Tulkarem, Qalqiliya, Nablus, Bethlehem, Hebron wie auch Jericho – eine Art insulare Existenz. Vor einer knappen Woche war es in Nablus zu besonders heftigen Demonstrationen gegen die Siedlungspolitik Netanjahus gekommen, und sofort umstellten schwere israelische Panzer die Verwaltungshauptstadt Samarias, die die Juden weiterhin unter dem biblischen Namen Schechem bezeichnen.

Über die Delimitierung der Zonen A und B waren die Unterhändler der israelischen Arbeiterpartei und der palästinensischen Fatah sich zwar in vagen Umrissen einig geworden, aber für die Araber – teilweise auch für die israelischen »Settler« – blieb der andauernde Schwebezustand unerträglich. Die Zone B, knapp dreißig Prozent des West-Jordan-Gebietes umfassend, wurde der Palestinian Authority prinzipiell als zivile Verwaltungsdomäne zugesprochen. Ähnliche Kompetenzen hatten übrigens schon die jordanischen Beamten in diesem Raum ausgeübt, als König Hussein nach dem Sechs-Tage-Krieg weiterhin eine administrative Zuständigkeit über die West-Bank beanspruchte. Doch die militärische Überwachung dieser überwiegend ländlichen und dörflichen Regionen blieb Zahal und der israelischen Polizei vorbehalten. Der Löwenanteil – 4,6 Prozent der West-Bank – fiel weiterhin der total von Israel beherrschten Zone C zu, die sowohl die Städte der Zone A als auch die halbwegs autonomen Landschaften der Zone B weiträumig umschloß. Die Palästinenser sahen sich von allen Seiten eingekreist und auf ein bizarres Leopardenfell verwiesen. Natürlich sollte das kein Dauerzustand sein. Rückblickend kann man davon ausgehen, daß die Regierung Rabin-Peres bereit war, der PNA etwa dreißig Prozent Judäas und Samarias als Bestandteil der Zone A zu überlassen und den eigenen Einfluß progressiv auf ein paar unentbehrliche Schwerpunkte zu reduzieren. Als jedoch Benjamin Netanjahu nach gewonnener Wahl an Yassir Arafat mit dem Vorschlag herantrat, die Zone A um schäbige zwei Prozent zu erweitern – auf ein provisorisches Zusatzangebot von mindestens neun Prozent waren die Erwartungen der PLO ausgerichtet –, da lehnte der Palästinenser diese kümmerliche Konzession rundweg ab. »Wir erwarten von den Israeli, daß sie uns in dieser ersten Phase ein Drittel der West-Bank zur vollen

Verfügung überlassen«, betont Abdallah. »Selbstverständlich werden wir uns damit auf Dauer nicht zufriedengeben.«

Die jüngste Entwicklung sieht für die PLO noch viel düsterer aus. Abdallah Frangi hat Kenntnis von einem angeblichen Neugliederungsprojekt der Likud-Regierung – später sollte es in der israelischen Zeitung »Haaretz« veröffentlicht werden –, das allen Blütenträumen palästinensischer Souveränität den Garaus machen würde. Auf dieser Skizze ist die West-Bank tatsächlich in einen Nordteil Samaria und einen Südteil Judäa aufgespalten. Ein breiter israelischer Korridor verbindet das extrem erweiterte Stadtgebiet Jerusalems entlang dem Wadi Kelb mit der Grenzzone zu Jordanien, die Bestandteil des jüdischen Territoriums bliebe. Quer durch den arabischen Restbestand sind zusätzlich breite Zugangsrouten zu den wichtigsten jüdischen Siedlungszonen gezogen, die den Vorstellungen des Allon-Planes weitgehend entsprechen. Auf dieser Basis, darin stimmen alle Palästinenser überein, wäre kein Raum für Verhandlungen mehr übrig, und der »peace process« könnte ad acta gelegt werden. Der Verdacht drängt sich nicht nur bei Hamas, sondern auch bei Fatah allmählich auf, daß dieser endgültige Bruch mit dem »Geist von Oslo« den wahren Absichten Israels, und nicht nur Netanjahus, entspricht.

Wir verlassen das Restaurant »Mirage«. Der Botschafter lädt mich zu einer letzten Rundfahrt ein. Für eine große Tour ist in Gaza gar nicht genug Terrain vorhanden. Wir stoßen schnell an die Grenze zum Negev, wo stattliche zionistische Moshavim unmittelbar an den trennenden Drahtverhau heranrücken. Die Öde mancher arabischer Häuserzeilen erinnert mich ein wenig an die nord-jordanischen Flekken Zerka oder Mafraq. Die Slums der Flüchtlinge hingegen sind einmalig in ihrer Trostlosigkeit. Bashar mischt sich in das Gespräch ein. An Gaza gemessen sei Jericho doch unsäglich schläfrig. Dann weist er auf das graue unendliche Wasser und meint lächelnd, manche seiner Freunde würden das Mittelmeer als die »Arabische See« der Zukunft bezeichnen. Trotz aller Rückschläge und aller Alltagsmisere blicken die jungen Leute von Gaza wohl immer noch mit großen Erwartungen auf das kommende Jahrtausend. – Die Volksrepublik China hat mit sicherem Instinkt ein prächtiges Botschaftsgebäude im Stadtzentrum bauen lassen. Die rote Fahne Mao Zedongs ist weithin zu sehen, während die deutsche Vertretung den Schwerpunkt ihrer Tätigkeit zunächst in die abgelegene Oase Jericho verlegte. Neben den Elendsvierteln – weit schlimmer als die Refugee-Camps in Jordanien – sind ein paar moderne Wohnviertel aus aufreizend luxuriösen Appartment-Häusern hochgeschossen. Abdallah deutet auf die Schwellen der Eisenbahn, die einst von Haifa nach Kairo führte. »Die Schienen sind seinerzeit von den Israeli abmontiert worden, um damit die Bunker der Bar-Lev-Linie am Suez-Kanal zu verstärken. Es hat ihnen nicht viel genutzt.«

»Kommt es zu einer neuen Intifada?« frage ich. »Wir haben kein Interesse an Unruhe und Gewalt«, sagt der Palästinenser, »schon gar nicht an mörderischen Bombenanschlägen in Tel Aviv oder Jerusalem. Wir wünschen keine Dramatisierung der Lage. Die Zeit arbeitet ohnehin für uns. Die Israeli stehen unter Zeitdruck. Sie haben in Oslo große Hoffnungen geweckt, und jetzt sind sie am Zuge. Shimon Peres und Jossi Beilin hatten es extrem eilig, irgendeine Form von Koexistenz mit der PLO zu finden. Netanjahu wiederum hat den Vorschlag gemacht, in einem Verhandlungs-Marathon wie einst in Camp David binnen sechs Monaten möglichst viele Positionen festzuklopfen. Unser Anliegen ist es, daß Ruhe im Land herrscht, daß kein Sprengstoff explodiert, soweit das möglich ist – und daß alles im Fluß bleibt.« Plötzlich muß ich an jene konspirative Nacht von Beirut vor fünfzehn Jahren denken, als Yassir Arafat – scheinbar aller Vernunft zum Trotz – vor dem Mikrophon des ZDF erklärte: »Wir sitzen am längeren Hebel.«

Ein Sündenbock namens Netanjahu

Jerusalem, im Frühjahr 1997

Die Stimme Zalman Shovals, sein kultiviert klingendes, akzentfreies Deutsch war mir aus den Morgensendungen des Deutschlandfunks bekannt. Der israelische Diplomat – früherer Botschafter in Washington und derzeitiger Berater Ministerpräsident Netanjahus in Fragen der Außenpolitik – ist ein gefragter Kommentator dieser Radioanstalt. Seine Erscheinung entspricht der Erwartung. Er ist eleganter gekleidet als die meisten seiner Landsleute, und sein höfliches, vornehmes Auftreten wirkt wohltuend. Da ich Shovals Einladung in seine Villa im Küstenort Herzlia aus Termingründen nicht folgen kann, findet die Begegnung im »King David« statt.

Es ist einfach unentbehrlich, nach so viel feindseliger und oft voreingenommener Kritik an dem Regierungschef des Likud-Blocks – sie kommt von den Säkularen und den Orthodoxen – einen hohen israelischen Beamten zu treffen, der mit Loyalität und Kompetenz den Standpunkt »Bibis« vertritt und dessen Meinung zum Osloer Friedensprozeß sach- und personenkundig referiert, auch wenn er in gewissen Kernfragen zur Diskretion verpflichtet ist.

Es steht mir nicht zu, eine wörtliche Wiedergabe dieses Austausches zu publizieren. Es handelt sich bei diesem Tour d'horizon ja um eine Background-Information. Ich will deshalb, über Shovals präzise Aussagen hinaus, die generelle Linie und Vision zu skizzieren versuchen, wie sie sich seit dem Kurswechsel von Jerusalem im Frühjahr 1996 allmählich herausschält. Die Angaben wurden durch zusätzliche Kontakte ergänzt. Natürlich handelt es sich um eine Momentaufnahme und nimmt künftige Entwicklungen nicht vorweg. Ich wage nicht zu behaupten, daß ich am Ende dieser Sondierung eine komplette Einsicht in die Absichten Netanjahus erhalten hätte.

Der Regierungschef hält sich bedeckt. »Larvatus prodeo«, »ich bewege mich unter der Maske«, die Losung Descartes' könnte auch für ihn gelten. Auch er muß – wie der ihm gewogene amerikanische Kolumnist Jim Hoagland schreibt – einen Drahtseilakt vollbringen. Seine Robustheit steht außer Zweifel. Er hat in einer Elite-Einheit israelischer Fallschirmjäger gedient, und sein älterer Bruder Jonathan, der ihn wohl stark beeinflußt hat, ist jene legendäre Gestalt, die als Anführer des Befreiungs-Kommandos nach der Flugzeugentführung von Entebbe in Uganda als einziger unter den Kugeln der Soldaten Idi Amins gefallen ist. Er hatte – wie sich das für einen Offizier Zahals gehört – die letzte, extrem gefährdete Nachhut-Funktion auf sich genommen.

Durch seinen langen Aufenthalt in den USA ist Bibi sehr stark geprägt worden. Er spricht wie ein Yankee. Wenn man ihn neben Bill Clinton sieht, könnten die beiden Brüder sein. Mit dem amerikanischen Präsidenten – so sagen seine Gegner – hat er auch gemein, daß man bei Pressekonferenzen und anderen öffentlichen Erklärungen stets das Gefühl hat, nie die Wahrheit zu erfahren. Kurzum, Netanjahu gehört zu jenen athletischen, fast nordisch wirkenden Figuren, die der Judenstaat – ähnlich wie Asher Ben Nathan – gern ins Ausland schickt, um dem böswilligen Zerrbild des schmächtigen, levantinisch oder galizisch auftretenden Semiten entgegenzuwirken.

Schon Professor Rabinovich hatte mir in seinem Büro der Tel Aviv-University – er war ja selber ein Ambassador in Washington gewesen – etwas verzweifelt berichtet, daß Netanjahu – mit den amerikanischen Medien bestens vertraut – sich keiner Mittelsmänner bedient, um seine Ansichten an die einflußreichsten Veröffentlichungen der Ostküste heranzutragen. Er war sein eigener Pressechef und ist es in wesentlichen Fragen geblieben. Um seine Vorstellungen in der Berichterstattung wiederzufinden – auch das ist eine kluge Taktik –, greift er nicht auf die zahllosen und einander stets widersprechenden Opinion-leader in den USA zurück, deren Namen sie eindeutig als Juden ausweisen. Es liegt ihm wohl daran, den Eindruck zu verwischen, der auch bei pro-zionistischen Congress-men weit verbreitet ist, daß nämlich die Außenpolitik der USA in Jerusalem gemacht werde. Zur Stunde kann man gespannt darauf sein, wie der stämmige Fallschirmoffizier, dem man in seiner Heimat auch eine Kennedysche Neigung für das andere Geschlecht nachsagt, mit seinen Gesprächspartnern mosaischer Abstammung zurechtkommen wird, denen er demnächst gegenüberstehen wird, mit Madeleine Albright, der Außenministerin, mit William Cohen, dem neuen Chef des Verteidigungsressorts, mit Sandy Berger, dem Vorsitzenden des National Security Council, um nur diese zu nennen. Der Sonderbeauftragte Dennis Ross, der aus seiner israelitischen Glaubenszugehörigkeit kein Hehl macht und von palästinensischer Seite stets der pro-zionistischen Voreingenommenheit bezichtigt wird, dürfte mit seiner ebenso rastlosen wie ergebnisarmen Shuttle-Diplomatie bei Bibi auf kein sehr williges Gehör gestoßen sein. »Netanjahu ist einer unserer ›Prinzen‹«, so lamentierten bereits viele seiner Landsleute, noch ehe er durch direkte Wahl zu seinem Amt kam. Keiner gibt vor, diesen anfangs unterschätzten Sohn der zionistischen Gründer-Aristokratie psychologisch aufschlüsseln zu können.

Daß er sich für das Oslo-Abkommen vom 13. September 1993 nicht erwärmen kann, liegt auf der Hand. Diese Ansammlung von vagen Absichtserklärungen trägt ja schon den dubiosen Titel »Grundsatzerklärung über die Übergangsregelungen für die Autonomie«. Komplizierter, ja rabulistischer ging es wohl nicht. Zalman Shoval erklärt mir nachdrücklich, daß man Oslo nicht abschaffen könne, dabei verfällt er ins Englische: »It's impossible to abrogate Oslo.« Der Eindruck entsteht dennoch, daß man es im Likud-Lager am liebsten sähe, wenn diese Serie von Vereinbarungen, die durch die Akte von Kairo, die die

Autonomie des Gaza-Streifens und Jerichos konzediert, sowie das Dokument von Taba, das acht arabische Städte Judäas und Samarias der Autorität Yassir Arafats unterstellt, am liebsten an der eigenen Widersprüchlichkeit verdorrte und erstickte.

In den westlichen Kanzleien und Medien hat man bei aller Friedensbegeisterung geflissentlich übersehen, daß zwischen Juden und Palästinensern keine einzige wirklich relevante Frage geklärt wurde. Da ist zunächst einmal das Schicksal der rund 140 zionistischen Siedlungen auf der West-Bank völlig ausgeklammert. War Itzhak Rabin bereit, sie preiszugeben, so wie ihm das mit den Kibbutzim des Golan zweifellos vorschwebte? Entbehrlich, so scheint man auch im gemäßigten Flügel des Likud-Lagers zu befinden, sind die jüdischen Kolonien im Gaza-Streifen. Geradezu unerträglich ist den meisten Abgeordneten jeglicher Couleur die gespenstische Teilung der Patriarchenstadt Hebron und die Schaffung eines Mini-Ghettos der dortigen Zeloten. Auch die Räumung gewisser isolierter Vorposten, deren Schutz nur zu einer Aufspaltung des israelischen Verteidigungspotentials führen muß, könnte als Tauschobjekt in die kommenden Verhandlungen eingebracht werden. Sogar der derzeitige Minister für Infrastruktur, Ariel Sharon, der 1973 am Déversoir bei Ismailia als Retter in der Not die ägyptischen Linien durchbrach und der zu den extremen Hardlinern zählt, hat sich in diesem Sinne der militärischen Konzentration geäußert.

Hingegen deuten sich zwei, eventuell drei Achsen der territorialen Ausdehnung des Judenstaates an, die für Netanjahu wohl unverzichtbar sind. Südlich von Hebron soll durch die Annektierung des Gebietes von Beitar und Kfar Etzion ein organischer Zugang nach Kiryat Arba gewährleistet werden. Die Eingemeindung von Givat Seev auf dem Zugangsweg nach Ramallah ist praktisch schon vollzogen. Am negativsten für die Palästinenser würde sich der Zugriff auf Maaleh Edumim an der Straße nach Jericho auswirken, denn durch diese Expansion wäre der den Arabern verbleibende Fetzen des West-Jordan-Ufers zusätzlich in eine nördliche und eine südliche Hälfte gespalten, wie Abdallah Frangi das beim Gespräch in Gaza bereits andeutete. Auf die Diskussion einer prozentualen Aufteilung will Netanjahu sich nicht einlassen. Im Frühjahr 1997 gehen Spekulationen um, denen zufolge Israel 35, 50, 55, ja 60 Prozent von Judäa und Samaria als unverzichtbares Stammland für sich beansprucht. Sicher ist schon heute, daß die Wespentaille, jener Mittelabschnitt zwischen Tel Aviv und

Netanya, wo die Breite des international anerkannten jüdischen Territoriums auf eine Distanz von rund zehn Kilometern reduziert ist, bis weit in die Hügellandschaft Samarias nach Osten ausgeweitet werden soll. »An diesem Flaschenhals hätten die Jordanier Husseins im Sechs-Tage-Krieg ziemlich mühelos zum Mittelmeer durchstoßen können, wenn der König es darauf angelegt hätte«, bestätigt Shoval.

Im Hinblick auf Jerusalem hingegen seien diverse Arrangements denkbar. Die Öffnung des Hasmonäischen Tunnels, der zum ersten blutigen Zusammenprall zwischen den Israel Defense Forces und der Palästinenser-Polizei führte, sei ein Fehler gewesen. Hingegen entspreche der Ausbau des Hügels Har-Homa zur zionistischen Festung einem elementaren Sicherheitsgebot für den Krisenfall. In diesem Punkt sei kein Einlenken zu erwarten. Ich kann nicht ergründen, auf welcher Basis die Frage einer doppelten Hauptstadt vorstellbar ist. Angeblich waren sich Shimon Peres und Yassir Arafat einig, daß ein Teil der erweiterten Kapitale, das Dorf Abu Dis, der Palästinensischen Autorität als Regierungssitz unter dem Namen »El Quds« zugewiesen werden sollte. In dieser Konzessions-Euphorie war offensichtlich übersehen worden, daß nicht irgendein banales Außenviertel der Stadt Davids von den Arabern und den Muslimen in aller Welt als islamisch-palästinensischer »Vatikan« akzeptiert werden kann, sondern daß deren Augenmerk unverbrüchlich auf die unmittelbare Nachbarschaft der El-Aqsa-Moschee und des Felsendoms gerichtet bleibt.

Shimon Peres hatte sich auch mit der Schaffung des Palästinenser-Staates abgefunden. De facto existiert dieser – trotz vieler Souveränitäts-Einschränkungen – ja bereits in Gaza. Auch nach dem Regierungswechsel hat die Arbeiterpartei an dieser Linie festgehalten und sich mehrheitlich für einen »State of Palestine« ausgesprochen, ohne ihm jedoch nennenswerte Wehrhoheit zuzugestehen. Es sind samt und sonders Zwitter-Lösungen, die unter der Regie Jossi Beilins, des damaligen Vize-Außenministers, angepeilt wurden. Ich hatte diesen jungen, ehrgeizigen Politiker, der als Motor des Friedensprozesses gemeinsam mit dem Palästinenser Abu Mazen – mit wahrem Namen Mahmud Abbas – konspiriert hatte, im Herbst 1996 im Hause Hubert Burdas in München kennengelernt. Es war eine Runde von Journalisten zusammengekommen, die der Suada Beilins ziemlich widerspruchslos ausgeliefert war. Als ich meine Einwände formulierte – das klang damals noch wie ein Sakrileg – und den israelischen Bevollmächtigten auf zahlreiche Ungereimtheiten, auf gewisse Inkompatibilitäten hinwies, fegte er meine Bedenken mit der Bemerkung vom Tisch: »We are not that naive.« Offenbar hatte die israelische Diplomatie sich extrem weit ins Minenfeld vorgewagt. Den Golan hatte sie, so bestätigt mir Zalman Shoval, bereits abgeschrieben, den Palästinensern erhebliche territoriale Konzessionen angedeutet und eine großzügige Öffnung des Gaza-Streifens zugestanden. Daß zu den ersten Geheimlieferungen, die dem Palästinenserstaat zugute kämen, panzerbrechende Waffen und Boden-Luft-Raketen zählen würden – schweres Gerät käme später in Frage –, hatten die »peaceniks« von Jerusalem offenbar nicht wahrhaben wollen.

In dieser Beziehung zeigt sich der außenpolitische Berater Netanjahus unzugänglich. Die Außenverbindungen der Palestinian Authority, auch wenn diese sich zu einem »Staat« entwickeln sollte, müßten weiterhin einer strengen Kontrolle unterliegen. Zwar ist die Rollbahn des Flugplatzes von Gaza so gut wie fertiggestellt, aber eine gewisse Importaufsicht würde sich der jüdische Zoll vorbehalten. Was den Ausbau des Hafens Gaza betrifft, so wird das nicht ohne die offizielle Präsenz israelischer Aufpasser gehen. Doch diese offenen Probleme erscheinen nichtig neben der deklarierten Absicht Netanjahus, das westliche Ufer des Jordan, den Übergang zum Haschemitischen Königreich, auf seiner ganzen Länge zu kontrollieren, ja zu annektieren. Die dortige »Morice-Linie«, die mir auf der Rückfahrt vom See Genezareth aufgefallen war, soll in vollem Umfang erhalten bleiben und jede feindliche Infiltration verhindern.

Natürlich würde dadurch die von Shimon Peres und Jossi Beilin in glühenden Farben gepriesene Wohlstandssphäre für den ganzen Mittleren Osten, die in enger Kooperation mit den arabischen Nachbarn entstehen solle, wie ein Luftballon platzen. Shoval verspricht sich ohnehin nicht viel von dieser kommerziellen und industriellen Großkonzeption. »Blicken Sie doch nach Ägypten«, meint er, »Kairo fürchtet nichts so sehr, als in die wirtschaftliche Abhängigkeit von Israel zu geraten.« Bekanntlich ist den Ägyptern schon die unternehmerische Geschäftigkeit der Palästinenser von Gaza, die sie tunlichst auf Distanz halten, nicht geheuer. Ich kann hinzufügen, daß auch die libanesischen Christen, deren Friedenswunsch vermutlich noch am ehrlichsten klingt, jeder ökonomischen Verflechtung mit dem Judenstaat absolut negativ gegenüberstehen. Diese Erben der Phönizier hegen den Verdacht, daß die langfristige Handelsstrategie Israels darauf hinzielt, den Umschlagplatz Beirut durch Haifa zu verdrängen.

Zum Zeitpunkt unseres Gesprächs im »King David« steht Benjamin Netanjahu wegen der erwähnten Bar-On-Affäre unter heftigstem Beschuß der Knesset-Opposition und der Presse. Eine große Koalition mit Avoda ist unter diesen Umständen kein aktuelles Thema. Shimon Peres sind die Zügel seiner Partei aus den Händen geglitten. Als Nachfolger vereinigt General Ehud Barak die meisten Stimmen der sozialistischen Opposition auf seine stämmige Person. Der Abgang des Friedensnobelpreisträgers von der politischen Bühne vollzieht sich unter demütigenden Umständen. Der 73jährige Peres hat sich verzweifelt an seinen Posten geklammert, und niemand hat es ihm gedankt, daß er in den entscheidenden Jahren der kriegerischen Bedrohung die hochqualifizierte Rüstungsindustrie des Judenstaates entwickeln half und als Vater der israelischen Atomwaffe gelten kann, die er einst in enger Abstimmung mit dem sozialistischen Regierungschef Frankreichs, Guy Mollet, aus der Taufe hob.

Ehud Barak, so meint man jetzt schon, könnte für Netanjahu ein höchst gefährlicher Gegner sein, weil er von umfassenden Konzessionen an die Araber nichts hält, weil er mit seinem militärischen Prestige den verunsicherten Landsleuten Vertrauen einflößt, weil »die Dampfwalze«, wie die liberale Zeitung »Haaretz« ihn bezeichnet, neuerdings auch bei manchen Konservativen als »Bibis Zwilling« gehandelt wird. Seine kriegerische wie auch politische Methodik hat der ehemalige Generalstabschef der IDF im Gespräch mit Claude Lanzmann in der strategischen Maxime des französischen Marschall Foch zusammengefaßt: »Offensive à outrance – Angriff bis aufs äußerste«. Bezeichnenderweise hat sich Ehud Barak – als es bei den Sozialisten zur Abstimmung über das Recht der Palästinenser auf einen eigenen Staat kam – des Votums listig enthalten. Auch Netanjahu ist natürlich klar, daß eine solche Souveränitätsverleihung den Flickenteppich Yassir Arafats aufwerten, ihm den Status eines vollen Mitglieds der internationalen Gemeinschaft und der Vereinten Nationen verleihen würde. Es käme ein beachtlicher Prestigezuwachs für die »Palestinian Authority« hinzu, ganz zu schweigen von der dann unvermeidlichen Forderung, den explosiven Konfliktherd im Nahen Osten durch Internationalisierung zu entschärfen. Das Auftauchen von bewaffneten UN-Soldaten als Friedenswächter in Gaza und West-Bank wäre jedoch für das zionistische Selbstbewußtsein unerträglich. Auf die meisten Israeli, vor allem die Militärs, wirkt die blaue Fahne der Weltorganisation seit dem Suez-Feldzug von 1956 wie ein rotes Tuch.

Für die Rückkehr der palästinensischen Flüchtlinge, die prinzipiell im Osloer Abkommen erwähnt ist, kann Zalman Shoval nicht den Ansatz einer Regelung erkennen. »Wenn darüber diskutiert wird«, so sagt er, »dann allenfalls über die Refugees von 1967, aber nicht über die von 1948, die sich inzwischen in ihren Camps mit Kindern, Enkeln und Urenkeln außerordentlich vermehrt haben.« Wie zahlreich sind sie überhaupt, diese Vertriebenen? Auch wenn die meist zitierte Zahl von drei Millionen sich nur zu einem Teil aus Rückkehrwilligen zusammensetzt, schwebt diese Ungewißheit doch wie ein Damokles-Schwert über dem Judenstaat. Der Vorschlag Shimon Peres', den Palästinensern der libanesischen Lager bei Tyr, Saida und Beirut palästinensische Pässe auszustellen und damit das Problem auf die PNA, morgen vielleicht auf die palästinensische Regierung abzuwälzen, erscheint wirklich »naiv«. Außerdem soll eine Höchstgrenze von hunderttausend Heimkehrern gesetzt worden sein. Auf dieser Debatte liegt weiterhin der düstere Schatten von Deir Yassin, jenes palästinensischen Dorfes, in dem die Extremisten des »Stern-Gang« 1948 ein abscheuliches Gemetzel unter wehrlosen Zivilisten angerichtet hatten, um die panikartige Flucht der arabischen Bevölkerung zu beschleunigen.

»Netanjahu will die Gespräche mit Arafat nicht länger schleifen lassen«, erläutert Shoval. »Die gesetzte Frist von zwei Jahren schafft nur Ungewißheit und Frustration auf beiden Seiten.« Die Vorstellung des Regierungschefs kommt einem zweiten Camp David nahe. »In sechs Monaten müßten alle strittigen Fragen wenigstens prinzipiell geklärt sein, sonst steuern wir ins Ungewisse.« Ähnliche Eile hatte auch Jossi Beilin in München an den Tag gelegt, allerdings mit einem ganz anderen Akzent. Die extrem versöhnliche Peres-Linie wäre auf Dauer nicht zu halten, so spürte der damalige Vize-Außenminister instinktiv. Er gestand auch ein, daß die Person Yassir Arafats für das Gelingen des gemeinsamen Unternehmens absolut unentbehrlich sei, ja er gab zu, daß der israelische Sicherheitsdienst Shabak am Personenschutz dieses Rais aktiv beteiligt sei, den man ein paar Jahre zuvor in Israel noch als Ausgeburt des Terrorismus und des Meuchelmordes anprangerte. Für den Chef der PLO, so beteuerte Beilin im Hause Burda, gebe es wirklich keinen Ersatz. »War es dann nicht ein Fehler, Abu Dschihad umzubringen?« fragte ich etwas provozierend. Abu Dschihad war neben Arafat der angesehenste und fähigste Führer der Exil-Palästinenser gewesen. Er wurde 1991 von einem israelischen Sonder-Kommando in seiner tunesischen Zentrale exekutiert. Aber vielleicht mußte Abu Dschihad ja sterben, weil er sich auf den extrem riskanten Kurs Arafats und dessen allzu enge Anlehnung an das Duo Rabin–Peres nicht eingelassen hätte. Sehr beliebt habe ich mich mit diesem Einwand an jenem Abend nicht gemacht. In München war mir noch nicht bekannt, daß General Barak, der neue Hoffnungsträger der Arbeiterpartei, höchstpersönlich alle Einzelheiten der Exekution Abu Dschihads befehligt und ausgearbeitet hatte.

Natürlich greife ich auch im Jerusalemer Gespräch die Ungewißheiten der palästinensischen Führung auf. Die permanente Beteuerung Netanjahus, vor allem zur Beeinflussung der amerikanischen Öffentlichkeit bestimmt, Arafat habe »the green light« für palästinensischen Terrorismus gegeben, klingt schlicht unglaubwürdig. Botschafter Shoval weicht dem Thema aus, doch als ich die geradezu obsessive Tendenz der amerikanisch-israelischen Propaganda kritisiere, die Islamische Republik Iran für alles Unglück, das über den Judenstaat hereinbricht, verantwortlich zu machen, horcht er interessiert auf. Vielleicht sei man da wirklich zu einseitig verfahren. Man habe mit den Mullahs streng geheim und manchmal über deutsche Kanäle relativ positive Absprachen in Einzelfällen treffen können. Im übrigen lebe in Israel die Erinnerung an den persischen Großkönig Kyros fort, der den Hebräern die Heimkehr aus dem babylonischen Exil erlaubt hatte.

»Wissen Sie, daß bei den Verhandlungen in Oslo keine Militärexperten zugegen waren?« fragt Shoval. Das erklärt manche Unzulänglichkeit. Rabin und Peres hätten sich keinerlei Ausweichlösung offengehalten. Die ganze Weltöffentlichkeit sei voll auf den Friedensprozeß abgefahren, und eine Umkehr erweise sich nunmehr als extrem heikel. Es sei ja ganz verdienstvoll, mit den Syrern über den Golan zu sprechen. Aber wer wisse denn schon, wann der Einfluß der Baath-Partei und die Vorherrschaft der Alawiten-Sekte in Damaskus durch eine Machtergreifung der militanten Moslem-Brüder, der fundamentalistischen Ikhwan, abgelöst würden? – »Ich werde demnächst nach Syrien reisen, dann dürfte ich mehr zu diesem Thema erfahren«, sage ich zum Abschied.

*

Die ausländischen Militärbeobachter im Nahen Osten sind oft klarsichtiger als die Diplomaten, auch wenn sie ihre Erkenntnisse weniger gut zu verkaufen verstehen. Bei ihnen hat sich ziemlich schnell die Erkenntnis durchgesetzt, daß Netanjahu zwar – nach altem mosaischem

Brauch von den Sozialisten und Liberalen in Tel Aviv mit allen Vergehen Israels beladen – wie der biblische Sündenbock in die Wüste geschickt werden soll, daß er in Wirklichkeit aber die Stunde der Wahrheit beschleunigt hat. Noch nie war der Judenstaat so stark und so schwach zugleich.

Die strategische Analyse fällt für Zion extrem positiv aus. Zwei Faktoren haben Israel die absolute militärische Überlegenheit zugespielt: Nach dem Zusammenbruch des Sowjet-Imperiums haben die arabischen »Frontstaaten« ihren traditionellen Protektor verloren. Der Orient hat sich noch nicht erholt von dem Spektakel der roten Supermacht, die zusammenkrachte wie ein Koloß auf tönernen Füßen. Ein Waffengang Syriens gegen den Judenstaat käme heute einem Akt der Selbstvernichtung gleich. Der Irak hat schon in seiner Konfrontation mit den USA zu spüren bekommen, daß das Moskauer Gegengewicht verlorengegangen war, daß das Balancespiel der Doppel-Hegemonie der Vergangenheit angehört. Selbst das Schreckgespenst der nuklearen Proliferation scheint in weite Ferne gerückt, seit die atomaren Ambitionen Saddam Husseins durch die Operation »Wüstensturm« im kritischen Schwellenstadium erstickt wurden. Bleibt – auch in dieser Hinsicht – das Enigma der Islamischen Republik Iran. Doch die Mullahs sind – entgegen der Legende, die man um sie gesponnen hat – umsichtige und auf Stabilität bedachte Regenten. Kairo befindet sich seit Ausbruch der neuen russischen Smuta vollauf im Schlepptau der amerikanischen Politik. Das ägyptische Trauma, noch aus der Pharaonen-Zeit herrührend, ist für die Nachkommenschaft des Moses und Aaron ohnehin verblaßt, seit die Einwohner des Niltals es leid sind, für die übrigen arabischen Brüder als Kanonenfutter herzuhalten. Zudem dürfte Präsident Mubarak wissen, daß Zahal über eine apokalyptische »Plage« verfügt, falls es wirklich einmal um das nackte Überleben ginge. Mit dem Bau des Assuan-Staudamms wurde Israel – als atomarer Monopolmacht der Region – das Schwert des »Exterminators«, die Waffe des Würgeengels, in die Hand gedrückt. Eine Sprengung des Dammes, des »Saad-el'ali«, würde das Niltal der blitzartigen Überflutung durch die gurgelnden Wassermassen des Nasser-Sees ausliefern. Der fruchtbare Lebensschlauch des alten Pharaonen-Reiches mitsamt seinen Menschenmassen wäre von der Landkarte gelöscht.

Michail Gorbatschow hat nicht nur – ohne es zu wollen – die Auflösung des Ostblocks und die Wiedervereinigung Deutschlands in Rekordfrist bewirkt. Er hat auch die Kräfteverhältnisse zwischen Nil und Euphrat eindeutig zugunsten Israels verschoben. Hinzu kam der amerikanische Feldzug zur Befreiung Kuweits, der die arabische Welt in zwei feindliche Lager spaltete. Die Narben dieser »fitna« sind längst nicht verheilt. Jordanien, dessen König mit Rücksicht auf die Stimmung seiner Untertanen voreilig zugunsten Saddam Husseins Stellung genommen hatte, mußte seitdem eine Kehrtwendung vollziehen und überschlägt sich in Ergebenheitserklärungen nicht nur an die Adresse der USA, sondern auch des Staates Israel, von dem er sich – der vorherrschenden arabischen Meinung zufolge – die dauerhafte Sicherung seines Thrones verspricht. Eine kriegerische Koalition der Araber gegen den Judenstaat, wie sie das letzte Mal im Yom-Kippur-Konflikt zustande kam, ist unter den obwaltenden Umständen kaum vorstellbar.

Wenn überhaupt noch eine Gefährdung Israels besteht, dann kommt sie von innen. Gemeint sind zunächst die Araber in den besetzten Gebieten und in den neuen palästinensischen Autonomie-Zonen. So wie Netanjahu sich die künftige »palestinian entity« – ob Staat oder Nichtstaat – vorstellt, würde es sich dabei nur um einen Torso handeln. Das häßliche Wort vom orientalischen »Bantustan« macht die Runde. Das interkonfessionelle Imbroglio auf der West-Bank überträfe in seiner absurden Grenzziehung noch jenes Phantom-Gebilde Bophuthatswana, das die Buren-Regierung Südafrikas in einem langgestreckten »Kontinental-Archipel« entlang der Grenze zu Botswana mit fiktiver Souveränität ausstattete. In dem Maße, wie sich die Territorial-Vorstellungen von Oslo als unrealistisch erweisen – es sei denn, die israelische Regierung zieht sich mit geringen Korrekturen auf das Staatsgebiet von 1967 zurück und verfügt die Auflösung der meisten jüdischen Siedlungen auf der West-Bank –, steht Yassir Arafat vor der Weltöffentlichkeit als der Betrogene, der »loser«, der ewige »underdog« da. Die Palästinenser, die weiterhin allen möglichen Schikanen ausgesetzt sind, verzeichnen zwar weltweit einen bemerkenswerten Sympathiezuwachs. Ob sie daraus Nutzen ziehen können, bleibt dahingestellt.

Benjamin Netanjahu hat ein extrem heikles Erbe angetreten. Einerseits wurde der bislang verabscheute Chef der PLO von dem Team Rabin-Peres auf das Podest des unvermeidlichen, vertrauenswürdigen Verhandlungspartners gehoben, mit der Aura des »interlocuteur valable« versehen – so sagte man früher in Algerien –, andererseits nutzte der palästinensische Friedensnobelpreisträger diese Aufwertung, um seine Exklusivposition gegenüber der zionistischen Bevormundung medienwirksam auszubauen. Was liegt in dieser Situation für die Likud-Propaganda näher, als das Prestige Yassir Arafats durch Enthüllungen über seinen Regierungsstil in den von ihm beherrschten Territorien und Städten zu unterminieren, den vermeintlichen »hero of peace« als Despoten und Mafia-Boß bloßzustellen. Wie auf Kommando häufen sich die Enthüllungen über Korruption und Diktatur der Palestinian National Authority. Bisher hatte man in Jerusalem nachsichtig über diese Entgleisungen hinweggesehen. Man entdeckt plötzlich, daß der embryonale Palästinenserstaat neben der regulären Polizei über acht Geheimdienste verfügt, die – miteinander rivalisierend – das gesamtarabische System der Mukhabarat auf groteske Weise kopieren. In den diversen Gefängnissen dieser Spezialorganisationen sollen mehr als tausend palästinensische Gefangene einsitzen, ohne daß jemals Anklage gegen sie erhoben wurde. Über die Zahl der zu Tode Gefolterten liegen keine zuverlässigen Zahlen vor, aber die brutalen Verhör-Methoden der PNA entsprechen teilweise den Prozeduren des israelischen Inland-Geheimdienstes Shabak, so erfährt man aus der liberalen Presse von Tel Aviv. Das wäre kein Wunder, denn der einflußreichste Chef des palästinensischen »Preventive Security Service«, Dschibril Radschub, hat wohl während seiner siebzehnjährigen Haft in zionistischen Gefängnissen intensiven Anschauungsunterricht genossen.

Seit dem radikalen Kurswechsel Netanjahus ist die bislang florierende Zusammenarbeit zwischen Shabak und palästinensischen Mukhabarat drastisch reduziert worden. Die Gefolgsleute Arafats wollen sich nicht länger der Schmach aussetzen, als willige Handlanger der Zionisten angeprangert zu werden, aber von jüdischer Seite bringt ihnen das den Vorwurf der Terroristen-Begünstigung ein. Amnesty international hat die Position der PLO durch die Veröffentlichung eines Berichtes »Urteil um Mitternacht« zusätzlich lädiert. Vor allem sind es jedoch die palästinensischen Intellektuellen, die im Namen der Menschenrechte und des politischen Pluralismus die totalitären Mißstände, die finanziellen Veruntreuungen der einstigen Freiheitshelden der Fatah bloßstellen. So benutzte der palästinensische Psychiater Eyad Sarraj schon im Mai 1996 die »New York Times« als Tribüne, um das Chaos, die Rechtsunsicherheit, die Willkür und die Unterdrückung durch die eigenen Landsleute zu schildern. Über größeres Gehör verfügt der in Amerika lehrende christliche Palästinenser Edward Said, dessen Veröffentlichung über den »Orientalismus« seinerzeit eine Vielzahl von westlichen Vertretern dieser akademischen Zunft bloßstellte und ihre anmaßende Voreingenommenheit rügte. Said, der sich von Anfang an den Osloer Friedens-Tänzen verweigerte und dessen Publikationen in den Autonomie-Enklaven beschlagnahmt werden, bezeichnet Arafat als »Statthalter Israels«, als Verkörperung einer maßlosen Vetternwirtschaft und Bestechlichkeit.

Tatsache ist, daß von Pressefreiheit in Gaza und der West-Bank nicht die Rede sein kann. Die palästinensischen Fernsehstationen wurden gleichgeschaltet. Die polizeilichen Zwangsmaßnahmen, die gegen den aufmüpfigen Sender »El Quds-TV« ergriffen wurden – er hatte sich erdreistet, die Debatten des legislativen palästinensischen Rates auszustrahlen –, haben einen angesehenen Veteranen des arabischen Widerstandes in Gaza, den linksradikalen Nationalisten Heidar Abdel Schafi, zu dem Protest veranlaßt: »Dieses ist keine Demokratie; hier wird die Informationsfreiheit geknebelt, und ich verurteile ein solches Vorgehen.« Dazu gesellt sich die schockierende Veruntreuung zumindest der Hälfte aller Hilfsgelder und Subventionen aus dem Ausland. Schon sehr früh haben sich die internationalen Geldgeber über die Praxis Yassir Arafats verwundert, sämtliche Spenden selbst kassieren zu wollen und ohne Abrechnungen zu verwenden. Später brachte ein Prüfungsausschuß an den Tag, daß die PLO-Behörde allein im Jahr 1996 die Summe von 326 Millionen Dollar durch Mißmanagement und Betrug vergeudet hat.

Kurzum, die systematische Diskreditierung Yassir Arafats ist in vollem Gange. Auf Dauer wird sie nicht ohne Wirkung im In- und Ausland bleiben. Daß der »Mann mit dem Keffiyeh« lediglich einer Praxis huldigt, der er in den langen Jahren des Exils sein Überleben verdankte, und daß er einen Stil orientalischer Machtausübung vorführt, die keine Ausnahme, sondern die Regel ist zwischen Maghreb und Mesopotamien, wird dabei allzuoft außer acht gelassen. An der Brutalität seiner Schergen, am haarsträubenden Finanzgebaren seiner »Cronies«, an der Gleichschaltung der Medien würde Arafat nicht scheitern und in den Augen seiner Landsleute keineswegs unwiderruflichen Schaden erleiden – sie sind solche Auswüchse gewöhnt –, wenn es ihm nur gelänge, die Sache der palästinensischen Unabhängigkeit, das Bewußtsein palästinensischer Respektabilität erfolgreich voranzutreiben. Doch bei diesem entscheidenden Bewährungstest liegen die Dinge im argen, ist Abu Ammar ständiger Abnutzung ausgesetzt.

In der elitären Umgebung des Jerusalemer »Orient House« sieht man die Dinge differenzierter. Immer wieder laufen die radikalen Zionisten Sturm gegen die Präsenz dieses Zentrums palästinensischer Eigenständigkeit im Ostteil der Stadt Davids. Die arabische Oligarchie von Feudalherren und Großbürgern, die im Orient House den Ton angibt, sieht mit großem Unbehagen auf die Rabauken und Parvenüs herab, die im Gefolge Arafats die Führung der Palestinian National Authority an sich rissen. Zehntausend sogenannte »Tunesier« haben sich aller Schalthebel bemächtigt. Zentralfigur der traditionellen, im Land verwurzelten Oberschicht bleibt weiterhin Feisal-el-Husseini, der einstige Delegationschef bei den Vorgesprächen von Madrid. Er befleißigt sich einer nennenswerten Zurückhaltung im Gegensatz zu dem marxistischen Arzt Heidar Abdel Schafi von Gaza, der kein Blatt vor den Mund nimmt.

Auch im Orient House hatte ich im Sommer 1993 eine Stimmung hoffnungsvoller Zuversicht angetroffen. Als ich damals schon im Gespräch mit dem palästinensischen Unterhändler Professor Sari Nuseibih meine Bedenken und meine Skepsis anmeldete, wurde ich kritisch gefragt: »Are you a pessimist by temperament?« worauf ich erwiderte: »No, by long experience!« Um Feisal-el-Husseini und seine unmittelbare Gefolgschaft ist es inzwischen recht still geworden, doch er tritt in Jerusalem als Bevollmächtigter des Rais auf. Das Ansehen seiner Sippe bleibt beträchtlich. Ihr gehörte jener Großmufti Amin-el-Husseini an, der sich 1941 mit dem Dritten Reich gegen die Briten und die Zionisten verbündete. Er war auch an der Aufstellung der muselmanischen SS-Division »Handžar« in Bosnien beteiligt. Darauf beruft man sich heute natürlich nicht mehr öffentlich.

In diesem Frühjahr 1997 spüre ich bei meinen gedämpften Kontakten im Umkreis des Orient House, daß die publizistische Abwertung und Abnutzung Arafats von meinem Gesprächspartner Othman – so wollen wir ihn nennen – mit heimlicher Schadenfreude registriert werden. »Die Juden wissen allerdings nicht, was sie sich damit einhandeln«, wendet Othman ein. »Mag sein, daß Abu Ammar so verzweifelt auf die Befriedigung seines immensen Prestige-Bedürfnisses, seines maßlosen Ego angewiesen ist, daß er noch viel dickere Kröten schlucken wird als den Bau von Har-Homa. Vielleicht bleibt für ihn die Hauptsache, daß er weiterhin mit dem Prunk eines Staatschefs auftreten und eine Armee von Polizisten befehligen kann. Doch die Intifada war seinerzeit ohne Zutun dieses Rais, ohne Mitwirkung der PLO ausgebrochen. Auch wenn die Islamisten von Hamas zur Zeit in den Hintergrund gedrängt werden«, so meint Othman, »das Gewicht dieser Verfechter des Gottesstaates wächst in dem Maße, wie das Ansehen von Fatah und ihres eitlen Führers verblaßt.«

Aus dem Meinungsaustausch mit Othman geht hervor, daß Yassir Arafat und dessen Gefolgsleute mit ganz anderen Erwartungen den »langen Weg« des Osloer Friedensprozesses angetreten hatten. Sie rechneten sich aus – weitgehende Zusagen von Shimon Peres lagen in diesem Sinne ja vor –, daß neben dem gesamten Gaza-Streifen mindestens achtzig Prozent des West-Jordan-Ufers ihrer ausschließlichen Autorität unterstellt würden. In der doppelten Hauptstadt Jerusalem wären sie mit ihrem zunächst bescheidenen Regierungsviertel so nahe wie möglich an die El-Aqsa-Moschee herangerückt. Mit dem Argument, dem Judenstaat freie Handelsexpansion im ganzen Orient zu verschaffen, hätten die Palästinenser auf eine großzügige Öffnung ihrer Grenzen gedrungen. Hinter der Tarnung freundlicher Zusagen und scheinbarer Konzilianz wären sie nach der Salami-Taktik vorgegangen. Eine jüdische Pioniersiedlung nach der anderen wäre demnach geräumt worden. Ohne großes Aufsehen hätten die Araber den meisten Kolonisten das Leben unerträglich machen können. Mit der völlig ungeregelten Frage der Flüchtlingsrückkehr ließe sich permanenter Druck auf die israelische Regierung ausüben. Die Ausrufung eines souveränen Palästinenser-Staates war bereits beschlossene Sache. Als vollwertiges Mitglied der Vereinten Nationen hätte die Republik Arafats in jedem Streitfall ein internationales Tribunal anrufen, am Ende sogar die bewaffnete internationale Blauhelm-Präsenz beantragen können. Es gab ja unzählige Möglichkeiten, die weiterschwelende Krise im Heiligen Land beliebig zu nutzen und in aller Heimlichkeit die jetzige Polizeitruppe von dreißigtausend Mann zu einer schlagkräftigen Armee auszubauen. Eines Tages würden die heimkehrwilligen Refugees auch die Forderung erheben, sich in ihren angestammten Wohngebieten von Haifa und Jaffa niederzulassen. Die Tage des König Hussein, der jenseits des Jordans als Garant fast unbegrenzter Kompromißbereitschaft gegenüber den Zionisten auftritt, seien ohnehin gezählt. In arabischer Sicht – niemand wird mich vom Gegenteil überzeugen – ist der Osloer Prozeß von Anfang an auf die allmähliche Reduzierung des Judenstaates ausgerichtet gewesen. Das mochte sehr lange Zeit in Anspruch nehmen, und mancher Rückschlag war zu erwarten. Aber der Staat Israel existiert erst fünfzig Jahre, und die Fürstentümer der abendländischen Kreuzritter hatten sich zwei Jahrhunderte behauptet – das Argument kehrt ständig wieder –, ehe die letzte christliche Nachhut sich im Hafen Akko einschiffte.

An der unerbittlichen Realität gemessen, mögen diese arabischen Zielvorstellungen heute wie ein Märchen aus Tausend und einer Nacht klingen. Die Wahrheit ist schmerzlich für die Palästinenser und die Nachbarstaaten Israels. Zunächst war es ein weitverbreiteter Irrtum, die Araber hätten die Kreuzritter aus dem Heiligen Land vertrieben. Entscheidenden Anteil an der Eindämmung der abendländischen Ritterorden hatten anfangs die türkischen Seldschuken. Der vernichtende Schlag von Hittin, der das Grab Christi den Franken entriß, wurde von dem genialen und selbst von seinen Gegnern gefeierten Feldherrn Saladin oder Salah-ud-Din geführt, und der war Kurde. Den Todesstoß erlitten die Eindringlinge aus dem Okzident durch die Mameluken, die über Ägypten herrschten und deren Sultan Baibars eine christliche Festung nach der anderen bezwang. Diese Mameluken waren ursprünglich als »Sklaven-Krieger« im Niltal verkauft worden oder hatten sich dort selbst verdingt. Sie stammten mehrheitlich aus den rauhen Bergen des Kaukasus und waren von den Fellachen Ägyptens, die sie sich unterwarfen, ebenso gefürchtet wie von den Mongolen-Horden, die aus Zentralasien vergeblich gegen Kairo vorstürmten.

Wäre der Judenstaat von wilderen, martialischen Völkern umringt und nicht von den recht verträglichen Palästinensern – von Tschetschenen etwa, von Afghanen oder Marokkanern –, dann hätte sich die Situation in den besetzten Gebieten längst als unhaltbar erwiesen. Zur Stunde sind die Israel Defense Forces mit einem einzigen ernstzunehmenden Gegner in ihrer unmittelbaren Nachbarschaft konfrontiert, mit der Hizbullah des Libanon, mit der schiitischen »Partei Gottes«. Deren militärische Ertüchtigung geht mit religiös motivierter Opferbereitschaft einher. Diese Belastung, dessen ist man sich in Jerusalem bewußt, kann nur im Konsens mit Damaskus, ja mittels einer eventuellen Abstimmung mit Teheran ausgeräumt werden.

Während ich diese Zeilen schreibe, hat der Terrorismus von Hamas und Dschihad gegen jüdische Zivilisten vorübergehend eine Pause eingelegt. In den geheimen Kommando-Zentralen der islamistischen Kampforganisationen, die durch die Mukhabarat Yassir Arafats unter starken Druck gesetzt sind, ist man offenbar zu der Überzeugung gelangt, daß in der jetzigen Phase der jüdisch-arabischen Beziehungen eine Serie von blutigen Anschlägen nur kontraproduktiv sein könnte. Die Bomben dürften wohl erst wieder explodieren, falls – allen derzeitigen Rückschlägen zum Trotz – der Friedensprozeß doch noch einmal in Gang käme oder die PNA sich dem israelischen Diktat allzu willfährig beugt. Was nun eine neue Intifada betrifft, so ist diese längst im Gange. Es vergeht praktisch kein Tag ohne Scharmützel zwischen Zahal und Steinewerfern. Aber damit läßt sich offenbar leben, wenn diese permanente Spannung auch jeglichen Handel und Wandel auf der West-Bank lähmt, die dortigen Araber zur Verarmung verurteilt und die jüdischen Siedler in Rage versetzt.

Bei allen Vorwürfen, die sich gegen die israelische Repression richten, sollte doch festgehalten werden, daß die orientalischen Potentaten des »Fruchtbaren Halbmondes« – im Falle von gewalttätigem Aufruhr auf ihrem Staatsgebiet – sofort ganz anders vorgegangen wären und für Friedhofsruhe gesorgt hätten. So geschah es 1982 in Syrien, als die Moslem-Brüder von Hama gegen Präsident Hafez-el-Assad rebellierten, 1970 in Jordanien, als die dortigen Palästinenser sich im »Schwarzen September« gegen König Hussein erhoben, 1991 im Irak, als die meuternden Schiiten von Basra durch die Republikaner-Garde Saddam Husseins niedergewalzt wurden. – Der heimliche Alptraum, der auf den arabischen Bewohnern von Judäa und Samaria lastet, hat einen anderen Namen. Er heißt »Transfer«. Der Verdacht ist unausrottbar, daß die Zionisten in Erkenntnis der Unlösbarkeit der Territorialfrage westlich des Jordans am Ende doch noch die massive Umsiedlung der Palästinenser anordnen beziehungsweise deren Existenzbedingungen so beschneiden, daß ihnen die Auswanderung als das geringere Übel erschiene. Ein solcher Plan war 1967 nach dem Sechs-Tage-Krieg ernsthaft erwogen worden. Moshe Dayan hatte die Absicht im Ansatz vereitelt. Heute wäre ein solches Vorhaben noch unendlich schwieriger, denn seit 1967 hat sich die arabische Bevölkerung der West-Bank von etwa 400 000 auf knapp 1,2 Millionen Seelen verdreifacht.

*

Die sprunghafte Vermehrung der Palästinenser auf der einen, die ideologische Ermattung der Zionisten, ja die interne Zerrissenheit der Judenheit auf der anderen Seite, das sind die existentiellen Gefährdungen, denen sich Israel ein halbes Jahrhundert nach seiner Gründung ausgesetzt sieht. Wir haben die Neuanfachung des uralten biblischen Gegensatzes zwischen Juda und Israel, zwischen Gottesfürchtigen und Hellenisten, zwischen Zeloten und Herodianern oder – wie man heute sagt – zwischen Orthodoxen und Säkularen ausführlich beschrieben. Die israelischen Friedensbewegten mitsamt ihren intellektuellen Wortführern genießen natürlich die Sympathie des Westens, aber sie sind sich offenbar der unerbittlichen Überlebensgesetze, der grausamen Vergeltungsrituale jener Region nicht bewußt, in die sie oder ihre Väter nach zweitausendjährigem Exil als Überlebende der »Shoah« zurückgekehrt sind. In den Sondierungen, die ich zwischen Jerusalem und Tel Aviv vornehme, kommen immer zwei Themen hoch, die – auf widersprüchliche Weise – die zionistische Bewußtseinsspaltung verdeutlichen:

Zunächst geht es um den schmerzlichen Streit um die Folter palästinensischer Gefangener, die in den Verdacht terroristischer Aktivitäten oder Absichten gerieten. Der interne israelische Sicherheitsdienst Shabak ist bekannt für seine rüden Verhörmethoden. Dazu gehört das unerträgliche »Schütteln« der Häftlinge, ihre qualvolle Suspension, der nervenzerreibende Schlafentzug und die Beeinflussung durch Drogen. Es gilt dabei, mörderische Attentate auf wehrlose Frauen und Kinder im Ansatz zu vereiteln, so lautet die Rechtfertigung. Die Israeli befinden sich bei dieser Form der Verletzung von Menschenrechten in bester Gesellschaft. Um nur die Parallelfälle in demokratisch regierten Staaten zu erwähnen: Die Amerikaner hatten während ihrer Säuberungsoperation »Phoenix« im Mekong-Delta die Vietkong-verdächtigen Partisanen entsetzlichen Prozeduren unterworfen; die Franzosen hatten an den »Fellaghas«, den Unabhängigkeitskämpfern Algeriens, die klassischen Geständnismethoden der »Badewanne« und des Elektroschocks – zwei Rezepte der Gestapo – erprobt; die Briten haben die Verstocktheit der »Irish Republican Army« mit geradezu perverser psychischer Quälerei zu brechen versucht. Keine zivilisierte Armee, die jemals in die Bekämpfung von Partisanen- und Untergrundkämpfern verwickelt wurde – von den Nazis, den Bolschewiki oder den Willkürregimen der sogenannten Dritten Welt wollen wir gar nicht reden –, kann es sich erlauben, mit reinem Gewissen den ersten Stein auf die israelischen Spezialdienste zu werfen. Aber Jerusalem tat ein übriges. Dem Vorschlag einer Kommission unter dem Richter Landau, einem hochkultivierten Mann, folgend, rang sich das oberste Tribunal zur offiziellen Rechtfertigung dieser abscheulichen Praxis durch. Solche Exzesse seien erlaubt, wenn es darum gehe, dem blindwütigen Verbrechen der Terroristen präventiv entgegenzutreten. Die Legalisierung der Folter – die »erlaubten«, angeblich harmlosen Methoden wurden peinlich genau aufgelistet – widerspricht natürlich allen Grundregeln der »human rights«, zu denen sich Amerikaner und Westeuropäer bekennen, auch wenn die Israeli in dieser Hinsicht ehrlich und naiv, die NATO-Partner oft verlogen erscheinen mögen. Der Effekt ist verheerend für das Ansehen des Judenstaates. Wie sagte der Zyniker Talleyrand, als er von der Erschießung des Herzogs von Enghien auf Befehl Napoleons erfuhr: »C'est plus qu'un crime, c'est une faute – Das ist mehr als ein Verbrechen; es ist ein Fehler.«

Im zweiten Fall handelt es sich um eine posthume Enthüllung, die bei allem historischem Interesse der Verhandlungsstrategie Jerusalems mit Damaskus nicht wiedergutzumachenden Schaden zufügen wird. Erst ein paar Wochen nach meiner Abreise aus Israel wurde offiziell publiziert, was während meines Aufenthalts als Gerücht kursierte. Es handelt sich um Enthüllungen, die General Moshe Dayan im Jahr 1976, also fünf Jahre vor seinem Tod, dem israelischen Reporter Rami Tal anvertraut hatte und die durch Dayans Tochter Yael bestätigt wurden. Demzufolge hatte der damalige Verteidigungsminister Israels bei Ausbruch des Sechs-Tage-Krieges gar nicht beabsichtigt, die syrischen Golan-Höhen zu erobern, und schon gar nicht, sie zu annektieren. Der einäugige Kriegsheld betrachtete diese strategische Stellung als relativ unwichtig für die Sicherheit seines Landes. Er zerstörte die Legende, der zufolge die zionistischen Kibbutzim Galiläas pausenlosen Artillerie-Überfällen der Syrer ausgesetzt waren. Für achtzig Prozent aller Zwischenfälle seien die jüdischen Bauern selbst verantwortlich gewesen, die durch das Vordringen ihrer Traktoren auf syrisches Staatsgebiet den arabischen Gegner mit voller Absicht zu militärischen Gegenschlägen provoziert hätten. Den Kibbutzniks sei es darum gegangen, möglichst große Flächen des fruchtbaren Ackerbodens auf dem Golan-Massiv für sich zu gewinnen.

Am 9. Juni 1967, am fünften Tag des Sechs-Tage-Krieges, so berichtet Rami Tal, habe Dayan unter dem Eindruck des israelischen Blitzsieges über Ägypten und Jordanien auch den Sturm auf den Golan befohlen. Weder der damalige Stabschef Itzhak Rabin noch Premierminister Levi Eshkol seien davon informiert gewesen. Für den Strategen Dayan ging es weniger darum, so lautet seine eigene Aussage, Sicherheit für Galiläa und die jüdischen Siedler am See Genezareth herzustellen, als sich ein Faustpfand für künftige Verhandlungen mit Damaskus, eine diplomatische Manövriermasse zu verschaffen für einen endgültigen Modus vivendi mit der Arabischen Republik Syrien.

Die Veröffentlichung dieser Entmystifizierung in der »New York Times« droht der israelischen Argumentation über die Unentbehrlichkeit des Golan-Besitzes schweren Schaden zuzufügen. Die Erklärungen Rami Tals, untermauert durch die Aussage der Knesset-Abgeordneten Yael Dayan, mögen der Wahrheit entsprechen, doch sie ziehen den israelischen Unterhändlern, die mit Präsident Hafez-el-Assad um eine erträgliche Kompromißlösung ringen, den Boden unter den Füßen weg. Im Namen der Staatsräson wäre Schweigen geboten gewesen. Statt dessen haben die israelischen Reporter der Enthüllung ihres »Golan-Gate« den Vorrang gegeben. So überflüssig, wie Moshe Dayan nachträglich behauptete, kann die Kontrolle des Golan-Plateaus ja auch nicht gewesen sein, wenn man den Ablauf des Yom-Kippur-Krieges von 1973 unter die Lupe nimmt. Obwohl Zahal dort seine Befestigungen ausgebaut hatte, war es den syrischen Panzerbrigaden zügig gelungen, die israelischen Stellungen zu durchbrechen und südlich an Katzrin vorbei zum Jordan vorzustoßen. Ein Rudel von altertümlichen T-54-Tanks drang sogar bis an den Stadtrand von Kiryat Shmoneh vor. Hätte der syrische Kommandeur – der sowjetischen Militärdoktrin folgend – am Jordan nicht haltgemacht, weil sein Offensivpotential nicht dreimal so stark war wie die Defensivkräfte des Gegners und ihm das eroberte Territorium noch nicht ausreichend konsolidiert schien, hätten die Damaszener bis ins Herz von Galiläa eindringen können. Sie hätten dort wohl keinen dauerhaften Sieg errungen, aber dem Judenstaat unheilbare psychologische Wunden zugefügt. Hafez-el-Assad war über das zögerliche Versagen seines Panzergenerals so aufgebracht, daß er ihn nach der ruhmlosen Beendigung dieses Feldzuges durch den Strang hinrichten ließ.

Der investigative Journalismus hat sich der israelischen Meinungsmacher wie eine Seuche bemächtigt. So schockierend es für manche Kollegen klingen mag, ein Staat, der ringsum von Feinden umgeben ist, kann es sich nicht leisten, sämtliche patriotischen Mythen einer erbarmungslosen Durchleuchtung zu unterziehen und jedes Fehlverhalten der eigenen Führung bloßzulegen. Am Ende stünde lediglich zynischer Überdruß und wuchernder Defätismus. Es ist wohl kein Zufall, daß mir immer wieder ein jüdischer Witz erzählt wird, in dem sich so viel Bitterkeit spiegelt: Im Hafen von Haifa kreuzen sich zwei Schiffe. Das eine kommt aus den USA, das andere läuft in Richtung New York aus. An Bord der Dampfer befinden sich zwei alte Freunde, David und Moshe. Der eine kommt aus Brooklyn, um sich im Land der Väter niederzulassen, der andere kehrt Israel den Rücken, um in Amerika wieder neu anzufangen; und beide schreien mit gleicher Lautstärke und Entrüstung einander zu: »Are you crazy? – Bist Du denn verrückt?«

In Washington, so heißt es, entscheide sich das Wohl und Wehe der von George Bush entworfenen »Neuen Friedensordnung« zwischen Kairo und Bagdad. Im Orkan-Auge dieses Prozesses pulsiert das Schicksal Israels. Präsident Clinton befleißigt sich zur Stunde einer bemerkenswerten Zurückhaltung. Mit der Vermittlermission des rührigen Emissärs Dennis Ross, das müßte er wissen, ist es nicht getan, und in diesem Frühjahr 1997 hütet sich das Weiße Haus vor einem unwiderruflichen Engagement. Das Tandem Rabin-Peres kam sich vermutlich sehr schlau vor, als es hinter dem Rücken Amerikas, wenn auch schwerlich ohne dessen Kenntnis, den direkten Draht zu Yassir Arafat knüpfte und den Friedensplan von Oslo wie ein Kaninchen aus dem Zylinder hervorzauberte. Die höheren Weihen Washingtons wurden erst nachträglich eingeholt. Vielleicht war dieser listige Alleingang ein fataler Irrtum, denn von nun an konnte die amerikanische Diplomatie darauf verweisen, daß der Judenstaat bei seinen an »appeasement« grenzenden Konzessionen an die Palästinensische Befreiungs-Organisation auf eigene Faust und ohne die Garantie der transatlantischen Hegemonialmacht gehandelt hatte. Den Amerikanern fiel keine unmittelbare Verantwortung für jenes seltsame Vertragswerk zu, das den Namen »Grundsatzerklärung über die Übergangsregelungen für die Autonomie« trägt. Itzhak Rabin und Shimon Peres stimmten mit Yassir Arafat überein, daß es zu Oslo keine Alternative gebe. Netanjahu behauptet heute nachdrücklich das Gegenteil, so liest man in gutinformierten Berichten aus Washington.

Der Kolumnist Jim Hoagland, einer der frühesten Apologeten Bibis, geht einen entscheidenden Schritt weiter. Nachdem der amerikanische Präsident und der israelische Premier die Konturen ihres unvermeidlichen Dissenses in einem sehr kontroversen Dialog abgesteckt hatten, schrieb Hoagland: »Netanjahu feels that he has taken the measure of Mr. Clinton and does not fear overwhelming US pressure in a showdown. – Netanjahu hat das Gewicht, das Format Mr. Clintons ausgelotet und, falls es zur Kraftprobe kommt, befürchtet er keinen unwiderstehlichen Druck der USA.«

Märtyrerkult in Bir Zeit

West-Bank, im Frühjahr 1997

Der Fahrer Nadir hat bei Erreichen des arabischen Sektors von Ramallah den schwarz-weiß gefleckten Keffiyeh, das Beduinenkopftuch, hinter die Windschutzscheibe geklemmt. Das hat auch schon sein Kollege Amin im Juni 1993 getan, um uns vor den Steinwürfen der Intifada zu schützen. Dieses Mal steckt der Chauffeur eine winzige Palästinenser-Fahne als zusätzliche Kennung daneben. Ich habe Nadir, einen jungen Taxifahrer aus Jerusalem, ohne jede Absprache angeheuert und ihm erst bei der Abfahrt mein Ziel, die nördliche »West-Bank«, genannt. Ich weiß nicht, ob und wem er nach Abschluß unserer Tournee einen Bericht erstatten wird.

Am Eingang zum Autonomen Gebiet von Ramallah müssen wir eine doppelte Kontrolle passieren. Es handelt sich ja um eine Stadt-Insel der A-Zone, die der Sicherheitsautorität Arafats untersteht und in der das Parlament der Palestinian Authority tagt. Erst winken uns israelische Soldaten durch ihre blauweiß-bemalten Betonklötze, dann tauchen bewaffnete Palästinenser mit rotem Barett auf. Wir halten uns in Ramallah nicht auf. Es wird viel gebaut in dieser Enklave der PNA. Am nördlichen Stadtrand werden wir noch einmal durch zwei Sperren geschleust, und schon haben wir wieder die C-Zone erreicht, das ausschließlich von Israel verwaltete und okkupierte Territorium des West-Jordan-Ufers. Mir fällt auf, daß der Ring zionistischer Siedlungen rund um Ramallah sich immer dichter schließt. Manche Neubauten sind noch unvollendet. Andere stehen leer.

Nach ein paar Kilometern taucht zwischen grauen, felsigen Hügeln die Universität Bir Zeit auf. Die Fakultäten dieser angesehenen palästinensischen Hochschule sind großzügig und modern entworfen. Offenbar sind wir im richtigen Moment angelangt. Die Wahlen zur Studentenvertretung sind im vollen Gange. Da wird mit extremer Lautstärke und grell-buntem Farbaufwand Propaganda für die diversen Fraktionen gemacht: Die Fatah-Bewegung, die sich zu Yassir Arafat bekennt, die Hamas-Anhänger, die dem strikten Islamismus huldigen, die linksorientierten Progressisten, denen sich vor allem die arabischen Christen angeschlossen haben. Eine Art Karnevals-Stimmung hat sich des Geländes von Bir Zeit bemächtigt. Je näher ich komme, je enger der Kontakt zu den demonstrierenden Studenten wird, desto mehr erinnert mich dieser Polit-Zirkus an die euphorische Stimmung im Innenhof der Sorbonne, als im Mai 1968 die junge Pariser Intelligenzija noch an das Morgenrot einer utopischen Gesellschaftserneuerung glaubte. Jedenfalls geht es in Bir Zeit sehr viel fröhlicher, begeisterter und idealistischer zu als auf dem sorgenvollen und trotzig wirkenden Campus der Tel Aviv University.

Der Rummel des Wahlkampfes ist aufschlußreich. Natürlich verfügt die Fatah über die reichlichsten Mittel. Die Arafat-Gefolgschaft stimmt Kampflieder der PLO an. Eine massive Gruppe hat sich in die Farben Palästinas gekleidet, bildet grüne, rote, weiße und schwarze Kolonnen. Im Takt – fast wie zum Dabke-Tanz – bewegt sich eine gedrängte Schar unter einem riesigen Tuch, auf dem das stachelige Antlitz ihres Rais großflächig abgebildet ist. Es weht an diesem Tag ein schneidend kalter Wind über Bir Zeit. Aus grauen Wolken fegen die Böen durch die Kundgebung, beuteln das Arafat-Tuch, zerren an den unzähligen Wimpeln und Postern.

Am eindrucksvollsten ist dennoch eine gigantische Malerei, die die ganze Hauswand des zentralen Verwaltungsgebäudes bedeckt. Die Omar-Moschee von Jerusalem ist dort abgebildet. Von allen Seiten ist sie mit Eisenketten eingeschnürt, aber der David-Stern, der diese symbolische Fesselung Palästinas wie die Spinne im Netz überwacht, wird gerade von einem himmlischen Blitz getroffen, und seine Konturen brechen auseinander. Hoch über dem Heiligtum des Tempelberges ist ein jugendliches Gesicht mit dem verklärten Blick des Märtyrers zu erkennen. Wer das sei, frage ich Nadir, der sich offenbar ganz gut auskennt. »Das ist der ›Muhandis‹«, sagt er, »der junge Student Yahia Ayash von Bir Zeit, den sie den ›Ingenieur‹ nannten. Dieser Mudschahid war ein hochbegabter Bombenbastler, er war das technische Gehirn, das den Todesfreiwilligen von Hamas und Dschihad die Sprengstoffpakete schnürte, um die Juden von Tel Aviv und Jerusalem in Schrecken zu versetzen. Es hat lange gedauert, bis der israelische Shabak seine Identität herausfand, obwohl er von ihrem Besatzungsgebiet aus operierte. Sie haben ihn im Januar 1996 auf eine besonders raffinierte Weise getötet, indem sie mit Hilfe eines Verräters eine Sprengkapsel in das Handy des ›Muhandis‹ Yahia Ayash montierten, das dann per Fernzündung an seiner Schläfe explodierte.« Der Vorfall

Verzeichnis der Karten

BULG.
GR.
SCHWARZES MEER
Istanbul
Ankara
TÜRKEI
Erzurum
Kizil
Konya
Ceyhan
Adana
Diyarbakır
Rhodos
Aleppo
Euphrat
Nikosia
ZYPERN
MITTELMEER
SYRIEN
LIBANON
Beirut
Damaskus
ISRAEL
IRA
Alexandria
GAZA-STREIFEN
Jordan
Amman
Gaza
Jerusalem
Totes Meer
Suez-Kanal
Kairo
Suez
JORDANIEN
Nil
ÄGYPTEN
ROTES MEER
SAUDI-
Assuan
Medina
Der N
SUDAN
Nil
Jiddah
Mekka

RUSS. FÖDERATION
KASACHSTAN
USBEKISTAN
RGIEN
Tiflis
KASPISCHES MEER
Urgench
MENIEN
Jerewan
ASERBAIDSCHAN
Baku
TURKMENISTAN
ASERB.
Aras
Tabriz
Ashkhabad
Urmia-See
Arbil
Mashhad
Sulaymaniyah
Teheran
Sanandaj
Qom
Kermanshah
Bagdad
Babylon
Isfahan
IRAN
Euphrat
Ur
Khorramshahr
Abadan
Basra
Shiraz
Kuweit
KUWEIT
Persischer Golf
Bandar Abbas
Str. v. Hormuz
BAHRAIN
Manamah
Dhahran
zu OMAN
BIEN
QATAR
Doha
Dubai
Golf von Oman
Hufuf
Riad
Abu Dhabi
VEREINIGTE ARAB. EMIRATE
Maskat
OMAN
d der Mittlere Osten
00 300 400 500 km

Von Abraham
bis zur Zeit
der größten Ausdehnung
des Osmanischen Reiches

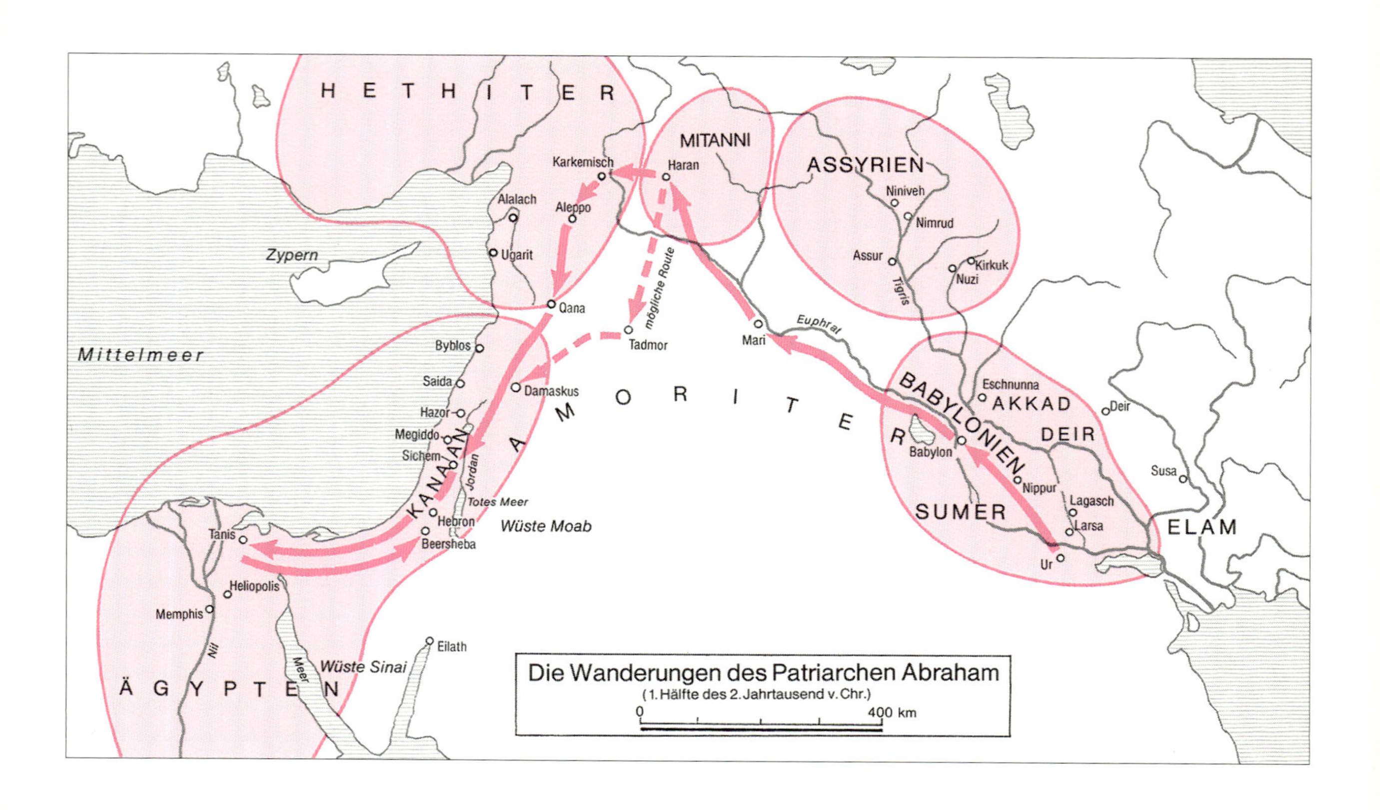

Die Wanderungen des Patriarchen Abraham
(1. Hälfte des 2. Jahrtausend v. Chr.)

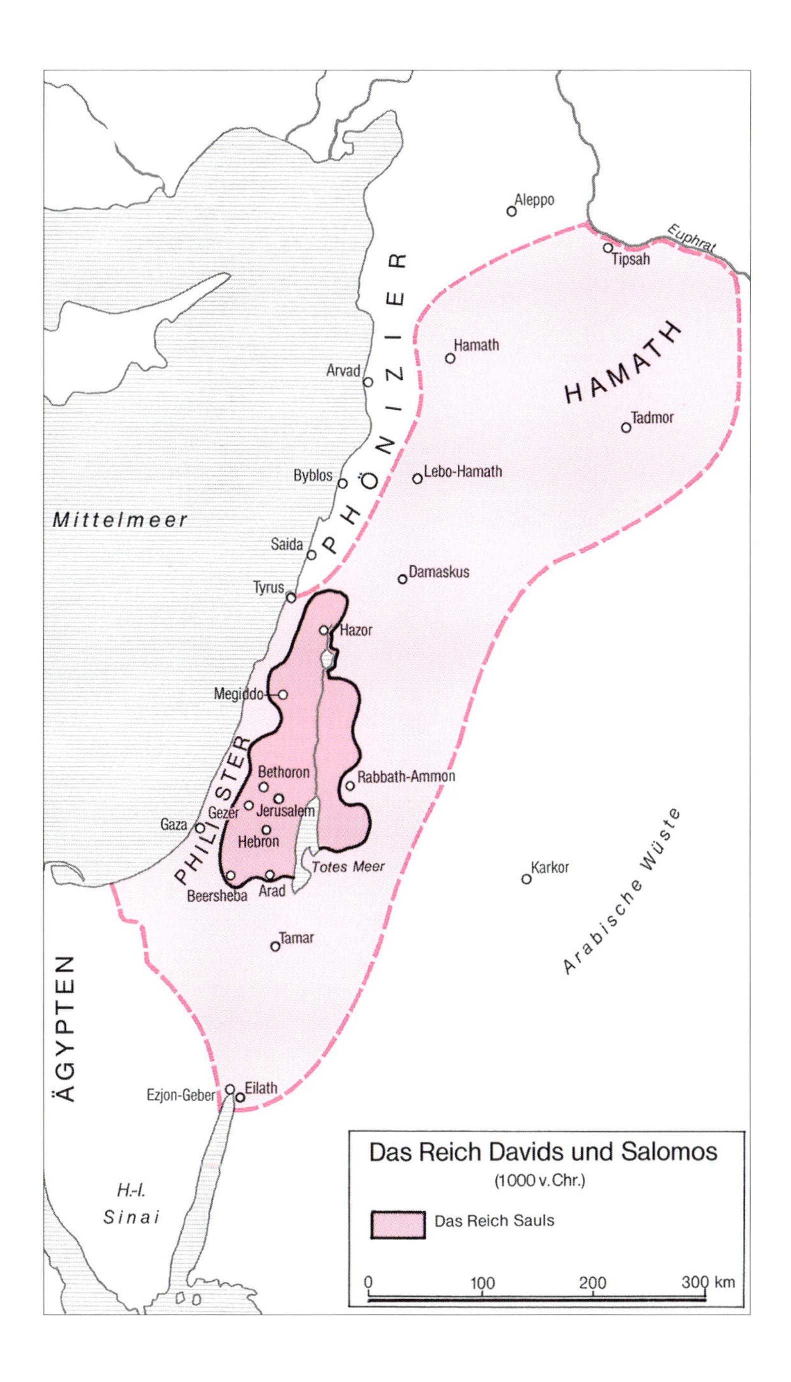
Aleppo
Euphrat
Tipsah
PHÖNIZIER
Hamath
HAMATH
Arvad
Tadmor
Byblos
Lebo-Hamath
Mittelmeer
Saida
Damaskus
Tyrus
Hazor
Megiddo
PHILISTER
Bethoron
Rabbath-Ammon
Gezer
Jerusalem
Gaza
Hebron
Arabische Wüste
Totes Meer
Karkor
Beersheba
Arad
Tamar
ÄGYPTEN
Ezjon-Geber
Eilath
H.-I.
Sinai
Das Reich Davids und Salomos
(1000 v. Chr.)
Das Reich Sauls
0
100
200
300 km

Die beiden Königreiche der Juden
nach Salomon
JUDA und ISRAEL

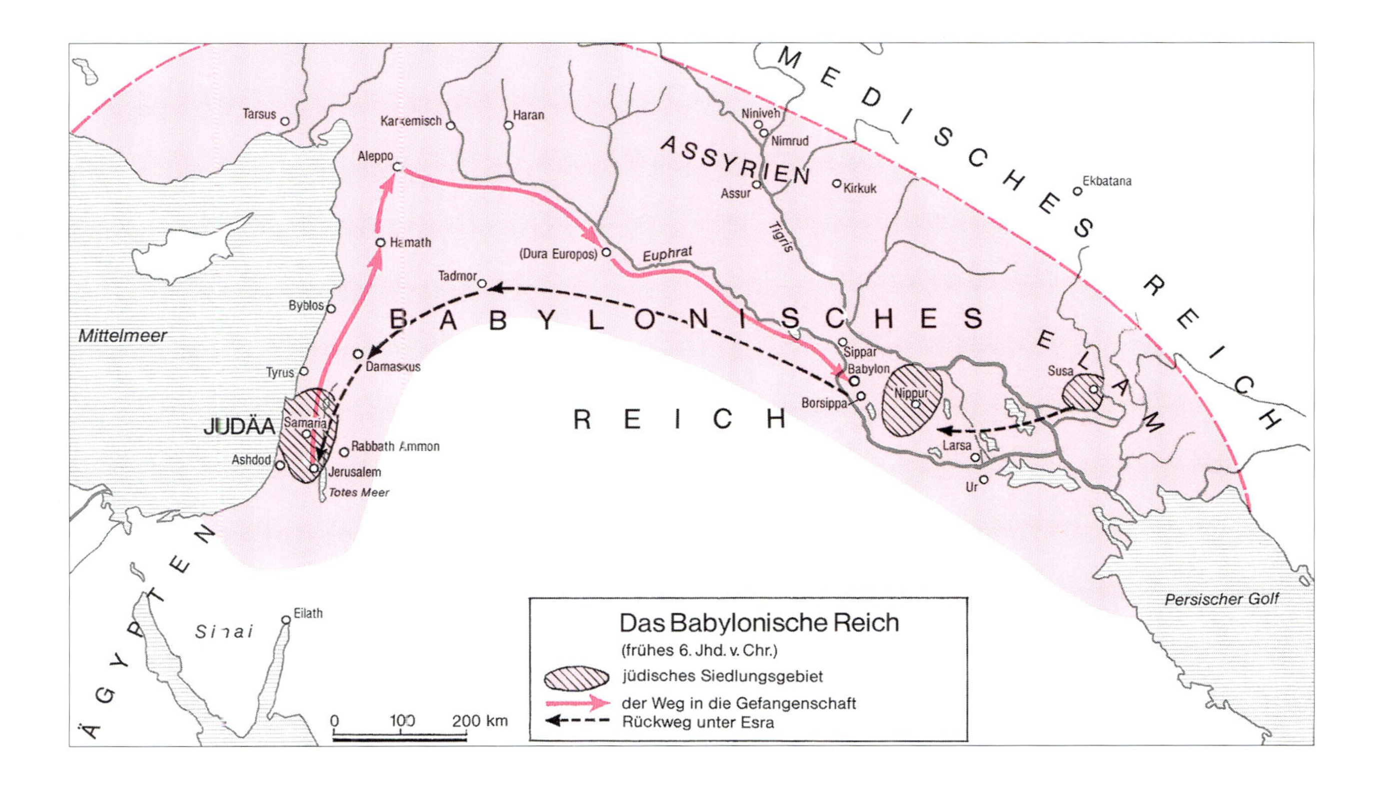
Das Babylonische Reich
(frühes 6. Jhd. v. Chr.)
jüdisches Siedlungsgebiet
der Weg in die Gefangenschaft
Rückweg unter Esra
MEDISCHES REICH
BABYLONISCHES REICH
ÄGYPTEN
ASSYRIEN
ELAM
JUDÄA
Mittelmeer
Persischer Golf
Sinai
Totes Meer
Euphrat
Tigris
Tarsus
Haran
Niniveh
Nimrud
Aleppo
Assur
Kirkuk
Ekbatana
Hamath
(Dura Europos)
Tadmor
Byblos
Sippar
Babylon
Susa
Tyrus
Borsippa
Nippur
Samaria
Rabbath Ammon
Larsa
Ashdod
Jerusalem
Ur
Eilath
0
200 km

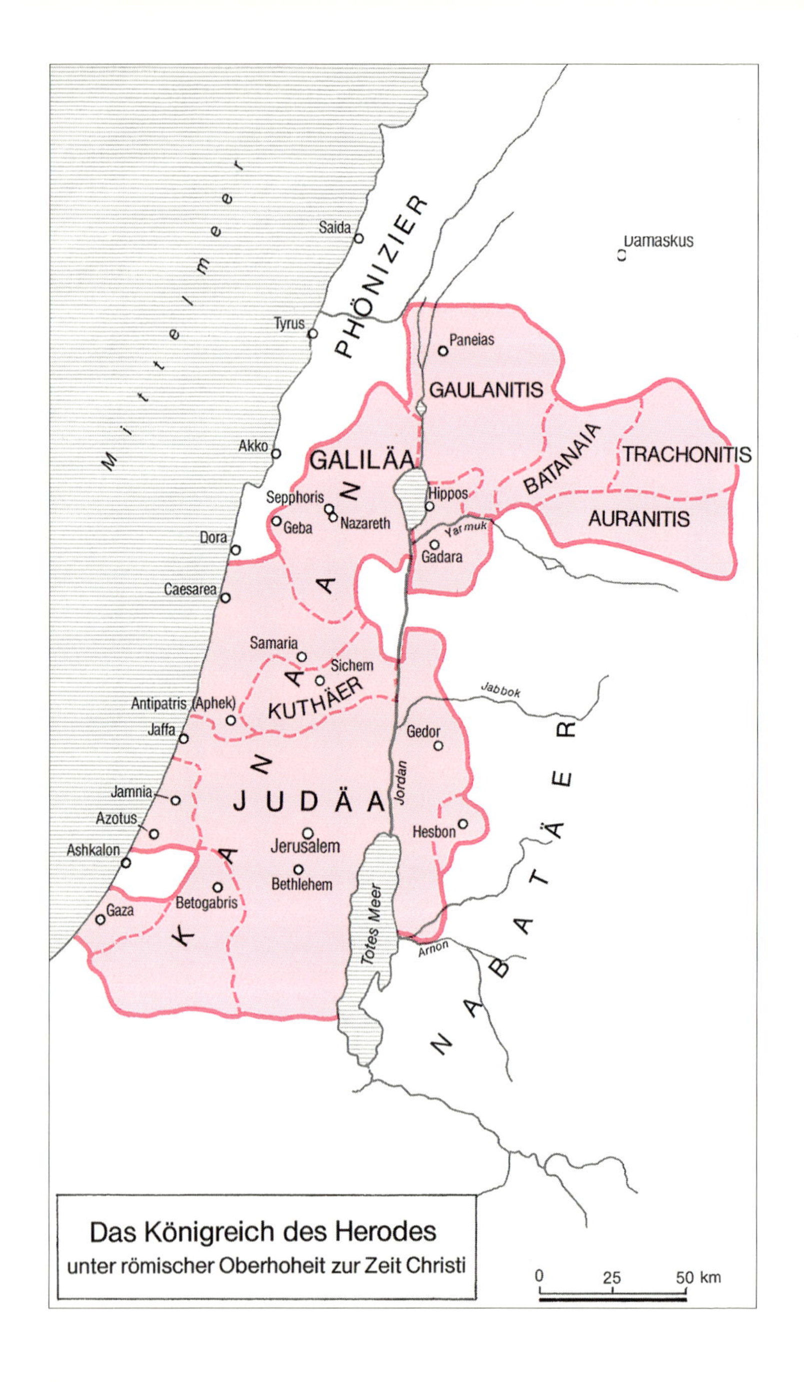

Das Königreich des Herodes
unter römischer Oberhoheit zur Zeit Christi

SELDSCHUKEN-SULTANAT
KÖNIGREICH KLEIN-ARMENIEN
GRAFSCHAFT EDESSA
Edessa
Tarsus
Antiochia
SULTANAT ALEPPO
Aleppo
FÜRSTENTUM ANTIOCHIA
Euphrat
KÖNIGREICH ZYPERN
Latakia
Hama
Homs
GRAFSCHAFT TRIPOLIS
Tripolis
Mittelmeer
Beirut
EMIRAT VON DAMASKUS
Damaskus
Saida
Akko
Hattin
KÖNIGREICH JERUSALEM
Jaffa
Jerusalem
Amman
Bethlehem
Gaza
Hebron
Karaq
REICH DER AIYUBIDEN
Syrische Wüste
FATIMIDEN-KALIFAT
ARABIEN
Montreal
Kairo
Nil
Sinai
Rotes Meer
Die Kreuzfahrerstaaten
12.–13. Jhd.
in ihren größten Ausdehnungen
0
100
200
300 km

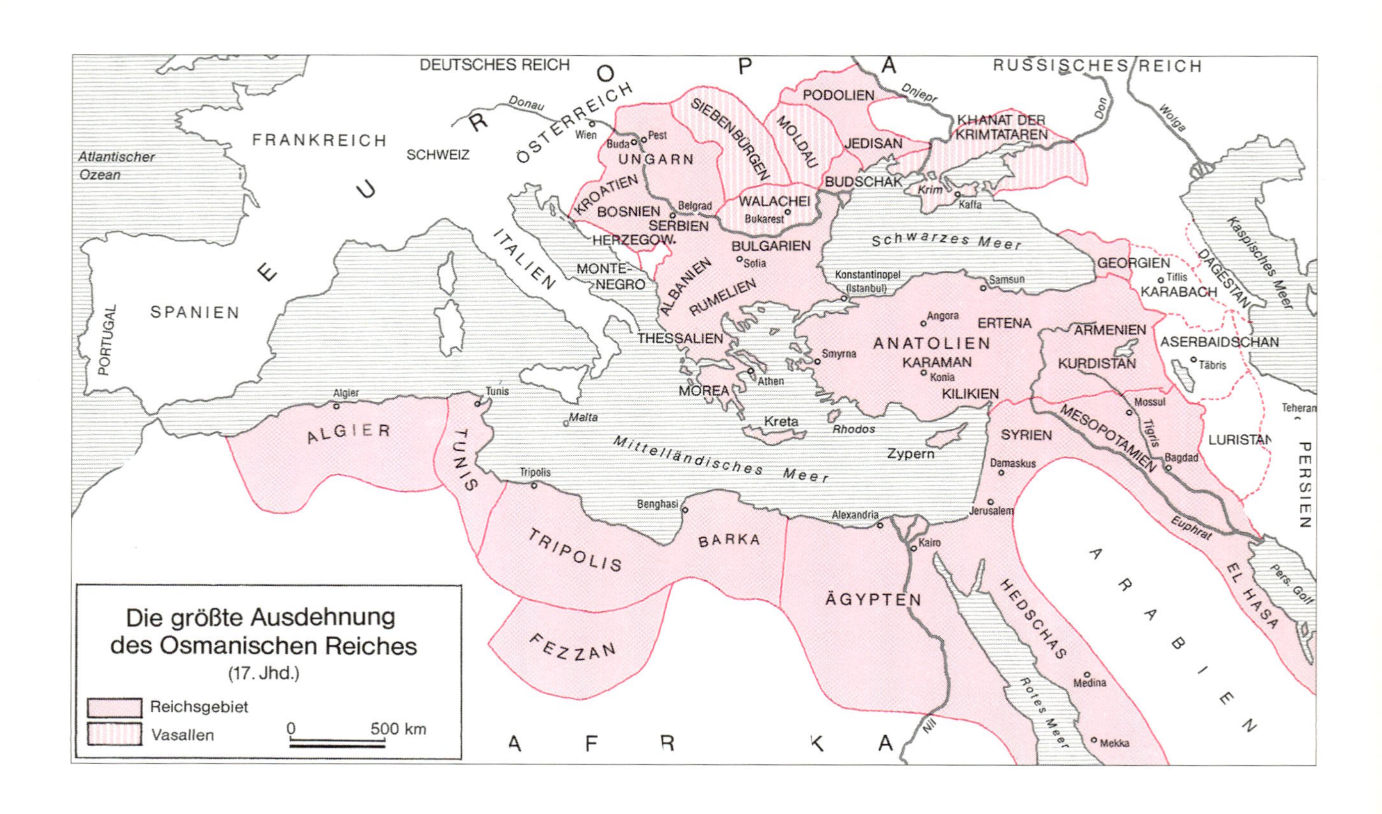
Die größte Ausdehnung
des Osmanischen Reiches
(17. Jhd.)
Reichsgebiet
Vasallen
0
500 km
EUROPA
AFRIKA
ARABIEN
DEUTSCHES REICH
RUSSISCHES REICH
ÖSTERREICH
FRANKREICH
SCHWEIZ
SPANIEN
PORTUGAL
ITALIEN
PERSIEN
Atlantischer Ozean
Donau
Dnjepr
Don
Wolga
Wien
Buda
Pest
UNGARN
KROATIEN
BOSNIEN
SERBIEN
Belgrad
HERZEGOW.
MONTE-
NEGRO
SIEBENBÜRGEN
MOLDAU
PODOLIEN
JEDISAN
BUDSCHAK
KHANAT DER
KRIMTATAREN
Krim
Kaffa
WALACHEI
Bukarest
BULGARIEN
Sofia
ALBANIEN
RUMELIEN
THESSALIEN
MOREA
Athen
Kreta
Rhodos
Schwarzes Meer
Kaspisches Meer
DAGESTAN
GEORGIEN
Tiflis
KARABACH
ASERBAIDSCHAN
Täbris
LURISTAN
Teheran
Konstantinopel
(Istanbul)
Samsun
Angora
ERTENA
ANATOLIEN
KARAMAN
Konia
KILIKIEN
Smyrna
ARMENIEN
KURDISTAN
Mossul
Tigris
MESOPOTAMIEN
Bagdad
Euphrat
EL HASA
Pers. Golf
SYRIEN
Damaskus
Jerusalem
Zypern
Mittelländisches Meer
Malta
Tunis
TUNIS
Algier
ALGIER
Tripolis
TRIPOLIS
FEZZAN
Benghasi
BARKA
Alexandria
Kairo
Nil
ÄGYPTEN
HEDSCHAS
Rotes Meer
Medina
Mekka

Das Heilige Land zwischen Nil und Euphrat in der Neuzeit

Mandatsgebiete
nach dem Sykes-Picot-Abkommen zwischen den beiden Weltkriegen
britisches Mandat
französisches Mandat
TÜRKEI
Adana
Alexandrette
Aleppo
Hasakah
Latakia
Nicosia
Hamath
SYRIEN
ZYPERN
Tripolis
Homs
Beirut
LIBANON
Damaskus
Mittelmeer
PALÄSTINA
Tel Aviv
Jaffa
Gaza
Jerusalem
Beersheba
Jordan
Zarqa
Amman
Totes Meer
Karaq
TRANS-JORDANIEN
ÄGYPTEN
Eilath
Aqaba
SAUDI-ARABIEN
0
200 km
Mossul
Arbil
Sulaymaniyah
Kirkuk
Tigris
Euphrat
Bagdad
IRAK
Kerbela
Hillah
Najaf
RAN
Ahwa
Basra
Abadan
Kuweit
KUWEIT
Pers. Golf
Neutrale Zone

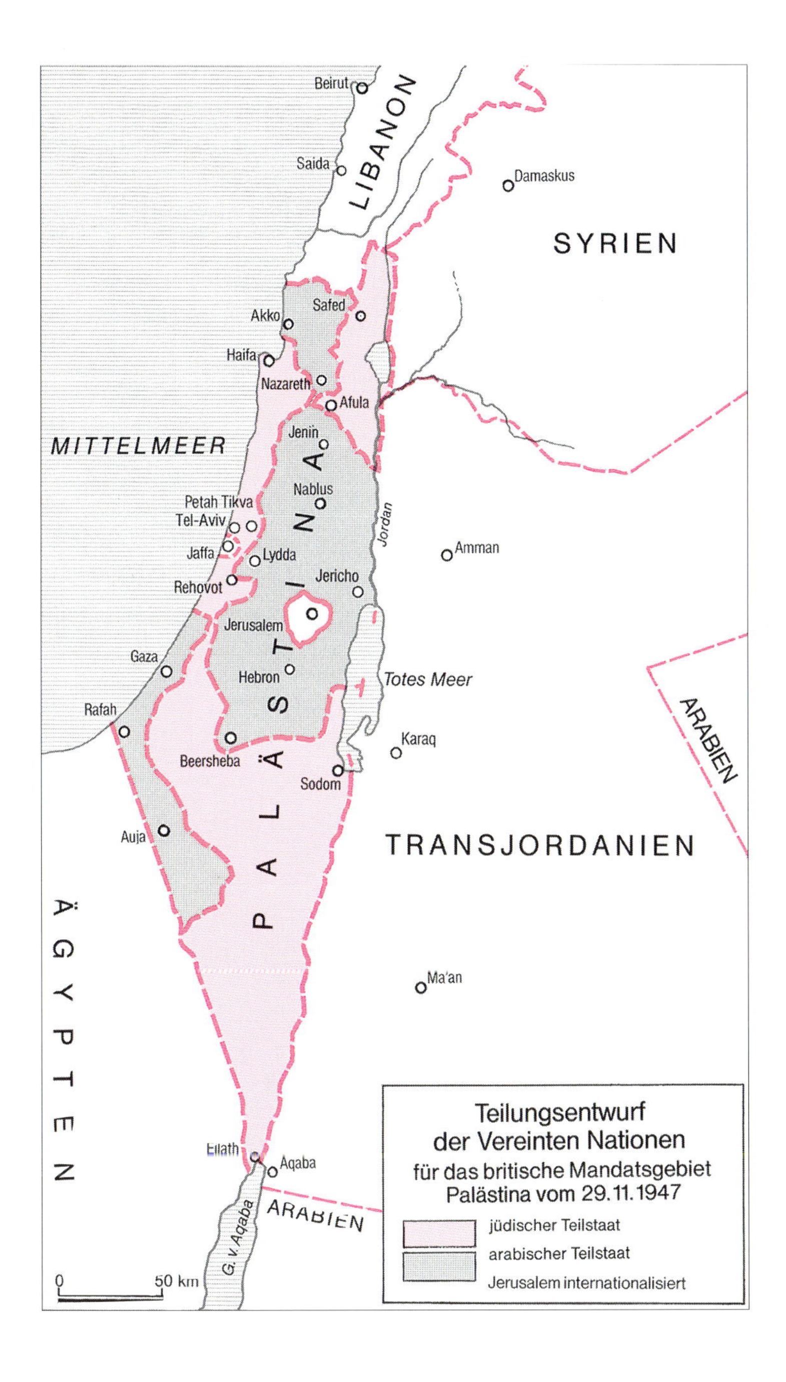

Beirut
LIBANON
Saida
Damaskus
SYRIEN
Safed
Akko
Haifa
Nazareth
Afula
Jenin
MITTELMEER
Nablus
Petah Tikva
Tel-Aviv
Jaffa
Lydda
Jordan
Amman
Rehovot
Jericho
Jerusalem
Gaza
Hebron
Totes Meer
Rafah
Karaq
Beersheba
Sodom
ARABIEN
PALÄSTINA
Auja
TRANSJORDANIEN
ÄGYPTEN
Ma'an
Eilath
Aqaba
ARABIEN
G. v. Aqaba
0
50 km
Teilungsentwurf der Vereinten Nationen für das britische Mandatsgebiet Palästina vom 29.11.1947
jüdischer Teilstaat
arabischer Teilstaat
Jerusalem internationalisiert

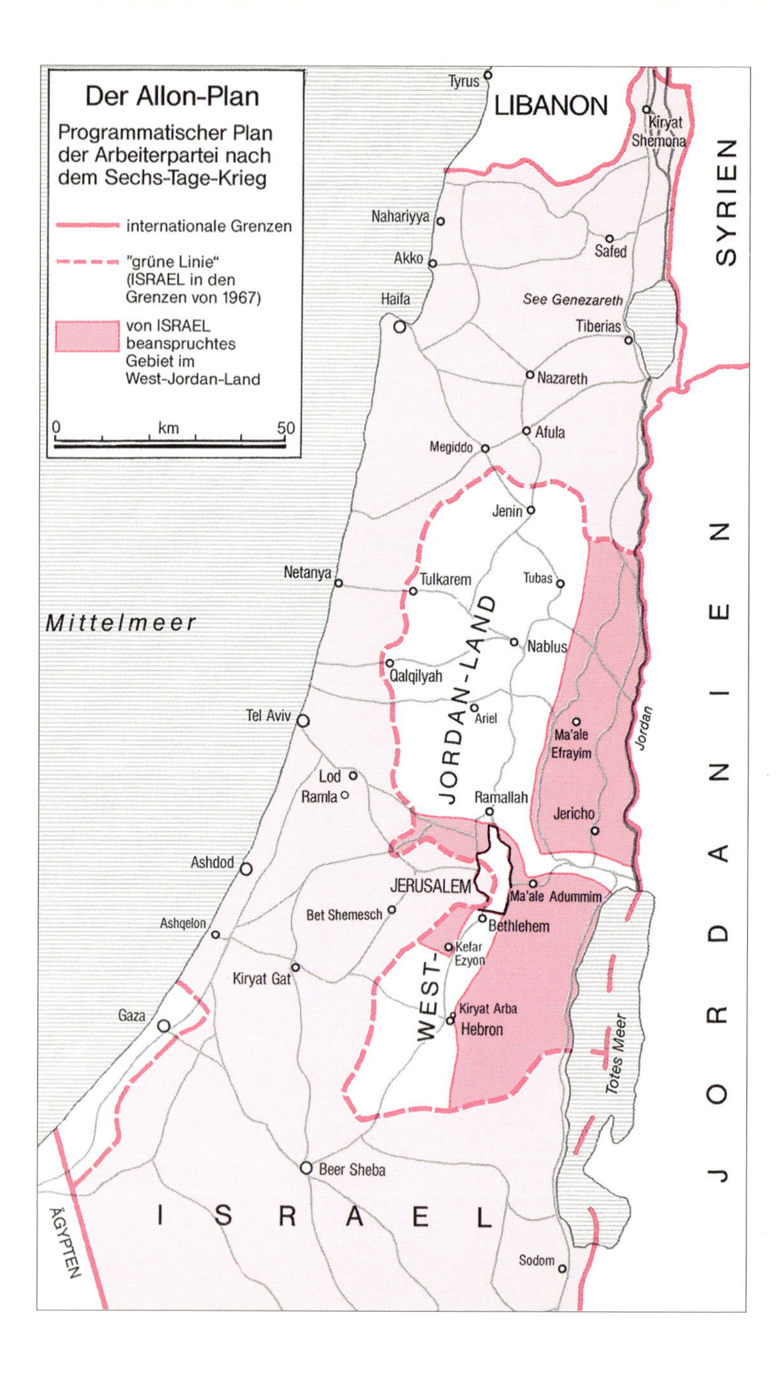

Der Allon-Plan
Programmatischer Plan der Arbeiterpartei nach dem Sechs-Tage-Krieg
internationale Grenzen
"grüne Linie" (ISRAEL in den Grenzen von 1967)
von ISRAEL beanspruchtes Gebiet im West-Jordan-Land
0 km 50
Tyrus
LIBANON
Kiryat Shemona
SYRIEN
Nahariyya
Safed
Akko
Haifa
See Genezareth
Tiberias
Nazareth
Afula
Megiddo
Jenin
Netanya
Tulkarem
Tubas
Mittelmeer
Nablus
Qalqilyah
WEST-JORDAN-LAND
Ariel
Tel Aviv
Ma'ale Efrayim
Jordan
Lod
Ramla
Ramallah
Jericho
Ashdod
JERUSALEM
Ma'ale Adummim
Bet Shemesch
Bethlehem
Ashqelon
Kefar Ezyon
Kiryat Gat
Kiryat Arba
Hebron
Gaza
Totes Meer
Beer Sheba
JORDANIEN
ISRAEL
ÄGYPTEN
Sodom

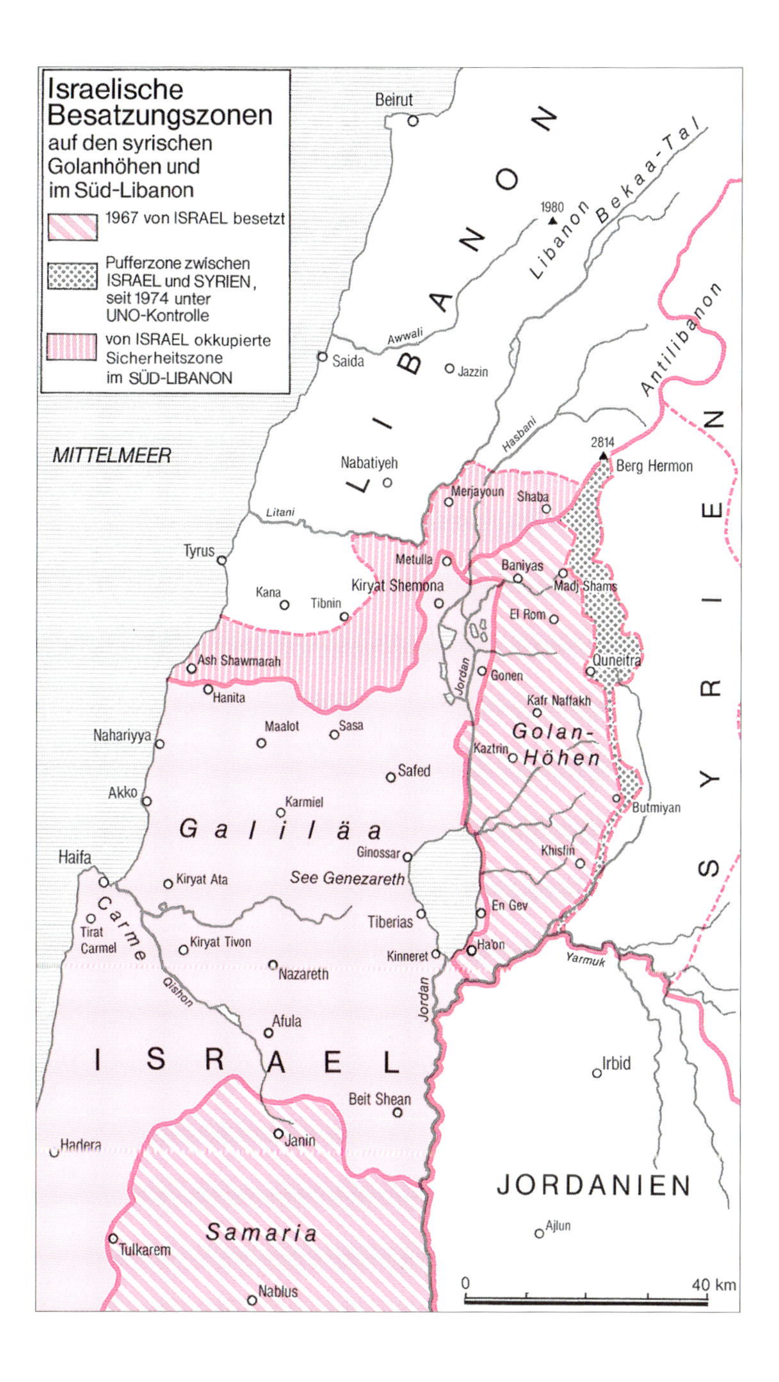

Israelische Besatzungszonen auf den syrischen Golanhöhen und im Süd-Libanon
1967 von ISRAEL besetzt
Pufferzone zwischen ISRAEL und SYRIEN, seit 1974 unter UNO-Kontrolle
von ISRAEL okkupierte Sicherheitszone im SÜD-LIBANON
Beirut
LIBANON
Libanon
Bekaa-Tal
1980
Awwali
Saida
Jazzin
Antilibanon
Hasbani
2814
Berg Hermon
MITTELMEER
Nabatiyeh
Litani
Merjayoun
Shaba
SYRIEN
Tyrus
Metulla
Baniyas
Kana
Tibnin
Kiryat Shemona
Madj Shams
El Rom
Ash Shawmarah
Jordan
Gonen
Quneitra
Hanita
Kafr Naffakh
Maalot
Sasa
Golan-Höhen
Nahariyya
Kaztrin
Safed
Akko
Karmiel
Butmiyan
Galiläa
Ginossar
Khisfin
Haifa
Kiryat Ata
See Genezareth
Carmel
Tirat Carmel
En Gev
Tiberias
Kiryat Tivon
Ha'on
Kinneret
Yarmuk
Nazareth
Qishon
Afula
ISRAEL
Irbid
Beit Shean
Janin
Hadera
JORDANIEN
Samaria
Ajlun
Tulkarem
0
40 km
Nablus

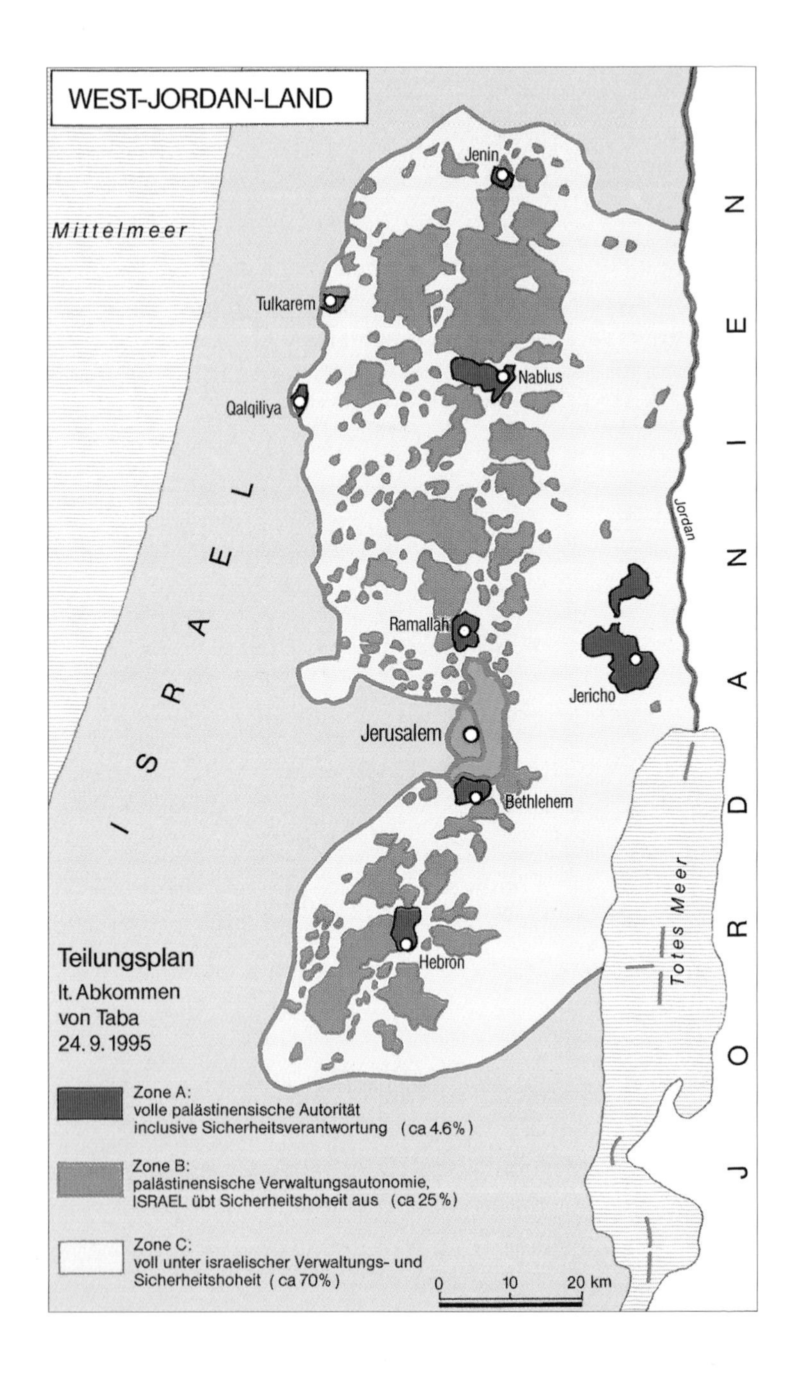
WEST-JORDAN-LAND
Mittelmeer
ISRAEL
JORDANIEN
Jordan
Jenin
Tulkarem
Nablus
Qalqiliya
Ramallah
Jericho
Jerusalem
Bethlehem
Hebron
Totes Meer
Teilungsplan
lt. Abkommen
von Taba
24. 9. 1995
Zone A:
volle palästinensische Autorität
inclusive Sicherheitsverantwortung (ca 4.6%)
Zone B:
palästinensische Verwaltungsautonomie,
ISRAEL übt Sicherheitshoheit aus (ca 25%)
Zone C:
voll unter israelischer Verwaltungs- und
Sicherheitshoheit (ca 70%)
0 10 20 km

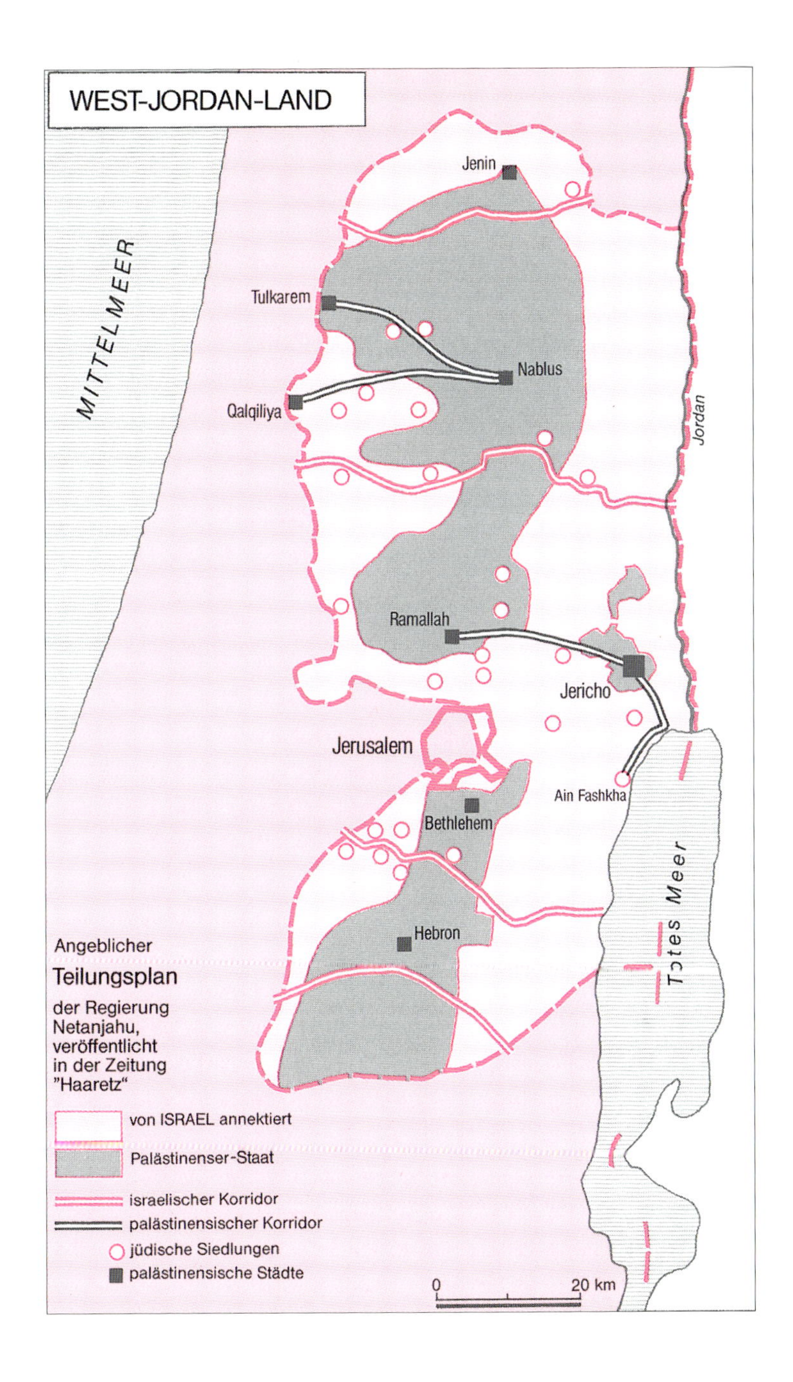

WEST-JORDAN-LAND
MITTELMEER
Jenin
Tulkarem
Nablus
Qalqiliya
Jordan
Ramallah
Jericho
Jerusalem
Ain Fashkha
Bethlehem
Hebron
Totes Meer
Angeblicher
Teilungsplan
der Regierung
Netanjahu,
veröffentlicht
in der Zeitung
"Haaretz"
von ISRAEL annektiert
Palästinenser-Staat
israelischer Korridor
palästinensischer Korridor
jüdische Siedlungen
palästinensische Städte
0
20 km

ISRAEL und die besetzten Gebiete Palästinas
Staatsgebiet ISRAELs von seiner Gründung 1948 bis zum Sechs-Tage-Krieg 1967
1967 von ISRAEL okkupierte Gebiete. Die Sinai-Halbinsel wurde nach dem Friedensvertrag mit Ägypten geräumt.
Israelisch besetzter Grenzstreifen im SÜD-LIBANON
Von ISRAEL geräumte Randzone am Golan, unter UN-Kontrolle
Arabische Städte der Westbank unter palästinensischer Autonomie
Jüdische Siedlungen im West-Jordan-Gebiet und im Gaza-Streifen
0
50
100 km
MITTELMEER
LIBANON
SYRIEN
ISRAEL
Beirut
Saida
Damaskus
Litani
Merjayoun
Kiryat Shemona
Tibnin
Quneitra
Golan-Höhen
Haifa
See Genezareth
Tiberias
Nazareth
Yarmuk
Irbid
Jordan
JENIN
TULKAREM
QALQILIYA
NABLUS
Zarqa
Tel Aviv-Jaffa
RAMMALAH
JERICHO
Amman
JERUSALEM
ORDAN-LAND
N

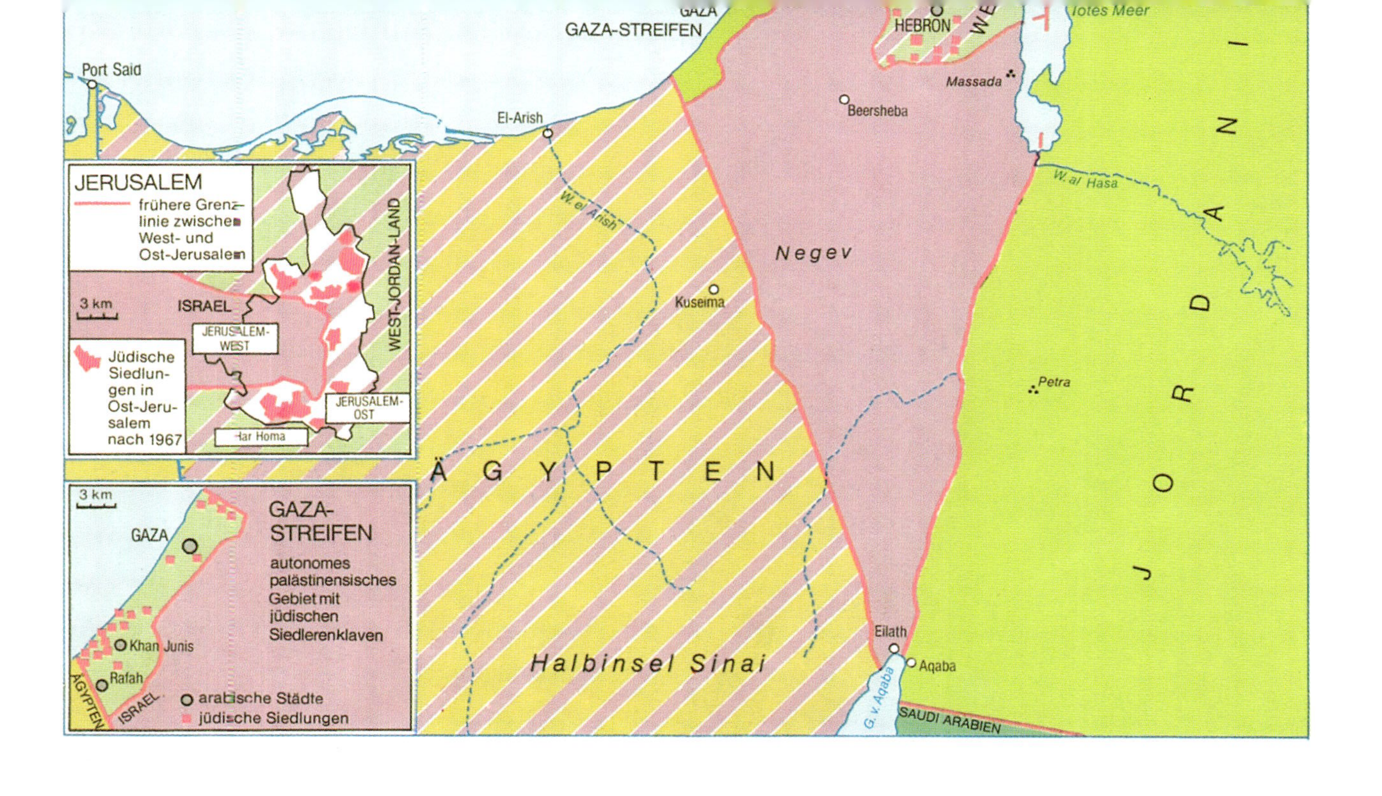
GAZA-STREIFEN
Port Said
El-Arish
HEBRON
Massada
Beersheba
W. el Arish
W. al Hasa
Negev
Kuseima
Petra
JORDANI
ÄGYPTEN
Halbinsel Sinai
Eilath
Aqaba
G. v. Aqaba
SAUDI ARABIEN
JERUSALEM
frühere Grenzlinie zwischen West- und Ost-Jerusalem
3 km
ISRAEL
JERUSALEM-WEST
JERUSALEM-OST
WEST-JORDAN-LAND
Har Homa
Jüdische Siedlungen in Ost-Jerusalem nach 1967
GAZA-STREIFEN
autonomes palästinensisches Gebiet mit jüdischen Siedlerenklaven
GAZA
Khan Junis
Rafah
ÄGYPTEN
arabische Städte
jüdische Siedlungen

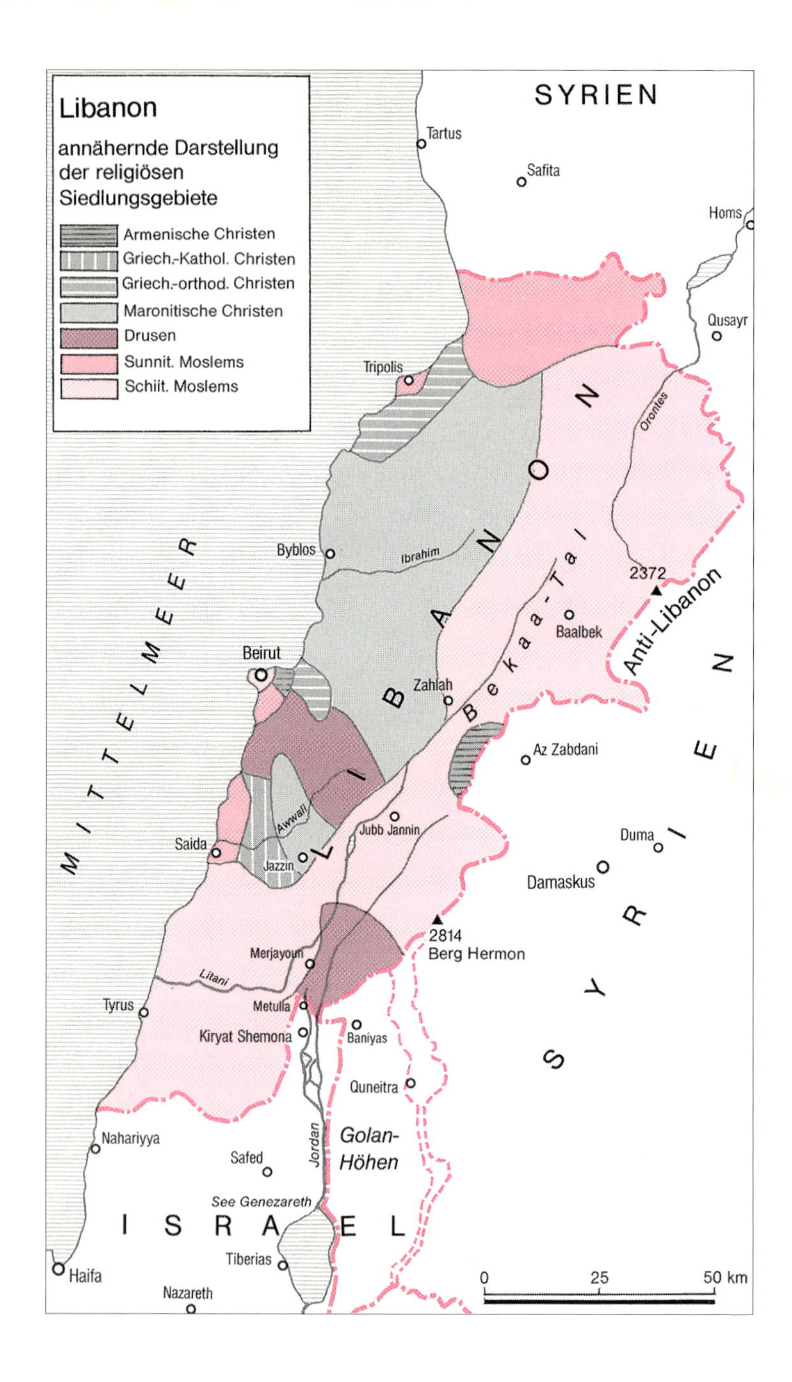

Libanon
annähernde Darstellung der religiösen Siedlungsgebiete
Armenische Christen
Griech.-Kathol. Christen
Griech.-orthod. Christen
Maronitische Christen
Drusen
Sunnit. Moslems
Schiit. Moslems
SYRIEN
Tartus
Safita
Homs
Qusayr
Tripolis
Orontes
LIBANON
MITTELMEER
Byblos
Ibrahim
2372
Anti-Libanon
Bekaa-Tal
Baalbek
Beirut
Zahlah
Az Zabdani
Awwali
Jubb Jannin
Saida
Jazzin
Duma
Damaskus
SYRIEN
2814
Berg Hermon
Merjayoun
Litani
Tyrus
Metulla
Baniyas
Kiryat Shemona
Quneitra
Nahariyya
Golan-Höhen
Jordan
Safed
See Genezareth
ISRAEL
Tiberias
Haifa
Nazareth
0
25
50 km

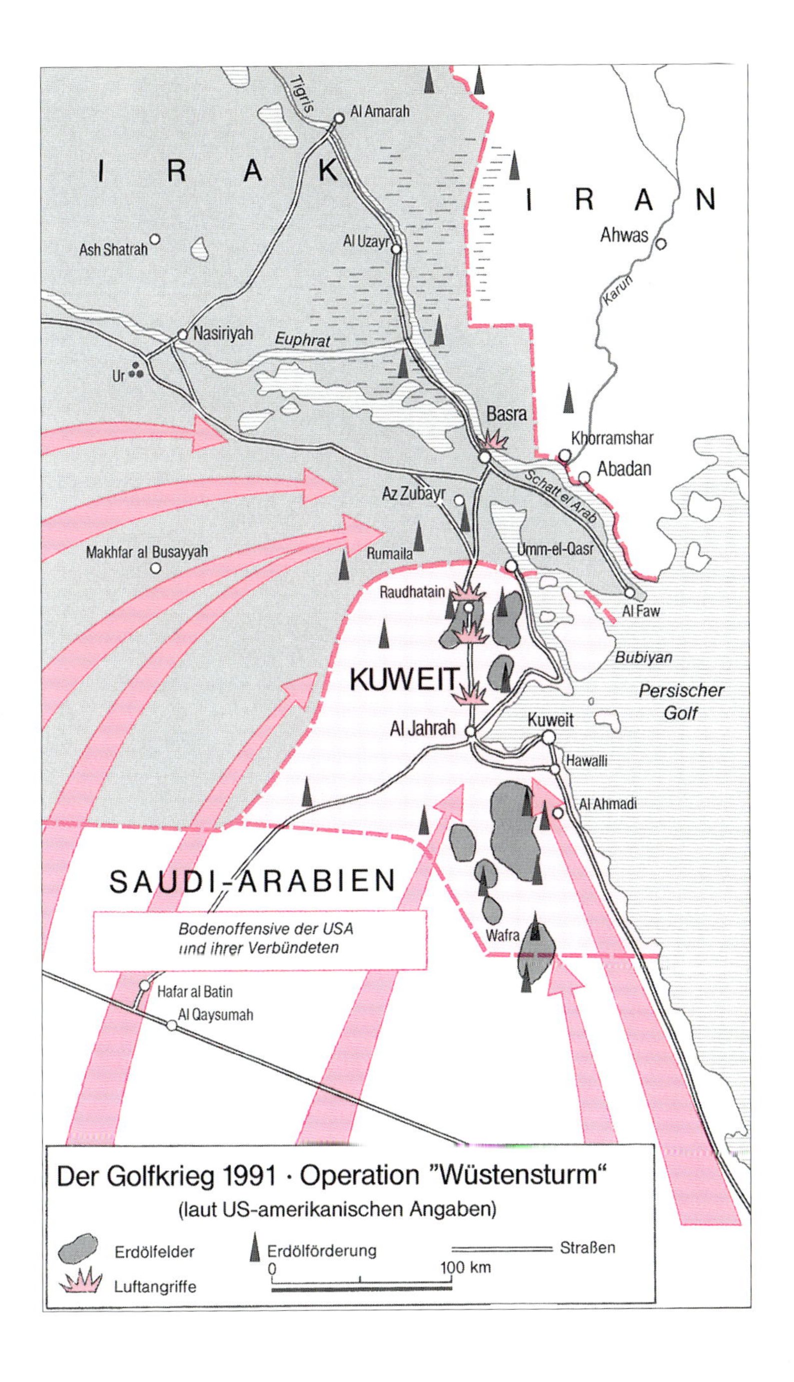

Der Golfkrieg 1991 · Operation "Wüstensturm"
(laut US-amerikanischen Angaben)

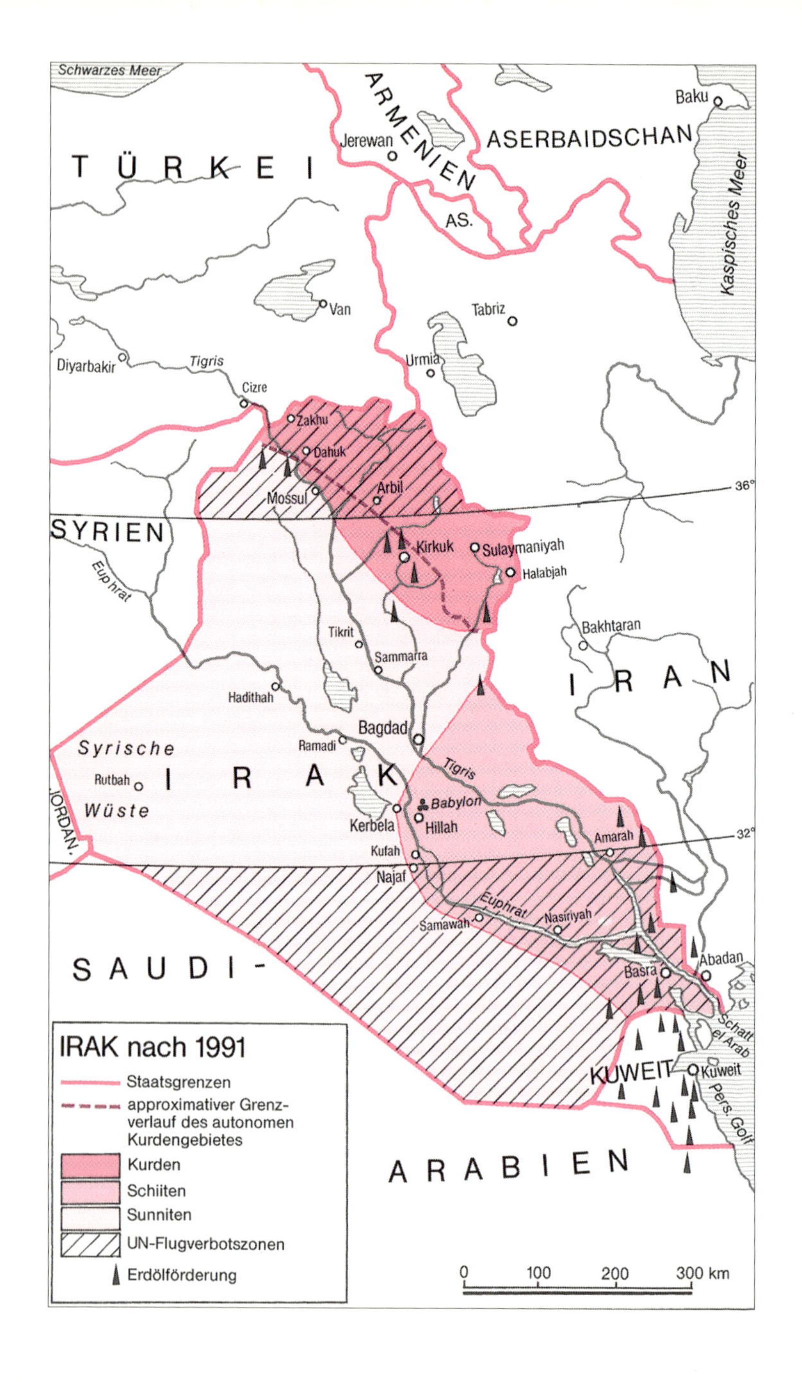

Schwarzes Meer
ARMENIEN
Baku
Jerewan
ASERBAIDSCHAN
TÜRKEI
Kaspisches Meer
AS.
Van
Tabriz
Urmia
Diyarbakir
Tigris
Cizre
Zakhu
Dahuk
Arbil
Mossul
36°
SYRIEN
Kirkuk
Sulaymaniyah
Halabjah
Euphrat
Bakhtaran
Tikrit
Sammarra
IRAN
Hadithah
Bagdad
Syrische Wüste
Ramadi
Rutbah
IRAK
Tigris
JORDAN.
Babylon
Kerbela
Hillah
Amarah
32°
Kufah
Najaf
Euphrat
Nasiriyah
Samawah
SAUDI-ARABIEN
Abadan
Basra
Schatt el Arab
IRAK nach 1991
Staatsgrenzen
approximativer Grenzverlauf des autonomen Kurdengebietes
Kurden
Schiiten
Sunniten
UN-Flugverbotszonen
Erdölförderung
KUWEIT
Kuweit
Pers. Golf
0
100
200
300 km

ist mir bekannt, aber es ist faszinierend, die offene Glorifizierung dieses »Schahid« an Ort und Stelle zu verifizieren.

Die islamistischen Studentenorganisationen haben grüne Banderolen mit Koransprüchen entfaltet. An Aufrufen zum Heiligen Krieg, zum »Qital« gegen die Ungläubigen und Feinde Gottes fehlt es ja nicht in diesem Offenbarungsbuch. Über dröhnende Lautsprecher vermischen sich die Suren Allahs mit den nationalistischen Slogans der PLO. Eine Studentin im grauen Hidschab gibt die Parolen der Frommen aus. Die Fundamentalisten haben starken Zulauf unter dieser überwiegend verschleierten Weiblichkeit. Von ähnlicher Begeisterung für die heilige Sache waren 1979 die Jüngerinnen der Khomeini-Revolution auf dem Universitätsgelände von Teheran geschüttelt. Auch die Mädchen der Fatah tragen in Bir Zeit durchweg das weiße Kopftuch über dem schwarzen, wallenden Umhang.

Gesprächspartner sind leicht zu finden. Die jungen Leute brennen darauf, ihren Protest und ihre Forderungen an den Mann zu bringen. Hinter einem Tisch voll Broschüren sitzt ein Organisator, der offenbar der Fatah angehört. Er stellt sich als Politologe vor und macht aus seinem Herzen keine Mördergrube. »Fast alle hier sind für Yassir Arafat«, beginnt er. »Es gibt doch keinen anderen nationalen Führer für uns Palästinenser. Natürlich muß er taktieren und Rückschläge einstecken. Wir müssen eben behutsam vorgehen, Schritt für Schritt. Manches haben wir ja schon erreicht. Betrachten Sie nur, wie die Weltöffentlichkeit zu unseren Gunsten umschlägt. Unsere Ziele sind weit gesteckt, und am Ende wollen wir auch Haifa und Jaffa zurückgewinnen. Aber es wäre dumm und schädlich, wenn wir das an die große Glocke hingen. Arafat wird schon Wege finden, auf denen wir unaufhaltsam vorankommen.«

Noch während dieser Unterhaltung haben mich drei Studentinnen angesprochen. Sie tragen kein Kopftuch, sind im Gegenteil sehr flott gekleidet und stark geschminkt. Die schwarzen, lockigen Haare fallen ihnen prächtig auf die Schultern. Sie haben Flugblätter ihrer marxistisch angehauchten Sammelorganisation mitgebracht und überreichen mir bunte Kugelschreiber, auf denen ich entziffere: »El Qutb el talabi el demokrati el taqqadami.« Sie gehören dem »Demokratischen und fortschrittlichen Studentenblock« an. Ich erfahre schnell, daß überwiegend arabische Christen, die sich unlängst noch als »griechisch-orthodox« bezeichneten und von den Muslimen weiterhin – in Erinnerung an das oströmische Imperium von Byzanz – »Rumi« genannt werden, in dieser betont säkularen Gruppierung vertreten sind. Die Christen machen in Bir Zeit ungefähr 35 Prozent der angehenden Akademiker aus. Die Progressisten verehren ihre eigenen Idole. Zu denen zählt der Chef der »Volksfront zur Befreiung Palästinas«, der christliche Kinderarzt George Habbash, der einst als Flugzeugentführer gefürchtet war, und der ebenfalls christliche Extremist Nayef Hawatmeh, der sich mit Arafat seit langem überworfen hat. Es gibt zusätzlich eine kommunistische Fraktion, die neuerdings unter der Kennung »Palestinian People's Party« auftritt und sich zu den Thesen des Arztes Heidar Abdel Schafi aus Gaza bekennt. »Sprechen Sie Französisch?« fragt mich eine der christlich-progressistischen Amazonen; »dann lesen Sie doch die Erklärung, die unser Professor Azmi Bishara der französischen Zeitung ›Le Monde‹ gemacht hat und die demnächst erscheinen wird. Azmi ist Philosoph und Politologe; seine Aussage dürfte Sie interessieren.«

Ich stecke das Pamphlet in meine Rocktasche, um es später in Ruhe zu studieren. Ein etwa vierzigjähriger Mann mit dunkelblondem Bart stellt sich mir unvermittelt unter dem Namen Dr. Thalji vor. Er unterrichtet Architektur in Bir Zeit, hat mehrere Jahre in Kassel und Dortmund verbracht und spricht perfekt Deutsch. Ich bin ihm, wie er erfreut versichert, vom Fernsehen und von meinen Büchern bekannt. Professor Thalji zögert keine Sekunde und bekennt sich ungefragt zur islamistischen Hamas. Er ruft einen Kollegen hinzu, Dr. Jamel Amro, der neben seiner Dozentenfunktion als Bauunternehmer in Nablus tätig ist. Amro trägt einen schwarzen Prophetenbart. Neben dem eher verhaltenen Wissenschaftler Thalji beeindruckt er durch sein fröhliches Temperament und seine ungestüme Kraft. Wir gehen gemeinsam in das Fakultätsgebäude, um ungestört zu sein, und befinden uns in dem kargen Lehrkörperzimmer in vertraulicher Runde.

Ich richte an Dr. Amro die rituelle Frage: Wie soll es denn weitergehen mit dem Friedensprozeß? Die Antwort kommt wie ein Schlag: »Es wird Krieg geben«, verkündet er mit der gleichen Heiterkeit, die mich schon bei dem Erz-Zionisten Elyakim Ha'etzni überrascht hatte. »Die Juden haben jetzt endlich einen arabischen Staatschef«, mokiert sich der vollbärtige Palästinenser; »Netanjahu ist vom gleichen Schlag wie der Iraker Saddam Hussein oder der Libyer Qadhafi. Unter ihm wird Israel zu einem echt orientalischen Staat.« Von Yassir Arafat halten die beiden nicht sonderlich viel. Der PLO-Chef sei zunächst extrem populär gewesen. Er bewährte sich zu Beginn des Osloer Prozesses als nützlicher Vertreter des palästinensischen Nationalismus in seinen Kontakten mit dem Ausland. Aber dann habe er viel zu viele Konzessionen gemacht. Er habe immer wieder – um das Gespräch mit den Israeli nicht abreißen zu lassen – wackere Patrioten einkerkern lassen. Das Zahlenverhältnis zwischen den Anhängern der säkularen Fatah und der islamistischen Hamas verhalte sich ungefähr paritätisch. Vielleicht habe Arafat seit dem israelischen Gewaltakt von Har-Homa – besser gesagt, Abu Ghneim – vorübergehend sogar an Zuspruch gewonnen. Dieser trickreiche Widerstandsveteran zeige sich zur Zeit kämpferisch und unnachgiebig. Er habe bestimmt kein »grünes Licht« für neue Bombenanschläge gegeben, wie Netanjahu behauptet. Im Gegenteil sei er an Ruhe und Ordnung interessiert. Immerhin habe er jetzt die skandalöse Kollaboration seiner Mukhabarat mit dem israelischen Shabak auf ein Minimum beschränkt. Das Angebot der jüdischen Regierung, die extrem reduzierte A-Zone, die den Palästinensern in Taba zugeschlagen wurde, durch lächerliche zwei Prozent cisjordanischen Boden zu ergänzen, habe die »Palestinian Authority« mit Fug und Recht in den Wind geschlagen. Arafat habe für die erste Phase der territorialen Neuordnung ein Minimum von dreißig Prozent gefordert. Darunter werde gar nicht erst verhandelt.

Seit dieser Verhärtung gebe es wieder halbwegs normale Kontakte zwischen PLO und Hamas, ja die Islamisten seien dabei, unauffällig in Verwaltung und Polizei Fuß zu fassen. Im übrigen nehme die fromme muslimische Bevölkerung die Willkür der PLO-Polizei und die Korruption des Arafat-Clans als eine unvermeidliche göttliche Prüfung hin. In Bir Zeit seien neben den Agenten des Shabak auch Spitzel der palästinensischen Polizei überall eingesickert. Das müsse man in Kauf nehmen. »Wir leben hier in der C-Zone, die noch ausschließlich zionistisches Besatzungsgebiet ist, und – so paradox es klingt – diesem Umstand verdanken wir relative Meinungsfreiheit«, meint Dr. Thalji. »Wenn wir uns in der A-Zone befänden, also unter voller Autorität unserer palästinensischen Brüder, dann müßten wir sehr viel vorsichtiger taktieren und jederzeit mit unserer Verhaftung rechnen. Es geht sehr widersprüchlich bei uns zu. Wir genießen begrenzte Privilegien in Bir Zeit, weil Arafat mit seinen Schergen hier nicht intervenieren darf. Vielleicht paßt das den Israeli in den Kram, denn auf diese Weise vertiefen sie die internen arabischen Spannungen und Spaltungen.« Dr. Amro öffnet das Fenster und lauscht dem Sprech-Chor der Studenten: »Wir geben für die El-Aqsa-Moschee und für Jerusalem unser

Leben«, schallt es zu uns hoch, »auch wenn andere ihr islamisches Bewußtsein verloren haben.«

Ich erkundige mich nach der Kampfgruppe »Azzedin-el-Qassam«, deren Maueranschläge mir im Sommer 1993 in Nablus aufgefallen waren. »Diesen Namen erwähnen Sie besser nicht mehr«, raten mir die Architekten, »sonst bekommen Sie ernste Probleme mit den israelischen und den palästinensischen Sicherheitsdiensten. Diese Organisation ist bei uns tabu. Azzedin-el-Qassam hat schon in den dreißiger Jahren als Führer des arabischen Widerstandes gegen die britische Mandatsmacht und die zionistische Landnahme den Tod gefunden. Als Märtyrer ist dieser Scheikh und Prediger im Gedächtnis geblieben. Seinem Beispiel eifern jene gottestrunkenen Fedayin nach, die bei ihren Bombenanschlägen oder Überfällen gegen die Zionisten das eigene Leben opfern.«

Wie die Wahl zur Studentenvertretung ausgehen wird? Die Antwort klingt ehrlich. Bislang hatten die Islamisten im »Student Council« von Bir Zeit 26 Sitze von insgesamt 51 für sich verbuchen können. Doch neuerdings ist ein Bündnis zwischen der Fatah-Bewegung und den überwiegend christlichen Progressisten zustande gekommen, so daß die Repräsentanz von Hamas und Dschihad voraussichtlich auf 20 Sitze reduziert wird. Sehr viel günstiger für die »Fundamentalisten« zeichnet sich die Lage an den Universitäten von Hebron, Nablus und sogar Gaza ab. An den technischen Fakultäten bilden die Befürworter des koranischen Gottesstaates ohnehin die stärkste Fraktion. Dr. Thalji widerspricht energisch der im Ausland weitverbreiteten Auffassung, bei den engagierten »Religiösen« handle es sich überwiegend um Analphabeten, Hinterwäldler oder unwissende Fellachen. Genau das Gegenteil sei der Fall. Im Wettstreit um die politische Ausrichtung der Ärzte-, Handels-, Anwalts- und Handwerkskammern lägen die frommen Moslem-Brüder weit vorn. In Ägypten sei das Regime Mubarak zwar repressiv gegen diese demokratisch gewählten Berufsgremien vorgegangen, doch in Jordanien und vor allem in Palästina habe sich die intellektuelle Elite ganz eindeutig und offiziell den koranischen Vorschriften zugewandt. Bei den jüngsten Abstimmungen in der »Chamber of Engineering« in Gaza sind acht von elf Sitzen an Hamas gefallen.

»Der palästinensische Kampf wird unvermeidliche Auswirkungen bei unseren arabischen Brüdern haben«, so lautet die Prognose. Selbst ein so kompromißbereiter, ja zur Beschwichtigung neigender »Alim«

wie Scheikh Tantawi, Rektor der berühmten Universität El Azhar in Kairo, habe endlich einsehen müssen, daß die »rote Linie« der Zugeständnisse überschritten wurde. In Jordanien verfüge zwar König Hussein, gestützt auf seine haschemitische Würde und als Angehöriger des »Ahl-el-Beit«, über Prestige und Charisma. Doch die Mehrzahl seiner Untertanen seien nun einmal Palästinenser. »Hussein ist ein Vasall Israels geworden«, so hört man allgemein; sein Bruder und Thronfolger Prinz Hassan wird vom Volk abgelehnt. In Ägypten habe sich bei den Massen so viel Frustration angehäuft, daß Mubarak nunmehr seinen bedingungslos pro-amerikanischen Kurs korrigieren müsse. Schließlich wird Hafez-el-Assad von Syrien sich hüten, allzu eilig ein Auskommen mit Israel zu suchen. Den Golan erhalte er eines Tages ohnehin zurück. Der Staatschef von Damaskus sei sich bewußt, daß er in diesem levantinischen Intrigenspiel nur so lange ein unentbehrlicher Partner bleibt, wie er dem US-Diktat widersteht und sich nicht als Werkzeug der von Washington angestrebten »Neuen Ordnung« mißbrauchen läßt.

Wie es denn um diese vielgepriesene Normalisierung im gesamten Nahen Osten bestellt sei, erkundige ich mich erneut. Die Architekturprofessoren winken mich zu einem Fenster, das sich auf die immer noch wogende Kundgebung der Studenten öffnet. Der kalte Wind scheint ihnen nichts auszumachen. Die weiblichen Hidschab-Trägerinnen haben sich eben zu einem gellenden Chor formiert. Sie skandieren den Text eines grünen Transparents, das sie hoch über ihre Köpfe halten. Es ist mit dem Vers 36 der Sure 47 beschriftet: »O Ihr Gläubigen! ermattet nicht und bittet nicht um Frieden, wenn Ihr stärker seid, denn Allah ist auf Eurer Seite.«

*

An dieser Stelle muß ich an einen warmen Juni-Tag des Jahres 1993 denken. Wie drastisch hat sich doch die Stimmung an der Universität Bir Zeit seit jenem Ausflug verändert, den mir die christliche Araberin Manal unter Umgehung der erforderlichen Sondererlaubnis und der israelischen »Road-Blocks« seinerzeit arrangiert hatte. Manal war mir von dem ARD-Kollegen Friedrich Schreiber empfohlen worden. Sie arbeitete eng mit dem Orient House zusammen. Das schöne Mädchen benutzte pausenlos ihr Handy. Das lange Haar fiel ihr rabenschwarz auf die Schultern, und sie war – wie manche ihrer semitischen Schwestern des Libanon – mit klugen Samtaugen und goldener Haut gesegnet. Die junge Palästinenserin hatte nach einem längeren Aufenthalt in Deutschland auch in Bir Zeit studiert. Da öffneten sich die Türen von selbst. Ich will im Wortlaut wiedergeben, was ich im Sommer 1993 zu Papier brachte. Krasser läßt sich der seitdem eingetretene Wandel nicht darstellen:

»Auf dem Campus von Bir Zeit ging es sehr laizistisch, westlich, fast amerikanisch zu. Kaum eine der Studentinnen trug ein Kopftuch, geschweige denn den Tschador. Die jungen Männer – in Jeans und T-Shirt – plauderten ungezwungen mit ihren Kommilitoninnen. Bir Zeit galt immer noch als eine progressistische, links-liberale Universität und hatte den Ruf marxistischer Orientierung erst nach dem sowjetischen Zusammenbruch abgestreift. Vielleicht lag das daran, daß sich viele arabische Christen unter den angehenden Akademikern befanden.

»Noch erstaunter war ich, als mich Manal mit ihren Professoren bekannt machte. Der Vize-Präsident N. war ein grauhaariger, massiver Mann fortgeschrittenen Alters. Er hatte wohl an der Sorbonne studiert und drückte sich in vorzüglichem Französisch aus. Aus seiner antifundamentalistischen Grundeinstellung machte er überhaupt kein Hehl. ›Meine Frau ist Ägypterin‹, sagte er, ›deshalb weiß ich, was sich im Niltal zusammenbraut. Wir wären doch Narren, wenn wir die fanatischen Massen gewähren ließen. Mubarak macht es richtig und vermeidet den Fehler der Algerier. Erst zerschlägt er die Strukturen und Organisationsansätze der Islamisten mit eiserner Faust, und dann kann er es sich leisten, ein wenig Demokratisierung zu riskieren.‹ Auf eine so freimütige, fast zynische Aussage war ich nicht gefaßt gewesen. Aber es sollte noch besser kommen.

»Ein etwa vierzigjähriger lebhafter Dozent hatte sich zu uns gesellt und sprach mich in fast akzentfreiem Deutsch an. Dr. J. lehrte islamische Geschichte in Bir Zeit. Der Historiker hatte sieben Jahre in Tübingen verbracht und war offenbar in den Sog der dort vorherrschenden Links-Liberalität geraten. Daß sich eine solch militant-aufklärerische Attitüde – mit einem Schuß schwäbischem Pietismus und modischer Friedensbewegtheit durchsetzt – schlecht mit den strengen Vorschriften des Koran vereinbaren ließ, schien Dr. J. in keiner Weise zu stören. Auf meine Frage nach aktiver islamischer Rückbesinnung in seiner Umgebung antwortete er mit schallendem Gelächter. ›Wenn an meiner Fakultät eines Tages das Tragen des Tschador, die weibliche Verschleierung überhand nimmt, dann habe ich meine Koffer schon gepackt; dann berufe ich mich darauf, daß ich auch in Tübingen zu Hause und ein rechter Schwabe bin.‹ Einen erstaunlichen Experten hatte man in Bir Zeit berufen, um ausgerechnet über die ehrwürdige Geschichte des Islam zu dozieren. Fast schien es, als ginge der Geist Salman Rushdies um.

»Die arabisch-israelischen Verhandlungen über die besetzten Gebiete beurteilte der joviale J. mit überschäumendem Optimismus. Man stehe doch ganz nahe vor der Einigung. Die Juden seien langsam dabei, sich zu orientalisieren, die Araber ließen sich von westlichem Gedankengut durchdringen, kurzum: Der Kompromiß sei auf dem besten Wege. Daß gerade die sephardischen, die orientalischen Juden zu den Verfechtern des härtesten Kurses gegenüber den Muselmanen zählten, war unserem fröhlichen ›Tübinger‹ offenbar entgangen. Die revisionistischen Ansprüche, die von palästinensischer Seite auch im Hinblick auf Haifa, Jaffa oder Nazareth im angestammten israelischen Staatsgebiet hartnäckig vorgetragen und allenfalls in offiziellen Gesprächen ausgeklammert wurden, schob er augenzwinkernd beiseite. ›Wir wollen uns doch nichts vormachen. Die Forderungen auf alt-palästinensisches Territorium sind für die neue Generation irrelevant. Vergleichen Sie das mit den Sonntagsreden der Ostdeutschen Landsmannschaften, wenn sie von der Rückgewinnung Ostpreußens oder Schlesiens schwärmen.‹ Für Jerusalem redete sich der unverdrossene Dr. J. auf ein internationales Statut heraus, mit dem alle Beteiligten sich zufriedengeben sollten.

»Ich muß gestehen, daß mich die beiden Begegnungen verwirrt hatten. Sollte es denn sein, daß meine Erkenntnisse, die ja die Frucht intensiver Erfahrung und hautnaher Erlebnisse waren, in dem sozialistisch-säkularen Rahmen von Bir Zeit ad absurdum geführt wurden?«

Mit dieser Frage endet mein Zitat der damaligen Tagebuchnotiz. Was wohl aus dem Pseudo-Schwaben aus Tübingen geworden ist? Hat er seine Ankündigung wahr gemacht und ist nach Deutschland abgereist, als sich die Hörsäle mit verschleierten Studentinnen füllten? Oder hat er sich dem neuen national-religiösen Trend angepaßt? Es gehörte schon ein solides Maß an Ignoranz dazu, die palästinensischen Flüchtlinge mit den deutschen Heimatvertriebenen zu vergleichen. Welcher Nachkomme der ausgesiedelten Schlesier oder Pommern steht denn an den Oderbrücken Tag für Tag Schlange, erbettelt dort die Gunst polnischer Polizisten, um auf dem Boden der eigenen Väter als Handlanger oder Tagelöhner für einen bescheidenen Lebensunterhalt zu schuften? Ich habe gar nicht erst nach meinen Gesprächspartnern von einst gesucht, sondern setze – wie im Sommer 1993 – die Fahrt nach Nablus fort, das die Zionisten »Schechem« nennen, um die römisch-hellenistische Namensgebung »Flavia Neapolis« zu verwischen.

Die Hügellandschaft von Samaria beeindruckt durch biblische Kargheit. Die arabischen Dörfer mit ihren Olivenhainen liegen im Tal. Auf den steinigen Höhen haben sich beiderseits der breiten Asphaltbänder jüdische Kolonisten in befestigten Lagern verschanzt. Über den roten Ziegeldächern, die in diese Gegend nicht passen wollen, weht demonstrativ der blaue David-Stern. Der jüdische Staat hatte – schon bei Anlage der sogenannten Allon-Linie – nach strategischen Gesichtspunkten jene Hügelkuppen konfisziert, die traditionell als »Land des Sultans« galten. Ich habe mir neuerdings angewöhnt, als Reiseführer durch das Heilige Land das Alte Testament zur Hand zu nehmen, und dort fällt mir eine Passage aus dem zweiten Teil der Chronik auf, die den Zustand der zwölf Stämme nach dem Zerfall des Salomonischen Reiches schildert: »Da sprach er: Ich sah ganz Israel zerstreut auf den Bergen wie Schafe, die keine Hirten haben. Und der Herr sprach: Diese haben keinen Herrn. Ein jeder kehre wieder heim mit Frieden.« – Ein einheitlich von Hebräern bevölkertes Gebiet ist Samaria wohl zu keiner Epoche gewesen. Die ganze Gegend war ein Mosaik von Rassen, die auf engstem Raum kohabitierten: Kanaaniter, Amalekiter, Moabiter, Amoriter, Jebusiter und wie sie alle genannt wurden. Zur Zeit Jesu, davon berichten die Evangelien, blickten die glaubensstrengen Pharisäer mit Verachtung auf jene ihnen verwandten Samariter herab, die zwar weiterhin der mosaischen Lehre anhingen, aber mehr und mehr vom Geist des Heidentums durchdrungen wurden.

Nadir macht mich auf die Verbindungsstraßen aufmerksam, die von Bulldozern und Ausschachtungskränen in den Fels getrieben werden. »Sie zerstückeln das wenige, was uns von unserem Land bleibt«, kommentiert der Fahrer. Inzwischen habe ich erfahren, daß seine in Alt-Jerusalem ansässige Familie in ständiger Sorge lebt, wenn einer ihrer Angehörigen auch nur für kurze Zeit nach Jordanien oder nach Europa ausreist. Oft werde ihnen die Rückkehr nach El Quds verweigert. »Die Judaisierung meiner Geburtsstadt ist in vollem Gange«, beklagt sich Nadir.

Wieder ein Road-Block. Schikanös geht es dabei nicht zu. Für die israelischen Soldaten sind diese Prüfungen zur Routine geworden und für die Palästinenser, so scheint mir, ebenfalls. Die beiden »Friedenspartner« behandeln einander extrem unpersönlich. Man nimmt möglichst keine Notiz voneinander. Aus irgendeinem Grunde werden wir in eine Warteschlange eingewiesen, und ich nutze die Gelegenheit, das Schriftstück durchzublättern, das mir die hübsche christliche Studentin von Bir Zeit zugesteckt hat. Später sollte ich diese Aussagen des arabischen Philosophen Azmi Bishara Wort für Wort in »Le Monde« wiederfinden. Um es gleich vorwegzunehmen: Auch Azmi Bishara ist palästinensischer Christ. Da er 1956 in Nazareth geboren ist, besitzt er die israelische Staatsangehörigkeit und ist seit 1996 einer der elf arabischen Abgeordneten der Knesset, die sich als Mehrheitsbeschaffer für Rabin und Peres bei der Abstimmung über das Oslo-Abkommen bewährten. Bishara hat an der Hebräischen Universität von Jerusalem und an der Humboldt Universität in Ost-Berlin zur Zeit der DDR studiert. Er war bestimmt engagierter Marxist, ehe er sich einer »fortschrittlich-liberalen« Gruppe anschloß. Was er über Israel und die Palästinenser äußert, klingt wie eine grausame Entmystifizierung: »Ich weiß nicht, was das Gerede von einer ›palästinensischen Kultur‹ bedeuten soll«, lese ich. »Die palästinensische, die libanesische, die syrische ›Kultur‹ sind Neuschöpfungen, die vor einem Jahrhundert noch gar nicht existierten. Sie resultieren aus der Spaltung der arabischen Welt nach der Aufteilung des Osmanischen Reiches. Wenn man vor siebzig Jahren einen Palästinenser nach seiner nationalen Identität befragt hätte, wäre seine Antwort gewesen: Ich bin Syrer. Die palästinensische Kultur hat sich nach 1918 entwickelt, aber sie war von der arabischen Kultur nicht zu unterscheiden. Vom kulturellen Standpunkt aus fühle ich mich einem Süd-Libanesen näher als einem Palästinenser aus Gaza. Ich behaupte sogar, daß zwischen Nablus und Amman, der Hauptstadt Jordaniens, mehr Gemeinsamkeit besteht als zwischen Nablus und Gaza. Es gibt nicht mal eine palästinensische Dichtung. Mahmud Darwish, einer unserer bedeutendsten Autoren, ist ein arabischer Poet.«

Über die israelischen Intellektuellen macht sich Azmi Bishara keine Illusionen: »Die Schwäche der israelischen Intellektuellen besteht darin, daß sie den Frieden um des Friedens willen wollen, eine Form von ›l'art pour l'art‹. Die angeblichen Linken bleiben zutiefst zionistisch. Diese Progressisten geben sich nicht damit zufrieden, daß die Juden einen Staat besitzen, sie wollen aus Israel zunächst einen durch und durch jüdischen Staat machen; die Demokratie kommt erst an zweiter Stelle. Ich warte immer noch darauf, daß Juden, die sich als Linke betrachten, sich ehrlich für die Demokratie engagieren, für die Gleichheit auch ihrer arabischen Mitbürger und für den Bi-Nationalismus.« Über den Holocaust heißt es: »Da wir Palästinenser selber Opfer sind, weigern wir uns, den Juden den Status von Opfern zuzuerkennen. Damit würden die Aktionen und Unterdrückungen gerechtfertigt, die gegen uns im Namen des Staates Israel begangen werden.« Das Urteil dieses »fortschrittlichen« Arabers über Oslo ist vernichtend: »Der Frieden ist kein Zweck um seiner selbst willen. Vor allem wollen wir frei sein, aber seit dem Abkommen von Oslo hat sich der Zustand unserer täglichen Existenz generell verschlechtert. Das Lebensniveau, die Wirtschaftsbedingungen, die Bewegungsfreiheit, die Gründung jüdischer Siedlungen, die Menschenrechte – alles hat sich negativ verändert, ist noch schlimmer geworden. Wir erleiden nun gleichzeitig die israelische Besetzung und die Despotie der palästinensischen Autorität, die ihrerseits den Pressionen der Israeli und der Amerikaner ausgesetzt ist. Die neuen palästinensischen Behörden respektieren weder unsere Meinungsfreiheit noch unsere Bürgerrechte. Jeder kann nach Belieben verhaftet und gefoltert werden. Die Leute von Gaza reden die arabischen Polizisten mit ›Sidi‹ an, mit ›mein Herr‹, wozu sie sich im Gespräch mit den israelischen Polizisten nie bereit gefunden hatten ... Man kann doch keine internationale Glaubwürdigkeit erlangen oder die Palästinenser gegen Israel mobilisieren, wenn man selbst korrupt und zur Demokratie unfähig ist. Arafat war der große Verlierer von Oslo, und er hat sich damit abgefunden ...«

*

Vielleicht liegt es am unfreundlichen Wetter, aber ich kann der Stadt Nablus heute keinen Reiz abgewinnen. Sie erstreckt sich deprimierend unter dem grauen Himmel. Etwa 70 000 Menschen sollen in diesem langgezogenen Kessel zwischen den Bergen Gerizim und Ebal leben. Die quadratischen Häuser erklettern die bräunlichen Höhen. Die Moscheen haben sich vervielfältigt, aber sie kopieren meist die einfallslosen syrischen Vorlagen. Die Briten haben im Zentrum einen gewaltigen Block hinterlassen, der ihnen zur Mandatszeit als Festung, Kaserne und Gefängnis diente. Die Palestinian National Authority hat das Gebäude übernommen. Seine Funktion bleibt die gleiche. Ein riesiges Arafat-Porträt thront über dem Portal des einschüchternden

Bollwerks. Mit Nadir haben wir uns ein bescheidenes arabisches Restaurant ausgesucht, essen Humus und Schischkebab. Dazu trinken wir Pepsi-Cola. Öffentlicher Alkoholgenuß käme nicht in Frage in dieser Hochburg islamischer Strenge, wo praktisch alle Frauen verhüllt gehen. Die Sprechchöre einer Kundgebung lassen uns aufhorchen. Ein Dutzend gelber Minibusse hat die Demonstranten – meist Frauen und Kinder – herangekarrt, und nun protestieren sie gegen zusätzliche israelische Landnahme. Eine kleine Rotte von Fußgängern hat sich ihnen zugesellt. Die Arafat-Polizei in Tarnanzügen sorgt dafür, daß es nicht zu politischen Entgleisungen kommt.

Nablus ist das eigentliche Kernstück jener A-Zone, die der ausschließlich arabischen Kontrolle überlassen wurde. Doch hier kommt kein Übermut, geschweige denn nationale Begeisterung auf. Die Atmosphäre von Hoffnung und Zuversicht, die ich trotz allem Elend in Gaza feststellen konnte, findet in diesen Enklaven der West-Bank keinen Nährboden. Dafür ist man zu eng zwischen die israelischen Sperren eingezwängt, und die PLO-Polizei zeichnet sich angeblich durch besondere Willkür aus. Nablus ist – dem Buchstaben des Abkommens von Taba gemäß – frei. In Wirklichkeit ist es von abgründigem Haß erfüllt. »A hotbed for hatred and fanatism«, wie ein britischer Konsulatsbeamter in Jerusalem die Lage beschrieb.

Ich verzichte in Nablus auf den Besuch der Universität »El Nadschah«, über die sich die bleierne Glocke des arabisch-nationalistischen Konformismus gesenkt haben soll, seit die Vertrauensleute Arafats hier jede abweichende Regung unterdrücken. Vermutlich wäre ich nur auf Mißtrauen gestoßen. Ich hatte diese Hochschule aus dem Juni 1993 in ganz anderer Erinnerung. Damals befand Nadschah sich in einem Zustand quasi-revolutionärer Gärung. Auch in Nablus sollen meine damaligen Aufzeichnungen als Dokument der Veränderungen und der verlorenen Illusionen dienen. Es lohnt sich, diesen Augenzeugenbericht ohne jede Veränderung nachzulesen:

»Ohne Umstände sind wir durch ein offenes Gitter in den weiten Innenhof der ›Dschami'a-el-Nadschah‹ eingedrungen. Von Bir Zeit schienen wir unendlich weit entfernt zu sein. Die Studentinnen trugen zumindest die Haare bedeckt, und viele hatten sich in den ›islamic dress‹ nach Teheraner Vorschrift gehüllt. Eine beachtliche Zahl junger Männer ließ sich den Bart wachsen und gab sich durch ihr gravitätisches Verhalten als Islamisten zu erkennen. Es herrschte eine gewisse Unruhe auf dem eingezäunten Areal von Nadschah.

»Vier Jahre lang waren die arabischen Universitäten Palästinas geschlossen gewesen, um die dort herrschende Agitation einzudämmen. Nach der Wiedereröffnung taten sich die Professoren mit der Ausarbeitung des Lehrplanes schwer, denn zunächst fanden Wahlen für eine neue Studentenvertretung statt. Die diversen Tendenzen – die einen sympathisierten mit der PLO, die anderen mit Hamas – hatten Werbezelte aufgeschlagen. Das Zentralgebäude von Nadschah war von einem riesigen Plakat in den schwarz-grün-weiß-roten Farben Palästinas beherrscht. ›Qutlat-el-islamiya‹ – Islamischer Block – stand da in großen Lettern zu lesen. Die frommen Eiferer der Hochschule hatten sich – wie dem Transparent zu entnehmen war – in einer ›Kampfgruppe‹ zusammengeschlossen, die den Namen des ›Mudschahid Azzedin-el-Qassam‹ trug. Die Fundamentalisten von Nadschah hatten sich diesen ›Schahid‹ als Leitfigur ausgesucht, dessen Wirken auf die Zeit des okkupierten, aber ungeteilten Palästina zurückging. Sie gaben damit den kompromißlosen Willen kund, ihre ganze Heimat den Zionisten abzuringen. Was Manal mir nicht sagte, war die wirkliche Sensation: Vom israelischen Geheimdienst Shin Beth wurde das ›Kommando‹ Azzedin-el-Qassam als der bewaffnete Arm der islamistischen Bewegung Hamas bezeichnet und schon zu jenem Zeitpunkt für eine ganze Serie von Attentaten verantwortlich gemacht. Nach umständlichen Verhandlungen führte uns der für Pressearbeit zuständige Vizerektor in ein kleines Amphitheater. Der Streß des Studienbeginns nach so langer Unterbrechung war dem schmächtigen Intellektuellen anzumerken. Er schickte seine Sekretärin aus, um ein paar Studenten zusammenzutreiben, mit denen ich über Politik sprechen könnte. Den Anteil der Hamas-Anhänger schätzte er in Nadschah auf etwa vierzig Prozent. Die jungen Leute seien weit mehr mit Politik als mit ihrer Fortbildung beschäftigt. Es sei übrigens bezeichnend und für die gesamte fundamentalistische Bewegung weit über Nablus und Palästina hinaus aufschlußreich, daß die Islamisten ihre weitaus stärkste Gefolgschaft in den technischen Fakultäten bei den angehenden Ingenieuren und Managern rekrutierten. Die heranwachsende Elite von Hamas vereinbarte ihre strenge koranische Frömmigkeit mit dem Streben nach Hochtechnologie und Effizienz. Die Philologen und Soziologen hingegen tendierten weiterhin zu den säkularen Thesen der PLO.

»Es ging wohl ziemlich chaotisch zu bei den Akademikern von Nablus. Vor ein paar Tagen hatte der Lehrkörper seine Repräsentanten in geheimer Wahl designiert. Zwei Drittel hatten sich für die Fatah Yassir Arafats, ein Drittel für die Islamisten ausgesprochen. Ähnliche Resultate seien bei den Wahlen zur Handelskammer von Nablus herausgekommen. Die Israeli, die sich einer allgemeinen Volksbefragung bislang konsequent widersetzten, ließen auf eng begrenzter, ständischer Ebene abstimmen, wohl wissend, daß viele arabische Kaufleute und Kleinbürger jedem Fanatismus abhold waren.

»Der Vizerektor beklagte das Fehlen ausreichender Finanzmittel. Seit die Palästinenser Saddam Hussein zugejubelt hatten, war der saudische und der kuweitische Geldhahn zugedreht worden. Die Lage sei undurchsichtig auf der ganzen West-Bank. Die Intellektuellen von Nablus, wo die alten Feudalfamilien der Masri und Turkan viel von ihrem früheren Einfluß eingebüßt hatten, wußten ja gar nicht, welches die tatsächliche Stimmung in den weitverstreuten Dörfern war. Dort entscheide sich die Zukunft und dort verliere die PLO eine Position nach der anderen.

»Drei Studenten hatten sich schließlich zu einem kurzen Gespräch bereit gefunden. Zwei von ihnen gaben sich locker und mitteilsam. Der dritte, ein bärtiger Hüne, verharrte in mißtrauischer Distanz. Zu viele israelische Agenten waren in den besetzten Gebieten als angebliche Journalisten aufgetreten. Insgesamt war die Unterhaltung recht unergiebig. Die Autonomie-Pläne wurden nach bekanntem Muster hin- und hergewälzt. Jedes eventuelle Abkommen mit den Israeli könne lediglich als Provisorium akzeptiert werden. Die Selbstverwaltung auf dem Westufer des Jordans und in Gaza müsse so schnell wie möglich die Form einer vollen staatlichen Unabhängigkeit annehmen. Der arabisch-islamische Charakter Jerusalems lag außerhalb jeder Diskussion. In Yassir Arafat sahen die jungen Leute nur noch eine Symbolfigur; das Prestige des alten Kämpfers hatte wohl auch darunter gelitten, daß er – der bislang die Sache der palästinensischen Freiheit als seine einzige Braut gelten ließ – vor kurzem eine christliche Araberin geheiratet hatte. Eines stand für mich nach diesem Besuch im alten Samaria fest: Die Wirklichkeit Palästinas spiegelte sich im Sommer 1993 nicht in den krampfhaft optimistischen Sprüchen von Bir Zeit, sondern in den strengen, abweisenden Mienen von El Nadschah.«

*

Nadir fragt, ob ich ihn für einen kurzen Verwandtenbesuch beurlaube. Das ist mir nur recht. Ich habe ein relativ malerisches Kaffeehaus entdeckt, das freien Blick auf die El-Kebir-Moschee erlaubt. Dort suche ich mir eine beschauliche Ecke. Am Nebentisch sitzen drei alte Araber und saugen schweigend an ihren Wasserpfeifen. Solche entspannenden Pausen eignen sich für die Niederschrift der jüngsten Reise-Impressionen. Ich mache mich also an die lästige, aber unentbehrliche Arbeit. Aus dem Neuen Testament ist den Christen die Stadt Nablus unter dem Namen Sichem überliefert. Die Israeli hingegen halten, wie gesagt, an der Bezeichnung »Schechem« fest. Und schon sind wir wieder bei dem Urvater Abraham, aus dessen Schatten man sich in diesem Land wohl nirgendwo lösen kann. Im Ersten Buch Mose entdecke ich im Kapitel zwölf die Verse sechs bis sieben: »Und Abraham durchzog das Land bis an die Stätte bei Sichem, bis zur Eiche More; es wohnten aber zu der Zeit die Kanaaniter im Lande. Da erschien der Herr dem Abraham und sprach: Deinen Nachkommen will ich dieses Land geben. Und er baute dort einen Altar dem Herrn, der ihm erschienen war.« Zwischen Hebron und Nablus entscheidet sich wohl das Schicksal Israels. Dort wird die Nagelprobe gemacht auf die verführerische Formel »Land für Frieden«. Um Bodenbesitz und Weiderechte ging es schon zu grauen Vorzeiten zwischen dem mesopotamischen Nomaden Abraham auf der einen, den Hethitern in Kiryat Arba und den Kanaanitern in Sichem auf der anderen Seite.

Vor drei Tagen hatte ich im wuchtigen Gebäudekomplex »Notre Dame de Jérusalem«, einer vatikanischen Enklave mit Refektorium und Unterkünften für durchreisende Geistliche, ein langes Gespräch über das strittige Thema »land for peace« geführt. Ich war auf drei französische Jesuiten gestoßen, die an der Université Saint-Joseph in Beirut unterrichteten und an Ostern zur Grabeskirche gepilgert waren. Als ich erwähnte, daß ich in den fünfziger Jahren dem savoyischen Pater d'Alverny S.J. im libanesischen Bikfaya meine ersten Koran-Kenntnisse verdankte, wurde ich als willkommenes Mitglied dieser abendlichen Runde akzeptiert. Ein junger Dominikaner aus Kairo, Père Julien, hatte sich uns zugesellt. Auch dessen Backstein-Kloster am »Meidan el Geisch«, wo die Patres des »ordo praedicatorum« es an Koran- und Hadith-Wissen mit den Ulama der islamischen Universität El Azhar aufnehmen konnten, war mir wohlbekannt.

Es kann sehr ungezwungen und heiter zugehen unter katholischen Ordensleuten. Die ständige Beschäftigung mit metaphysischen Grundfragen, das Wissen um die Unvollkommenheit der menschlichen Natur, aber auch die Abwesenheit akuter materieller Sorgen erzeugen bei ihnen oft einen Zustand der Gelöstheit und Distanzierung, den sich die zeitkonformen Agnostiker kaum vorstellen können. Zudem übte der Rotwein des Hermon, der von den geistlichen Herren an diesem Abend in reichlicher Menge genossen wurde, eine Art Pfingststimmung aus. »Sie sind voll süßen Weines«, hieß es doch seinerzeit von den Jüngern Jesu, als der Heilige Geist auf sie niederging. Die Repräsentanten Roms im Heiligen Land geben zwar weiterhin der Internationalisierung Jerusalems den Vorzug vor allen anderen Lösungen. Aber die Beziehungen des Vatikans zu den Zionisten, die anfangs extrem angespannt waren, haben sich entkrampft, seit Papst Johannes XXIII. die Repräsentanten des Ober-Rabbinats mit den Worten empfing: »Ich bin Joseph, Euer jüngster Bruder.« Den Muslimen gegenüber hatten die katholischen Theologen ebenfalls eine versöhnliche Linie eingeschlagen. Die Passage des belgischen Jesuiten-Paters Lammens, der in seiner ansonsten exzellenten Islam-Studie behauptete, der Prophet Mohammed sei »an sexueller Erschöpfung gestorben«, würde wohl heute nicht mehr das »Nihil obstat« seiner Ordens-Oberen erhalten.

Ich will die Diskussion von Notre Dame nicht im Detail wiedergeben. Es hatte sich ein Kreis theologischer Exegeten gefunden, die den semitischen Streit um das Erbe Abrahams mit Sachkenntnis und ohne die Scheuklappen der »political correctness« zu deuten vermochten. Einige ihrer Grundthesen seien hier aufgeführt: »Land für Frieden«, diese von den Medien hochgepriesene Zauberformel trug doch von Anfang an den Stempel amtlicher Heuchelei. Die israelischen Unterhändler waren viel zu kluge Leute, als daß sie einer so groben Selbsttäuschung erliegen konnten. Beim Landbesitz handelte es sich um etwas Konkretes und Greifbares. »Frieden« hingegen, das war eine Wunschvorstellung, ein Traum – um es kraß zu sagen –, eine Utopie. Der Dominikaner aus Kairo zitierte die Definition der Pax, wie sie der eminenteste Theologe seines Hauses, Thomas von Aquin, formuliert hatte: »tranquillitas in ordine«. Um welche rundum akzeptierte »Ordo« konnte es sich hier handeln? Ganz bestimmt nicht um jene von George Bush verheißene »new peace order«, die schon in den Sümpfen des Schatt-el-Arab untergegangen war. Von »tranquillitas«, einem Zustand der Ruhe oder Stabilität, konnte in dieser Weltgegend ganz und gar nicht die Rede sein.

Das Land Kanaan, unentbehrliche Durchgangszone aller imperialen Expansionen, ob sie nun aus dem Niltal, aus Anatolien, aus dem irakischen Zweistromland oder vom Mittelmeer her in Jahrtausenden vorgetragen wurden, war doch ein ewiges Schlachtfeld gewesen und am Ende der Zeiten zur Arena des Zusammenpralls von Armageddon prädestiniert. Der Krieg war seit Urbeginn das Fatum des schmalen Streifens zwischen Meer und Wüste. Die Erfahrung lehrt andererseits, daß der Mensch am eindringlichsten, am leidenschaftlichsten von dem spricht und kündet, was sich seinem Zugriff entzieht, was er am schmerzlichsten entbehrt. In selbige Perspektive fügt sich auch der Chor der Engel von Bethlehem ein, der den verschüchterten Hirten die frohe Nachricht überbrachte: »Ehre sei Gott in der Höhe und Friede den Menschen auf Erden, die guten Willens sind.« Die Jesuiten aus Beirut waren sich der mangelnden Erfüllung dieses Versprechens voll bewußt. Das müsse wohl daran gelegen haben, meinte der junge Pater Arnauld scherzend, daß die zwei wesentlichen Prämissen der Verheißung nicht eingehalten wurden: Entweder hätten die Menschen es an der »bona voluntas« fehlen lassen, oder sie hätten dem »Deo in excelsis« nicht den gebührenden Ruhm, die ihm zustehende »gloria« gezollt.

Das Judentum seinerseits, man denke nur an die Visionen des Propheten Jesaja, war ja schon viel früher besessen gewesen von der Vorstellung himmlischer Harmonie. Hatte nicht Moshe Dayan, die eindrucksvollste Verkörperung des neuen kriegerischen Israel, bei Erreichen der Klagemauer zu Füßen des Tempels einen Votiv-Zettel zwischen die herodianischen Steinquader geschoben, auf dem nur ein Wort stand: »Schalom!« Und wie stand es um den »Islam«, dessen Etymologie sich von der gleichen arabischen Wurzel ableiten läßt wie die Worte »silm, salm oder salam«, und alle drei bedeuten »Frieden«. In dieser Runde erübrigte sich die Erwähnung, daß die Segensformel »el salam aleikum«, dieser Friedensgruß und Friedenswunsch der Muselmanen, sich nur an fromme Koranglӓubige richten sollte, den Ungläubigen hingegen nicht zusteht. Doch wer weiß das schon im Westen?

Der Koran mag den Jüngern des Propheten Mohammed als das Siegel der Offenbarung gelten. Er mag unantastbar und um kein Jota veränderbar sein, weil sich darin die ewige Weisheit, das »ungeschaffene Wort Gottes« manifestiert. Doch ein Handbuch der Völkerversöhnung ist der Koran mitnichten. Natürlich wandte man sich an diesem Abend vor allem der Sure 9 zu, »el tauba« oder »die Reue« genannt, wo der Aufruf zum unerbittlichen Kampf »auf dem Wege Allahs« sich in heiligen Zorn steigert. Die Frage stellt sich heute allen Ernstes, ob die jüdischen Emissäre von Oslo geflissentlich jenen Vers 124 der neunten Sure übersahen, in dem es heißt: »O Ihr Gläubigen, bekämpft bis aufs Blut die Ungläubigen, die in Eurer Nachbarschaft wohnen. Laßt sie Eure ganze Strenge spüren und wisset, daß Allah mit denen ist, die ihn fürchten.« Die Zitatensammlung läßt sich beliebig fortsetzen. »Denen gehört das Paradies, die auf dem Wege Allahs kämpfen, die töten und getötet werden«, lautet es da unter anderem. Man kann den hochgelehrten Islam-Experten des Judenstaates schwerlich unterstellen, daß sie den Sirenenklängen jener schwärmerischen Orientalisten des Westens erlagen, die sich an der »kosmischen Liebe«, an der »mahabba«, an den gnostischen Extravaganzen einiger sunnitischer oder schiitischer Mystiker berauschen.

Ich erzählte den vier Ordensleuten von meinen Auseinandersetzungen mit ein paar deutschen Orientalisten. Häufig war mir vorgeworfen worden, ich würde den Islam dämonisieren und ihn als Gefahr für das Abendland aufbauschen. Bezeichnenderweise wurden diese Unterstellungen meist von Theoretikern vorgetragen, die sich ein extrem liberales Idealbild von der koranischen Lehre fabriziert hatten und schon aufgrund ihrer eigenen agnostischen, oft auch zutiefst pazifistischen Überzeugungen gar nicht in der Lage waren, das Wesen einer ihrer ausschließlichen Richtigkeit bewußten Religion zu begreifen. In streng muslimischen Kreisen hingegen bin ich mit meinen Thesen stets auf breite Zustimmung gestoßen ... Was man in gewissen deutschen Fakultäten oder Instituten den Koran-Gläubigen zuweisen wollte, war nämlich eine Relativierung, eine sträfliche Verharmlosung, eine Rationalisierung der heiligen und unverrückbaren Offenbarung. Der Koran sollte dem säkularen Zeitgeist angepaßt werden, ein auch für nicht-fundamentalistische Muslime unerträglicher Frevel.

Durfte überhaupt ein dauerhafter Friede – in der Bedeutung des arabischen Wortes »silm« oder »salam« – zwischen Muslimen und Juden abgeschlossen werden? Pater Gossard von der Université Saint-Joseph warf ein umstrittenes Koran-Zitat in die Debatte. »Wie kann mit den Gottlosen – Muschrikun – ein Vertrag geschlossen werden vor Gott und vor seinem Propheten?« Stricto sensu waren die »Banu Israil« zwar keine Gottlosen oder Götzenverehrer, wie es in der präzisen Übersetzung des Wortes »Muschrikun« heißt. Sie gehörten – intensiver noch als die Christen – zur »Familie des Buches – Ahl-el-Kitab« –, die, mit der ursprünglich reinen Lehre Abrahams ausgestattet, diese

Uroffenbarung verfälscht hatten. Am Ende der Fatiha – der Eröffnungssure des Korans, so lautet eine Interpretation, werden die Juden bezeichnet als diejenigen, denen Allah zürnt – »maghdub alaihim«, während die Christen als »Irrende – daliyin« – relativ glimpflich davonkommen, und dennoch hatten die Jünger des Nazareners mit ihrem Dogma der Dreifaltigkeit sich viel weiter vom Weg des reinen Monotheismus entfernt und sich – im Gegensatz zum Volk der Thora – dem Vorwurf des »Schirk«, der Spaltung der Einzigkeit Gottes, ausgesetzt.

Im Grunde stehen die muslimischen Fundamentalisten den orthodoxen Juden näher als jenen zionistischen Bürgern Israels, die sich der Frömmigkeit der Väter entfremdeten, die dem Materialismus, dem Hedonismus oder dem »American Way of Life« huldigen und somit in den finsteren Zustand der »Dschahiliya«, der heidnischen Unwissenheit, zurücktreiben, so kamen wir überein. Ähnlich verhält es sich mit jenen abtrünnigen Muslimen, die unentwegt die Worte: »Laizismus«, »Säkularismus«, »politischer Pluralismus«, »Trennung von Staat und Religion« im Munde führen. Nein, für die gottesfürchtigen Juden, soweit sie sich auch in ihrer tribalistischen Anmaßung verirrt haben mochten, galt ein anderes Zitat aus der neunten Sure: »Führe Krieg gegen die Schriftbesitzer« – gemeint sind Juden und Christen –, »bis sie sich unterwerfen und Tribut entrichten – hatta yu'tu el dschiziyata«. Mit Dschiziyah ist die Kopfsteuer gemeint, die den »dhimmi«, den Schutzbefohlenen, jenen »Fremden mit dauernder Aufenthaltsgenehmigung«, auferlegt ist, soweit sie im Dar-ul-Islam mit stark geminderten Rechten geduldet werden. Die Tatsache, daß nunmehr innerhalb der Grenzen Israels von 1967 eine Million Muslime plötzlich – in Verkehrung aller theologischen Begriffe – ihrerseits als eine neue Kategorie von »dhimmi« leben, muß in den Augen der Koran-Gelehrten und ihrer frommen Gemeinde als absolut unerträglicher Zustand gelten.

Bei meinem letzten Besuch in Kairo hatte ich mich mit der wissenschaftlichen Veröffentlichung des jungen deutschen Diplomaten Dietrich Pohl vertraut gemacht, die 1988 in Wien und in New York unter dem Titel »Islam und Friedensvölkerrechtsordnung« erschienen war. Aus dem Gedächtnis zitierte ich die einleuchtendsten Passagen dieses brandaktuellen Sujets. Insbesondere versuchte ich, jenen Auszug wiederzugeben, der sich mit dem maghrebinischen Denker Ibn Khaldun befaßt. Ibn Khaldun hatte im vierzehnten Jahrhundert gelebt und gilt mit seiner Zyklus-Theorie über Machterwerb und Machtverfall im

Dar-ul-Islam als Vater der Soziologie. Im Wortlaut heißt es bei Pohl: »In der Analyse des Heiligen Krieges aus islamischer Sicht bei Ibn Khaldun wird der offensive Charakter und der damit zum Ausdruck kommende Universalismus der Mission als Spezifikum des Islam festgestellt. Die aggressive Qualität dieser Mission wird offen zugegeben und mit den angeblich nur zu defensiven Zwecken geführten religiösen Kriegen anderer Religionsgruppen als der islamischen kontrastiert. Vom orthodoxen Standpunkt aus kann die im Heiligen Krieg ausgedrückte Absolutsetzung des Islam nur rechtens sein ... Der Dschihad hat demnach sowohl missionarischen als auch politischen Charakter. Sowohl die Ausbreitung des Glaubens als auch die Ausbreitung des öffentlichen Gemeinwesens ad infinitum sind Rechtsziel – selbst wenn in der Praxis der totale Krieg ›contra mundum‹ kaum durchführbar ist.«

In dieser Studie, die ich mir im Jahr 1994 bei einer Reportage über die multi-konfessionellen oder meinetwegen multi-ethnischen Zustände in der unabhängigen Republik Mazedonien vorgenommen hatte, geht es vorrangig um die strittige Frage eines eventuellen Friedensschlusses, besser gesagt, eines Waffenstillstandes zwischen Muslimen und Ungläubigen. Schon meine Professoren in Beirut hatten mich auf eine Praxis der Osmanen verwiesen, die sich im Falle vorübergehender eigener Unterlegenheit gegenüber andersgläubigen Feinden der »müdara«, der »Katzenfreundlichkeit«, befleißigten, bis die Kräfteverhältnisse sich wieder zu ihren Gunsten veränderten. Dieses Taktieren der türkischen Kalifen auf dem Balkan sollte heute den Staatslenkern Israels bei ihren Verhandlungen mit den Arabern zu denken geben. Mein Freund Bassam Tibi, der sich als gebürtiger Syrer und bekennender Muslim wegen der Unerschrockenheit und Vorurteilslosigkeit seiner Argumentation aufgrund seines überlegenen Wissens die Feindschaft so mancher professoraler Kollegen, die ihm weit unterlegen sind, zugezogen hat, verweist seinerseits auf die Praxis des »Iham«, der systematischen Irreführung der Feinde Allahs, die sich im Umgang mit den Ungläubigen empfiehlt. Der gläubige Mohammedaner gehorcht durchaus nicht den Wahnvorstellungen fundamentalistischer Extremisten, wenn er den Gedanken eines dauerhaften Friedens mit Ungläubigen – zumal wenn diese einen Teil des früheren Dar-ul-Islam militärisch besetzt halten – weit von sich weist und als »un-islamisch«, ja »gottesfeindlich« verwirft. Beim »historischen Händedruck« im Rosengarten des Weißen Hauses von Washington zwischen

Yassir Arafat und Itzhak Rabin ist bei den meisten Kommentatoren die Illusion aufgekommen, der Frieden im Heiligen Land sei nunmehr in Reichweite. Mitnichten! Der Islam erlaubt lediglich eine temporäre Unterbrechung der Feindseligkeiten, eine »hudna« oder eine »muwada'a«, und zwar – wie Pohl schreibt – »als taktisches Mittel bei politischer Schwäche des Islam-Gebietes, während bei Stärke der Kampf und die Aufkündigung der Übereinkunft zur Pflicht wird.« Wenn wir die unversöhnlichen Begriffe des Dar-ul-Islam – in der wörtlichen Übersetzung: »Haus der Unterwerfung unter den Willen Gottes« einerseits – und des »Dar-ul-Harb – Haus des Krieges« – andererseits konkret auslegen, auf welche Gegend der Welt trifft letztere Definition denn perfekter zu als auf den Staat Israel, der sich wie ein Keil zwischen die Bestandteile der gesamtislamischen Umma zwängt, deren geographische Kontinuität zerreißt und Anspruch auf El Quds erhebt?

In Jerusalem – ich verwunderte mich darüber schon im Sommer 1993 – verbringt man offenbar zu wenig Zeit mit der Lektüre des Korans und dessen Deutung durch die maßgeblichen islamischen Schriftgelehrten. »Der Heilige Krieg wird nicht dauernd aufgehoben«, so beendet der deutsche Diplomat Pohl sein Kapitel, »sondern die Umsetzung der Ausbreitung des Islam in Kampfhandlungen wird befristet unterbrochen ... Vor diesem Hintergrund erweisen sich die Scharia – das koranische Recht – und das moderne Völkerrecht als miteinander grundsätzlich nicht vereinbar.« Mit solcher Schroffheit hätte ich diese Erkenntnis kaum selbst zu formulieren gewagt. Gewiß, man mag einwenden, daß Vertragsbruch und Meineid, wenn es um Krieg und Frieden geht, auch in der christlich-abendländischen Welt von Anfang an zur bedauerlichen Routine von Diplomatie und Strategie gehörten. Mit den Worten »Not kennt kein Gebot« setzte sich der wilhelminische Reichskanzler Bethmann Hollweg über die garantierte Neutralität Belgiens im Ersten Weltkrieg hinweg, um nur dieses Beispiel zu erwähnen. Von den ruchlosen Gottesfeinden Stalin und Hitler soll hier gar nicht erst die Rede sein. Der Unterschied in der islamischen Weltsicht ist dennoch radikal. Die Verwerfung, die Widerrufung eines feierlich unterzeichneten Friedensdokuments, das mit Ungläubigen abgeschlossen wurde, ist – falls es der heiligen Sache dient – nicht nur erlaubt, sie ist eine religiöse Pflicht. Wer unter den muslimischen Politikern das Verzichtsabkommen von Oslo ernst nimmt, sich für die getreue Verwirklichung dieser Konzessionsauflistung an die Zionisten einsetzt, der begeht Verrat an Allah und seinem Propheten. Um sich zu einer solchen Meinung zu bekennen, muß man kein blindwütiger Integrist sein.

»Land gegen Frieden« – eine »Mogelpackung«? Es gelingt mir nicht, diesen dümmlichen Ausdruck, der sich in den Sprach-Schablonen des deutschen Parlaments und der deutschen Medien eingenistet hat, ins Französische zu übersetzen. Eines scheint in dieser klerikalen Versammlung von Notre Dame de Jérusalem sicher: Wenn der Judenstaat in dem Maße Land und Eigenstaatlichkeit an die Araber abgäbe, wie die Palästinenser das fordern oder wie es ihnen in Oslo vorgegaukelt wurde, dann wäre sein Überleben in Frage gestellt. An dieser Realität käme auch der neue dynamische Führer der Arbeiterpartei, General Ehud Barak, nicht vorbei, falls dieser höchstdekorierte Soldat der IDF, der alles andere als ein »appeaser« zu sein scheint, den Abzug aus Judäa und Samaria überhaupt erwägen sollte. Auf der Gegenseite sehen sich die Muslime – damit sind nicht nur die Eiferer von Hamas und Dschihad-el-Islami gemeint – außerstande, einen echten Frieden mit den Zionisten zu schließen. Die förmliche Anerkennung dieses Dar-ul-Harb, gekoppelt mit dem Verlust von El Quds, käme einer Verleugnung all dessen gleich, was ihnen von Allah und dem Koran als heilige Pflicht auferlegt wurde.

Nun wenden die westlichen Meinungsmacher ein, die heutigen Verhältnisse im Nahen Osten könnten doch nicht einer religiösen Gesetzgebung unterworfen werden, die ein seherisch inspirierter Beduine vor eineinhalb Jahrtausenden seinen Jüngern als unverrückbares göttliches Gebot vermachte. Doch bei den Hebräern ist der Rückgriff auf fernste Vergangenheit zur Legitimierung ihrer aktuellen Ziele ja noch flagranter. Selbst die laizistischen Zionisten, ganz zu schweigen von der national-religiösen Strömung oder gar den Orthodoxen, sind immer wieder gezwungen, zur Rechtfertigung ihrer Präsenz zwischen Mittelmeer und Jordan auf Verheißungen und Vorschriften zurückzugreifen, die von Moses vor mehr als drei Jahrtausenden erlassen wurden und die sich bei Abraham in der Nacht der Urgeschichte verlieren.

Ich gab eine persönliche Erfahrung bei diversen Vortragsveranstaltungen vor deutschem Publikum zum besten. »Es muß aber doch eine Lösung geben!« war mir immer wieder zugerufen worden, wenn ich den Zustand heilloser Verwirrung und Feindschaft im Heiligen Land beschrieb. Aber solche Einwürfe spiegelten nur die Essenz westlich-aufklärerischen Denkens. Wo steht denn geschrieben, daß es für alles eine Lösung geben soll? Ist der optimistische Rationalismus und Positivismus überhaupt noch zeitgemäß? Ist das Prinzip Hoffnung des jüdischen Philosophen Ernst Bloch nicht eine allzu bequeme Ausflucht aus der tragischen Grundveranlagung der »conditio humana«? Die anwesenden Ordensleute brauchten vom trostlosen Zustand des Saeculums ohnehin nicht erst überzeugt zu werden.

Die Patres erörterten die Folge gravierender Fehler, die Yassir Arafat in den verschiedenen Phasen seines Kampfes begangen hatte: Da war zunächst der mißlungene Palästinenser-Aufstand gegen König Hussein von Jordanien im »Schwarzen September« 1970; es folgte die destruktive Rolle, die die PLO im endlosen libanesischen Bürgerkrieg gespielt hatte; im zweiten Golfkrieg von 1991 hatte Abu Ammar in fataler Fehleinschätzung der Lage für den Verlierer Saddam Hussein Partei ergriffen; schließlich – so meinten die Auguren – hatte er mit dem Abkommen von Oslo, das hinter dem Rücken all seiner Partner und potentiellen Verbündeten ausgekungelt wurde, eine halsbrecherische Gratwanderung unternommen. Er hatte den einsamen Dialog mit Israel akzeptiert und sich auf ein Verhandlungsduell mit den Zionisten eingelassen, dem er schwerlich gewachsen war. »Aber wie anders hätte Arafat sich in diesen Krisen denn verhalten können?« fragte der Dominikaner aus Kairo; »diesem listenreichen und auch mutigen Überlebenskünstler blieb doch nie eine andere Wahl.«

Père Le Kernac, ein älterer Bretone mit kantigem Schädel, der lange geschwiegen hatte und unter den Jesuiten von Saint-Joseph wohl die Autoritätsperson war, zog nun das Gespräch an sich. Er beklagte, daß Europa und die gesamte Christenheit im Orient nur noch als ohnmächtige Zuschauer aufträten. Sogar Amerika, das seine »shuttle diplomacy« bis auf weiteres unterbrochen hatte, sei sich offenbar bewußt geworden, in welch fatales Labyrinth es sich zu verirren drohte. »Wir reden in Frankreich neuerdings von unserer ›civilisation judéo-chrétienne‹, und Jacques Chirac führt diesen Ausdruck besonders gern im Mund«, grübelte der Bretone; »aber wie läßt sich im Rückblick erklären, daß wir einen Juden als Sohn Gottes anbeten und gleichzeitig das Volk, aus dem er hervorgegangen ist, bis Vatikan II im Karfreitagsgebet als ›infideles iudaeos‹ schmähten?« Es entstand eine Pause. Ich verzichtete darauf, einen jüdischen Witz zum besten zu geben, den mir Ignatz Bubis, der Vorsitzende des Zentralrates der Juden in Deutschland, einmal in Köln erzählt hatte. »Woran erkennt man, daß Jesus ein typischer Jude war?« hatte Bubis gefragt. »An drei Umständen: Er hat bis zum Alter von dreißig Jahren bei seinen Eltern gewohnt; er hat den Beruf seines Vaters ergriffen, und – er wurde von seiner Mutter wie ein Gott verehrt.«

»Ich bin gewiß kein Mystiker«, fuhr Pater Le Kernac fort. »Ekstatische Flausen sind unter der strengen Zucht Loyolas bei uns verpönt, und« – zu dem Dominikaner gewandt – »eure thomistische Scholastik ist so sehr von der Philosophie und Methodik des Aristoteles durchdrungen, daß sie gegen gnostische Verzückung immun sein sollte. Aber wenn ich mich in unserer angeblich postmodernen Welt umsehe – das hat mit dem Nahen des Jahres zweitausend nichts zu tun –, kommt gelegentlich Endzeitstimmung auf. Da wird das göttliche Lamm der Apokalypse durch das genetisch manipulierte Schaf Dolly ersetzt. Seit der Mensch – in seiner Vermessenheit – das Klonen von seinesgleichen in Erwägung zieht, begibt er sich des Anspruchs, ›Ebenbild Gottes‹ zu sein. Seltsame Zeiten kommen auf uns zu, wenn die Kinder Israel von der Geburt des ›Roten Kalbes‹ raunen und die strengen Rabbis das auserwählte Volk mit Fluch belegen, weil es durch seine Sündhaftigkeit, durch seine Abkehr vom Gott der Väter die Niederkunft des Messias hinauszögert. Gab es nicht früher bei uns Katholiken die törichte Legende, das Ende der Welt sei nahe, sobald die Juden ihren eigenen Staat gründen würden? – Ich mag Ihnen wie ein reaktionärer Narr erscheinen, aber ich trauere der Zeit der Gewißheiten nach, als wir im abendlichen Completorium noch beteten: Fratres, sobrii estote et vigilate ... Brüder, seid nüchtern und wachsam, denn Euer Gegner der Teufel geht wie ein brüllender Löwe umher und sucht, wen er verschlingen kann. Widersteht ihm in der Stärke des Glaubens – fortes in fide.« Der Jesuit erhob sich und gab das Signal zum Aufbruch. Dabei bekreuzigte er sich und zitierte die Jünger von Emmaus: »Seigneur, restez avec nous ... Herr, bleibe bei uns, denn es will Abend werden.«

*

Nadir hat mich aus einem kurzen Mittagsschlummer im Caféhaus von Nablus aufgeweckt. Der Palästinenser wirkt sorgenvoll. Bei seinen Angehörigen hat er erfahren, daß deren Rückkehr in die Altstadt von Jerusalem von den israelischen Munizipal-Behörden abgelehnt wurde. Wir verlassen die Stadt Schechem in westlicher Richtung. Ich halte Ausschau nach den Seifefabriken, die zu ihren wichtigsten Einnahmequellen zählen. Bei der Ausfahrt fallen mir Steinbrüche und

Treibhäuser auf. Bei der alten samaritisch-jüdischen Gemeinde haben wir uns nicht aufgehalten. Wieder steuern wir auf einen Checkpoint zwischen Zone A und Zone C zu. Wie hieß es doch in Berlin vor der Wende: »Sie verlassen den amerikanischen Sektor.«

Die Entfernungen sind winzig auf der West-Bank. Nur dreißig Kilometer hervorragend ausgebauter Straße trennen uns vom nächsten Ziel, der Ortschaft Qalqiliya, die ebenfalls durch die Abmachung von Taba der ausschließlichen Autorität der Palästinenser unterstellt wurde. Die kargen Höhen Samarias liegen hinter uns. In dem Maße, wie die Küstenebene uns aufnimmt, verdichten sich die Siedlungen, mehrt sich die Zahl der Kibbutzim und Moshavim. Orangenhaine und Plantagen umringen uns mit dunklem Grün. Warum ich Qalqiliya als Bestimmungsort gewählt habe? Diese arabische Stadt liegt im extrem nach Westen, in Richtung Küste vorgeschobenen Erker des Autonomie-Territoriums. Zwar ist sie ringsum von der israelisch kontrollierten C-Zone eingeschnürt, aber sollte es eines Tages zu einem zusammenhängenden Palästinenser-Staat kommen, dann wären an dieser Stelle die Feinde des jüdischen Staates nur ein Dutzend Kilometer vom Mittelmeer entfernt. Im Herzland des modernen Israel bildet Qalqiliya – gemeinsam mit der ebenfalls Arafats Verwaltung zugesprochenen Ortschaft Tulkarem zehn Kilometer weiter nördlich – die Speerspitze einer potentiellen arabischen Reconquista. Von Qalqiliya aus könnte man auch mit tragbaren Granatwerfern die Villenviertel von Herzlia, ja die Außenbezirke von Tel Aviv unter Beschuß nehmen. Dieser Schlauch, dieses Nadelöhr alt-jüdischen Staatsgebietes eignet sich perfekt für den tödlichen Würgegriff. Vergleichen läßt sich diese absurde strategische Situation lediglich mit jenem Korridor von Brcko – südlich der Save – im ehemaligen Jugoslawien. Dort ist der Verbindungsweg der Serben in der Posavina zwischen Banja Luka und Belgrad auf die noch winzigere Enge von fünf Kilometern zusammengepreßt. An dieser Schmalstelle des Balkans, wo die bosnischen Muslimani darauf brennen, zur Strangulierung des serbisch-orthodoxen Erbfeindes anzutreten, droht das ganze Konzept des Dayton-Abkommens zu zerbrechen.

In Qalqiliya herrscht offenbar Unruhe. Ein leichtes Panzerfahrzeug von Zahal hat sich quer über die Chaussee gestellt. Die Soldaten hindern uns an der Weiterfahrt. Vermutlich ist eine neue Steinschlacht im Gange, oder die Heftigkeit der antizionistischen Kundgebungen hat die Alarmgrenze überschritten. Eine touristische Attraktion versäume ich ohnehin nicht, denn Qalqiliya hat keine besonderen Reize zu bieten. Gleichgültig wendet Nadir den Wagen. Die Rückkehr nach Jerusalem folgt einer neuen Asphaltbahn, die de jure durch die israelische Besatzungszone im West-Jordan-Land führt. De facto jedoch ist dieser Streifen bereits dem Judenstaat einverleibt. Überall entstehen Dörfer mit den roten Ziegeldächern. Überall weht die weiße Fahne mit dem blauen David-Stern. Hier ist die Entscheidung längst gefällt. Man fragt sich nur, welche neue Aliya die weithin leerstehenden Anwesen füllen soll.

Jenseits von Medi'in und Givat Ze'ev erreichen wir das schroffe Hochland von Judäa. In Nablus hatte ich während meiner Wartezeit wieder einmal meinen zuverlässigsten »Travel Guide« zur Hand genommen, die Bibel. Im Angesicht der Mauern Zions kommt mir die Mahnung des Propheten Zacharias in den Sinn: »Siehe, ich will Jerusalem zum Taumelbecher zurichten allen Völkern, die umher sind.« Es ist umstritten, ob damit Trunkenheit oder Vergiftung gemeint ist. »Zur selben Zeit will ich Jerusalem machen zum Laststein allen Völkern; alle, die ihn wegheben wollen, sollen sich daran zerschneiden, denn es werden sich alle Heiden auf Erden wider sie versammeln.«

Syrien
Der Alte vom Berge

Die Gerüchteküche von Aleppo

Aleppo, im Mai 1997

Ein unerwartetes Schauspiel vor der Zitadelle von Aleppo: Ein Dutzend Soldaten in der Uniform des späten Osmanischen Reiches haben vor dem gewaltigen Kegel der Festung Aufstellung genommen. Sie tragen den roten Fez, die erdfarbene Uniform aus grobem Wolltuch und verbeulte Stiefel wie zu Zeiten des letzten Padischah. »Die Männer sind Statisten für irgendeinen historischen Film, der hier gedreht wird«, belehrt mich Levon Karikian, mein armenischer Betreuer. Levon ist ein wohlhabender Kaufmann syrischer Nationalität. Ich habe mich schon in den fünfziger Jahren nahe der libanesischen Ortschaft Antelias am Fuß des Metn-Gebirges mit ihm angefreundet. Während des Bürgerkrieges hat er seinen Wohn- und Geschäftssitz nach Aleppo verlagert, wo die Armenier zahlreich und prosperierend sind. Diese orientalischen Christen genießen die religiöse Toleranz des Baath-Regimes von Damaskus und betrachten mit Sorge das Hochkommen des islamischen Fundamentalismus. Noch viel tiefer sitzt bei ihnen natürlich die atavistische Angst vor den Türken, deren Staatsgrenze in Aleppo zum Greifen nahe ist. »Die angeblich so westlich orientierten, säkularen Kemalisten, die Anhänger Atatürks, haben uns Christen das Leben in Anatolien ebenso unmöglich gemacht wie einst die Schergen des Sultans und Kalifen des Osmanischen Reiches«, sagt Levon. »Da ist uns unser jetziger Schutzherr von Damaskus schon lieber als diese Pseudo-Europäer von Ankara.«

Der Armenier – er hatte sich seit dem letzten Treffen ein sehr orientalisches Embonpoint zugelegt – weist mit dem Finger auf das riesige

Porträt des Präsidenten Hafez-el-Assad, das über der Zitadelle und dem Haupteingang der Burg thront. Der syrische Staatschef, selbst der konfessionellen Minderheit der Alawiten angehörend, praktiziert ein extrem kompliziertes Gleichgewicht zwischen den zahlreichen und meist antagonistischen Glaubensgemeinschaften – »Taifa« genannt – in seinem eigenen Land und im besetzten Libanon. »Möge uns Assad, der ›Löwe‹, so heißt er in der Übersetzung, noch lange erhalten bleiben«, meint Levon.

Wie lange wird das Ein-Mann-Regime von Damaskus noch stabil bleiben? Die Frage beschäftigt nicht nur meinen levantinischen Bekannten, während wir uns in einem der noch typisch orientalischen Cafés mit Blick auf die Zitadelle einen Tee servieren lassen. Am Nebentisch sitzen drei alte, schweigsame Araber und saugen den kalten Rauch ihrer Wasserpfeife, ihrer Nargileh, ein. Levon verweist darauf, daß der deutsche Botschafter seit eineinhalb Jahren in Damaskus antichambriert, aber noch immer nicht von Präsident Assad empfangen wurde, um sein Beglaubigungsschreiben zu überreichen. Da auch andere westliche Diplomaten seit vielen Monaten auf eine Audienz beim Staatschef warten, überschlagen sich die Mutmaßungen über dessen Gesundheitszustand, auch wenn die diversen Krankheitshypothesen – Krebs, Zucker, Arteriosklerose – nur hinter vorgehaltener Hand aufgezählt werden.

Von der Fülle seiner Macht hat der Löwe Assad kein Quentchen abgegeben – darin stimmen alle überein –, und um seinen unverminderten Herrschaftsanspruch zu betonen, sind seine gigantischen Poster, seine Bronzebüsten, seine Steinmonumente mit der wohlwollend zuwinkenden Hand aus keiner Amtsstube, keinem Dorfplatz, keiner größeren Straßenkreuzung fortzudenken. Aus dem Monopol des Personenkultes ist vorübergehend eine Triarchie, manche spotten: eine »Dreifaltigkeit«, geworden, und an dieser Extravaganz offenbart sich die heimliche Tragödie, vielleicht auch die Brüchigkeit des Systems. Die beiden Söhne Hafez-el-Assads, Basil und Bashar, sind in die Heldenverehrung des Vaters mit eingeschlossen worden. Der neunundzwanzigjährige Basil, der designierte Nachfolger, ist 1994 bei einem ganz banalen Autounfall seines Turbo-Porsches ums Leben gekommen, und sein um vier Jahre jüngerer Bruder Bashar, der keinerlei politische Ambitionen hegte und sich auf eine friedliche Existenz als Arzt vorbereitete, muß nun in aller Eile propagandistisch aufgebaut, mit staatsmännischen Tugenden geschmückt werden. Dazu gehörte unter anderem, daß er mit einem Schlag vom Major der Reserve zum General befördert wurde.

Levon vermutet, daß Hafez-el-Assad durch den Tod seines Lieblings Basil psychisch und auch physisch härter getroffen wurde als vom Fortschreiten seiner diversen Gebrechen. Gerade in den Augen des einfachen Syrers vereinigte dieser bevorzugte Sohn all jene Eigenschaften, die einen orientalischen Volkshelden auszeichnen. Er war erfolgreicher Turnierreiter, mutiger Fallschirmspringer und auch Weiberheld. Dazu kam eine echte politische Begabung. Auf zahlreichen Plakaten ist der drahtig wirkende Mann zu sehen, mit kurz gestutztem Bart und der unvermeidlichen Sonnenbrille. Er trägt die gescheckte Tarnjacke des Paratroopers, die Galauniform des militärischen Herrenreiters, den eleganten dunklen Anzug des prädestinierten »Zaim«. Bruder Bashar hingegen, ein phlegmatisch, höchst unsportlich wirkender »fat boy« – bis auf den Schnurrbart glatt rasiert – macht daneben einen recht unbedarften Eindruck. Mich erinnern die beiden, Levon stimmt mir zu, an das Gespann der Präsidenten-Brüder Gemayel, Beschir und Amin, im benachbarten Libanon. Der erste hatte die größten Hoffnungen der maronitischen Christen bis zu seiner Ermordung verkörpert, während der zweite sie bitter enttäuschte. Der hemmungslose Basil-Kult in Syrien scheint allmählich abzuklingen, und für die Heroisierung Bashars fehlt es wohl an Substanz. Bleibt also die Allgegenwart des vereinsamten, dominanten Vaters mit dem künstlich aufgesetzten Raubtierlächeln im asketischen Gesicht und dem grüßend erhobenen Arm.

Kaum ein Menschenschlag ist besser über die politisch-strategischen Zusammenhänge des Orients informiert als die rührige, weitverstreute Volksgruppe der Armenier. Sie haben sich nach den sukzessiven Pogromen und Vertreibungen, die in Anatolien über sie hereinbrachen, am Südrand des Kaukasus in einer eigenen souveränen Republik verschanzt. Ihre Emigranten haben Schwerpunkte in Syrien und im Libanon gebildet, sich aber auch im persischen Isfahan behauptet. In Frankreich verfügen sie über Einfluß in Wirtschaft und Politik, und in USA agieren sie mit Hilfe einer dezidierten Lobby. Zu den Juden, mit denen sie oft verglichen werden, halten die Armenier Distanz – vielleicht weil die beiden Völker einander so ähnlich sind. Aber Levon ist bestens unterrichtet über die internen Spannungen und die weitreichenden Ambitionen Israels. Er weiß, daß die Unwägbarkeiten einer eventuellen Regierungsvakanz in

Damaskus nirgendwo so sorgfältig analysiert werden wie in Jerusalem.

Spätestens seit den tödlichen Schüssen auf den Ägypter Anwar-el-Sadat und den eigenen Regierungschef Itzhak Rabin hat man in Israel die eminente Bedeutung von charismatischen Persönlichkeiten erkannt, und es stimmt keineswegs beruhigend, daß diese beiden Staatsmänner nicht durch eingeschleuste ausländische Agenten, sondern durch eigene Landsleute umgebracht wurden. In Kairo war es der exaltierte ägyptische Leutnant Islambuli und in Tel Aviv der junge jemenitisch-jüdische Zelot Yigal Amir. Mehr denn je ist der Tod von Führern und Volkstribunen – ob er sich nun auf dem Krankenbett oder im Kugelhagel einstellt – ein zentrales Thema in der Levante. Ich habe in Damaskus und Aleppo keine einzige Diskussion geführt, die nicht im Schatten menschlicher Vergänglichkeit gestanden hätte. Da heißt es, König Hussein von Jordanien, der in seiner fast vierzigjährigen Herrschaft zahllose Komplotte und Attentate überlebte, befinde sich in einem viel desperateren Gesundheitszustand als der Löwe von Damaskus. Ähnliches hört man über König Fahd von Saudi-Arabien, um dessen Erbe sich bereits die Intrigenknäuel in Riad schürzen.

Levon gibt zu bedenken, daß man mit diesen Nachfolgespekulationen nicht voreilig sein solle. Die Ausübung der Macht sei doch offenbar das wirksamste aller Lebenselixiere, und das gelte nicht nur für den Nahen Osten. So hatte François Mitterrand in seiner egozentrischen Selbstherrlichkeit zwei Septennate der Fünften Republik trotz seiner Krebserkrankung durchgestanden. Höflingen wie Opponenten war sein vierzehnjähriges Leiden verheimlicht worden. In Rußland hat sich Boris Jelzin von einer schier aussichtslosen Bypass-Operation scheinbar prächtig erholt, und der kränkelnde »Zar« tyrannisiert weiterhin seine handverlesenen Mitarbeiter, obwohl jeder Schritt und jedes Grinsen ihn unendliche Mühe kosten muß. Von Saddam Hussein, dem bulligen Diktator des Irak, und von dem Palästinenser Yassir Arafat – letzterer suchte seine Vitalität noch unlängst durch die Zeugung einer Tochter unter Beweis zu stellen – sind bislang keine akuten Gebrechen bekannt. Beide seien weiterhin – wie man im Maghreb sagt – mit der »Baraka« ausgestattet, mit einer Unverwundbarkeit, die man in diesem Fall nicht unbedingt auf den »Segen Allahs« zurückführen möchte. Jedenfalls haben sich die gewieftesten Experten des Meuchelmordes – ob sie nun auf arabischer Seite Abu Nidal und Ahmed Dschibril heißen oder auf jüdischer Seite in den Spezial-Kommandos des Mossad trainieren – an dem PLO-Chef bislang die Zähne ausgebissen und ihn immer wieder um Haaresbreite verfehlt. Was nun Saddam Hussein betrifft, so trickste er alle Verschwörungen, auch wenn sie aus dem engsten Familienkreis kamen, mit seinem angeborenen Killer-Instinkt aus und veranstaltete fürchterliche Strafgerichte. Alle Mordanschläge der amerikanischen CIA gegen den Diktator von Bagdad scheiterten kläglich. Sie waren ebenso dilettantisch aufgezogen wie jene Versuche der US Intelligence, den Kubaner Fidel Castro auf oft abenteuerliche Weise aus dem Weg zu räumen.

»Wir sind wieder in eine Epoche der ›Assassinen‹, der ›Haschischin‹, eingetreten«, orakelt Levon pathetisch, bevor wir uns zum Abendessen im armenischen Stadtviertel von Aleppo, »El Jadida« genannt, verabreden. Er ist, wie so viele seiner Landsleute, von französischer »civilisation« durchdrungen, und kann nicht umhin, eine gallisch geprägte Anekdote zum besten zu geben: Als Charles de Gaulle im Winter 1944 zu nächtlicher Stunde mit Josef Stalin eine überaus heikle Bündnisverhandlung führte, war ihm, so zitiert Levon aus den Memoiren des Generals, vor allem eine Bemerkung des Georgiers im Gedächtnis haften geblieben. Der rote Despot, der im Begriff stand, den größten militärischen Sieg der russischen Geschichte davonzutragen und Berlin zu erobern, hatte das Gespräch abrupt mit den Worten beendet: »Am Ende gewinnt doch nur der Tod.«

*

Der Suq von Aleppo ist oft gerühmt worden. Sein pulsierendes Leben läßt sich angeblich nur mit dem Trubel des Khan-el-Khalili in Kairo vergleichen. Die Höhlenwelt dieser kunstvollen Wölbungen hat die diversen Eroberungen und Plünderungen fast unversehrt überstanden. Doch das Warenangebot hat sich seit meinem letzten Aufenthalt vor vier Jahren in Vielfalt und Qualität auffällig reduziert. In den Alveolen aus Stein wird überwiegend mit Ramschware und minderwertigen Produkten gehandelt. Vor allem billige Textilien finden ihre Käufer, und auch diese Kunden haben sich seltsam verändert. Man hört oft Russisch in dem Labyrinth, und die zahlreichen mongolischen Gesichter deuten auf einen intensiven Austausch mit den zentralasiatischen Republiken der ehemaligen Sowjetunion hin. Seit den Tagen Tamerlans ist der Kontakt zwischen Samarkand und Aleppo nie mehr so intensiv gewesen. Die nördliche Metropole Syriens ist zur Drehscheibe für drittklassige Barter-Geschäfte geworden. Im Schatten der

Arkaden werden undurchsichtige Transaktionen mit dem zerbrochenen Imperium der Moskowiter getätigt. Die starke armenische Minderheit schlägt den Bogen zum Kaukasus. Es starten regelmäßige Direktflüge nach Taschkent, Almaty und Aschkhabad, ganz zu schweigen von Moskau und Kiew.

Vor dem Ende des Kalten Krieges begegnete man in dieser immer noch kosmopolitischen Stadt robusten, blonden Männern in Zivil, denen man die Zugehörigkeit zu den sowjetischen Streitkräften auf den ersten Blick ansah. Sie sind durch eine weniger rühmliche Kategorie von Schiebern abgelöst worden. Zwar benötigen die Streitkräfte des Präsidenten Hafez-el-Assad weiterhin die technische Kooperation von etwa dreitausend russischen Militärexperten, und sei es nur, um die T-55-Panzer zu modernisieren oder die Kampfflugzeuge recht und schlecht zu warten. Die russischen Diplomaten in Damaskus geben offen zu, daß sie die tiefe arabische Enttäuschung zu spüren bekommen. Von dem früheren Freundschafts- und Beistandsverhältnis mit Moskau ist kaum etwas übriggeblieben. Bei den syrischen Offizieren sammelt sich Bitterkeit an, seit Jelzin mit Clinton fraternisiert und der Kreml sich gelegentlich beim Judenstaat anbiedert.

Die russischen Mafiosi – flankiert von ihren Kollegen und auch Rivalen aus Usbekistan, Kasachstan und Aserbeidschan – haben den Schwerpunkt ihrer zwielichtigen Aktivitäten im Umkreis des »Hotel Baron« etabliert. Das »Baron« war einmal eine der exklusivsten Adressen des späten Osmanischen Reiches und der französischen Mandatszeit. In dieser Endstation des Orient-Expresses stiegen die Passagiere der »haute-volée« ab. 1951 präsentierte sich die kleine, aber erlesene Luxusherberge noch in ihrem alten Charme des »fin de siècle«. Es hatte hier eine gallisch-levantinische Akkulturation stattgefunden, die heute leider erloschen ist. Die Kellner parlierten fehlerfrei in der Sprache Racines. Neben dem unvermeidlichen Lawrence of Arabia waren auch Agatha Christie, Theodore Roosevelt und Lady Mountbatten in diesem Relikt spät-kolonialen Glanzes eingekehrt. Im Jahr 1982 hatte ich mich erneut im »Baron« eingemietet, aber da war der Niedergang schon flagrant. Da schlief man auf verbeulten Matratzen und schmuddeligen Bettüchern. Die zerrissenen Moskitonetze boten keinen Schutz gegen eine vielfältige und peinigende Insektenwelt. Dieses Mal, im Mai 1997, ist die verkommene Unterkunft nur noch ein Schatten ihrer selbst. In der holzgetäfelten, einst so komfortablen Bar, die altmodisches Pariser Flair besaß, werden lauwarme Drinks von abgestumpften Kellnern in verdreckten Hemden serviert. Das Publikum verbreitet tiefe Traurigkeit. Neben ein paar angelsächsischen Sonderlingen, die bei ihrem Nostalgie-Trip extreme Unbequemlichkeit und Schlimmeres auf sich nehmen, tuscheln düstere Gestalten undefinierbarer Nationalität in exotischen Idiomen. Ob hier große Abschlüsse getätigt werden, muß bezweifelt werden. Dafür sind die Visagen doch zu grob und das Auftreten allzu schmierig. Ich habe eher den Eindruck, daß sich Zuhälter und kleine Schieber ein Stelldichein geben, während die Bosse der einflußreichen Gangs sich in den stillosen Luxus-Suiten des relativ neuen »Sham-Hotels« einquartiert haben. Von dessen oberen Etagen blickt man auf die Neubauviertel der auf drei Millionen Einwohner angeschwollenen Stadt Aleppo. Die Zitadelle, Stätte historischen Ruhms, ist nur in dunstigen Umrissen zu erkennen. Dagegen breitet sich auf den flachen Hochhaus-Terrassen im nahen Umkreis eine dichte Plantage von Parabol-Antennen aus. Sie wirken wie riesige Pilze aus Blech, wie eine giftige Auswucherung unkontrollierbarer Kommunikationsbesessenheit.

Zu später Stunde bin ich zum »Baron« zurückgekehrt, halte es dort aber nicht lange aus. Ich flaniere ein wenig in diesem schlecht beleumundeten Viertel von übelriechenden Gassen und dürftigen Geschäftsstraßen. Dabei stelle ich fest, daß – im Gegensatz zu früheren Jahren – keine schwerbewaffneten Zivilisten mehr in den Eingängen der »maisons de passe« lauern. Offenbar herrscht – trotz vereinzelter Bombenattentate – keine akute Aufstandsgefahr in Syrien, und das Regime kann sich getrost auf das einschüchternde Aufgebot der dem Präsidenten bedingungslos ergebenen Alawiten-Miliz verlassen. Ein Besuch der Nachtlokale regt zu trübsinniger Meditation an. Die Nackt- oder »Schönheits«-Tänzerinnen, die auf den plüsch- und samtbezogenen Bühnen ihre verwelkten Reize zur Schau stellen, die Animier-Damen, die sich plump und radebrechend den meist arabischen Gästen aufdrängen, auch die Prostituierten, die auf einen schnellen Abschluß drängen und vor dem schmuddeligsten Freier nicht zurückschrecken, gehören fast ausnahmslos dem gleichen Schlag an. Es sind Russinnen oder Ukrainerinnen, knallblond gefärbte Frauen oft mittleren Alters, die darauf vertrauen, daß ihre üppigen Formen und ihre Speckfalten dem immer noch auf Leibesfülle ausgerichteten Geschmack der orientalischen Kunden entsprechen. Denen kommt es vor allem darauf an, daß die Stripperinnen und Huren platin-gefärbtes Haar, blaue Augen und weißes, quellendes Fleisch haben.

Diese Art Mädchenhandel ist nichts Ungewöhnliches in der weitgestreckten Zone zwischen Istanbul und Abu Dhabi. In Westeuropa sorgen ja auch die ehemaligen Ostblockländer für Belieferung der Bordelle aller Kategorien. Doch in diesem exotischen Rahmen nimmt die Erniedrigung der ehemaligen sowjetischen Großmacht eine zusätzliche, unerträgliche Dimension an. Eine solche kollektive Demütigung hatte das einst so arrogante Moskowiter-Reich, dessen Spitzenfunktionäre unlängst noch über den Sittenverfall der kapitalistischen Welt degoutiert die Nase rümpften, denn doch nicht verdient. Ob das weibliche Strandgut aus Smolensk, aus Petersburg, aus Dnjepropetrowsk oder Odessa sich dieser nationalen Schmach überhaupt bewußt ist? Fast scheint es, als sei die arabisch-muslimische Welt zu jener fernen Epoche des frühen Mittelalters zurückgekehrt, als die maurischen Eroberer Spaniens und Siziliens sich mit blonden Jungfrauen und Knaben aus Osteuropa, dessen Völker zu jener Zeit nicht zum Christentum bekehrt waren, über die Sklavenmärkte des fränkischen Abendlandes beliefern ließen. Die Stadt Verdun soll einer der großen Umschlagplätze für diesen barbarischen Handel gewesen sein. Heute erscheint die Verfrachtung ganzer Bataillone ost-slawischer Freudenmädchen in die Bordelle des Orients als ein weit schlimmeres Symptom russischen Niedergangs als das Einziehen der imperialen roten Fahne über dem Hindukusch oder die Niederlage Jelzins in seinem Feldzug gegen das Zwergvolk der Tschetschenen.

*

Im reizvollsten Viertel von Aleppo, El Jadida, leben die diversen Konfessionen in einer Atmosphäre der Toleranz, die in der übrigen islamischen Welt ziemlich einmalig ist. Hafez-el-Assad findet bei seinen christlichen Untertanen – etwa zehn Prozent der Gesamtbevölkerung dürften sich zum Kreuz bekennen, in Aleppo sogar jeder Fünfte – stillschweigende Unterstützung. Nur wenige stören sich daran, daß der syrische Diktator keinen Widerspruch duldet, daß er sich 1991 zum vierten Mal mit 99,9 Prozent der Wählerstimmen im Präsidentenamt bestätigen ließ. In Aleppo verfügen die starken Gemeinden der Armenier und der Maroniten über ansehnliche Kathedralen. Auch die Lateiner, die griechisch-katholischen Melkiten, die Griechisch- und die Syrisch-Orthodoxen sind mit eigenen Kirchen vertreten.

Ich treffe Levon und ein paar seiner christlichen Freunde im armenischen Restaurant »Sissi«, das in einem ehemaligen Franziskaner-

Monasterium untergebracht ist. Der wunderschöne Innenhof mit dem mönchisch-besinnlichen Rundgang, dem sprudelnden Springbrunnen und den duftenden Rosen gehört einer beschaulicheren Zeit an. Ich werde gleich belehrt, daß der Name »Sissi« nicht etwa auf die Habsburger Kaiserin Elisabeth zurückgeht, die durch Romy Schneider auf Zelluloid verewigt wurde, sondern auf eine Abkürzung des heiligen Franz von Assisi. Das Publikum in dieser Oase besteht im wesentlichen aus Geschäftsleuten und hohen Beamten. Mir fällt auf, daß die eleganten jungen Armenierinnen oder Maronitinnen, die offenbar der gehobenen Gesellschaft angehören, auf erotische Wirkung bedacht sind. Die Röcke sind oft extrem kurz, und die Taille bleibt nackt unter dem knappen Mieder. Von Schleier und Kopftuch ist hier keine Spur, während draußen in den Straßen und auf dem flachen Land die große Mehrzahl der muslimischen Frauen längst zum sittsamen »Hidschab« zurückgefunden hat, soweit sie ihn überhaupt jemals abgelegt hatten.

Ich schildere diese kontraststarke Szenerie von Aleppo mit voller Absicht. Bei der Betrachtung der aktuellen Orient-Frage, die dem Westen mehr denn je auf den Nägeln brennt, ist die Gefahr allzu groß, daß der Beobachter in den typischen Fehler der Israeli verfällt, daß er sich an jener unaufhörlichen und intensiven Nabelschau beteiligt, die die Bürger des Judenstaates fast karikatural praktizieren und über die sie sich selbst lustig machen. Beim Tischgespräch drängt sich das Thema des Zionismus ohnehin bald genug auf. Die Arabische Republik Syrien sieht sich neuerdings einer akuten Gefährdung ausgesetzt, seit sich die Militärstäbe von Ankara und Jerusalem über eine intensive Zusammenarbeit verständigten. »Damaskus droht in eine Sandwich-Situation zu geraten«, kommentiert einer der Gäste des »Sissi«. Die Kampfflugzeuge Zahals dürfen den Luftraum Anatoliens für ihre Übungen nutzen. Türkische Kriegsschiffe haben dem Hafen Haifa einen Flottenbesuch abgestattet. Israel wird sich an der Modernisierung der türkischen Waffensysteme beteiligen, und eine ganze Skala gemeinsamer Planungen für den Ernstfall soll ausgearbeitet werden. In erster Linie richtet sich diese Kooperation gegen das Regime Hafez-el-Assads, das längst nicht mehr das Wohlwollen Washingtons genießt. Der Einsatz syrischer Truppen als Verbündete Amerikas im Golfkrieg gegen Saddam Hussein hat keine bleibenden Privilegien verschafft, ja es ist der Damaszener Diplomatie nicht einmal gelungen, aus jener Liste von Staaten gestrichen zu werden, die im Verdacht des Terrorismus stehen und auf der neben dem Irak auch Libyen, Iran und der Sudan geführt werden.

Trotz verschiedener Anläufe, die in den streng geheimen Kontakten auf der »Wye Plantation« kulminierten und von syrischer Seite auf die Formel gebracht wurden: »full withdrawal, full peace« – mit dem Rückzug war natürlich der vom Golan gemeint –, herrscht zwischen Jerusalem und Damaskus wieder das eingefleischte Mißtrauen vor, das die Beziehungen der beiden Hauptkontrahenten im Nahost-Konflikt von Anfang an charakterisierte. Der Abbruch der Friedensverhandlungen, so hatte ich bereits in den syrischen Ministerien erfahren, war nicht erst – wie im Westen gern kolportiert – durch die Regierungsübernahme Benjamin Netanjahus im Mai 1996 verursacht worden. Im April 1996 war vom damaligen Ministerpräsidenten der Arbeiterpartei Shimon Peres die Vergeltungsoperation »Trauben des Zorns« als Beantwortung sporadischer Katjuscha-Angriffe der schiitischen Hizbullah gegen nord-galiläische Dörfer angeordnet worden. Sechzehn Tage lang führte damals vor allem die Luftwaffe Zahals so intensive Bombardierungen im Süd-Libanon durch, daß die arabischen Zivilisten aller Konfessionen in einer gewaltigen Fluchtwelle nach Norden in Richtung Beirut auswichen. Dem Regierungschef Shimon Peres – so wird in Syrien behauptet – ging es bei dieser disproportionierten Bestrafungsaktion vor allem darum, die israelische Wählerschaft zu beeindrucken, ihr vor Augen zu führen, daß der jüdische Friedens-Nobelpreisträger und Architekt des Osloer Abkommens, der in dem Ruf einer »Taube«, eines »appeasers«, stand, auch zu unerbittlichen Schlägen gegen äußere Feinde fähig war, wenn eine solche Härte geboten schien.

Die Visionen des sozialistischen Regierungschefs Israels, die sich auf Wirtschaftskooperation und »gemeinsamen Wohlstand« richteten, waren bei Hafez-el-Assad ohnehin auf Ablehnung gestoßen. Er wertete dieses Angebot als tödliche Umklammerung. Vermutlich hatte er seine ehrliche Überzeugung geäußert, als er im Dezember 1995 dem ägyptischen Journalisten Ibrahim Nafeh von der Zeitung »El Ahram« anvertraute, das wahre Ziel Shimon Peres' sei es, »das Konzept des Arabismus und damit das Bewußtsein der Araber auszumerzen, einer gemeinsamen Nation anzugehören, eine nationale und gesellschaftliche Identität zu besitzen«.

Der Zwischenfall von Qana zog einen vorläufigen Schlußstrich unter die bislang versöhnlich gestimmten Beziehungen zwischen Washington und Damaskus. In der Sicht Hafez-el-Assads war Syrien bis an die äußerste Grenze der Konzessionsbereitschaft gegangen. Den noch in Syrien ansässigen Juden war freie Ausreise gewährt worden. Der Drogenanbau in der Bekaa-Hochebene wurde drastisch eingeschränkt. Außenminister Faruq-es-Schara erklärte sich bereit, im israelischen Fernsehen aufzutreten. Der Präsident ließ schweren Herzens verlauten, daß er die Separatabkommen des Judenstaates mit der PLO einerseits, dem jordanischen Königreich andererseits nicht unterlaufen wolle. Nach eigenen Aussagen hatte er eine »strategische Wahl« getroffen zugunsten einer friedlichen Koexistenz mit Israel. Dabei war er sich bewußt, daß die öffentliche Meinung im eigenen Land für eine solche Umkehr psychologisch noch gar nicht vorbereitet war und daß deshalb nichts überstürzt werden dürfe. Tatsächlich sind sich die erfahrenen Beobachter darüber einig, daß gewisse Kreise der Wirtschaft, sogar der regierenden Baath-Partei und der Armee zwar eine begrenzte Normalisierung mit Israel als unvermeidlich akzeptieren könnten, daß die einfachen Leute jedoch, vor allem die Landbevölkerung, weiterhin den Zionisten mit Feindschaft, ja mit Haß begegnen. Der Löwe von Damaskus brüskierte Amerika, als er den Secretary of State Warren Christopher demütigte und vergeblich auf eine Audienz warten ließ. Mit der Amtsübernahme Benjamin Netanjahus war ohnehin eine Patt-Situation entstanden. In Damaskus verweist man auf eine Erklärung des Vizepräsidenten Abdel Halim Khaddam, der gelegentlich als Nachfolger Assads gehandelt wird: »Das amerikanische Schweigen über die Praktiken Netanjahus und die politische Rückendeckung, die die USA ihm bei den Vereinten Nationen gewähren, stellen zutiefst negative Elemente im Friedensprozeß dar. Dadurch wird die Rolle Amerikas als ehrlicher Makler in Frage gestellt.«

Im Restaurant »Sissi« sind sich die anwesenden Armenier einig, daß die israelisch-türkische Militär-Kooperation mit dem Segen Amerikas zustande kam, zumal Hussein von Jordanien, der Präsident Clinton keine Bitte mehr abschlagen kann, sich dieser Zweierallianz de facto anschloß und die Stationierung von Kampfflugzeugen der US Air-Force, demnächst auch einer Garnison US Marines auf dem Boden des Haschemitischen Königreichs zugestanden habe. Damaskus ist sich seiner Isolierung voll bewußt, und schon phantasiert man von einer Gegenkoalition, die sich nicht gerade durch die herzliche Eintracht der Beteiligten auszeichnet. In einer regionalen West-Ost-Achse seien sich Syrien, Irak und Iran angeblich nähergekommen, drei klassische Todfeinde, die sich traditionell auf dem Schlachtfeld begegneten. Der Antagonismus zwischen Damaskus und Bagdad reicht in die Frühzeit des Islam, bis zur Rivalität zwischen Omayaden- und Abbassiden-Kalifen, zurück. Er wurde noch im Frühjahr 1991 durch die Teilnahme syrischer Einheiten am amerikanischen Feldzug gegen Saddam Hussein aktualisiert. Das Verhältnis zwischen Irak und Persien wiederum – wenn man nicht auf die ferne Historie der Assyrer, der Babylonier, der Achämeniden, ja auf die rassische Erbfehde zwischen »arischen« Iranern und semitischen Mesopotamiern zurückgreifen will – ist von der düsteren Erinnerung an endlose Religionskriege zwischen Sunniten und Schiiten überschattet. Das einzige Bindeglied, das diesem fiktiven Zweckbündnis zugrunde liegt, ist das drohende Herrschaftsgehabe der amerikanischen Supermacht. Eine Schicksalsgemeinschaft kommt da natürlich nicht zustande.

Die Armenier von Aleppo sind gut plaziert, um die unversöhnlichen Spannungen im unmittelbaren Nachbarraum zu beurteilen. Auf den syrischen Landkarten ist der Sandschak von Alexandrette oder Iskenderun am anatolischen Knick des Mittelmeers noch als eigenes Staatsgebiet eingezeichnet. Damaskus hat es der französischen Mandatsmacht nie verziehen, daß sie im Jahr 1939, um die Neutralität Ankaras im bevorstehenden Zweiten Weltkrieg zu erkaufen, Alexandrette an die Republik Atatürks abtrat. Der Streit um die heute Hatay genannte Grenzprovinz setzt sich unter mancherlei Facetten fort. Die kurdisch-marxistische Aufstandsbewegung PKK findet in Damaskus und in der von Syrien okkupierten Bekaa-Ebene aktive Förderung. Von dort aus operiert der ominöse »Apo« Abdallah Öcalan. Die Türkei ihrerseits, deren Truppen in regelmäßigen Abständen auf nord-irakisches Gebiet vordringen, um die Basis-Lager der PKK zu zerstören, ist dank der gewaltigen Staudammprojekte an Euphrat und Tigris in der Lage, die lebensnotwendige Wasserversorgung im Fruchtbaren Halbmond zu drosseln.

*

Zu später Stunde gesellt sich der deutsche Honorarkonsul Robert Toutounji zu unserer Runde. Ich setze mich mit dem Repräsentanten der Bundesrepublik an einen separaten Tisch. Wir waren uns das letzte Mal im April 1982 begegnet. Damals war ich in seiner Villa zu Gast, einem orientalischen Märchenschlößchen mit Marmorböden, zierlich verschnörkelten Stilmöbeln und einer blattvergoldeten, polychrom ziselierten Zimmerdecke im großen Salon. Wir mochten gleichaltrig sein und hatten von Anfang an sympathisiert. Der eher schmächtig gewachsene Toutounji ist griechisch-katholischer Christ, Rechtsanwalt von Beruf und mit Reichtum gesegnet. Er zählt zu den Relikten einer profunden französischen Kulturdurchdringung in der Levante, die heute fast erloschen ist. Wie vor fünfzehn Jahren wirkt der Konsul ein wenig schüchtern und spricht mit leiser Stimme. Aus den grauen Augen spricht wache Intelligenz und eine resignierte Liebenswürdigkeit. Dieser christliche Syrer hätte gut in die alexandrinische Traumwelt des Schriftstellers Lawrence Durrell gepaßt. Leider wird er demnächst aus Altersgründen in seiner Konsularfunktion abgelöst, und die deutsche Botschaft in Damaskus scheint in der Wahl des Nachfolgers keine glückliche Hand zu besitzen.

Ich erwarte von Toutounji keine großen Enthüllungen. Das alteingesessene Großbürgertum im Christenviertel El Jadida hat die Jahrhunderte der osmanischen Sultans- und Kalifenherrschaft nicht vergessen, die ihnen zwar die Schutzeigenschaft der »dhimma« zugestand, aber tägliche Demütigungen und auch gelegentliche Massaker von seiten der sunnitischen Bevölkerungsmehrheit nicht ausschloß. Unter der sozialistischen Baath-Bewegung, unter der Syrischen Partei der Arabischen Wiedergeburt, vor allem seit der Machtergreifung Hafez-el-Assads hat sich alles zum Besseren gewendet. Viele Kenner des Landes führen diese Großzügigkeit darauf zurück, daß der Staatschef wie auch sein engster Vertrautenkreis einer heterodoxen Sekte des Islam, der »Taifa« der Alawiten, angehören und daß der Gründer, der ideologische Inspirator der Baath-Partei, Michel Aflaq, selbst syrischer Christ war.

»Der Westen beharrt in dem hartnäckigen Irrglauben, die Araber seien auf eine enge wirtschaftliche Zusammenarbeit, ja eine technologische Osmose mit Israel versessen«, sagt Toutounji in seinem eleganten Französisch. »Genau das Gegenteil ist der Fall. Jeder Syrer – welcher Religionszugehörigkeit und politischen Couleur auch immer – ist zutiefst davon überzeugt, daß der Judenstaat auf dem Umweg finanzieller Manipulationen, profitabler Geschäftsbeteiligungen und gezielter Investitionen ein erdrückendes Handelsmonopol, ja eine ökonomische Hegemonie über den ganzen Orient anstrebt. Präsident Assad hat die Parole ausgegeben: ›Es gibt keinen Frieden für die Schwachen‹, und daran wird er sich halten. Aus der Sicht der Syrer gebärdet sich Jordanien bereits wie ein Satellit Israels, und die embryonale Souveränität der Palästinenser wird hier nicht viel positiver beurteilt.« Der Konsul verweist mich auf eine andere Fehleinschätzung der amerikanisch-israelischen Strategie. In Washington und Jerusalem stelle man sich vor, es sei eine Lösung für das Heilige Land zu finden ohne Rücksicht auf das weitgestreckte geographische Umfeld. Im Grunde hätten wohl George Bush und sein Außenminister James Baker die Dinge realistischer beurteilt, als sie davon ausgingen, die Zerschlagung des irakischen Kriegspotentials sei die Voraussetzung für die neue »Friedensordnung« zwischen Nil und Persischem Golf. Die Palästinenserfrage sei ja nur ein Teil davon. Doch selbst Bush habe das Potential der Schiiten von Teheran und deren vielfältige Verzweigungen unterschätzt. Jetzt sei die Türkei als zusätzlicher und gewichtiger Partner in dieses Poker-Spiel eingebracht worden. Ob Israel sich bewußt sei, so meint man in Aleppo, wo Anatolien so nahe ist, welche Zerreißproben auf die Republik Atatürks zukämen.

Der Judenstaat hat kein sonderliches Glück mit seinen sukzessiven Verbündeten gehabt, so kommen wir im Rückblick überein, mit Ausnahme natürlich der organischen Bindungen, die von Anfang an zwischen Tel Aviv und New York bestanden. Das Kaiserreich Iran, das sich als Vormacht am Golf etabliert hatte und unter Schah Mohammed Reza Pahlevi den Hebräern mindestens ebenso gewogen war wie unter Kyros dem Großen, war von der Khomeini-Revolution zerschlagen worden. Der »Weg nach Jerusalem« – el tariq ila el Quds – gehört heute noch zu den Losungen der schiitischen Mullahkratie und der ihnen verbündeten Hizbullah des Libanon. Auch mit Äthiopien hat Israel – in Anlehnung an die mythische Vereinigung zwischen Salomon und der Königin von Saba, aus der angeblich der erste abessinische Herrscher Menelek hervorgegangen war – eine Art »special relations« geknüpft. Die Führungsschicht der christlichen Amharen im Hochland von Addis Abeba stand der gleichen muslimischen Übermacht gegenüber wie die Gründungsväter des Judenstaates, und beide mußten um die freie Schiffahrt durch das Bab-el-Mandeb bangen. Diese Komplizenschaft riß ab, als Negus Haile Selassie durch eine marxistische Militär-Junta beseitigt wurde, und ist seitdem nicht neu belebt worden. Schließlich hatte es eine sehr enge Rüstungsvereinbarung zwischen Jerusalem und dem Apartheid-Regime von Pretoria gegeben. Mochten die burischen Nationalisten auch während des Zweiten Weltkrieges in ihrer faschistischen »Ochsenwagenbrandwache« und anderen Parallel-Organisationen mit Hitler und dessen Drittem Reich sympathisiert, ja sich durch Antisemitismus diskreditiert haben – als es darum ging, einer feindseligen Dritten Welt die Stirn zu bieten, die nicht davor zurückschreckte, in ihren UNO-Resolutionen die Überlebenden von Auschwitz des Rassismus zu bezichtigen, hatten die beiden weißen Staaten Israel und Südafrika zueinander gefunden. Das bescheidene südafrikanische Atom-Arsenal, das vor dem Zusammenbruch der »white supremacy« und dem Machtantritt Nelson Mandelas unter amerikanischer Aufsicht entschärft und vernichtet wurde, war vermutlich mit Hilfe israelischer Wissenschaftler zustande gekommen. Dafür hatte Pretoria gewichtige Kompensationen geboten. Auch hier hat sich das Blatt gewendet, und Mandela läßt nunmehr, allen Protesten zum Trotz, den Syrern Waffenlieferungen aus seiner eigenen Rüstungsindustrie zukommen als späte Gegenleistung für den Rückhalt, den der »African National Congress« einst in Damaskus genossen hatte.

Heute bietet sich – wider alles Erwarten – die Türkei, besser gesagt der türkische Generalstab, als neuer Bündnispartner Israels an. Da geht es für Ankara offenbar nicht nur darum, die syrischen Komplotteure in die Zange zu nehmen und von den Juden zusätzliches militärisches Know-how zu erwerben. Die kemalistischen Generale, so stellen wir an diesem Abend in Aleppo fest, suchen die offene Konfrontation mit der islamistischen Refah- oder Wohlfahrts-Partei. Welch schlimmere Herausforderung und Demütigung konnte man in Ankara ersinnen, als den frommen muslimischen Partei- und Regierungschef Neçmettin Erbakan, den »Hodscha«, zu zwingen, in Verleugnung seiner koranischen Überzeugung und seiner feierlichen Programmverkündung eine strategische Zusammenarbeit mit den Zionisten zu akzeptieren. Die laizistischen Kemalisten in Uniform treiben da wohl ein extrem heikles Spiel. »Nicht die Herstellung einer islamischen Gottesherrschaft nach iranischem Vorbild ist die Gefahr, die uns bedroht«, hatten mir diverse Professoren der Bosporus-Universität und auch verschiedene Chefredakteure in Istanbul gesagt, »sondern das Abgleiten unserer Republik in algerische Bürgerkriegszustände.«

Der Abend ist zu weit vorangeschritten, um auf meine jüngsten Erkenntnisse aus der Türkei – ich hatte gerade diverse politische Vorträge dort gehalten – ausführlich einzugehen. Bevor wir uns trennen, gibt mir Robert Toutounji den Rat, das Dorf El Qardahat im Alawiten-Gebirge südlich des Hafens Lattaquié aufzusuchen, den Geburtsort des Präsidenten Hafez-el-Assad. Die Besichtigung dieser Pilgerstätte sei aufschlußreicher für die wahren Verhältnisse des Regimes als so mancher diplomatische Rapport. Ich sehe dem kleinen, einsamen Mann nach, wie er sich mit ausgesuchter Höflichkeit vom Wirt des »Sissi« verabschiedet und auf seine Luxuslimousine zugeht. Er und die gealterte Elite der Christen von Aleppo träumen insgeheim von ihren jugendlichen Studienjahren im Quartier Latin. Sie befinden sich unwiderruflich »auf der Suche nach der verlorenen Zeit«.

Mysterien der Macht

El Qardahat, im Mai 1997

Für den unbefangenen Reisenden präsentiert sich Syrien als gastliches Land. Jedes beliebige Ziel steht zur Besichtigung frei. Die Verwaltungsformalitäten für Ausländer sind kulant. Mit dem stämmigen Fahrer Haschem habe ich Glück gehabt. Er kennt sich überall aus und ist ein zuverlässiger Begleiter. Daß er irgendeinem Sicherheitsdienst angehören muß, stört mich nicht im geringsten. Das Gefühl, auf diskrete, höfliche Weise stets überwacht und beobachtet zu sein, hat auch etwas Beruhigendes. Wem in Syrien etwas zustößt, der hat es in den meisten Fällen sich selbst, seiner Unerfahrenheit oder einem verdächtigen Wissensdurst zuzuschreiben.

Durch malerische Felsschluchten fahren wir dem Land der Alawiten entgegen. Olivenhaine und gelbblühende Büsche säumen die Straße nach Lattaquié. In der Hafenstadt des Nordens, die einmal der sowjetischen Flotte als Stützpunkt gedient hatte, halten wir uns nicht länger auf. Zum Dorf El Qardahat, aus dem der Löwe von Damaskus stammt, ist es nicht mehr weit. Wir folgen etwa dreißig Kilometer lang der Küste nach Süden und biegen östlich ins Gebirge ein. Die hier ansässige Alawiten-Bevölkerung hat von dem kometenhaften Aufstieg eines der Ihren, des General Hafez-el-Assad, profitiert. Die armseligen Lehmkaten von einst wurden durch schmucklose, aber relativ wohnliche Zementbauten ersetzt. Geld ist reichlich vorhanden dank dem Wehrsold, den die jungen Leute nach Hause bringen. Fast alle männlichen Alawiten im waffenfähigen Alter stehen im Dienst des Rais. Sie sind teilweise in speziellen Verfügungstruppen organisiert, und ihr Einfluß in den diversen »Mukhabarat« ist entscheidend. Dabei kommt diesen Angehörigen einer esoterischen Sekte die konspirative Veranlagung zugute, der sie ihr Überleben verdanken.

Die Ortschaft El Qardahat genießt die wohlwollende Förderung des Regimes. Die Straßen sind hier breit ausgebaut, mit Blumenrabatten geschmückt. Die öffentlichen Gebäude, die mit den überlebensgroßen Bildern der »Dreifaltigkeit« – Hafez, Basil, Bashar – geschmückt sind, wurden stattlicher gestaltet als in anderen Flecken. Kurz nach der Einfahrt richtet sich der Blick auf eine große Moschee mit grüner Kuppel. »Hier liegt die Mutter des Präsidenten begraben«, erklärt Haschem. Über dem Portal des Gebetshauses fällt ein farbenprächtiges Fresko auf. Die Mutter Na'isa, nach der die »Dschami'« benannt ist, erscheint dort wie auf einem Marienaltar. Über dem ernsten Antlitz der »Genetrix« und dem weißen Kopftuch, das ihr Gesicht – wie bei den meisten Madonnenabbildungen – umhüllt, strahlt ein goldener Heiligenschein. Natürlich fehlt auch der berühmte Sohn nicht auf dieser Ikone. Er hält den Kopf gebeugt und küßt der Mutter Na'isa die Hand. Eine seltsame Darstellung. In der Nähe von Damaskus hatte ich das Mausoleum von Saida Zainab besucht, der Enkelin des Propheten und Tochter des Imam Ali. Zahllose Schiiten, zumeist aus dem Iran und überwiegend Frauen, pilgern jedes Jahr zu dem Sanktuarium der »Partei Alis«. Aber nirgendwo findet sich eine vergleichbar sakrale Darstellung dieser Auserwählten. Das Grab der Saida Zainab ist ein ziemlich nüchterner Kachelbau, der rundum mit kalligraphisch geschwungenen Koranversen geziert ist.

Auf dem Hügel, der El Qardahat überragt, ist eine andere, noch größere Moschee im Bau. Sie wird dem Lieblingssohn Basil, dem Fallschirmoffizier, Herrenreiter und Lebemann gewidmet sein, dem der Vater Hafez-el-Assad ein einmaliges Denkmal setzen will. Die eigentliche Gruft ist heute schon vollendet. Sie wurde mit edelstem Marmor ausgelegt. Die jungen alawitischen Grabeshüter der Baath-Partei gestatten uns ohne Umschweife den Zutritt zu dem Sarkophag des toten Helden, des»Batal«, der mit kostbaren grünen Tüchern bedeckt ist. Die Schahada, das islamische Glaubensbekenntnis, und der Aufruf »Allahu akbar« ist darauf in silbernen Lettern eingestickt. Die Wächter bitten mich, meinen Namen in das Kondolenzbuch für den im Januar 1994 verunglückten Basil einzutragen. Sie wirken fast wie Internatsschüler in ihrer einheitlichen Tracht – dunkle Hose, weißes Hemd und ein schwarzer Schlips, auf dem der bärtige Kopf Basils zu erkennen ist. Doch die wirkliche Überraschung erwartet uns am Ausgang. Ein riesiges Gemälde ist dort aufgerichtet. Da sieht man den toten Basil in Gala-Uniform auf einem weißen Pferd in den Himmel reiten, und auch sein Haupt ist von einem Heiligenschein gekrönt. Fast so mystisch wie einst der Prophet Mohammed, als das Fabelwesen El Buraq ihn von der El-Aqsa-Moschee in die Nähe Allahs entführte, erhebt sich der glorifizierte Sohn, schwebt bereits in den Wolken, während Vater Assad, die offenen Hände zum Gebet erhoben und umringt von einer Schar weinender Untertanen, in Ehrfurcht und Trauer erstarrt. Ich hüte mich, dem Gefährten Haschem zu sagen, daß eine solche Verherrlichung menschlicher Geschöpfe mit der strengen, bilderfeindlichen Lehre des Islam kaum zu vereinbaren ist, daß wir es hier mit einem höchst seltsamen und suspekten Heiligenkult zu tun haben.

*

Allzuoft ist von voreingenommenen Kritikern behauptet worden, ich betrachte die politische Entwicklung der islamischen Umma einseitig unter dem Aspekt ihrer religiösen Verkrampfungen und Spannungen. Bei diesem Besuch in Syrien fällt mir überall auf, daß die führende Baath-Partei – eingebettet in eine gefügige »Front des nationalen Fortschritts« – sich zwar weiterhin als säkulare und sozialistische Bewegung präsentiert, daß die »schleichende Islamisierung« jedoch seit meinem letzten Aufenthalt im März 1993 erhebliche Fortschritte gemacht hat. Sie stößt beim Regime auf keinen dezidierten Widerstand. So ist es ganz offensichtlich, daß immer mehr muslimische Frauen wenn nicht zum Tschador, so doch zum Kopftuch und einer extrem dezenten Gewandung zurückfinden. Es ließe sich auch heute schlecht vorstellen, daß die jungen Aktivisten der »Baath« oder bewährte Betriebsbelegschaften – Männlein und Weiblein bunt gemischt – fröhliche Ausflüge zum Picknick ins Grüne unternähmen. Zwar ist der Islam in der syrischen Verfassung nicht als Staatsreligion deklariert, wie das in so vielen arabischen Ländern der Fall ist. Es existiert kein Alkoholverbot, und in den Ausländerhotels steht sogar Schweinefleisch auf der Speisekarte. Doch allmählich setzt sich der mohammedanische Lebensstil mit seinem sittlichen Konformismus durch.

Jene Bestimmung ist auch längst wieder in Kraft, wonach das Staatsoberhaupt sunnitischer Muslim sein muß. Der gebürtige Alawit Hafez-el-Assad mußte sich durch eine »Fatwa« des obersten Mufti von Damaskus, der dem Präsidenten gefügig ist, bestätigen lassen, daß er über die nötige Rechtgläubigkeit verfügt. Dabei kam ihm zugute, daß auch seine Sekte sich in langer Zeit der Unterdrückung die Kunst der Verstellung zu eigen gemacht hat. Im übrigen ist das heterodoxe Glaubensgut der Alawiten nicht nur auf Syrien beschränkt, sondern taucht in diversen Nachbarländern – mit völkisch bedingten Varianten natürlich – nachhaltig aus dem Dunkel auf. Wer diese mysteriösen Strömungen des heutigen Maschreq außer acht läßt, könnte eines Tages von unberechenbaren Phänomenen überrascht werden. Manchmal scheint es, als fiele der Islam in eine Phase dramatischer religiöser Spaltung und Exaltation zurück wie im neunten oder zehnten Jahrhundert, als das schiitische Gegenkalifat der Fatimiden die Umma an den Rand des Abgrunds brachte.

Kaum eine Offenbarungslehre des Orients ist so verkapselt, in sich verschlossen, wie die der Alawiten. Bei der Fahrt durch das gebirgige Hinterland der Häfen Lattaquié und Tartus fallen gelegentlich die heiligen Gräber der Sekte auf, »Ziara« genannt, grüne Kuppelbauten im Stil maghrebinischer Marabus, die stets von breit ausladenden Bäumen überschattet sind. In synkretistischer Verbindung mit dem Islam hat sich offenbar eine Art Naturkult bei den Alawiten erhalten. Was ich von dieser Gemeinschaft weiß, geht ursprünglich auf den Vortrag eines ehemaligen Offiziers der französischen »Forces Spéciales du Levant« in unserem Sprachinstitut von Bikfaya zurück. Commandant Floriol machte kein Hehl daraus, daß die französische Mandatspolitik in der Levante nach dem uralten Rezept des »Teile und Herrsche« einen Mini-Staat der Alawiten ins Leben rufen wollte. Im Gegensatz zu den Drusen des Dschebl Drus, die erst nach schweren Kämpfen von der Fremdenlegion unterworfen wurden, fügten die Alawiten sich in das von Paris ausgeklügelte System. Sie waren stets gehetzt und gedemütigt worden. Der türkische Sultan Selim I. hatte im sechzehnten Jahrhundert zu einem Ausrottungsfeldzug gegen diese Ketzer ausgeholt, die auf den steinigsten Hängen als Pächter und Tagelöhner sunnitischer Großgrundbesitzer darbten. Selim hatte – nach der Eroberung Ägyptens – den Titel des Kalifen für sich und seine osmanischen Nachfolger usurpiert und dem Anspruch der letzten Epigonen aus dem Geschlecht der Abbassiden ein Ende gesetzt. Vielleicht zeigte Selim, der Grausame genannt, sich deshalb so unerbittlich gegenüber jeder Form von Häresie.

Mit unendlicher Geduld hatte Major Floriol wenigstens einen Zipfel des Geheimnisses der Alawiten gelüftet. Im neunten Jahrhundert hatten sie sich wohl von der schiitischen Glaubensrichtung des Islam gelöst. Ihr Inspirator soll ein persischer Fürst gewesen sein. Wieder einmal wiesen die Spuren des Mystizismus in das Land des Zarathustra. Ali sei größer als Mohammed in der Vorstellung dieser Sekte, so hatte Floriol erfahren. Ali war beinahe Gott und Bestandteil einer seltsamen Dreifaltigkeit, der natürlich der Prophet aus Mekka, aber auch ein gewisser »Salman« angehörte. Salman leite sich wohl von dem arabischen Wort Suleiman ab und sei mit dem biblischen König Salomon identisch, hatte Floriol gemutmaßt. Andere Forscher hatten »Salman« mit dem Erzengel Gabriel oder »Dschibril« gleichgesetzt. Mit ihrem gnostischen Astral-Kult huldigt diese esoterische Lehre einem verschwommenen Pantheismus, ja neben christlichen Relikten scheinen sogar Elemente der Seelenwanderung vorhanden zu sein, denn die Bösen werden als Tiere wiedergeboren. Eine erbliche Priesterkaste, die Schuyukh, wacht darüber, daß der Zugang zu den Mysterien und zum »Tor«, zum »Bab« der Offenbarung, auf die Eingeweihten beschränkt bleibt. Die weltliche Feudalschicht kriegerischer Clan-Chefs rivalisiert gelegentlich mit diesen geistlichen Führern. Die Frau galt bei den Alawiten noch weniger als bei den rechtgläubigen Muslimen.

Floriol hatte uns seine Erkenntnisse mit vielen Vorbehalten vorgetragen. Nachdrücklich wandte er sich gegen die böswilligen Verleumdungen, mit denen die sunnitischen Ulama diese Abtrünnigen zu diskreditieren suchten. Demnach beteten die Alawiten die Sonne, den Hund, die weiblichen Genitalien und gewisse Bäume an, ja ihre religiösen Feste würden zu wilden Orgien ausschweifen. Ähnlich übrigens wie bei den türkischen Alevi, verehren diese syrischen Außenseiter eine Pentarchie, die neben Ali und Mohammed auch deren Nachkommen Hassan und Hussein sowie die Propheten-Tochter Fatima umfaßt. Bemerkenswert ist dabei, daß Fatima, der als weibliches Wesen keine Verehrung zustand, kurzerhand maskulinisiert wurde und unter dem Namen »Fatim« auftritt.

Die ewig bedrängte Minderheit der Alawiten hatte die Chance mit beiden Händen ergriffen, die ihnen die französische Mandatsmacht in den zwanziger Jahren bot. Das sunnitische Bürgertum war vor allem am Handel und am Ertrag seiner Latifundien interessiert. Die Alawiten drängten sich in die militärische Laufbahn und verschafften sich somit nach Proklamation der syrischen Unabhängigkeit Zugang zu den Schlüsselpositionen der jungen Republik. Andere hatten sich als Lehrer ausbilden lassen, schlossen sich als unausgegorene Halbgebildete den sozialistischen Bewegungen und vor allem der Baath-Partei an, die sie mit ihrem alteingefleischten Clan-Geist unterwanderten. An der Baath-Revolution von 1963 hatten sie maßgeblichen Anteil. Ihre wirkliche Stunde schlug im Herbst 1970, als Hafez-el-Assad sich im Präsidentenpalast von Damaskus installierte. Seitdem kontrolliert die verschworene Gemeinschaft der Alawiten, obwohl sie allenfalls zwölf Prozent der Bevölkerung Syriens ausmacht, die numerisch weit überlegene Masse der rechtgläubigen Sunniten.

Trotz ihrer frühen Abwendung von der traditionellen schiitischen Gemeinschaft – sie hatten ursprünglich der sogenannten Siebener-Schia angehört – fühlten sich die Alawiten, wie ihr Name besagt, der »Partei Alis« weiterhin eng verbunden. In Ruhollah Khomeini erkannten sie einen fernen Bruder im Glauben und in der iranischen Revolution, die ja vorrangig den Enterbten, den Mustazafin, zugute kommen sollte, einen Parallelfall zu ihrer eigenen Auflehnung gegen die Vorherrschaft der Reichen und Hochmütigen. Nur gebot ihnen die »Taqiya«, daß sie ihre geheime religiöse Revanche über die Sunna in den Tarnmantel einer säkularen und sozialistischen Reformbewegung kleideten. Kein Wunder auch, daß die Alawiten-Clique von Damaskus im Libanon-Konflikt für die Schiiten von »Amal« und später auch für die »Hizbullah« Partei ergriff und in den Reihen dieser Taifa bereitwillige Verbündete fand. Schiitische Libanesen, die heute im Kampf gegen Israel so viel von sich reden machen, kämpften in den Reihen der sogenannten »Pink Panther« des Generals Rif'at-el-Assad und fanden sich bereit, Mordanschläge im Auftrag des Geheimdienstes von Damaskus auszuführen, die für die Syrer selbst allzu kompromittierend gewesen wären.

*

Warum wenden sich meine Gedanken der Stadt Hama zu, während wir der Grabstätte El Qardahat den Rücken kehren und die Erdölraffinerien im Hafen von Banijas und Tartus – früher wurden sie durch die Pipeline aus Irak gespeist – an uns vorbeigleiten? Mit dem Namen Hama verbindet sich das grausigste Kapitel in der jüngeren syrischen Geschichte, und in diesem Zusammenhang hüte man sich, irgendeinen Informanten zu nennen. Angesichts der Nachfolgediskussion in Damaskus und der Lücke, die der Tod Basils aufgerissen hat, ist Hafez-el-Assad neuerdings auf die Bereinigung innenpolitischer Gegensätze und auf Gesten der nationalen Versöhnung bedacht. Im Umkreis der Ministerien wird gemunkelt, daß der Staatschef sogar Kontakt zu seinen Todfeinden, den Moslem-Brüdern, den »Ikhwan«, suche. Deren Exil-Führerschaft befand sich zum Teil in der saudischen Hafenstadt Dschiddah. Sehr weit sind diese Gespräche offenbar nicht gediehen. Der Diktator von Damaskus verlangte von seinen Gegnern weitgehende Unterwerfung. Die Ikhwan ihrerseits stellten zwar ihre Grundforderung nach dem islamischen Gottesstaat unter den Scheffel. Sie begnügten sich zumindest verbal mit der Gewährung von Meinungsfreiheit, mit der Aufhebung des Kriegsrechtes, mit der Einführung eines politischen Pluralismus, der bei diesen Wegbereitern des koranischen »Fundamentalismus« nicht sonderlich glaubwürdig klang. Von ehrlichem Ausgleich zwischen diesen Kontrahenten konnte jedoch nicht die Rede sein. Zwischen Assad und den Moslem-Brüdern klaffte die Erinnerung an die Vernichtung der Stadt Hama wie eine unheilbare Wunde.

Bei meinen Syrien-Aufenthalten in den frühen achtziger Jahren waren diese explosiven Spannungen noch deutlich zu spüren gewesen. Im März 1980 war in Homs und Aleppo ein politisch und religiös motivierter Generalstreik von den Moslem-Brüdern ausgerufen worden. Bewaffnete Gruppen von Freischärlern hatten Jagd auf linke Intellektuelle der Baath-Partei gemacht, auf Agenten des Sicherheitsdienstes, auf exponierte Persönlichkeiten des Assad-Regimes, vor allem auf Alawiten. Fast gleichzeitig richteten die Streiter Allahs unter den Kadetten der Militär-Akademie von Aleppo ein Blutbad an. Im Februar 1982 war es zum grausigen Höhepunkt dieses Bürgerkrieges gekommen. Die Stadt Hama erhob sich wie ein Mann gegen Hafez-el-Assad. Die Sicherheitsorgane und Garnisonen wurden vertrieben oder ausgelöscht, die ersten Verstärkungen aus Damaskus – dazu gehörten Elite-Einheiten der Fallschirmjäger – wurden aufgerieben. Da gab es kein Halten und keine Gnade mehr. An Hama sollte ein Exempel statuiert werden. Luftwaffe, schwere Artillerie, Panzerkolonnen wurden gegen die muslimischen Umstürzler aufgeboten. Ein Strafgericht ohnegleichen ging über der Stadt nieder. Der Befehl war erteilt worden, keinen Stein auf dem anderen zu lassen. Die Moscheen wurden gesprengt und – um den Eindruck religiöser Einseitigkeit zu vermeiden – auch die christlichen Kirchen. Unter den Trümmern lagen ungezählte Opfer. Vorsichtige Schätzungen sprachen von zwanzigtausend Toten, mehr als der ganze libanesische Bürgerkrieg fordern sollte.

Wenige Monate nach diesen Ereignissen habe ich den Ort der Verwüstung auf der Durchfahrt nach Norden flüchtig in Augenschein nehmen können. Hama sah aus wie eine deutsche Mittelstadt nach einem Flächenbombardement des Zweiten Weltkrieges. Die vom Schutt mühsam geräumten Straßen waren fast menschenleer. Ein paar Frauen in schwarzem Umhang huschten durch die Ruinen. Die Sicherheitstruppen waren besonders zahlreich und nervös. Die »Rosa Panther« hielten uns die Kalaschnikow unter die Nase. Aber ich wußte seit ein paar Tagen, welches das beste Passierwort war: »Adschnabi« – zu deutsch »Ausländer«. Die eigenen Landsleute waren höchst verdächtig. Der Fremde hingegen blieb ein Außenseiter, wirkte harmlos, wurde höflich durchgewinkt. Bulldozer waren dabei, die Schuttberge beiseite zu schieben. Sprengkommandos ebneten zerbrochenes Mauerwerk vollends ein. Die Untat von Homs sollte durch diese Planierung recht und schlecht kaschiert werden. Über dem Horror und dem Morden lächelte das Bild Hafez-el-Assads, »Sohn des Volkes und Held«. Auch die Huldigungen an die Regierungspartei durften in diesem gespenstischen Rahmen nicht fehlen. Auf zerbröckelnden Portalen las ich die Parolen der »Baath«: »Einheit« – gemeint war die geschundene arabische Nation; »Freiheit« – dieses Wort wurde wohl im Orwellschen Sinne interpretiert; »Sozialismus« – auch darüber ließ sich streiten. An der Ausfahrt fiel mir ein Transparent aus besseren Zeiten auf: »Thanks for your visit to Hama« war auf englisch zu lesen.

*

Jetzt – fünfzehn Jahre später, im Mai 1997, hatte ich auf meiner Hinfahrt nach Aleppo in Hama eine kurze Rast eingelegt. Dort bot sich eine zumindest oberflächliche Idylle. Die riesigen quietschenden Wasserräder, die »Noria«, schaufelten weiterhin das grüne Wasser des Orontes. Ein prächtiges neues Hotel, mit erlesenem Luxus ausgestattet, ist über den Leichenhaufen von einst errichtet worden. Von Zerstörungen ist nichts mehr zu sehen. Die große Moschee hat allerdings ihre alte Pracht nach der Rekonstruktion nicht wiedergefunden. Hochmoderne Häuserblocks in Naturstein erheben sich über dem Schutt des Jahres 1982. Ein riesiges Standbild des Präsidenten zelebriert seinen Sieg. Unter diesem Koloß bewegen sich die Frauen, als trügen sie Trauer. An ein offenes Gespräch mit den Einheimischen ist gar nicht zu denken. Plötzlich erinnere ich mich an ein Pamphlet der Moslem-Brüder, das mir seinerzeit zugespielt wurde. Es endete mit den Worten: »Ein Blutbad von solchem Ausmaß und solcher Grausamkeit, begangen an einer wehrlosen Zivilbevölkerung, hat nicht einmal der als blutrünstig weltweit bekannte Hitler fertiggebracht ... Assad, der ›Löwe‹, so nennt sich der Tyrann, seit er Präsident ist. Sein tatsächlicher Name ist ›Wahsch‹, die ›Bestie‹.«

Heute wird in Aleppo ein ganz anderes Grundsatzprogramm der »Ikhwan el Muslimun« herumgereicht. »Der Islam soll Staatsreligion sein«, heißt es dort; »die Scharia ist die grundlegende Quelle der Gesetzgebung, und sie ist verpflichtend in ihrer Eigenschaft als Kultur-Erbe und als juristische Kodifizierung für alle Araber, für alle Muslime, ja für die ganze Menschheit. Die Anwendung der Scharia berührt die Nicht-Muslime nicht in ihrem eigenen Glauben, in der Ausübung ihrer eigenen Riten, in der Anwendung ihrer eigenen Gesetze in aller Freiheit und Sicherheit!« Bei der Lektüre der Flugblätter fällt mir ein, daß wir im Restaurant »Sissi« auch über diese »Charta für die Befreiung Syriens« geredet hatten. Die Armenier waren auf die Islamisten überhaupt nicht gut zu sprechen. »Wir Ost-Christen haben genug mitgemacht«, mischte sich plötzlich Wasgen, ein bärtiger Hüne ein, der sich bislang schweigend verhalten hatte, »uns können die Fundamentalisten, ob sie sich Moslem-Brüder, Refah, Hamas, F.I.S. oder sonstwie nennen, nichts vormachen. Vielleicht gelingt ihnen das mit den friedenssüchtigen Juden von Tel Aviv, aber nicht mit den armenischen Überlebenden des osmanischen Genozids von 1915.« Auch in Europa solle man auf der Hut sein angesichts der massiven mohammedanischen Einwanderung aus Anatolien und dem Maghreb. Nur Narren könnten im Westen der »multikulturellen Gesellschaft« das Wort reden. Was ihn selbst, Wasgen, und seinen Freund Levon betreffe, so hätten sie die Konsequenz bereits gezogen. Sie stünden unmittelbar vor ihrer Auswanderung aus Aleppo nach Los Angeles. »Ich kenne mich im Koran recht gut aus«, fügte der streitbare Armenier hinzu. »Die Israeli und die Europäer sollten sich einen Vers aus der Sure ›El Maida‹ gut einprägen, und da heißt es: ›O Ihr Gläubigen, befreundet Euch nicht mit den Juden und den Christen. Wer sich mit ihnen befreundet, wird einer der Ihren; Allah verweigert seine Führung der Gemeinschaft der Ungerechten.‹«

»Killing and Kissing«

Damaskus, im Mai 1997

Dem größten und edelsten Helden des Islam wurde in Damaskus eine recht bescheidene Grabstätte bereitet. Das Mausoleum des Sultan Saladin – auf arabisch Salah-ud-Din – ist erst nach einigem Suchen im Gassengewirr rund um die Omayaden-Moschee zu finden. Der kleine Garten, der sich an den melonenförmigen Kuppelbau anschmiegt, übt trotz und vielleicht wegen seiner Verwahrlosung einen elegischen Zauber aus. Sogar Singvögel zwitschern dort. Der ursprüngliche Katafalk des großen Feldherrn, der den Kreuzrittern im Jahr 1187 die entscheidende Niederlage von Hittin beibrachte, ist aus Nußbaum gezimmert und von Moder angefressen. Daneben hat Kaiser Wilhelm II. von Hohenzollern bei seiner Orientreise im Jahr 1898 einen prächtigen Kenotaph aus weißem Marmor aufstellen lassen. Das sollte wohl eine imperiale Geste sein zu Ehren eines fremdgläubigen Kriegsherrn des Mittelalters, der von der christlichen Ritterschaft als großmütiger, zu seinem Worte stehender Gegner gefeiert und in die eigene Sagenwelt aufgenommen wurde. Saladin trat im aufklärerischen achtzehnten Jahrhundert in Lessings Bühnenstück »Nathan der Weise« als würdiger Repräsentant des mohammedanischen Glaubens auf, aber vorher hatte schon Italiens größter Dichter, Dante Alighieri, dem orientalischen Batal in seiner »Göttlichen Komödie« gehuldigt, indem er diesem tugendhaften »Heiden« in der Hölle, der Salah-ud-Din nun einmal nicht entgehen konnte, einen privilegierten Aufenthaltsort, fast ein Stückchen Paradies zuwies.

Saladin hat den fränkischen Kriegern des Abendlandes die Stadt Jerusalem entrissen und sie auf die Küstenregion Palästinas abgedrängt. El Quds wurde dem Dar-ul-Islam einverleibt. Das war seine historische Tat. Von nun an besaß der Titel »König von Jerusalem«, an den sich diverse christliche Monarchen klammerten – darunter auch Kaiser Friedrich II. von Hohenstaufen –, nur noch den schalen Klang deklamatorischer Anmaßung. Mit dem Fall Jerusalems und dem Verlust des Heiligen Grabes Christi hatte die Präsenz der abendländischen Streitmacht, die sich noch ein Jahrhundert lang in den verstreuten

Burgen der Levante behauptete, ihren tiefen, sakralen Sinn verloren. Die endgültige Vertreibung war lediglich eine Frage der Zeit. Die Araber von heute vergleichen die Gründung des Judenstaates immer wieder mit dem Abenteuer der Kreuzzüge. In einem Punkt zumindest mag diese Parallele zutreffen. So wie die Eroberung Jerusalems durch die Mohammedaner dem christlichen Anspruch auf das Heilige Land die »raison d'être« entzog, so würde eine eventuelle Preisgabe der Stadt Davids und des dortigen Tempelberges die Existenz Israels in Frage stellen und ihres mystischen Sinnes berauben. Was wäre schon der Zionismus ohne Zion?

Aus dieser Perspektive läßt sich vermutlich erklären, warum sich so viele arabische Potentaten der Gegenwart in die Nachfolge des Sultan Salah-ud-Din drängen. Der Iraker Saddam Hussein rühmt sich, daß seine Sippe aus dem gleichen mesopotamischen Flecken Tikrit nördlich von Bagdad stammt wie der Sieger von Hittin. Daß Saladin rein kurdischer Abstammung war, wird dabei tunlichst verschwiegen. Der ermordete ägyptische Präsident Anwar-el-Sadat, der trotz aller Konzilianz seiner Israel-Diplomatie zweifellos auch von der Rückgewinnung der El-Aqsa-Moschee träumte, hat dem großen Vorbild in seinem chevaleresken Umgang mit den jüdischen Gegnern nachgeeifert. Hafez-el-Assad schließlich betrachtet sich als Grabeswächter und insgeheim wohl auch als Testamentsvollstrecker jenes ruhmreichen Emirs, dessen Reich sich von Süd-Arabien und dem Niltal bis Aleppo erstreckte. Daß er die Grabstätte Salah-ud-Dins nicht prächtiger ausschmücken ließ und statt dessen seinem vergötterten Sohn Basil so maßlose postume Ehren zugestand, mag paradox erscheinen. Aber ist es nicht ebenfalls verwunderlich, daß bisher keiner der in Damaskus akkreditierten Botschafter Deutschlands auf die Idee kam, den schäbigen, vergilbten Zettel, der über dem Marmorsarg Saladins an die Stiftung Wilhelms II. erinnert, durch eine würdige Beschriftung – und sei es nur eine Messingplatte – zu ersetzen?

Die Stadt Damaskus ist inzwischen auf sechs Millionen Menschen angeschwollen. Der alte Stadtkern – so chaotisch sich auch der Autoverkehr drängt – ist auf wunderbare Weise erhalten geblieben. Dessen Zentrum ist und bleibt die kolossale Omayaden-Moschee. Was mich an der westlichen Bewunderung für dieses eindrucksvolle Bauwerk stört, ist die Tendenz, den byzantinischen Ursprung der einstigen Basilika zu verschweigen. Die kurzlebige Omayaden-Dynastie, die aus den Kämpfen um die Nachfolge Mohammeds als Sieger hervorging, war in der Ausübung ihrer Kalifatswürde bis zu ihrem Untergang auf die Infrastruktur und Verwaltungspraxis angewiesen, die ihr das Oströmische Reich vererbt hatte. Erst als deren Epigonen in die westlichste spanische Besitzung ausweichen mußten, entfalteten die omayadischen Exil-Kalifen von Córdoba jene architektonische Pracht, kulturelle Blüte und geistige Toleranz, die das christliche Abendland so nachhaltig befruchten sollten. Doch auch diese goldene Zwischenphase des Islam hat bekanntlich nur bis zur Ankunft der wilden Eiferer des Islam aus Nord-Afrika, der Berber-Stämme des rauhen Atlas gedauert – Almoraviden und Almohaden –, die auf ihre Weise in kriegerischen Sufi-Orden, Tariqat, Ribat oder Zawiya gruppiert waren und der katholischen Reconquista die Stirn boten. Deshalb ist man sich vielleicht in Damaskus, der alten Hauptstadt der frühen Omayaden, der Bindung an El Andalus besonders bewußt geblieben. Überall taucht diese arabische Bezeichnung für Spanien in der Namengebung auf, und im Hotel Sheraton, der internationalen Kontaktbörse für so manche Transaktion und Information, firmiert das beste orientalische Restaurant unter dem Schild »Ischbiliya«, dem arabischen Wort für »Sevilla«. Der Islam verfügt über ein langes Gedächtnis und eifersüchtiges Ressentiment, wenn es um seine an die Ungläubigen verlorene Domäne geht.

*

»El Sham«, wie die langgestreckte Oase am Barada-Fluß seit Urzeiten heißt, ist gewaltig in die Breite gegangen. Ein Meer von mehrgeschossigen Appartement-Häusern wurde aufwendig, fast luxuriös in Sand- oder Tuffstein errichtet. Sie umgürten die historische Metropole. Die meisten dieser stattlichen Unterkünfte stehen leer, obwohl die Wohnungsnot in Damaskus zum Himmel schreit. Sehr schnell erfährt man, daß das reichlich vorhandene syrische Kapital die Flucht in die Immobilien angetreten hat, daß es sich bei den eindrucksvollen Neubauvierteln um Spekulationsobjekte handelt und die reichen Finanziers sich hüten, diesen Besitz zu vermieten in der Befürchtung, später nicht mehr darüber verfügen zu können. Es sind verschiedene Sozialisierungs- und Enteignungswellen im Namen der Baath-Ideologie über das Land hinweggegangen. Bei den Reichen hat sich possessives Mißtrauen eingenistet.

Entlang der Zufahrt zum Flughafen tauchen ganz andere Bilder auf. Zwar haben die Behörden dort hohe Mauern errichtet, um die

Einsicht zu verhindern, aber unvermeidlich fällt der Blick durch Umzäunungslücken auf riesige Slum-Viertel, auf eine Ansammlung erbärmlicher Hütten. Das Elend ist nicht neu und durchaus nicht nur die Folge einer auch in Syrien unkontrollierbaren Landflucht. In den Baracken hausen vor allem Palästinenser, von Flüchtlingen kann man kaum noch sprechen, da die meisten dieser Unglücklichen seit ihrer Vertreibung im Jahr 1948 auf syrischem Boden geboren wurden. Die Zahl der Exil-Palästinenser wird hier auf 300 000 geschätzt, und Damaskus hat sich strikt geweigert, die Masse der Entwurzelten in den eigenen Staat zu integrieren. Allenfalls hat die Regierung dafür gesorgt, daß eine Auswahl dieser engverwandten Nachbarn in militärischen Einheiten dient, die de facto Bestandteil der syrischen Armee sind und deren Oberkommando unterstehen. Auf dieser Basis wurde schon vor vielen Jahren die palästinensische Brigade »El-Saiqa«, zu deutsch »Blitz«, ins Leben gerufen.

Wie alle anderen arabischen Staatschefs hegt der Löwe von Damaskus einen tiefen Argwohn gegenüber dieser Fremdbevölkerung, die er für seine Zwecke zu manipulieren sucht. Schon seine Vorgänger waren von dem Grundsatz ausgegangen, daß die Aufrechterhaltung des elenden Refugee-Potentials mit all der Verbitterung und dem Haß, der sich bei ihm angestaut hat, für den zionistischen Staat eine beklemmende, international einklagbare Hypothek darstellt. Dazu gesellt sich eine persönliche Animosität gegen die Person Yassir Arafats, die dem PLO-Chef mehrfach zum Verhängnis zu werden drohte. Hafez-el-Assad kann dem »Mann mit dem Keffiyeh« offenbar nicht verzeihen, daß er sich weigerte, im Namen einer groß-syrischen Politik seine Weisungen in Damaskus einzuholen, und statt dessen von Anfang an die Errichtung eines unabhängigen Nationalstaates Palästina anvisierte. Zusätzlich steht Yassir Arafat im Verdacht, er könne sich eines Tages vom Widerstandshelden zum konzessionsbereiten Verhandlungspartner der Zionisten mausern, und diese Vermutung – davon ist man in der Umgebung des Präsidenten überzeugt – wurde durch das Oslo-Abkommen voll und ganz bestätigt. Auf seltsame, tragische Weise ist das Schicksal des syrischen Staatschefs und des palästinensischen Rais Abu Ammar von Anfang an miteinander verwoben gewesen. Es handelt sich um eine lange Geschichte, und es war mir vergönnt, deren sukzessive Phasen aus unmittelbarer Nähe zu verfolgen.

*

Begonnen hatte alles mit dem mißlungenen Staatsstreich, den die PLO im Sommer 1970 gegen den jordanischen König Hussein führen wollte. Arafat, bei dem mir damals die Ähnlichkeit mit Rainer Werner Fassbinder auffiel – ein ständig grinsender Fassbinder mit Keffiyeh –, betrachtete die jordanische Hauptstadt bereits als sein eigenes Territorium. Die Palästinenser bildeten dort längst die erdrückende Bevölkerungsmehrheit. Zu jener Zeit war der Vietnam-Krieg noch in aller Mund, und das Fiasko der amerikanischen Weltmacht in Indochina zeichnete sich ab. Also verkündete Yassir Arafat, er werde Amman – im Kampf gegen die »zionistische Einheit« – zum »Hanoi der Araber« machen. Von diesem Bollwerk aus werde er die Rückeroberung seiner Heimat in die Wege leiten. Im September 1970 hatte ich es dem Wohlwollen des WDR-Intendanten Klaus von Bismarck zu verdanken, der trotz aller Querelen der Rundfunkpolitik, trotz Aufsichts- und Verwaltungsratssitzungen sein »abenteuerliches Herz« bewahrt hatte, daß ich meinen Schreibtisch als Fernsehdirektor in Köln kurzfristig verlassen konnte, um nach Jordanien zu fliegen. Die erste Runde des Bürgerkriegs war bereits entschieden. Am 16. September 1970 hatte König Hussein seinen treuen Beduinen Order erteilt, der unerträglichen und demütigenden Situation, in die ihn die Palästinenser gebracht hatten, ein Ende zu setzen.

Arafat und seine PLO benahmen sich seit Monaten in Jordanien, als repräsentierten sie bereits die tatsächliche Staatsgewalt. Die Freischärler unter dem schwarz-weißen Kopftuch veranstalteten Paraden und ergingen sich – Parolen und Kampflieder brüllend – in heldischer Pose. Für die Kameras der ausländischen Fernsehgesellschaften führten sie in ihren Übungslagern Einsatzbereitschaft vor, sprangen durch brennende Reifen, robbten unter Stacheldraht, während schreiende Instrukteure scharf über die Köpfe der Rekruten feuerten. Eine revolutionäre Show wurde geboten. Aber für Hussein ging es ums Ganze, seit die Fedayin sich anmaßten, Sicherheitskontrollen und Verhaftungen durchzuführen, seit sie Geplänkel an der Jordan-Front provozierten. Hätte er eine Woche länger zugesehen, wäre ihm nur noch die Abdankung und die Flucht ins Ausland geblieben. Im frühen September 1970 war der Punkt ohne Wiederkehr erreicht. Die linksextremistischen Gefolgsleute des palästinensischen Christen George Habbash hatten drei Verkehrsmaschinen nach Zarqa in Nord-Jordanien entführt und im Beisein der internationalen Presse gesprengt. Das Schicksal des Haschemiten-Throns schien mit dieser ungeheuerlichen Herausforderung besiegelt.

Aber der König – ein authentischer Nachkomme des Propheten – war aus hartem Holz geschnitzt. Seine Beduinen-Armee stand hinter ihm, brannte darauf, mit dem palästinensischen Protzen abzurechnen. Als der Feuerbefehl kam, ballerte die jordanische Artillerie in die befestigten Flüchtlingslager von Amman, als gelte es, die Israeli zu besiegen. Die königstreue Truppe machte Jagd auf die PLO-Partisanen in der Innenstadt. Eine Anzahl von Gebäuden ging in Flammen auf. Ein paar tausend Palästinenser – genaue Zahlen wurden nie bekannt – wurden getötet. Unglaubliche Mengen von Munition wurden verschossen. Aber gegenüber den Berufssoldaten des Königs reichte es nicht aus, »trigger happy« mit der Kalaschnikow zu spielen und sich am Explosionslärm zu berauschen. In achtundvierzig Stunden war der Spuk vorbei. In den Flüchtlingslagern weinten die Frauen. Die PLO-Kämpfer mußten überstürzt die Hauptstadt räumen. Arafat war längst außer Landes.

Als ich in jenem »Schwarzen September« in Amman eintraf, hatte der König die Partie gewonnen. Er besaß den größeren Mut und bewahrte die stärkeren Nerven. Im Hotel Intercontinental, wo ein paar Wochen zuvor, im Juni, eine radikale Palästinenser-Gruppe vorübergehend achtzig Geiseln genommen hatte, waren die meisten Scheiben zerborsten und die Empfangshalle durch Einschüsse entstellt. Die Krise war noch nicht ganz ausgestanden. Zwölftausend irakische Soldaten, Sympathisanten der PLO, standen im Osten des Landes und hätten jederzeit gegen den Königspalast marschieren können. Aber die Amerikaner hatten zu verstehen gegeben, daß sie eine solche Verletzung der jordanischen Souveränität nicht dulden würden.

Die wirkliche Gefahr kam aus Norden. Die Republik Syrien wurde im Sommer 1970 noch von einer extremistischen Clique der Sozialistischen Baath-Partei unter dem hitzigen Triumvirat der Ärzte Nureddin Atass, Yussef Zouayen und des General Salah Dschedid regiert. Diese Männer hatten beschlossen, den palästinensischen Brüdern in deren Not zur Seite zu stehen. Syrische Panzerbrigaden waren über die jordanische Grenze nach Süden gerollt, um die Tragödie des »Schwarzen Septembers« – unter diesem Namen ist die Krise von Amman in die Annalen eingegangen – im Sinne des revolutionären Arabismus zu nutzen. Weit waren die Tanks des Zouayen-Regimes nicht gekommen. Der Oberbefehlshaber der syrischen Luftwaffe, ein gewisser General Hafez-el-Assad, hatte nämlich das aberwitzige Engagement des herrschenden Dreierbundes mißbilligt und den eigenen Bodentruppen jede Luftunterstützung verweigert. Aus Israel waren dem Oberkommando in Damaskus eindeutige Warnungen zugekommen: Eine bewaffnete syrische Intervention im jordanischen Bürgerkrieg würde von Zahal mit der vollen Entfaltung seiner weit überlegenen militärischen Mittel beantwortet. Notfalls schrecke Israel auch vor der Eroberung Ammans nicht zurück. Im Herbst 1970 war die Erinnerung an das gesamt-arabische Debakel des Sechs-Tage-Krieges noch in allen Gemütern präsent, und General Hafez-el-Assad wußte, daß er schon am ersten Tag einer Konfrontation mit dem Judenstaat seine gesamte Luftwaffe einbüßen würde. Gestützt auf eine kleine Fraktion im »Regionalen Oberkommando der Baath-Partei« – angeführt durch General Mustafa Tlass und den erfahrenen Politiker Abdel Halim Khaddam, der später sein Außenminister, dann sein Vizepräsident werden sollte –, setzte Assad sich durch und befahl die Einstellung der Militäroperation. Die jordanischen Jagdbomber verfügten nun über die Luftherrschaft und brachten die gegnerischen Bodentruppen mühelos zum Stehen.

An diesem entscheidenden Tag war ich am frühen Morgen von Amman in Richtung Damaskus aufgebrochen, um an Ort und Stelle meine Erkundungen einzuholen. Knapp fünfzig Kilometer nördlich der jordanischen Hauptstadt, in Jerrasch, traf ich auf eine versprengte PLO-Einheit, die vor der monumentalen Kulisse des antiken römischen Amphitheaters kampierte. Die Männer waren niedergeschlagen, sie wußten, daß sie ihre Chance verspielt hatten, daß sie sich nach einem neuen Exil umsehen mußten. Wir bogen nordwestlich in Richtung Adschnul ab. Dort hatte sich ein versprengter Haufen von Fatah-Partisanen in der alten Kreuzritterburg eingenistet. Das Jordantal und das palästinensische Westufer lagen zu ihren Füßen. In Trauer und Schmerz starrten die jungen Palästinenser auf ihre verlorengegangene Heimat, die zum Greifen nahe lag, auf ihr Gelobtes Land. Morgen oder übermorgen würden die Beduinen Husseins auch diese Stellung ausräuchern, und schon richteten sich die Blicke der geschlagenen Fedayin auf den Libanon, als letzte Zuflucht und Ausgangsbasis im Kampf gegen Israel.

Am Nachmittag erreichte ich die Grenzstation, wo die sporadischen Kämpfe noch andauerten. Es wurde heftig geschossen. Auf den südlichen Höhen waren sandgelb getarnte Panzer der königstreuen Armee Husseins aufgefahren, die ihre Granaten in die vermeintlichen Stellungen der syrischen Vorhut abfeuerten. Die Zollstation stand in hellen Flammen. Ich zahlte meinem Chauffeur eine Prämie von 300 US-Dollar, damit er durch die feindlichen Linien brauste. Jenseits der Grenze ging der aggressive Spuk schnell zu Ende. Nur verstreute Gruppen palästinensischer Fedayin – buntscheckig uniformiert und mit Kalaschnikows oder Panzerfäusten bewaffnet – bauten sich in martialischer Haltung auf. Sie hüteten sich, den Kämpfen zu nahe zu kommen. Auf ihren Gesichtern spiegelte sich die Demütigung der Niederlage. Die Strecke nach Damaskus brachten wir ohne Probleme hinter uns. Die Hauptstadt selbst schien von ihren Einwohnern verlassen. Eine seltsame, unheimliche Ruhe hatte sich über die Omayaden-Metropole gesenkt. An der Rezeption des »Semiramis-Hotels«, das heute – von außen grün gekachelt – in iranischen Besitz übergegangen ist, wurde ich schnell abgefertigt. Es gelang mir, Kontakt zu einem Angehörigen der deutschen Botschaft aufzunehmen, und wir entdeckten tatsächlich ein geöffnetes Restaurant, »Le Vendôme«, in dem sich ein paar schweigsame oder geheimnisvoll tuschelnde Gäste aufhielten. Der Luftwaffen-General Hafez-el-Assad, so erfuhren wir, hatte am Vormittag erfolgreich geputscht und die Ministerien besetzen lassen. Die ultra-linken Hasardeure der Zouayen-Clique ständen unter Hausarrest. Schon zwei Monate später gab sich der Löwe von Damaskus als neuer Zaim offiziell zu erkennen, und am 14. März 1971 leistete er – für eine Amtsdauer von sieben Jahren – den Eid als Staatspräsident der Arabischen Republik Syrien. Bis zum heutigen Tag ist seine Macht ungebrochen geblieben.

Dem Chef der PLO hingegen und seinen bewaffneten Milizen blieb nur noch die Flucht ins Ausland. Über den sogenannten Arafat-Pfad am Hermon sickerten die besiegten palästinensischen Freischärler der unterschiedlichen Fraktionen in den Süd-Libanon ein. Dort sollten sie – dieses Mal mit Erfolg – das Manöver wiederholen, das in Jordanien an der Entschlossenheit König Husseins gescheitert war. Der Weg, der zur Auflösung der libanesischen Souveränität führte, war von nun an vorgezeichnet. Im Abkommen von Kairo, das noch von Gamal Abdel Nasser persönlich patroniert wurde, war ja den zahlreichen palästinensischen Exilanten, die schon 1948 von den Israeli in die multikonfessionelle Zedern-Republik abgedrängt worden waren, lokale Selbstverwaltung und sogar die Unverletzlichkeit ihrer Militärstrukturen innerhalb der Flüchtlings-Camps zugestanden worden.

Ich will an dieser Stelle nicht den Ablauf des libanesischen Totentanzes aufzeichnen, der 1975 an einer Tankstelle von Ain Remnaneh, einem Vorort Beiruts längs der Straße nach Damaskus, mit einer Schießerei zwischen christlich-maronitischen Phalangisten und Milizionären einer pro-irakischen Palästinenserformation begann. Der Bürgerkrieg hat die einstige »Schweiz des Orients« fünfzehn Jahre lang heimgesucht und auf unvorstellbare Weise verwüstet. Die Palästinenser, das steht im Rückblick fest – waren das Ferment dieses Untergangs. Im Verbund mit den pan-arabischen Nasseristen und den linksradikalen libanesischen Parteien unter Führung des Drusen-Emirs Kamal Dschumblat, die im »Mouvement National« gebündelt waren, hatten die »Palestino-Progressistes«, wie sie von gewissen französischen Gazetten genannt wurden, die Schlacht um die Hotels und die turmähnlichen Hochhäuser von Beirut – man sprach tatsächlich von »la bataille des tours« – Anfang 1976 bereits gewonnen. Die christlichen Maroniten, eine kämpferische, mit Rom unierte Konfession, die sich mit eigenen Milizverbänden, den »Kataeb« oder »Phalanges«, ausgestattet hatten, sahen sich in ihrem Überleben bedroht. Die Kataeb hatten die eigenen Kräfte sträflich überschätzt. Die »Palestino-Progressistes« drangen tief ins libanesische Gebirge, in die Metn- und Schuf-Bezirke vor, wo die Maroniten sich seit dem frühen Mittelalter gegen alle Anfechtungen des Islam behauptet hatten. Was diesen Christen bevorstand, hatte der oberste Feudalherr der kriegerischen Drusen-Sekte, Kamal Dschumblat, einer Delegation maronitischer Mönche angedeutet: »Ihr seid früher unsere Leibeigenen gewesen, und dieses Schicksal steht euch wieder bevor, falls ihr den Widerstand nicht einstellt. Mindestens ein Drittel von euch wird ohnehin ins Ausland flüchten, und viele werden umkommen.« Im Namen der PLO hatte der Sicherheitschef Abu Dschihad, der als zweiter Mann Arafats und als sein heimlicher Rivale galt, am 23. Mai 1976 öffentlich erklärt: »Unser Weg nach Palästina führt über Jounieh.« Jounieh war die provisorische Hauptstadt der maronitischen Kataeb-Verwaltung.

»Der Libanon steht im Begriff – nach der Unterwerfung der christlichen Milizen –, ein Protektorat, eine Ersatzheimat der Palästinenser zu werden«, so schrieb ich schon im Herbst 1975 nach einem kurzen Aufenthalt in Beirut, wo der frühere Stadtkern rund um den »Bordj«, auch »Place des Canons« oder »Place des Martyrs« genannt, bereits in eine surrealistische Ruinenlandschaft verwandelt worden war. Diese Perspektive, die Israel nicht tatenlos hinnehmen konnte, beunruhigte auch den syrischen Präsidenten Hafez-el-Assad, der der PLO zutiefst mißtraute und den in seinem Land befindlichen Palästinensern von Anfang an die Daumenschrauben angelegt hatte. Es kam zu endlosen Palavern innerhalb der Araber-Liga. Die USA drängten auf eine arabische Schlichtungsintervention. Schritt für Schritt sickerten die Syrer ein, erst in die Bekaa-Hochebene und in das Akkar-Gebiet, wo ganze christliche Dörfer von ihrer Bevölkerung fluchtartig verlassen worden waren. Nach langen orientalischen Basar-Verhandlungen – die saudischen Petro-Dollars gaben am Ende den Ausschlag – wurde die Aufstellung einer arabischen Friedenstruppe, der sogenannten »arabischen Abschreckungskraft« – bestehend aus Syrern, Libyern, Saudis und Sudanesen –, beschlossen. In Wirklichkeit wurde die syrische Truppenpräsenz legalisiert und dem Ungestüm der Palästinenser die Kandare angelegt. Die einrückenden Divisionen Hafez-el-Assads zögerten nicht, das Feuer auf die Freischärler der PLO und deren »progressistische« Freunde zu eröffnen. Von den Christen wurden die bislang beargwöhnten und verhaßten Syrer als Retter begrüßt und bejubelt. Die syrische Artillerie-Unterstützung erlaubte es dann auch den Phalangisten, das Palästinenserlager von Tell-el-Zaatar, ein Dorn im Fleisch des christlichen Verteidigungs-Réduits, zu liquidieren. Es kam zu schlimmen Massakern, die die PLO wenig später mit der Verwüstung des maronitischen Küstendorfes Dammur beantwortete, ein Vorgang, der von Nicolas Born in seiner »Fälschung« sehr einseitig geschildert worden ist.

In den folgenden Jahren haben die Syrer, deren Okkupations-Armee am Libanon auf 35 000 Mann anschwoll, zwecks Wiederherstellung des konfessionellen Gleichgewichts auch die maronitischen Kataeb unter Beschuß genommen und systematisch eingeengt, zumal sich in Jounieh ein kleiner israelischer Verteidigungsstab etablierte und sich zwischen dem Judenstaat und dieser christlich-orientalischen Enklave eine diskrete Kooperation abzeichnete.

*

Warum ich das libanesische Zwischenspiel an dieser Stelle erwähne? Ich bin am 20. Mai 1997 zu einem Gespräch mit Adnan Omran, dem syrischen Vize-Außenminister, eingeladen. Es heißt, daß Omran das Ohr des Präsidenten besitzt und zu den einflußreichen Männern des Baath-Regimes gehört. Da er aus der Gegend von Tartus stammt, nehme ich an, daß er Alawit ist. Der gutaussehende, grauhaarige

Mann spricht perfekt Englisch, wirkt weltläufig und ist außerordentlich gut informiert. Von ideologischen Vorbehalten ist wenig zu spüren. Vermutlich habe ich es der Vermittlung des früheren syrischen Botschafters in Bonn, Suleiman Haddad, zu verdanken, daß Adnan Omran sich mit einer Offenheit, ja Ungeschminktheit ausdrückt, die ansonsten nicht zum politischen Stil der Damaszener Republik gehört und den akkreditierten Diplomaten selten gewährt wird.

Mir fällt die Bescheidenheit dieses Ministeriums auf, die mit der amtlichen Verschwendungssucht so vieler anderer arabischer Staaten angenehm kontrastiert. Die deutsche Botschaft liegt gleich nebenan, und auch der Arbeitssitz des Staatschefs befindet sich in derselben Straße, weshalb der Autoverkehr hier gesperrt ist und zahlreiche Bewaffnete – oft in Zivil – sich auf den Trottoirs aufhalten. In dem Ministerbüro hängt das Bild des Rais, und neben dem Schreibtisch ist eine syrische Fahne aufgepflanzt. Ihre schwarz, weiß, grün und rot angeordneten Streifen oder Dreiecke sind den Emblemen Jordaniens, des Irak, Kuweits, der Palästinenser so ähnlich, daß man sie leicht verwechselt. Die gemeinsame Farbenwahl ist wohl das einzige, was von der erträumten arabischen Einheit im Bereich des »Fruchtbaren Halbmondes« übriggeblieben ist. Der Vize-Außenminister ist offenbar gründlich über meinen Werdegang informiert. Er scheint zu wissen, daß ich lange im libanesischen Gebirge unter den christlichen Maroniten gelebt habe. So schneidet er im Verlauf der Konversation das Thema der syrischen Truppenpräsenz im Libanon an, die immer wieder in die Schußlinie internationaler Kritik gerät und als Argument benutzt wird, die israelische Teil-Okkupation des Süd-Libanon jenseits des »guten Zauns« von Metulla zu rechtfertigen.

»Warum sind wir denn 1976 in die Schwesterrepublik von Beirut eingerückt?« hebt Adnan Omran an. »Die christlichen Maroniten waren von physischer Vernichtung bedroht. Die treibende Kraft in diesem Feldzug war, wie Sie wissen, die Fatah-Organisation Yassir Arafats. Ein Gemetzel unter den Christen hätte die bewaffnete Intervention der Israeli zur Folge gehabt, die nur darauf brannten, den Libanon zu ihrem Satelliten zu machen.« Der Vize-Minister vertraut mir ein Geheimnis an. Bevor Präsident Assad seinen Soldaten den Befehl zum Vorrücken nach Westen erteilte, hatte er eine endlose Diskussion mit Kamal Dschumblat, dem einflußreichen Vorsitzenden des libanesischen »Mouvement National«, geführt. Er hatte den Drusen beschworen, seinen Unterwerfungsfeldzug gegen die Kataeb einzustellen. Von sechs Uhr abends bis sechs Uhr früh habe die Debatte gedauert, und Kamal Dschumblat, den ich zehn Jahre zuvor als undurchdringliche, hochkultivierte, aber mystisch verstiegene Persönlichkeit kennengelernt hatte, war unnachgiebig geblieben. So seien die Syrer gezwungen gewesen, sich wenigstens vorübergehend auf die Seite der Maroniten zu schlagen und deren Gegenangriff zu unterstützen.

Was in dem lockeren Gespräch nicht erwähnt wurde: Kurze Zeit nach diesem dramatischen Disput mit Hafez-el-Assad ist Kamal Dschumblat im Kugelhagel unbekannter Attentäter gefallen, und kein Libanese zweifelt daran, daß der syrische Mukhabara diese Aktion geplant und ausgeführt hat. Wir sprechen auch nicht über das unerbittliche Vorgehen der syrischen Armee fast zehn Jahre später gegen die letzten palästinensischen Positionen in den Flüchtlingslagern rund um die nordlibanesische Hafenstadt Tripoli. Yassir Arafat führte dort 1984 persönlich das Kommando über ein verzweifeltes Fähnlein seiner Fatah-Getreuen, ehe er mit dieser verlorenen Schar zur Flucht auf meist französischen Schiffen in Richtung Tunis gezwungen wurde. Selbst in dieser prekären Situation war der PLO-Chef dem Löwen von Damaskus als eine Art Separatist, als ein Verräter an der groß-syrischen Sache, als ein unfreiwilliges Instrument der zionistischen Einflußnahme in der Levante erschienen. Die Feindschaft war unauslöschlich, auch wenn beide Politiker – wenn sie gelegentlich zusammenkamen – sich getreu der orientalischen Übung des »killing and kissing« wie Brüder in den Armen lagen und einander abschmatzten.

Zu Beginn des Jahres 1991 hatten sich Assad und Arafat wiederum in gegnerischen Lagern befunden. Der Syrer hatte sich in kluger Anpassung an die neue Situation nach dem Zerfall der Sowjetunion in die pro-amerikanische Koalition des Zweiten Golfkrieges eingereiht, während der Palästinenser sich lauthals mit dem Diktator von Bagdad solidarisierte. Frontwechsel sind nichts Ungewöhnliches im Mittleren Osten. Heute ist der PLO-Chef auf das Wohlwollen Washingtons in seiner schier aussichtslosen Kraftprobe mit Benjamin Netanjahu angewiesen, während die Beziehungen der Damaszener Diplomatie zu Amerika sich laufend verschlechtern und zur Zeit meines Gesprächs im Außenministerium einen Tiefpunkt erreicht haben. Doch auch hier könnte jederzeit eine opportunistische Kehrtwendung stattfinden, falls der US Congress sich bereit fände, die Republik von Damaskus nicht länger als einen den Terrorismus begünstigenden Staat zu betrachten, und die damit verbundenen Sanktionen aufhöbe. Die vorsichtigen

Fühler, die Präsident Assad in Richtung Bagdad ausstreckt, haben im Weißen Haus ihre Wirkung nicht ganz verfehlt, aber man bedarf dort noch mancher Köder, um den Syrer wieder an den Verhandlungstisch mit Emissären aus Jerusalem zu bringen.

»Wir waren in unseren Kontakten mit den Israeli tatsächlich sehr weit vorangekommen«, bestätigt Adnan Omran mit bemerkenswerter Unbefangenheit. »Von vier entscheidenden Punkten waren zwei bereits abgehakt. Shimon Peres hatte zugestimmt, das gesamte Golan-Gebiet – bis zum letzten Quadratmeter – zu räumen und der Verwaltung seiner rechtmäßigen Besitzer zurückzuerstatten. Wir Syrer hatten unsererseits das Einverständnis für die totale Demilitarisierung und die militärische Überwachung dieses strategisch wichtigen Plateaus gegeben.« Vor allem amerikanische Einheiten sollten dabei präsent sein. Zwei Punkte blieben noch offen. Die Israeli drängten auf eine friedliche Kooperation, auf einen positiven Modus vivendi zwischen beiden Staaten, und schließlich war der Zeitplan des Abzugs nicht geregelt. Am Rande dieses Hauptthemas war wohl auch besprochen worden, daß Israel seinen südlibanesischen Okkupationsstreifen bei Merjayoun evakuieren und daß die libanesische Armee in diesem kritischen Abschnitt die schiitischen Hizbullahi von jeder Kampfhandlung gegen Galiläa abhalten würde. Syrien hätte dabei eine hilfreiche Vermittlungsrolle spielen können.

Ob auch die Rücknahme der starken syrischen Verbände aus der Zedern-Republik ins Auge gefaßt oder überhaupt angesprochen wurde, habe ich nicht erfahren, aber der Vize-Außenminister wies auf einen recht einleuchtenden Parallelfall hin. Immerhin sei der libanesische Bürgerkrieg Ende der achtziger Jahre zum Erliegen gekommen, und in Beirut sei unter dem maronitischen Staatschef Hraoui, dem sunnitisch-muslimischen Regierungschef Hariri und dem schiitischen Parlamentsvorsitzenden Nabih Berri eine gewisse Normalität eingekehrt. Natürlich war diese Befriedung nur durch massiven syrischen Druck und durch die Einflußnahme der Damaszener Dienste auf die genannten Politiker möglich geworden. »Manche Europäer, insbesondere die Franzosen, kritisieren unser Vorgehen«, räumt Omran ein, »aber dem Libanon ist doch unser Einwirken, das man böswillig als ›Protektorat‹ bezeichnet, zugute gekommen. Das Morden hat aufgehört, und die Wirtschaft blüht langsam wieder auf. Man kann den Bosniaken – Muselmanen, Serben und Kroaten – nur wünschen, daß sie durch die Einwirkung einer entschlossenen Regionalmacht zur Räson gebracht, zum gemeinsamen Aufbau angehalten und zum Wohlverhalten zwischen Koranglälubigen, Griechisch-Orthodoxen und Katholiken gezwungen würden.« Weder die Blauhelme der UNPROFOR noch die NATO-Kontingente von SFOR hätten einen erträglichen Zustand zwischen Sarajevo, Banja Luka und Mostar zustande gebracht, und das Dayton-Abkommen sei ein publizistisch überbewertetes Kompromißpapier. Was dem ehemaligen Jugoslawien und demnächst auch Albanien in Wirklichkeit fehle, so lautet der zwingende Schluß, sei eine balkanische Ordnungsmacht à la syrienne.

All das war nunmehr Vergangenheit. »Die Israeli haben unsere Kontakte zwei Monate zu früh abgebrochen«, beteuert der Vize-Minister Syriens. Von Netanjahu hat man in Damaskus keine hohe Meinung. Er besitze nicht das Format eines Begin oder eines Rabin. Er reagiere arrogant und unberechenbar, ja er wirke verschlagen. Die Meinung gewisser Experten, ein Frieden Israels mit Syrien – wie einst mit Ägypten – lasse sich eher mit einem »Hardliner« des Likud-Blocks erzielen als mit einem nachgiebigeren Sozialisten der Avoda-Partei, treffe im Hinblick auf den Golan bislang nicht zu. Der derzeitige israelische Regierungschef habe keinerlei Kompromißbereitschaft signalisiert. Da würden sogar Versuchsballons hochgelassen im Hinblick auf eine Erweiterung der entmilitarisierten Zone in Richtung Damaskus, eine für Syrien völlig unerträgliche Vorstellung. Dann wiederum käme aus Jerusalem die kategorische Forderung nach Auflösung der Hizbullah. Aber diese schiitische »Partei Gottes« sei inzwischen legalisiert und im Parlament von Beirut vertreten. Schließlich hätten die Israeli das Verbot all jener palästinensischen Gruppierungen angemahnt, die auf syrischem Territorium tätig blieben und den Arafat-Kurs verweigerten. Dabei sei der schlimmste aller palästinensischen Terroristen, Abu Nidal, längst des Landes verwiesen, und das gleiche gelte für den Unruhestifter Ahmed Dschibril.

Nicht nur im Außenministerium von Damaskus wird tiefes Bedauern über die Passivität der Europäer geäußert. Von Frankreich erwartet man nicht allzuviel, zumal Paris sich aus historischen und sentimentalen Gründen gegenüber den Maroniten des Libanon verpflichtet fühlt. Doch die deutsche Diplomatie lasse zu wünschen übrig. Man trauert in Syrien zwei Männern nach, die die europäische Führungsfunktion der Bundesrepublik auf positive Weise verkörpert hätten, Hans-Dietrich Genscher und Franz Josef Strauß. »Sind die Europäer sich nicht bewußt, daß sie sich auf einen Wirtschaftskrieg mit den USA zubewegen?« fragt Omran. »Sie müßten die amerikanischen Business-men hören, wenn sie hier aufkreuzen, mit welcher Geringschätzung sie sich über ihre europäischen Konkurrenten äußern, ja sie gelegentlich als »bastards« bezeichnen.« Größte Sorge bereitet natürlich die immer wieder zitierte Komplizenschaft zwischen Israel und der Türkei. Die Generale von Ankara, so sieht man es in der syrischen Führung, haben sich mit ihrer radikalen Frontstellung gegen die Islamisten der Refah-Partei auf ein gefährliches Terrain begeben. »Auch Syrien betrachtet sich als einen säkularen Staat«, betont Adnan Omran. »Im Gegensatz zu Ägypten ist die Scharia in unserer Verfassung gar nicht erwähnt. Aber bei uns wird die Frömmigkeit der Staatsbürger – welcher Religion sie auch anhängen – voll respektiert.« Die Türkei habe offenbar den Weg der konfessionellen Unterdrückung beschritten, der Generalstab übe die tatsächliche Macht in Ankara aus und die enge Zusammenarbeit mit den Zionisten wirke wie ein Affront gegen die gesamte islamische Welt. Die Armee gegen das Volk – das sei noch nie gut gegangen, wie die schreckliche Entwicklung in Algerien vor Augen führe. Im übrigen gebe es Studien der CIA, wonach die Refah-Islamisten des »Hodscha« Erbakan bei der nächsten Wahl – falls sie nicht grob gefälscht werde – von 21 auf 37 Prozent der Stimmen klettern würden. Im Jahr 2000 könnten die türkischen Fundamentalisten mit einer Anhängerschaft von 60 Prozent rechnen.

In Damaskus weiß man wohl um meine Berichterstattung in der Anfangsphase der Khomeini-Revolution und um meine Weigerung, in den Entrüstungschor der »political correctness« gegen die Mullahkratie von Teheran einzustimmen. Adnan Omran bestätigt die weiterhin guten Beziehungen seines Landes zur Islamischen Republik Iran. In diesem Zusammenhang entwirft er allerdings ein Schreckensszenario, das mich bei dem nüchternen, umgänglichen Mann aufhorchen läßt. Eine kriegerische Aktion Amerikas gegen Iran erscheint ihm unvermeidlich. Die Marschflugkörper und die schwere Schiffsartillerie der Fünften US-Flotte, die im Persischen Golf kreuzt, würden eines Tages die Erdöl-Raffinerien und Verschiffungsanlagen der Iraner vernichten. Kampfflugzeuge würden von ihren schwimmenden Rollbahnen starten, um wirtschaftliche und strategische Ziele im Hinterland, vor allem die vermeintlichen Produktionsstätten der »islamischen Atombombe« auszuradieren. Die iranischen Streitkräfte seien jedoch heute schon in der Lage, durch relativ hoch entwickelte Mittelstreckenraketen, die die Scud-B weit überträfen, erhebliche Zerstörungen in den mit Washington verbündeten Emiraten am Golf und in der El Ahsa-Provinz Saudi-Arabiens anzurichten. Diese Verwüstungen würden die erdölproduzierenden Staaten der Region in eine totale Abhängigkeit von Washington treiben und zugunsten des US-Kapitals eine Verschuldung in astronomischer Höhe nach sich ziehen. Welche zusätzlichen Komplikationen sich aus einer solchen Krisen-Spirale ergäben, sei noch gar nicht abzusehen. Nicht nur Rußland würde auf unerträgliche Weise brüskiert, womit Washington vielleicht leben könne, aber auf lange Sicht würde die kommende Weltmacht China auf den Plan gerufen, und deren Spielraum werde im anbrechenden neuen Jahrtausend unermeßlich sein.

Der Vize-Außenminister ist sich wohl der bombastischen Dimension seiner Prognosen bewußt geworden. Vielleicht ist auch nur die angeborene arabische Freude an den Verschwörungstheorien mit ihm durchgegangen. Zwei Stunden haben wir uns immerhin unterhalten. Omran ist keiner Frage ausgewichen und hat mich auch nicht aufgefordert, die Spielregel »off the record« einzuhalten.

Auf den Spuren der Kreuzritter

Qala'at-el-Hosn, im Mai 1997

Was wäre ein Aufenthalt in Syrien ohne eine Pilgerfahrt zum »Krak des Chevaliers«? Qala'at-el-Hosn – »die schöne Burg« – heißt diese Kreuzritterfestung auf arabisch. Sie ist im Hinterland von Tartus gelegen, an einer Schlüsselschneise zwischen den Häfen des Mittelmeers und den Häfen der Wüste, um der Terminologie Toynbees treu zu bleiben. Der Krak, diese geradezu Wagnersche Vision, paßt überhaupt nicht in die sonnige Landschaft, unter den blauen Levante-Himmel. Aus den Nebeln des Abendlandes, aus der ungestümen, himmelstürmenden Frömmigkeit des fränkischen Rittertums und seiner keltischen Legenden ist diese Gralsburg aufgetaucht. Die rauhen Barone aus dem christlichen Westen waren als Barbaren in den Orient eingefallen. Dem Zivilisationsstand der Byzantiner, die sie verachteten, und der Muselmanen, die sie als Gegner schätzten, waren sie weit unterlegen. Aber welch kolossale Kraft äußert sich in der Aufschichtung dieses trutzigen Monuments. Die orthodoxe Kirche von Konstantinopel hatte ihre Mönche und Kleriker stets zum Waffenverzicht und zur Friedfertigkeit verpflichtet. Die streitbaren Ordenskrieger, die die Ungläubigen mit Schwert und Feuer bekämpften und notfalls ausrotteten, waren Ausdruck jener germanisch-lateinischen Verschmelzung, die die Nachfolger Karls des Großen zu ihrem historischen Adlerflug befähigte. Auf den Kampfschrei des Korans »Allahu akbar« antwortete der christliche Schicksalsruf: »Deus vult – Gott will es!« »Gesta Dei per Francos – Die Taten Gottes, von den Franken ausgeführt«, hatte der Chronist Godefroy de Comines seine Schilderung einer späteren Phase der Feldzüge gegen die Muselmanen betitelt.

Auch dieses Mal gehe ich über die Ziehbrücke, am Refektorium und am Gemach des Ordensmeisters vorbei. Ich verweile in der gotischen Kapelle, wo zu Zeiten der fränkischen Herrschaft das Mysterium von Leib und Blut Christi zelebriert wurde. Auf der weit ausladenden Festungsplattform ist ein massiver runder Steintisch völlig intakt geblieben, und man kann sich vorstellen, wie die Ritter hier zu einer exotisch verfremdeten Artus-Runde zusammenkamen. Jerusalem war längst an den Halbmond verlorengegangen und die Garnison des Krak nur noch vierhundert Mann stark, als die Heerscharen des Mameluken-Sultans Baibars nach endloser Belagerung und Aushungerung die Entscheidung zu ihren Gunsten erzwangen. Bei meiner ersten Besichtigung des Qala'at-el-Hosn im April 1982 hatte ich einen pensionierten Studienrat, einen christlichen Nestorianer, angeheuert, der sich als Fremdenführer einen kleinen Nebenverdienst verschaffen wollte und aufgrund seines hohen Alters keine großen politischen Rücksichten mehr zu nehmen brauchte. »Welch seltsames Nebeneinander«, bemerkte ich damals, »diese schäbigen Alawiten-Dörfer des Nusairi-Tals und hoch darüber schwebend die herrische Parzival-Vision des Krak!« Der weißhaarige Studienrat, der sich kurioserweise als Monsieur Frank anreden ließ, widersprach mir. »Kreuzritter und Alawiten«, so holte er aus, »haben mehr miteinander zu tun als Sie denken. Nicht weil diese bäuerlichen, oft rothaarigen Typen von den germanischen Eroberern abstammen, wie das immer behauptet wird, sondern weil sie sich schon im zwölften und dreizehnten Jahrhundert auf Leben und Tod begegneten. Sie sind heute am Orontes entlanggefahren, und man hätte Ihnen den Dschebl Ansariyeh zeigen sollen. Dort hatte sich der ›Alte vom Berge‹ – in Wirklichkeit hieß er Sinan Ben Salman – in seinem Adlernest verschanzt. Der ganze Orient zitterte vor seinen Mörderbanden, den ›Assassinen‹.«

Wer konnte sich noch zurechtfinden in den religiös-konspirativen Abgründen der islamisch-schiitischen Welt? Denn in Persien hatte man mir ebenfalls von einem »Alten vom Berge« erzählt, der von seiner Gebirgsfestung Alamut aus Schrecken gesät. Hassan-el-Sabah hieß der fanatische Schiitenführer, den die persischen Regime-Gegner von heute mit dem Ayatollah Khomeini vergleichen. Hassan-el-Sabah war im elften Jahrhundert in der heiligen Stadt Qom geboren, wechselte von der Zwölfer-Schia zur Siebener-Schia über, sammelte fanatische Jünger um sich, die er in einer klösterlichen Kaserne ausbildete und die als Terroristen ausschwärmten, um im Namen Allahs und einer angeblich im Koran vorherbestimmten Gerechtigkeit die Mächtigen und die Reichen dieser Welt heimzusuchen und umzubringen. 35 Jahre lang hatte ganz Persien vor diesem alten Wüterich gezittert, dessen blutrünstige Erfolge sich auf den Volksaufstand der Entrechteten stützten, der Leibeigenen, der Geschundenen, der »Mustazafin«, so würde man seit Khomeini in Teheran sagen. Hassan-el-Sabah war nicht nur ein schiitischer Fanatiker. Als Vorkämpfer gegen die Fremdherrschaft der türkischen und sunnitischen Seldschuken ist er auch als iranischer National-Held in die Geschichte eingegangen. Ich erwähnte diese seltsame Parallelität zwischen Persien und Syrien. Aber Monsieur Frank hatte mich wiederum eines Besseren belehrt.

»Die Perser mögen ihren Alamut-Helden als ›Alten vom Berg‹ bezeichnen. Der wahre ›Scheikh-el-Dschebl‹ ist bei uns beheimatet. Er hat die Kreuzritter heimgesucht, und das damalige muselmanische Establishment hat er das Fürchten gelehrt.« Sinan Ben Salman sei ebenfalls Siebener-Schiite, also ein »Ismailit« gewesen, aus Mesopotamien gebürtig. Für die Alawiten von heute gelte er weiterhin als eine Art Leitbild und Prophet. Die geheimnisvolle Figur Salman, die in der alawitischen Dreifaltigkeit verehrt wird, sei kein anderer als dieser Terroristenführer aus dem Dschebl Ansariyeh. Angeblich hätte er seine verzückten Gefolgsleute, die sich – nur mit dem Dolch bewaffnet – unter Preisgabe der eigenen Person auf ihre Opfer stürzten, durch den Genuß von Haschisch und die Vorspiegelung paradiesischer Visionen in Trance versetzt. Deshalb habe man diese Attentäter als Haschischin bezeichnet, woraus die Kreuzritter das Wort »Assassinen« gemacht hätten. Heute noch seien die Alawiten als Haschisch-Lieferanten berüchtigt, und die Besetzung der libanesischen Bekaa, wo die Cannabis-Pflanze gut gedeiht, stelle für den syrischen Tresor eine beachtliche Einnahmequelle dar.

Der alte Nestorianer war in die Gegenwart abgeschweift. »Aufs Morden verstehen sich unsere neuen Assassinen«, hatte Monsieur Frank geflüstert, nachdem er sich vergewissert hatte, daß niemand ihn hören konnte. »Diese wilden Männer aus den Bergen sind in den sunnitischen Städten zu Recht verhaßt und gefürchtet. Denken Sie nur an das Grauen von Hama.« Aber an seinem Vorläufer aus dem zwölften Jahrhundert gemessen, sei Hafez-el-Assad nur ein Dilettant. Der Fatimiden-Kalif El Amir in Kairo und der Abbassiden-Kalif El Mustarschid in Bagdad, die beiden Statthalter Allahs auf Erden, wurden seinerzeit von den Haschischinen erdolcht, aufwühlende Ereignisse, die sich allenfalls mit der Ermordung des Präsidenten Sadat vergleichen ließen. Unter den christlichen Fürsten seien König Konrad von Jerusalem und Prinz Raimund von Antiochia den Assassinen zum Opfer gefallen. Sogar der sieghafte Sultan Saladin, Herrscher über Syrien und Ägypten, habe sich mit knapper Not einem Anschlag entzogen und von nun an seine Nächte in einem streng bewachten, transportierbaren Holzturm verbracht. Angeblich hatten die Monarchen des Abendlandes Erpressungsgelder an den »Alten vom Berg« gezahlt, um ihre Sicherheit zu erkaufen. »Sie sehen, welch seltsame Fäden schon zur Zeit der Kreuzritter zwischen den Schiiten Persiens und Syriens, zwischen Alamut und Ansariyeh, gesponnen wurden. Die eigentlichen Siebener-Schiiten, die Ismailiten Syriens, die den mondänen Playboy Karim Aga Khan als religiöses Oberhaupt verehren, sind heute nur noch eine friedliche Restgemeinde von dreißigtausend Fellachen. Die Alawiten hingegen sorgen für historische Kontinuität«, meinte Monsieur Frank. »Ein einziger Krieger zu Fuß«, so hieße es in den Heldenliedern der Assassinen, »wird zum Entsetzen des Königs, auch wenn dieser über hunderttausend bewaffnete Reiter verfügt.« Es hatte der Mongolenstürme bedurft, um die unheimliche Sekte der Haschischin auszurotten. Im persischen Alamut hatte Hülagü, der Enkel des Dschingis Khan, diese Aufgabe besorgt. Im syrischen Ansariyeh räumte der Welteroberer Tamerlan erst Ende des vierzehnten Jahrhunderts mit dem Spuk des »Alten vom Berge« auf. Die Steppenreiter Timurs des Lahmen verstanden sich bestens auf ihr mörderisches Handwerk.

*

Was haben die Assassinen des Mittelalters in einer aktuellen Untersuchung des nahöstlichen Friedensprozesses zu suchen, wird mancher fragen. Doch der historische Pendelschlag im Orient wird von einer unerbittlichen, geradezu magischen Kontinuität diktiert. Von den höchsten Zinnen des Krak des Chevaliers ist im Süden die libanesische Grenze am Akkar mit bloßem Auge zu erkennen. In einem der dortigen Schiitendörfer, die bereits zum verschlossensten Siedlungsgebiet der »Partei Alis« im Hermel überleiten, ist die Familie Hamadi beheimatet. Dieser Clan hatte der deutschen Justiz und dem Bundesnachrichtendienst in den achtziger Jahren schweres Kopfzerbrechen bereitet. Die beiden Hamadi-Brüder, Abbas und Mohammed, waren in Deutschland wegen Flugzeugentführung der eine, wegen Sprengstoffschmuggel der andere, zu hohen Haftstrafen verurteilt worden. Die Sippe rächte sich mit der Entführung deutscher Geiseln, die sie in der Levante aufgriff. Darunter befanden sich die Siemens-Ingenieure Cordes und Schmidt, die erst nach langem Kerkerleiden freigekauft werden konnten.

Das geheime Hauptquartier der neuen Haschischinen hatte sich zum Zeitpunkt des israelischen Libanon-Feldzuges von 1982 in Baalbek etabliert. Diese überwiegend schiitische Stadt der Bekaa-Hochebene, deren hellenistische Kolossal-Ruinen von römischer Pracht und Macht künden, war voll in den Taumel der Khomeini-Revolution geraten. Der greise Ayatollah blickte mit strengem Blick von sämtlichen Mauern. Daneben figurierte das bärtige Antlitz seines Lieblingsjüngers, Musa Sadr. Andere Häuserwände in Baalbek waren mit bluttriefenden Märtyrerszenen und dem Todesreigen schwarz vermummter Frauen bemalt. Für einen Ausländer war dies ein höchst gefährlicher Aufenthaltsort. Schiitische Freischärler, mit Schnellfeuergewehren, Handgranaten und Panzerfäusten behängt, vermuteten in jedem Fremden einen CIA-Spion. In einem hochgelegenen Gebäude hatte sich ein Trupp von etwa hundert iranischen Revolutionswächtern einquartiert. Diese Pasdaran verbreiteten ein dumpfes Gefühl der Furcht.

Ich hatte mich im Frühjahr 1983 auf die Suche nach einem gewissen Hussein Mussawi gemacht, der mir in Beirut als geistlicher und militärischer Führer eines »Märtyrer-Trupps« der Partei Gottes benannt worden war. Das Hauptquartier der bewaffneten Schiiten war schnell gefunden. Die Ziegelmauer ringsum war mit den Namen der zwölf großen Imame beschriftet. Feindselige Ablehnung schlug unserem Kamerateam entgegen, als wir eintraten. Die Haltung der stoppelbärtigen, bleichgesichtigen jungen Männer entkrampfte sich erst, als ich mein bewährtes »Sesam öffne Dich« herausholte, jene Photographie, die mich an der Seite des Ayatollah Khomeini zeigt. »Hussein Mussawi ist abwesend«, wurde ich vertröstet. Wir sollten uns gedulden. Unterdessen befahl ein etwa vierzigjähriger Mann, dessen merkwürdig durchdringender Blick mir auffiel, daß man uns Reis und Hammelfleisch serviere. Ich wurde nach der Lage in Beirut ausgefragt, wo inzwischen die amerikanischen und westeuropäischen Kontingente der »Multinational Force« die Evakuierung der besiegten Palästinenser abgesichert hatten und die nach Süden retirierenden Israeli ablösten. Damit traten sie in den Augen der fanatischen Muslime in die Fußstapfen der Kreuzzügler. US Marines und französische Paras stellten das weitaus stärkste Potential. Das Gespräch in Baalbek zog sich schleppend hin, als ganz unvermittelt der Mann mit dem bohrenden Blick erklärte: »Ich bin Hussein Mussawi. Von nun an befinden Sie sich unter meinem Schutz.«

An jenem Tag ahnte ich nicht, daß der eine oder der andere unserer Gastgeber bereits mit dem Leben abgeschlossen hatte. Sie waren es nämlich, die im Oktober 1983 mit ihren mit Sprengstoff vollgepfropften Lastwagen den Zugang zu den amerikanischen und französischen Quartieren in Beirut erzwangen und sich als Schuhada mitsamt ihrer tödlichen Ladung in die Luft jagten. Daß einige Jahre später die Praxis des selbstmörderischen Kamikaze-Anschlages auch von jungen palästinensischen Eiferern übernommen wurde, um in den Straßen von Tel Aviv und Jerusalem Panik zu säen, sollte stutzig machen. Diese Form der suizidalen Aufopferung, die der schiitischen Todesfaszination stets innewohnte, war den Korangläubigen der Sunna bisher fremd gewesen und entsprach nicht deren theologischen Richtlinien.

Die israelischen Geheimdienste, Mossad und Shin Beth, haben sich dieser mörderischen Umgebung sehr prompt und mit dem üblichen Perfektionismus angepaßt. Man denke nur an die Ermordung des zweitwichtigsten PLO-Führers Abu Dschihad im fernen Tunis. Dabei, so erfuhr ich jetzt, waren Schnellboote der israelischen Marine, sogar ein U-Boot eingesetzt worden, und gewisse tunesische Helfershelfer glaubten allen Ernstes, sie seien von der CIA angeheuert worden. Auf der Insel Malta wurde Fathi Shakaki, der begabteste Komplotteur der islamischen Dschihad, von seinem Schicksal, das heißt von mehreren israelischen Kugeln, eingeholt, und Yahia Ayash, der »Muhandis«, Ingenieur und Anstifter so mancher politischer Bombenanschläge in Jerusalem und Tel Aviv, wurde, wie geschildert, durch einen besonders raffinierten Trick exekutiert. Diese Liste ließe sich beliebig verlängern.

Bekanntlich gilt weiterhin im jüdischen wie im koranischen Vergeltungskodex das Gebot: »Auge um Auge, Zahn um Zahn, Blut um Blut«.

*

Seit die »think-tanks« der führenden Weltmacht USA ihre militärische Strategie darauf ausrichten, die eigenen Verluste möglichst niedrig zu halten, seit sie die Forderung »to save American lives« zum obersten Prinzip ihrer Kriegsführung erhoben, ist dieser »indispensable state«, wie Präsident Clinton sein Land nennt, extrem anfällig gegen terroristische Anschläge geworden. Die Zeit der Generale Patton oder Mac Arthur, die hohe Verluste ihrer GIs in Kauf nahmen, um kriegerischen Ruhm zu ernten, gehört der Vergangenheit an. Einer der Gründe – nicht der entscheidende – für den vorzeitigen Abbruch der Operation »Wüstensturm« in der irakischen Wüste war die Befürchtung, die amerikanischen Bodentruppen könnten bei der Okkupierung Bagdads in verlustreiche Straßenkämpfe verwickelt werden. Die äußerst geringe Zahl der eigenen Toten und Verwundeten im Feldzug gegen Saddam Hussein – meist waren sie zudem durch »friendly fire«, das heißt durch eigenen Beschuß, oder Unfälle verursacht – illustriert dieses zwingende Gebot des US-Kommandos, das sich den Pressionen der öffentlichen Meinung, den Kampagnen einer unberechenbaren Medienwelt und der Wachsamkeit des Congress ausgeliefert sieht. So reichte es aus, daß im November 1995 eine amerikanische Militärmission in der saudischen Hauptstadt Riad ausgebombt und im Juni 1996 eine Unterkunft der US-Streitkräfte in El Khobar an der Küste des Persischen Golfes durch einen explodierenden Tankwagen voller Sprengstoff zerfetzt wurde – in letzterem Fall waren neunzehn Tote und etwa hundert Verwundete zu beklagen –, um in der Heimat alle Alarmglocken läuten zu lassen. Die Irritation in Washington wuchs von Woche zu Woche, als keine eindeutige Täterschaft zu ermitteln schien und die saudischen Sicherheitsbehörden sich bei der Aufklärung äußerst unkooperativ verhielten.

Der überstürzte Abzug aus Somalia war für diese Geisteshaltung ein Exempel gewesen, aber das gleiche würde sich vermutlich in Bosnien wiederholen, wenn die dortigen US-Soldaten von SFOR unter dem Beschuß der aufgehetzten Kriegsparteien hohe Verluste erlitten. Sogar als Wächter an den Grenzen des Judenstaates – heute auf der Sinai-Halbinsel und in Jordanien, morgen vielleicht auf dem syrischen Golan – böte eine bewaffnete US-Präsenz nur noch begrenzte Garantien. Eine Wiederholung des von Präsident Bush inspirierten Golfkrieges mit Entsendung von einer halben Million GIs käme aufgrund mangelnder Truppenstärke ohnehin nicht mehr in Frage. Deshalb, so hört man, geht das Pentagon nach und nach dazu über, hoch spezialisierte und professionelle Eingreif-Kommandos aufzustellen sowie potentielle Gegner durch die Entwicklung einer ans Magische grenzenden Waffentechnologie zu neutralisieren.

Einen Vorwurf kann man der amerikanischen Bevölkerung aus ihrer negativen Einstellung zum Heldentod schwerlich machen. Diese Risikoverweigerung entspricht dem Zeitgeist. Jedermann kann sich ausmalen, wie die Deutschen reagieren würden, wenn Dutzende von Zinksärgen mit Bundeswehrsoldaten aus dem ehemaligen Jugoslawien repatriiert würden. Die Franzosen setzen mit Vorliebe ihre Fremdenlegion an den heikelsten Brennpunkten ein, weil sich bei dieser Truppe – wenn Verluste eintreten – keine entrüsteten Angehörigen zu Wort melden. Auch die Israeli scheinen – spätestens seit ihrem Libanon-Feldzug – längst aufgehört zu haben, das Sterben für das Vaterland als »dulce et decorum« zu preisen. Sie können sich aufgrund ihrer geringen Bevölkerungszahl von fünf Millionen ohnehin keine hohen Mannschaftseinbußen leisten. Im gesamten Orient wird es dem Weißen Haus schwerfallen, eine Pax Americana imperialen Ausmaßes fest zu etablieren, solange ihnen keine Legionäre zur Verfügung stehen, die sich »römischer Tugenden« rühmen. Hier befindet sich wohl ein Schwachpunkt des »indispensable state«, der sich ansonsten in wirtschaftlicher Blüte sonnt und vor Selbstbewußtsein strotzt.

Die Gegenseite – die düstere Schattenwelt des Terrorismus – stimmt nachdenklich. Der Bombenanschlag von El Khobar wurde durch die US-Medien über Gebühr aufgebauscht und dramatisiert. Gerade dadurch gewinnt er exemplarische Bedeutung und lädt die Gegner des »US-Imperialismus« und des mit ihm verzahnten »zionistischen Expansionismus« zu Wiederholungsakten ein. Die islamische Welt ist, wie wir häufig betonten, in sich zerrissen und verfeindet. Doch jenseits aller dynastischen Rangeleien, aller persönlichen Todfeindschaften der jeweiligen Gewaltherrscher und Militärcliquen, zeichnet sich im Untergrund das Entstehen eines vom Maghreb bis Insulinde reichenden Krieger-Ordens ab, einer »grünen Komintern«, wie der Palästinenser Abdallah Frangi es formulierte. Die amerikanischen Aufklärungsdienste haben sich in die Vorstellung verbissen, die Fäden dieser blindwütigen, fast nihilistisch anmutenden Terrororganisation von »Fundamentalisten« – für die die »Groupes islamiques armés« Algeriens die abschreckendste Illustration bieten – liefen letztendlich im Iran, bei den Mullahs von Teheran zusammen. Die Wirklichkeit ist viel nuancierter und auf Dauer für Amerika und Israel bedrohlicher. Der amerikanische Botschafter in Bahrein, David Ransom, hat am 6. April 1997 in kleinem Kreise die Überzeugung geäußert, daß sich die Gründung dieser verschworenen Gemeinschaft unerbittlicher Gottesstreiter auf die gemeinsame Kampferfahrung und Ausbildung im Afghanistan-Konflikt zurückführen läßt, daß diese neue Bruderschaft der Rächer des reinen Islam sich in den Klüften des Hindukusch zusammenfand und nun allmählich nach allen Seiten auswuchert. Als führende Persönlichkeit, als »Alter vom Berg« unserer Tage, wurde von dem US-Diplomaten nicht irgendein Ayatollah oder Hodscha zitiert, sondern der milliardenschwere saudische Geschäftsmann Osama Bin Laden, Sohn eines legendären Self-Made-Man aus dem Jemen. Seine Finanzkraft fließt den religiös motivierten Gewalttätern zu. Den USA sowie deren orientalischen »Lakaien« drohte er mit dem Heiligen Krieg. Die Aktion Bin Ladens, dem inzwischen die saudische Staatsangehörigkeit aberkannt wurde, zielt darauf ab, die größte Weltmacht zur Preisgabe ihrer Militärpräsenz im ganzen Mittleren Osten zu zwingen. Soweit die Aussage von Ambassador Ransom. Daß dieser unheimliche »Conspirator« neuerdings seine Residenz in der süd-afghanischen Stadt Kandahar aufgeschlagen hat, wo er sich von den fanatischen Taleban, den einstigen Günstlingen der CIA, bewachen läßt, ist nicht gerade ein Ruhmesblatt der US Intelligence.

Die bereits erwähnte, von der amerikanischen Aufklärung bevorzugte Spur weist in die konventionelle Richtung, nimmt unbeirrt das neue »Reich des Bösen« der Khomeini-Erben ins Visier. Die Ausbildung der Terroristen findet demnach in Persien selbst oder in speziellen Trainingslagern der Pasdaran in der libanesischen Bekaa-Hochebene statt, also in vertrauter Umgebung. Die schiitische Spur soll durch den Umstand glaubwürdiger gemacht werden, daß die Ortschaft El Khobar – unmittelbar neben den gigantischen Erdöl-Produktions- und Verarbeitungsstätten von Dhahran gelegen – zum Siedlungsgebiet der »Partei Alis« in der saudischen Ostprovinz El Ahsa überleitet. Erschwerend kommt hinzu, daß zwei potentielle Täter tatsächlich in Richtung Damaskus geflüchtet waren, vermutlich um in der Bekaa unterzutauchen. Einer der beiden Verdächtigen – so heißt es – wurde vom syrischen Mukhabara gefaßt, ohne jeden Prozeß liquidiert, der andere an die saudischen »Verhörspezialisten« ausgeliefert.

Die Indizienbeweise in den großen Terroristen-Affären der vergangenen Jahre – sei es nun die Berliner Diskothek »La Belle«, die Flugzeugexplosion von Lockerbie, die Sprengung des New Yorker World Trade Center und so manche andere – sind am Ende stets unbefriedigend gewesen und wurden oft politisch manipuliert. Die gezielten Teil- oder Fehlinformationen der Geheimdienste beschränken sich jedoch nicht auf die Aufklärung simpler Mordanschläge. Wirklich gefährlich wird es, wenn strategische Entscheidungen weltpolitischen Ausmaßes getroffen werden müssen und der bewußten Irreführung von angeblich kompetenter Stelle unterliegen. So ist es heute erwiesen, daß der sogenannte »Tonking-Golf-Zwischenfall«, der als Rechtfertigung für die Auslösung des amerikanischen Luftkrieges gegen Nord-Vietnam herhalten mußte und das massive Engagement der US Army in Indochina einleitete, sich ganz anders abgespielt hat, als er in den Kommuniqués des Pentagon geschildert wurde. Von einem Angriff nord-vietnamesischer Schnellboote auf Schiffe der US Navy außerhalb der eigenen Hoheitsgewässer konnte keine Rede sein. Die Provokation lag eindeutig auf amerikanischer Seite. Ähnliches – so wird im Umkreis des Persischen Golfs ernsthaft befürchtet – könnte sich im Zusammenhang mit der Explosion von El Khobar wiederholen. Die anti-iranische Neurose, die sich weiter Teile des Congress und der US-Medien bemächtigt hat, gebe einen fruchtbaren Nährboden her für den längst fälligen Vergeltungsschlag großen Stils gegen die vermeintlichen Übeltäter oder Anstifter in Teheran. Ein Beweis der persischen Mittäterschaft ließe sich – mit Hilfe komplizierter Spurenanalysen – jederzeit entdecken oder notfalls fingieren. Die Empörung der Öffentlichkeit würde dann das übrige besorgen.

In diesem Zusammenhang richtet sich das Augenmerk auf das kleine Insel-Emirat Bahrein mit seiner zu siebzig Prozent schiitischen Bevölkerung. Dieses Land zwischen »beiden Meeren« dient heute der Fünften Amerikanischen Flotte als Hauptquartier. Von Bahrein übt Washington seine Kontrolle über den Persischen Golf und den Indischen Ozean aus. Die »neue Friedensordnung«, die George Bush der gesamten Region zwischen der levantinischen Mittelmeerküste und der Straße von Hormuz vorschrieb, ruht gewissermaßen auf zwei Säulen – dem Wehrpotential Israels im Westen, dem Marinestützpunkt Bahrein im Osten. Um mir einen persönlichen Einblick zu verschaffen, hatte ich im Februar 1997 in Manama Quartier bezogen.

Komplotte am Golf

Rückblick auf Bahrein, im Februar 1997

Die Insel Bahrein ist mit dem arabischen Festland durch eine großartige Brücke von rund zwanzig Kilometer Länge verbunden. Das Bauwerk, das sich in eleganten weißen Bögen über das tiefblaue Golfwasser spannt, wurde vom saudischen Herrscherhaus finanziert und trägt deshalb den Namen »King Fahd Causeway«. Vor allem an den Feiertagen drängen sich an der Grenzkontrolle, die sich auf halber Strecke zwischen den beiden Ufern befindet, die schweren amerikanischen Limousinen wohlhabender saudischer Ausflügler und Urlauber. Was sie im Suq, im malerischen, schon indisch anmutenden Marktviertel von Manama, der Hauptstadt des Scheikhtums Bahrein, suchen, sind nicht nur vorteilhafte Warenangebote. An der Prüderie des Wahhabiten-Regimes von Riad gemessen, erscheint die kleine Insel »der beiden Meere« wie ein Sündenpfuhl. Die saudischen Touristen finden in Manama, was ihnen zu Hause streng verboten ist, Alkohol à gogo und russische Huren.

Nach einer flüchtigen Überprüfung durch Polizei und Zoll steuern wir der sandigen Strandlinie Arabiens zu. Der Fahrer Abbas, der sich nach einigem Zögern als bahreinischer Schiite zu erkennen gibt, macht mich auf eine massive, etwa zehnstöckige Gruppe von Appartementhäusern, die sogenannten Khobar Towers, aufmerksam, die sich unmittelbar ans Meer drängen. Hier hat sich im vergangenen Herbst die bewußte Explosion ereignet. Die Fassade des getroffenen Gebäudes war damals nur noch ein Trümmerhaufen. Heute ist keine Spur von Verwüstung mehr zu entdecken. Die Türme von El Khobar sind in aller Eile wieder aufgebaut und in hellgrünlicher Tönung verputzt worden. Nichts soll an den Akt des Terrorismus erinnern. Die US-Garnison hat man jedoch aus dieser exponierten Position evakuiert und irgendwo in der Wüste – auf halbem Weg zur Hauptstadt Riad – untergebracht, besser gesagt, versteckt. Denn der religiöse Eifer der Wahhabiten hat sich mit der Präsenz ungläubiger Soldaten, mit der Stationierung bewaffneter Kuffar auf diesem heiligsten Boden des Dar-ul-Islam noch längst nicht abgefunden. Auch in Jordanien steht ja das

US-Kommando im Begriff, ein zur Sicherung des haschemitischen Thrones bestimmtes Bataillon von Marines in die menschenleere Einöde zu verbannen, um Konflikten mit den frommen Muslimen aus dem Weg zu gehen.

Es ist nicht Aufgabe dieses Buches, die Zustände in der gesamten arabischen Welt zu schildern, sondern lediglich eine Serie von Widersprüchen, Ungereimtheiten und »Lügen« aufzudecken. In dieser Hinsicht kann sich das Königreich Saudi-Arabien sehen lassen. Die supermoderne Ortschaft El Khobar berührt, wie erwähnt, die reichsten Erdölvorkommen der Halbinsel, die im Umkreis von Dhahran und Damman aus dem Sand sprudeln. In dieser östlichen El Ahsa-Provinz grenzt die Dynastie El Saud unmittelbar an das Emirat Kuweit. Im Sommer 1990 – als Saddam Hussein Kuweit überfiel – soll in Riad und Washington tatsächlich die Befürchtung aufgekommen sein, die Iraker könnten ihren Vormarsch in Richtung auf diese saudische Schatzkammer westlicher Energieversorgung fortsetzen. Die Region El Ahsa ist dem sunnitischen Königshaus, das sich zur rigoristischen Rechtsschule oder »Madhhab« der Hanbaliten bekennt, ohnehin nie geheuer gewesen. Hier lebt auf saudischem Boden eine geballte schiitische Minderheit, die die Geschichte des Islam – im Verbund mit ihren Glaubensbrüdern von Bahrein – nachhaltig und tragisch gezeichnet hatte.

Die Petroleum-Städte, die am Ostufer des Persischen Golfs – die Saudis reden vom »Arabischen Golf« – aus der Wüste geschossen sind, heben sich durch peinliche Sauberkeit, einen nüchternen, amerikanisch imitierten Baustil und schnurgerade Alleen hervor. Die Urbanisten haben sich sogar um Palmen- und Blumenanlagen in dieser spröden Landschaft bemüht. Die Restaurants vermerken peinlich, ob Frauen, die natürlich verschleiert sein müssen, in Begleitung männlicher Familienangehöriger überhaupt zugelassen sind. Der zur Schau gestellte Wohlstand wirkt extrem artifiziell und tödlich langweilig. Unser eigentliches Reiseziel liegt etwa 150 Kilometer südlich. Um zur Oase El Hufuf zu gelangen, durchqueren wir eine verschandelte Wüste mit riesigen Rohr- und Pumpanlagen. Ein paar Kamele und die weißen Gewänder, die Dischdascha der Männer, verleihen dieser Trostlosigkeit eine orientalisch-arabische Note. Die Frauen sind ganz in Schwarz gehüllt, und auch Eva muß sich eine Abaya überstreifen. Rund um El Hufuf hat die saudische Regierung ein landwirtschaftliches Musterprojekt geschaffen, wie es sich nur extrem reiche Wüstenstaaten leisten können. Die Grünfläche, die Palmenhaine und Citrus-

Plantagen, ja sogar ein paar Weideplätze für Rindvieh sind durch die Entsalzung von Meerwasser beachtlich erweitert worden. Rentabilität spielt dabei eine geringe Rolle.

Dem verschlafenen, stillosen Städtchen El Hufuf ist von seiner kontroversen Vergangenheit nichts mehr anzumerken. Ein Museumsverwalter, der sich erst nach und nach zur arabischen Gastlichkeit durchringt, zeigt uns die einzige Sehenswürdigkeit, den Qasr Ibrahim. Die Türken haben diese Festung aus dicken Lehmwällen hinterlassen, die schon halb verfallen war, als aus Riad die Anordnung zur Restaurierung eintraf. Es ist bezeichnend, daß kein einziger Saudi mit der mühseligen Bauarbeit in der Mittagshitze beschäftigt ist, sondern daß hier ausschließlich Inder niederer Kasten am Werk sind, deren Hautfarbe fast schwarz ist. Von übertriebenen Sicherheitsmaßnahmen ist in El Hufuf, einer früheren Hochburg schiitischen Aufruhrs, nichts zu merken. Das Rätselraten über die Stabilität der saudischen Monarchie, die sämtliche Kanzleien des Orients in Atem hält, erscheint auf den ersten Blick weit hergeholt. Der inzwischen recht umgänglich wirkende Museumsbeamte erläutert uns, daß das Bollwerk osmanischer Fremdherrschaft am Golf schon im Jahr 1913 durch den Gründer des heutigen »Mamlakat«, durch den kraftstrotzenden Emir Abdulaziz Ibn Saud, erobert wurde. An der Spitze seiner kriegerischen Beduinen, der Ansar, war er aus der Einöde des Nedschd zum Meer vorgestoßen. Ibn Saud hatte noch eigenhändig den Säbel geführt und seine frommen Wahhabiten mit dem Ruf »Allahu akbar« angespornt. Diesem legendären Haudegen, der sich später zum König proklamierte und des Segens Allahs in Form von unermeßlichen Erdöleinkünften teilhaftig wurde, bin ich leider nicht mehr persönlich begegnet.

Dafür habe ich das Auftreten seines Nachfolgers, des »Malik« Feisal Ibn Abdulaziz studieren können, als ich im Februar 1975 einer Audienz beiwohnte, die einer Gruppe deutscher Industrieller unter Leitung des damaligen Wirtschaftsministers Friderichs gewährt wurde. König Feisal war der Antityp seines jüngeren Bruders Fahd Ibn Abdulaziz, der heute den Titel des »Wächters der Heiligen Stätten« für sich beansprucht. Der dahinsiechende, schwerfällige König Fahd verbirgt seine wahren Gefühle, sofern er solche empfindet, hinter der starren Maske eines babylonischen Herrschers. Feisal hingegen blickte aus traurigen Eulenaugen auf seine Umgebung. Die graue Gesichtshaut und die schmerzlich verzogenen Mundwinkel deuteten auf ein schweres Magenleiden. Feisal war hager. Die religiöse Strenge, die Askese waren ihm ins knochige Antlitz geschrieben. In diesem müden alten Mann, dem man nicht zutraute, daß er an der Spitze der erobernden Beduinenscharen seines Vaters die heiligen Stätten Mekka und Medina dem Familienbesitz einverleibt, den Schützling des britischen Colonial Office, den Scherif Hussein, aus Hedschas vertrieben hatte, loderte immer noch das heilige Feuer der wahhabitischen Frömmigkeit. Feisal hatte das Bündnis mit Amerika akzeptiert. Er sah in der Allianz mit Washington die leidige, aber unentbehrliche Gewähr für die Stabilität seiner Dynastie und die Bewahrung des islamischen Glaubens, der durch gottlose, subversive Machenschaften bedroht war, wie der letzte gescheiterte Armeeputsch im Jahr 1969 bewiesen hatte. Er verabscheute den Kommunismus, aber sein Haß gegen den Zionismus war vermutlich noch brennender. Auf dem Nachttisch meines Hotels in Riad hatte – so wie man in christlichen Ländern oft ein Exemplar der Bibel vorfindet – ein Abdruck des »Protokolls der Weisen von Zion« gelegen. König Feisal betrachtete wohl auch Karl Marx als einen getarnten Vorläufer der zionistischen Weltverschwörung.

Trotz seiner Marotte strahlte dieser Beduinen-Monarch eine faszinierende Autorität und echte Würde aus. Er hielt nicht viel von Sicherheitsmaßnahmen, und diese mangelnde Abschirmung wurde ihm am 23. März 1975, wenige Wochen nach unserer Audienz im Palast von Riad, zum Verhängnis. Von einem seiner zahlreichen Neffen, der angeblich die Hinrichtung seines Vaters rächen wollte, wurde er ermordet. Seltsame Mutmaßungen gingen über die tatsächliche Motivation des Attentäters um, der in den USA studiert hatte und den Gerüchten des Suq zufolge im Dienste einer pro-israelischen CIA-Fraktion gestanden hätte. Vermutlich war Feisal die letzte Figur auf dem Thron der Sauditen, die der gesamten Bevölkerung Respekt einflößte und über die arabische Halbinsel hinaus ein weltweites religiöses Ansehen in der islamischen Umma genoß. Wenn er bei der jährlichen Pilgerfahrt die muselmanischen Staatschefs zwischen Pazifik und Atlantik empfing, umgab ihn die Aura eines geheimen Kalifen.

In den Herrschaftstagen Feisals war das Hofleben noch nicht in byzantinischem Protokoll erstarrt. Jeder Beduine konnte den König ansprechen, wenn er ihm auf der Straße begegnete. »Ya Feisal!« riefen dann die selbstbewußten Männer des Nedschd, und der Monarch ließ sich mindestens auf den Austausch der hergebrachten Grußformel ein. In seinem Palast empfing er einmal in der Woche alle möglichen Ulama und Stammesältesten, aber auch ganz einfache Bittsteller und

Beschwerdeführer aus dem Volk. Am liebsten lauschte der Herrscher den weisen Worten der Greise. Hier erlebte ich, wie ein blinder Scheikh und Schriftgelehrter aus dem Nedschd Feisal ermahnte, am Koran als einziger Verfassung des Reiches festzuhalten. Es folgte ein endloser Exkurs über die Zeit der Kreuzzüge, die der fromme Alim mit der Präsenz des Judenstaates im Heiligen Land verglich. Der König lauschte mit Geduld und Höflichkeit. Er stimmte dem Alten gewichtig zu.

Auch die deutschen Handels- und Industrievertreter wußten die guten Manieren der Saudis zu schätzen. Der Hof hatte immerhin eine beachtliche Zahl junger Prinzen und Söhne einflußreicher Familien zum Studium ins Ausland, vor allem in die USA geschickt, wo sie sich dank einer oft brillanten Auffassungsgabe mit den ökonomischen und technologischen Realitäten der Gegenwart vertraut machten. Der Umgang mit den Saudis, bei aller Distanz und Hoheit, die diese Wüsten-Araber zur Schau trugen, war sehr viel angenehmer als das rüde, patzige Geschäftsgebaren der neureichen Business-Manager Persiens, die damals noch – vier Jahre vor der Khomeini-Revolution – zu Füßen des Pfauen-Throns um astronomische Profite rangen. An die deutsche Wirtschaftsdelegation unter Minister Friderichs hatte Feisal – im Ton eines Predigers – freundliche und ermutigende Worte gerichtet. Aber am Ende horchte ich plötzlich auf. Von den Gemeinsamkeiten der deutschen und arabischen Interessen sprach der König, und dann erwähnte er in aller Deutlichkeit: »... kifahuna el'am dud es suhiuniya ...« Der Dolmetscher des Auswärtigen Amtes aus Bonn, ein gebürtiger Palästinenser, übersetzte korrekt: »... Unser gemeinsamer Kampf gegen den Zionismus ...« Auf deutscher Seite wurde nicht widersprochen. Es entstand peinliches Schweigen. Die meisten der Anwesenden hatten die Bedeutung des letzten Satzes gar nicht begriffen, sondern fragten sich mit einigem Erstaunen, was der König mit dem »gemeinsamen Kampf gegen den Zynismus« gemeint haben mochte. In der gesamten Umma war bekannt, daß es die sehnlichste Hoffnung Feisals war, eines Tages in der befreiten El-Aqsa-Moschee von Jerusalem – nach Beseitigung jeder zionistischen »Entweihung« – seine Gebete verrichten zu können. Die Erfüllung blieb ihm versagt.

Seit der Ermordung Feisals, der in einer bescheidenen Residenz wohnte und sein Leben lang einer einzigen Frau die Treue hielt, ist der Niedergang der Sitten im Hause El Saud zum Stein des Anstoßes bei den materiell begünstigten, aber politisch entrechteten Untertanen geworden. Als ich im September 1981 im Gefolge des französischen Präsidenten Mitterrand nach El Taif gereist war, der Sommerresidenz von zahllosen Prinzen der Dynastie und des damaligen König Khalid, hatten uns zwar die Gastgeber in ihrem kostbaren weißen »Thwab« und dem goldgesäumten »Mischlah«, dem braunen oder schwarzen Cape, mit ihren theatralischen Bewegungen und ihrer unnachahmlichen Eleganz beeindruckt. Aber bei näherem Zusehen war alles artifiziell in dieser protzigen Verschwendungskulisse. Die Paläste aus Marmor, Metall und Kristall schienen dem fremden Planeten irgendeines Science-fiction-Films entliehen. Sie standen beziehungslos in der kahlen Minerallandschaft. Ähnlich wie die Saudis auf der Hochebene von Taif könnte sich die Menschheit in hundert Jahren vielleicht auf einem fernen, öden Stern einrichten. Die feierlichen Araber in ihren biblischen Gewändern hatten jeden Bezug zur Dürftigkeit der Nomadenwelt, aus der sie eben aufgetaucht waren, verloren. Sie waren Statisten eines absurden Polit-Thrillers, einer orientalischen »Star-Wars«-Inszenierung. Sie wurden zu Gefangenen einer futuristischen Utopie, die zu beherrschen sie sich einbildeten. Jean-Louis Arnaud, mein unverdrossener Gefährte aus den Tagen der Gefangenschaft beim Vietcong, strich sich damals nachdrücklich über den breiten Royal-Air-Force-Schnurrbart, den er sich in Indien zugelegt hatte. »Weißt Du, woran sie mich erinnern, diese saudischen Prinzen in ihren klimatisierten Marmorkathedralen, in denen kein vernünftiger Mensch leben möchte, unter ihren Lüstern und Edelholztäfelungen: an Kurienkardinäle. Ein islamischer Vatikan ist das hier. Diese Herren der Wüste haben das gleiche salbungsvolle Auftreten, die abgewogene, liturgisch getönte Sprache, wie unsere römischen Prälaten. Schau Dir den einen oder anderen Sudeiri-Prinzen gut an. Er könnte mit den Borgias verwandt sein.«

Der schleichende Fluch des Erdöls hat das Haus El Saud heimgesucht. Die Abkehr des Herrschers und so vieler privilegierter Prinzen von den strengen koranischen Tugenden, ihr Hang zur Ausschweifung, zum Alkoholgenuß und zur Unzucht brachten ihnen den Ruf der »munafiqun«, der »Heuchler«, ein. So hatte der Prophet die verhaßten falschen Gläubigen gegeißelt. Da half es wenig, daß der Koran die einzige Verfassung, die Scharia die einzige Gesetzgebung blieb, daß die grüne Landesfahne mit dem islamischen Glaubensbekenntnis, der »Schahada«, beschriftet war. Auch das Haus El Saud dämmerte – den Aussagen vieler Experten zufolge – der »Rache Gottes« entgegen, zumal es sich den amerikanischen Feinden des wahren Islam ausgeliefert hatte und damit zu objektiven Verbündeten des Zionismus geworden war. Um den Neid der unterprivilegierten arabischen Staaten der Nachbarschaft, um den Abscheu der frommen muslimischen Massen zu beschwichtigen, hatte die Dynastie tief in die schier unerschöpfliche Staatskasse gegriffen. Sie wollte sich Komplizenschaft und Einfluß, zumindest Stillschweigen erkaufen. Das war eine Zeitlang gutgegangen. Nach dem Attentat von El Khobar hatte die französische Zeitung »Le Monde« in einer Karikatur die Situation auf den Nenner gebracht: Zwei saudische Prinzen wurden da gezeigt, die ratlos auf den Bombenkrater blickten. »Wen haben wir vergessen zu bestechen?« fragt der eine den anderen.

Neuerdings hat König Fahd es jedoch im Innern des eigenen Landes mit einer neuen Kategorie von Widersachern zu tun. Diese »Unbestechlichen« knüpfen an den eifernden sunnitischen Theologiestudenten Yuhayman-el-Oteiba an, der sich im Jahr 1979 mit seinen frommen Gefolgsleuten der Großen Moschee von Mekka bemächtigte und sich dort drei Wochen lang – als »Mahdi« gefeiert – gegen die Armee des Königs und seine Nationalgarde behauptete. Am Ende ist dieser Aufrührer durch das Eingreifen jordanischer Spezialtruppen unter der Anleitung – horresco referens – ungläubiger französischer Gendarmerie-Offiziere zur Strecke gebracht worden. Aber sein Andenken lebt fort. Gerade die amerikanischen Orient-Experten – darunter Professor F. Gregory Gause von der Universität Vermont – kommen zu dem Schluß, daß der unerbittliche Widerstand gegen die »gottesfeindliche« Monarchie sich unter jenen saudischen Untertanen rekrutiere, die in Afghanistan zu den Ursprüngen – den »Usul« – islamischer Brüderlichkeit, Sittlichkeit und Egalität zurückfanden und sich durch die Versuchung der Petro-Dollars nicht vom rechten kämpferischen Weg abbringen lassen.

Die unverbrüchliche Solidarisierung Amerikas mit dem saudischen Königshaus dürfte demnächst auf internen Widerspruch stoßen. Kein System in der arabischen und islamischen Welt tritt die Menschenrechte und die elementarsten demokratischen Vorstellungen so systematisch mit Füßen wie dieser »Cornerstone« der US-Diplomatie und des amerikanischen Erdölgeschäfts. Plötzlich entdecken die Kommentatoren von New York und Washington – mit skandalöser Verspätung –, welchen Restriktionen, ja welchen Verfolgungen Andersgläubige in Saudi-Arabien ausgesetzt sind. An dem repressiven Verhalten dieser Vorzugsverbündeten Amerikas gemessen, gibt sich die verteufelte Republik Iran recht tolerant gegenüber ihren christlichen, zoroastrischen, sogar jüdischen Minderheiten. Endlich ermannte sich ein Kolumnist der »New York Times«, Abraham M. Rosenthal, folgendes königlich-saudisches Dekret zu zitieren: »Freiheit der Religion existiert nicht. Der Islam ist die offizielle Religion und alle Staatsangehörigen müssen Muslime sein. Die Regierung verbietet die Ausübung aller anderen Bekenntnisse.« Die Teilnahme an einem christlichen Gottesdienst, der ohnehin nur in Privatwohnungen abgehalten werden könnte, wird durch Haftstrafen oder Peitschenhiebe geahndet. Auch für das Tragen eines Kreuzes oder den Besitz einer Bibel sind Strafen vorgesehen. Es versteht sich von selbst, daß der Abfall eines Mohammedaners von der koranischen Lehre das Todesurteil nach sich zieht. Mit dieser Praxis steht Saudi-Arabien allerdings nicht allein. Sie gilt – in mehr oder minder diskreter Anwendung – für fast alle islamisch bevölkerten Länder, und notfalls wird die Hinrichtung durch die eigene Verwandtschaft vorgenommen. Laut A.M. Rosenthal ist die Zahl von 350 wegen heimlicher Kulthandlungen verurteilter Christen, die amnesty international nennt, viel zu niedrig angesetzt. So hatte das Schicksal eines katholischen Priesters von den Philippinen nur geringes Aufsehen im Westen erregt, der wegen Zelebrierung der Heiligen Messe mit dem Schwert hingerichtet worden wäre, wenn er nicht mit amerikanischer Hilfe das Land heimlich verlassen hätte.

»Alle Amerikaner, die meinen, daß die saudischen Behörden den US-Bürgern mehr Respekt zollen als den wehrlosen Fremdarbeitern aus der Dritten Welt, sollten folgendes wissen«, so empört sich endlich die »New York Times«: »Die US-Truppen, die sich während des Golfkrieges in Saudi-Arabien aufhielten, durften nicht das geringste Symbol ihres christlichen oder mosaischen Glaubens zur Schau tragen.« Dabei erwähnt Rosenthal nicht einmal, daß – in der Theorie zumindest – die Anwesenheit von Juden auf saudischem Boden überhaupt nicht geduldet ist. Da hat man natürlich – mit Rücksicht auf Henry Kissinger und so manche andere Prominente – Konzessionen machen müssen, aber ich erlebte es, als ich beim Staatsbesuch Mitterrands meinen Kameramann Jossi Kaufmann, einen gebürtigen Israeli mit deutscher Staatsangehörigkeit, anmeldete, daß der saudische Konsularbeamte – wie bei allen französischen Begleitern mosaischen Glaubens – die Sparte »Konfession« ohne Nachfrage oder Zögern mit der Angabe »massihi«, das heißt »Christ« ausfüllte. Daß eine solch restriktive Interpretation der Scharia keineswegs dem Wortlaut der koranischen Offenbarung entspricht, hatten die Ulama des Wahhabiten-Staates längst feststellen müssen. Allenfalls könnten sich die Qadis auf die Existenz der »Omar«-Linie berufen, einer Abgrenzung, die auf den zweiten Kalifen zurückgeht und von Aqaba am Roten Meer bis Kuweit am Persischen Golf verläuft. Südlich davon war laut Omars Anordnung den Juden und Christen jeglicher Daueraufenthalt strikt untersagt. Der fernste Teil Arabiens, der Jemen, blieb von dieser Vorschrift seltsamerweise ausgenommen. Dort hatte sich bis zur Gründung Israels eine zahlreiche jüdische Gemeinde erhalten.

Es ist höchste Zeit, daß solche für den Westen beschämende Diskriminierungen publik werden. Wenn Amerikaner und Europäer es schon nicht mehr wagen, diesen Demütigungen im Namen des eigenen christlichen Glaubens resolut entgegenzutreten, so müßten sie es wenigstens im Namen jener sakrosankten »Menschenrechts-Ideologie« tun, die inzwischen zum Religionsersatz erhoben wurde. Die Akzeptierung des Königreichs Saudi-Arabien als enger Partner der USA im Mittleren Osten, die unterwürfige Pflege dieser Petro-Dollar-Allianz bringt die freiheitliche Rhetorik des Westens in Verruf, entwertet die offiziell angemahnte Respektierung von »human rights« und »human dignity«. Die Beschwerden der Vereinten Nationen werden in Saudi-Arabien – aber beileibe nicht nur dort – als das entlarvt, was sie leider allzuoft sind: ein äußerst flexibles Instrument imperialer Politik, das selektiv und heuchlerisch gehandhabt wird. Noch einmal Mr. Rosenthal in der »New York Times«: »Die Geschäftsleute und ihre Lobbyisten, jene Amerikaner, die sich bei den Empfängen der saudischen Botschaft drängeln oder jene Schmuse-Trips nach Saudi-Arabien in Anspruch nehmen, die von den dortigen Behörden arrangiert werden – sie alle wissen um die religiöse Verfolgung in diesem Land.«

*

Im Suq von Manama und im Umkreis der Luxushotels von Bahrein – so scheint es – ist man heute gefeit gegen die Rachegeister jener finsteren Glaubensspaltung, die vor rund tausend Jahren – während des Aufstandes der schiitischen Qarmaten-Sekte – auf entsetzliche, frevlerische Weise ausgetragen wurde und in der Verwüstung der Heiligen Kaaba in Mekka gipfelte. Das Thema der Qarmaten wird hier, wie auch in der Oase El Hufuf, als Tabu behandelt, ja die offiziellen Gesprächspartner täuschen Unwissenheit vor. Doch die zur Schau getragene Harmonie einer Ferienidylle ist oberflächlich. Seit Albion nach den Prüfungen des Zweiten Weltkriegs – zwar siegreich, aber extrem geschwächt – der neuen Hegemonialmacht Amerika die Wacht am Persischen Golf und den Löwenanteil der dortigen Erdölproduktion überließ, treten die scharfen Konturen der unterschiedlichen Religiosität, die man schon verwischt geglaubt hatte, in aller Deutlichkeit wieder zutage. Schon die persische Dynastie der Pahlevi hatte einen territorialen Anspruch auf Bahrein angemeldet und mit allen Mitteln zu realisieren versucht. Spätestens mit der islamischen Revolution des Ayatollah Khomeini wurde die schiitische Wiedergeburt zur Schicksalsfrage in dieser Region. Die USA haben auf der Insel Bahrein in der Person des Emir Isa Ibn Salman el-Khalifa einen gefügigen, sunnitischen Statthalter gefunden. Sie wachen darüber, daß in dieser Zone keine äußere Bedrohung aufkommt, die sich mit dem gescheiterten Zugriff Saddam Husseins auf das Öl-Scheikhtum Kuweit vergleichen ließe. Um die arabischen Petroleumvorkommen des »Khalidsch« wurde eine Art Cordon sanitaire gezogen. Die Kriegsschiffe der Fünften US-Flotte kreuzen im südlichen Küstengebiet von Bahrein und verfügen dort über eine Sperrzone, die für Außenstehende schwer zugänglich ist.

Zur Zeit meines Aufenthalts im Februar 1997 gehörten noch kleine Trupps amerikanischer Marines zum Straßenbild von Manama. Für ihren kurzen Landurlaub hatten sie Zivil angelegt und mengten sich ungeniert unter die gemischtrassige Bevölkerung, in der das indische Element stark vertreten ist. Die Hauptstadt von Bahrein läßt sich natürlich nicht mit den Sex-Paradiesen, den Sündenpfuhlen Südostasiens vergleichen, die den »Rest and recreation«-Urlaubern des Vietnam-Krieges zur Verfügung standen. Aber das koranische Alkoholverbot wird hier nicht eingehalten. Prostitution wurde stets geduldet, und das angeblich älteste Gewerbe der Menschheit hat Auftrieb erhalten durch den Zulauf russischer und ukrainischer Prostituierter. In den benachbarten Vereinigten Emiraten – in Abu Dhabi und Dubai – fällt die russische Präsenz und deren Lasterhaftigkeit viel stärker ins Auge. An den futuristischen Silhouetten aus Stahl, Chrom und Glas dieser Küstenstädte gemessen, hat Manama ein altmodisch orientalisches Flair bewahrt. Auf Bahrein machen die ausländischen Fremdarbeiter ja nur ein Drittel der Bevölkerung aus, während in den Emiraten der Piratenküste die Masse der Immigranten – meist Inder, Pakistani, Thai oder Filipinos – auf siebzig Prozent der Einwohner angeschwollen und für das Funktionieren dieser Öl-Plutokratien unentbehrlich sind. In Abu Dhabi hat auch die post-sowjetische Mafia eine ihrer aktivsten Drehscheiben für Geldwäsche, für jede Form verdächtiger Zwischengeschäfte und Korruption errichtet. Der iranische Gottesstaat wiederum verfügt – dank der rings um den Golf verstreuten persischen Händlerkolonien – über ein beachtliches Instrument heimlicher Einflußnahme. Mit Hilfe der schiitischen Glaubensbrüder lassen sich auch die meisten Handelssanktionen umgehen, die der amerikanische Congress über die Erben Khomeinis verhängte.

An den südlichen Gestaden des Persischen Golfs können die amerikanischen Strategen nach Belieben schalten und walten. Als sich im Scheikhtum Qatar eine überstürzte Thronfolge vollzog, hatte vermutlich die CIA die Hände im Spiel. Die Seidenraupen-Raketen, die die iranischen Revolutionswächter aus China bezogen hatten – sie sind inzwischen durch perfektionierte Trägerwaffen ergänzt worden –, mögen zwar am Nordrand der Meerenge von Hormuz eingebunkert sein. Die US Air-Force hat diese Anlagen längst ausgespäht und lauert nur auf die Gelegenheit, sie mit vernichtenden Präzisionsschlägen auszuradieren. Und dennoch trauen die Planer des Pentagon der bedingungslosen Unterwürfigkeit der meisten ost-arabischen Potentaten nicht über den Weg. Nach neuesten Erkenntnissen sollten sie ebenfalls Zweifel hegen an der Unfehlbarkeit ihrer extrem perfektionierten Waffensysteme.

Von den heiligen Prinzipien der Menschenrechte und der Demokratie kann in dieser feudalistisch-islamischen Umgebung nicht die Rede sein. Man ist sich natürlich in Washington bewußt, daß eine absurde gesellschaftliche Entartung in den Zwerg-Emiraten der Piratenküste stattgefunden hat. Die bodenständige, als Staatsbürger anerkannte Bevölkerung ist vielerorts zur Minderheit der Privilegierten geschrumpft. Die Tagelöhner und Hilfsarbeiter des indischen Subkontinents werden oft als Sklaven behandelt, und das mandeläugige Dienstpersonal aus Südostasien, das sich in Massen an der Schwelle dieser auf Sand gebauten Glitzerwelt der Petroleumfürsten drängt, ist jeder Form von Ausbeutung, sexuellem Mißbrauch und Mißachtung ausgesetzt. Als unterbezahlte Heloten vegetieren sie am Rande.

Nach dem zweiten Golfkrieg, in dem Yassir Arafat zugunsten des Diktators von Bagdad Partei ergriffen hatte, waren die zugewanderten Palästinenser, die sich als Kaufleute, Ingenieure, Unternehmer, Beamte und Lehrkräfte unentbehrlich gemacht hatten, zum Sicherheitsrisiko deklariert und zu Hunderttausenden ausgewiesen worden. Wie oft hatte ich schon in früheren Jahren aus dem Mund der alteingesessenen Golf-Araber die verächtliche Bemerkung vernommen: »Die Palästinenser sind unsere Juden, und wir mögen sie nicht.« Die meisten von ihnen wanderten nach Jordanien ab, und niemand schien sich bewußt zu sein, daß damit ein Präzedenzfall geschaffen wurde, auf den sich israelische Extremisten eines Tages im Hinblick auf einen »Transfer«, eine Vertreibung der Palästinenser aus Judäa und Samaria, berufen könnten. Auch die meisten jemenitischen Zuwanderer wurden als potentielle Unruhestifter in ihre Heimat zurückgeschickt. Diese Ausländer aus der »Arabia felix« hätten aufgrund ihrer islamischen Rechtgläubigkeit politisches Mitspracherecht fordern können. Also holten sich die Emire, die Scheikhs, die saudischen Prinzen lieber christliche Filipinos, siamesische Buddhisten und hinduistische Götzendiener ins Land, die in ihrer Eigenschaft als Kuffar außerhalb der koranischen Ordnung standen.

In den Vereinigten Emiraten wie auf Bahrein oder in Kuweit sind die herrschenden Regime – trotz des hemmungslosen Einkaufs modernsten Rüstungsmaterials – nicht in der Lage, sich länger als zwei Tage selbst zu verteidigen. Die im Ölrausch schwelgenden Beduinen haben die kriegerischen Tugenden ihrer Vorfahren, die sich ja oft genug auch nur im überfallähnlichen »Rezzu« erschöpft hatten, längst abgestreift. Deshalb warben sie pakistanische Söldner an – überwiegend Balutschen –, die in den regulären Armee-Einheiten und in der Nationalgarde, »Haras-el-watani«, des Emirats Bahrein das Gros der Truppe stellen. Wie verläßlich mögen diese neuen Mameluken im Ernstfall sein?

Kurz nach meiner Abreise aus der Golfregion hat der Befehlshaber der US-Streitkräfte restriktive Anordnungen für seine zwanzigtausend Matrosen und Marine-Infanteristen erlassen. Landausflüge für Kurzurlauber nach Manama wurden streng untersagt. Die einschlägigen Lokale »The Hunter's Lodge« oder »Tabasco Charlies« verloren von einem Tag zum anderen ihre Stammkunden und so manches Thai- und Filipinomädchen seinen Freier. Es wurden Mordanschläge auf diese Repräsentanten der Pax Americana befürchtet, und ganz aus der Luft gegriffen waren die Sorgen wohl nicht. Dieser Inselstaat steckt voller Widersprüche. Jenseits des harmlosen Bazar-Betriebes, unbemerkt von den meisten Gästen der strahlenden Nobelhotels und weitab von der ministeriellen Arroganz existiert nämlich eine Vielzahl unansehnlicher, geduckter Dörfer, die am Wohlstand der Dynastie und der führenden Kaste keinen Anteil haben. In grauen und braunen Lehmhütten haust dort die schiitische Urbevölkerung – viele Perser sind darunter –, die durch die sunnitische Oberschicht vom aktiven politischen Leben, von der Mitwirkung am Staat und vom einträglichen Geschäftsleben ausgeschlossen bleibt. Die meisten Schiiten – sie stellen siebzig Prozent der Bevölkerung – verfügen über geringe Aufstiegschancen. Bei ihnen grassiert Arbeitslosigkeit, seit sie sich zwecks Anhebung ihrer erbärmlichen Entlohnung durch die örtlichen Großgrundbesitzer gewerkschaftlich zu organisieren suchten und deshalb durch indische Tagelöhner ersetzt wurden.

Die Behörden von Bahrein sehen es nicht gern, wenn der ausländische Besucher sich zu gründlich in diesen ärmlichen Ballungszentren der Unzufriedenheit und des potentiellen Aufruhrs umsieht. Immerhin sind seit den ersten Unruhen im Dezember 1994 und der Verhaftung des schiitischen Predigers Scheikh Ali Salman etwa dreißig der Regierung nahestehende Bahreini Opfer von Attentaten geworden. Nach der Auflösung des örtlichen Parlaments im folgenden Jahr wurde Kriegsrecht über das Emirat verhängt. Ein spezielles Sicherheitstribunal nahm seine Tätigkeit auf, das 1996 mehrfach Todesstrafen wegen Hochverrats aussprach und langfristige Gefängnisurteile fällte. Im Juni 1996 waren 44 Schiiten unter der Anklage inhaftiert worden, sie hätten mit Hilfe Irans eine Islamische Republik ausrufen wollen, was von den Betroffenen energisch und sogar glaubhaft bestritten wurde. Eine Serie von Zwischenfällen und politisch motivierten Brandstiftungen ist nicht abgerissen. Auch die Polizei verwies eilfertig auf die angebliche Urheberschaft religiöser Extremisten, auf die verschwörerischen Umtriebe der schiitischen Mullahs.

Die erdrückende Militärpräsenz der USA wird durch solche marginalen Zwischenfälle nicht ernsthaft tangiert. Doch es stimmt nachdenklich, daß sämtliche Hauswände in den kümmerlichen schiitischen Dörfern von oben bis unten mit politischen Protestparolen bepinselt sind. Da geht es nicht so sehr um die Vertreibung der »landfremden« sunnitischen Herrscherfamilie der Khalifa. Auch vom schiitischen Gottesstaat ist nicht die Rede, und sogar von der andernorts gängigen Hetze gegen die Yankees fehlt jedes Anzeichen. Unaufhörlich wird hingegen die Einberufung des aufgelösten Parlaments, die Wiederherstellung von demokratischen Verhältnissen gefordert. Bei Abhaltung freiheitlicher Wahlen – so kann sich die Opposition ausrechnen –

brächte es die »Partei Alis« automatisch zu einer eindeutigen Mehrheit schiitischer Abgeordneter. Die ersehnte Volksvertretung wird bezeichnenderweise nicht mit den arabisch-persischen Vokabeln »Madschlis« oder »Schura« bezeichnet. Die Regime-Gegner des »Bahrein Freedom Movement« greifen für ihre Agitation auf das verballhornte englische Lehnwort »Barlamin« zurück, eine späte Huldigung an den libertären Geist von Westminster. Tag um Tag – zwischen vier und sechs Uhr morgens –, unmittelbar nach dem ersten Weckruf des Muezzin, werden diese Slogans zu Hunderten, ja Tausenden in aller Eile mit weißer Farbe an die Wände gemalt. Im Morgengrauen nahen auch schon die offiziellen Sicherheitskräfte – überwiegend Pakistani –, um die Spuren der Aufsässigkeit zu tilgen. Dabei kommt es häufig zu Hausdurchsuchungen, Plünderungen und willkürlichen Verhaftungen. Am folgenden Tag geht das Spiel von neuem los.

Neben den »Freiheitsaufrufen« fielen mir die Abbildungen von zwei politischen Persönlichkeiten auf, die von den Schiiten Bahreins wohl als ihre berufenen Wortführer betrachtet werden. Der eine trägt den Turban des Mullah und heißt Abdel Amir el Jamri. Er wurde 1975 auf Befehl von Scheikh Isa Ibn Salman el-Khalifa festgenommen. Seine Predigten werden im Untergrund auf Tonbandkassetten weitergereicht wie seinerzeit in Persien die beschwörenden Appelle des Ayatollah Khomeini. Bei dem zweiten Porträt handelt es sich wohl um den Sohn des Scheikh El Jamri, der von den jugendlichen Aktivisten der »harakat el bahrayn el islamiya« wie ein Idol verehrt wird und der aus seinem Londoner Exil die Anweisungen zur Revolte ausgibt. Wie gesagt, anti-amerikanische Deklamationen sind bei diesen Propagandisten bis auf weiteres verpönt. Die »islamische Freiheitsbewegung« weiß offenbar, daß man mit dem Ruf nach Wiederherstellung der politischen Rechte im Westen mehr Sympathien weckt als mit Schmähungen gegen Uncle Sam.

Nur ein Narr käme auf die Idee, in der Umgebung des herrschenden Emir Isa Ibn Salman el-Khalifa, des Ministerpräsidenten Scheikh Khalifa Ibn Salman el-Khalifa oder des Verteidigungsministers und Kronprinzen Scheikh Hamad Ibn Isa el-Khalifa nach politischen Informationen zu suchen oder aufschlußreiche Gespräche führen zu wollen. Die Potentaten dieser Gegend neigen nicht zur Mitteilsamkeit. Ihre außenpolitische Linie wird ohnehin von Washington diktiert. Die Erkenntnis der Regierenden von Manama, auf eine begrenzte Minorität sunnitischer Glaubensbrüder angewiesen zu sein, stärkt nicht gerade ihr Selbstbewußtsein. Seit die Ölquellen der »Insel zwischen den beiden Meeren« nur noch spärlich sprudeln – die Produktion ist auf 40000 Barrel pro Tag abgesunken –, drängen sich die Saudis als überlegene Wirtschaftspartner in den Vordergrund. Dem Zufluß saudi-arabischen »Crudes« ist es zu verdanken, daß die hochmodernen Raffinerieanlagen Bahreins voll ausgenutzt sind. Saudische Geschäftsleute nutzen hier auch die liberale Auslegung der zinsfeindlichen Vorschriften des Koran, indem sie in Manama ihre Bankgeschäfte tätigen.

Die Golfstaaten drohen allesamt an ihrer Übersättigung und ihrem gierigen Egoismus zu ersticken. Von arabischer oder islamischer Solidarität mit den Palästinensern ist seit dem zweiten Golfkrieg ohnehin keine Spur mehr vorhanden. Mit Mißvergnügen hatte dennoch die Regierung von Manama die Eilfertigkeit beobachtet, mit der der eigenwillige Sultan Qabus von Oman und sogar das winzige Scheikhtum Qatar – 400000 Einwohner und davon nur 100000 Qatari – sich auf Wirtschaftsbeziehungen mit Israel einließen. Seit Peres durch Netanjahu abgelöst wurde, ist es um solche Experimente der Annäherung recht still geworden. »Uns ist eine doppelte Last von den Schultern genommen worden«, vertraute mir ein Professor für Politologie der Bahrein-University an, der gleichzeitig einen hohen militärischen Rang bekleidete. »Als Konsequenz der Fehlentscheidung Arafats sind wir unsere aufdringlichen Palästinenser losgeworden. Sie müssen nun selbst sehen, wie sie mit den Juden zurechtkommen. Wir brauchen auch nicht länger palästinensischer zu sein als die Palästinenser, seit die PLO hinter dem Rücken der Araber-Liga ihre Direktverhandlungen mit den Zionisten aufgenommen hat und sich zu exorbitanten Konzessionen bereit fand.«

Sehr viel aufschlußreicher war der Meinungsaustausch mit militärischen Beobachtern aus den Schlüsselstaaten Ägypten und Türkei, deren Namen wir hier aus guten Gründen nicht zitieren. Oberst F. aus Kairo – seine grauen Augen und sein dunkelblondes Haar deuten auf eine kaukasische Herkunft hin – teilte nicht die Unterwürfigkeit vor der amerikanischen Allmacht, die in manchen Ministerien seiner Heimat und mehr noch in den fragilen Golf-Emiraten verbreitet ist. »Präsident Clinton sollte sich nicht übernehmen«, warnte der Ägypter. »Die doppelte Frontstellung gegen Bagdad und Teheran – ›dual containment‹ genannt – könnte sogar das amerikanische Interventionspotential überfordern. Wir Ägypter jedenfalls werden uns nicht noch einmal – wie beim Unternehmen ›Wüstensturm‹ – vor den Karren einer buntgescheckten Allianz spannen lassen. Mit Saddam Hussein hatte George Bush ein relativ leichtes Spiel. Der starke Mann von Bagdad war ein totaler Ignorant, wenn es um internationale Zusammenhänge ging. Mit den Iranern hingegen ist alles viel heikler und undurchsichtiger. Im Pentagon sollte man sich an die Blamage Jimmy Carters in der persischen Wüste von Tabas erinnern, als er die Botschaftsgeiseln von Teheran durch einen dilettantischen Kraftakt zu befreien suchte.« Der nächste Krieg, so mutmaßte der Oberst vom Nil, werde binnen 48 Stunden entschieden, und zwar nicht durch gewaltiges Truppen-Aufgebot, sondern durch ein paar vernichtende Raketentreffer. Auch wenn die islamischen Staaten die nukleare Schwelle noch nicht überschritten hätten, seien sie mit chemischen Kampfstoffen und bakteriologischen Substanzen ausreichend versorgt. Bis zum Jahr 2000 könne man übrigens davon ausgehen, daß die persischen Pasdaran endlich mit Hilfe russischer Techniker über ein eigenes bescheidenes Atom-Arsenal verfügen. Auf die begrenzte Reichweite der chinesischen »silk-worm«-Raketen seien sie längst nicht mehr angewiesen. »Wissen Sie, daß die Amerikaner durch ihre Sanktionspolitik gegen Bagdad die innenpolitische Position Saddam Husseins gewaltig gestärkt haben?« fragte der Ägypter. »Eines sollten Clinton und Netanjahu ernsthaft bedenken: Wenn es wirklich zum Schwur kommt, wenn die Iraner eines Tages von den Amerikanern und Israeli voll ins Visier genommen werden, dann benötigen die schiitischen Revolutionswächter keine Interkontinental-Raketen, um ihre Gegner das Fürchten zu lehren. Sie arbeiten fieberhaft an Trägerwaffen, die über eine Reichweite von 2 000 Kilometer verfügen. Damit könnten sie die dichtbesiedelte israelische Küstenzone erreichen und ganz andere Schäden anrichten, als das den Irakern Anfang 1991 mit ihren bescheidenen Scud-B-Raketen gelang. Psychologisch gesehen würde die partielle Verwüstung oder Verseuchung von Tel Aviv ungefähr den gleichen Effekt erzielen, als wenn eine Serie von Volltreffern in Brooklyn einschlüge.«

Bei der türkischen Militärvertretung in Bahrein wurden vergleichbare Überlegungen angestellt. Der Irak Saddam Husseins habe sich trotz aller UNO-Boykottierung und trotz diverser Umsturzversuche der CIA so rapide konsolidiert, daß die Kuweiti – als unmittelbar Betroffene – von neuen Ängsten geplagt wurden, meinte Oberstleutnant C. aus Ankara, der ebenfalls dem Typus nach Tscherkesse oder Bosniake sein könnte. Neuerdings nehme das kuweitische Herrscherhaus El Sabah sogar eine Spaltung des Irak in Kauf, ja man sei dort bereit –

in völliger Umkehrung der bisherigen Position –, einen separaten Schiiten-Staat in Süd-Mesopotamien zu akzeptieren, wenn dadurch der Alptraum eines wiedererstarkten Bagdader Baath-Regimes ausgeschaltet wäre. Der türkische Offizier, der sich als glühender Kemalist zu erkennen gab, spielte hingegen die Kurdenfrage herunter. »Die Kurden neutralisieren sich selbst«, behauptete er. Im Hinblick auf die Islamische Republik Iran ging er noch weiter als sein ägyptischer Kollege. Die persische Atombombe sei bereits vorhanden, und es werde Zeit, daß die US-Strategie den neuen Gegebenheiten Rechnung trage. Ich sprach das Thema Israel an, und da kam es zu einer überraschenden Reaktion. »Die Juden sind doch so kluge Leute«, meinte der türkische Beobachter; »aber seit Oslo verstehen wir die Israeli nicht mehr. Sie waren unter Rabin und Peres drauf und dran, alles zu verschenken. Nach der Evakuierung des Sinai wollten sie den Golan preisgeben. Sie haben die arabischen Städte der West-Bank geräumt und redeten über die Auflösung der zionistischen Wehrsiedlungen, ja über die Teilung Jerusalems. Was hatten sie dann noch anzubieten? Meinen denn die Israeli, die Palästinenser würden ihnen dafür dankbar sein?« Die Araber seien keine vertrauenswürdigen Partner, fuhr er fort. Die Osmanen hätten vierhundert Jahre über den Fruchtbaren Halbmond geherrscht und ihre Erfahrungen gesammelt. Der große Atatürk habe die »Arapçı« stets als räuberische und verlogene Beduinen bezeichnet und dabei den Propheten Mohammed nicht ausgenommen.

Im Schatten der Raketen

Quneitra, im Mai 1997

Zurück nach Syrien. Den Aufenthalt am Golf hatte ich im Februar 1997 gewissermaßen als Einstimmung zum Aufbruch ins Heilige Land benutzt. In Damaskus habe ich jetzt Gelegenheit, die teilweise extravaganten Spekulationen, denen ich in Manama gelauscht hatte, in kompetenter Runde gegenzuchecken.

Der deutsche Verteidigungs-Attaché, Oberstleutnant Ulrich Bothe, der für Syrien, Jordanien und Libanon zuständig ist, hat seine »Kameraden« aus den übrigen Botschaften zum Abendempfang in seinem

Haus eingeladen. Das Wort »Kameraden« erscheint in diesem Zusammenhang nicht übertrieben. Nicht nur die Militärbeobachter aus den verbündeten NATO-Staaten treten wie enge Vertraute, ja Freunde auf, auch die Offiziere aus den ehemaligen Stäben des Ostblocks geben sich heiter und ungezwungen. Der russische und der chinesische Attaché sind mit ihren Frauen gekommen, wie der Amerikaner, der Brite, der Franzose, und sie gehören dazu. Man klopft einander auf die Schulter und tauscht Erkenntnisse aus. Von den steifen Diplomaten-Empfängen unterscheidet sich diese Zusammenkunft von Soldaten durch korporatives Zusammengehörigkeitsgefühl. Wie sehr sich die Welt nach Ende des Kalten Krieges verändert hat, welche psychologischen Schranken seitdem eingerissen wurden, wird in Damaskus bei Würstchen und deutschem Bier eindringlich vorgeführt. Der Gastgeber und seine Frau haben entscheidenden Anteil daran.

Ich will mich keiner Indiskretion schuldig machen und werde niemanden zitieren, sondern möchte lediglich einen Gesamteindruck vermitteln, der sich aus diesen Gesprächen ergibt. Bedauerlich ist die Abwesenheit des iranischen Militärattachés, eines Offiziers aus dem Korps der »Revolutionswächter«, ein »Pasdar« mit Fronterfahrung, wie Ulrich Bothe erklärt. Mag sein, daß der Nachhall der Mykonos-Affäre sein Fernbleiben erklärt. Mit dem Russen, der ganz offen über die schwierigen Beziehungen zwischen Damaskus und Moskau spricht – »they think we let them down«, die Syrer haben das Gefühl, daß wir sie fallengelassen haben –, kommt die Plauderei zu einem abrupten Ende, als ich nebenbei erwähne, daß ich zu General Alexander Lebed, dem Friedensstifter von Grosny, über persönliche Beziehungen verfüge. Die Bemerkung, die völlig harmlos gemeint ist, löst eine prompte Absetzbewegung aus.

Unvermeidlich wird in diesem Kreise über die Nachfolgefrage des Damaszener Regimes gemutmaßt. Die Meinungen über den Gesundheitszustand des Präsidenten gehen dabei auseinander. In Bashar sehen die wenigsten einen geeigneten Erben. Selbst wenn dieser unbedeutende Sohn das Amt des Staatschefs übernähme, müsse ihm ein erfahrener, mit großen Vollmachten ausgestatteter Politiker zur Seite gestellt werden. In diesem Zusammenhang fällt wieder der Name des Vizepräsidenten Abdel Halim Khaddam. Letzterer könnte als sunnitischer Moslem vielleicht eine Brücke zu den oppositionellen Moslem-Brüdern schlagen. Selbst im sozialistisch geprägten Baath-Regime geben im Umkreis Hafez-el-Assads angeblich sieben große Familien den Ton an und bestimmen – mit beachtlichem eigenem Gewinn – den jeweiligen Wirtschaftskurs. Die Entscheidung wird dennoch in letzter Instanz bei den Streitkräften liegen, deren Kommandostrukturen schwer zu durchschauen sind. Eventuell ist Stabschef Schehabi, der mit den Israeli verhandelte, ein kommender Mann. Keineswegs wird dem mitteilungsfreudigen, aber leichtgewichtigen Verteidigungsminister Mustafa Tlass eine nennenswerte Rolle im Intrigenspiel des Serail mehr zugetraut.

Der amerikanische Verteidigungs-Attaché steht kurz vor seiner Versetzung nach Neapel. Präsident Jacques Chirac hat die Übernahme des NATO-Süd-Kommandos durch einen Europäer, vorzugsweise einen Franzosen, angefordert. Washington denkt jedoch gar nicht daran, den Oberbefehl über die Sechste US-Flotte, die im östlichen Mittelmeer kreuzt und zum Eingreifen in der Levante bereitsteht, einer fremden Kompetenz unterzuordnen. Die Verstimmung der Stäbe in Neapel trübt die Eintracht zwischen dem amerikanischen und dem französischen Offizier, die nebeneinander Platz genommen haben, in keiner Weise. Mit dem Lieutenant-Colonel aus Paris tausche ich Eindrücke über den Indochina- und den Algerien-Krieg aus. Er selbst war noch zu jung, um an diesen Feldzügen teilzunehmen, aber ihm ist aufgefallen, daß in den Kasino-Gesprächen der »Anciens«, der Veteranen, das militärische Abenteuer in Ost-Asien, das so tragisch in Dien Bien Phu endete, eine romantische, nostalgische Erinnerung geblieben ist, während der achtjährige Partisanenkrieg in Algerien so gut wie nie erwähnt, ja wie eine unrühmliche Belastung gemieden wird. In Syrien werden die dort lebenden Franzosen – Diplomaten, Kaufleute, Lehrkräfte – allzu schmerzlich auf die Vergänglichkeit gallischen Einflusses im Orient hingewiesen. Die englische Sprache ist in Damaskus zum unverzichtbaren internationalen Verständigungsinstrument geworden. Ein ähnliches Schicksal scheint der Frankophonie ja auch in Schwarz-Afrika zu drohen, seit der Rebellenführer Laurent-Désiré Kabila mit amerikanisch-israelischer Unterstützung und Kampfanleitung den ehemals Belgischen Kongo, die verflossene Republik Zaire des Marschall Mobutu, für sich und seine angelsächsisch gedrillten Tutsi-Offiziere aus Uganda und Ruanda eroberte.

Einstimmigkeit herrscht im Hinblick auf den Friedensprozeß zwischen Israeli und Palästinensern. In diesem Punkt ist größte Skepsis geboten. Auch verstärkter amerikanischer Druck dürfte Benjamin Netanjahu oder dessen präsumtiven Nachfolger Ehud Barak nicht zum

Einlenken in wesentlichen Fragen zwingen. Die PLO-Funktionäre Yassir Arafats wiederum hätten sich so intensiv in ihrem »süßen Leben« am Strand von Gaza eingerichtet, daß sie den permanenten jüdischen Übergriffen nur mit lauen Protesten begegnen. Ihr Rückblick auf die endlose Zeit des schmählichen Exils von Tunis sei eben zu bitter. Alle Blicke richten sich in Damaskus natürlich auf Ankara, seit die strategische Kooperation zwischen türkischem und israelischem Generalstab spektakulär in Szene gesetzt wurde. Niemand spricht den türkischen Oberst, der sich hier mit seinem griechischen Kollegen so ungezwungen unterhält, als ob es keine Zypern-Frage gebe, auf die Probleme seines Landes an, doch jedermann spürt, daß in Anatolien und in Istanbul mehr auf dem Spiel steht als die säkulare Ausrichtung der kemalistischen Republik.

Die Streitkräfte Syriens, das ist eine Binsenweisheit, sind den Israel Defense Forces hoffnungslos unterlegen. Die syrische Luftwaffe besitzt nicht die geringste Chance. Also hat sich Damaskus auf den Erwerb und die Entwicklung von mobilen Boden-Boden-Raketen verlegt, die an Präzision die üblichen Scud-B weit übertreffen. Eine Reichweite von dreihundert bis fünfhundert Kilometern genügt bei diesen Trägerwaffen, die angeblich mit chinesischer, nordkoreanischer und iranischer Hilfe perfektioniert wurden, um das nahe Israel zu treffen. Die Gefechtsköpfe können mit chemischen und bakteriologischen Kampfstoffen ausgestattet werden, und die sind reichlich vorhanden. Die syrischen Militäringenieure seien neuerdings in der Lage, eigene Raketen herzustellen. Der Schwerpunkt dieser unterirdischen Produktionsanlagen soll sich im Umkreis der Stadt Hama befinden.

Die wirkliche Erprobung des amerikanischen Hegemonialanspruchs über den Orient würde jedoch im Kräftemessen mit der Islamischen Republik Iran stattfinden. Mutmaßungen über einen »preemptive strike« der US Air-Force oder der Israeli gegen die Mullahkratie von Teheran gehen natürlich auch in Damaskus um. Es gilt als ausgemacht, daß Iran heute bereits in der Lage ist, chemische oder bakteriologische Kampfstoffe mit selbstgefertigten Raketen in die Lebenszentren des Judenstaates zu befördern. Diese Erkenntnis wird auf israelisch-amerikanischer Seite – nach dem Versagen des Patriot-Systems im Golfkrieg – mit der fieberhaften Experimentierung eines futuristisch anmutenden Abwehrdispositivs, »Moab« genannt, gekontert. Es sei jedoch ein weitverbreiteter Irrtum – so meint man hier –, daß A-, B- oder C-Waffen unbedingt mit Hilfe von »Missiles« ins Ziel befördert werden müßten. Im Falle einer existentiellen Konfrontation mit den Iranern müsse Amerika auf alles gefaßt sein, auf terroristische Giftgasüberfälle, wie sie 1995 in dilettantischer Form von Anhängern der Aum-Shinri-Kyo-Sekte in Tokio ausgeführt wurden, in den Händen von schiitischen Todesfreiwilligen jedoch apokalyptisches Ausmaß annähmen.

Im übrigen gehört die einmalige Konjunktur des Golfkrieges, die Einstimmigkeit im Weltsicherheitsrat der Vergangenheit an. Von den Vereinten Nationen wird Bill Clinton kein grünes Licht für einen vorsorglichen Vernichtungsschlag gegen Teheran erhalten. Rußland weiß die Islamische Republik Iran als Stabilitätsfaktor in Zentralasien zu schätzen, seit der Vormarsch der afghanischen Taleban, dieser ursprünglich von der CIA begünstigten Steinzeit-Islamisten, durch aktive Intervention der Pasdaran weit vor der Grenze Usbekistans zum Stehen gebracht wurde. Auch im grauenvollen Bürgerkrieg der ehemaligen Sowjetrepublik Tadschikistan hat die persische Diplomatie an einem Kompromiß zwischen den islamischen Mudschahidin der Nahda-Bewegung und dem postkommunistischen Regime des Präsidenten Rachmonow mitgewirkt. Weder Rußland noch China würden Amerika freie Hand lassen bei einem Rachefeldzug gegen die Nachfolger Khomeinis. Doch schon werden ganz andere Prognosen kolportiert. Die Geheimkontakte zwischen Washington und Teheran seien ja nie ganz abgerissen. Die gigantischen Petroleum-Konzerne der USA übten bereits auf Capitol Hill Druck aus, damit die unentbehrliche geographische Drehscheibe und Durchgangsstation Persien im Sinne der neuen amerikanischen Förderungsprojekte von Erdöl und Erdgas in Zentralasien nutzbar gemacht werde. Allein das Big Business, so hört man, sei befähigt, im Verhältnis der USA zu den Mullahs die angeheizte Medien-Stimmung wieder abzukühlen und Kooperationswilligkeit aufkommen zu lassen.

Es wäre vollends naiv, den stets lächelnden chinesischen Militärattaché nach den Ansichten seiner Regierung zu befragen. Es bestätigt sich, daß zwischen Peking und Teheran – nicht nur zwischen Moskau und Teheran – umfangreiche Rüstungsabschlüsse getätigt wurden. Auf dem Gebiet der Trägerwaffen sollen die Industrie-Experten der Volksbefreiungsarmee den iranischen Pasdaran wertvolle Entwicklungshilfe gewährt haben, ganz zu schweigen von der ominösen nord-koreanischen »Connection«, über die im gesamten Orient immer wieder gemunkelt wird.

Beiläufig fällt der Name Samuel Huntington. Die These des Harvard-Professors vom »Clash of Civilizations« und die in dieser Studie angekündigte Komplizenschaft zwischen dem konfuzianischen und dem islamischen Kulturkreis werden nur am Rande erwähnt. Zwar erscheint es völlig unsinnig, irgendeine spirituelle Übereinstimmung zwischen der ganz diesseitig ausgerichteten, pragmatischen Sittenlehre des Meister Kong auf der einen und der alles durchdringenden Gottespräsenz der mohammedanischen Offenbarung auf der anderen Seite zu konstruieren. Doch in der Perspektive eines fatalen Zusammenpralls der Vereinigten Staaten mit dem auf Weltgeltung pochenden Reich der Mitte – und sei es nur im Streit um die staatliche Zugehörigkeit Taiwans – wäre es für die Nachfolger Deng Xiaopings zweifellos hilfreich, wenn sie einen mit moderner Waffentechnologie ausgestatteten persischen Partner ins Spiel brächten. Manche der anwesenden Offiziere aus aller Herren Länder, die in Damaskus akkreditiert sind, haben Arabisch studiert – der amerikanische Colonel zum Beispiel –, und ihnen muß eine Passage des Koran, die Aufforderung des Propheten bekannt sein: »Utlub el 'ilm hatta fi Sin ... Suche die Wissenschaft bis hin nach China!«

*

Eine knappe Autostunde trennt die syrische Hauptstadt von der ersten Kontrollschranke am Golan, über der der David-Stern weht. Bis auf etwa dreißig Kilometer waren die Vorhuten der Israel Defense Forces in der letzten Phase des Yom-Kippur-Krieges auf Damaskus vorgerückt, nachdem sich eine Serie von Tank-Schlachten abgespielt hatte, die den Aussagen eines Generalstäblers in Tel Aviv zufolge an Materialaufwand und Verlusten nur durch die deutsch-sowjetische Panzerschlacht von Kursk im Sommer 1943 übertroffen wurde. Kein israelischer Kommandeur hat damals mit dem Gedanken gespielt, in das übervölkerte Häusermeer von Damaskus einzudringen. Hier wurden plötzlich die Grenzen sichtbar, die der erstklassigen Armee eines Staates von fünf Millionen Bürgern durch die Demographie gesetzt sind.

Wir rollen im Landrover des deutschen Militärattachés nach Südwesten. Dabei passieren wir syrische Militärunterkünfte, Panzergräben und oberflächliche Verteidigungsanlagen. Eine überzeugende Abwehrfront ist nicht aufgebaut worden. Präsident Hafez-el-Assad hat den größten Teil seiner Bodentruppen – etwa 200 000 Soldaten – zwischen Damaskus und den israelisch besetzten Golan-Höhen massiert. Das sind aber keine Elite-Einheiten, sondern zweite Garnitur. Die Panzer, über die diese Heerschar verfügt, sind meist vom altertümlichen Typus T-55. Rund um die Hauptstadt hingegen sind die Prätorianer der »Republikanischen Garde« und gut ausgerüstete Divisionen in Stärke von 70 000 Mann konzentriert, und die besitzen moderne russische T-72-Tanks. Andere Einheiten, die Mannschaftszahl dürfte 35 000 betragen, sind zur Befriedung und Kontrolle des Libanon eingesetzt. An der Grenze zur Türkei, die manchen Grund hat, den Syrern übelzuwollen, sind die Garnisonen überaus spärlich bemannt. Damaskus besitzt zwar zwanzig moderne Maschinen vom Typ Mig-29, aber das reicht bei weitem nicht aus.

Die Landschaft zwischen Damaskus und Quneitra ist reizlos. Die Ortschaften werden durch zahllose halbfertige Häuser verunstaltet. Aus dem flachen oberen Stockwerk ragen Zementstummel mit Eisengestängen, auch wenn die unteren Wohnungen und Geschäfte längst benutzt werden. Für ein unvollendetes Gebäude müssen angeblich keine Steuern bezahlt werden. Sehr bald gelangen wir an die erste syrische Kontrolle des militärischen Sperrgebiets. Es geht dabei recht lässig zu. Wir haben die langgezogene, aber schmale Pufferzone erreicht, die sich – von Blauhelmen der Vereinten Nationen bewacht – vom Yarmuk-Tal im Süden bis zum Hermon-Gebirge im Norden erstreckt. Streckenweise ist der Schlauch nur ein paar hundert Meter breit und gewinnt bei Quneitra eine Tiefe von knapp zehn Kilometern. Die Einrichtung dieser engen Zwischenzone ist noch der Shuttle-Diplomatie Henry Kissingers zu verdanken, der die Israeli im Jahr 1974 mit unendlicher Geduld dazu bewegen konnte, die Ortschaft Quneitra der syrischen Verwaltung, wenn auch nicht der syrischen Militärhoheit zurückzuerstatten.

Da bin ich also wieder an den Rand des Golan-Plateaus zurückgekehrt und kann mit bloßem Auge die Antennen und Radarschüsseln erkennen, mit denen Zahal den Gegner in Damaskus intensiv ausspäht und belauscht. Laut Räumungsabkommen dürfen keine syrischen Armee-Einheiten im Quneitra-Streifen stationiert sein. So hat man den Soldaten ihre Regimentsabzeichen abgenommen und sie zu Polizisten deklariert. Die Israeli haben daran keinen Anstoß genommen. Neben ein paar Kanadiern haben vor allem Österreicher und Polen in Bataillonsstärke die Sicherung der neutralen Zone übernommen. Die Österreicher haben sich im Nordabschnitt und in Quneitra einquartiert. Ein schneidiger Hauptmann aus Salzburg – von der Golan-Sonne tief gebräunt – erklärt uns die Situation. Seine Männer haben natürlich keinen Kampfauftrag. Sie unterbinden nicht einmal den Schmuggel, der an den Hängen des Hermon floriert. Da es in einer Zeitspanne von 23 Jahren zu keinem nennenswerten Zwischenfall zwischen den Kriegsparteien gekommen ist, sehen sich die Soldaten aus der Alpenrepublik bei ihren Patrouillengängen bislang keinen Gefahren ausgesetzt. Die Langeweile dieses Dienstes in dem kalten Außenposten bekämpfen sie mit Sport, mit Jogging und Gewichtheben. »Meine Leute werden als kleine Schwarzeneggers nach Hause zurückkehren«, scherzt der Hauptmann, der über strenge Disziplin wacht. Auf dem Gipfel des Hermon, in 2800 Meter Höhe, ist ein Detachement von acht Mann unter der blauen UNO-Fahne stationiert. Man müsse schon die Mentalität eines Sennhütten-Bauern haben, um es dort auszuhalten, sagt der Kompaniechef, zumal im Winter bei Schneehöhen von vier Metern jede Verbindung abreißt. Beim polnischen Nachbar-Bataillon weiter südlich soll es weniger strikt zugehen. Als er vom vorgeschriebenen Inspektionspfad abwich, ist unlängst einem Polen durch Minenexplosion ein Bein abgerissen worden. Die Kameraden von der Weichsel widmen sich gelegentlich auch dem Schwarzhandel, aber wer wollte das diesen Männern, die gerade dem Elend des Ostblocks entronnen sind, schon übelnehmen?

Die Straßen von Quneitra befinden sich in einem desolaten Zustand. Bevor sie abrückten, haben die Israeli eine sinnlose Verwüstung angerichtet. Kein einziges Haus ist stehengeblieben. Dort wo die Gebäude nicht gesprengt wurden, haben sie Panzer als Planiermaschinen eingesetzt und alles plattgewalzt. Die Moschee, die christliche Kirche, das Golan-Hotel und ein stattliches Krankenhaus wurden von dieser systematischen Zerstörung nicht verschont. Die Syrer haben sich die Gelegenheit nicht entgehen lassen. Quneitra ist zur nationalen Pilgerstätte geworden, wo Besucher aus dem In- und Ausland einen Eindruck von der »zionistischen Barbarei« gewinnen sollen. Deshalb blieben das Ruinenfeld und die Schutthalden unverändert erhalten. Lediglich der Bau einer neuen Moschee wurde in Auftrag gegeben. Am Tag unseres Aufenthalts spazieren ein paar Schulklassen aus Damaskus durch die Trümmerwüste. Prominente Gäste aus fremden Ländern sollen ihre Reverenz an dieser tristen Gedenkstätte entrichten und werden zum Pflanzen eines Apfelbäumchens aufgefordert. Wie es seiner Ansicht nach um die Friedensaussichten bestellt sei, habe ich den Hauptmann aus Salzburg gefragt. Die Antwort ist eindeutig und negativ.

Die Besucher Quneitras werden ebenfalls zu dem christlichen Friedhof geführt, wo jedes Grab geschändet ist. Aber hier kommen Zweifel auf, ob man das Horror-Szenario mit propagandistischer Absicht nicht übertrieben hat. Seltsamerweise ist nämlich das muslimische Bestattungsfeld unberührt geblieben. Im übrigen sind zwar die christlichen Skelette aus ihren Särgen gerissen, aber die Totenköpfe sind allesamt abhanden gekommen. Angeblich läßt sich damit ein bescheidener kommerzieller Gewinn erzielen. Quneitra ist Bestandteil des umfassenden Lügen-Systems rund um das Heilige Land. Wem kann man in dieser Gegend schon trauen? Ich lasse mich in dem engbegrenzten UN-Territorium herumfahren. Da ist die trostlose Vulkan-Landschaft des Golan mit ihren schwarzen Felsbrocken, ihren schwarzen Ziegen, ihren paar drusischen Hirten unverändert geblieben.

Plötzlich fühle ich mich an den Tag meiner ersten Besichtigung dieses Plateaus im September 1951 erinnert. Wir sind jetzt unmittelbar an die Abschirmungslinie Zahals herangetreten. Das System des doppelten elektrischen Zauns, des Minengürtels und des Patrouillenstreifens ist das gleiche wie in der Jordan-Senke. Und wiederum – wie im Jahr 1951 – unterscheidet sich das jüdisch okkupierte Land jenseits der Sperrzone durch seine landwirtschaftliche Erschließung, seine blühende Vegetation, die üppigen Citrus-Plantagen von der öden Verlassenheit der syrischen Seite. Weithin sichtbar wehen die blau-weißen Fahnen des Zionismus.

Ich muß an ein Gespräch mit dem ungarischen Botschafter Zoltan Pereslenyi denken, das ich in Damaskus führte. Der aristokratisch wirkende Magyare hat schon zur Zeit des Gulasch-Kommunismus das Mittelost-Referat in Budapest geleitet und gilt als einer der besten Kenner der syrischen Szene. Am Ende unserer langen Unterhaltung hat er im Hinblick auf den Golan die Augen zum Himmel erhoben. »Wir leben hier doch in einer extrem verkrampften Weltgegend«, meinte er; »da wird von diesem winzigen Fetzen unfruchtbaren Lavabodens auf dem Golan ein Aufheben gemacht, als hänge das Schicksal der Welt davon ab. Was sollen denn wir Ungarn dazu sagen? Uns hat man nach dem Ersten Weltkrieg im Vertrag von Trianon Dreiviertel unseres ererbten Heimatbodens weggenommen und jenseits der Grenze – in Rumänien, in der Tschechoslowakei, in Jugoslawien –

lebten weiterhin starke magyarische Volksgruppen. Wir haben uns blutenden Herzens mit dieser nationalen Tragödie abfinden müssen. Doch hier im Orient ist kein Raum für Vernunft. Auf keiner Seite.«

Zwei Tage nach meinem Quneitra-Abstecher erfahre ich von Ulrich Bothe, daß es nun doch zu den ersten Verlusten bei den Österreichern der UNO gekommen sei. Zwei Blauhelme sind auf einem Patrouillengang an den Hängen des Hermon von unbekannten Tätern erschossen worden. Handelte es sich um Schmuggler oder Rauschgift-Transporteure, obwohl die Österreicher – laut Reglement – ihnen doch gar nichts anhaben durften, die Augen stets schlossen und sie nie gemeldet haben? Oder waren die beiden Soldaten unfreiwillige Zeugen einer Agenten-Infiltration geworden – von welcher Seite auch immer –, die keine Zuschauer duldete? Das Rätselraten dauert an, aber um eine absichtliche Provokation hat es sich kaum gehandelt, sonst wäre der Zwischenfall propagandistisch aufgebauscht worden. Jedenfalls hat der Tod der beiden Österreicher allen Beteiligten ins Gedächtnis gerufen, auf welch unsicherem Boden man sich auch am Rande des Golan bewegt. Der Hermon-Gipfel wird bekanntlich auf Arabisch als »Dschebl-el-Scheikh« – »Der Berg des Alten« – bezeichnet. Es genügt ein kleines Wortspiel, und schon verändert sich der »Dschebl-el-Scheikh« in den »Scheikh-el-Dschebl«, aus dem »Berg des Alten« wird der »Alte vom Berg«.

Libanon

Auf den Fährten der Hizbullah

Ein schiitischer Groß-Inquisitor

Tyr, im Oktober 1997

Der Kontaktmann der Hizbullah ist pünktlich. Um vierzehn Uhr haben wir uns an der nördlichen Einfahrt zur alten phönizischen Stadt Tyr oder Sur, wie man heute sagt, verabredet. Da kommt er auch schon in einem ramponierten Mercedes älteren Datums. Der Emissär der »Partei Gottes« mag dreißig Jahre alt sein. Er trägt Stoppelbart und blinzelt durch dicke Brillengläser. Das hochgeschlossene weiße Hemd ohne Kragen entspricht der Standardkleidung der frommen Schiiten des Iran. Das Treffen verläuft weniger konspirativ, als ich erwartete. Wir sollen ihm mit unserem Wagen folgen, gibt er Fadi, dem Fahrer der deutschen Botschaft, der mich begleitet, zu verstehen. Wir waren auf eine Art Schnitzeljagd gefaßt gewesen, um zum süd-libanesischen Oberkommando der weithin gefürchteten Hizbullah zu gelangen. Aber wir rollen nur ein paar hundert Meter stadteinwärts, verlieren das Meer aus den Augen, biegen in eine verwahrloste Ansammlung mehrstöckiger Betonhäuser ein und kommen auf einem mit Abfall übersäten Parkplatz zum Stehen.

Ein düsterer Eingang nimmt uns auf, und der ächzende Fahrstuhl transportiert uns in die zweite Etage. Dort öffnet sich eine anonyme Wohnungstür. Mit einem Schlag befinden wir uns in einer anderen, lautlosen Welt. Als luxuriös kann man den großen, rechteckigen Raum nicht bezeichnen, dessen Fenster verdunkelt und vermutlich durch Bleiplatten geschützt sind. Aber hier herrschen peinliche Ordnung und eine harmonische Farbstimmung in Lila und Weiß. Das Ganze wirkt sehr klerikal. An den Wänden hängen vertraute Gesichter: Ayatollah

Ruhollah Khomeini natürlich, der große Inspirator, und neben ihm Ali Khamenei, sein unbedeutender Nachfolger als geistlicher Führer des heutigen Iran. Als libanesische Zugabe ist Scheikh Abbas Mussawi unter schwarzem Turban porträtiert, jener Generalsekretär der Hizbullah, der von israelischen Kampfflugzeugen in seinem Auto durch Bordwaffenbeschuß mit mehreren Familienangehörigen getötet wurde.

Eine eindrucksvolle Gestalt tritt auf mich zu. Scheikh Nabil Qaouq empfängt mich mit großer Freundlichkeit. Ich bin sofort fasziniert von seinen grünen Augen. Der Fahrer Fadi, der ein maronitischer Christ ist und nie Gelegenheit hatte, mit hohen schiitischen Geistlichen zusammenzutreffen, wirkt plötzlich eingeschüchtert und gehemmt. Qaouq ist noch ein recht junger Mann, aber er strahlt bereits die Würde und das Selbstbewußtsein eines Prälaten aus. Über der eleganten schwarzen Aba trägt er den weißen Turban, gilt also nicht als Prophetennachkomme, als »Sayid«, doch das tut seiner Autorität keinen Abbruch. Die schwarz-weiße Mullah-Tracht erinnert mich an die Mönchskutten der Dominikaner, und das blasse, von einem schwarzen Bart eingerahmte Gesicht würde einem Groß-Inquisitor gut anstehen.

Offenbar ist man im Hauptquartier der Hizbullah über meine Person gut informiert. Mein Besuch war seit drei Tagen angesagt. Trotzdem überreiche ich dem Scheikh ein Photo, das mich neben dem Imam Khomeini darstellt. Diese revolutionäre Erweckergestalt aus Persien übt immer noch eine magische Wirkung auf die schiitische Gemeinde aus. Ich werde akzeptiert, das merke ich, sobald der Hizbullah-Chef für den Süd-Libanon das Gespräch aufnimmt. »Sie kommen an einem besonders günstigen, einem gesegneten Tag«, sagt er in gepflegtem Hoch-Arabisch. »Unsere Kämpfer haben heute einen beachtlichen Erfolg mit Allahs Hilfe davongetragen. In dem von den Zionisten besetzten libanesischen Südstreifen, nur zweihundert Meter von der eigentlichen Nordgrenze Israels entfernt, haben wir unsere Sprengladungen gezündet, als der Feind in Markaba eine Lagebesprechung abhielt. Wir erfahren soeben, daß fünf unserer Gegner getötet und mindestens neun verletzt worden sind.« Die Exaktheit dieser Meldung sollte ich am folgenden Tag in den internationalen Medien bestätigt finden.

Ich frage Scheikh Nabil nicht, ob er eine militärische Ausbildung erhalten hat, und schon gar nicht in welchem Land. Er hätte mir ohnehin nicht geantwortet. Jetzt erst bemerke ich einen dickleibigen, bärtigen Mitarbeiter, der Mühe hat, sich bei der Begrüßung aus dem Sessel zu lösen. Zum Leibwächter taugt dieser feiste Mann jedenfalls nicht. Dafür fingert er mit seinem Handy, führt das drahtlose Telefon in kurzen Abständen ans Ohr, wenn es zu piepsen beginnt. Scheikh Nabil nimmt Meldungen entgegen, erteilt kurze Weisungen und entschuldigt sich jedesmal für die Unterbrechung. Eindeutig ist er hier nicht nur der geistliche und politische Führer, sondern auch der militärische Kommandeur in der gesamten libanesischen Südzone um Saida, Tyr und Nabatiyeh, die mehrheitlich – teilweise zu neunzig Prozent – von Schiiten bewohnt ist.

»Wir haben große Fortschritte gemacht«, nimmt der »Dominikaner« das Gespräch wieder auf. »Wir fügen den Israeli nicht nur Nadelstiche, sondern schmerzliche Verluste bei, wie Ihnen die Lektüre der amerikanischen Zeitungen bestätigen kann. Wir haben die im Durchschnitt fünfzehn Kilometer breite Okkupationszone zwischen Litani-Fluß und Nord-Galiläa zu einem für die jüdischen Streitkräfte höchst gefährlichen Terrain gemacht. Noch heute morgen haben wir bewiesen, daß wir überall zuschlagen können. Auf der anderen Seite ist man nervös geworden. Sie haben vielleicht vernommen, daß wir unsere Sprengladungen perfekt zu tarnen verstehen. Neuerdings beherrschen wir auch die Technik der Fernzündung, und alle Versuche der Israeli, uns durch Störfunk lahmzulegen, sind gescheitert.«

In westlichen Beobachterkreisen bezweifelt man, daß die elektronischen Fähigkeiten der schiitischen Mudschahidin allzuweit entwickelt sind, und neigt zu der Annahme, daß viele Explosionen noch über Draht ausgelöst werden. Auch die Behauptung des Hizbullah-Chefs, die jüdischen Militärs seien häufig gezwungen, Zivilkleidung anzulegen, um Attentaten in der Zwischenzone zu entgehen, werden mit Skepsis aufgenommen. Aber Scheikh Nabil läßt sich nicht beirren: »Die Zionisten tarnen sich oft als Bauern, laden Kisten mit lebenden Hühnern auf ihre Fahrzeuge, um unerkannt zu bleiben. Eigentlich«, so fügt er mit eigenartigem Humor hinzu, »sollte der Tierschutzverein sich dieser Fälle annehmen.«

Für die Mudschahidin ist zu hoffen, daß die Befehlsübermittlung nicht ausschließlich über Handys stattfindet, denn die Lauschanlagen Zahals können mit Sicherheit jedes Gespräch abhören, das in diesem weiß-violett getönten Raum geführt wird. Der Platz, an dem wir uns befinden, ist nur eine von zahlreichen Unterkünften der Hizbullah, und der Mossad tut sich offenbar schwer mit diesem in jeder Form von Verschwörung und Täuschung geschulten Gegner. Ich stelle die Frage nach der Kampfkraft der »Süd-Libanesischen Armee«, jener Hilfstruppe der Israeli in Stärke von etwa 2 000 Mann, die unter dem Befehl des General Antoine Lahad als Söldner oder als »Harki« angeworben wurden. Ursprünglich setzte sich diese SLA überwiegend aus libanesischen Christen zusammen; in letzter Zeit zählt sie mehr und mehr einheimische Schiiten in ihren Reihen. Jedenfalls ist auf diese Einheiten nur noch geringer Verlaß. »Die Milizionäre der sogenannten ›Armée du Sud-Liban‹ sind heute unsere besten Informanten«, lächelt Scheikh Qaouq. »Diese Männer denken natürlich an ihre Zukunft und das Schicksal ihrer Familien. Da ist auf die Juden wenig Verlaß. Unsere Stärke liegt darin, daß wir in dem umstrittenen Gebiet den Israeli nachrichtendienstlich weit überlegen sind. Denken Sie an das Kommando-Unternehmen der Zionisten bei Ansariyeh, etwa zehn Kilometer südlich von Saida, das unlängst blutig gescheitert ist.«

Tatsächlich hat die israelische Armee bei dem Küstenflecken Ansariyeh, weit außerhalb des süd-libanesischen Schutzgürtels, im September 1997 einen schlimmen Rückschlag erlitten. Mit welchem Ziel die Elite-Soldaten von Zahal so tief auf fremdes Territorium vorgedrungen waren, wurde bisher nicht geklärt. Offenbar war die Aktion den Hizbullahi von Anfang an bekannt. Die Israeli gerieten in einen Hinterhalt, verloren zwölf Männer und mußten sich überstürzt zurückziehen. Einer dieser Unglücklichen konnte nicht geborgen werden. Er war mit der eigenen Sprengladung, die er transportierte, explodiert. Nun begann ein orientalisches Gruselstück. Neben der Hizbullah trat nämlich deren schiitische Konkurrenz-Organisation »Amal« auf den Plan. An den Kämpfen und deren Planungen hatten die Milizionäre von Amal recht bescheidenen Anteil. Sie bemächtigten sich aber diverser Körperteile des gefallenen Israeli. Der Streit dauert an, in wessen Besitz sich nun der verstümmelte Kopf befindet. Jedenfalls waren sich die libanesischen Freischärler bewußt, zu welchen Anstrengungen und sogar Gegenleistungen die jüdischen Behörden bereit wären, um – der Vorschrift des mosaischen Gesetzes gemäß – die Leiche zwecks Bestattung in ihren Besitz zu bringen. So findet zur Zeit ein makabrer Schacher um die Gliedmaßen dieses jüdischen Kommando-Kämpfers statt, die natürlich nicht in einer leicht aufspürbaren offiziellen Leichenhalle, einer »Morgue«, aufbewahrt, sondern in ganz gewöhnlichen Tiefkühltruhen versteckt werden. Als Kompensation für die Restitution verlangen die beiden schiitischen Parteien die Freilassung libanesischer Gefangener. Das Grauen wurde auf die Spitze getrieben, als Fernsehaufnahmen und Photos von dem zerfetzten Kopf des Toten publiziert wurden, den ein Amal-Milizionär hochhält.

Die Beziehungen zwischen Hizbullah und Amal sind ein heikles Thema und haben eine lange Vorgeschichte, die hier nur skizziert werden soll. Am Anfang steht die Erlösergestalt des Imam Musa Sadr, eines Lieblingsjüngers des Ayatollah Khomeini. Ganz unerwartet, in den frühen siebziger Jahren, war dieser persische Hüne mit ebenso grünen Augen wie Scheikh Nabil bei der unterdrückten Schiitengemeinde aufgetaucht, die seit osmanischen Zeiten im Süd-Libanon und in der Bekaa-Ebene als Pächter und Tagelöhner gieriger Feudalherren ein erbärmliches Dasein führte. Musa Sadr predigte soziale Gerechtigkeit für die »Mahrumin«, diese Benachteiligten und Ausgeschlossenen der opulenten Gesellschaft in der Zedern-Republik. Im Namen der »Partei Alis« forderte er Aufstiegschancen, politische Mitsprache und Solidarität für jene »Enterbten und Entrechteten«, die Khomeini im Iran als »Mustazafin« bezeichnen sollte. Musa Sadr löste ein Erdbeben aus, denn die Schiiten bildeten damals bereits ein Drittel der libanesischen Gesamtbevölkerung.

Der Schüler Khomeinis sammelte seine Glaubensbrüder in einer Kampforganisation Amal, ein Akronym, das sich auch mit »Hoffnung« übersetzen läßt. Die Bedeutung dieses begabten Redners und Politikers ging weit über die eines lokalen »Erweckers« hinaus. Im Umkreis von Amal fanden die islamischen Revolutionäre des Iran zusammen, übten sich in den Schluchten des Süd-Libanon in Partisanenkampf und Agitation. Damals bereitete sich die religiöse Umsturzbewegung Persiens in aller Diskretion vor, und aus dieser Zeit rührt jene enge, brüderliche Verbindung zwischen den Schiiten des Iran und des Libanon, jene sakrosankte Verpflichtung zur gegenseitigen Hilfe, die durch gemeinsam vergossenes Blut besiegelt wurde. Diese tiefempfundene Schicksalsgemeinschaft sollten all jene Vermittler vor Augen haben, die eines Tages – in der Perspektive einer hypothetischen Friedensregelung – die schiitische Frage des Libanon ohne Konsultation und Mitwirkung der Teheraner Mullahkratie regeln möchten.

Im Sommer 1978 reiste Imam Musa Sadr, der inzwischen internationale Statur gewonnen hatte, auf Einladung von Oberst Qadhafi nach Libyen. Von dort ist er nie zurückgekehrt. Welchem Komplott er zum Opfer gefallen ist, wurde nie geklärt, nicht einmal sein Tod wurde bestätigt. Das Gerücht hält sich hartnäckig, daß die PLO die Beseitigung Musa Sadrs gefordert habe, weil dessen wachsende Autorität die wirren palästinensischen Aktivitäten im Süd-Libanon, damals noch als »Fatah-Land« bezeichnet, zu lähmen drohte. Die Trauer um diesen Verlust dauert bis heute an. Zahllose Abbildungen Musa Sadrs blicken von den Mauern im gesamten Libanon. Gleichzeitig verbreitete sich der Mythos, Musa Sadr sei nicht wirklich tot, sondern er sei – ähnlich wie der Zwölfte Imam Mehdi – in die »Verborgenheit« entrückt worden, um eines Tages wiederzukehren. Khomeini hat dem libyschen Staatschef Qadhafi seine Untat niemals verziehen, und bis auf den heutigen Tag genießen sämtliche Palästinenser – Arafat an der Spitze – einen denkbar schlechten Ruf in Teheran. Wer deshalb von einer hemmungslosen Unterstützung von Hamas- oder Fatah-Terroristen durch die Islamische Republik Iran redet, ist unzureichend informiert.

Die Organisation Amal ist seit dem Verschwinden Musa Sadrs seltsame Wege gegangen. Die allmächtigen syrischen Geheimdienste, die schon zur Zeit des libanesischen Bürgerkrieges von General Kanaan mit starker Hand koordiniert wurden, nahmen sich dieser schiitischen Fraktion an und gängelten sie in ihrem Sinne. Als neuer Führer von Amal – ich war bei der Amtseinführung im Jahr 1980 persönlich zugegen – setzte sich der Anwalt Nabih Berri durch, ein bislang ziemlich unbekannter Politiker, der kulturell stark französisch geprägt, in seiner ideologischen Ausrichtung jedoch jener mächtigen Baath-Partei verpflichtet war, die in Damaskus die Regierungsgeschäfte führt. Unter dem Einfluß Nabih Berris verwandelte sich diese bislang theokratisch ausgerichtete Schiiten-Bewegung in ein klassisch orientalisches Instrument des Klientel-Wesens, der taktischen Winkelzüge und der Willfährigkeit gegenüber der syrischen Fremdherrschaft. Zweifellos kam dieser Opportunismus den schiitischen Gemeinden des Süd-Libanon und der Bekaa zugute, deren Armut zum Himmel schrie. Der weiterhin gepflegte Musa-Sadr-Kult verschaffte Amal den Ruf schiitischer Rechtgläubigkeit. In Wirklichkeit wurde diese Partei zu einem Bestandteil der chaotischen politischen Manövriermasse in der Zedern-Republik. Ihr Parteichef Nabih Berri avancierte zum Parlamentspräsidenten. Er geriet durch persönliche Bereicherung und durch Nepotismus ins Zwielicht.

Die strengen, glühenden Anhänger der »Schiat Ali« hingegen formierten sich inzwischen in einem anderen, glaubensstarken und opferbereiten Männerbund. Unter der Anleitung ihres geistlichen Mentors, Scheikh Fadlallah, kristallisierte sich ihr harter Kern. Die Hizbullahi erschreckten durch ihr unerbittliches Auftreten im libanesischen

Machtkampf, durch ihre antiamerikanischen Exzesse, die mit politischem Mord und willkürlichen Geiselnahmen einhergingen. Diese gezielte Grausamkeit brachte ihnen den Ruf ruchloser Terroristen ein, ja man verglich die radikalen Schiiten mit den Haschischin des Mittelalters. Erst ganz allmählich ist es den finsteren Gotteskriegern gelungen, dieses fürchterliche Stigma abzustreifen, und sich in das parlamentarische Leben des Libanon zu integrieren. Sie verfügen weiterhin über die einzige Bürgerkriegsmiliz, die von den Syrern nicht entwaffnet wurde, weil sie den Kampf gegen Israel in dem umstrittenen Grenzstreifen von Merjayoun und Dschezin auf sich nahm. In dieser Rolle als Vaterlandsverteidiger und Mudschahidin haben sie sogar beachtliches Ansehen bei den anderen Konfessionsgruppen gewonnen, wenn sie dem durchschnittlichen Levantiner auch weiterhin heimliches Entsetzen einflößen.

In den vergangenen zwanzig Jahren haben die schiitischen Zuwanderer die südlichen Viertel von Beirut zu einer ausschließlichen Domäne der »Partei Alis« gemacht. Die weitverzweigte und finanzstarke Organisation Amal verfügt immer noch über den größeren Einfluß. Seit den Parlamentswahlen im August 1996, die unter Aufsicht der syrischen Bajonette stattfanden und entsprechend ausfielen, stehen etwa zwanzig Abgeordnete von Amal gegen nur sieben Deputierte der Hizbullah. Während Nabih Berri mit Pfründenschacher, Bestechungen und Ämterpatronage die Mehrheit seiner »Taifa« noch bei der Stange hält und sich stets auf Damaskus verlassen kann, arbeiten die Hizbullahi mit unauffälligen Mitteln der Sympathiewerbung. Sie bewähren sich als »Samariter«, als Helfer der »Mahrumin«, als soziale Fürsorger, unterhalten ein gut funktionierendes System von Krankenhäusern, Schulen, Armenküchen und Stiftungen. Kurzum, das Verhältnis zwischen Amal und Hizbullah läßt sich mit den Beziehungen zwischen Fatah und Hamas in Palästina vergleichen. Die heimliche, aber erbitterte Konkurrenz hat gelegentlich zu blutigen Zusammenstößen geführt.

Bei meinem Treffen mit Scheikh Nabil Qaouq wird dieser schmerzliche Bruderzwist unter Schiiten nicht offen angesprochen. Der Hizbullah-Kommandeur des Südens fragt mich lediglich, ob in westlichen Kreisen auch wirklich bekannt sei, wer die ausschließliche Last des Heiligen Krieges gegen die Zionisten trage. Da kann ich ihn beruhigen. Alle in Beirut vertretenen Experten stimmen überein, daß die Anhänger Nabih Berris zum bewaffneten Kampf wenig taugen, während das militärische Potential der »Partei Gottes« ernst genommen, ihre gezielten Schläge gegen die israelischen Vorposten aufmerksam registriert werden. »Dann brauche ich ja meiner Frage nichts hinzuzufügen«, bemerkt Scheikh Nabil mit sichtlicher Befriedigung.

Ich bilde mir bei allem zur Schau getragenen Wohlwollen nicht ein, daß mir in dieser lila-weißen Kommandozentrale irgendein Geheimnis anvertraut wird. Über den Friedensprozeß im Heiligen Land hat der junge »Groß-Inquisitor« sich bereits kategorisch geäußert. »Für uns gibt es keinen Unterschied zwischen Peres und Netanjahu«, sagt er, »die Divergenzen sind allenfalls taktischer Natur. Die Strategie ist die gleiche.« Ob es mir wohl vergönnt sei, den Schauplatz des Zusammenstoßes mit den Israeli, der sich heute morgen abgespielt hat, zu besichtigen, frage ich ohne große Hoffnung auf Zustimmung. Doch Scheikh Nabil zögert keine Sekunde. Er greift zum Handy, und zwei Minuten später findet sich ein bärtiger, knapp vierzigjähriger Mann ein, der durch seine seriöse Gelassenheit beeindruckt. »Sie haben den Befehlshaber des Sektors Majdel-Selm vor sich. Er hat sich hier gerade zur Berichterstattung eingefunden und wird Sie begleiten«, stellt Scheikh Nabil den Neuankömmling vor. – »Ist es nicht bedauerlich, daß die Beziehungen Deutschlands zur islamischen Revolution sich so verschlechtert haben?« fragt er dann unvermittelt. Er meint natürlich das Mykonos-Urteil von Berlin, das auch in meinen Augen der Maxime nahe kommt: »Vivat iustitia, pereat mundus«. – »Wieviel gastlicher würden wir Sie als Deutscher erst behandeln, wenn das Verhältnis zwischen Teheran und Bonn ungetrübt wäre«, scherzt er jetzt und gibt klar zu, daß er die iranische Sache als die seine betrachtet. Wir verabschieden uns mit einem Augurenlächeln.

Ich habe Fadi gedrängt, mich auf die Erkundungsfahrt nicht zu begleiten. »Ich bin ein alter Gefährte des Krieges«, lautete mein Argument gegenüber den Schiiten, »doch ich will diesen jungen Mann nicht in Gefahr bringen.« Der christliche Botschaftsfahrer, der in der Bundesrepublik eine qualifizierte berufliche Ausbildung erworben hatte und dann heimgeschickt wurde, läßt sich nicht abweisen. Wir klettern in einen beigegetönten Mercedes. Der bärtige Feldkommandant trägt Hemd und Hose und ist in keiner Weise als Soldat zu erkennen. Seinen Namen gibt er nach kurzem Zögern an: »Abu Hussein Nasr« – und fügt hinzu, daß er in Wirklichkeit ganz anders heiße. Scheikh Nabil Qaouq hat uns zum Aufbruch gedrängt, denn die Sonne steht schon tief über dem Mittelmeer.

Mini-Vietnam in Galiläa?

Majdel-Selm, im Oktober 1997

Wir passieren einen Kontrollposten der libanesischen Armee. Er ist durch rot-weiß bemalte Zementblöcke geschützt. Diese Truppe ist amerikanisch ausgerüstet und unterscheidet sich mit ihrer exakten Uniformierung und Disziplin vorteilhaft von den syrischen Besatzern, die nördlich der »Roten Linie« am Awali-Fluß im Verbund mit den bewaffneten Zivilisten der Mukhabarat zahlreiche »Roadblocks« bemannen. Die Streitkräfte der Zedern-Republik – unter dem Befehl des maronitischen Generals Émile Lahoud, dem hohe militärische Befähigung bescheinigt wird – sind auf 60 000 Mann gebracht worden, wozu sich 20 000 Angehörige einer kasernierten Polizeitruppe, der »Forces intérieures de Sécurité«, gesellen. Beide Gattungen verfügen über amerikanische Panzer, aber keiner traut den Libanesen trotz ihrer numerischen Überlegenheit zu, daß sie eine Konfrontation mit den Syrern bestehen könnten. Dazu sind die internen Spannungen in dieser multikonfessionellen, politisch zerrütteten Streitmacht viel zu tief eingefleischt.

Längs der gewundenen Straße ins östliche Gebirge stören die häßlichen Betonbauten, die überall aus dem Boden schießen und die Landschaft verschandeln. Nach zwölf Kilometer Fahrt quälen wir uns, ohne viel zu reden, durch das Gassengewirr des Städtchens Qana. Wir halten nicht an. Die Besichtigung der Ortschaft hatte ich schon vor zwei Tagen vorgenommen. In dieser Gegend sind die grünen Plakate der schiitischen Amal-Partei, eingerahmt von den Porträts des verstorbenen Musa Sadr und des Parlamentspräsidenten Nabih Berri, weit zahlreicher als die gelben Werbezettel der Hizbullah. Auf letzteren ist eine grüngetönte AK-47 abgebildet. Die »Partei Gottes« stellt mit Vorliebe die höchsten iranischen Ayatollahs – Khomeini und Khamenei – sowie ihren erschossenen Generalsekretär Abbas Mussawi zur Schau.

In Qana ist im April 1996 im Rahmen der von Peres befohlenen Vergeltungsaktion »Trauben des Zorns« – jene mörderische Artilleriesalve niedergegangen, die im Zufluchtsareal der Vereinten Nationen einschlug und 102 libanesische Zivilisten tötete. Sie ruhen unter weißen Marmorplatten auf einem weiträumigen Friedhof, besser gesagt, in einem Massengrab, das allen Ansprüchen der schiitischen Lust an der Trauer entspricht. Im wesentlichen muß es sich bei den Toten um Parteigänger von Amal gehandelt haben, denn diese Organisation hatte die Bestattungsdekoration übernommen und überall ihre Insignien angebracht. Mochte sich ihr Vorsitzender Nabih Berri auch relativ säkular gebärden und in seinem Palast von Saida einen Luxus entfalten, der eines saudischen Prinzen würdig wäre, im Angesicht des Martyriums muß auch er auf die alten Riten und Beschwörungsformeln der »Schiat Ali« zurückgreifen. Wieder einmal schließt sich ein magischer Kreis. »Min Kerbela ila Qana thaura mustamarra ...« entzifferte ich auf der zentralen Banderole: »Von Kerbela bis Qana dauert die ununterbrochene Revolution, bis kein einziger Unterdrückter mehr ausgeschlossen bleibt.« Fast fühlte ich mich an den Euphrat zurückversetzt, als ich den schiitischen Kernsatz, eine angebliche Aussage des Propheten Mohammed, in diesem libanesischen Gebirgsflecken entdeckte: »Hussein minni wa ana min Hussein – Hussein stammt von mir ab, wie ich von Hussein abstamme«. In den Moscheen von Bagdad hatten die empörten Sunniten, die diese Anmaßung nicht hinnehmen wollten, eine Gegenparole entfaltet: »Mohammed war der Großvater Husseins!« – »Wer Allah liebt, liebt auch Hussein«, konterten die Amal-Propagandisten an der mit Blumen geschmückten Gedächtnisstätte von Qana.

Wir haben lange gebraucht, bis wir in Qana – Kanaa heißt es im Neuen Testament – zu der Stelle fanden, wo Jesus von Nazareth sein erstes Wunder wirkte und Wasser in Wein verwandelte. Zu jener Zeit muß der Libanon Bestandteil Galiläas und weitgehend hebräisch bevölkert gewesen sein. Erst hatte man uns zu einer Grotte aus dem zweiten Jahrhundert gewiesen, deren Öffnung den Blick auf eine abweisende Karst-Landschaft freigab. Die asketische Strenge der Hügelkette wurde durch Ölbäume mit einem Hauch von Friedenshoffnung, durch Zypressen mit symbolischer Trauer umflort. Neben der Grotte waren kaum erkennbare Apostelgestalten in den grauen Fels gehauen. Weit enttäuschender war der Ort, wo angeblich jene Hochzeitsfeier stattfand, auf der Maria als Fürbitterin für die Gastgeber bei ihrem Sohn und Herrn auftrat: »Sie haben nicht Wein«, hatte sie zu Jesus gesagt. Jetzt standen wir inmitten armseliger Häuser vor einem formlosen Trichter, um den sich keiner der schiitischen Nachbarn zu kümmern schien. Gelegentlich haben sie sogar ihren Abfall dort abgeladen. In der Tiefe der Versenkung steckten eine antike Steinpresse – ob diese der Zermahlung von Oliven, Getreide oder Weintrauben gedient hatte, war nicht festzustellen – und ein paar Urnen im Geröll. Der Ort hätte eine bessere Pflege verdient, so fraglich seine Authentizität auch sein mochte.

Gleich neben der Gräberfläche für die schiitischen »Schuhada« erheben sich Wachtürme und Bunker der internationalen Schutztruppe UNIFIL. Darüber weht die blaue Fahne der Weltorganisation. Dunkelhäutige Fidschi-Insulaner halten hier eine symbolische Stellung. Sie sind passive Zuschauer zwischen den Fronten und dürfen sich ihrer Waffen nur zum Zweck der Selbstverteidigung bedienen. Die Blauhelme aus Fidschi winken uns ohne jede Überprüfung durch. Am Ausgang von Qana erinnert eine Gedenktafel aus Bronze an die 216 Gefallenen von UNIFIL. Allzu viele Namen von jungen toten Männern reihen sich da auf, die im Rahmen eines ziemlich sinnlosen und frustrierenden Einsatzes umkamen.

Wir lassen Qana zügig hinter uns. Die Straße schlängelt sich schmal und abschüssig. Abu Hussein taut langsam auf. Er hält an einer Haarnadelkurve, um uns israelische Positionen und Radarstationen zu zeigen. Um die Mittagsstunde hatte die Artillerie Zahals mit wahllosem Beschuß auf den Sprengstoff-Anschlag von Markaba reagiert. Nennenswerter Schaden ist dabei nicht entstanden. Die schiitischen Dörfer am Rande des Kampfgebiets sind von einem Teil ihrer Einwohner verlassen. Dennoch geht das Leben in erstaunlicher Normalität weiter. Die jungen bärtigen Männer in Zivil dürften sich bei Nacht in »Gotteskrieger« verwandeln. Bei Tage ist ihnen nichts Militärisches anzumerken. »Wir führen nur amerikanische Waffen«, berichtet Abu Hussein, »bei uns finden Sie keine Kalaschnikows, sondern nur M-16-Sturmgewehre.« Die Vorstöße in die feindlichen Linien werden teilweise voll uniformiert – Stahlhelm, kugelsichere Weste, grüne »fatigues« – teilweise aber auch in gewöhnlicher Straßenkleidung vorgetragen.

Der Partisanenführer, dessen Befehlsbereich sich von der extrem vorgeschobenen Hizbullah-Hochburg Majdel-Selm bis Rachat erstreckt – das ist der heikelste Abschnitt –, gibt recht offen Auskunft über die Bewaffnung seiner Mudschahidin: Granatwerfer verschiedensten Kalibers, panzerbrechende Raketen vom Typ Tow, leichte Artillerie und natürlich die unvermeidlichen Katjuschas sowjetischer Herkunft, von denen Abu Hussein nicht allzuviel hält. »Immerhin überwinden sie eine Entfernung von 22 Kilometern«, sagt er. »Im März 1996 haben wir allein aus unseren Stellungen in Majdel-Selm dreihundert Katjuscha-Raketen auf die nordgaliläische Ortschaft Kiryat Shmoneh abgefeuert«, brüstet er sich, räumt aber ein, daß die Wirkung bescheiden war. Ob er mir verraten darf, wo er seine militärische Ausbildung erhalten hat, frage ich. Aber da lacht er. »Jedenfalls nicht im Süd-Libanon.« Der Abend senkt sich über dem Gebirge. Die Entfernungen zwischen den Fronten sind lächerlich gering, fast liliputanisch. Alles spielt sich ja in einem Schlauch von höchstens zwanzig, oft zehn Kilometern und weniger ab. Wir befinden uns in Majdel-Selm präzis auf der Höhe von Kiryat Shmoneh. Die umstrittene Besatzungszone ist zum Greifen nah. In der zentralen Kampfstellung Majdel-Selm ist kaum eine Spur von Krieg zu entdecken. Auch hier sind die grünen Maueranschläge von Amal zahlreicher als die gelben Poster der »Partei Gottes«. Doch die Tafeln mit den Bildern junger »Märtyrer«, die überall aufgestellt sind – Freiwillige, die im israelischen Feuer den Tod fanden –, weisen fast nur Hizbullah-Kämpfer aus. »Sehen Sie dort ein Gehölz aus Korkeichen zwischen zwei Höhen jenseits von Markaba«, fragt Abu Hussein, »erkennen Sie das quadratische weiße Gebäude nebenan? Dort haben wir heute morgen unsere Sprengladung hochgehen lassen. Unmittelbar dahinter verläuft die Staatsgrenze Israels.«

Mir fällt auf, daß in diesen überwiegend schiitischen Ortschaften keine Tschador-Pflicht besteht. In der milden Abendluft gehen die Mädchen in kleinen Gruppen spazieren. Sie plaudern und kichern. Sie haben zwar fast alle bunte Tücher um den Kopf geschlungen, aber die weiblichen Körperformen sind deutlich erkennbar in den enganliegenden Jeans und den lockeren T-Shirts. Manche haben sich recht auffällig geschminkt und tragen hohe Absätze. Ähnliche Freizügigkeit hatte ich vor zwei Tagen in der »Frontstadt« Nabatiyeh festgestellt, wo eine massive Bunkerstellung Zahals – knapp fünf Kilometer entfernt, auf halber Strecke nach Merjayoun positioniert – den israelischen Spähern vollen Einblick in das geschäftige Treiben der Ortschaft gewährt. In der Ladenstraße von Nabatiyeh sucht man vergeblich nach örtlich produzierter Ware. Fast alles kommt aus Indien oder Pakistan. Christliche Devotionalien, Madonnenbüsten, Kruzifixe, Rosenkränze werden hingegen lokal hergestellt. In diesem Herzland der Hizbullah, das beweisen auch die unversehrten christlichen Kirchen, herrscht bemerkenswerte konfessionelle Toleranz. »Die Schiiten ziehen die Christen immer noch den sunnitischen Muslimen vor«, versichert Fadi, und der sollte es als gläubiger Maronit wissen. Fadis Familie, die seit Generationen in Saida lebte – die Hälfte der dortigen Einwohner bekannte sich damals zum Kreuz –, ist durch Horden sunnitischer Randalierer, viele Palästinenser darunter, nach dem unrühmlichen Abzug der Israeli aus ihrer altangestammten Heimat vertrieben worden. Heute befindet sich in Saida noch bestenfalls ein Zehntel Christen.

Selbst in den exponierten Schiiten-Dörfern Safad-el-Baltikh, Tibnin, Aeita-el-Zot und Haddata, wo immer wieder die Vergeltungsschläge der israelischen Artillerie niedergehen, dauert die fieberhafte, hektische Bautätigkeit unvermindert an. An jeder Ecke entstehen die häßlichen, aber für dortige Verhältnisse akzeptablen zweigeschossigen Häuser aus Zement und Preßziegeln. Die einst weihevolle Landschaft wird sich von dieser Verstümmelung nie erholen. Noch erstaunlicher sind die hochragenden Paläste schiitischer Auslands-Libanesen, die es in ihren westafrikanischen Kontoren zu Reichtum gebracht haben und den finanziellen Segen möglichst protzig zur Schau stellen. Als Rekordleistungen der Geschmacklosigkeit erheben sich die verschnörkelten Schlösser und Burgen – oft von riesigen Steinadlern gekrönt – in den sich rötlich verfärbenden Himmel. Das eine oder andere Dach wurde durch israelische Granaten weggerissen, aber das scheint die Konstruktionswut der Neureichen und die skurrilen Einfälle ihrer Architekten in keiner Weise zu hemmen.

Bevor wir uns trennen, lädt uns Abu Hussein Nasr in ein Imbißlokal amerikanischen Zuschnitts zum Fruchtsaft ein. Immer wieder klingen israelische Granatabschüsse herüber. Die Geschosse schlagen irgendwo in Kilometerabstand ein. Niemand nimmt Notiz davon. Die libanesische Armee ist in jenem Sektor nicht berechtigt, irgendwelche Patrouillengänge durchzuführen, und die Syrer sind hier militärisch nicht präsent. Unter der blauen Fahne versehen kleine Kontingente von Fidschi-Insulanern, Iren, Norwegern, Franzosen und Ghanaern Routinedienst. An diesem Abend haben die Iren eine warnende rote Tafel neben ihrer weißen Schwenkbarriere angebracht: »Danger of shelling«. Die Blauhelme können nicht einmal überprüfen, ob die Kriegsparteien sich an ein vages Abkommen halten, das unter Mitwirkung der USA, Frankreichs, Syriens und des Libanon ausgehandelt wurde. Demnach dürfen die Hizbullahi kein israelisches Staatsgebiet innerhalb der Grenzen von 1967 angreifen, sondern müssen in dem von Zahal besetzten Streifen operieren, der ein knappes Zehntel der

Zedern-Republik ausmacht. Im Gegenzug sollen die Vergeltungsschläge Zahals die zivilen Behausungen im Süd-Libanon verschonen. In Nord-Galiläa bewegen sich die Gegner auf eine seltsame Patt-Situation zu, stellen die Militärbeobachter in Beirut fest: Die Schiiten werden zusehends besser, und der Kampfwert der Israeli läßt nach. Der Judenstaat solle achtgeben, daß er nicht – toutes proportions gardées – in ein »Mini-Vietnam« hineinschlittert.

Von der Terrasse unserer Snackbar fällt das Gebirge steil zum Meer ab. Die scheußlichen Neukonstruktionen lösen sich gnädig in der Dämmerung auf. Der Blick verliert sich im violettfarbenen Himmel des Heiligen Landes, ruht auf den grauen Felskuppen, die einer gigantischen, erstarrten Schafherde ähneln. Ganz unten leuchtet ein Fetzen Meer wie eine Blutlache. Auf halber Höhe zeichnen sich die klotzigen Konturen einer Kreuzritterburg ab, und gleich daneben wurde eine in allen Farben schillernde Gebetshalle der Schiiten, eine »Husseiniyeh«, hochgezogen. Dazu hallen die Granateinschläge wie dumpfe Schicksalsklänge.

Abu Hussein hat allmählich Vertrauen gefaßt, bemüht sich, das negative Image der Hizbullah zu verwischen. »Wir sind keine blinden Eiferer mehr«, beteuert er. Die Zeit der Entführungen, der Einkerkerungen, der auf Videokassetten festgehaltenen Hinrichtungen von Geiseln und Spionen sei endgültig vorbei. Auch das religiöse schiitische Ritual habe sich, gemäß den Weisungen des Ayatollah Khomeini, im Sinne der Mäßigung und Disziplinierung verändert. So sei es bei den Hizbullahi nicht üblich, ja verpönt, den Tod des Imam Hussein am Aschura-Fest mit blutüberströmten Oberkörpern und Köpfen zu zelebrieren. An den Trauermärschen halte man fest und auch an den symbolischen, unblutigen Geißelungen. Die barbarischen Szenen jedoch, die von den westlichen Medien so begierig aufgegriffen würden, um den Eindruck von Obskurantismus zu vermitteln, fänden nur bei jenen einfältigen Büßern statt, Angehörigen eines antiquierten Volks-Islam, die noch nicht zur Strenge und Nüchternheit des revolutionären Glaubens gefunden hätten. Mehr und mehr gebärdet sich der fromme Kern der »Partei Gottes« wie ein kriegerischer Mönchsorden zeitgenössischer Murabitun, die ihre Bewährung vor Allah in verbesserter Kampftechnik und disziplinierter Hingabe suchen.

Gespenster in Beirut

Beirut, im Oktober 1997

Es widerstrebt mir, den Zustand Beiruts zu beschreiben. Dieses war neben Saigon eine der Städte der Welt, die mir besonders am Herzen lagen. Der fünfzehnjährige Bürgerkrieg hat einen Ort der Verwüstung hinterlassen, als hätte sich hier die Endschlacht Armageddon abgespielt. Im Rückblick sollte immerhin eines festgehalten werden: Im Libanon waren Massenmorde, Erpressungen, Vertreibungen und Geiselnahmen an der Tagesordnung. Es ist jedoch selten zu jenen sadistischen Exzessen gekommen, auch nicht zu den Serien-Vergewaltigungen, die im Bosnien-Konflikt gang und gäbe waren. Der Balkan hat sich als barbarischer erwiesen als der Nahe Osten. Mit gewaltigen finanziellen Mitteln ist die Rekonstruktion Beiruts in Gang gekommen. Aber diesem ehemaligen »Paris des Orients« ist das Herz herausgerissen worden, und die artifizielle Wiederbelebung spendet wenig Trost. Die pathetischen Ruinen, die zum Himmel schreiende Anklage dieser von menschlichem Wahnsinn angerichteten Trümmerwelt, die am Tag der Waffenruhe übrigblieb, bot ein immerhin faszinierendes Horrorspektakel. Das kann man von den jetzigen Planierarbeiten, die trostlose Leerräume und riesige Schutthalden geschaffen haben, nicht sagen. Da wittert man bereits die hemmungslose Spekulation um den Grundstückspreis künftiger Finanzviertel, Luxus-Oasen und Shopping-Malls.

Der levantinische Handelsgeist wird die Katastrophe der Zedern-Republik überleben. Die Friedenspartei in Israel gibt sich zusätzlichen Illusionen hin, wenn sie meint, im Zuge des »peace process« die Nachfahren der Phönizier mit dem eigenen Umschlagplatz Haifa aus dem Feld schlagen zu können. Beirut wird – dank des Kapitals der Immobiliengesellschaft »Solidair« – wiedererstehen. Aber selbst deren Aktivitäten haben sich in den letzten Monaten verlangsamt. Der gesamte Libanon ist nun einmal – auf Gedeih und Verderb – in den Würgegriff der syrischen Besatzungsmacht geraten. Deren sozialistische Baath-Partei hat sich allzulange in ideologischer Anpassung an osteuropäische Wirtschaftsmodelle geübt, als daß von ihr nicht eine lähmende, bürokratische Wirkung ausginge. Zudem droht dem Land eine unaufhaltsame Überfremdung. Neben 35 000 Soldaten sollen mindestens 1 Million syrische Gelegenheitsarbeiter den Libanon überflutet haben. Diese Sunniten aus den ärmsten Volksschichten verändern die gesellschaftliche und konfessionelle Zusammensetzung des Landes von Grund auf. Die Syrer sind überall zu finden, wo die Libanesen sich für die landwirtschaftliche Saisonarbeit oder für die harte Fron des unterbezahlten Abräum- und Aufbaurummels zu schade sind. Das einzige Gegengewicht zur Allmacht Damaskus, der sämtliche »Tawaif« ausgeliefert sind, bleibt die Finanzkraft der Erdölstaaten, an der Spitze Saudi-Arabien. Dort hat auch der zigarrenrauchende, als Business-man auftretende Regierungschef Rafik Hariri, ein Sunnit von Saida aus bescheidensten Verhältnissen, mit unendlichem Fleiß und kommerzieller Begabung sein Milliardenvermögen erworben. Nach Dschidda und Riad spannen sich weiterhin Fäden, über die die amerikanische »connection« ins Spiel gebracht wird. Doch die Geheimdienste des Präsidenten Hafez-el-Assad wachen darüber, daß nichts aus dem Ruder läuft. Wer sich in Beirut mit Damaskus überwirft, unterzeichnet sein eigenes Todesurteil.

Die zentralen Führungsbüros der schiitischen Hizbullah sind in einem besonders erbärmlichen Viertel der geschundenen Metropole untergebracht. Im Stadtteil Haret-Hreik hat die »Arabische Universität« ihre Tätigkeit wieder aufgenommen, und im großen Sportstadion, das zu den eindrucksvollsten Attraktionen der Zukunft zählen soll, sind Bagger und Kräne unermüdlich am Werk. In unmittelbarer Nachbarschaft des »schiitischen Vatikan« von Haret-Hreik sind auch – unter starker libanesischer Armeeüberwachung – die palästinensischen Flüchtlingslager Sabra und Schatila auf engstem Raum zusammengedrängt.

Wiederum bin ich überrascht, wie unkonventionell und ohne erkennbare Sicherheitsmaßnahmen ich in das »Allerheiligste« vorgelassen werde. Zwei Schranken sind zu passieren, ein paar bewaffnete Milizionäre winken mich durch. Ein verwahrlostes Hochhaus empfängt mich mit seinem Modergeruch. Im dritten Stockwerk werde ich in den geräumigen, schmucklosen Empfangsraum des mächtigsten Mannes der »Partei Gottes«, Scheikh Hassan Nasrallah, eingelassen. Der Generalsekretär der gefürchteten Organisation, die bei den Amerikanern ganz oben auf der Liste der geächteten Terroristenbünde steht, beeindruckt mich weniger als Nabil Qaouq in Tyr. Nasrallah trägt zwar den schwarzen Turban des »Sayid«, aber seiner Erscheinung fehlt die einschüchternde Wirkung. Erst als er die dicke, schwarzgerandete Brille abnimmt, stelle ich fest, daß ich einem recht jungen und leutseligen Mann gegenübersitze. Der politische und militärische Führer dieser Schiiten-Bewegung, den die besuchenden Diplomaten und Journalisten mit dem Titel »Eminenz« anreden, ist ganze 38 Jahre alt. An den Wänden herrscht die gleiche Rangordnung wie in Tyr: Ein riesiger Khomeini über einem deutlich kleineren Ali Khamenei blickt auf den Gast herab. Daneben ist auch der Vorgänger Nasrallahs, Scheikh Abbas Mussawi, abgebildet.

In der Umgebung von Baalbek war dem Generalsekretär in Gestalt eines sozial-religiösen Fanatikers seit einiger Zeit ein Rivale erstanden. Es handelt sich um den Prediger und früheren Hizbullah-Aktivisten Scheikh Sobhi Tufeili, der sich – gestützt auf das Elend der schiitischen Pächter und Tagelöhner des nördlichen Hermel-Gebiets – an die Spitze einer Bewegung der »Ausgehungerten« gestellt hat und an Radikalität nicht zu überbieten ist. Vielleicht genießt Tufeili die geheime Unterstützung der Syrer, die sich perfekt auf das Handwerk des »Teile und herrsche« verstehen. Aber Hassan Nasrallah ist seit dem Frühjahr dieses Jahres mit einer Aura der Heiligkeit und des göttlichen Segens ausgestattet, dem seine schiitischen Konkurrenten nicht gewachsen sind. Sein Sohn Hadi wurde bei einem Überfall auf eine zionistische Stellung im südlichen Grenzgebiet tödlich verwundet. Er verblutete an einem Hodenschuß zwischen den Linien. Sein Leichnam befindet sich in israelischem Gewahrsam. Die Schiiten ficht es nicht sonderlich an, wenn die Überreste ihrer Märtyrer in feindlicher Hand verbleiben. Ihr Kult des Todes, ihre Begeisterung für das Leiden hält sich an solchen Formalitäten nicht auf. Das heroische Ende des jungen Hadi wurde auch nicht mit Kundgebungen der Trauer begangen, sondern in einem Massentaumel religiöser Begeisterung. Zahllose Delegationen wallfahrteten zu seinem Vater, nicht etwa um zu kondolieren, sondern um ihn zu beglückwünschen. Hadi genoß nunmehr den strahlendsten Ruhm, die höchste Auszeichnung Allahs. Er war als Schahid ins Paradies eingegangen und lebt als leuchtendes Vorbild seiner Gemeinde weiter. Die Ehefrau Nasrallahs, die ihren Sohn Hadi spätestens im Alter von siebzehn Jahren empfangen hatte, nahm an den öffentlichen Freudenfeiern teil und erklärte sich vor einer ergriffenen weiblichen Menge bereit, auch den ihr verbliebenen Sohn im Heiligen Krieg zu opfern.

Ähnlich hatte ja schon im Schicksalsjahr 1948 der umstrittene geistliche Anführer des palästinensischen Widerstandes, Amin-el-

Husseini, der Großmufti von Jerusalem, auf die Nachricht vom Tod seines wackersten Freischärler-Kommandeurs und Verwandten, Abdelkader-el-Husseini, im Kampf gegen die Zionisten reagiert. Er hatte seine engsten Mitarbeiter – so berichten Collins und Lapierre – zusammengerufen und verkündet: »Ich habe euch eine freudige Botschaft mitzuteilen. Unser Bruder Abdelkader hat auf dem Pfade Allahs kämpfend den Tod gefunden. Wir danken Gott für diese Wohltat, für diese Ehre und den Segen, den er uns und unserem Freunde gespendet hat. El hamdulillah!« Längst nicht alle palästinensischen PLO- und Fatah-Anhänger sind von solcher Hingabe an den Willen des Höchsten durchdrungen. Als Sunniten fehlt ihnen der permanente schiitische Opferbezug. Diese islamische Grundeinstellung zum Tod – so sie denn der koranischen Vorschrift treu bleibt – unterscheidet sich gründlich von jenen aufwühlenden, zutiefst menschlichen Verzweiflungsszenen, die sich am Grab von jüdischen Kriegsopfern abspielen.

Das Gespräch mit Scheikh Nasrallah, bei dem ich mich teilweise zur journalistischen Regel »off the record« verpflichte, will ich nur in Stichworten wiedergeben. Meine wichtigste Frage lautet: »Wie wird sich Hizbullah verhalten, wenn sich die Israeli – wie das ja in Jerusalem erwogen wird – aus dem besetzten Süd-Libanon zurückzögen? Würden die schiitischen Gotteskämpfer dann die Nordgrenze Israels, die Grenze Galiläas, als international anerkannte Trennungslinie respektieren?« – »Für einen frommen Moslem hat der zionistische Staat keine legale Existenz. Da sind seit Beginn dieses Jahrhunderts ›Banden‹ von sogenannten Pionieren nach Palästina gekommen und haben sich mit allen Mitteln der List und der Gewalt dieses geweihten arabischen Bodens bemächtigt. Gewiß, es sollen jene Juden als gleichberechtigte Bürger im Land bleiben, die dort seit Generationen ansässig sind, aber alle anderen müssen in ihre Ausgangsländer zurückkehren«, so lautet der Urteilsspruch. Zum Thema der koranischen Theokratie äußert Nasrallah sich wie folgt: Natürlich sei es das höchste Ziel der Hizbullah, die Einheit von Religion und Staat zu verwirklichen, die Scharia einzuführen und ähnlich weise und gottgefällig zu regieren wie der Erste Imam Ali im mesopotamischen Kufa. Aber seine Partei denke realistisch, halte sich ja heute auch in aller Legalität an die parlamentarischen Spielregeln. Als Fernziel würde sie zwar die brüderliche, universale Gemeinschaft der Gläubigen im Auge behalten. Aber dafür sei die Zeit am Libanon längst nicht reif.

Wie er denn mit den Christen, zumal mit den Maroniten verfahren wolle, die in keiner Weise bereit sind, sich – wie zur Zeit der Kalifen-Herrschaft – als minderwertige Schutzbefohlene, als »dhimmi«, behandeln zu lassen? Da kommt dem Generalsekretär die in der Schia hochentwickelte Kunst des »Idschtihad«, der individuellen Glaubensauslegung, zu Hilfe. »Wir werden nicht an einem ›Dhimma‹-Statut festhalten, wie es von den arabischen Herrschern oder vom osmanischen Sultanat sehr willkürlich praktiziert wurde. Blicken Sie doch auf die Islamische Republik Iran«, betont er; »dort zahlt kein Mitglied des ›Ahl-el-Kitab‹ – ob Christ oder Jude – eine Kopfsteuer. Diese religiösen Minderheiten sind in der Madschlis mit eigenen Abgeordneten vertreten und leisten den Treueid auf ihre jeweiligen heiligen Bücher. Es wird gegenüber den Christen am Libanon keinerlei konfessionelle Diskriminierung geben. Schließlich haben wir Schiiten unter der Willkür des Osmanischen Padischah viel schwerer zu tragen gehabt als die orientalischen Christen. Wir haben – wie Sie wissen – Papst Johannes Paul II. mit großen Ehren empfangen, als er nach Beirut kam.«

Tatsächlich hatte die Ankunft des Oberhauptes der katholischen Kirche einen Sturm der Begeisterung bei den dort lebenden Christen und Bekundungen des Wohlwollens auch bei der islamischen, insbesondere der schiitischen Geistlichkeit ausgelöst. Zwei Tage lang konnte man den Eindruck gewinnen, als sei der Libanon immer noch ein überwiegend christlich, ja maronitisch ausgerichtetes und bevölkertes Land. Die Würdenträger des dortigen Islam erwiesen sich dem Römischen Pontifex gegenüber weit gastlicher als etwa die kemalistischen Behörden der Türkei, die – unter Mißachtung ihres offiziellen Bekenntnisses zum Säkularismus und zur Toleranz – dem Bischof von Rom mit Ablehnung, fast mit Feindseligkeit begegneten. Die großen Schuyukh der schiitischen Gemeinde – Fadlallah, Schamseddin und Nasrallah – hatten ihre Aufwartung gemacht. In Damaskus, wo ich mich zum Zeitpunkt des Papstbesuches befand, war mir eine Beiruter Illustrierte in die Hand gefallen, die den Papst groß auf dem Titelblatt brachte mit einem politisch gemünzten arabischen Wortspiel, mit folgender Beschwörung als Überschrift: »El Quds, El Quds – ya qadassat el Baba!« – »Jerusalem, Jerusalem« – auf arabisch die Heilige – »Eure Heiligkeit der Papst!«

Über die Palästinenser – Yassir Arafat oder Scheikh Yassin – äußert sich Hassan Nasrallah auffallend zurückhaltend. Da ist von arabischer Solidarität wenig zu spüren. »Mit Netanjahu wird es keinen Frieden geben«, stellt der Generalsekretär fest, »allenfalls Rabin hätte bei mehreren arabischen Politikern Anklang finden können. Doch auf Netanjahu wird zweifellos ein noch radikalerer Zionisten-Führer folgen.« Zur Weltherrschaft der USA schlägt er fast prophetische Töne an. »Ich werde Sie überraschen«, orakelt Nasrallah, »aber der Niedergang der USA zeichnet sich bereits ab. Er ist heute ebenso schwer zu erkennen wie vor zehn Jahren der bevorstehende Zusammenbruch der Sowjetunion. Die Gegenkräfte, die die maßlosen Ansprüche Washingtons einengen werden, formieren sich jedoch weltweit.« Auf eine eventuelle Militäraktion Bill Clintons gegen die Islamische Republik Iran angesprochen, zeigt sich der libanesische Schiitenführer zuversichtlich. »Die USA werden sich vor einem solchen Abenteuer hüten. Sie fänden keine Zustimmung mehr im Weltsicherheitsrat, und ein Krieg in Persien läßt sich nicht mit der Blitzoperation ›Wüstensturm‹ im Irak vergleichen. Clinton würde sich ein Super-Vietnam, ein Super-Afghanistan einbrocken. Der Iran ist so gut wie unangreifbar«, betont er. Auch im »Vatikan« von Haret-Hreik bestätigt sich übrigens, daß die glühendsten Anhänger der Hizbullah unter den Studenten der naturwissenschaftlichen Fakultäten und der technologischen Institute zu finden sind. Der suchende Weg der exakten Forschung ende in der Erkenntnis der göttlichen Weisheit, so wird mir erklärt.

*

Auf der Rückfahrt habe ich an den ärmlichen Steinhütten, an den Baracken von Sabra und Schatila anhalten lassen. Zwangsläufig drängen sich die Erinnerungen aus dem September 1982 auf, als die siegreiche israelische Armee den David-Stern über Beirut gehißt hatte. Ich will meine damalige Niederschrift – um keine nachträgliche Verfälschung aufkommen zu lassen – im Wortlaut zitieren:

»Mit Wajih, unserem drusischen Fahrer, sind wir gegen zehn Uhr vormittags nach Fakahani, der früheren Hochburg der PLO, mitten in Beirut aufgebrochen. Immer wieder werden wir von israelischen Streifen kontrolliert. In Fakahani hat die israelische Luftwaffe mit bemerkenswerter Zielsicherheit zugeschlagen. Durch einen einzigen Volltreffer sind achtstöckige Betongebäude plattgewalzt worden. Bei der Arabischen Universität waren die Verwüstungen am schlimmsten, aber durchaus nicht wahllos. Die Häuser, in denen wir Yassir Arafat und George Habbash begegnet waren, existierten nicht mehr. Es sah nach Stalingrad aus. Seltsamerweise hatte sich hier – in Blickweite israelischer Panzerkonvois, die ruhelos das Gelände absicherten – eine kleine Gruppe muselmanischer Zivilisten festgekrallt. Sie waren schon dabei, den gröbsten Schutt aus ihren Wohnungen zu entfernen. Ein Knabe ging mit weißer Fahne zwischen den Schutthalden spazieren, ein pathetisches Bild. Eine aufgeregte, grundlos lachende Frau überschüttete uns mit Reiskörnern, als ob wir Sieger oder Befreier wären. Wajih drängte mich beschwörend weiterzufahren, einen kurzen Abstecher in das nahe Palästinenserlager Sabra zu unternehmen.

»Auf dem Weg zum Camp raste mit heulenden Sirenen und flackerndem Rotlicht ein Dutzend Ambulanzwagen an uns vorbei. Zu Fuß erreichten wir die einstöckigen Häuserzeilen von Sabra, und mit einem Blick spürte ich, daß etwas Ungewöhnliches, Schreckliches passiert sein mußte. Es waren keine Menschen zu sehen. Die Wohnungen waren aufgebrochen. Die Mittagssonne lag wie ein gnadenloser Scheinwerfer auf den verlassenen Hütten von Sabra. Jetzt witterte ich den Geruch, den süßlich penetranten Gestank, der mir von Vietnam so vertraut war. Dann sah ich die ersten zwei Leichen liegen. Es waren sechzig- bis siebzigjährige Männer, denen die Schüsse klaffende Löcher ins Gesicht gerissen hatten. Wir stolperten fast über eine andere Gruppe Toter, die in der Bauchgegend durch eine Feuergarbe auseinandergerissen waren. Sie waren über und über mit Fliegen bedeckt. Das breite, gutmütige Gesicht Wajihs war versteinert. Unser Kameramann Michael wurde bleich. Er nahm die Kamera herunter. ›Ich kann nicht weiterfilmen, mir ist übel‹, sagte er tonlos. Ein Greis winkte uns weiter: ›Go!‹, raunte er uns zu, ›look!‹ Eine schreiende Frau wollte unsere Führung übernehmen. In den Häusern seien ganze Familien ausgerottet. Babys lägen dort bei ihren Müttern. Ihr Klagen ging in Schluchzen und Wimmern über. Am Ende der Gasse waren sie aufgehäuft, fünfzehn oder zwanzig Palästinenser. Man hatte sie buchstäblich an die Wand gestellt. Nun versperrten die Toten fast den Durchgang. Im Gegensatz zu den anderen Leichen waren sie von der Hitze noch nicht entstellt. Ihre Hinrichtung mußte in den frühen Morgenstunden stattgefunden haben. Wir sind dann nicht weiter nach Sabra hineingegangen, sondern kehrten nach Aschrafiyeh zurück. Ich legte keinen Wert darauf, Hunderte von Filmmetern mit ermordeten Zivilisten zu sammeln.

»Über die Massaker von Sabra und Schatila kann ich folgende Aussage machen: Israelische Soldaten waren mit Sicherheit nicht unmittelbar an dem Gemetzel beteiligt. Sie hatten bewaffnete Christen – maronitische Phalangisten, die wie Wölfe aus dem Gebirge gekommen waren – in die Lager der Palästinenser hineingelassen. Die Israeli mußten dort mit letzter Gegenwehr und eigenen Verlusten rechnen. Deshalb hatten sie die ›Kataeb‹ vorgeschickt. Es gab genügend maronitische Freischärler im Libanon, deren Familien von den Muselmanen und Palästinensern umgebracht worden waren. In den langen Jahren des Bürgerkriegs hatten Verrohung und Haß wie eine Seuche um sich gegriffen. Immer und überall finden sich Freiwillige, wenn es ums Abschlachten von Wehrlosen geht. Die Mörder sind wohl ohne präzise Weisungen in Sabra und Schatila eingedrungen. Die Israeli mußten dennoch voll auf dem laufenden sein. In West-Beirut bewegte sich kein Kamera-Team, geschweige denn eine Rotte Bewaffneter ohne Genehmigung, ja ohne Order von Zahal. Irgendwelche israelischen Befehlsstellen haben die Dreckarbeit anderen überlassen oder zuschieben wollen. Spätestens nach zwei oder drei Stunden, als die Schießerei in den Camps kein Ende nahm, hätten die IDF nach dem Rechten sehen und eingreifen müssen. Statt dessen verharrten die Israeli in knapp zweihundert Meter Distanz und warteten 36 Stunden, ehe sie der Agonie ein Ende setzten. Der jüdische Staat war in Beirut der grausigen Logik der Partisanenbekämpfung erlegen. Er war hineingeschlittert ›dans le sang et dans la merde‹, wie General Massu es in Algier ausgedrückt hatte.

»Warum sind in Damaskus, Kairo, in Amman und Bagdad die Massen damals nicht auf die Straßen geströmt, um die ›zionistische Untat‹ anzuprangern? Dafür gibt es nur eine beschämende Erklärung. Die jeweiligen Regierungen und Machthaber hatten Angst vor jeder Volkskundgebung großen Stils, die sehr schnell ihrer Regie entgleiten und sich wie eine Sturmflut gegen die eigenen Potentaten richten konnte. Um so beeindruckter, ja geradezu sprachlos nahm die arabische Öffentlichkeit zur Kenntnis, daß sich in Tel Aviv viele Tausende Juden versammelten, um das Versagen, die Schuld der eigenen Führung anzuklagen. Verteidigungsminister Ariel Sharon mußte seinen Abschied nehmen.

»In der folgenden Nacht sind mir die Opfer von Sabra und Schatila im Traum erschienen. Fast nie verfolgen mich solche Gesichter der vielen Toten und Kriegsleichen, denen ich in meinem langen Korrespondenten-Leben begegnet bin. Nicht einmal der unsägliche Horror der Gestapo- und SD-Kerker, in denen ich als junger Mann die letzten

Kriegsmonate zubrachte, hat bei mir Alpträume hinterlassen. So war auch die nächtliche Vision der toten Palästinenser von Beirut gar nicht furchterregend. Ich ging auf jene Anhäufung von Ermordeten zu, die die enge Gasse von Sabra versperrten. Ich wiederholte die sinnlosen Worte, die ich an den Kameramann Michael gerichtet hatte: ›Die haben es hinter sich.‹ Die Leichen waren nicht entstellt. Die Gesichter wirkten entspannt, feierlich, fast heiter. Im Tod hielten sie sich brüderlich umschlungen.«

Der unmittelbar verantwortliche Anführer der Mörderhorden, die über Sabra und Schatila hergefallen waren, der Phalangisten-Kommandeur Elie Hobeiqa, ein pathologischer Killer, ist für seine Untat nie zur Rechenschaft gezogen, geschweige denn verurteilt worden. Er verstand es rechtzeitig, die Komplizenschaft mit den israelischen Eroberern abzuschütteln und sich bei den Syrern anzubiedern, die in der Auswahl der ihnen ergebenen Lakaien nicht wählerisch sind. Mit dem Segen von Damaskus fungiert Elie Hobeiqa heute im libanesischen Kabinett Hariri als Minister für Wasser- und Elektrizitätsversorgung. So sieht also die »Friedensordnung« von Beirut aus.

Wo Milch und Honig fließen

Baalbek, im Oktober 1997

Immer wieder ist in historischen Studien der Zweifel aufgekommen, ob die hebräischen Kundschafter, die Moses einst aus der transjordanischen Wüste ausgeschickt hatte, um Bericht über das Gelobte Land Kanaan zu erstatten, sich nicht verirrt und eine ganz andere Gegend erforschten als die steinigen Höhen von Judäa und Samaria. Dort wuchsen auch damals ja nur Pinien- und Korkeichenwälder. Glaubwürdig klänge es, wenn sie in die vor Fruchtbarkeit strotzende Bekaa im Osten des heutigen Libanon gelangt wären und aus dieser Hochebene, wo tatsächlich Milch und Honig fließen, ihre prächtigen Weintrauben und Früchte den Stämmen Israels zur Anschauung mitgebracht hatten.

Da liegt sie also vor uns, die Bekaa in all ihrer grünen Üppigkeit. Durch rauhes Gestein sind wir über die drusische Hochburg Aley auf den Paß von Dahr-el-Baidar geklettert. Man wundert sich nicht, daß sogar Spekulationen darüber angestellt wurden, ob sich das irdische Paradies auf diesem privilegierten Plateau zwischen Libanon und Anti-Libanon befunden habe. So prachtvoll und saftig gedeihen hier die unterschiedlichsten Pflanzen.

Die politische Realität der Gegenwart ist ernüchternd. Die syrische Militär- und Geheimdienst-Präsenz tritt erdrückend und unverhohlen ins Bild. Eine stillschweigende Annexion durch Damaskus hat bereits stattgefunden. Neben den unzähligen Darstellungen Hafez-el-Assads wurde – inmitten eines syrischen Fahnenmeers – dem toten Lieblingssohn des Rais von Damaskus, dem Herrenreiter Basil, zu Pferde natürlich, gleich oberhalb von Chtaura ein bronzenes Monumentaldenkmal errichtet. Die libanesische Armee – gut ausgerüstet, diszipliniert, aber irgendwie kastriert – ist auf streng begrenzte Enklaven reduziert. Auch die Bekaa ist – abgesehen von ein paar christlichen und drusischen Einsprengseln – überwiegend schiitisch bevölkert. Fadi, der trotz seiner bescheidenen Fahrerfunktion ein kluger und gebildeter Mann ist, hat mir vorgerechnet, daß die Gläubigen der »Partei Alis« heute mindestens vierzig Prozent der gesamten libanesischen Bevölkerung ausmachen. Daneben bringen es die Christen der verschiedenen Denominationen wohl auf fünfunddreißig Prozent und die esoterische Sekte der Drusen auf fünf Prozent. Bleibt also für die sunnitischen Muslime, die sich seit der Zeit der Osmanen als die einzig rechtgläubigen Koran-Interpreten betrachten, nur noch ein Fünftel übrig. »Bei ihrer hohen Geburtenrate werden es die Schiiten in spätestens zwanzig Jahren geschafft haben, die absolute Mehrheit im Libanon zu bilden«, stellt Fadi resigniert fest, »und am Ende steuern wir doch noch auf einen Gottesstaat à la Khomeini zu.«

Auch in den Dörfern der Bekaa wetteifern die grünen Amal-Plakate mit den gelben Maueranschlägen der Hizbullah. Daneben flattern die schwarzen Fahnen ewiger Trauer um den Imam Hussein. Dank syrischer Unterstützung ist Parlamentspräsident Nabih Berri auf den Postern fast ebenso allgegenwärtig wie sein großer »Löwen«-Protektor von Damaskus. In dem zentralen Städtchen Baalbek hat sich seit 1982 ein sensationeller Wandel vollzogen. Diese Hochburg der Hizbullah, wo der fremde Besucher ständig mit seiner Entführung oder seiner Ermordung durch fanatische Gotteskrieger rechnen mußte, hat zur Normalität zurückgefunden. Die spektakulären Ruinen aus hellenistischer Zeit, deren Kolossalsäulen, Tempelquader und Steinornamente alle Baukunst der Gegenwart in den Schatten stellen, sind wieder für

Touristen freigegeben. Die Kultstätte heidnischer Unwissenheit, der »Dschahiliya«, die den Göttern Jupiter, Bacchus und Venus geweiht war, wird nicht mehr offiziell als Ort islamischen Anstoßes verdammt. Es sind überwiegend christliche libanesische Familien, die sich dort tummeln und picknicken. Ihre Frauen denken gar nicht daran, in dieser einstigen Verschwörungszentrale der Khomeini-Gefolgsleute, wo bei meinem letzten Besuch die puritanische Unduldsamkeit auf die Spitze getrieben wurde, die geringste Konzession an die islamische Prüderie zu machen.

Schon dreißig Kilometer weiter nach Norden, wo die Dörfer des Hermel auf kargem Boden in bitterer Armut ihr Leben fristen, bietet sich ein ganz anderes Bild. Dort ist der Tschador absolutes Gebot, und abseits der großen Verbindungsachse befinden sich schiitische Ausbildungslager für Todesfreiwillige. Sogar ein kleiner Trupp iranischer Revolutionswächter bleibt im weiteren Umkreis von Baalbek stationiert. Vollends verwirrt eine Gruppe junger Libanesen, die wie eine amerikanische Baseball-Mannschaft mit gelber Schirmmütze und gelbem Overall am Rande des Ruinenfeldes Traktate an die Ausflügler verteilen. Nach genauer Musterung ihres Wappens stellen sie sich als militante Hizbullahi heraus, schiitische Gottes-Streiter, die – bei aller Verwurzelung in ihrer religiös-revolutionären Überzeugung – die Standard-Kluft des großen »Satans USA« angelegt haben. Seltsame Auswüchse und absurdes Versagen der vielgepriesenen kulturellen »Globalisierung«!

Auf der Rückfahrt nach Beirut habe ich Fadi die steile Paßstraße angegeben, die durch das überwiegend melkitische Städtchen Zahle – hier wurden früher die besten Mezze des Orients serviert – zur beherrschenden Gebirgskuppe des Sanin überleitet. An diesen Hängen hält sich die Verschandelung der Landschaft durch den hemmungslosen Baubetrieb in Grenzen. Je höher wir uns auf den Haarnadelkurven schrauben, desto weihevoller entfaltet sich das weit ausladende Panorama. Auf dem Sanin ist noch kein Schnee gefallen. Syrische Stellungen zeichnen sich dort ab. Die landwirtschaftlich genutzten Terrassen ringsum wurden einst in mühsamer Plackerei in die felsigen Steilhänge getrieben. Sie wurden von maronitischen Kleinbauern und Pächtern angelegt, die schlimmste Mühsal und permanente Hungersnot auf sich nahmen, um in schwindelnder Höhe ihrem christlichen Glauben treu zu bleiben und sich den Demütigungen der osmanischen Sultansherrschaft zu entziehen.

Kaum ist der Kamm überwunden, nehmen uns dichte Pinien-Wälder auf. Die Mittelmeerseite des Gebirges wird durch häufige Regenfälle erfrischt. Doch die legendären Zedern des Libanon fielen hier wohl schon zur Zeit der Phönizier, spätestens der Römer dem Kahlschlag anheim. In dieser idyllischen Landschaft mit Blick auf die »Mer Méditerranée« hatten die reichen, christlichen Familien von Beirut einst ihre luxuriösen Sommersitze errichtet. Da man sich vor gar nicht so langer Zeit noch sehr französisch gebärdete, um gesellschaftsfähig zu sein, wurde einer der schönsten Kurorte »Bois de Boulogne« getauft. Heute sitzen syrische Offiziere und Geheimdienstler in diesen Villen, an denen der Krieg nicht spurlos vorbeigegangen ist. Die Zeit der hemmungslosen Frankophilie mutet bereits wie ein fernes Stück Geschichte an. »Öffnen Sie meine Brust, Monsieur«, hatten die maronitischen Taxifahrer am Place des Canons von Beirut in den fünfziger Jahren gesagt, wenn ich die Fahrt nach Bikfaya antrat, »Sie werden in meinem Herzen ›un drapeau tricolore‹, eine französische Fahne, finden.« Damals konnte der maronitische Patriarch Paul Boutros Meouchi, ein weißbärtiger, streitbarer Hüne, der in seiner Gebirgsfestung von Bkerke stets von den Socken bis zur Kalotte im Purpurrot der Kardinalswürde auftrat, nach dem gescheiterten Suez-Unternehmen von 1956 den Politikern von Beirut noch drohen, die staatliche Sezession des christlichen Mont Liban zu proklamieren und den französischen Botschafter bei sich aufzunehmen, falls die Zedern-Republik dem Beispiel der übrigen arabischen Länder folgen und die Beziehungen zu Paris abbrechen sollte.

Die letzte Bemühung der französischen Diplomatie, ihre Schutzfunktion für die maronitischen Christen des Libanon auszuüben – eine Tradition, die auf die Konventionen des Königs François Ier mit Sultan Suleiman dem Prächtigen zurückreichte –, scheiterte im Sommer 1990. Der damalige, umstrittene Staatspräsident, General Michel Aoun, ein maronitischer Christ, wie das der interkonfessionelle »Pacte National« aus dem Jahr 1943 immer noch vorschreibt, hatte mit geradezu selbstmörderischem Trotz versucht, das syrische Joch abzuschütteln, und die bewaffnete Auseinandersetzung mit Damaskus riskiert. Da waren die paar französischen Militär-Berater eine völlig unzureichende Hilfe, zumal die strategischen Kombinationen im Orient sich grundlegend verschoben hatten. Michel Aoun, ein wackerer, aber bornierter Soldat, hatte insgeheim auf amerikanische Unterstützung gegen Syrien spekuliert und konnte nicht ahnen, daß zwischen Washington und Damaskus – in der Perspektive des bevorstehenden Zweckbündnisses gegen Saddam Hussein – eine heimliche Komplizenschaft geschmiedet wurde. Beide Staaten hatten ursprünglich vereinbart, daß die syrische Luftwaffe über dem von ihren Bodentruppen okkupierten Libanon nicht operieren dürfe. Dabei ging es nicht darum, die ohnehin fiktive Eigenstaatlichkeit der Zedern-Republik zu respektieren, sondern jeden Zusammenstoß mit der israelischen Air-Force zu vermeiden, die in diesem Raum ohne jede Einschränkung ihre Erkundungsflüge durchführte.

Gegenüber dem lästigen Querulanten Aoun, der sich als Staatschef ausgab, ließ George Bush seinem einstigen Gegner und neuen Bündnispartner Hafez-el-Assad freie Hand. Die maronitischen Verteidiger des Mont Liban mußten mit ohnmächtiger Wut zusehen, wie syrische Kampfflugzeuge – mit offizieller Genehmigung aus USA – zur systematischen Bombardierung des Präsidentenpalastes von Baabda übergingen. Die Residenz war zwar zum Bollwerk ausgebaut worden, aber Michel Aoun und seinen Mannen fehlte jede geeignete Abwehr. Er mußte froh sein, daß Präsident Mitterrand seine freie Ausreise nach Frankreich durchsetzen konnte. Seitdem verfügt Paris über keine Trumpfkarte in der Levante mehr, doch auch die Amerikaner haben durch ihren Verrat an den christlichen Glaubensbrüdern des Orients kein zusätzliches Ansehen gewonnen.

Die Provinz Metn, die früher einmal eine Hochburg der wehrhaften maronitischen Milizen, der Kataeb oder Phalanges, war, steht heute vollends unter strenger Damaszener Observierung. Das Gebirgsdorf Dhour-Choueir ist mit Assad-Bildern zugepflastert, und oberhalb Bikfayas etablierte sich eine massive syrische Militärbasis. Tiefe Traurigkeit überkommt mich bei der Einfahrt nach Bikfaya. Ich hatte hier in den Jahren 1956 bis 1958 meine libanesische Studienzeit verbracht. Was ist aus diesem paradiesischen Flecken geworden, wo der Blick über weißblühende Obstgärten auf das strahlende Azur des Mittelmeers schweifte, während im Osten die steilen grünen Hänge und der schneebedeckte Gipfel des Sanin den Horizont begrenzten. Die Naturstein-Häuser waren damals noch ausnahmslos im hergebrachten orientalischen Stil errichtet, mit relativ flachen Ziegeldächern, anmutigen Kolonnaden-Terrassen und den drei Alveolen ihrer hohen, bis zur Decke abgerundeten Fenstertüren.

Von alledem ist kaum etwas übriggeblieben. Eine breite Asphaltstraße hat dem verträumten Charme ein Ende gesetzt. Anstelle des levantinischen Caféhauses hat sich die Unkultur von Big Mac und Kentucky Chicken durchgesetzt. In Bikfaya lebte der Clan Gemayel und übte seinen ländlichen Klienteleinfluß über eine ausschließlich maronitische Bevölkerung aus. Der dortige »Padrone« hieß Pierre Gemayel, ein eigenwilliger, kämpferischer Mann mit Adlernase und Cäsarenprofil, eine Erscheinung, die in jeden sizilianischen Mafia-Film gepaßt hätte. Die Gemayels hatten den christlichen Kampfbund der Kataeb ins Leben gerufen und wären durchaus in der Lage gewesen, am Überleben des Libanon als unabhängiger Staat mitzuwirken, wenn nicht eine unsägliche Katastrophe zunächst in Form der palästinensischen Zersetzungsarbeit Yassir Arafats, dann der syrischen Übermacht über ihre Heimat hereingebrochen wäre. Es ist bezeichnend für das Unheil, das die wackere maronitische »Taifa« seit 1975 verfolgt, daß das Denkmal, das man Pierre Gemayel nach dessen Tod errichtet hatte, gestürzt wurde, daß nun anstelle der weißen Kataeb-Fahne mit der grünen Zeder ein großes Banner der Syrischen Volkspartei PPS aushängt, einer Formation, die sich fast ausschließlich unter griechisch-orthodoxen Christen des Libanon rekrutiert und ihre Befehle in Damaskus entgegennimmt.

Zumindest meine alte Studienstätte, »Markaz li tadris el lughat el arabiya el haditha«, ist am nördlichen Ortsausgang in der Nähe des griechisch-orthodoxen Dorfes Mheite unverändert erhalten geblieben. Das massive Viereck des Steinbaus ist von Olivenbäumen und rotblühenden Sträuchern umrankt. Vierzig Jahre sind vergangen, seit ich hier von einem der renommiertesten Orientalisten unseres Jahrhunderts, Jacques Berque, Professeur au Collège de France, in die Kenntnisse der arabischen Hochsprache und der Islamistik eingeführt wurde. Am Ende dieses »par force«-Lehrgangs, der überwiegend französischen Beamten und Offizieren vorbehalten war, wurde mir nach bestandenem Examen ein Diplom überreicht, das neben der Unterschrift Berques auch die Signatur Emile Boustanys, des Rektors der Libanesischen Universität Beirut, und Régis Blachères, des Leiters des Instituts für Islamische Studien der Sorbonne, trägt.

Im Gegensatz zu so manchen deutschen »Orientalisten«, die sich in ihrer philologischen Teilwissenschaft sonnen und von den gesellschaftlichen oder gar politischen Verhältnissen des Morgenlandes kaum mehr als die üblichen Schablonen vorzutragen wissen, wurden wir in Bikfaya sehr intensiv in die machtpolitischen Realitäten dieser Region eingewiesen. Wir erfuhren auch, daß die Zunft der »mustaschriqin« bei Arabern, Türken und Persern geringes Ansehen genießt, ja daß der westliche Orientalismus – neben den Kreuzzügen und dem europäischen Imperialismus der Neuzeit – als dritte Heimsuchung des Islam bezeichnet wird. Jedenfalls verdanke ich meinen Professoren der »Dschami'at el lubnaniya« und auch den Jesuiten der Université Saint-Joseph – ob sie nun muslimische Sunniten oder Schiiten, christliche Maroniten oder Lateiner waren –, daß ich die koranische Wiedergeburt als treibende Kraft mittelöstlicher Umwälzungen rechtzeitig erkannte, daß ich bei der Deutung des islamischen Aufbruchs weder der westlichen Säkularisierungs-Arroganz der einen noch der mystisch verklärten Schwärmerei der anderen verfiel.

»Und der Libanon weint«

Ramleh, im Oktober 1997

In Beirut analysiert man die jüngste Entwicklung in Israel mit instinktivem Sachverstand und abgrundtiefem Mißtrauen. Libanesen und Juden mögen sich nicht, aber sie stehen sich psychologisch sehr nahe. Der deutsche Botschafter Peter Wittig hat den Chefredakteur der Zeitung »L'Orient-Le Jour«, Issa Goraieb, zum Abendessen in seine Residenz eingeladen und mir damit einen großen Wunsch erfüllt. Schon in den fünfziger Jahren gehörte »L'Orient« zu meiner täglichen Lektüre. An Seriosität und intellektueller Unabhängigkeit kann es dieses Blatt mit den besten europäischen Gazetten aufnehmen. Goraieb ist Libanese und Maronit. Mit seiner Frau, die absolut europäisch wirkt und der Pariser »bonne société« angehören könnte, verkörpert er eine Form französischer Kulturpräsenz im Orient, einen Restbestand früherer »grandeur«, die um so beeindruckender wirkt, als sie im eigentlichen Mutterland zu schwinden droht.

Wir unterhalten uns betrübt über die Eitelkeit, die Unzulänglichkeit der künstlerischen und literarischen Szene des heutigen Paris, die nach der Entlarvung der letzten Mode-Philosophen und Sophisten aus der Schule Lacan oder Barthes im fahlen Licht der Dekadenz erscheint. Aber wo sieht es besser aus in Europa? Auch im Libanon ist das amerikanische Zeitalter angebrochen, und das Fernsehen erweist sich als der neue, der triviale, aber alles beherrschende Zivilisations-

Vektor. Die Sender von Beirut haben sich voll auf das US-Modell ausgerichtet und die europäischen Produktionen – provinziell und prätentiös zugleich – in die Rolle von Lückenbüßern gedrängt. Seit die diversen TV-Stationen der Zedern-Republik unter die zunehmend scharfe Kontrolle von syrischen Zensoren geraten sind, bleibt vor allem Ted Turners CNN-Kanal als globale und recht zuverlässige Informationsquelle übrig.

Im Gegensatz zu den elektronischen Medien hat die Beiruter Presse beachtliche Meinungsfreiheit bewahrt. In den Spalten der zahlreichen Blätter und Revuen dürfen die inneren Mißstände im eigenen Land nachhaltig angeprangert werden, und kein Kommentator ist gezwungen – außerhalb der kommerziellen Auflagen –, sich einem Gesinnungsdiktat zu unterwerfen. Nur zwei Themen sind tabu, und ihre kritische Behandlung zöge sofortige Sanktionen, Verbote, Verhaftungen, eventuell sogar den »Tod durch Unfall« nach sich. Über die Machtstrukturen Syriens im Umkreis des Präsidenten Hafez-el-Assad darf nicht spekuliert, und die geheime, alles durchdringende Macht der Alawiten-Sekte nicht einmal erwähnt werden.

Issa Goraieb interpretiert das Vorgehen Benjamin Netanjahus, die systematische Blockierung des Oslo-Prozesses, die der israelische Regierungschef betreibt, auf seine Weise. »Bibi läßt eine Provokation auf die andere folgen«, so analysiert er, »noch ehe sich die öffentliche Meinung in aller Welt von ihrem letzten Schock erholt hat, vollführt er den nächsten Schlag, ohne im vorhergegangenen Streitpunkt im geringsten einzulenken. Die Aufmerksamkeit der Presse wird bereits durch einen neuen Disput abgelenkt. So befahl er den Hasmonäer-Tunnel am Tempelberg zu öffnen, und während die Palästinenser sich in Straßenschlachten wehrten, begann er mit dem Siedlungsbau von Har-Homa. Er läßt in der Altstadt von Jerusalem alteingesessene arabische Familien unter Berufung auf zweifelhafte Kataster-Argumente vertreiben und gleich darauf jüdische Thora-Schüler auf jene evakuierten Grundstücke einrücken, die der amerikanische Milliardär Moskovic unter der Hand aufgekauft hat. Gleichzeitig durchschneidet er jede Verbindung zwischen dem Jerusalemer Außenviertel Abu Dis, wo Jossi Beilin und sein arabischer Gesprächspartner Abu Mazen den Sitz der palästinensischen Regierungsbehörden – theoretisch zumindest – auf dem Boden von ›El Quds‹ errichten wollten, durch die jüdisch besiedelte Schneise von Ras-el Amud. Der direkte Zugang zum ›Haram-el-scharif‹, zur El-Aqsa-Moschee und zum Felsendom bleibt der Palestinian Authority Yassir Arafats somit verwehrt. Unterdessen schreitet die Ausweitung der zionistischen Siedlungen im West-Jordan-Land unvermindert voran. Welcher internationale Kontrolleur begibt sich schon an Ort und Stelle, um dieser Expansion auf dem sogenannten ›Sultans-Land‹ Einhalt zu gebieten? Dem Ganzen setzt Netanjahu die Krone auf durch die jüngsten mißlungenen Mossad-Aktivitäten in Jordanien, und man kann sicher sein, daß er sogar diesen Fehlschlag zu seinen Gunsten ausschlachten wird. Nach neuesten Umfragen hat er jedenfalls dabei die Mehrheit der Israeli auf seiner Seite.«

Der Chefredakteur, der trotz seines Bartes kein bißchen levantinisch wirkt, hat die israelisch-maronitische Tragödie im Herbst 1982 aus unmittelbarer Nähe miterlebt. Er traf den damaligen Präsidenten des Libanon und Kataeb-Führer Beschir Gemayel sofort nach dessen heftigem Zusammenprall mit dem israelischen Ministerpräsidenten Menachem Begin. Beschir hatte ihm den unerträglichen Druck geschildert, den der ehemalige Irgun-Führer Begin auf ihn ausgeübt hatte, um die maronitische »Taifa« und damit die gesamte libanesische Republik zum Vasallen des Judenstaates zu machen. Der junge Gemayel hatte sich dem an Erpressung grenzenden Zwang seines unerbittlichen Gegenspielers widersetzt und in ziemlich naiver Verkennung der Sachlage den amerikanischen Streitkräften Stützpunkte, ja völlige strategische Handlungsfreiheit in der Zedern-Republik angeboten. Er war sich nicht bewußt, daß Washington eine solche Offerte niemals auf Kosten Jerusalems akzeptieren würde. So kam es denn zum tragischen Ende. »Ich bin von Begin fast erwürgt worden«, hatte der Phalange-Kommandeur das Ende seines Disputs geschildert. Zwei Tage später wurde er durch eine gewaltige Sprengstoff-Explosion im eigenen Hauptquartier von Aschrafiyeh zerrissen. Als Täter wurde ein libanesischer Agent des syrischen Geheimdienstes, ein Aktivist der PPS, identifiziert und von seinen Damaszener Auftraggebern wohl umgehend liquidiert. Die Israeli hatten keinen Finger gerührt, um Beschir Gemayel zu schützen, ja sie hatten ihn gewissermaßen zum Abschuß freigegeben. Jedenfalls war die Selbständigkeit des Libanon an diesem Tag endgültig zu Grabe getragen worden.

*

Es ist tiefe Nacht, als ich im gepanzerten Auto des deutschen Botschafters am Hotel »Vendôme« nahe der Beiruter Meeres-Corniche eintreffe. Dabei passieren wir das eigenartige, pyramidenförmige Denkmal, das die pan-arabischen Nationalisten ihrem Idol Gamal Abdel Nasser auf dem Höhepunkt des Bürgerkrieges errichtet hatten und das unversehrt blieb. An dieser Stelle hatte ich vor fünfzehn Jahren als Augenzeuge das entscheidende Umzingelungsmanöver der libanesischen Hauptstadt durch die israelischen Sturmtruppen beobachtet und begleitet. Es war ein eindringliches Erlebnis. Drei Tage zuvor hatte ich mich nämlich noch in Ägypten aufgehalten und im Wadi Natrun versucht, in die verkapselte Welt der koptischen Klöster einzudringen. Die Nachricht von dem Vordringen Zahals in das Zentrum von Beirut veranlaßte mich zum sofortigen Aufbruch nach Norden. Im Herzen Kairos hatte ich bei Morgengrauen den Bus der israelischen Autobuslinie »Egged Tours« bestiegen. Das Fahrzeug transportierte nur wenige Passagiere. Es wurde bis zur Sinai-Halbinsel von ägyptischer Polizei wachsam begleitet. Über die Grenzstation Rafah gelangte ich ohne Zwischenfall nach Tel Aviv, mietete noch am gleichen Abend ein Taxi nach Jerusalem, um mir beim dortigen Informationsministerium eine Akkreditierung zu verschaffen, und rollte zu nächtlicher Stunde auf den neuen Kriegsschauplatz zu.

Meine Impressionen aus diesen September-Tagen 1982 schildere ich im Wortlaut: »Hauptmann Schlomo gab sich durch sein rundes Käppchen, die ›Kipa‹, und seinen Vollbart als orthodoxer Jude zu erkennen. An der Grenze zwischen Israel und Libanon – wir bewegten uns längs der Küstenstraße nördlich von Akko – hat es Schwierigkeiten gegeben. Stundenlang hatten wir im Kibbutz Gesher Haziv, einem blühenden Unternehmen aus der Pionierzeit des Zionismus, warten müssen, ehe uns die israelischen Presseoffiziere grünes Licht gaben. Am frühen Morgen hatte sich die Nachricht bestätigt, daß der gewählte libanesische Präsident Beschir Gemayel ermordet worden war, und unmittelbar darauf waren die jüdischen Streitkräfte in West-Beirut eingedrungen. Schlomo lauschte jetzt unentwegt dem Autoradio. Das israelische Oberkommando hatte in dem von Zahal kontrollierten libanesischen Gebiet totale Ausgangssperre verhängt. Die Rundfunksprecherin aus Tel Aviv gab mit nervöser Stimme einen Bericht über die Lage in Beirut. Ich verstand nur ein einziges, alttestamentarisches Wort: ›Tohuwabohu‹. Das biblische Durcheinander des ersten Schöpfungstages war offenbar über Beirut hereingebrochen.

»Jeder Zivilverkehr war im Libanon unterbunden. Nur Militärfahrzeuge der Israeli kamen uns entgegen. An den Kontrollpunkten von

Zahal diskutierte Schlomo mit den Posten. Die Bevölkerung des Süd-Libanon versteckte sich in den Häusern. Wir hatten das Palästinenserlager von Raschidiyeh links liegen lassen und rollten zügig auf Tyr zu. Der Krieg hatte hier kein einziges Haus verschont. Jede Mauer war zumindest durch eine Maschinengewehr-Salve gezeichnet. Die Außenbezirke von Tyr und Saida waren wie von einem Erdbeben heimgesucht. Automobilwracks säumten die Chaussee. ›In dieser Gegend gibt es vereinzelte Snipers‹, warnte Schlomo. ›Ducken Sie sich, so tief Sie können, falls es zu einem Feuerüberfall der Terroristen kommt.‹ Die Spruchbänder, die noch den Wahlsieg des christlichen Präsidentschaftskandidaten Beschir Gemayel feierten, waren stellenweise mit Trauerflor umrandet. Über den Dörfern wehten weiße und schwarze Fahnen. Immer wieder entdeckte ich dasselbe Propagandaplakat: Der Libanon war darauf wie eine verstümmelte Hand dargestellt, deren tropfender Zeigefinger auf ein Meer von Blut und auf ein Ruderboot wies, in dem Yassir Arafat – ein Messer zwischen den Zähnen – das Weite suchte. ›Wa tabki Lubnan‹, stand auf dem Poster: ›Und der Libanon weint‹.

»Die Leichen und Verwundeten des Krieges waren fortgeräumt worden, aber ein paar verwesende Hunde lagen noch am Wegrand. Die trostlose Leere lastete auf uns. Mit feierlicher Betonung holte Schlomo zu einem hebräischen Zitat aus. Er übersetzte mir die Klage des Propheten Jesaja: ›Die Sendboten des Friedens weinen bitterlich; die Straßen sind verwaist; alle Menschen sind von den Pfaden verschwunden; die Erde trauert und stöhnt; der Libanon ist zutiefst verwirrt und durch schwarze Flecken entstellt …‹

»Bevor wir Beirut erreichten, wichen wir nach Osten ins Vorgebirge ab. Die Dörfer waren hier überwiegend christlich. Die libanesische Zeder war überall als Symbol neu erhoffter Souveränität gehißt. Die Fahnen wehten auf Halbmast. Ein paar Frauen standen an der Türschwelle. Neben den israelischen Militärs, die in voller Kampfmontur steckten, erkannte ich Milizionäre der christlichen Kataeb. In Ausrüstung und Bewaffnung glichen sie den Soldaten von Zahal. Unweit des Präsidentenpalastes von Baabda war das israelische Pressezentrum installiert. Die Formalitäten waren kurz. Schlomo begleitete mich noch bis Aschrafiyeh zur maronitischen Hochburg in Ost-Beirut. Das Hotel ›Alexandre‹ war fest in phalangistischer Hand und mit Journalisten überfüllt. Ich hatte Mühe, die Empfangsdame auf mich aufmerksam zu machen und einen Kofferträger zu finden. Das gesamte

Hotelpersonal saß mit tränenüberströmten Gesichtern vor dem Fernsehapparat und verfolgte auf dem Schirm die feierliche Bestattung Beschir Gemayels in dessen Heimatdorf Bikfaya. Knappe 24 Stunden nach seinem Tod wurde der gewählte Präsident zu Grabe getragen.

»Auch ich schaltete sofort auf meinem Zimmer das TV-Gerät ein. Ein eigenartiges Gefühl überkam mich, als ich – unter so dramatischen Umständen – die Kirche und den Friedhof dieses maronitischen Gebirgsdorfes wiedersah. Der verbreiterte Hauptplatz von Bikfaya quoll über von Trauernden, Weinenden, Schreienden. Der Sarg des fünfunddreißigjährigen Präsidenten wurde von Militärpolizisten auf den Schultern getragen und war in die rot-weiß-rote libanesische Flagge mit der grünen Zeder gehüllt. Ein Musikzug spielte den Trauermarsch von Chopin. Die Würdenträger sämtlicher christlicher Konfessionen waren angetreten, und sogar eine Anzahl muselmanischer Ulama demonstrierte unter dem weißen Turban nationale Solidarität. Der maronitische Patriarch Khoraisch hielt in klassischem Arabisch die Gedenkrede auf den Toten. Dann trat Amin Gemayel, der ältere und politisch geschmeidigere Bruder Beschirs, nach vorn, ließ sich von tönender Rhetorik hinreißen und kündigte diskret, aber unmißverständlich seine eigene Nachfolgekandidatur an. Neben ihm verharrte der Orden der maronitischen Mönche wie eine schwarze, festgegliederte Kohorte.

»Plötzlich geschah das Unerwartete: Die Trauermusik brach ab, wurde durch einen flotten Marsch abgelöst. Dann spielte das Orchester sogar zum Dabke, zum fröhlichen Tanz des libanesischen Gebirges, auf. Die Männer und Frauen des Beerdigungszuges, die mit zahllosen weißen Blumengebinden, Kreuzen und Heiligenbildern angetreten waren, weinten und schluchzten weiter. Aber jetzt bewegten die Menschen sich rhythmisch zu den Klängen des Dabke, bildeten einen Reigen, wiegten sich in den Hüften, stampften mit den Füßen und hielten die Kränze wie Gratulationssträuße hoch. ›Was bedeutet dieses Freudenritual an einem so tragischen Tag?‹ fragte ich den Kellner, der mir nach endlosem Warten mit tränengeröteten Augen ein Getränk servierte. ›Das ist bei uns im Gebirge so üblich‹, antwortete der junge Maronit. ›Wenn bei uns ein junger Held zu Grabe getragen wird, dann feiern wir seinen Abschied wie eine Hochzeit.‹

»Ich trat auf die Terrasse hinaus. Zu meinen Füßen lag Beirut. Seit wir uns der Hauptstadt genähert hatten, waren die Explosionen und Einschläge nicht verstummt. Im Westsektor wurde weitergekämpft.

Die israelischen Sturm-Kommandos durchkämmten einen Straßenzug nach dem anderen. Der Widerstand war sporadisch. Nur ein paar halbwüchsige Murabitun oder verzweifelte Kommunisten feuerten noch ihre Kalaschnikows und Bazookas auf die vorrückenden Panzerkolonnen von Zahal ab. Sie taten das eilig, fast ohne zu zielen, und flüchteten dann in den nächsten Wohnblock. Die Israeli gingen kein Risiko ein. Sie wollten die eigenen Verluste niedrig halten. Die schweren Tankgranaten rissen gewaltige Löcher in die Etagenhäuser, wo die Zivilbevölkerung – im Keller zusammengedrängt – das Ende des Alptraums herbeisehnte. Das Hotel ›Alexandre‹ lag wie ein Feldherrenhügel über der levantinischen Metropole. Rauchwolken verdunkelten den strahlenden Abendhimmel. Die gewaltigen Erschütterungen dröhnten bis Aschrafiyeh, wenn ein Munitionsdepot hochging. Nach Einbruch der Dunkelheit wurden die Westviertel taghell angestrahlt. Die Leuchtraketen pendelten an Fallschirmen langsam herunter.

»Am nächsten Morgen verhielten sich die israelischen Presseoffiziere in Baabda abweisend und gereizt. Zum ersten Mal seit Gründung des Judenstaates war eine weltweite, feindselige Kampagne gegen die Kriegführung von Zahal in Gang gekommen. Die endlose Belagerung und Beschießung von Beirut – der erste TV-Krieg seit Vietnam – wirkte sich verheerend auf das Prestige Israels aus. Es bedurfte heftiger Reklamationen, ehe unser Kamerateam mitsamt dem drusischen Chauffeur Wajih und seiner libanesischen Limousine zur Begleitung der vorrückenden israelischen Truppe zugelassen wurden. Der Hauptmann Israel Schwartz wurde uns als Betreuer zugewiesen. In rasender Fahrt ging es nach einem Umweg über Sin-el-Fil zum Hafen. Hier standen die israelischen Panzer in Bereitschaft. Die dröhnende Kolonne setzte sich in Bewegung. Israel Schwartz legte die kugelsichere Weste an, rückte den Stahlhelm zurecht und entsicherte die Uzi-Maschinenpistole. Die gespenstische Trümmerwelt des alten Stadtzentrums von Beirut nahm uns auf. Die israelischen Infanteristen, wachsam wie Großwildjäger, schwärmten aus. Die Tanks ließen ihre Kanonenrohre schwenken. Für unsere Limousine war die aufgewühlte Chaussee stellenweise kaum passierbar. Wir drangen in das Viertel Bab-el-Driss vor. In der Ferne hallten Detonationen und Schüsse. Die Place de l'Étoile – menschenleer und wüst – ließen wir links liegen. ›Das ist die Avenue Georges Picot‹, kommentierte Wajih, aber für mich war diese wohlbekannte Geschäftsstraße wie die Landschaft eines fremden Sterns. Wir näherten uns der Strandpromenade, der Avenue des Français mit dem früheren Vergnügungszentrum. Hier hatten sich bereits Squatter einquartiert, meist Schiiten aus dem Süden, wie die Maueranschläge mit dem Bild Khomeinis und Musa Sadrs zu erkennen gaben. Die Leute kamen vorsichtig aus ihren vergitterten Läden und Kellern heraus, gewöhnten sich schnell an die bewaffnete jüdische Präsenz. Das trümmerübersäte Gassengewirr weitete sich zum befreienden Ausblick aufs Mittelmeer. Wir hatten die im Bürgerkrieg heiß umkämpfte Gegend der großen Luxushotels – ›Phénicia‹, ›Holiday Inn‹, ›Saint-Georges‹ – erreicht. Die Zangenbewegung näherte sich ihrem erfolgreichen Abschluß.

»Vor dem Nasser-Denkmal, das den ägyptischen Rais im Straßenanzug auf dem Hintergrund der Pyramide darstellte, lagerten die erschöpften Soldaten Zahals, ohne dem Standbild des Ägypters auch nur einen Blick zu schenken. Sie trugen schwer – oft zwanzig bis dreißig Kilo – an ihren Funkgeräten, Bazookas, Granatwerfern und Munitionsbehältern. Ich sah sie mir genau an, die Soldaten Israels, diese modernen Makkabäer. Der orientalische Typus der Sephardim war bei der Truppe stark vertreten. Was berührte mich so eigenartig an diesen jungen Kriegern? War es die plötzliche Disziplin, die straffe Befehlsgewalt, die raubtierähnliche Sicherheit der Kampfreflexe, die sich dieser in Etappe oder Ruhestellung recht verlottert wirkenden Truppe bemächtigte, sobald Gefahr und Tod in Erscheinung traten? Was hielt diese so unterschiedlichen Männer, diese fast chaotischen Individualisten so straff zusammen, die ihre Vorgesetzten ausnahmslos mit dem Vornamen anredeten? Sie wirkten aufeinander eingeschworen. Jede Panzermannschaft bildete eine Schicksalseinheit, kannte sich auch im Privatleben. Die Kommando-Spezialisten waren zur Brüderlichkeit verurteilt. Ein Gefallener wurde beklagt wie ein Verwandter. Zahal, so entdeckte ich auf der Küstenpromenade, der Corniche von Beirut, verkörperte einen tribalistischen Schmelztiegel, eine intime Stammesgemeinschaft, die bei aller Supertechnologie ihrer Waffensysteme in die Frühgeschichte der Menschheit, in die Legende der Philister-Kriege verwies. Jeder Außenstehende war ein Fremder, fast schon ein Feind.

»Vom Leuchtturm, aus Richtung Ras Beirut, walzte ein Rudel dröhnender Ungetüme heran, Merkeva-Panzer mit dem unförmigen Stahlbauch. Der Merkeva hatte sich allen sowjetischen Modellen, inklusive des T-72, als glatt überlegen erwiesen. Vor der DDR-Botschaft vereinigten sich die beiden Zangen. West-Beirut war endgültig umklammert, der Kampf faktisch beendet. Die Israeli installierten sich im Hauptquartier der ›Sozialistisch-Fortschrittlichen Partei‹ des Drusen-Fürsten Walid Dschumblat. Es war hoher Mittag. Vom Minarett der Moschee Ain-el-Mreisse, die dem Hotel ›Saint-Georges‹ schräg gegenüber liegt, ertönte der Ruf des Muezzin: ›Allahu akbar! – Gott ist größer!‹ Die verzweifelte Beteuerung ging im Rasseln und Scheppern der israelischen Panzerfahrzeuge unter.«

Der letzte Fels Petri

Ghazir, im Oktober 1997

»Wie die Zeder am Libanon bin ich erhöht worden.« Der Psalmen-Vers schmückt das kolossale Standbild der Gottesmutter, das vom Berggipfel Harissa auf das maronitische Patriarchat von Bkerke und auf die Weiten des Mittelmeers blickt, als erwartete sie von dort die Ankunft und die Hilfe neuer Ritter des Kreuzes. Seitlich davon ist das Kloster der Maronitischen Mönche von Ghazir wie eine Festung angelegt. Gleich im Innenhof des wuchtigen Gebäudekomplexes stoße ich auf Pater Tabet, den früheren Rektor der Universität Kasslik, der von einer Gruppe Confratres umgeben ist. Dieser orientalische Orden bildet vielleicht die letzte geschlossene Phalanx der Christenheit am Rande des Heiligen Landes. Den Mönchen mit den glattrasierten Gesichtern, den schwarzen Kutten und dem Ledergürtel haftet etwas Kriegerisches an. Jahrhundertelang haben sie an der Spitze ihrer Gemeinden mit der Waffe in der Hand den Glauben an Christus und seine heilige Kirche verteidigt. Jetzt stehen sie wohl auf verlorenem Posten, und obwohl sie sich dessen bewußt sind, haben sie ihren zuversichtlich gestimmten Kampfgeist nicht aufgegeben.

Pater Tabet hat sich kaum verändert seit dem langen Gespräch über die Ursprünge seiner Taifa, das wir am Karfreitag 1982 führten. Unter dem eisgrauen, kurzgeschnittenen Haar hat er den Kopf eines römischen Centurio bewahrt. Es sei eine phantastische Legende, daß die Maroniten sich von den seefahrenden Phöniziern ableiteten, erklärte er damals. Der heilige Marun, der Gründer und geistliche Vater dieser Konfession, der ihr auch seinen Namen vermachte, habe im fünften Jahrhundert im heutigen Grenzgebiet zwischen Syrien und der Türkei östlich von Antiochia gelebt: ein Einsiedler, ein Anachoret wie jener Säulenheilige Simeon, der in Byzanz zu großen Ehren gekommen sei. Sankt Marun habe sich als schlichter Eremit unter freiem Himmel kasteit, ein zutiefst engagierter Parteigänger des Konzils von Chalkedon, wo das Dogma von der Doppelnatur Christi, Gott und Mensch in einer Person, bestätigt wurde.

Die Chalkedonier waren im Byzantinischen Reich den Anfechtungen der Monophysiten und Nestorianer ausgesetzt. Nach dem Tode Maruns sammelten sich syrische Mönche am Grab des Heiligen, um ihm nachzuleben, und im Umkreis des ersten Klosters ließ sich eine wachsende Schar von Gläubigen mitsamt ihren Familien nieder. Diese frühen Maroniten waren sehr bald der Verfolgung durch die Häretiker ausgesetzt. Schon im sechsten Jahrhundert kam es bei Aleppo zum ersten Massaker, dem 350 Märtyrer zum Opfer fielen. Aus jener Zeit stammten die ersten Kontakte des »Hauses Marun« zum Bischof von Rom, die sich im Laufe der Zeit zur vollen Union mit der katholischen Kirche vertiefen sollten. Die Eroberung Syriens durch die muselmanischen Araber, die von den übrigen christlichen Konfessionen mit verblüffender Unterwürfigkeit akzeptiert wurde, löste bei den Maroniten damals erbitterte Gegenwehr aus.

Im zehnten Jahrhundert beschloß die Gemeinde, die stark dezimiert worden war, in jenem Gebirgsland Zuflucht zu suchen, das schon den letzten Heiden des Oströmischen Reiches und allen möglichen Sekten Asyl geboten hatte, im Libanon. Dort errichteten sie unter der Anleitung ihrer Mönche eine militärisch strukturierte Gemeinschaft. Mit den Kreuzrittern aus dem Abendland, denen sie sich zunächst als vorzügliche Bogenschützen anschlossen, gerieten die Maroniten schließlich in offenen Konflikt, als sie sich den Latinisierungs-Bemühungen der »Franken« und ihres Klerus widersetzten. Aber auch ihre Kontroversen mit der griechisch-orthodoxen Kirche sollten sich verschärfen, ja zu offener Feindseligkeit ausarten, als das Byzantinische Patriarchat – unter dem Motto: »Lieber den Turban des Sultans als die Tiara des Papstes« – sich nach der Eroberung Konstantinopels durch die Osmanen dem islamischen Joch gefügig unterordnete.

Nach der Vertreibung der Kreuzfahrer durch die Mameluken waren die Maroniten in die Abhängigkeit von drusischen und sunnitischen Feudalherren geraten. Ihrer Leibeigenschaft und Knechtschaft setzten sie erst mit einem langwierigen, blutigen Bauernaufstand zwischen 1840 und 1860 ein Ende, den kein Geringerer als Karl Marx als »soziale Agrar-Revolution« rühmte. Die Intervention des Zweiten Französischen Kaiserreiches verschaffte den mit Rom unierten und von Paris protegierten Maroniten sodann einen autonomen Sonderstatus innerhalb des morschen türkischen Reiches, bis die französische Levante-Armee nach dem Ersten Weltkrieg das Mandat Syrien an sich riß und den Libanon als Heimstätte der orientalischen Christen unter effektiver Führung der Maroniten ausrief. Aus einer Religionsgemeinschaft war in Jahrhunderten aufgrund permanenten Zusammenlebens und intensiver Verschwägerung eine organisch gewachsene Volksgruppe geworden, eine Ethnie, die sich – unabhängig von ihrer semitisch-arabischen Sprachzugehörigkeit – auch als solche empfand. Aus der geschichtlichen Abhandlung des Père Tabet ergab sich, daß die Maroniten, die ihren Exodus auf die Vertreibung aus Nord-Syrien datierten, ebenfalls im Bewußtsein göttlicher Auserwähltheit oder zumindest besonderen göttlichen Schutzes lebten.

Die damalige Karfreitags-Zeremonie in Kasslik ist mir schlicht und würdig in Erinnerung geblieben. Pater Tabet offizierte mit zwei anderen Priestern. Ein Chor von etwa dreißig Mönchen stimmte liturgische Gesänge des maronitischen Ritus an. Die Sprache war teils Alt-Syrisch – »Syriaque«, wie man auf französisch sagt, dem Aramäischen, das zu Lebzeiten Christi gesprochen wurde, eng verwandt – teils Hoch-Arabisch. Auch bei den Christen des Orients heißt Gott »Allah«. In den Psalmen war die Rede vom »Schaab Israil« – vom »Volk Israel«. Im Evangelium stellt Pilatus die Frage: »Bist Du der König der Juden? – Maliku Yahud?« Der Klageruf Jesu am Kreuz – »Warum hast Du mich verlassen?« – brauchte gar nicht ins Arabische übersetzt zu werden: »Lima sabaqtani« war reines, modernes Schrift-Arabisch. Auch die maronitischen Semiten des Libanon waren angetreten, um ihren Anteil am Erbe des Stammvaters Abraham zu behaupten.

Die Gemeinde setzte sich im wesentlichen aus kleinen Leuten zusammen, armen Bauern aus dem Gebirge, Handwerkern, Krämern. Ein paar Honoratioren, darunter der greise Kataeb-Gründer Pierre Gemayel, wirkten wie korsische Clan-Chefs. Im Mittelpunkt der religiösen Feier war ein schwarzes, silberbesticktes Tuch mit einem Kruzifix ausgebreitet. Es sollte das Grab Christi symbolisieren. Die Gläubigen häuften Blumen auf die Abbildung des Gekreuzigten. Die modernen Wandteppiche stellten die wunderbare Brotvermehrung dar und den Stammvater Abraham, umgeben von drei Erzengeln. Zur gleichen Stunde versammelte sich eine tausendköpfige Menge auf der steilen

Höhe von Harissa. Zu Füßen der »Notre Dame du Liban« verkauften die Devotionalien-Händler abscheulichen Kitsch in Himmelblau und Rosarot. Der heilige Marun war auf gut Glück als bärtiger Greis mit schwarzer Kapuze porträtiert. Die Karfreitags-Prozession folgte einem kostümierten Heiland mit Dornenkrone, der ein Holzkreuz schleppte. Plötzlich fiel mir auf, daß zumindest die Verherrlichung des Leidens, des Martyriums sowie das Warten auf die Wiederkehr des Erlösers ein kurioses Bindeglied schuf zwischen Christentum und muslimischer Schia. Eine Art maronitischer »Muharram« wurde auf den Höhen von Harissa zelebriert. Die Sängerin Feyrouz, die weit über den Libanon in der arabischen Welt berühmt war, hatte sich ganz in Schwarz – wie in einen Tschador – gehüllt. »Ana el umm el hazina ...«, sang sie mit ihrer warmen, etwas kehligen Stimme: »Stabat mater dolorosa ...«

*

Der Ordens-Obere, Père Joseph Muhandis, lädt uns zum Mittagessen ins Refektorium ein. Vorher statten wir der Klosterkirche einen kurzen Besuch ab. »Wir haben dieses Monasterium von den Armeniern erworben, zu denen wir gute Beziehungen unterhalten«, erklärt Pater Muhandis. Die sakrale Architektur und Ornamentik der Armenier ist von den Maroniten nicht verändert worden. Der Père Supérieur ist ein mächtig gewachsener Mann. »Ich verheimliche es Ihnen nicht«, sagt er beim Essen, »wir orientalischen Christen sind in unserem Bewußtsein gespalten. Meine Mutter war orthodox. Ein Teil unserer Sippe ist drusischen Ursprungs, und ich habe sogar ein paar mohammedanische Verwandte. Sie haben gesehen, wie ich mich vor dem Altar bekreuzigt habe: Vor dem kurzen Gebet nach lateinischem Ritus, nach dem Gebet auf byzantinische Art.« Als letzter Fels in der Brandung, so präsentiert sich heute der Orden der Moines Maronites. Noch lebt ihre Glaubensgruppe zwischen Ost-Beirut und Zghorta mit mehr als einer Million Angehörigen in einem fest umrissenen Réduit. Aber ihre paramilitärischen Organisationen wurden auf Befehl der Syrer aufgelöst. Das frühere Parteibüro der Kataeb – gleich neben dem Kloster von Ghazir – trägt zwar noch das Zedernwappen der Phalangisten, aber es ist verwaist. Bei den letzten Parlamentswahlen, die von Damaskus aus dirigiert wurden, haben sich nur ein paar Opportunisten aus der Taifa der Maroniten zur Verfügung gestellt. Gewiß, der jetzige Präsident der Republik Libanon, Elie Hraoui, gehört dieser Konfession an. Der hochgewachsene, blauäugige Staatschef mag durch seine eleganten Umgangsformen bestechen. Von den Seinen wird er nicht akzeptiert.

»Schauen Sie sich doch unsere Politiker an«, klagt Pater Muhandis an, »sie sind gekauft und gewissenlos. Sie sind ausnahmslos Marionetten der Syrer, und ich scheue mich nicht, das offen auszusprechen.« In dem Kabinett des sunnitischen Ministerpräsidenten Hariri, den die Syrer einsetzten und den die Saudis weiterhin finanzieren, repräsentiert der Emir Walid Dschumblat die kriegerische Geheim-Sekte der Drusen. Sein Vater Kamal wurde durch den syrischen Geheimdienst ermordet, wie er selber eingesteht, aber das hindert ihn nicht, die Weisungen Hafez-el-Assads bereitwillig auszuführen. Dschumblat hatte während des Bürgerkriegs die »ethnische Säuberung«, die brutale Vertreibung der maronitischen Christen aus dem Schuf-Distrikt vorgenommen. Jetzt fungiert ausgerechnet er als Minister für Flüchtlingsfragen. Wir erwähnten bereits den maronitischen Energie-Minister Hobeiqa, der das Massaker von Sabra und Schatila kommandierte. Der Schiite Nabih Berri hat seine Position als Vorsitzender der Amal-Partei dazu benutzt, um den Posten des Kammerpräsidenten zu beanspruchen und sich mit dem Segen aus Damaskus schamlos zu bereichern. Die Serie läßt sich beliebig fortsetzen.

»Die Syrer bevormunden uns Libanesen, ja sie sind dabei, uns allmählich zu annektieren«, ereifert sich der Ordens-Obere. »Aber worauf gründet sich ihre angebliche Überlegenheit? Als die Araber von Damaskus noch willfährige Untertanen des osmanischen Sultans waren, hatten wir Maroniten im Bereich des Mont Liban bereits unsere Autonomie von den Türken erstritten. Unter einem christlichen Muhafiz verwalteten wir uns selbst in einem gesonderten Sandschak. Wir haben uns auch nie mit dem Los der ›dhimma‹, mit dem Status von Schutzbefohlenen, abgefunden wie unsere byzantinisch-orthodoxen Brüder. Wann immer wir konnten, haben wir die Kopfsteuer, die schändliche Dschiziyah, verweigert, ja unsere Krieger haben ihrerseits Tribut gefordert von den arabischen Karawanen, die sich auf unsere Gebirgspisten wagten.« Große Sorge bereitet den Mönchen der geistige Zustand ihrer Gemeinde, vor allem der maronitischen Jugend. Hier hat sich nach dem Zusammenbruch aller politischen Ambitionen – nach der Ermordung Beschir Gemayels, nach der Niederlage des General Aoun – Resignation, gepaart mit hektischer Genußsucht, eingestellt. Die alten Werte gelten nichts mehr. Der Hedonismus greift um sich, und am Ende drohen Unterwerfung oder Exil.

»Es fällt schwer, stark im Glauben zu bleiben«, sinniert Père Muhandis. »Aber wie ermutigend ist wiederum der Gedanke, daß an dieser Stelle vielleicht, wo wir uns jetzt befinden, der heilige Paulus – damals noch ein jüdischer Zelot mit dem Namen Saulus oder Shaoul – den Weg nach Damaskus suchte, daß hier der heilige Petrus wandelte, den die Römer, die uns gelegentlich Vorhaltungen machen wollen, in der ›Urbs‹ mit dem Kopf nach unten kreuzigten.« Auf meine Frage nach seiner Einstellung zu den Schiiten betont er, daß er zu deren höchsten religiösen Führern, Scheikh Fadlallah und Scheikh Schamseddin, vorzügliche Beziehungen unterhalte, daß es vielleicht der entscheidende Fehler der Maroniten gewesen sei, zur Zeit ihrer politischen Präponderanz nicht die enge Kooperation mit der »Partei Alis« gesucht zu haben.

Wir sind aus dem Refektorium ins Freie getreten, lassen uns von der Meeresbrise umwehen, blicken auf die endlose Blechschlange der Autos auf der Küstenstraße. O ja, räumt Joseph Muhandis ein, sein Orden sei häufigen Anfechtungen und Bedrängnissen ausgesetzt. Seine Mönche ständen unter scharfer Überwachung und er selbst sei mehrfach von den Geheimdiensten zum Verhör abgeholt worden. »Aber was habe ich denn zu befürchten? Ich habe keinen hierarchischen Ehrgeiz. Ich habe das Gelübde der Armut abgelegt. Unsere Herzen ruhen doch alle in Gott, wie der heilige Augustinus frohlockte. Warum sollten wir weniger wacker sein im Glauben als die schiitischen Muselmanen? Ich bin auf meinem Fels auf alles gefaßt, und ich würde auch das Martyrium freudig auf mich nehmen.« Der breitschultrige Mann winkt uns lange nach. In seiner Person verkörpert er den stolzen Spruch, den der maronitische Patriarch in seinem Wappen führt: »Gloria Libani data est ei – der Ruhm des Libanon wurde ihm verliehen.«

Im Vorhof der Hölle

Ain-el-Helweh, im Oktober 1997

Dieses ist der Vorhof zur Hölle. Von den Palästinenser-Lagern Ain-el-Helweh und Miyeh-Miyeh im Umkreis der Hafenstadt Saida ging während des Bürgerkrieges Angst und Schrecken aus. Die PLO Yassir

Arafats hatte damals das Sagen im südlichen Abschnitt des Libanon. Aber seit der vorübergehenden Besetzung Beiruts durch die Israeli und der erzwungenen Einschiffung der palästinensischen Milizen sind die Flüchtlinge aus dem Heiligen Land, die schon im Jahr 1948 Asyl in der Zedern-Republik suchten, der Feindseligkeit und den Rachegefühlen der einheimischen Libanesen sämtlicher Konfessionen ausgesetzt. Im Umkreis von Saida schätzt man die Refugees auf etwa 70 000, im ganzen Land bilden sie ein verstreutes Kontingent von 350 000 Menschen. Nicht nur die christlichen Maroniten verabscheuen die Palästinenser, die sie für ihr Unglück verantwortlich machen. Auch die Schiiten von Amal hatten einen regelrechten Krieg gegen die bewaffneten Überreste von Fatah geführt. Die Syrer wiederum trauen dieser brodelnden Masse von Entwurzelten alle nur denkbaren Komplotte zu.

Ain-el-Helweh wird, wie alle anderen Camps, von regulären libanesischen Armee-Einheiten eng umschlossen und überwacht. Leichte Panzerfahrzeuge sind aufgefahren und kontrollieren die Eingänge zu den elenden, engen Gassen, die einem Rattennest ähnlicher sind als einer menschenwürdigen Behausung. Ich kenne Ain-el-Helweh – wie so manches andere Refugee-Camp – von früheren Besuchen, aber dieses Mal packt mich das Grauen. Ich lasse die übliche Besichtigung des bescheidenen Krankenhauses und einiger besonders armseliger Unterkünfte über mich ergehen, aber dann verlange ich nachhaltig, mit den politisch Verantwortlichen zu sprechen, wie das vereinbart wurde. Von Beginn an wittere ich, welche entsetzlichen Todfeindschaften sich zwischen diesen »Ghetto-Bewohnern« angestaut haben. Die Palästinenser leben hier – zu achtzig Prozent arbeitslos und zur Untätigkeit verdammt – in einer Atmosphäre gegenseitiger Zerfleischung und abgrundtiefen Argwohns. Es wimmelt von Spitzeln und Agenten jeder Schattierung. Gäbe es nicht die Vereinten Nationen mit ihrer UNRWA-Organisation, die für Nahrungsrationen und Hygiene sorgt, wären die Zustände in Ain-el-Helweh vollends unerträglich.

Meine Ankunft hat hektische Unruhe ausgelöst. Der Besuch war durch die deutsche Botschaft organisiert worden, und bei der Lagerverwaltung kam der irrtümliche Eindruck auf, eine offizielle, hochrangige Delegation aus Bonn sei im Anmarsch. So werde ich auf Schritt und Tritt von drei Fernseh-Teams, einem halben Dutzend Photographen und einigen Reportern umringt, die mit sichtlicher Enttäuschung zur Kenntnis nehmen, daß ich wirklich nur als Buchautor und Journalist zugegen bin. Trotzdem berichten am folgenden Tag ein paar Beiruter Blätter, ich hätte als »Ratgeber der Bundesregierung« Informationen eingeholt.

Durch schmale, modrige Betonschläuche werde ich zu einem zweistöckigen Haus geführt. Ein relativ großes, kahles Zimmer ist als »Diwan« hergerichtet. Die feuchte Wand ist mit einem großen gelben Plakat geschmückt, auf dem eine grüne Palme mit gekreuzten Säbeln prangt. Darunter rankt sich das islamische Glaubensbekenntnis, die »Schahada«. Nach einem Porträt Yassir Arafats halte ich vergeblich Ausschau, aber in den Gassen ist der Mann mit dem Keffiyeh häufig vertreten. Verschiedene dieser Bilder wurden allerdings zerkratzt, und vor ein paar Tagen soll eine Puppe des Präsidenten der Palestinian National Authority in Ain-el-Helweh öffentlich verbrannt worden sein.

Etwa zehn Männer erwarten und begrüßen mich. Sie tragen alle Vollbart, und dadurch verstärkt sich der islamistische Eindruck dieser Begegnung. Die Mehrzahl von ihnen bekennt sich zu Fatah und zu Yassir Arafat. Der Wortführer wirkt militärisch und – verglichen mit den anderen Gestalten, die ich hier antreffe – entspannt und sympathisch. Jetzt fällt mir ein, daß ich dieses Gesicht auf der Vorderseite der Zeitung »L'Orient-Le Jour« vor zwei Tagen entdeckt hatte. »Der Rebellen-Oberst Munir-el-Maqdah macht seinen Frieden mit Arafat«, lautete der Titel. Vier Jahre lang hatte dieser PLO-Offizier aus Protest gegen das Oslo-Abkommen gemeinsam mit hundert Gefährten dem Rais die Gefolgschaft aufgekündigt. Doch jetzt habe man sich versöhnt, und – vielleicht war dieser Umstand entscheidend – die Sold- und Gehaltszahlungen an die Abtrünnigen seien von den Behörden in Gaza wieder aufgenommen worden.

Ain-el-Helweh gleicht einem trüben, undurchsichtigen Teich. Colonel Maqdah – ich stelle gerade fest, daß er einen Revolver trägt – strahlt mich mit seinen weißen Zähnen im attraktiven, bärtigen Gesicht freundlich an. »Wir befinden uns auf der Linie von Faruk Kaddumi, dem früheren PLO-Verantwortlichen für Außenpolitik«, erklärt er; »Kaddumi hat den trügerischen ›Friedensprozeß‹ abgelehnt, sich von Arafat jedoch nicht losgesagt. Auch wir schätzen Abu Ammar, aber wir bleiben resolute Gegner des Oslo-Abkommens. Sie können sich im Lager umhören. Neunundneunzig Prozent der Insassen verfluchen diesen Kompromiß mit den Zionisten.« Die Zukunftsaussichten seien düster für die Palästinenser. Irgendein amerikanischer Senator habe einen Plan unterbreitet zur Umsiedlung der Flüchtlinge in den

Nord-Irak. Das sei natürlich unrealistisch. Oslo sei ohnehin am Ende. »So bleibt uns nur die islamische Tugend des ›sabr‹, der standhaften Geduld, und das Vertrauen auf jenen Hadith, dem zufolge Allah alle hundert Jahre einen besonders tugendhaften und starken Mann beruft, um seine Gläubigen wieder auf den rechten Pfad zu bringen.«

Die Maqdah-Gruppe verläßt den Raum, um einem anderen Gremium Platz zu machen. Dieses Mal handelt es sich um die Repräsentanten des offiziellen »Volkskomitees« von Ain-el-Helweh, in dem 27 verschiedene Gruppierungen vereint sind. 67 Wortführer wurden angeblich in demokratischer Wahl benannt. In Wirklichkeit herrschen Mord und Totschlag in dem Flüchtlingslager. Die Kunde darüber dringt nur sporadisch nach außen. Um es gleich vorwegzunehmen, das Ergebnis der zweiten Besprechung ist äußerst mager. Auch dieses Komitee stellt sich geschlossen gegen den »peace process« und mehrheitlich wohl auch gegen Arafat. Ich erfahre, daß den Palästinensern im Libanon die Ausübung von sechzig Berufen untersagt ist. Da bleibt nicht viel übrig. Nicht einmal ein Platz für ihre Begräbnisse werde ihnen zugewiesen. Der Vorsitzende dieser Versammlung, ein grauhaariger Krauskopf mit zerknittertem Löwengesicht, trägt nicht einmal einen Schnurrbart. Welcher politischen Richtung er angehöre, frage ich. »Ich bin Verantwortlicher für die ›Saiqa‹«, antwortet er, und damit bin ich aufgeklärt. Die Saiqa wurde als politische Gegenkraft zur PLO von den Syrern ins Leben gerufen, arbeitet engstens mit den Mukhabarat von Damaskus zusammen. So ist also insgeheim Hafez-el-Assad auch der oberste Machthaber in diesem Flüchtlings-Dschungel.

Die übrigen Anwesenden stellen sich vor. Mir prägt sich das Ganovengesicht eines Vertreters des »General-Commandos« Ahmed Dschibrils ein. Diese zwielichtige Organisation schreckt vor Mord nicht zurück. Ein Mudschahid des »Islamischen Heiligen Krieges«, ein blasses Jüngelchen, wirkt wenig überzeugend. Daneben gibt es eine Anzahl von »Unabhängigen«. Die islamistische Hamas hingegen glänzt durch Abwesenheit. Die Hamas-Leute seien zwar recht zahlreich im Lager vertreten, hielten sich jedoch abseits, meint der Saiqa-Mann achselzuckend. »Es wird keinen Frieden im Nahen Osten geben, wenn die UN-Resolution 194 nicht angewandt wird und die vertriebenen Palästinenser nicht in ihre Heimat zurückkehren können«, beendet er seine Aussage. Die Gesamtzahl der Flüchtlinge, die sich auf verschiedene arabische Länder verteilen, hat er sehr willkürlich mit 4,5 Millionen Menschen angegeben.

Es folgen noch zwei fromme »Fundamentalisten« in weißer Dschellabah und weißem Käppchen, die sich als »Ansar« bezeichnen und einer vagen »Dschamaat-el-islamiya« anhängen. Sie verweisen auf die Gefahren explosiver Entwicklungen in diesem geballten Zwangsaufenthalt. Dann werde ich gebeten, ein anderes Hauptquartier aufzusuchen, ein stark abgesichertes Gebäude am Rande einer etwas breiteren Straße. Dort haben sich jene Arafat-Gefolgsleute verschanzt, die sich mit den Absprachen von Oslo einverstanden erklären. Offenbar bedürfen diese Außenseiter des bewaffneten Schutzes. Neben dem Eingang mit dem riesigen Bild des Rais und zahlreichen PLO-Fähnchen lauern zwei jugendliche Milizionäre mit schußbereiter Kalaschnikow. Diese Figuren in der malerischen Aufmachung von Fedayin sind mir noch aus dem Bürgerkrieg in trister Erinnerung.

Im Versammlungsraum der oberen Etage geht es feierlicher zu als in dem ersten Lokal. Abu Ammar – mit seinem Kriegsnamen wird Arafat in dieser Runde beharrlich bezeichnet – wie auch der in Tunis ermordete PLO-Führer Abu Dschihad blicken in mehrfacher Ausführung von der Wand. Der Vorsitzende Khaled Aref, wenn ich den Namen recht verstehe, wirkt gepflegter als seine meisten Kampfgenossen und ist wohl auch gebildeter. Er äußert im Namen seiner Gefährten – sie waren sämtlich Offiziere der Fatah-Miliz – seine Bedenken gegen die jüngste Entwicklung in der Heimat. »Aber Oslo ist das Abkommen des Möglichen«, beteuert er; »Abu Ammar hat unterschrieben, und wir halten uns an diese Abmachungen, weil wir Vertrauen zu ihm haben. Dennoch leben wir in Angst und Sorge.« Vermutlich wird die Vertragstreue, die für die Männer mit permanenter Gefahr für Leib und Leben verbunden ist, in klingender Münze belohnt. Mehr denn je fühle ich mich in eine unerträgliche Atmosphäre der Heuchelei, des Verrats, der Verschwörung und der Furcht eingewoben. In dieser Runde trägt jeder eine Handfeuerwaffe. »Jerusalem ist und bleibt die Hauptstadt der Palästinenser«, deklamieren sie einhellig, »aber Netanjahu will uns zur Verzweiflung treiben.« Zum Abschied werde ich sogar geküßt.

Ich atme auf, als ich neben Fadi das Ausgangsportal von Ain-el-Helweh passiere. Der maronitische Begleiter zeigt mir einen wuchtigen Gebäudekomplex auf den Höhen über Saida. »Dort bin ich bei den Marianisten-Patres zur Schule gegangen«, sagt er, »aber während des Bürgerkrieges hat man sie verjagt.« Zu einem Erholungs-Drink suchen wir das neue Rest-House auf, das ein reicher Libanese geschmackvoll im Stil einer orientalischen Karawanserei errichtet hat. Wir genießen die Aussicht auf den alten phönizischen Hafen von Sidon und die eindrucksvolle Kreuzritterfestung, die durch eine Steinbrücke aus der Mameluken-Zeit mit dem Festland verbunden ist. Das Mittelmeer strahlt an diesem windigen klaren Mittag in herrlichem Glanz. Jenseits der Fischerboote deutet Fadi auf ein graugestrichenes Schiff, das mit hoher Bugwelle vor der Küste kreuzt. Die israelische Marine hat eines ihrer Schnellboote zur Routine-Beobachtung in die Hoheitsgewässer des Libanon entsandt.

Israel – Palästina II

Der Schlamassel

Auf der Schwelle zum Gelobten Land

Berg Nebo, Jordanien, Ende August 1997

Ein warmer Dunstschleier hat sich über das Jordan-Tal gelegt. Der arabische Gärtner, der sich an einer sterbenden Agave zu schaffen macht, zeigt nach Südwesten. Jenseits der stumpfen Silberplatte des Toten Meeres – wo die löwengelben Höhen von Judäa steil ansteigen – verschwimmen alle Konturen in der trüben Abendstimmung. »Dort liegt Jerusalem« – »huna el Quds«, sagt der Gärtner. Aus der mächtigen, kaktusähnlichen Krone der Agave ist ein breiter Stamm hochgeschossen. An dessen Spitze haben sich über Nacht weiße Blüten entfaltet, ein sicheres Zeichen des Todes für diese Pflanze, ein prächtiges Aufbäumen, bevor sie endgültig verdorrt. Präzis an dieser Stelle wurde Moses – dem einzigen Propheten, »den der Herr erkannt hätte von Angesicht zu Angesicht« – der erste und letzte Blick auf das Gelobte Land erlaubt. So heißt es in der Heiligen Schrift: »Und Mose stieg aus dem Jordantal der Moabiter auf den Berg Nebo, den Gipfel des Gebirges Pisga, gegenüber Jericho. Und der Herr zeigte ihm das ganze Land … Und der Herr sprach zu ihm: Dies ist das Land, von dem ich Abraham, Isaak und Jakob geschworen habe: Ich will es Deinen Nachkommen geben – Du hast es mit Deinen Augen gesehen, aber Du sollst nicht hinübergehen. So starb Mose, der Knecht des Herrn, daselbst im Lande Moab nach dem Wort des Herrn.«

Neben der Agave ist aus verknotetem Kupfer ein riesiger Stab, umwunden von einer Schlange, aufgestellt. Er ist jenem Stock nachempfunden, mit dem Moses Wasser aus dem Felsen schlug, eine mißlungene Giacometti-Nachahmung. Der Franziskaner-Orden hat auf dem Berg Nebo die alte byzantinische Kirche zu einer Gedenkstätte ausgebaut. Fragmente kunstvollen Bodenbelages aus der Zeit des Kaisers Justinian sind zur Schau gestellt. In dem nahen Städtchen Madaba, das ich eben besuchte, bewundern die Kunsthistoriker in der griechisch-orthodoxen Sankt-Georgs-Basilika das berühmte Mosaik aus frühchristlicher Zeit, eine naive Landkarte, die das Heilige Land zeigt. Mich begeistert dieses recht grob gearbeitete Kunstwerk weniger als jene herrlichen Steinmuster aus römisch-hellenistischer Zeit, die – über die Ruinen der einstigen »Dekapolis« im Grenzbereich Syriens, Israels und Jordaniens verstreut – die heidnischen Gottheiten in unvergleichlicher Anmut darstellen. In Sankt-Georg nimmt der rotgewandete Pope gerade eine Kindstaufe vor.

Die diversen Sanktuarien im äußersten Westen Jordaniens sind streng bewacht. Am Rande des Nebo-Geländes parkt ein Einsatzwagen der »Amn-el-'am« des Haschemitischen Königreichs. Zwischen Amman und Madaba sind die Polizeikontrollen weit häufiger und sichtbarer als im Irak. Es gilt vor allem, die ausländischen Touristen zu schützen. Die italienischen Gruppen sind am zahlreichsten vertreten und tragen gelegentlich noch T-Shirts mit hebräischen Beschriftungen, die sie vor dem Grenzübertritt im Rot-Meer-Hafen Eilath erworben haben. Die israelischen Ausflügler, die nach der Euphorie von Oslo in hellen Scharen nach Jordanien aufbrachen, vor allem um die steinerne Pracht der Nabatäer-Paläste und -Kirchen von Petra im Wadi Musa zu bestaunen, sind selten geworden. Sie haben bei den Arabern keine gute Erinnerung hinterlassen. Mit koscherer Verpflegung hatten sich die Gäste aus dem jüdischen Nachbarstaat zu Hause eingedeckt. Sie kamen in eigenen Bussen angereist und schockierten die Einheimischen oft durch ihr lautes Auftreten, das Absingen von zionistischen Liedern und die für muslimische Begriffe unzüchtige Freizeitkleidung von Männern und Frauen. Aus Sicherheitsgründen übernachteten die Israeli nicht in den bequemen Hotels von Petra, sondern hinterließen nur ihre Abfälle auf den Picknick-Plätzen. Alles Gerede über die völkerverbindende Funktion des Tourismus-Rummels hat sich wieder einmal als irreführend und verlogen erwiesen. Voller Mißmut wird in Amman auch über die Brachial-Methoden israelischer Geschäftsleute und Unternehmer bei der Schaffung diverser Joint-ventures berichtet, ja es geht das Gerücht, jüdische Landkäufe fänden in aller Heimlichkeit östlich der Jordan-Senke statt, wo immer archäologische Funde auf die Präsenz hebräischen Lebens in der Antike verweisen.

Die gewundene Straße zur Allenby-Brücke am Jordan entspricht vielleicht dem Pfad, den einst Moses bei seinem Aufstieg zum Nebo benutzt hatte. Der legendäre Grenzfluß zwischen Jordanien und der israelisch besetzten West-Bank beeindruckt nicht sonderlich mit seinem lehmigen Wasser. Er ist nicht viel breiter als ein Bach, fließt zweihundert Meter unter Meeresniveau zwischen hohem Schilfgewächs nach Süden und ergießt sich dort ins Tote Meer. Es fällt schwer, sich hier die Taufe des Jesus von Nazareth aus den Händen des Johannes Baptista vorzustellen.

Die Allenby-Brücke ist zum Ärgernis im sogenannten Friedensprozeß geworden. Die altertümliche Bailey-Bridge, deren Holzplanken unter dem Gewicht der überladenen Lastwagen ächzen, ist seit britischer Mandatszeit um keinen Meter erweitert worden. An diese solide amerikanische Pionierarbeit aus dem Zweiten Weltkrieg wurde nicht die geringste Mühe verschwendet, um dem Friedensschluß zwischen Jerusalem und Amman, der 1994 pathetisch gefeiert wurde, ein wenig Glaubwürdigkeit und Prestige zu verleihen. So stauen sich die Transportfahrzeuge an der weiß-blau gestrichenen Kontrollstation des Judenstaates, die durch Bunkerstellungen ringsum abgesichert ist. Nicht nur die Überprüfung der Fracht, auch die Leibesvisite der arabischen Passagiere werden mit peinlicher, oft demütigender Umständlichkeit von den männlichen und weiblichen Sicherheits- und Zoll-Beamten Israels vorgenommen. Vielleicht ist das notwendig, um das Einschmuggeln von Sprengstoff zu verhindern, aber von friedlicher Normalität ist an diesem einzig aktiven Übergang zwischen den beiden Staaten nichts zu spüren. Wer von harmonischer Koexistenz zwischen Juden und Arabern schwärmt oder gar eine großartige Perspektive ökonomischer Zusammenarbeit im Orient skizziert, sollte sich dem Anschauungsunterricht der Allenby-Brücke unterziehen.

Ein paar Kilometer in Richtung Norden suche ich das jordanische Städtchen Karama auf. Dort war es im Jahr 1968 – nach provozierenden Überfällen palästinensischer Freischärler – zu einem begrenzten Militärvorstoß der Israeli über den Jordan gekommen. Der ganze Ort war zerstört worden, aber die Soldaten von König Hussein hatten sich recht wacker geschlagen. Der haschemitische Monarch hatte seinen gefallenen Kriegern in Karama ein Denkmal aus Bronze errichten lassen. Meine Verwunderung ist groß, als ich entdecke, daß nur noch der Sockel dieses Gefallenenmals vorhanden ist und daß – wohl auf höchste Anweisung – der tapfer vorstürmende jordanische Soldat aus Erz entfernt wurde. Vermutlich entsprang diese Abmontierung dem Wunsch Husseins, seinen Friedenswillen gegenüber der jüdischen Vormacht in fast unterwürfiger Form zu demonstrieren. Aber wer dächte in Frankreich oder Deutschland daran – trotz einer historisch geglückten Versöhnung –, die Trauerstätten für die Toten, die Erinnerung an blutige Schlachten wegzuräumen, um die »réconciliation« zu bekräftigen. Und am Jordan ist man um Lichtjahre entfernt von der deutsch-französischen Verbrüderung im Zeichen Europas.

Das haschemitische Jordan-Ufer erscheint auf den ersten Blick fast ebenso grün und blühend wie das israelische Siedlungsland jenseits des Flusses. Eine landwirtschaftliche Erschließung beachtlichen Ausmaßes hat hier stattgefunden. Sie wurde finanziert durch Gelder aus der Europäischen Gemeinschaft, an erster Stelle aus Deutschland. Bei näherem Hinsehen stellt sich Ernüchterung ein. Die Wasserleitungen sind so vernachlässigt, daß schätzungsweise vierzig Prozent des kostbaren Nasses verlorengehen. Die Plantagenbesitzer haben sich vor allem auf den Anbau von Bananenstauden verlegt, deren breite Blätter ein Übermaß an Feuchtigkeit ausdünsten. Schließlich sind es keine jordanischen Staatsbürger, die dort als Gärtner und Pflanzer eingesetzt sind, wie man bei der erschreckend hohen Zahl von Arbeitslosen annehmen sollte, sondern man hat für billigen Lohn 300 000 ägyptische Fellachen angeworben. Auf dem Umweg über die malerische Ortschaft Salt, die früher einmal überwiegend von arabischen Christen bewohnt war, bin ich auf die Höhen der Hauptstadt zurückgekehrt.

König Hussein ist todkrank. Das weiß jedermann in Amman. Alle Politiker des haschemitischen »Mamlakat« sind sich ebenfalls bewußt, daß Hussein sich in eine fast beschämende Abhängigkeit von Israel begeben hat. Seine Untertanen sind zu mindestens siebzig Prozent palästinensischer Abstammung, und viele haben die alte Heimat nicht vergessen. Die wenigsten dieser »Flüchtlinge«, die samt und sonders einen jordanischen Paß besitzen, sind allerdings bereit, für ihre Rückkehr nach »Filistin« das eigene Leben zu riskieren. Sie haben sich oft eine ganz erträgliche Existenz verschafft, manche – dank ihrer beruflichen Kompetenz – in den Golfstaaten und Saudi-Arabien großen Reichtum angehäuft. Der Wohlstand materialisiert sich in den extrem luxuriösen Villenvierteln auf den Hügeln von Amman. An dieser positiven Situation hat auch die Vertreibung der palästinensischen »Expatriates« aus den arabischen Gastländern am Golf nach dem Krieg von 1991 nicht viel geändert. Sogar das ausgedehnte Flüchtlingslager Baqa'a am Rande der Hauptstadt wirkt weniger armselig als die Elendsviertel von Kairo oder Algier. Vermutlich hat sich unter den palästinensischen Landsleuten des West- und des Ost-Jordan-Ufers im Laufe fünfzigjähriger Trennung eine ähnlich psychologische Entfremdung eingestellt, wie sie die Deutschen nach der Wiedervereinigung zwischen Ossis und Wessis entdecken mußten.

Es steht dennoch nicht gut um Jordanien. Bislang ist es dem haschemitischen Herrscher gelungen, mit seiner persönlichen Autorität diesen artifiziellen Staat zusammenzuhalten. Der fast zwergenhaft gewachsene Monarch hat auch mich im persönlichen Gespräch durch seine Intelligenz und seinen Charme stets beeindruckt. Wie er sich vierzig Jahre lang unzähliger Attentate erwehrte, so kämpft er jetzt tapfer gegen die fortschreitenden Metastasen seiner qualvollen Krankheit an. Doch die Grenze ist fast erreicht. Selbst bei den Beduinenstämmen, die er gegen die Überzahl der palästinensischen Neubürger auszuspielen versteht, sind erste Zeichen des Unmutes zu erkennen. Schließlich ist diese Dynastie aus Hedschas, die sich absolut glaubhaft vom Propheten Mohammed ableitet, durch britische Willkür im damaligen »Emirat Transjordanien« eingepflanzt worden. Der Großvater Husseins, Emir Abdallah, Sohn des Scherif Hussein von Mekka, konnte sich in diesem ihm zugewiesenen Wüstenzipfel anfangs nur behaupten, indem er sich auf die tscherkessisch-tschetschenische Garnison von Amman stützte, fromme muslimische »Muhadschirun« aus dem Kaukasus, die der Osmanische Sultan zum Schutz der Hedschas-Bahn angesiedelt hatte.

Über den Friedensprozeß von Oslo dürfte der kluge König sich weniger Illusionen machen als irgendwer sonst. Er weiß, daß seinem transjordanischen Königreich und vor allem seiner haschemitischen Monarchie der Boden und jede Existenzberechtigung entzogen wären, wenn es einmal zur Ausrufung eines souveränen palästinensischen Nationalstaates käme. Dieses Königshaus wird seiner letzten Legitimität verlustig gehen, sobald es nicht mehr die Rolle des durch Erbfolge designierten Wächters über die heiligen Stätten des Islam von Jerusalem, über die El Aqsa- und die Omar-Moschee ausüben kann. Hinzu kommt, daß der präsumtive Nachfolger, Prinz Hassan, weder jene respektvolle Furcht einflößt noch das Ansehen genießt, die seinem Bruder Hussein zugute kommen.

Spätestens seit dem »Schwarzen September« 1970 herrscht Todfeindschaft zwischen Hussein von Jordanien und Yassir Arafat, dem heutigen Präsidenten der Palestinian National Authority. Der König wird alles, aber absolut alles tun, um dem Rais von Gaza Steine in den Weg zu legen, ja ihm notfalls – im Verbund mit Netanjahu – das Rückgrat zu brechen. Mit den koranischen Fundamentalisten – Muslim-Brüdern oder Anhängern der »Islamischen Aktionsfront« – hatte er im Parlament von Amman einen geschmeidigen Modus vivendi gefunden. Jordanien war für diese frommen Politiker sogar eine Zufluchtsstätte geworden. In Syrien versuchte man sie auszurotten. In Ägypten sahen sie sich einer wachsenden Repression ausgesetzt. Der Irak stand ihnen feindselig gegenüber, und der Judenstaat war Zielscheibe ihrer Verwünschungen. Doch diese gegenseitige Duldung zwischen Thron und Islamisten nähert sich ihrem Ende. Aufgrund einer Wahlkreis-Manipulation, die jeder demokratischen Fairness hohnspricht, hat die Islamische Aktionsfront zum Boykott des Urnengangs am 4. November 1997 aufgerufen. Die Abhängigkeit Jordaniens von Israel, eine diskrete Zusammenarbeit, die auch strategische Abstimmung nicht ausschließt, wird von den religiösen Eiferern zusehends als unerträglich empfunden. Inzwischen wird hinter vorgehaltener Hand vom Verrat des Königs an der islamischen und der arabischen Sache gesprochen.

Da half es auch wenig, daß Hussein in den vergangenen August-Tagen eine »Volks-Konferenz über Jerusalem« einberief, an der sich zweitausend Exil-Palästinenser beteiligten. Die Fundamentalisten verschiedener Couleur spielten dabei eine maßgebliche Rolle – Hamas war in Amman stets stark vertreten –, aber es krochen auch noch ganz andere Arafat-Gegner aus ihren Schlupflöchern. Der christliche Arzt George Habbash, Gründer der »Volksfront zur Befreiung Palästinas«, ein früherer Anstifter sensationeller Flugzeugsprengungen, war trotz seiner partiellen Lähmung eingetroffen. Ein anderer Christ, Nayef Hawatmeh, der der marxistisch orientierten »Demokratischen Volksfront« vorsteht, wie auch der unheimliche Attentats-Spezialist Ahmed Dschibril vom sogenannten »General-Kommando« waren offiziell vertreten. Hingegen wurde dem Haupt-Imam der Jerusalemer Moschee, Hamid Bitawi, von den Israeli keine Ausreisegenehmigung erteilt, und der Führer der »Islamischen Bewegung in Israel«, Ra'ed Salah, ein offizieller Bürger des Judenstaates in den Grenzen von 1967, wurde an der Scheikh-Hussein-Brücke zurückgeschickt, obwohl er einen israelischen Special-Permit vorweisen konnte. Die Veranstaltung, die im wesentlichen dazu beitragen sollte, die Position Yassir Arafats und seiner Fatah zusätzlich zu untergraben, gipfelte im Aufruf zum Heiligen Krieg gegen Israel. Der Appell wurde von Abu Madschid Thneiba, dem Wortführer der Moslem-Brüder Jordaniens, vorgetragen. Daraufhin wurde diese Zusammenkunft von Verschwörern aber auch so schnell wie möglich an ihre Ursprungsorte – mehrheitlich waren sie aus Damaskus gekommen – zurücktransportiert. Die haschemitischen Sicherheitsorgane stehen den Mukhabarat der arabischen Bruderstaaten an Wachsamkeit und Brutalität in nichts nach.

Ein letzter Eindruck hat sich mir bei der Fahrt zum Flugplatz Amman eingeprägt. Während des Golfkrieges war die amerikanische Botschaft in einem relativ bescheidenen Gebäude untergebracht, das meinem Zimmerfenster im Hotel Intercontinental unmittelbar gegenüber lag. Seit einigen Jahren verfügt die »Embassy of the United States of America« über ein immenses Gelände am Rande der Hauptstadt, über den Palast und die spektakuläre Zwingburg eines Pro-Consuls. Die »Friedensordnung im Heiligen Land« offenbart sich an dieser Stelle allzu unverblümt als Teilaspekt der imperialen Pax Americana.

Arafat in Meckenheim

Meckenheim bei Bonn, 24. Oktober 1997

Klein und zerbrechlich sitzt der Mann mit dem schwarz-weißen Keffiyeh auf dem gutbürgerlichen Sofa von Meckenheim. Yassir Arafat hat sich auch bei seinem Deutschland-Besuch von der olivfarbenen Uniform nicht getrennt, die Bestandteil seines Image ist. Aber mit dieser martialischen Kostümierung reiht er sich in die verflossene, romantische Revolutionsgeneration ein, von der neben ihm wohl nur noch Fidel Castro übrig ist. Die Residenz des offiziellen Vertreters Palästinas in der Bundesrepublik, Abdallah Frangi – er darf sich in Bonn noch nicht Botschafter nennen – ist zu eng für die Menge der Gäste, der befreundeten Diplomaten, der Sicherheitsbeamten in Zivil. In diesem Getümmel erscheint der Rais, der auf legendäre Weise den palästinensischen Widerstand verkörpert, einsam und ein bißchen verloren. Immer neue Gesprächspartner drängen sich an ihn heran. Geschäftsleute lassen sich mit ihm photographieren. Bei späteren Abschlüssen kann das nützlich sein. Alte Bekannte werden von Abu Ammar an die blassen Stoppelwangen gedrückt.

Der sichtlich ermattete Kämpe weiß, daß jeder der Anwesenden Spekulationen über seinen Gesundheitszustand anstellt. Noch ist er – bei den kurzen Gesprächen, die er gewährt – geistig voll präsent, und seine Augen, die auch schon vor dreißig Jahren wirkten, als seien sie mit Tränen gefüllt, signalisieren waches Bewußtsein, gelegentlich auch herzliche Wärme. Aber die Unterlippe bewegt sich in ständigem Zittern. Ähnliches Beben befällt seine Hände. Der Körper wirkt unter dem Militärtuch geschwächt, fast geschrumpft. Abdallah Frangi stellt mich mit ein paar Worten vor. Ich erinnere an das Gespräch, das wir in Beirut im Frühjahr 1982 unmittelbar vor dem Einmarsch der Israeli geführt hatten. Natürlich kann sich Arafat nicht daran erinnern, aber irgendwie scheint er sich zu freuen, jemanden anzutreffen, der in seiner schwersten Stunde, als ihm weltweit der Ruf des Terroristen und Judenmörders anhing, den Weg zu ihm gefunden hatte.

Der eigentliche Gastgeber des Abends, so scheint es, heißt Hans-Jürgen Wischnewski. Dieser Sozialdemokrat der alten, soliden Schule hat sich der palästinensischen Sache bereits angenommen, als ein solches Engagement in Deutschland noch nach Schwefel roch. Zu Beginn der sechziger Jahre hatte ich »Ben Wisch« in Tunis kennengelernt, im Umkreis der Exilregierung der Algerischen Befreiungsfront während des Krieges gegen Frankreich. Unsere Parteinahme in diesem Konflikt stimmte nicht immer überein, aber in unseren Analysen über den unseligen Ausgang des spätkolonialen Unternehmens in Nord-Afrika waren wir von Anfang an einer Meinung. Als erfolgreicher »Kommandeur« der Operation Mogadischu hat Wischnewski, ein treuer Gefährte Helmut Schmidts, eine glanzvolle Seite bundesrepublikanischer Geschichte geschrieben. Das Schicksal der unabhängigen Algerischen Republik, die heute in Blut und Horror versinkt, muß diesen unter rauher Schale sentimental veranlagten Mann zutiefst schmerzen. Er winkt mich heran, so daß ich zwischen ihm und Arafat zu sitzen komme. Nach einer kurzen Wertung des Friedensprozesses im Heiligen Land teilt »el gordo« – der Dicke – so hieß er bei den Sandinisten während seines vermittelnden Einsatzes im nicaraguanischen Bürgerkrieg – strahlend mit, daß er eine Patenschaft zwischen Köln und Bethlehem ins Leben gerufen hat und daß sich dieses Projekt gut anläßt.

Mehr aus Höflichkeit als um meinen Wissensstand zu vertiefen, frage ich Arafat – während einer der zahlreichen Pausen, die seltsamerweise in dieser Sessel-Ecke immer wieder entstehen – nach dem Verlauf seines Gesprächs mit Helmut Kohl am Vormittag. Der Kontakt sei ausgezeichnet gewesen, versichert der Rais. Das peinliche Thema der deutschen Stimmenthaltung bei den Vereinten Nationen, als es um die Verurteilung der israelischen Siedlungserweiterung auf der West-Bank ging – ich hatte mich danach erkundigt –, habe er gar nicht angeschnitten. Unter den Ehrengästen nimmt Hans-Dietrich Genscher die prominenteste Stellung ein. Im Nahen und Mittleren Osten hat man nicht vergessen, daß der frühere Außenminister eine sehr eigenwillige deutsche Orientpolitik verfolgte und sich zu keinem Zeitpunkt als Erfüllungsgehilfe der Amerikaner verstand. Im Sommer 1984 hatte ich ihn auf einer offiziellen Visite nach Teheran begleitet, und diese Aufwertung der Mullahs war Genscher in Washington übel vermerkt worden. Auffallend ist auch die Präsenz des hessischen Ministerpräsidenten Eichel in dieser Runde.

Von welchen Gefühlen wird wohl der PLO-Chef bewegt, während er die Huldigungen der deutschen Gäste entgegennimmt? Seit Oslo ist aus einem Verfemten, einem zum Verbrecher abgestempelten Widerstandskämpfer, der »Darling« der Friedensfreunde in aller Welt geworden. Die Deutschen haben es mit solchem Stimmungswechsel und Meinungsumschwung stets besonders eilig. Wie plötzlich waren an die Stelle der ersten Nachkriegsgeneration teutonischer Jugendlicher, die sich in seltsamer Holocaust-Verdrängung mit dem David-Stern schmückten und in Kibbutzim arbeiteten, die von umstürzlerischer Mode bestimmten Nachfolger getreten, die sich das Arafat-Tuch umknoteten und deren revolutionäre Vorbilder sich in Palästinenser-Camps militärisch ausbilden ließen.

Zentrales Diskussions-Thema unter den diversen Gruppen, die stehend mit ihren Buffet-Tellern jonglieren, sind natürlich die Krankheitssymptome des »Alten«, wie er liebevoll von seinen Gefolgsleuten genannt wird. Abdallah Frangi versichert, das Zittern der Lippe sei eine Folge jenes Flugzeugabsturzes, der vor einigen Jahren in der Libyschen Wüste stattgefunden hatte. Aber die meisten neigen zu pessimistischen Diagnosen. Die Frage stellt sich vor allem, wie lange noch der physisch angeschlagene Rais dem erbarmungslosen Abnutzungskampf standhalten kann, der in den eigenen Reihen mit Tücke und Brutalität ausgetragen wird. Wie wird sich dieser geschwächte »Greis« – ich zögere bei dem Wort, denn ich bin wesentlich älter als er –

gegen die athletische Robustheit, das rauhbeinige Ungestüm eines Benjamin Netanjahu behaupten? Für den israelischen Regierungschef – falls ihm ein Unheil zustöße – ständen genügend Ersatzkandidaten bereit. Speziell sein politischer Rivale von der Arbeitspartei, General Ehud Barak, böte sich dafür an und wird in Jerusalem bereits als »Bibi's twin« bezeichnet. »Wenn dem jetzigen Generalsekretär der Avoda die Führung des konservativen Likud angeboten worden wäre, hätte er mit Freude zugegriffen«, wurde mir von einem »Eingeweihten« mitgeteilt. Im übrigen sei Barak dabei, jene Angehörigen des Parteiapparats, auf die Rabin und Peres sich stützten, herauszudrängen und durch Männer seines Vertrauens zu ersetzen.

Für Yassir Arafat steht keine charismatische Alternativfigur bereit, die mit vergleichbarer, historisch gewachsener Autorität ausgestattet wäre. Der Auftritt Abu Ammars in Bonn ist von Tragik gezeichnet, und die Welle der Sympathie, die ihm so unerwartet entgegenschlägt, wirkt schmerzlich, weil sie von Mitleid getragen ist. Natürlich überschlagen sich die anwesenden Deutschen in Entrüstung über die deutsche Haltung in Manhattan anläßlich des jüngsten Votums über die jüdische Siedlungspolitik. Diese Mißstimmung muß wohl auch dem amtierenden Außenminister Klaus Kinkel zu Ohren gekommen sein, denn nach seinem Treffen mit Arafat am folgenden Tag sollte er eine ebenso geharnischte wie inkonsequente Erklärung gegen die israelische Expansion auf dem West-Jordan-Ufer publizieren. Stark kommentiert wird auch eine Erklärung Roman Herzogs, die angeblich im Gespräch mit dem israelischen Botschafter Avi Primor gefallen ist. Der Bundespräsident, so berichtete die israelische Zeitung »Yedioth Ahronoth«, habe von der »Scheißpolitik der Regierung Netanjahu« gesprochen, die er nicht länger ertragen könne. Bemerkenswert an dieser gezielten Indiskretion war die Schwäche des offiziellen Dementis.

Für die deutsche Öffentlichkeit ist Benjamin Netanjahu ohnehin zum Buhmann geworden. Er trägt die alleinige Verantwortung für das Scheitern des Friedensprozesses, so hört man allenthalben. Meine Bemerkung, daß Bibi mit seinen Brachialmethoden vielleicht nur dazu beigetragen habe, die Stunde der Wahrheit, die eines Tages auch unter Rabin oder Peres geschlagen hätte, zu beschleunigen, stößt auf heftigen Widerspruch bei all jenen, die sich von der vagen Absichtserklärung, von dem Flickwerk der Oslo-Erklärung Wunder versprochen hatten. Nun müssen sie für ihre Fehleinschätzung ja einen Verantwortlichen finden.

Ein neues Schlagwort taucht beim Empfang zu Ehren Yassir Arafats immer wieder auf: »la paix des braves« – der Friede der Tapferen –, zu dem Israeli und Palästinenser sich durchringen müßten. Aber wer wußte unter den anwesenden Journalisten noch über den Ursprung dieser Versöhnungsformel Bescheid? Ganz deutlich steht mir dabei die hoch aufgerichtete Figur des General de Gaulle vor Augen, wie er – über dem Forum von Algier schwebend – den aufständischen Nationalisten Algeriens im Namen Frankreichs »la paix des braves« offerierte. Schon damals – nach dem Armeeputsch von 1958 – dürfte sich der »Libérateur de la France« keine Illusionen über die Realisierbarkeit dieses Angebots gemacht haben. Er stand der Integration der Maghrebiner in die französische Republik von Anfang an ablehnend gegenüber, denn er wollte verhindern, wie Alain Peyrefitte später enthüllen sollte, daß sein lothringisches Dorf Colombey-les-Deux-Eglises – Colombey zu den beiden Kirchen – eines Tages in Colombey-les-Deux-Mosquées – Colombey zu den beiden Moscheen – umbenannt würde.

Der Friede mit den Algeriern ist vier Jahre nach diesem Appell schließlich im Abkommen von Evian vereinbart worden, aber es sah wesentlich anders aus, als ihn sich die Illusionisten der »Algérie française« vorgestellt hatten. Die Tragödie hatte ihren Lauf genommen. Im Sommer 1962 mußten mehr als eine Million Franzosen, die seit Generationen in Nord-Afrika Wurzeln geschlagen und das Land zum Blühen gebracht hatten, fluchtartig den Maghreb verlassen. Unter Preisgabe ihrer gesamten Habe strömten sie in das Mutterland ab. 70 000 algerische Freiwillige, die auf seiten Frankreichs gegen die »Rebellen« gekämpft hatten, die sogenannten »Harki«, wurden durch die Freischärler der siegreichen »Befreiungsfront« und den entfesselten Mob niedergemetzelt. Wer könnte sich in Israel – bei einer halbwegs ausreichenden Information über den Präzedenzfall Algerien – nach einem solchen »Frieden der Tapferen« sehnen? An diesem Abend behalte ich meine Bedenken für mich.

*

Noch vor Ende der Veranstaltung bin ich in die kalte rheinische Herbstnacht hinausgetreten und suche eine Weile nach meinem Wagen. Aufgrund der scharfen Polizei-Abschirmung hatte ich in einer Seitenstraße von Merl-Meckenheim geparkt. Ein grauhaariger Araber kommt mir zu Hilfe, von dem ich zunächst annehme, er gehöre zum

Sicherheitsaufgebot des Rais. Der Unbekannte verwickelt mich in ein längeres Gespräch. Angeblich kennt er mich von einer früheren Begegnung im Libanon. »Haben Sie festgestellt, daß heute abend immer wieder von der Rückkehr des Hamas-Gründers Scheikh Yassin die Rede war und von dem kläglich mißlungenen Anschlag des israelischen Mossad gegen den Hamas-Unterführer Khaled Meshal in Amman?« fragt er mich unvermittelt. Ich kann dem nur zustimmen. In diesem Zusammenhang war auch die Frage aufgetaucht, wer wohl der mit der Observierung des Arafat-Empfangs beauftragte Agent des israelischen Geheimdienstes sei. Der Araber will offenbar ein Geheimnis loswerden, und so erzählt er mir seine Version von der Rückführung des Scheikh Yassin aus dem israelischen Gefängnis in sein Hauptquartier von Gaza. War es eine orientalische Fabel? Geriet ich schon wieder in die zutiefst arabische Schattenwelt der Verschwörungen und Komplotte, in den obsessiven Dunstkreis des »Mu'amara«?

So beginnt die Darstellung des Unbekannten, die sich zunächst auf einen ausführlichen Artikel in der »Washington Post« beruft: Demnach hatten zwei Mossad-Agenten den Hamas-Aktivisten Khaled Meshal am Morgen des 25. September 1997 vor dessen Büro überfallen und an der Schläfe mit tödlich wirkender Giftsubstanz besprüht. Doch Meshals Leibwächter Abu Saif, ein Palästinenser mit Afghanistan-Erfahrung, reagierte sofort. Er war schneller als die Israeli, holte sie nach einer Meile ein und schlug beide nach einem kurzen Faustkampf nieder. Mit Hilfe eines jordanischen Ordnungshüters, der sich in der Nähe befand, hatte Abu Saif seine Gegner in ein Taxi verfrachtet und bei der nächsten Polizeistation abgeliefert.

»Dieser Bericht strotzt vor Unglaubwürdigkeit. Wie konnte ein mäßig trainierter palästinensischer Body-Guard zwei als Nahkampf-Athleten getrimmte Mossad-Profis überwinden und auch noch in einen Mietwagen zwängen?« verwundert sich mein Gesprächspartner. Jeder Geheimdienstler, der für solche Einsätze ausgebildet werde, wisse doch, wie man einen Widersacher mit einem Handkantenschlag erledigt oder mit einem Kugelschreiber tödlich verletzen kann. »Haben Sie das in Ihrer militärischen Kommando-Ausbildung nicht auch in jungen Jahren gelernt?« fragt er unverblümt. Das verwendete Gift bestätige den Verdacht der Manipulation. Die letale Wirkung wäre erst nach 48 Stunden eingetreten, was Rettungsmaßnahmen ermöglichte, während die Anwendung von Curare oder ähnlichen toxischen Stoffen den Tod binnen Sekunden verursacht hätte. Da wären doch die bulgarischen KGB-Gehilfen mit ihren vergifteten Regenschirmen sehr viel effizienter gewesen.

Zuerst ist mir der aufdringliche Mann, den ich nicht einordnen kann, lästig gefallen, aber jetzt horche ich auf. »Das ganze Attentat von Amman war ein abgekartetes Spiel zwischen Netanjahu und König Hussein«, lautet nämlich die Enthüllung. Der israelische Regierungschef habe eine angebliche Blamage des eigenen Geheimdienstes in Kauf genommen, ja diese Schlappe spektakulär aufgebauscht, um eine weitgreifende Machination in Gang zu bringen. Der jordanische König stand bei seinen Landsleuten mehr und mehr im Ruf bedingungsloser Unterwerfung unter die zionistischen Forderungen. Jetzt habe man ihm die Gelegenheit geboten, lauthals aufzutrumpfen, gegen die jüdische Verletzung der jordanischen Souveränität zu wettern und den beiden Mossad-Angehörigen mit dem Tod durch Erhängen zu drohen. Netanjahu habe die wohlkalkulierten Wutausbrüche und Drohungen Husseins vorausgesehen. Indem er die Freilassung von etwa dreißig verhafteten Palästinensern und deren Abschiebung nach Jordanien anordnete, erlaubte er seinem Partner, Prestige zurückzugewinnen.

Der eigentliche Knoten der Verschwörung schürzte sich jedoch um eine ganz andere Person. Monatelang hatte Yassir Arafat vergeblich die Israeli bestürmt, den Gründer der fundamentalistischen Widerstandsbewegung Hamas, Scheikh Ahmed Yassin, freizulassen. Ob dem Rais ein solches Zugeständnis wirklich am Herzen lag, darf bezweifelt werden, denn Ahmed Yassin profilierte sich sogar in seiner Gefängniszelle als extrem ernstzunehmender Rivale Abu Ammars. Ohne den Präsidenten der Palestinian National Authority zu konsultieren oder auch nur zu unterrichten, wurde der querschnittsgelähmte Hamas-Führer in einem Hubschrauber nach Amman geflogen, wo König Hussein den Verdienst und die Ehre dieser sensationellen israelischen Konzession für sich verbuchte. Arafat blieb nichts anderes übrig, als an das Krankenbett des Predigers zu eilen und dessen bärtiges Patriarchen-Antlitz mit Küssen zu bedecken. Seine Demütigung wurde auf die Spitze getrieben, als Scheikh Yassin – wieder ohne jede Mitteilung an die palästinensischen Behörden – in einem jordanischen Helikopter nach Gaza transportiert und dort von Zehntausenden seiner islamistischen Anhänger wie ein Heiliger, wie ein Erlöser begrüßt wurde.

Ich habe es nun gar nicht mehr eilig, mein Auto zu finden. »Welchen Vorteil soll denn die israelische Seite aus dieser mysteriösen

Haupt- und Staatsaktion ziehen?« möchte ich wissen und täusche Naivität vor. Im Schein der Straßenlaterne entdecke ich ein seltsames Lächeln im Gesicht meines Informanten. »Sie haben doch heute abend bei Abdallah Frangi gespürt, welche Beliebtheit, welches Vertrauen der Friedens-Nobelpreisträger Arafat bei den westlichen Ausländern gewonnen hat. Sogar bei der israelischen Friedens-Partei genießt der PLO-Chef, den die Juden früher als leibhaftigen Satan darstellten, zunehmende Akzeptanz und Sympathie. Im Verbund mit Abu Ammar, und nur mit ihm, sind die zionistischen Linken bereit, die Risiken von Oslo voller Zuversicht auf sich zu nehmen. Hussein und Netanjahu hingegen sind sich einig in der Absicht, diese beherrschende Position Arafats zu untergraben. Sie wollen ihn zu Fall bringen. In den Augen seiner Landsleute wurde der Rais zunächst diskreditiert, indem man ihn von der spektakulären Befreiungsaktion des Hamas-Gründers ausschloß. Scheikh Yassin wird sich demnächst – trotz oder sogar wegen seiner körperlichen Behinderung – als überlegener Gegenspieler erweisen. Er und seine Hamas-Bewegung stehen für islamische Tugend, für frommen Lebenswandel, für brüderliche Verbundenheit mit den Armen, für bedingungslose Ergebenheit in den Willen Gottes, kurzum für all das, was das Volk sich unter einer koranisch geleiteten Gesellschaft vorstellt, wie der Prophet sie einst vorgelebt hat. Daran gemessen, gibt Yassir Arafat eine schwache, eine dubiose Figur ab mit seiner Lust an Intrigen, seiner Freude an pompösen Auftritten und der himmelschreienden Korruption seiner engsten Berater- und Freundeskreise, der ›Tunesier‹.«

Doch das Komplott reicht angeblich viel weiter. All jenen israelischen Optimisten, die sich an die Hoffnung einer harmonischen Koexistenz mit den Arabern im Heiligen Land klammern, solle Scheikh Yassin in seiner fundamentalistischen Unerbittlichkeit vorführen, welcher Abgrund sich in der Vorstellung der wahren Gläubigen zwischen dem »Dar-ul-Islam«, dem »Haus des Friedens«, und dem »Dar-ul-Harb«, dem »Haus des Krieges«, auftut. Seit seiner Freilassung habe sich Scheikh Yassin listig wie ein Fuchs verhalten. Er habe die Zionisten in seiner langen Haftzeit gründlich studieren können, beteuert der grauhaarige Araber, der seine These ohne orientalische Hektik, sondern mit kühler Gelassenheit vorträgt. Schon in den siebziger Jahren hätten ja die Besatzungsbehörden Kontakt zu ihm aufgenommen. Damals ging es den Israeli noch darum, den Einfluß Arafats und der PLO in Gaza zu begrenzen. Dazu war ihnen nichts Besseres eingefallen, als auf die Karte der Moslem-Brüder zu setzen, aus deren Reihen Hamas bekanntlich hervorgegangen ist. Ahmed Yassin erhielt ganz offiziell die Erlaubnis, ein »Islamisches Zentrum« für seine Ikhwan einzurichten.

Die Zionisten hätten den Scheikh als einen wehrlosen Krüppel eingeschätzt und als Popanz gegen Abu Ammar aufbauen wollen. 1987 mußten sie plötzlich entdecken, daß die Widerstandsbewegung Hamas – »harakat-el-muqawamat-el-islamiya« – sich an die Spitze der Intifada stellte und die recht lasche Motivation der Fatah-Partisanen mit ihrem heiligen Eifer weit überflügelte. Als Scheikh Yassin in seiner Hochburg Gaza die Huldigungen der Frommen entgegennahm, wurde in der Menge das Bild des »Märtyrers« Yahia Ayash hochgehalten, jenes Aktivisten der Kampfgruppe »Azzedin-el-Qassam«, der sich als Spezialist für Bombenattentate hervorgetan hatte. Solche Assoziationen dürften die Kompromißler, die einst Rabin und Peres zujubelten, stutzig machen und sie auf den Boden der unerbittlichen Tatsachen zurückführen, so laute angeblich der Plan Netanjahus. Es könne dann nicht mehr lange dauern, und die Schalom-Rufer von Tel Aviv, Herzlia und Haifa würden die Früchte vom Baum der Erkenntnis essen. Um den Friedensprozeß sei es ohnehin geschehen.

»Die beiden Hauptakteure in diesem bizarren Spiel, die beiden Mossad-Agenten von Amman, sind übrigens umgehend nach Israel zurückgeschickt worden«, mokiert sich der geheimnisvolle Mann. »Sie haben ein schmerzliches Opfer auf sich genommen, werden des Versagens beschuldigt, ohne sich rechtfertigen zu können. Niemand wird ihnen einen Orden verleihen oder sie zur Beförderung vorschlagen, obwohl sie der national-religiösen Sache des Judenstaates einen so großen Dienst erwiesen.« Wir sind zweimal um den Häuserblock von Merl gegangen mit seinen gemütlichen, hell erleuchteten Villen. Die behagliche Umgebung paßt in keiner Weise zu diesen orientalischen Phantasmagorien. Immer wieder habe ich mein Erinnerungsvermögen bemüht, um den seltsamen Gesprächspartner zu identifizieren. »Strengen Sie sich nicht an«, lacht der Unbekannte. »Unsere Begegnung liegt mehr als zwanzig Jahre zurück. Wir sind beide nicht jünger geworden, und ich trug damals Schirmmütze, Sonnenbrille und Bart.« – »Was soll ich denn mit Ihren ›Enthüllungen‹ anfangen?« frage ich. – »Sie sollen sie veröffentlichen«, kommt die Antwort; »meinen Sie, ich hätte sonst so lange auf Sie eingeredet? Sie werden meinen Namen wissen wollen. Nennen Sie mich doch einfach ›Deep Throat‹.«

»Klagen hat seine Zeit«

Tel Aviv, im November 1997

In Tel Aviv haben die vereinigten Kräfte der Linken, der Säkularen, der Aufgeklärten an diesem Abend versucht, die Uhr der Geschichte um zwei Jahre zurückzustellen. Aber die Zeit läßt sich nicht vergewaltigen. Fast auf die Stunde genau hat man diese kollektive Trauerfeier zu Ehren des ermordeten Volkshelden Itzhak Rabin ausgerichtet. Doch »Sterben hat seine Zeit, und Klagen hat seine Zeit«, heißt es beim Ekklesiasten. Wenn der Blick sich auf die Rednertribüne vor dem hell erleuchteten Rathaus, dieses jüdische »Rostrum« der Neuzeit, richtet, ist man unwillkürlich auf die Wiederholung der Schüsse gefaßt, die damals den Regierungschef der Arbeiterpartei hinstreckten. Wider Erwarten verläuft die Veranstaltung, die als Protest-Aufschrei der Massen gegen Benjamin Netanjahu und dessen »Kriegstreiberei« inszeniert ist, ohne jede Tragik oder schmerzliche Emphase.

Über die Ben-Gurion-Straße habe ich mühelos die weite Fläche im Zentrum von Tel Aviv erreicht, die früher einmal den stimmungsvollen Namen »Platz der Könige Israels« trug und nun auf Itzhak Rabin »umgetauft« wurde. Die Polizeisperren sind lasch. Am Himmel kreist ein Hubschrauber. Die Zahl von zweihunderttausend Anwesenden, die am nächsten Tag von den Medien verbreitet wird, ist maßlos übertrieben. Wenn es einhunderttausend sind, können die Organisatoren zufrieden sein. Ich bin im richtigen Moment eingetroffen, denn Ehud Barak, der Nachfolger Rabins und Peres' an der Spitze der Avoda, hat gerade das Wort ergriffen. Sein Gesicht wird auf einen riesigen Bildschirm projiziert. Er ist kein begabter Redner, der kleine General mit der klaren Kommandostimme, der höchstdekorierte Soldat Israels. Netanjahu verfügt daneben über eine ganz andere Ausstrahlung und ein angeborenes rhetorisches Talent. Aber Barak schlägt sich wacker in seiner neuen Rolle. Er verfällt nicht in die hitzige Demagogie, die viele der Protestler von ihm erwarten. Mir fällt eine gewisse Ähnlichkeit mit Napoleon Bonaparte auf, wenn dem ehemaligen Generalstabschef Zahals auch die knappe, geradezu römisch wirkende Formulierungsgabe des großen Korsen fehlt.

Den strittigen Fragen geht der Oppositionsführer aus dem Weg, was am folgenden Tag den Verdacht der linksliberalen Presse schüren soll, hier handele es sich ja im Grunde nur um einen kürzer gewachsenen »Sosias« des jetzigen Regierungschefs, einen Vermittler zwischen den beiden großen Blocks von Likud und Avoda. Barak – so heißt es – denke gar nicht daran, die jüdischen Siedlungen in den Kernlanden Judäa und Samaria preiszugeben, und er bemühe sich sogar, seiner linken Gefolgschaft ein Stück national-religiöser Vision näherzubringen. Was mich an dieser Folge von Ansprachen am Platz der Könige Israels überrascht und stutzig macht: Kein einziger der Redner erwähnt auch nur einmal den Namen Gottes. Niemand ruft den Segen des Allmächtigen auf Israel herab. Es wird eine geradezu krampfhafte Laizität zur Schau getragen, als betrachtete man jede metaphysische Regung als abergläubische Verirrung. Bei den Muslimen hingegen ist heute keine öffentliche Aussage mehr denkbar, die nicht mit der Einleitung: »bismillah rahman rahim« – »im Namen Gottes, des Gnädigen, des Erbarmers«, begänne, und sogar die amerikanische Supermacht hält für die Tage ihrer Prüfungen den Spruch bereit: In God we trust.

Ich sehe mich unter meinen Nachbarn auf dem Rabin-Platz um. Es ist ein überwiegend junges Publikum. Während der Reden winkt man sich zu, führt kurze Gespräche, flirtet ein wenig. Die jungen Männer entsprechen oft dem zionistischen Sabra-Ideal mit ihrer burschikosen Gelassenheit, ihrem kräftigen Wuchs. Von der klassischen jüdischen Intellektualität ist da weniger zu spüren. Es geht sehr ungezwungen zu. Der Applaus ist häufig, aber nie frenetisch. Diese Generation ist wohl auf deutliche Distanz zur in sich verfeindeten, oft keifenden Kaste der Politiker bedacht, und wenn sie weiterhin – in totaler Unkenntnis, oft auch in Geringschätzung des arabischen Umfeldes – Friedensillusionen hegt, so äußert sich das nicht in theatralischem Überschwang.

Bezeichnend ist wieder einmal – ich werde das am folgenden Tage am Bildschirm feststellen –, daß die Kameraleute und Reporter, mehrheitlich Sympathisanten der Friedensbewegung, ihre Bilder kräftig manipulieren. Da wird die Menge ins Unermeßliche gesteigert – ich weiß aus eigener Berufserfahrung, wie leicht das zu machen ist –, und der Eindruck entsteht, die Mehrzahl der Anwesenden hätte Gedächtniskerzen in der Hand. Die einzige Friedenstaube aus Karton wird immer wieder vorgeführt. Gezielt werden die seltenen Szenen echter

Trauer gefilmt und der Eindruck erweckt, es wären zahllose Tränen geflossen. Die Wirklichkeit ist ganz anders. Am Platz der Könige Israels breitet sich weder Weltschmerz noch rabiate Entrüstung aus. Die Jugend von Tel Aviv spendet freundlich Beifall, bringt auch ein paar Schmährufe aus und ist vor allem mit sich selbst beschäftigt. Eine solche Gelegenheit, so viele Freunde, Kommilitonen und alte Armee-Kameraden an einer Stelle wiederzutreffen, würde sich so bald nicht wieder bieten. Bei den männlichen Teens und Twens überwiegt die militärisch kurzgestutzte Haar-Mode. Auf jede Rede der Politiker folgt ein Musik-Star. Die beliebtesten Sänger Israels treten auf. Die etwas rauhen, semitischen Stimmen der Mädchen klingen schöner als die musikalischen Deklamationen der Jünglinge. Die Popstars – so scheint mir – haben im säkularen Israel den Platz der Thora-betenden Leviten eingenommen. Mir fällt auf, daß ausschließlich Aschkenasim zugegen sind, daß die orientalischen Juden dieser Veranstaltung fernbleiben. Von den Palästinensern fehlt natürlich jede Spur. Die jungen Gesichter sind in den Jahrtausenden der Verstreuung und gelegentlichen Vermischung stark semitisch geprägt geblieben. Der Prophet Ezra hätte sicher seine Freude daran.

Heftige Erregung entsteht, als Nathan Scharanski an das Mikrophon tritt. Seit er in der Sowjetunion jahrelang inhaftiert und mißhandelt wurde, hat dieser berühmteste aller jüdischen »Refuzniks« einen weiten Weg durchschritten. Der kleine, kahlschädlige Russe ist zum Vorsitzenden der Israel B'Aliya-Partei avanciert, die die Interessen von etwa 700 000 Neueinwanderern aus der ehemaligen Sowjetunion vertritt. Im Kabinett Netanjahu amtiert er als Minister für Industrie und Handel, und in der Knesset hat er es auf sieben Abgeordnete gebracht. Gegen diesen Verbündeten Bibis entlädt sich zunächst der Zorn des Volkes. Aber der leidgeprüfte »Refuznik« setzt sich gegen die Zwischenrufe durch. In seinem sowjetischen Gefängnis habe er stets zwei israelische Helden vor Augen gehabt: Itzhak Rabin, der 1976 das Sturm-Kommando von Zahal nach Entebbe in Uganda entsandte, um die jüdischen Geiseln aus der Hand der Terroristen zu befreien, und Jonathan Netanjahu, den Bruder des jetzigen Regierungschefs, der als verantwortlicher Offizier bei diesem Unternehmen den Tod gefunden hat. Um ein Bild nationaler Einheit herzustellen, ist Ehud Barak nach vorn geeilt. Er ergreift Scharanski bei der Hand, stellt sich neben ihn und verkündet: »Auch Scharanski ist ein echter Held Israels.«

Während ein neuer schmachtender Gesang erklingt, kommt unter den Anwesenden die Diskussion auf, wie lange wohl Scharanskis Russen-Fraktion noch zusammenhalten wird. Die Ex-Sowjetbürger sind neben den Ultra-Religiösen zum Zünglein an der Waage geworden. Mit der Koalition der Strenggläubigen haben sie nicht viel gemeinsam, waren zur Zeit Chruschtschows und Breschnews ihrer Religion ja systematisch entfremdet worden. Aber mit den Liberalen wissen sie auch nichts anzufangen, betrachten deren demokratische Schwärmerei mit Unverständnis und sehen überhaupt keinen Anlaß, den Arabern – diesen »Schwarzärschen«, wie sie in der alten Heimat genannt würden – irgendwelche Zugeständnisse zu machen. Alle politischen Kommentatoren stimmen überein, daß die »neuen Russen« ausschließlich auf ihren materiellen Vorteil bedacht sind. Noch zählt die Mehrheit von ihnen zu den Unterprivilegierten Israels, doch sie stellen eine unberechenbare, demnächst vielleicht chaotische Kraft dar. Ihre Zahl dürfte sich in Zukunft noch vermehren.

Als begabtester Redner bewährt sich der Fraktionsvorsitzende der extrem links und antireligiös ausgerichteten »Meretz«. Yossi Sarid, mit typischem Intellektuellenkopf und mächtiger Stimme, versteht es, der hebräischen Sprache, die sich gar nicht für mitreißende Rhetorik eignet, Wucht und Klang zu verleihen. Leidenschaftlich macht er Netanjahu für jene Strömung im konservativen Lager verantwortlich, die zum Mord an Rabin führte. Er beschwört den Regierungschef, Buße zu tun und zurückzutreten. Anklagend schreit er den Namen in die Nacht: »Netanjahu! Netanjahu! Netanjahu!« Ähnlich mochte einmal König David seine Verzweiflung in den Wind Judäas gebrüllt haben – »Absalom! Absalom!« –, als ihn sein Sohn verraten hatte.

Die Klampfenspieler finden bei den jungen Leuten, die mich umgeben, mehr Anklang als die Politiker. Ihre Chansons werden teilweise mitgesungen. Aber ich mag sie mir nicht länger anhören. In Richtung Ben-Yehuda-Straße verlasse ich den Rabin-Platz, und es fällt gar nicht schwer, eine Passage zu finden, so locker stehen die Menschen. Inzwischen ist Shimon Peres an der Reihe, der ewige »loser«, wie er auf dem eigenen Parteitag geschmäht wurde. In seiner Eitelkeit hat sich der Gefährte und erbitterte Rivale Rabins noch zu Lebzeiten ein Friedens-Institut unter eigenem Namen errichten lassen. Aus der Ferne höre ich seine sonore Stimme. Immer wieder fordert er »Schalom, Schalom, Schalom!« Es klingt wie ein Hilferuf. Lea Rabin, die rächende »Witwe der Nation«, wie manche bereits witzeln, tritt erst auf, als ich außer Reichweite bin.

In dieser sternenklaren Herbstnacht gewinnt Tel Aviv einen unerwarteten Charme. Da wirken die nach Schablonen ausgerichteten Kastenhäuser fast idyllisch hinter dem dichten Baumbestand. Der abbrökkelnde Verputz, die absturzreifen Balkone sind kaum zu erkennen. Die Imbißlokale amerikanischen Zuschnitts, die Pizzerien und Falafel-Stände täuschen im Halbdunkel Gemütlichkeit vor. Die Alleen sind ziemlich leer. Mit etwas Rührung betrachte ich immer wieder alte Ehepaare, die Hand in Hand in dieser orientalischen Umgebung spazierengehen. Dabei denken sie wohl insgeheim an ihre europäische Heimat und ihre früheren Landsleute, die sie so grausam an dieses fremde Ufer vertrieben haben. Warum, so frage ich mich auf dem Heimweg, hat niemand zur Ehrung des toten Nationalhelden Rabin die eindrucksvolle jüdische Totenklage, das »Kaddisch«, angestimmt? Selbst die christlichen Kirchen des Abendlandes, die ihre Glaubenssubstanz mehr und mehr verlieren, gedenken ja weiterhin ihrer Verstorbenen gemäß den überlieferten Riten der Jenseitigkeit, auch wenn der katholische Klerus es nur noch selten wagt, die feierliche Mahnung des »Dies irae« anzustimmen. Benjamin Netanjahu war in der ihm feindlich gesinnten Presse genüßlich zitiert worden, als er einem alten Rabbi ins Ohr raunte und dabei das nahe Mikrophon übersah: »Die Linke weiß gar nicht mehr, was es heißt, jüdisch zu sein.« Hatte er wirklich ganz unrecht?

Wann landen die US Marines?

Jerusalem, im November 1997

In diesem Spätherbst sonnt sich Israel in kosender Wärme, in makellosem Licht. Von meinem Hotelfenster im »Dan« blicke ich auf den weißen Sandstreifen des Ufers, und auf ein Meer, das im tiefen Blau der Südsee schimmert. Der Sonnenuntergang ist von atemberaubender Schönheit. Die Vorderfront der Hotels zur Strandpromenade hin sei der einzige empfehlenswerte, ästhetische Aussichtspunkt von Tel Aviv, weil einem dort der Anblick auch nur eines einzigen Hauses erspart bleibe, sagen die Spötter. Schon im Morgengrauen tauchen die ersten Jogger auf. Ältere Einwohner von Tel Aviv üben sich in der fernöstlichen Kunst des Tai-Chi. Wenn die Sonne steigt, strecken sich die Freizeitler auf Liegestühlen und waten in die Fluten, die mit zwanzig Grad eine angenehme Erfrischung bieten. In der Ferne schwirren die weißen Flecke der Segelboote. Dabei kommt es nie zum Massenbetrieb, so daß die Naturschönheit unbeeinträchtigt bleibt. Gegen Abend verwandeln sich die Menschen vor dem rotdurchfluteten Hintergrund zu schwarzen Scherenschnitten. Der Eindruck harmonischer Entspannung, paradiesischer Ursprünglichkeit stellt sich am Rande dieser unerträglich hektischen Großstadt ein. Nach Einbruch der Dunkelheit leuchten die Lichter eines einsamen Frachters auf, der fest verankert stets an der gleichen Stelle – etwa zwei Meilen vom Strand entfernt – in unerklärlicher Bewegungslosigkeit verharrt. Bis man mir erklärt, an Bord dieses Schiffes befinde sich die illegale Radiostation Kanal 7 der extremistischen Siedler des »Gush Emonim«, von dem Elyakim Ha'etzni mir schon berichtet hatte. Eigentlich müßten diese Propagandisten Groß-Israels außerhalb der Hoheitsgewässer operieren, aber die Behörden drücken beide Augen zu.

In Tel Aviv und Jerusalem, so lese ich in deutschen Zeitungen, hätten Furcht und Unsicherheit um sich gegriffen. Die herrlichen lauen Herbsttage würden von den wenigsten jüdischen Einwohnern zum Einkaufsbummel oder zum abendlichen Spaziergang genutzt. Das Leben spiele sich gewissermaßen – aus Angst vor neuen Attentaten – im Zeitlupentempo ab. Diese Beobachtungen erscheinen mir stark überzogen. Ein amerikanischer Korrespondent hat behauptet, die gespannte Stimmung Jerusalems erinnere ihn an den Zustand Beiruts während des dortigen Bürgerkrieges. Ich weiß nicht, wo dieser Kollege sich am Libanon aufgehalten hat. Jedenfalls ist er nicht mit äußerster Motorenkraft an der »Karantina« des Beiruter Hafens vorbeigerast, um den Kugeln der Scharfschützen zu entkommen, und er ist wohl auch nicht – wachsam wie ein Sioux – in geduckter Haltung über jene »grüne Linie« am Museum gehastet, die die christlichen von den muslimischen Stellungen trennte. Um es ganz klar zu sagen: Die Städte Israels sind weit weniger gefährdet als andere Metropolen. Ich erinnere mich an Algier während der OAS-Unruhen des Jahres 1962, als man in jedem Passanten, der hinter einem dem gleichen Ziel zustrebte, einen potentiellen Mörder vermuten mußte. In Jerusalem und Tel Aviv bin ich mit Eva zu nächtlicher Stunde flaniert, ohne auch eine Spur von Unsicherheit zu empfinden. In Johannesburg und neuerdings auch in Kapstadt würde ich ein solches Wagnis nicht mehr auf mich nehmen.

Ich habe bei den Israeli keine Merkmale kollektiver Hysterie ausmachen können. Aber die Bürger des Judenstaates werden höchst ungern darauf verwiesen, daß die drei jungen Frauen, die dem Selbstmordanschlag eines Palästinensers im Café »Pourquoi pas« zum Opfer fielen, in den internationalen Medien mehr Aufmerksamkeit fanden als zehntausend abgeschlachtete Tadschiken in Zentralasien. Die wenigsten Israeli sind sich wohl bewußt, daß die Autobus-Explosionen von Anfang 1996 und vor allem der Wahnsinns-Anschlag der Hamas in der Ben-Yehuda-Straße im Sommer 1997 – die Terroristen hatten sich zu dritt in die Luft gesprengt, um fünf jüdische Zivilisten mit sich in den Tod zu reißen –, unendlich mehr Anteilnahme und Schlagzeilen bewirkten als das Verenden von 200 000 Hutus im kongolesischen Dschungel. Man wagt es hier gar nicht auszusprechen, daß alles viel schlimmer kommen könnte, wenn einmal ausgebildete Profis des Massenmordes zu Werke gingen und statt selbstgebastelter Minibomben mit abscheulichen Ladungen aus verrosteten Nägeln hochentwickeltes Sprengmaterial zum Einsatz käme, wie das zum Beispiel in Oklahoma-City der Fall war.

*

Die schärfsten Sicherheitsmaßnahmen muß ich vor Betreten des Jerusalemer Amtsgebäudes des Premierministers passieren. Ich bin dort mit David Bar Ilan, einem der engsten Vertrauten Benjamin Netanjahus, verabredet. Sein Gesicht ist vom Bildschirm wohlbekannt. Vor allem über CNN vertritt er regelmäßig in perfektem Amerikanisch eine äußerst unnachgiebige Regierungslinie. Die wiederholte Untersuchung ist peinlich genau. Jeder Gegenstand wird überprüft, und sei es ein Kugelschreiber. Doch das »Filzen« wird mit großer Höflichkeit und lächelnden Entschuldigungen von jungen Polizeibeamtinnen durchgeführt. Weder in Damaskus noch in Beirut, nicht einmal in Bagdad wurde ich je einer so peniblen Kontrolle unterzogen. Der mich begleitende Presse-Attaché der deutschen Botschaft, Christian Heldt, ein bemerkenswerter junger Diplomat, muß die gleiche Prozedur über sich ergehen lassen.

Netanjahu hat wohl guten Grund, auf das Schlimmste gefaßt zu sein. Die Ermordung Itzhak Rabins hat eindeutige Warnzeichen gesetzt, und er selbst muß jederzeit mit der fanatischen Einzeltat eines linksradikalen Gegners oder eines religiösen Zeloten rechnen. Die Haß-Kampagne gegen ihn nimmt in manchen jüdischen Kreisen geradezu neurotische Züge an und übertrifft, so scheint mir, mit ihren persönlichen Verunglimpfungen sogar die Todfeindschaft, die ihm die arabischen Islamisten geschworen haben.

David Bar Ilan ist im lockeren Gespräch ein sehr umgänglicher Mann. Er hat – wie so viele seiner Landsleute – eine vielfältige Karriere hinter sich. Er soll einst als glänzender Pianist aufgetreten sein, war vorübergehend Chefredakteur der »Jerusalem Post«, ehe er sich dem unnachgiebigsten Kurs des Likud-Blocks verschrieb. Ich hatte mir vorgenommen, kein Blatt vor den Mund zu nehmen. Meine Skepsis gegenüber Oslo erwähne ich nicht, um bei ihm Punkte zu sammeln, sondern weil ich auf die Aussichtslosigkeit der Gesamtsituation verweisen will. »Entweder läßt sich Israel auf die utopischen Friedensvorstellungen eines Shimon Peres ein, räumt nicht nur den Golan, sondern auch neunzig Prozent der West-Bank, öffnet die Grenzen des voll souveränen Palästinenserstaates nach allen Seiten und steuert somit dem eigenen Untergang zu«, so sage ich unverblümt, »oder die jetzige Regierung hält an der Aufsplitterung des Palästinensergebietes fest, schnürt alle Zugänge zu diesem autonomen Gebilde ab, verweigert der PLO die letzten Entscheidungsbefugnisse und verurteilt die Araber zu einer würdelosen Existenz in einem orientalischen ›Homeland‹. Auch in diesem Fall entsteht eine unerträgliche Situation, der Konflikt verewigt sich, und Israel wird zunehmend Zielscheibe des internationalen Tadels.«

Bar Ilan widerspricht nicht. Er hat sich auch nicht im geringsten erregt. Offenbar habe ich die reale Fragestellung im Heiligen Land getroffen. Er deutet einige Konzessionsmöglichkeiten an, aber nicht viele. Er stimmt mir zu, als ich auf den Unsinn verweise, daß fünftausend zionistische Siedler im Gaza-Streifen der arabischen Bevölkerungsmasse ein Viertel ihres ohnehin winzigen Territoriums vorenthalten und durch ein völlig disproportioniertes Militäraufgebot geschützt werden müssen. Der Premierminister sei in diesem Punkt wohl ähnlicher Meinung, aber sobald er eine solche Bereinigung vorschlage, würde die Knesset nicht mehr zu halten sein. Schon bei der Implementierung des Hebron Abkommens, das Itzhak Rabin ja noch unterzeichnet hatte, wäre Netanjahu beinahe über eine üble Intrige zu Fall gekommen.

Für eine Golan-Lösung mit den Syrern steht die Situation nicht gut. Die Kontakte zu Damaskus, so habe ich erfahren, sind zwar auch nach der Regierungsübernahme der Konservativen nicht ganz abgebrochen, aber Netanjahu hat sich demonstrativ zum dreißigsten Jahrestag der Eroberung des Golan nach Katzrin begeben, um einer extravagant anmutenden Festlichkeit zu präsidieren. Zu den Klängen des »Schwanensee« wurden riesige Landschaftsbilder dieses umstrittenen Plateaus auf eine Breitwand projiziert. Auf der Bühne traten weißgewandete Tänzerinnen mit flackernden Lichtern zum Ballett auf. Um symbolische Friedensengel konnte es sich dabei schwerlich handeln. Bemerkenswert an dieser Veranstaltung strategischer Beharrung war die Gastpräsenz des Oppositionsführers Ehud Barak, der sich wieder einmal bemühte, das Image eines Verzichtpolitikers gar nicht erst aufkommen zu lassen.

David Bar Ilan, zuständig für »Policy Planning and Communications«, so steht auf seiner Visitenkarte, verheimlicht die Sorge nicht, die ihm die zunehmende Schlagkraft der Hizbullah im südlibanesischen Besatzungsstreifen bereitet. Die Reichweite der Katjuschas dieser Partisanen sei inzwischen von 22 auf 40 Kilometer gesteigert worden, so erfuhr ich in Tel Aviv, und damit könnten die Schiiten des Scheikh Nasrallah bis nach Haifa schießen. Sollte Netanjahu sich gezwungen sehen, radikale Gegenmaßnahmen zu treffen, so käme eine Wiederholung des Bombardements wie »Trauben des Zorns« oder ein Vormarsch Zahals ins libanesische Hinterland, bis etwa zum Litani, nicht in Frage, betont Bar Ilan. Welche anderen Maßnahmen getroffen werden könnten, gibt er nicht preis. Mit allem Nachdruck besteht er auf der Beibehaltung einer uneingeschränkten israelischen Militärkontrolle längs der Jordan-Grenze. Die paramilitärische Truppe Yassir Arafats beziffert er auf 45 000 Mann, weit mehr als das Abkommen von Taba vorsieht, und angeblich verfügen sie über Granatwerfer und panzerbrechende Waffen. Die westlichen Militärbeobachter in Tel Aviv haben errechnet, daß die Israel Defense Forces sieben Divisionen aufbieten und blutige Häuserkämpfe in Kauf nehmen müßten, falls sie eines Tages zur Rückeroberung der cis-jordanischen Städte der A-Zone ausholen wollten, die der vollen Autorität Arafats unterstehen. Dem Rais der Palestinian Authority traut Bar Ilan ohnehin nicht über den Weg, und in Scheikh Yassin sieht er einen Fundamentalisten von echtem Schrot und Korn. Nebenbei gibt der Präsidentenberater zu erkennen, daß er sich im arabischen und im koranischen Recht einigermaßen auskennt.

»Warum versteift sich Ihr Premierminister bei seinen Auftritten in Amerika so unermüdlich auf das Thema der Sicherheit und des Terrorismus?« frage ich; »er muß doch wissen, daß Arafat – selbst bei bestem Willen und ehrlicher Bemühung – nicht in der Lage ist, die jugendlichen Fanatiker, die verblendeten Selbstmordkandidaten präventiv auszuschalten.« David Bar Ilan stimmt mir zu. »Wir haben immer mit dem Terrorismus gelebt, und wir werden in Israel immer mit dem Terrorismus leben müssen. Damit haben wir uns abgefunden.« Das sei tatsächlich nicht das Hauptproblem. Der Regierungschef wisse sehr wohl, daß eines Tages Unheil ganz anderen Ausmaßes über seine Landsleute hereinbrechen könnte. Deshalb werde es zum Beispiel keine unkontrollierte Nutzung des Hafens oder des Flugplatzes von Gaza durch die Palästinenser geben. Die israelische Aufsicht dort sei absolut unverzichtbar.

Wir reden summarisch auch über Teheran und Bagdad. Die Russen würden behaupten, so Bar Ilan, die politischen Verhältnisse in Iran hätten sich mit der Wahl Mohammed Khatamis zum Staatschef gründlich geändert, und was den Irak betrifft, so bleibe Saddam Hussein total unberechenbar. Ich komme zum entscheidenden Punkt. »Bis zu welchem Grad wird sich der amerikanische Druck auf die israelische Regierung verstärken, um die von Washington gewünschten Konzessionen an die Palästinenser zu erzwingen?« – Der Vertreter Netanjahus lächelt verschmitzt: »Meinen Sie, daß die US Marines in Tel Aviv landen werden?«

*

Ramallah, im November 1997

Beim Portier des »American Colony« in Ost-Jerusalem habe ich ein Taxi mit arabischem Fahrer gemietet. Nuri ist ein jovialer, mitteilsamer Mann. Ich lasse mich nach Ramallah fahren, wo das palästinensische Parlament tagt und wohin demnächst auch die deutsche Vertretung aus Jericho umziehen wird. Unter den Städten der A-Zone ist Ramallah weitaus am besten dran. Viele seiner Einwohner sind nach Amerika emigriert und schicken Geld an ihre Familien. Manche Palästinenser, die nach dem Golfkrieg aus Saudi-Arabien und den Emiraten der Piratenküste vertrieben wurden, haben sich hier niedergelassen und ihre Ersparnisse investiert. Der relative Wohlstand spiegelt sich im dichten Käufergewimmel der Altstadt und in den neuen Villenvierteln, die auf den umliegenden Höhen entstehen. Ramallah scheint in einem ganz anderen Land zu liegen als die Küstenstadt Gaza.

Der Fahrer Nuri blickt dennoch sorgenvoll in die Zukunft. Ich spreche ihn auf den Gesundheitszustand Arafats an. »Unser Präsident ist schwer verwundet«, lautet seine Antwort; »er ist von zwei Kugeln in den Kopf getroffen worden. Die eine wurde von den Israeli abgefeuert, die andere von seiner palästinensischen Umgebung. Arafat droht zu sterben an der jüdischen Unnachgiebigkeit und an der Geldgier seiner eigenen Landsleute.« Das ist sehr orientalisch und blumig, aber sehr zutreffend ausgedrückt. Nuri ereifert sich über die Bestechlichkeit und über die rüden Polizeimethoden der neuen arabischen Autonomie-Behörden. Sie seien in mancher Hinsicht schlimmer als die frühere israelische Verwaltung. »Für Arafat gibt es keinen Nachfolger«, beklagt sich der Chauffeur, der offenbar kein Fundamentalist ist. »Hamas gewinnt bei den Leuten an Einfluß, und wir sind alle völlig ratlos. Die jüdischen Siedlungen fressen immer mehr von unserem Land auf. Es wird demnächst Krieg geben im Irak, und Saddam Hussein weckt viele Hoffnungen, seit er sich den Amerikanern in den Weg stellt. Aber die wirkliche Gegenkraft ist die Islamische Republik Iran mit ihren Geheimwaffen, mit ihrem wachsenden Atompotential«, meint Nuri.

Dabei ist seit meinem letzten Besuch zur Osterzeit doch eine merkliche, wenn auch prekäre Beruhigung eingekehrt im Heiligen Land. Die israelischen Kontrollen in Judäa und Samaria sind weniger streng. Die »neue Intifada« ist scheinbar sang- und klanglos zu Ende gegangen. Wenn jetzt noch Steine fliegen, dann toben gerade einmal ein paar palästinensische Schüler nach Ende des Unterrichts ihren jugendlichen Frust aus. Es ist auch nicht mehr üblich, an der Windschutzscheibe ein Keffiyeh oder eine Palästinenserfahne zu befestigen, wenn es durch rein arabisches Gebiet geht. Die Lage in Palästina ist aussichtslos, aber banal. Es herrscht weder Entspannung noch Gelassenheit. Von Frieden ist nicht mehr die Rede. Ein lähmender Zustand der Verzweiflung hat sich der West-Bank bemächtigt. Der Karren des Oslo-Abkommens ist so heillos festgefahren, daß dessen Gegner es momentan wohl gar nicht für nötig befinden, neue Feuer zu zündeln, neue Gewalt anzufachen. Für die Saboteure des Friedensprozesses ist die Situation perfekt. Sie werden erst wieder in Aktion treten, falls sich eine reale Wende zum Besseren abzeichnen sollte, die Oslo-Verhandlungen wieder in Gang kämen oder, falls im weiteren Umfeld, etwa im Irak, die Gewitterwolken eines internationalen Konfliktes aufziehen. Im Algerien-Krieg bezeichneten die französischen Offiziere des Deuxième Bureau diesen Schwebezustand einst als »pourrissement«. Zur Stunde will niemand einen Felsbrocken in das faulige Wasser werfen. Die Katastrophe, so meinen die Palästinenser, sei ohnehin vorprogrammiert. Warum sie noch beschleunigen?

Schlemihl und Golem

Jerusalem im November 1997

Hat Israel aufgehört, ein Schmelztiegel für seine disparaten Einwohner der diversen Wellen der Aliya zu sein? Statt eines »melting pot«, so schreibt der Politologe David Ben Simon, habe man es in Wirklichkeit mit einer Föderation von Stämmen zu tun, die wenig Gemeinsamkeit besäßen. Andererseits spüren die meisten in Israel lebenden Ausländer, daß bei aller Freundschaft und gegenseitiger Sympathie, die zwischen Juden und »Gentiles« oder »Gojim« aufkommen mag, am Ende stets eine unüberwindliche psychologische Schranke bestehenbleibt. Wie problematisch es um den Judenstaat bestellt ist, läßt sich an gewissen Armeebefehlen ablesen. So durfte die Ehrengarde für Netanjahu aus Sicherheitsgründen bei feierlichen Anlässen keine Magazine in ihren Gewehren führen. Die Order ist inzwischen rückgängig gemacht worden. Die Soldaten werden auch aufgefordert, keine Tränen vor laufender Kamera zu vergießen, wenn es an der Nordgrenze zu Verlusten kommt, sich auch dann nicht in Schmerz zu umarmen, wenn engste Freunde den Tod fanden. Es hätten sich ohnehin schon genügend pazifistische Gruppen gebildet, jene »Mütter von Galiläa« zum Beispiel, die die bedingungslose Räumung des südlibanesischen Sicherheits-Schlauches durch Zahal verlangen. Diese Frauen haben aktive parlamentarische Unterstützung bei Jossi Beilin gefunden.

Zu diesen defätistischen Symptomen paßt ein Buch, das unter dem Namen »Rubber Bullets – Gummigeschosse« auch in englischer Übersetzung erschienen ist. Der Autor Yaron Ezrahi ist in Israel geboren, hat seinen Militärdienst geleistet, war überzeugter Zionist. Sein Vater hat sich um das Entstehen der hebräischen Umgangssprache verdient gemacht. Wie so manch jüdischer Intellektuelle ist Yaron

Ezrahi dem Zweifel an seiner nationalen und religiösen Identität verfallen. Mit bester Absicht und in lauterer Überzeugung rüttelt er an den Grundpfeilern seiner eigenen Existenz. So geht er mit dem ehemaligen Regierungschef Itzhak Shamir ins Gericht, weil dieser erklärte, daß »Israel nicht fähig ist, auf lange Zeit zu überleben wie irgendein anderer Staat, wenn es sich lediglich auf das Wohlergehen seiner Bürger konzentrieren würde«.

Yaron Ezrahi greift auf zwei mythische Gestalten der Ghetto-Vergangenheit zurück, um die Bewußtseinsspaltung der Gegenwart zu deuten. Da ist auf der einen Seite der verschmitzte, geschmeidige und wortgewandte »Schlemihl«, der sich der Bedrohung durch die Gojim in scheinbarer Unterwürfigkeit zu entwinden versteht, eine Figur, die auf der Bühne auf höchst sympathische Weise durch »Jacobowsky und der Oberst« dargestellt wurde. Auf der anderen Seite steht der »Golem«, eine Frankenstein-Schöpfung, das Produkt weiser Rabbis und ihrer kabbalistischen Magie. Dieser artifizielle Gigant war laut Ezrahi die Emanation einer heimlichen jüdischen Sehnsucht, nach der endlosen Epoche wehrloser Diaspora eines Tages auf magische Weise den Schlüssel zur Gewaltausübung gegen die fremdgläubigen Peiniger zurückzugewinnen, ja mit Hilfe dieses sakralen Ungeheuers den Weg frei zu machen für die Ankunft des Messias. Der schlaue Schlemihl und der Meister der Kabbala, dessen Beschwörung einen künstlichen Riesen kreiert – in diesen beiden Bezugspersonen manifestiere sich der tiefverwurzelte jüdische Glaube an die Überlegenheit, an den unvermeidlichen Sieg des Wortes und der Sprache über die plumpe physische Gewalt. »In principio erat Verbum«, so beginnt ja auch das Evangelium des Apostels Johannes. Die Absage an den Zionismus, der – Yaron Ezrahi zufolge – die biblische Geschichte durch ein »Totem« ersetzt habe, kann nicht deutlicher sein.

Es lohnte sich nicht, auf solche mißgelaunte Spekulation enttäuschter Intellektueller einzugehen, wenn die Hinwendung zur Kabbala im politischen Leben Israels nicht eine wachsende Bedeutung gewonnen hätte. Während des Golfkrieges, als irakische Raketen über Tel Aviv niedergingen, versammelten sich Gruppen von Haredim, stellten anhand der religiösen Texte magische Kombinationen von Buchstaben und Zahlen her, um den Kräften des Bösen zu begegnen. Der Name Saddam Husseins wurde auf Zettel geschrieben und verbrannt. Diese Rückwendung zur mystischen Zauberkraft bleibt nicht auf die Ultra-Orthodoxen beschränkt. Es werden höchst säkular auftretende Politiker genannt, die sich Ratschläge, ja Voraussagen bei den Meistern der »Schwarzen Kunst« einholen.

Seit der Ermordung Itzhak Rabins und dem Machtantritt Benjamin Netanjahus befindet sich Israel in einem »Kalten Bürgerkrieg«, stellt die linksliberale Zeitung »Haaretz« fest. Eine Umfrage hat ergeben, daß 27 Prozent aller Schüler und Studenten der religiösen Universität Bar Ilan die Wahnsinnstat ihres Kommilitonen Yigal Amir gutheißen oder verstehen. Amir hatte übrigens in der Golan-Brigade, einer Elite-Einheit Zahals, seinen Wehrdienst abgeleistet, und es ist wenig bekannt, daß sich spezielle Militäreinheiten von jungen Orthodoxen gebildet haben, die »Hesder Yeshivot«, die sich durch ihre Einsatzbereitschaft auszeichnen. Das orientalische Klima der Verschwörung hat den Judenstaat voll erfaßt. Die Öffentlichkeit hat sprachlos zur Kenntnis genommen, daß der Rabin-Mörder mit einem gewissen Avishai Raviv befreundet war, der unter dem Codenamen »Champagner« vom Geheimdienst Shabak in die rechtsextremistische, gewalttätige Szene eingeschleust wurde, um deren Pläne auszuspähen. Raviv war über die Absicht Yigal Amirs voll informiert, habe dieses Wissen jedoch nicht an seine Vorgesetzten weitergegeben. Er hat sich auch als »agent provocateur« betätigt und auf unbewaffnete Araber geschossen. Das Gerücht wurde kolportiert und nicht glaubhaft widerlegt, daß auf dem Höhepunkt der Likud-Kampagne gegen Oslo jene infame Darstellung, die Rabin in SS-Uniform zeigte, von einem Shabak-Agenten, dessen Führungsoffizier der Arbeiterpartei nahestand, hochgehalten wurde, um Netanjahu und dessen Gefolgschaft zu diskreditieren. Jedesmal, wenn ich meine Meckenheimer »Enthüllungen« über das Komplott zwischen Netanjahu und König Hussein erzähle, das zur Befreiung Scheikh Yassins führte, bin ich auf entschiedenen Widerspruch und totale Ungläubigkeit gestoßen. Aber wer traut schon wem in dieser Atmosphäre politischer Verkrampfung, wo es noch zu den harmlosesten Gehässigkeiten zählt, Frau Netanjahu als »Miss Piggy« zu bezeichnen? Hatte nicht eine junge Jüdin aus Rußland, Natascha Susskind, auf ihren Flugblättern den Propheten Mohammed als Koran-lesendes Schwein dargestellt?

*

In einem freundlichen Restaurant – einer Art Biergarten – in West-Jerusalem, wo vorzüglich gewürztes Roastbeef serviert wird, bin ich mit Shimon Schiffer, dem Chef-Korrespondenten der einflußreichen

Zeitung »Yedioth Ahronoth«, verabredet. Er zählt zu den besten Federn der israelischen Presse und hat manchen Skandal aufgedeckt. Der gebürtige Ungar ist von entwaffnender Offenheit. »Den Begriff Fairness gibt es für israelische Journalisten nicht«, erklärt er freiweg; »dafür hatten wir noch unlängst einen Beweis. Netanjahu hatte die angesehensten Publizisten eingeladen, um sie zu bitten, mit ihrer Berichterstattung über das Attentat gegen den Hamas-Führer Khaled Meshal in Amman nur 48 Stunden zu warten, bis sich die beiden inhaftierten Mossad-Agenten auf freiem Fuß befänden. Niemand hat sich daran gehalten.« In Schiffers Blatt ist auch die angebliche Äußerung Roman Herzogs über die »Scheißpolitik der Regierung Netanjahu« publiziert worden. Früher hätte eine solche Äußerung aus höchstem deutschem Munde einen kollektiven Sturm der Empörung in Israel ausgelöst, aber inzwischen sind die Links-Intellektuellen des Judenstaates so weit, daß sie dem verhaßten Bibi jede Demütigung gönnen.

Bei all diesen Kontakten dreht man sich schnell im Kreise. »Jawohl«, meint Shimon Schiffer, »der Golan sollte an die Syrer zurückgegeben werden, und sogar Netanjahu könnte sich eventuell dazu bereit finden, aber Hafez-el-Assad sollte bei der Übergabezeremonie zumindest ein freundliches, konziliantes Lächeln aufsetzen. Wenigstens das.« Doch vielleicht ist das wirklich zuviel verlangt vom alawitischen Löwen in Damaskus. Wir stimmen schnell überein, daß die offizielle Manie gewisser Jerusalemer Behörden, statt von einem »Palestinian state« von einer »Palestinian entity« zu sprechen, ebenso töricht klingt wie die frühere arabische Formel von der »zionist entity«. Im Urteil Shimon Schiffers erscheint Netanjahu als Dummkopf, und Shimon Peres hat jeden Sinn für die Realitäten verloren.

Viel interessanter als die Frage nach den kümmerlichen Resten, die von Oslo noch übrigblieben und die auch die resolute Mrs. Albright nicht mehr mit Leben erfüllen könne, sei doch die Diskussion über die Nachfolge des sichtlich erschlafften Yassir Arafat. »Vielleicht existiert noch eine Chance«, sinniert der Redakteur von »Yedioth Ahronoth«, »auf die heimgekehrten Exilveteranen der PLO aus Tunis kann man verzichten. Aber da ist eine ganze Generation von Palästinensern, die lange Jahre in israelischen Gefängnissen verbracht haben. Bei allem Leid, das sie dort erlitten, haben sie oft ein enges Verhältnis zu ihren Wächtern gefunden; sie haben die Juden kennengelernt. Und manchmal ist sogar ein Vertrauensverhältnis entstanden; eventuell sollten unter diesen ›prison inmates‹ unsere Gesprächspartner von morgen gesucht werden.« Anläßlich der Besetzung der deutschen Botschaft in Schweden durch RAF-Terroristen im Jahr 1975 hatte man eine verblüffende und spontane Solidarisierung der geschundenen Geiseln mit ihren Geiselnehmern als sogenanntes »Stockholm-Syndrom« definiert. Auf eine solche psychische Verwirrung ließe sich auf Dauer ja wohl kein friedliches Einvernehmen zwischen verfeindeten Völkern gründen, wage ich einzuwenden.

An den verschiedensten Orten habe ich meine Recherchen fortgeführt. Einmal war es das Habimah-Café von Tel Aviv im Theater gleichen Namens, wo ich Alon Pinkas treffe, einen blonden, blauäugigen Sportsmann, der als außenpolitischer Berater Ehud Baraks gilt. Faszinierend an den Repräsentanten der israelischen Führungsschicht ist ihre vielfältige Begabung: Die meisten haben als Offiziere in Elite-Einheiten gekämpft, sind wissenschaftlich hoch qualifiziert, waren als Diplomaten oder Politiker tätig und haben fast alle irgendwann eine nachrichtendienstliche Funktion ausgeübt. Im Habimah-Café wird Torte mit Schlagsahne serviert, und die alten Damen wirken sehr mitteleuropäisch. Eine etwas muffige Wiener Caféhaus-Atmosphäre hat sich hier erhalten, oder ist es eine mediterrane Replik des Café Kranzler in Berlin? Der robuste Pinkas kann mir keine Erleuchtung über die tatsächlichen Absichten des neuen Generalsekretärs der Avoda vermitteln. »Ehud Barak ist daran gelegen, eine klare Trennung zwischen Juden und Palästinensern vorzunehmen«, erklärt er etwas resigniert; »er muß der Tatsache Rechnung tragen, daß die Leute hier keine Araber mehr auf ihren Straßen sehen wollen.« So räsoniert man heute in der Partei des abgewählten »Visionärs« Shimon Peres, der nach dem Abschluß von Oslo den ganzen Orient in eine gemeinsame Wohlstandssphäre, in eine Wunschwelt brüderlicher Eintracht verwandeln wollte.

Pauschal gesehen – das gilt im Rückblick wohl auch für Rabin – gibt es Punkte, die diskussionsfähig sind, ja weitgehende Konzessionen nicht ausschließen, und andere Streitfragen, in denen jedes Zugeständnis von vornherein blockiert ist. Zu den »non-essentials«, über die verhandelt werden kann, zählen: die israelische Präsenz auf dem Golan; die Okkupation des südlibanesischen Grenzgebiets; der Verbleib jüdischer Siedlungen im Gaza-Streifen und in besonders exponierten Außenpositionen auf der West-Bank; die Proklamation eines Palästinenserstaates; der Bau einer kontrollierten Direktverbindung zwischen Gaza und Hebron; die Abtretung von dreißig bis sechzig

Prozent des West-Jordan-Landes an die palästinensischen Behörden; eventuell sogar die Installation eines palästinensischen Regierungsviertels am Rande Ost-Jerusalems.

Außerhalb jeden Kompromisses jedoch stehen folgende »essentials«: die hermetische Abschirmung des palästinensischen Rumpfstaates nach außen durch israelische Polizei und Armee; die unbeschränkte Kontrolle Zahals über das westliche Jordan-Ufer; die massive Ausweitung des jüdischen Staatsgebiets rund um Jerusalem, längs der Verbindungsstrecke nach Hebron und im westlichen Samaria; jede Diskussion über die Rückkehr der arabischen Flüchtlinge; der Verzicht der paramilitärischen Einheiten der PLO auf schwere Waffen; der freie, militärisch abgesicherte Zugang zu den jüdischen Siedlungen der West-Bank; die Unantastbarkeit der israelischen Nuklear-Streitmacht; last not least, der ungeschmälerte Anspruch auf Jerusalem als ungeteilte und ewige Hauptstadt Israels. Ich überlasse es dem Leser, die Konsequenz aus dieser Gegenüberstellung zu ziehen.

*

Am Eingang des »Dan«-Hotels bin ich vor einem Geschäft mit den Exponaten des Jerusalemer Künstlers Sam Philipe stehengeblieben. In Gold und Silber stellt er Szenen der mosaischen und der christlichen Mythologie dar. Mir fällt die Illustration eines Jesaja-Verses auf, die aus Anlaß des Friedensabschlusses zwischen Israel und Jordanien im Jahr 1994 entworfen wurde. »Da werden die Wölfe bei den Lämmern weiden ... Ein Kind wird Kälber und Löwen hüten«, so etwa lautet die Friedens-Allegorie des Propheten. Auf schwarzem Basalt aus Galiläa kauert ein mächtiger goldener Löwe – es muß sich um den Löwen von Juda handeln – vor einem zierlichen, silbernen Lamm. Ich kann mir nicht vorstellen, daß König Hussein Gefallen an dieser Symbolik gefunden hat, und sage das der Ladenbesitzerin. Die Französisch sprechende Jüdin, die von der griechischen Insel Lesbos stammt und in ihrer Jugend eine bildschöne Frau gewesen sein muß, verwickelt mich in eine Konversation, wobei die Politik – wie könnte es in Israel anders sein – schnell in den Mittelpunkt rückt. »Welche Lösung sehen Sie denn für die derzeitige Krise?« frage ich. »Une solution?« lacht sie, »eine Lösung? Was ist das für ein Begriff? Wir sephardischen Juden haben nach unserer Vertreibung aus Spanien jahrhundertelang unter der Willkür und der nachlässigen Toleranz der türkischen Sultane gelebt. Unsere Landsleute, die aus Deutschland, aus Polen oder Rußland zugewandert sind, die wollen immer Lösungen. Aber es ist das Schicksal dieses Landes, daß es ohne verbriefte Garantien leben muß. Hier im Orient gibt es keine Lösungen für Probleme. Es gibt nur Machtverhältnisse, und die verschieben sich von Zeit zu Zeit.« Ich habe die biblische Darstellung als Souvenir gekauft.

Gedämpfte Mitteilsamkeit habe ich bei den Israel Defense Forces vorgefunden. Mit Botschafter Lubrani, der zu Zeiten des Schah die Regierung von Jerusalem in Teheran vertrat und jetzt für Fragen des Libanon im Verteidigungsministerium zuständig ist, habe ich in seinem kargen Büro eine relativ unbefriedigende Tour d'horizon angestellt. Man merkt diesem rauhen, energischen Zionisten vom soliden, alten Schlag an, wie sehr ihn die derzeitigen Querelen seines Volkes irritieren. Mit Entschiedenheit spricht er sich gegen die Räumung der südlibanesischen Pufferzone aus und wünscht, daß möglichst viele syrische Soldaten nach Beirut und Umgebung entsandt würden, denn jede kriegerische Disziplin komme ihnen dort abhanden. An eine politische Wende in Iran will er trotz der Wahl des neuen, »gemäßigten« Staatspräsidenten Mohammed Khatami nicht glauben. »Die wirkliche Macht liegt weiterhin beim höchsten geistlichen Führer Ayatollah Ali Khamenei, und Khatami ist ein freundliches Aushängeschild«, nimmt er an.

Was nun den unmittelbaren Nachbarn Syrien angeht, so vertritt Lubrani die Meinung, Hafez-el-Assad gehe es heute vor allem um sein Bild in der Geschichte und weit weniger um konkrete Vereinbarungen mit Israel, die ihm nachträglich als Preisgabe gesamtarabischer Interessen angelastet werden könnten. Die israelische Armeeführung gelangt offenbar zu der schmerzlichen Erkenntnis, daß sie im Nahen Osten kein »central player« mehr ist, daß ihre Manövrier-Marge schrumpft und daß sie auf die jüngste bedrohliche Spannung, die sich zwischen Bagdad und Washington abzeichnet, geringen Einfluß ausübt. Mit Mißvergnügen wird hier ebenfalls vermerkt, daß die Siedlergruppen der West-Bank sich mit Maschinengewehren und Granatwerfern ausrüsten oder daß die Beduinen des Negev, die Zahal häufig als Fährtensucher in der Wüste verwendete, durch Boden-Enteignung ins feindliche Lager getrieben werden.

*

Jaffa, im November 1997

Ein Zufall hat es gefügt, daß Christian Heldt, der deutsche Pressereferent, und seine blonde belgische Frau ein Haus in Jaffa gemietet haben, das ich besonders schätze. Im Juni 1993 war ich dort bei einem anderen deutschen Diplomaten zu Gast. Wir hatten ausgiebig in Gesellschaft des damaligen Botschafters in Ägypten, Heinz Fiedler, über die Haltung diskutiert, die das verstörte Abendland angesichts der um sich greifenden islamistischen Revolutionswelle einnehmen sollte. »Dialogue and containment« hieß unser Rezept – Zwiegespräch und Eindämmung. Doch zum offenen, befreienden Dialog besaßen die Europäer, insbesondere die Deutschen, wohl schon nicht die nötige Gelassenheit, wie der klägliche Verlauf der Mykonos-Affäre beweisen sollte. Was nun die »Eindämmung« betreffe, ein Begriff, der allen modischen Vorstellungen von »political correctness« zuwiderläuft, so war es ja gar nicht das kraftvolle, aber wirre Aufbegehren des islamischen Fundamentalismus, das den Boden für konvulsive Erschütterungen zwischen Algier und Paris, zwischen Berlin und Istanbul vorbereitete. Die Gefahr resultierte aus dem mangelnden Selbstbehauptungswillen des Okzidents – von Christenheit konnte längst nicht mehr die Rede sein –, aus der hedonistischen Willfährigkeit einer wehleidigen Anspruchsgesellschaft, gepaart mit der morbiden Selbstbespiegelung ihrer müden Intelligenzija.

An diesem warmen Novemberabend 1997 treten wir wieder auf die Terrasse des stilvollen Gebäudes aus osmanischer Zeit. Der Oberaufseher der türkischen Zollverwaltung hatte hier gewohnt, und ein Hauch romantischen Orients ist unter den Rundungen und Holztäfelungen erhalten geblieben. In der Ferne leuchten die Strandfassaden von Tel Aviv. Über dem Meer erhebt sich die Silhouette des alten Jaffa, die mir so vertraut vorkommt. Die zeitgenössische Kopie eines Gemäldes des Baron Antoine Gros, der den jungen Revolutionsgeneral Bonaparte auf seinem Feldzug in der Levante begleitet hatte, hängt nämlich über meinem heimischen Schreibtisch. Die Szene ist bekannt, denn das Original ist im Louvre ausgestellt. Sie stellt »Napoleon und die Pestkranken von Jaffa« dar. Ohne Furcht vor Ansteckung hatte sich der Korse, so seine Hagiographen, zu seinen verseuchten Soldaten gesellt und ihre eiternden Geschwüre mit der bloßen Hand berührt. Im Hintergrund des Bildes tauchen die Häuserzeilen, die Festungszinnen, ein Minarett von Jaffa auf, und ich bilde mir ein, es hätte sich gar nicht so viel verändert.

Es sind mehrere israelische Journalisten zum Diner gekommen. Wir unterhalten uns auf deutsch, englisch und französisch. Die Kollegen gehören unterschiedlichen Zeitungen und Rundfunkstationen an, zeichnen sich durch ein professionelles Niveau aus, das in der Bundesrepublik selten geworden ist. Unter ihnen befindet sich Gad Shimron, der zu dem Buch Udo Ulfkottes das Kapitel über die »Zusammenarbeit zwischen BND und Mossad« beigesteuert hat. Es ist eine heitere Runde, in der die ernsten, die tragischen Themen der Stunde nach Kräften ausgespart werden. Nur in einem Punkt finden sie alle zusammen, in ihrer Abneigung gegen Benjamin Netanjahu. Unser Geplauder wird durch das Rotorengeräusch von Hubschraubern übertönt. »Wenn die Helikopter von ihrem südlich von Jaffa gelegenen Stützpunkt nächtens gen Norden fliegen, dann hat meistens ein Zusammenstoß mit der Hizbullah im Süd-Libanon stattgefunden«, erklärt Christian Heldt.

Die israelischen Gäste sind bereits aufgebrochen. Während ich auf ein Taxi warte, verweile ich mit dem Hausherrn und seiner Frau im Freien. Unvermeidlich kommt das Gespräch auf die »Campagne d'Egypte«, die vor genau 200 Jahren eingeleitet wurde und die Jacques Chirac gern mit einer feierlichen »Commémoration« in Kairo begangen hätte. Daran ist natürlich im gegenwärtigen Zustand Ägyptens nicht zu denken. Dennoch sollte man sich erinnern.

Die ägyptische Kampagne Bonapartes im Jahr 1798 war eine Schicksalswende für den gesamten Orient. Mit der Landung der Soldaten der französischen Revolution und der sie begleitenden Wissenschaftler war die erstarrte Ordnung des modrigen islamischen Gottesstaates zerbrochen. Napoleon, der eine Zeitlang mit dem Gedanken gespielt hatte, selbst zum Islam überzutreten, und der seine Erlasse an die Nil-Bevölkerung mit der rituellen Formel »bismillah rahman rahim« begann, trat auch in diesem exotischen Rahmen wie jener »Weltgeist zu Pferde« auf, als den ihn Hegel beschrieben hat. Mochte die abenteuerliche Expedition nach der vergeblichen Belagerung Akkos, wo fünf Jahrhunderte zuvor die Kreuzritter ihre letzte Bastion im Heiligen Land geräumt hatten, ergebnislos abgebrochen worden sein, das Rad der Geschichte hatte sich gedreht. Ein Hauch von Aufklärung und Rationalität war aufgekommen. Dem ägyptischen Vizekönig Mehmet Ali, einem ehemaligen Tabakhändler albanischer Herkunft, blieb es vorbehalten, den ersten halbwegs modernen Staat des Maschreq zu gründen. Über die »Nahda«, die arabische Wiedergeburt im späten neunzehnten Jahrhundert, bis hin zur nationalistischen und laizistischen Revolution des türkischen Kemalismus, ja bis zur sozialistischen Baath-Ideologie, zu der sich die tödlichen Rivalen Hafez-el-Assad und – bis zuletzt – Saddam Hussein bekannten, hat diese Initialzündung fortgewirkt. Dieser Prozeß der Verwestlichung und Säkularisierung ist heute nicht nur zum Stillstand gekommen, er wurde radikal zurückgeschraubt, und es hatte zumindest symbolische Bedeutung, daß Saddam Hussein, der sich in den achtziger Jahren als Bollwerk gegen den aus Persien vordringenden islamischen Fundamentalismus darstellte, im zweiten Golfkrieg eine spektakuläre Hinwendung zur koranischen Gläubigkeit vollzog, den Kampfruf »Allahu akbar« auf die irakische Fahne schrieb und die gesamte Umma zum Heiligen Krieg gegen die Amerikaner aufrief.

»Zweihundert Jahre nach der Schlacht an den Pyramiden«, so schrieb ich im Sommer 1993 in mein Tagebuch, »klingt der Anspruch der amerikanischen Präsidentschaft, eine ›neue Friedensordnung‹, eine global kontrollierte Harmonie zu schaffen, wie eine schöne Utopie für die einen, wie eine unerträgliche Anmaßung für die anderen. Statt der universalen Ausweitung von pluralistischer Demokratie und liberaler Marktwirtschaft, womit angeblich ›das Ende der Geschichte‹ erreicht sei, drängen sich bereits die neuen Despotien nach vorn, und es erwachen die alten Mythen.« Im Sommer 1993 kannte kaum jemand den Harvard-Professor Samuel Huntington, und seine Studie über den »Clash of Civilizations« – den Zusammenprall der Kulturen, war noch nicht erschienen.

Der gelähmte Erwecker

Gaza, im November 1997

Sabbat-Morgen in Tel Aviv. Es sind nur wenige Menschen und Autos auf den Straßen, aber an einem Sonntag in Europa geht es nicht anders zu. Ich entdecke ein paar Müllmänner, die Abfall wegräumen und Blätter zusammenkehren. »Arbeitet denn die Stadtverwaltung am Tag der gesetzlichen Ruhe?« frage ich den israelischen Taxifahrer. »Das sind doch Araber, das sind Muslime«, lautet die Antwort; »wir sind dabei, diese Hilfskräfte durch andere Ausländer zu ersetzen, durch Filipinos und vor allem Rumänen.« Ich habe den jüdischen Ruhetag ausgewählt, um in das Autonome Gebiet von Gaza zu fahren. Dieses Mal habe ich Abdallah Frangi nicht benachrichtigen können, und vielleicht ist das besser so. Ich habe eine Verabredung mit Scheikh Ahmed Yassin, dem Führer der Hamas, vereinbart, und das dürfte dem Fatah-Flügel Arafats nicht sonderlich behagen.

Der Chauffeur aus Tel Aviv setzt mich am Kontrollposten Erez ab. Bis auf ein paar palästinensische Familien, die vor dem engen Durchlaß warten, ist die riesige asphaltierte Parkfläche menschenleer. Eine ungepflegte und ungastliche Zwischenzone ist hier entstanden. Weder eine Sitzbank noch eine Imbißstube lädt zum Verweilen ein. Mir bleibt nichts anderes übrig, als mich auf den Boden zu kauern und auf Ahmed Mashal zu warten, einen palästinensischen Free-lance-Journalisten, der einen österreichischen Paß besitzt und mir durch den ZDF-Korrespondenten Dietmar Schulz kollegial vermittelt wurde. Beinahe hätten wir uns verpaßt, denn Ahmed Mashal, der rechtzeitig zur Stelle war, hatte nicht erwartet, daß ich mich – ungeachtet des Schmutzes – auf dem Boden ausstrecken würde. Er hatte mich für einen Araber gehalten. Ahmed ist fast elegant gekleidet, spricht neben Arabisch und Deutsch auch fließend Hebräisch und könnte ohne weiteres für einen Israeli durchgehen. Der Grenzübertritt vollzieht sich noch problemloser als beim letzten Gaza-Trip vor sechs Monaten.

Wir mieten ein arabisches Taxi jenseits der Kontrolle und rollen auf das Stadtzentrum zu. »Schauen Sie sich die neue Skyline von Gaza an«, fordert Ahmed mich auf. »Jetzt schießen die Hochhäuser aus dem Boden. Unter der israelischen Besatzung durften höchstens Drei-Etagen-Bauten errichtet werden.« Tatsächlich hat sich viel verändert seit dem Frühjahr. Europäische, vor allem deutsche Hilfsorganisationen bessern das Straßennetz aus und sind vor allem mit der Anlage eines modernen Abwassersystems beschäftigt. Wir erreichen den zentralen Platz Meidan Filistin, der sich mit weißem Mauerverputz und Blumenbeeten zu seinem Vorteil gewandelt hat. Die unzähligen Plakate mit dem Kopf Yassir Arafats und auch die Girlanden mit palästinensischen Fähnchen sind fast verschwunden. »Das ist ein Zeichen von Normalisierung«, erklärt mein Begleiter, »man kann nicht auf Dauer in Hochstimmung sein.«

Da wir die Erez-Sperre schneller passiert haben als erwartet, bleibt uns Zeit für eine Rundfahrt. Zunächst wenden wir uns dem neuen Privilegierten-Viertel »Rimal« zu, das am Strand liegt. Da fallen tatsächlich Villen, fast Paläste ins Auge, die dem Elend der Bevölkerungsmasse im Gaza-Streifen hohnsprechen. Besonders protzig, geradezu herausfordernd, präsentiert sich die Privatresidenz Abu Mazens, der mit wirklichem Namen Mahmud Abbas heißt und als Generalsekretär der PLO das Vertrauen Yassir Arafats genießen soll. Gleich nebenan ist das prächtige Haus von Umm Dschihad, der Witwe des 1988 in Tunis von den Israeli erschossenen Palästinenser-Veteranen, fast vollendet. Der Zugang zum Hauptquartier des Präsidenten der Autonomie-Behörde ist heute besonders scharf abgeriegelt. Ich zähle sechs Panzerspähwagen älteren Datums. Eine Vielzahl von Bewaffneten in Tarnuniform wirken wie Soldaten einer regulären Armee.

Der Gesundheitszustand Arafats ist permanentes Gesprächsthema. Seit er in Kairo – bei einem Disput über die Wirtschaftskonferenz von Doha – ohnmächtig zusammenbrach, seit Unterlippe und Hände unaufhörlich zittern und sich neuerdings auch Gedächtnislücken im Gespräch einstellen sollen, scheint die Vermutung des Mossad, der Rais leide an der Parkinsonschen Krankheit, durchaus plausibel. Schon hat das Rätselraten um die Nachfolge eingesetzt. Ahmed Mashal zählt die aussichtsreichsten Kandidaten auf. An der Spitze steht Abu Mazen. Er gehört zu den Gründern der Fatah-Organisation, hat in Moskau mit einer Dissertation über die »Geschichte des Zionismus« promoviert und dort später auch als offizieller Repräsentant der PLO fungiert. Der professoral wirkende Mann hatte anfangs starke Bedenken gegen das Oslo-Abkommen geäußert, aber inzwischen ist er voll auf die Linie des Rais eingeschwenkt und gilt als dessen »Number two«. Bei der administrativen Organisation in den verzettelten Autonomiegebieten, auch beim Ausbau der Sicherheitsdienste soll er sich bewährt haben. Doch ihm haftet – mehr noch als seinen Mitstreitern und Rivalen – der üble Geruch grenzenloser Bestechlichkeit an. Es ist nicht gerade ein Beweis für seine Klugheit, daß er – ungeachtet der stattlichen Geheimkonten, über die er im Ausland verfügen dürfte – im Herzen von Gaza dieses schloßähnliche Anwesen errichten ließ, das seine Finanzmanipulationen ins öffentliche Licht rückt.

Geringere Chancen soll Ahmed Qurei, alias »Abu Ala«, haben. Er war auf arabischer Seite der entscheidende Mann in Oslo, entstammt einer wohlhabenden Familie aus Abu Dis. Abu Ala, der zum Sprecher des Gesetzgebenden Rates in Ramallah gewählt wurde, hat öffentlich gegen die Korruption in den eigenen Reihen Stellung genommen, aber da er sich vom bewaffneten Widerstand stets ferngehalten hat und eher als »Aristokrat« denn als »Revolutionär« daherkommt, bleibt sein Einfluß auf enge Distrikte in der West-Bank beschränkt. Noch stärker wird Feisal-el-Husseini, Sproß der vornehmsten arabischen Sippe Jerusalems, durch die »Tunesier« abgeblockt. Die Zuschüsse für sein »Orient House« im Ostteil der Heiligen Stadt wurden gekürzt. Sein Aufruf zu einer Mini-Intifada, als die zionistische Siedlung Har-Homa entstand und das Jerusalemer Viertel Ras-el-Amud von einem jüdischen Milliardär aus USA aufgekauft wurde, fand bei der Palestinian National Authority keinerlei Unterstützung. Wir befänden uns nicht im Orient, wenn nicht auch über die Möglichkeit einer militärischen Machtergreifung nach dem eventuellen Ausscheiden des Rais spekuliert würde. Dafür käme vor allem Oberst Dschibril Radschub in Frage, ein alter Kämpfer, der siebzehn Jahre in israelischen Gefängnissen verbrachte. Dschibril Radschub kommandiert die allmächtigen Sicherheitsdienste der West-Bank und stützt sich auf die zum Teil bewaffnete Jugend-Organisation von Fatah, die unter dem Namen »Tanzim« auftritt. Sein »Counterpart«, Oberst Muhammad Dahlan, verfügt im Gaza-Streifen über vergleichbare Popularität und Präsenz.

»Sie können sicher sein, daß der israelische Shabak mit den raffiniertesten Tricks versuchen wird, Einfluß auf diese Erbfolge zu nehmen«, meint der palästinensische Österreicher. Wir sind nach Norden abgebogen. Die provozierenden Wohlstandssymbole der »Tunesier« sind kaum einen Kilometer entfernt, da rumpeln wir schon durch die stinkenden Gassen des Elendslagers »Schati«. Eselskarren versperren den Weg. Mit europäischen Geldern werden Ausschachtungen vorgenommen und riesige Kanalisationsrohre verlegt. In Schati hat nach dem Autonomie-Abkommen von Kairo keine Wende zum Besseren stattgefunden. Seit 1948 leben hier die Flüchtlingsfamilien unter unwürdigen Bedingungen zusammengedrängt. So ähnlich sah es im Camp Ain-el-Helweh bei Saida im Libanon aus. Wie sollten hier keine explosiven sozialen Spannungen aufkommen?

Ich verweise auf eine ganze Batterie funkelnagelneuer, komfortabler Appartementhäuser, die in Sichtweite von Schati kurz vor der Vollendung stehen. Ob eine Umsiedlung der Einwohner der Flüchtlings-Slums in diese Hochbauten vorgesehen sei, frage ich. Ahmed lächelt über so viel Naivität. »Diese hochmodernen Konstruktionen, die mehrheitlich von japanischen Firmen ausgeführt wurden, dienen doch nicht der Behebung sozialer Mißstände, sondern ausschließlich der Spekulation. Hier investieren die Neureichen, die Profiteure, die Betrüger. Die Wohnungen werden für mindestens 120000 US-Dollar verkauft oder für 500 US-Dollar im Monat vermietet. Für die Flüchtlinge kommen immer noch die UNRWA und in wachsendem Maße die karitativen Initiativen der Europäer auf. Der Skandal schreit zum Himmel, zumal Arafat auf Druck der Israeli auch noch die Schließung all jener Wohlfahrtseinrichtungen und Sozialinstitutionen anordnete, die von den frommen Jüngern der islamistischen Hamas ins Leben gerufen wurden.«

Ein tröstliches Bild bietet sich in einem großzügigen Sport- und Erholungspark unmittelbar am Meer. Kinder und Jugendliche beider Geschlechter spielen und trainieren dort in einheitlich blauen Jogging-Anzügen. Auch für ihre Verpflegung ist gesorgt. Es geht fröhlich und ausgelassen zu auf dem schneeweißen Sand. Früher, so erfahre ich, war die gesamte Küste durch die Präventivmaßnahmen Zahals für Palästinenser gesperrt. An Schwimmen im Meer war nicht zu denken, und es gab auch keine Kinderspielplätze in einer Stadt, die von nervösen israelischen Jeep-Patrouillen permanent überwacht wurde. Erheiterung kommt auf, als wir unmittelbar am Strand ein festungsähnlich abgesichertes Gebäude entdecken, das sich durch die weithin sichtbare Aufschrift in Arabisch und Englisch als »Abu Ammar Navy-Base« zu erkennen gibt. Noch wird den Palästinensern jede militärische Bodentruppe verweigert, da ist hier am Rande von Gaza bereits die Attrappe eines Kriegsmarine-Stützpunktes entstanden. Der dringend benötigte Handelshafen hingegen kann nur mit einer brüchigen Mole und ein paar verrosteten Kränen aufwarten.

Die Umgebung, in der Scheikh Ahmed Yassin eine Unterkunft gefunden hat, unterscheidet sich kaum von der trostlosen Armut Schatis. Wir fahren durch einen kümmerlichen Suq, wo billigste Ware feilgeboten wird. Die Gassen sind ungepflastert und so eng, daß die Handkarren das Fortkommen erschweren. Dennoch genießt das Stadtviertel Sabra einen besonderen, einen heiligen Ruf. Die Anwesenheit des legendären Hamas-Führers verleiht ihm in den Augen der kleinen Leute eine höhere Weihe. Das Haus Yassins hebt sich in keiner Weise von seiner ärmlichen Nachbarschaft ab. Es ist durch eine hohe Blechverschalung umschlossen. Die verbeulte Tür besitzt keine erkennbare Schutzeinrichtung. Wir klopfen so lange an, bis uns ein etwa dreißigjähriger freundlicher Mann, der Sohn des Scheikh, hereinläßt. Der Empfangsraum ist extrem bescheiden. Nach orientalischer Sitte sind Stühle und Sessel an den Wänden aufgereiht. Es wirkt alles sehr dürftig, aber peinlich sauber. Nur ein paar fromme islamische Sprüche zieren den Raum. Ringsum hält sich ein Dutzend Männer auf, einfache Leute, nach ihrer Kleidung zu urteilen, bärtige Islamisten, deren eifernder Einsatz auf dem »Wege Allahs« mit arabischer Gastlichkeit einhergeht.

*

Scheikh Ahmed Yassin sitzt regungslos in seinem schlichten Rollstuhl. Es ist eine der seltsamsten Begegnungen, die mir je widerfuhr. Plötzlich sehe ich nur noch diesen zerbrechlichen, querschnittsgelähmten Mann, in dem allein die Augen zu leben scheinen. Seit dem Sportunfall, den er im Alter von sechzehn Jahren erlitt, ist Yassin völlig unbeweglich. Er ist nicht einmal in der Lage, den Kopf zu wenden oder die arthritisch deformierte Hand zur Begrüßung zu heben. Ich verhalte mich gemäß dem islamischen Ritual, berühre seine steife Hand, beuge mich über das Antlitz mit dem weißen Bart und küsse ihn leicht auf beide Wangen. Da ich erheblich älter bin als der 61jährige, darf ich mir eine solche Geste auch als Ungläubiger erlauben. Unmittelbar an der Seite des Scheikh wird mir ein Stuhl angewiesen, und so kann ich nur seitlich zu ihm sprechen, blicke auf sein Profil, das an ein Heiligengemälde El Grecos gemahnt. Wenn er sich mir zuneigt, muß er eine unendlich mühsame Drehung des Halses vornehmen, und er kann mich nur aus dem Augenwinkel beobachten. Doch aus diesem Blick spricht eine unglaubliche Präsenz, wache Energie und hohe Intelligenz.

Der Gründer der Hamas, die als Terror-Organisation aufgelistet ist, strahlt – so scheint mir – biblische Güte aus, und das liegt nicht nur an seiner mitleiderregenden körperlichen Gebrechlichkeit. Seine Glieder, ja sein Rumpf wirken unter dem Gewand, das ihn einhüllt, geschrumpft, fast aufgelöst, so daß ich den Eindruck gewinne, als hätte ich es mit einem frei schwebenden Patriarchenkopf zu tun, über dessen Silberhaar ein weißes, leichtes Tuch gebreitet ist.

Nach der Vorstellung taste ich mich zu einer ersten Frage vor. Ob er nicht um seine Sicherheit, um sein Leben bangen müsse, denn ich habe ja feststellen können, daß er, der von allen Seiten gefürchtete Inspirator des islamischen Widerstandes, kaum geschützt ist. Da tritt ein Ausdruck von Heiterkeit in die faszinierenden Augen. Mit dürrer Fistelstimme, die so klingt, als käme sie gar nicht aus seinem Mund, beginnt er zu sprechen. »Warum sollte ich den Tod fürchten? Ich habe in meinem ganzen Leben nie die geringste Angst vor dem Sterben gehabt. Der Tod ist doch etwas Natürliches, auch ein Geschenk Gottes, und in Gott finden wir unsere Zuversicht und unsere Ruhe.« Bei dieser Antwort fällt mir ein Koranvers ein, der dieser Aussage entspricht, und ich zitiere mit lauter Stimme auf arabisch: »bi dhikr Allah tatma'innu el qulub – in der Anrufung Gottes ruhen die Herzen«. Von diesem Moment an sehen mich die Anwesenden in einem anderen Licht, bin ich einer der Ihren geworden.

Die Situation läßt die Erinnerung an meine erste Begegnung mit dem Iraner Khomeini aufkommen, als ich dem Ayatollah in dem bescheidenen »pavillon de banlieue« in Neauphle-le-Château bei Paris gegenüberkauerte. Gewiß, es handelt sich um zwei total unterschiedliche Charaktere. Khomeini saß mit untergeschlagenen Beinen wie ein zürnender Prophet vor der nackten Wand seines ärmlichen Audienzraumes, der von bärtigen Mullahs abgeschirmt war. Von dem Perser ging eine ungeheure Kraft, eine schroffe Härte und die Unerbittlichkeit eines Gottesurteils aus. Aber bei beiden Kündern des kämpferischen Islam hatte ich das Gefühl, in eine andere, visionäre und gottbezogene Epoche der Menschheit versetzt zu sein, in eine Zeit der Seher, der Mahner, der Richter.

An den vergleichsweise milden Greis Yassin richte ich dieselbe Frage wie zwanzig Jahre zuvor an den zürnenden Revolutionär Allahs aus dem Lande Zarathustras: »Wenn Sie in der Lage wären, Ihren koranischen Gottesstaat zu errichten, welcher existierende islamische Staat könnte Ihnen dabei als Vorbild oder zumindest als Wegweiser dienen?« In beiden Fällen kommt die gleiche Erwiderung: »Ich sehe keinen solchen Staat. Es gibt in der heutigen Welt kein Regime, das den Ansprüchen Allahs und seines Propheten gerecht würde.« Das Reden fällt Scheikh Yassin unendlich schwer. Er legt sich eine furchterregende Disziplin auf. Hinter ihm hält sich stets sein persönlicher Krankenpfleger auf, der ihn auch schon betreute, als er zehn Jahre seines Lebens in israelischen Gefängnissen verbrachte. Mit liebevoller, behutsamer Geste rückt der bärenstarke Pfleger immer wieder den weißen Kopfschleier zurecht. Vor seiner Entlassung hatte Ahmed Yassin jedes Gehör verloren. Alle Mitteilungen mußten ihm schriftlich vorgelegt werden. Doch die Taubheit hat nachgelassen, und vorzügliche Ärzte sollen bemüht sein, die Vitalität der vom Muskelschwund völlig aufgezehrten Körpers neu zu aktivieren. Dieser Krüppel, so sagen selbst die Gegner Yassins, könne noch viele Jahre leben und in voller Geistesklarheit die Gefolgschaft der »harakat-el-maqawamatel-islamiya« mit geheimnisvollem Charisma beflügeln. Gerade seine körperliche Hinfälligkeit, seine scheinbare Jenseitigkeit lassen ihn in den Augen der gläubigen Massen, die der göttlichen Botschaft harren, als einen Auserwählten erscheinen.

Unter welchen Bedingungen seine Hamas-Bewegung bereit sei, mit den Israeli einen Waffenstillstand zu vereinbaren, forsche ich weiter. Seine Forderungen sind bekannt, aber ich will sie aus seinem Munde hören. Die israelische Militärpräsenz in den besetzten Gebieten muß beendet und alle dortigen Siedlungen aufgelöst werden. Die Gefangenen müssen freigelassen werden und der palästinensische Staat volle Souveränität erhalten. Das sind die elementaren Voraussetzungen für eine Waffenruhe, eine »Hudna«. Von Frieden, von »Salam« mit den Zionisten ist überhaupt nicht die Rede. Dieses Waffenstillstands-Angebot, das viele westliche Kommentatoren bereits als bedeutsames Zugeständnis werteten, entspricht einer präzisen koranischen Leitregel, der Vorschrift der Scharia: Mit den »Schriftbesitzern« lassen sich temporäre Vereinbarungen über Waffenruhe treffen, wenn sie denn den Rechtgläubigen zum Vorteil gereichen und solange der Gegner über eindeutige Überlegenheit verfügt. Mit Versöhnung ist ein solches Zugeständnis keineswegs gleichzusetzen. Mit seiner leisen Stimme schließt Scheikh Yassin kategorisch aus, daß er die Rechtmäßigkeit des Judenstaates jemals anerkennen werde. »Ich empfinde keine Feindschaft gegen die Juden«, sagt er; »sie werden in einem unabhängigen palästinensischen Staat mit vollen Rechten neben uns leben. Aber wir können doch nicht auf unser Land verzichten. Selbst wenn mein Bruder käme und wollte mir mein Haus wegnehmen, würde ich mich dagegen verwahren. Wieviel mehr, wenn es sich um Fremde handelt.«

Mit wem er denn lieber verhandelt hätte, fahre ich fort, mit Rabin, mit Peres oder mit Netanjahu? »Für mich sind sie alle gleich«, lautet die klare Antwort; »sie verfolgen alle drei die gleichen Ziele und versuchen es nur mit anderen trügerischen Methoden.« Yassin will sich nicht auf das Gerücht einlassen, das neuerdings in Jerusalem umgeht: Die islamischen Fundamentalisten seien im Grunde prädestiniert, sich mit den jüdischen Fundamentalisten, den Ultra-Orthodoxen zu verständigen. Sie ständen den mosaischen Haredim jedenfalls näher als den säkularen Zionisten. Der reglose Mann neben mir, dessen großes semitisches Auge wachsam und wohlwollend auf mich gerichtet bleibt, hat wohl instinktiv die Gefahr erkannt, die aus einer Stellungnahme im innerjüdischen Streit zwischen Herodianern und Zeloten erwachsen könnte. Er weiß, daß die streng religiösen Hebräer die unversöhnlichsten Feinde der islamischen Präsenz im Heiligen Land sind und daß der verzweifelte Friedenswunsch so vieler laizistischer Juden ihm zugute kommt. So wiederholt er nicht jene frühere Aussage über die »Banu Israil«, die ihres Anspruchs auf das Gelobte Land erst verlustig gegangen seien, als sie von ihrem wahren Glauben abfielen und damit den Aufstieg des Christentums begünstigt hätten. »Wir führen keine Gespräche oder gar Verhandlungen mit den Israeli, welcher Fraktion sie auch angehören«, flüstert der Scheikh. »Wir sind kampfbereit, wir sind zu allen Opfern entschlossen. Wir streiten und wir sterben, wenn es sein muß, wie Allah es uns vorschreibt.«

Ich will die Audienz bei dieser irreal wirkenden Erscheinung nicht unnötig verlängern. Sensationelle Enthüllungen würden mir ohnehin nicht zuteil, und weitere Besucher sind angemeldet. Der Hamas-Führer hält unablässige Zwiesprache mit seinen Getreuen. Zum Abschied beuge ich mich noch einmal über ihn, berühre seine Wange und spüre wieder die sanfte Kraft, die fröhliche Gottergebenheit seiner Augen. Dabei weiß ich sehr wohl um die unbeugsame Entschlossenheit, die bedingungslose Hingabe an den heiligen Auftrag, die in diesem »Ruhen in Gott« ihren Antrieb findet.

Auf der Rückfahrt nach Tel Aviv – wir haben Erez hinter uns gelassen – fahren wir an dem Dorf vorbei, in dem Scheikh Ahmed Yassin geboren wurde und das jetzt von der jüdischen Kolonisation eingeebnet ist. Es liegt in der Umgebung des Hafens Ashkalon, in der Nähe jenes Strandes, auf den der Walfisch der Heiligen Schrift einst den verzagten Prediger Jonas ausspie. Bei diesem biblischen Rückblick fällt mir plötzlich ein, wo mir die Physiognomie des Scheikh Ahmed Yassin, sein seitlich gerichteter, heiterer, fast schelmisch anmutender Blick schon einmal begegnet ist. Auf einer Radierung Marc Chagalls, die in meinem Pariser Wohnzimmer hängt, steigt der Prophet Moses – die Steintafeln mit den Zehn Geboten fest umklammernd – mit ähnlich verzücktem Ausdruck vom Berg Sinai zu seinem Volk herab.

Alarmsignale aus Bagdad

Tel Aviv, im November 1997

Der Kreis schließt sich. In den Städten Israels, vor allem in Tel Aviv, werden wieder Gasmasken an die Bevölkerung ausgegeben, wie vor sieben Jahren. Zumindest werden die Filter erneuert. Saddam Hussein hat die Vereinigten Staaten von Amerika herausgefordert. Er stellt sich dieses Mal geschickter, diplomatischer an als im Sommer 1990. Jetzt rächt es sich, daß Amerika nach dem Triumph von »Desert Storm« halbherzig abgewartet hat, keine Entscheidung erzwang. Der erhoffte Sturz des Diktators von Bagdad ist ausgeblieben. Die Inspekteure von UNSCOM, die alle Produktionsstätten von Massenvernichtungswaffen und von Raketen mit einer Reichweite von mehr als 150 Kilometern aufspüren und vernichten sollen, haben versagt. Das ganze Kontrollkonzept stimmte von Anfang an nicht. Nach der Kapitulation Saddam Husseins im Februar 1991 hätten die Vereinten Nationen, besser gesagt die Vereinigten Staaten, eine radikale, umfassende Untersuchung anordnen können. Dafür wäre allerdings ein weit umfangreicheres Aufgebot an Rechercheuren und Material nötig gewesen, als im Waffenstillstandsabkommen vereinbart wurde.

Die UNSCOM-Teams, in denen die Amerikaner, teilweise CIA-Angehörige, den Ton angeben, hätten sich – so wird heute behauptet – vornehm zurückgehalten. Häufig genug sind sie jedoch recht rauhbeinig aufgetreten, haben die irakischen Ingenieure beschimpft und sind sogar – ohne Ergebnis natürlich – in ein chaldäisches Kloster eingedrungen. Mit wachsender Erfahrung hat Saddam Hussein ein regelrechtes Katz-und-Maus-Spiel mit den Abrüstungsbeauftragten getrieben. Erst der Verrat des Schwiegersohns Hussein Kamil brachte einen flagranten Verstoß der Iraker ans Licht. In einer Hühnerfarm wurden bakteriologische Substanzen gezüchtet, die eindeutig kriegerischen Zwecken dienten.

Hat man auf seiten des hochqualifizierten UNSCOM Personals wirklich sechs Jahre gebraucht, um zu entdecken, daß zwar die Entwicklung eines nuklearen Arsenals umfangreicher Anlagen bedarf, die kaum zu tarnen oder zu verstecken sind, daß hingegen die Vorbereitungen des bakteriologischen Krieges und vor allem die Produktion von Giftgasen auch in bescheidensten Unterkünften stattfinden können? Nach und nach wurden die irakischen Wachmannschaften immer dreister und verzögerten das Eindringen der UN-Inspekteure mit den fadenscheinigsten Argumenten, bis das Corpus delicti in vorbereiteten Lastwagen abtransportiert war. Zur Ausspähung von Anlagen für toxische Kampfstoffe sind die vielgerühmten U2-Aufklärungsflugzeuge untauglich. Aus Expertenkreisen stammt der schnoddrige Spruch, daß man Giftgase auch in einer gewöhnlichen Garage, notfalls in einem Kochtopf herstellen kann unter der Voraussetzung, daß man dabei eine Gasmaske aufsetzt.

Das Argument, die Aufspürung der irakischen Massenvernichtungswaffen und der verbotenen Raketen sei in keiner Weise abgeschlossen, klang mit Ablauf der Jahre immer weniger überzeugend. Unter den gegebenen Bedingungen könnten die Recherchen noch zwanzig Jahre fortgesetzt werden, und wer garantiert dann, daß – unmittelbar nach Beendigung der UNSCOM-Mission – die Herstellung von toxischen und biologischen Elementen nicht unverzüglich wieder aufgenommen würde? Die irakischen Behörden hatten sich gewiß als Meister der Lügen und Verschleierung bewährt. Aber bei der leidenden irakischen Bevölkerung, ja zunehmend bei den mit Amerika im Golfkrieg verbündeten Staaten verhärtete sich der Verdacht, Bill Clinton benutze die unzureichenden UNSCOM-Ergebnisse lediglich als Alibi, um die Sanktionen gegen Bagdad ad infinitum zu verlängern. Es hatte sich ja inzwischen herausgestellt, daß im Rahmen der Aktion »Oil for Food« der begrenzte Export-Erlös für irakisches Petroleum nur zu einem geringen Teil der Beschaffung von Lebensmitteln und Medikamenten zugute kam. In erster Linie mußte es für die Finanzierung der internationalen Überwachung und diverse Wiedergutmachungsleistungen herhalten. Dazu gesellte sich eine handfeste bürokratische Obstruktion von seiten Washingtons bei der Realisierung dieses mageren Hilfsprojektes.

Am Ende muß man wohl Tariq Aziz zustimmen, als er in einem Interview mit CNN erklärte, die schleppende, ineffiziente Fortführung der ABC-Waffen-Kontrolle, die Fortdauer des UN-Embargos gegen den Irak – das heißt die Aushungerung und die medizinische Unterversorgung von 23 Millionen Menschen – würden als Rache-Instrument gegen Saddam Hussein benutzt, in der fragwürdigen Erwartung einer revolutionären Volkserhebung gegen den Staatschef. Die wahre

Absicht Amerikas sei es, die jetzige Führungsmannschaft des Irak zu stürzen und durch ein gefügiges Marionetten-Regime zu ersetzen. Tatsächlich haftet der Beibehaltung der Sanktionen etwas Skandalöses an, zumal in letzter Analyse ja die US-Präsidentschaft die Verantwortung dafür trägt, daß Saddam Hussein 1991 nicht in der Versenkung verschwand. Die wehrlosen Zivilisten von Bagdad sollen jetzt wohl bewerkstelligen, wozu die CIA mit ihren schier unbegrenzten Mitteln nicht fähig war, nämlich die Ermordung Saddams. »Eigentlich müßten die Amerikaner am besten wissen, wo sich die irakischen Fabriken für chemische Kampfstoffe und für Raketen befinden«, so mokierte man sich während meines Aufenthalts in Bagdad; »US-Ingenieure waren doch an deren Entwicklung während des Krieges gegen Iran maßgeblich beteiligt.«

Der irakische Diktator Saddam Hussein verfügt heute über bessere Karten als bei der leichtfertigen Besetzung Kuweits. Die amerikanischen Mitarbeiter von UNSCOM wurden vorübergehend ausgewiesen. Ihre Kollegen aus anderen Ländern haben sich ihnen angeschlossen. Unterdessen sind sie mit Billigung Bagdads zurückgekehrt. Gegenüber dem Weltsicherheitsrat und dem UN-Generalsekretär Kofi Anan gibt sich der irakische Staatschef vernünftig und konziliant. Als listenreicher Emissär mit großer Erfahrung auf dem internationalen Parkett steht ihm Tariq Aziz zur Verfügung. Bill Clinton muß jäh entdecken, daß sich die Gesamtlage seit dem Unternehmen »Wüstensturm« für ihn höchst negativ verändert hat. Vom »great design«, von der angekündigten Friedensordnung für Nah- und Mittelost unter exklusiver US-Ägide bleibt ein Scherbenhaufen übrig. Saddam stößt bei den arabischen Regierungen auf Verständnis dafür, daß er das Possenspiel von Kontrollen, Sanktionen und Drohungen nicht länger mitmachen will. Zugunsten der darbenden und kränkelnden Massen des Zweistromlandes entwickelt sich im gesamten Dar-ul-Islam allmählich ein Gefühl der Anteilnahme, ja der Solidarität, dem die herrschenden Potentaten und Militärcliquen Rechnung tragen müssen.

*

Mit dem Scheitern des »peace process« im Heiligen Land sind der Diplomatie Washingtons wichtige Triumphe abhanden gekommen. Der Staat Israel – im großen Entwurf von George Bush als strategischer Garant, ja als stets verfügbares Damokles-Schwert der US-Hegemonie in dieser Region auserkoren – erweist sich plötzlich als Achilles-

Ferse, als Schwachpunkt im amerikanischen Imperialsystem. Das Pentagon muß mit Bitterkeit registrieren, daß kein einziger der früheren arabischen Verbündeten des Feldzuges »Desert Storm« zur Frontstellung gegen den Irak zu bewegen ist. Statt dessen erheben diese Schützlinge der USA die einstimmige Forderung nach militärischer Enthaltsamkeit und suchen krampfhaft nach Kompromissen. Nicht einmal die Flugzeuge der US Air-Force dürfen von ihren saudischen Basen in Richtung Irak starten. An Schändlichkeit nicht zu überbieten ist das Emirat Kuweit, das durch den amerikanischen »Befreiungsschlag«, durch den gigantischen Aufwand des zweiten Golfkrieges erst vor sechs Jahren aus seiner Herabstufung zur neunzehnten Provinz des Irak erlöst wurde. Die Dynastie El Sabah, diese Zaunkönige von US-Gnaden, erdreisten sich, jede Kooperation mit den amerikanischen Streitkräften gegen Saddam Hussein abzulehnen, und erteilen Ratschläge der Mäßigung. Ob man sich in Washington des ganzen Ausmaßes dieses Undanks bewußt ist?

Auf der anderen Seite besteht nicht der geringste Grund, Nachsicht oder gar Sympathie für Saddam Hussein zu empfinden. Indem er seine eigenen Untertanen als »menschlichen Schild« für die Präsidentenpaläste und für die wichtigsten irakischen Industrieanlagen mißbrauchte, hat er wieder einmal sein wahres Gesicht, das eines ruchlosen Menschenverächters, offenbart. Während ich diese Zeilen schreibe und die neue Golfkrise weiter in der Schwebe bleibt, ist noch nicht entschieden, ob die neue »Mutter der Schlachten«, von der in Bagdad voreilig gefaselt wurde, sich zum Regionalkonflikt aufheizt oder im Sande verläuft. Doch ein Wendepunkt ist erreicht. »All the king's horses and all the king's men« werden nicht verhindern können, daß das amerikanische Prestige im Orient, die weitverbreitete Überzeugung, gegen die globale Allmacht der USA sei kein Kraut gewachsen, durch den paranoiden Tyrannen am Tigris angekratzt wurde.

Als Madeleine Albright nach endlosen diplomatischen Mühen doch noch eine arabisch-israelische Wirtschaftskonferenz in Doha, der Hauptstadt des winzigen Golf-Scheikhtums Qatar, zusammentrommelt, bleiben Ägypter, Syrer und Marokkaner dieser Veranstaltung fern. Israel hat statt seines Außenministers David Levy, eines »Marokkaners«, der sich in seltsame Unzugänglichkeit flüchtet, den Handelsminister Nathan Scharanski entsandt. Jene islamischen Staaten, die sich dem Druck der »Eisernen Lady« des State Department gebeugt haben, delegieren ihre dritte Garnitur. Dieses Treffen ist kein

Ruhmestitel für den Herrscher von Qatar, Scheikh Hamad Bin Khalifa el-Thani. Er hatte vor zwei Jahren den eigenen Vater abgesetzt, der den Zionisten vermutlich ein widerspenstigerer Gastgeber gewesen wäre.

Die strategischen Optionen Amerikas erscheinen bei diesen neuerlichen Kraftproben stark reduziert. Soll die Fünfte Flotte, die mit den Flugzeugträgern »Nimitz« und »Washington« Flagge zeigt, im Ernstfall wieder Marschflugkörper auf militärische und zivile Ziele im Irak abfeuern? Soll die US Air-Force womöglich das Bombardement vom Januar 1991 wiederholen? An eine Neuauflage des damaligen Massenaufgebots an Bodentruppen ist nicht mehr zu denken, stehen gar keine ausreichenden Mannschaftsreserven zur Verfügung. Die Zustimmung des Weltsicherheitsrates zu einem dritten Golfkrieg ist ohnehin ausgeschlossen, und die neue Großmacht China wird sich vor keinen fremden Karren spannen lassen.

Es erregt Aufsehen, daß Tariq Aziz von Boris Jelzin persönlich im Kreml empfangen wird. Rußland wird den Amerikanern nicht noch einmal – wie zu Zeiten Michail Gorbatschows und der sowjetischen Reichsauflösung – eine Blankovollmacht ausstellen. Es kann jederzeit sein Veto einlegen, auch wenn Jelzin nicht beabsichtigt, auf Kollisionskurs zu Amerika zu gehen. In Moskau hat man mit größtem Mißvergnügen beobachtet, wie die gigantischen Öl-Multis der USA im Kaukasus, in Zentralasien, rund um das Kaspische Meer Konzessionen an sich reißen, Bohrungen vornehmen, Pipelines verlegen und Rußland an den Rand des »großen Spieles« drängen. Die russischen Streitkräfte fühlen sich durch die Machenschaften der CIA mit den afghanischen »Taleban« in ihrem zentralasiatischen Glacis unmittelbar bedroht. Sie wissen, daß die widernatürliche Zweckallianz zwischen den angeblichen Herolden der Menschenrechte in USA und den finstersten Steinzeit-Islamisten des Hindukusch primär das Ziel verfolgt, eine direkte Erdöl- und Erdgas-Trasse zu den pakistanischen Häfen am Indischen Ozean zu verlegen, womit der unmittelbare Zugriff der US-Konzerne gesichert sowie deren Profitstreben auf Kosten Moskaus befriedigt würde.

Es haben sich wohl viele Ressentiments im Kreml angestaut. Das State Department entdeckt in Jewgeni Primakow, dem derzeitigen Außenminister Jelzins, einen ausgewiesenen Arabisten, einen mit allen Schlichen des Orients vertrauten Sachkenner, dem Mrs. Albright auf diesem Feld in keiner Weise gewachsen ist. Persönlich habe ich in Kairo und Damaskus immer wieder erlebt, wie besonders qualifizierte arabische Gesprächspartner von Primakow, den sie aus dessen Zeit als »Prawda«-Korrespondent und KGB-Beauftragten kannten – zutiefst beeindruckt waren und ihn schätzten. James Baker hingegen, der frühere Außenminister George Bushs, begegnete dem Chef der russischen Diplomatie, dem er ein enges Vertrauensverhältnis zu Saddam Hussein unterstellte, mit Argwohn. Gewisse Informationsdienste lassen verbreiten – vielleicht um den in Georgien geborenen russischen Außenminister in der Gunst der Araber herabzusetzen –, der Vater Primakows habe mit wirklichem Namen Finkelstein geheißen.

Bei den Europäern, mit Ausnahme der Briten, ist niemand bereit, für die diversen amerikanischen Fehlleistungen in Nah- und Mittelost in die Bresche zu springen. Frankreich fällt dabei als ständigem Mitglied des Weltsicherheitsrates eine besondere Rolle zu. Jacques Chirac und Lionel Jospin, die sich bislang zu einer blassen Statistenrolle verurteilt sahen, verfügen plötzlich über Aktionshebel, von denen sie vor ein paar Monaten noch nicht zu träumen wagten. Auch in Paris spürt man jetzt die Versuchung, den Amerikanern ihre Arroganz, ihre rüden Methoden diskret heimzuzahlen. Bei »Total« und »Elf-Aquitaine«, den Erdöl-Gesellschaften, die dem französischen Staat eng verbunden bleiben, hat man den Affront des »D'Amato-Act«, jener amerikanischen Gesetzgebung, die den Europäern Energie-Geschäfte mit Iran und Libyen verbieten soll, noch längst nicht verwunden. Im Notfall, so hat Madeleine Albright wissen lassen, würden die US-Streitkräfte im Alleingang und ohne Beschluß des Sicherheitsrates zum »punishment« gegen Saddam Hussein ausholen. Dem sieht man am Quai d'Orsay mit Skepsis entgegen, auch wenn die Propagandamaschine der USA auf vollen Touren läuft und die Rückkehr der UNSCOM-Rechercheure nach Bagdad als großer Erfolg dargestellt wird. Der entrüstete Vorwurf, die Gesprächsbereitschaft von Russen und Franzosen gegenüber Saddam Hussein sei durch schnöde wirtschaftliche Vorteilnahme und den Wunsch nach Bereinigung irakischer Schuldenlasten motiviert, klingt recht grotesk, wenn er aus dem Munde des Big Business der USA tönt.

Amerikas Achilles-Ferse

Jerusalem, im November 1997

Dieser November 1997 wird in Erinnerung bleiben. Die europäischen Botschafter haben ihren Canossa-Gang nach Teheran angetreten. Das »dual containment«, die doppelte Eindämmung von Irak und Iran, ist ein Thema von gestern geworden. Unterdessen wächst im Schatten der neuen Irak-Krise die Islamische Republik Iran zur führenden Regionalmacht am Golf heran. Die Mullahs von Teheran haben Fäden nach Moskau und Peking gesponnen, und der amerikanischen Diplomatie wird es in Zukunft schwerfallen, diesen schiitischen Gottesstaat weiterhin in Acht und Bann zu tun. Vom »Reich des Bösen«, das der Ayatollah Khomeini hinterlassen habe, ist am Potomac kaum noch zu hören. Zur »Islamischen Konferenz« OIC, die im Dezember 1997 in der iranischen Hauptstadt zusammenkommt, haben mehr als fünfzig Teilnehmer-Staaten – auch engste Verbündete oder Vasallen der USA – die Entsendung hochkarätiger Repräsentanten, darunter Staats- und Regierungschefs, zugesagt.

Zusätzliche Sturmzeichen kündigen sich an. Mancher Leser mag einem Buch über »Kraftproben zwischen Euphrat und Nil« vorwerfen, daß das Niltal darin kaum berücksichtigt wird. Das liegt an der einmaligen Dimension Ägyptens innerhalb der arabischen Welt, die eine gesonderte, vertiefte Studie beanspruchen würde. Ganz absichtlich habe ich mich auf den Bereich des »Fruchtbaren Halbmonds« beschränkt. Wenn ich Ägypten weitgehend ausgespart habe, so weil dieses an seiner Bevölkerung erstickende Land bislang in einem Zustand trügerischer Lethargie verharrte. Nur ein paar Stichworte zu dem wichtigen Thema: Das Massaker von Luxor hat plötzlich einen Meinungsumschwung zuungunsten des Präsidenten Hosni-el-Mubarak bewirkt. Die Medien entdecken, daß auch dieser Luftwaffengeneral, der an anderen Potentaten des Orients gemessen eine recht humane Figur abgibt, sein Land als Diktator regiert, daß er sich bei den letzten Präsidentschaftswahlen als einziger Kandidat aufstellen ließ und 95 Prozent der Stimmen einheimste. Die Terroristen der Dschamaat-el-islamiya, die mit ihren Mordanschlägen Schlagzeilen machen, sind gewiß nur eine verschwindende Minderheit. Aber unter einer toleranten Oberfläche hat sich die schleichende Islamisierung Ägyptens längst vollzogen, leben die Massen des Volkes – zumindest in den Provinzstädten und den Dörfern des Niltals – nach den Vorschriften der Scharia. Die CIA-Beobachter von Kairo räumen ein, daß die islamistischen Parteien – falls es je zu freien Wahlen käme – die Mehrheit im Parlament gewinnen dürften. Trotz der Knebelung der Meinungsfreiheit und der Unterdrückung des politischen Pluralismus, die sich neuerdings auch auf die relativ gemäßigte Gefolgschaft der »Moslem-Brüder« konzentriert, ist Ägypten nach Israel der von Amerika am großzügigsten subventionierte Partner. Wieder einmal offenbart sich die flagrante Inkonsequenz der amerikanischen Menschenrechts-Ideologie.

Otto von Bismarck hatte im neunzehnten Jahrhundert befunden: »Qui parle de l'Europe a tort« – wer von Europa redet, hat unrecht. Diese zur Zeit des Eisernen Kanzlers stichhaltige Maxime hat im Jahr 1997 glücklicherweise ihren Sinn verloren. Aber eine neue Formulierung droht in unseren Tagen und im Zusammenhang mit der Unglaubwürdigkeit Washingtoner Moral-Lektionen bedauerlichen Wahrheitswert zu erlangen: »Qui parle de démocratie et des droits de l'homme a tort« – wer von Demokratie und Menschenrechten redet, hat unrecht.« Die ägyptische Staatsführung sieht sich nunmehr gezwungen, auf die angeheizte Stimmung im eigenen Volk Rücksicht zu nehmen. Präsident Mubarak wird es sich zweimal überlegen, ehe er die Rolle des unermüdlichen Vermittlers zwischen Juden und Palästinensern in dem entgleisten Osloer Friedensprozeß wieder aufnimmt oder gegen Saddam Hussein Front macht.

*

»Aufstieg und Fall der großen Mächte – The Rise and Fall of the Great Powers«, die geschichtliche Studie Paul Kennedys wird häufig als Beispiel professoraler Fehlprognosen zitiert. Ich werde mich hüten, aus den partiellen Rückschlägen, die der Triumphalismus der USA im Heiligen Land wie im Gebiet zwischen Euphrat und Nil derzeit einstecken muß, auf eine endgültige, eine fatale Schwächung unseres transatlantischen Verbündeten zu schließen. Doch Arnold Toynbee, der alte Guru, kommt mir in den Sinn mit seiner Feststellung, daß der Abstieg der großen Imperien der Vergangenheit stets dann eingesetzt hat, wenn sie ihre maximale territoriale Ausdehnung erreicht hatten.

Die Vereinigten Staaten von Amerika üben heute ihre wirtschaftliche, militärische und kulturelle Hegemonie rund um den Erdball aus. Eine zusätzliche Expansion ist geographisch gar nicht vorstellbar.

Dazu fällt mir ein Exposé in die Hand, das aus der Feder des derzeitigen Verteidigungsministers William Cohen stammt und eben in der »Washington Post« erschien. Mit Bill Cohen hatte ich Anfang August 1996 drei Tage in Süd-Frankreich verbracht. Er war damals noch Senator von Maine und hatte sich als Autor spannender Polit-Thriller, darunter die Geheimdienst-Story »Buraq«, einen Namen gemacht. Gemeinsam wollten wir an ein ähnliches Projekt herangehen, das unter dem Kennwort »Rapallo« auch das Drehbuch für einen Film hergegeben hätte. Aufgrund seiner Berufung durch Präsident Clinton ist daraus nichts geworden. Der jetzige Secretary of Defense, ein gutaussehender, sympathischer Mann mit forschenden blauen Augen, bleibt mir als hervorragend informierter Politiker in Erinnerung. Er vermittelte mir im Sommer 1996 Insider-Wissen über den Verteidigungsstand der USA und das Unvermögen der Weltmacht, auf mehr als zwei regionalen Kriegsschauplätzen simultan zu intervenieren.

Es fügt sich natürlich in die offizielle Politik des Weißen Hauses, wenn Cohen in seinen jüngsten Presseverlautbarungen auf die gewaltigen Vorräte an Massenvernichtungsmitteln verweist, über die Saddam Hussein – ungeachtet aller UNSCOM-Kontrollen – noch verfüge und mit denen er angeblich in der Lage sei, die gesamte Menschheit auszulöschen. Das klingt ziemlich dick aufgetragen. Parallel zu dieser Alarm-Meldung des Ministers vernahm man aus dem Pentagon, die Iraker seien bei der Herstellung bakteriologischer wie auch chemischer Kampfstoffe in den frühen achtziger Jahren von europäischen und mehr noch von amerikanischen Experten angeleitet worden. Damals sei es ja noch darum gegangen, die Ausweitung der Islamischen Revolution Khomeinis durch den irakischen Rammbock einzudämmen. Und dazu waren offenbar alle Mittel gut gewesen. Der amerikanische Zynismus geht oft einher mit »candor«, mit entwaffnender Naivität.

William Cohen – so schreibt er in der »Washington Post« – nimmt die irakische Kontroverse lediglich zum Anlaß, benutzt sie als »Aufhänger«, wie man im Journalismus sagt, um auf eine weit fürchterlichere globale Bedrohung apokalyptischen Ausmaßes hinzuweisen. Die amerikanische Öffentlichkeit solle endlich die düsteren Realitäten des neuen Millenniums erkennen. »Die Gefahr der nuklearen, biologischen und chemischen Waffen ist nicht auf den Irak beschränkt, und die Frontlinie könnte ebensogut durch den Mittleren Osten wie durch die koreanische Halbinsel verlaufen«, beteuert er. »Beim Nahen des Jahres 2000 müssen wir uns mit der zunehmend wahrscheinlichen Perspektive vertraut machen, daß regionale Aggressoren, drittrangige Armeen, terroristische Zellen und sogar religiöse Sekten versuchen werden, unkalkulierbare Macht auszuüben, indem sie Massenvernichtungswaffen erwerben und einsetzen. Diese Gefahren ballen sich vor unserer Haustür zusammen.« Cohen erwähnt den Giftkrieg Saddam Husseins gegen Iran wie auch den U-Bahn-Anschlag der Aum-Sekte in Tokio als Präzedenzfälle. »Die Eindämmung der Weiterverbreitung von Massenvernichtungswaffen wird eine der dringlichsten Herausforderungen des 21. Jahrhunderts sein. Je eher wir uns darauf einrichten, desto wirkungsvoller werden unsere Bemühungen sein. Es gibt kein Allheilmittel gegen diese Form der Bedrohung. Wir müssen sie als chronische Krankheit behandeln, ständig auf der Hut sein, die ersten Symptome erkennen und sofort eine Kombination von Gegenmaßnahmen einleiten ... Wir können nicht zulassen, daß unsere Verwundbarkeit gegenüber chemischen und biologischen Waffen zu unserer Achilles-Ferse wird.« William Cohen kündigt ein völlig neues Abwehrkonzept der US-Streitkräfte für das Mutterland unter Verwendung der National Guard an. Er läßt im Militärbudget der kommenden fünf Jahre eine Milliarde Dollar zu diesem speziellen Zweck bereitstellen. »Die unmittelbare Krise im Irak muß noch gelöst werden«, so schließt er. »Aber wenn sie es ist, auf welchem Wege auch immer, wird das nicht das Ende, sondern der Beginn einer lang andauernden globalen Schlacht sein, in der wir uns weder einen Rückzug noch eine Ruhepause gönnen dürfen.«

Was immer man gegen die Hegemonial-Konzepte Amerikas einwenden mag, an der unerbittlichen Prognosen Bill Cohens gemessen betreiben die europäischen Politiker jedweder Couleur eine populistische Vogel-Strauß-Politik. Ist es nicht ein Gleichnis ganz besonderer Art, daß sich der Ausgangspunkt dieser kosmischen Untergangsvisionen im mythischen Zweistromland in der Umgebung Babels befindet und daß sie von einem Mann vorgetragen werden, dessen hebräischer Vaternamen »Cohen« – in der eng verwandten arabischen Bedeutung des Wortes »el Kahin« – einen Seher, einen Wahrsager bezeichnet?

Also heißt es bei Johannes, dem Lieblingsjünger Christi: »Und der Engel brachte mich im Geiste in die Wüste. Und ich sah ein Weib sitzen auf einem scharlachroten Tier ... und an ihrer Stirn war geschrieben ein Name, ein Geheimnis: das große Babylon, die Mutter der Hurerei und allen Greuels auf Erden. Und ich sah das Weib trunken vom Blut der Heiligen ...«

*

Meine biblischen Allegorien mögen manchem aufgeklärten Leser überspannt erscheinen. Doch wer den uralten Mythen nicht Rechnung trägt im Heiligen Land, wie sollte der dessen aktuelle Realitäten erkennen? Jede Diplomatie ist zu Ratlosigkeit verurteilt, wenn die Lösung von politischen Konflikten die Form eines Gottesgerichts annimmt.

Am 29. November 1947 hatten die Juden in aller Welt mit unbeschreiblichem Jubel und ergreifenden Danksagungen den Teilungsbeschluß der Vereinten Nationen für Palästina vernommen. Diese UN-Resolution machte den Weg frei für die Ausrufung des Staates Israel am 14. Mai 1948 durch David Ben Gurion. Damals haben die Zionisten bis in die späte Nacht diesen Durchbruch gefeiert. Sie tanzten die »Hora« in West-Jerusalem und Tel Aviv. Fünfzig Jahre später hingegen ist niemand zu Ausgelassenheit und Freude aufgelegt. Ein Open-Air-Konzert versammelt nur 5 000 Zuschauer in Tel Aviv, und das »ungeteilte« Jerusalem verharrt in Schweigen. Die Palästinenser von Bethlehem, um deren Stadt der jüdische Siedlungsring sich immer enger schließt, haben zum Jahrestag ihrer Trauer eine Mini-Intifada inszeniert. In der Nadschah-Universität von Nablus sind schwarzmaskierte Jugendliche aufmarschiert, haben israelische und amerikanische Fahnen verbrannt, eine riesige Darstellung des Felsendoms auf ihren Schultern getragen, die Attrappe rot-bedachter Kolonisten-Häuser symbolisch gesprengt. Wenn es im »Friedensprozeß« Lage-Kommuniqués im Stil des Ersten Weltkrieges gäbe, müßte es am 29. November 1997 lauten: »Auf der West-Bank nichts Neues.«

Unter dem Druck Washingtons hat Benjamin Netanjahu sich zu Schein-Zugeständnissen bereit gefunden. Acht bis neun Prozent von Judäa und Samaria will er der Palestinian Authority überantworten und die jüdischen Soldaten aus diesen Landfetzen zurücknehmen. Er hat sogar eine Mehrheit für den Teilabzug in seinem ultra-konservativen Kabinett gefunden, ein deutlicher Hinweis, daß man in Jerusalem gar nicht mit einer arabischen Zustimmung für das magere Angebot rechnet. Dem Rais Arafat soll der Schwarze Peter zugeschoben werden. Aber selbst dieses bescheidene Signal hat den Zorn jüdischer Extremisten angefacht. Sie bezichtigen neuerdings Netanjahu des nationalen Ausverkaufs und stellen ihn mit dem palästinensischen Keffiyeh dar wie seinerzeit Itzhak Rabin.

Die Säkularen, die Herodianer ihrerseits, steigern noch ihr propagandistisches Trommelfeuer gegen den Regierungschef. Ob sie – im Falle einer Entmachtung Netanjahus und vorgezogener Neuwahlen – überhaupt in der Lage wären, eine Mehrheit für ihre verschwommenen Friedensvorstellungen und einen zugkräftigen Politiker für deren Realisierung zu finden, erscheint zur Stunde mehr als zweifelhaft. Der liberale Flügel der oppositionellen Arbeiterpartei findet jedoch wachsenden Anklang bei Teilen der jüdischen Diaspora in den USA, und das mag Bill Clinton bewogen haben, jede Begegnung mit Bibi zu verweigern. Statt dessen unterhält er sich betont herzlich mit Shimon Peres, und Lea Rabin wurde als Ehrengast im Weißen Haus empfangen.

*

Um zum Ausgangspunkt dieses Buches über »Lügen im Heiligen Land« zurückzukommen, will ich einen renommierten Publizisten im Wortlaut zitieren. William Pfaff hat unlängst in der »Los Angeles Times« und in der »New York Herald Tribune« Betrachtungen über sein eigenes Land zu Papier gebracht, die ich so nicht formulieren könnte, ohne mich dem Verdacht des böswilligen Antiamerikanismus auszusetzen: »Präsident Clinton hat zu erkennen gegeben, daß er nicht gewillt ist, politischen oder wirtschaftlichen Druck auszuüben, um Netanjahu zur Abänderung seines Programms zu zwingen«, so schreibt William Pfaff. »Nichts, was Clinton ausrichten kann, wird Einfluß auf die islamistische Hamas haben. Mrs. Albright kann also nur die üblichen Platitüden von sich geben, die gewohnten Aussagen der Entrüstung, des guten Willens und des Vertrauens in eine gute Zukunft, die sich zweifellos nicht einstellen wird. Sie ist unfähig, mehr zu tun, weil die Vereinigten Staaten über keine ernsthafte Politik auf diesem wie auch so manchem anderen Gebiet verfügen. Die Kontrolle über die amerikanische Politik ist während des letzten Vierteljahrhunderts Kartellen von Sonderinteressen ausgeliefert worden, und jedes von ihnen ist in der Lage, Initiativen abzublocken, die ihnen nicht genehm sind. Zu diesen Interessengruppen zählen offensichtlich die israelische wie die kubanische Lobby in den USA, nicht wegen der Wählermasse, die sie repräsentieren, sondern wegen der finanziellen Wahlkampfmittel, wegen der Handelsinteressen, deren finanzielle Unterstützung für die Präsidentschaftskampagne Bill Clintons unentbehrlich war ...

»So arbeitet nun einmal die Demokratie, mögen manche sagen. Aber leider arbeitet so das Geld. Hier handelt es sich um die Macht der Plutokratie, nicht um die Macht des Volkes, und wir sind weit entfernt von jener informierten Nachdenklichkeit, an der sich Madeleine Albright als ehemalige Universitätsprofessorin gern ausrichten würde. Niemals zuvor ist die amerikanische Außenpolitik so eindeutig den Kräften von Privat- und Gruppeninteressen sowie der politischen Demagogie ausgeliefert gewesen. Dieser Zustand kommt ironischerweise über uns zu einem Zeitpunkt, da manche Kommentatoren den angeblichen Aufstieg der USA zum internationalen ›Imperium‹ bejubeln. Wie der neo-konservative Intellektuelle Irving Kristol einräumt: ›Dieses ist ein Imperium mit einem Minimum an moralischer Substanz.‹ Es fehlt ihm auch die tragende politische Substanz, und unter den obwaltenden Umständen wird es diese Substanz auch nicht finden.«

Epilog auf dem Ölberg

Jerusalem, im November 1997

Am Tage vor meiner Heimreise aus dem Heiligen Land bin ich noch einmal zu den Höhen Zions aufgestiegen. Am Ölberg habe ich mich auf eine Steinbank gesetzt, neben einen alten weißbärtigen Juden in schwarzer Tracht mit breitkrempigem Hut. Ich begrüße ihn mit »Schalom«, und wir verharren beide regungslos in der Betrachtung der Stadt Davids. Im warmen Sonnenlicht ist das Messias-Tor klar zu erkennen über dem Gräberfeld von Yehoshapat. Ich halte eine deutsche Zeitschrift in der Hand, die mein Nachbar aufmerksam mustert.

»Der Herr ist wohl aus Deutschland?« beginnt er das kurze Gespräch, und ich bejahe. Der Mann in Schwarz schweigt eine Weile. »›Der Tod ist ein Meister aus Deutschland‹, so hat einer unserer Leute, der Gedichte macht, geschrieben. – Aber der Tod ist ein Meister aus aller Welt.« Er spricht mit einem stark jiddischen Akzent, und ich habe Mühe, ihm zu folgen. Nach einer Pause fährt er fort: »Schauen Sie doch auf diese herrliche Stadt Jeruschalaim, die der Herr uns geschenkt hat. Heute ist sie wieder von Zerstörung bedroht, wie zur Zeit des Babyloniers Nabuchodonosor.« Ich versuche, seine Befürchtung zu zerstreuen. Israel besitze doch die stärkste Armee weit und breit, und die Juden genössen zusätzlich den Schutz Amerikas. – Da hebt der fromme Jude die Hände zum Himmel: »Ach die Amerikaner«, seufzt er ohne jede Erregung, »mit ihren Wolkenkratzern wollen sie den Himmel erreichen wie einst die Frevler von Babel. Sie üben gewaltige Macht über die ganze Erde aus, aber nur die Demut der Menschen ist dem Herrn wohlgefällig. Er liebt die Hochmütigen nicht und stößt sie vom Thron.« Wir verstummen wieder und lassen die biblische Landschaft Judäas auf uns einwirken.

Als ich aufstehe und mich mit dem hebräischen Friedensgruß verabschiede, lächelt er nachdenklich. »Lieber Herr«, sagt er, »es gehen so viele falsche Gerüchte um im Lande Israel, als stünde die Endschlacht Armageddon bevor. Darf ich Ihnen einen Rat geben? Dann schlagen Sie nach im Buch Daniel. Der Traum des Königs von Babel sagt so viel aus über die Anmaßung der Herrschenden.«

In mein Hotelzimmer zurückgekehrt, greife ich zum Alten Testament und finde das Orakel vom »Koloß auf tönernen Füßen«. Nebukadnezar hatte vor 2500 Jahren den Propheten Daniel zu sich rufen lassen und befahl ihm die Deutung seiner nächtlichen Vision. »Du, König, hattest einen Traum«, so kündete Daniel laut der Heiligen Schrift, »und siehe, ein großes und hohes und hell glänzendes Bild stand vor Dir, das war schrecklich anzusehen. Das Haupt dieses Bildes war von feinem Gold, seine Brust und seine Arme waren von Silber, sein Bauch und seine Lenden waren von Kupfer, seine Schenkel waren von Eisen, seine Füße waren teils von Eisen und teils von Ton. Das sahst Du, bis ein Stein herunterkam, ohne Zutun von Menschenhand; der traf das Bild an seinen Füßen, die von Eisen und Ton waren, und zermalmte sie.«

Nachwort zur Taschenbuchausgabe

Benjamin Netanjahu ist in die Wüste geschickt worden. Sein Nachfolger, Ehud Barak, der der »Avoda«, der Arbeiterpartei, zum Sieg verhalf, verfügt über die Autorität eines ehemaligen Generalstabschefs und des höchstdekorierten Soldaten Israels. Als der unscheinbar wirkende Barak – damals noch ein junger Offizier – bei allen ihm gestellten Aufgaben auf geradezu verblüffende Weise reüssierte, soll Moshe Dayan von ihm gesagt haben: »Der Mann ist zu gut, um wahr zu sein. Wir müssen ein wachsames Auge auf ihn richten.«

Ehud Barak ist auf außenpolitischem Terrain zwar nicht »everybody's darling« geworden, aber er hat einen Stimmungsumschwung zugunsten des Judenstaates zustande gebracht. Ihm kommt zugute, daß Washington durch Netanjahus Auftreten zutiefst irritiert war und daß die westliche Öffentlichkeit jede Chance wahrnimmt, den »Friedensprozeß« im Heiligen Land – auch unter schwachen Vorwänden – immer wieder hochzujubeln. In Wirklichkeit ist mit dem Amtsantritt Baraks kein fundamentaler Wandel eingetreten, doch die weiterhin harte Haltung Jerusalems wird jetzt durch kleine, längst vereinbarte Zugeständnisse und das knabenhaft freundliche Lächeln des neuen Regierungschefs in ein positiveres Licht gerückt.

Es kommt Barak zustatten, daß Yassir Arafat, dessen Gesundheitszustand sich unaufhaltsam verschlechtert, ein sehr konzessionsbereiter Verhandlungspartner geworden ist. Der ehemalige Partisanenführer genießt in vollen Zügen die protokollarischen Attribute der Schein-Souveränität, die ihm zwischen Gaza und Ramallah zugestanden wurde. Die Proklamation des Palästinenserstaates, die er feierlich angekündigt hatte, zögert er immer wieder hinaus. Er läßt seine diversen Sicherheitsdienste, deren brutale Methoden gefürchtet sind, gegen die islamistischen Führer von Hamas vorgehen. Das Ausmaß seiner Abhängigkeit von Israel wurde im Oktober 1999 durch die französische Zeitung »Le Monde« publik gemacht mit der Enthüllung, daß Arafat bei einer Filiale der Leumi-Bank in Tel Aviv ein persönliches Konto in Höhe von 360 Millionen Dollar unterhält. Nur er selbst und sein engster Vertrauter können darüber verfügen.

Was hat er sich für sein Wohlverhalten bisher eingehandelt? Neben dem Nutzungsrecht eines palästinensischen Flugplatzes im Gaza-Streifen, der unter diskreter, aber kompletter Aufsicht der Israeli steht, ist endlich den Palästinensern eine streng überwachte Durchgangsstraße zwischen Gaza und Hebron zugestanden worden. Die Reisenden müssen sich allerdings dabei der drakonischen israelischen Kontrolle unterwerfen. Bei den Gebietsabtretungen im West-Jordan-Land, die unter dem Druck Bill Clintons in den Verhandlungen von Wye Plantation dem PLO-Chef zugebilligt wurden, ist immer noch nicht sicher, ob es sich in der ersten Phase um sieben oder dreizehn Prozent dieses Territoriums handeln soll. Symbolisch wurde bisher nur ein Fetzen dieses ohnehin winzigen Gebietes vom Status C – volle israelische Verwaltungs- und Sicherheitshoheit – in den Status B – israelische Sicherheit, palästinensische Selbstverwaltung – überstellt, ein extrem bescheidener Gewinn. Barak hat eine Handvoll israelischer Neusiedlungen, besser gesagt, ein paar Wohncontainer, die in aller Hast auf felsigen Hügeln Judäas und Samarias errichtet worden waren, durch seine Polizei abräumen lassen. Weitere Gebietsabtretungen an die palästinensische Autorität stehen zweifellos bevor, aber es ist bezeichnend, daß über die gegenseitigen Ansprüche keine Landkarten existieren, zumindest nicht publiziert wurden, so daß der Leser dieses Buches noch immer auf die beiden Skizzen »West-Jordan-Land« im Kartenteil zurückgreifen muß.

Was die endgültige Regelung betrifft, so habe ich auf Seite 437 und 438 die »essentials« und die »non-essentials« der äußersten israelischen Kompromißbereitschaft aufgelistet. Am Ende stände ein Palästinenserstaat, der in mehrere Bruchstücke aufgespalten und intensiver israelischer Beobachtung ausgesetzt wäre. Die Hamas-Opposition redet nicht umsonst vom Entstehen eines »arabischen Bantustans«. Ob Ehud Barak oder dessen Nachfolger überhaupt in der Lage sein werden, die als »non-essentials« bezeichneten Zugeständnisse durch die Knesset zu pauken, bleibt ungewiß.

Israel befindet sich in einer extrem starken Position gegenüber seinen Nachbarn. Von Ägypten, wo Präsident Mubarak, der treueste Verbündete der USA, sich nach achtzehn Jahren zum vierten Mal ohne Gegenkandidat und unter Mißachtung aller demokratischen Gepflogenheiten als Pharao neu bestätigen ließ, droht keine Gefahr mehr für den Judenstaat. Nirgendwo in der arabischen Welt, nicht einmal in Bagdad, möchte man »palästinensischer sein als die Palästinenser selbst«. In Jordanien hatte König Hussein noch auf dem Totenbett dem amerikanischen Drängen nachgegeben, dem designierten Nachfolger und Bruder Hassan die Thronfolge verweigert und statt dessen seinem Sohn Abdallah den Weg freigemacht. Abdallah II. hat seinen Protektoren in Washington und Jerusalem diese Beförderung gedankt, indem er mehrere Führer der palästinensischen Hamas, die in Jordanien Zuflucht gefunden hatten, verhaften oder des Landes verweisen ließ. Die Tatsache, daß sich im Haschemitischen Königreich von Amman die Bevölkerung zu siebzig Prozent aus palästinensischen Flüchtlingen und deren Nachkommen zusammensetzt, ohne daß es dort zu nennenswerten Solidaritätskundgebungen zugunsten ihrer Brüder jenseits des Jordans kommt, ist ein klares Indiz für die Gefügigkeit, den mangelnden Kampfwillen dieser Bevölkerung, die bis auf weiteres jeden Konflikt scheut.

Ehud Barak hatte bei Regierungsantritt versprochen, die israelische Okkupation des südlibanesischen Grenzstreifens bei Merjayoun notfalls auch ohne Absprache mit Beirut oder Damaskus zu beenden. Er will den verlustreichen Kleinkrieg gegen die schiitische Hizbullah möglichst schnell abbrechen. Natürlich weiß er besser als jeder andere, daß nur der syrische Staatschef Hafez-el-Assad die Gewähr für eine Befriedung der Nordgrenze Galiläas bieten kann. So wurde die Normalisierung der Beziehungen zu Damaskus, die Beendigung eines Kriegszustandes, der seit 1948 andauert, zur absoluten Priorität der israelischen Diplomatie. Die Bedingungen sind bekannt: komplette Rückgabe der Golan-Höhen an die Republik Syrien, kombiniert mit der international überwachten Demilitarisierung dieses strategisch wichtigen Plateaus. Offenbar hat sich eine Mehrheit im Judenstaat mit dieser Preisgabe eroberten Territoriums und der dort befindlichen zionistischen Siedlungen schon abgefunden. Auf Seite 319 des vorliegenden Buches sind die Konditionen dieses Übereinkommens skizziert, das seinerzeit unter Shimon Peres kurz vor der Unterzeichnung stand. Ein tödliches Risiko würde der Judenstaat dabei nicht mehr eingehen. Syrien ist seit dem Wegfall der sowjetischen Schutzmacht kein ernstzunehmender militärischer Gegner mehr und kann – mit Hilfe des türkischen Partners – von Israel jederzeit in die Zange genommen werden. Im Extremfall wären die Hubschrauber-Commandos Zahals schneller auf dem Golan wieder zur Stelle als die Panzer der syrischen Armee.

Der eigentliche Unsicherheitsfaktor bleibt hier weiterhin die undurchschaubare Persönlichkeit Hafez-el-Assads, des dahinsiechenden Staatschefs Syriens. Wer durchschaut schon das Gerangel um die Nachfolge des Diktators von Damaskus, das zweifellos eingesetzt hat? Wer kann die unterschwelligen Spannungen zwischen der privilegierten Minderheit der Alawiten auf der einen, der frustrierten Bevölkerungsmehrheit der islamischen Sunniten auf der anderen Seite klar analysieren?

Zur Stunde braucht sich der Staat Israel über Bedrohungen aus seiner unmittelbaren Umgebung keine Gedanken zu machen. Die Sorgen des Generalstabs von Tel Aviv kreisen um ganz andere Perspektiven. Da ist der Judenstaat mit dem unaufhaltsamen Phänomen der arabischen Bevölkerungsexplosion, sogar innerhalb seiner Grenzen von 1948, konfrontiert. Andererseits teilt man in Israel die Befürchtungen des übermächtigen amerikanischen Verbündeten hinsichtlich einer fatalen Proliferation von Massenvernichtungswaffen und Trägerraketen im gesamten Orient zwischen Libyen und Pakistan. Da bereitet der irakische Potentat Saddam Hussein, dessen Land weiterhin einem absurden, völkerrechtswidrigen Bombardement durch die angloamerikanische Luftwaffe ausgesetzt ist, dessen Untertanen unter den Folgen einer rachsüchtigen Blockade des Westens leiden, noch das geringste Kopfzerbrechen. Saddam wird sich hüten, die paar Scud-B-Raketen, die ihm verbleiben, gegen Tel Aviv in Stellung zu bringen. Völlig ungewiß ist hingegen der nukleare Rüstungsstand der Islamischen Republik Iran, um nur diese zu nennen. Raketen sind dort jedenfalls gebunkert, die in der Lage wären, das winzige Staatsgebiet Israels zu erreichen und eventuell zu verwüsten. Jenseits von Bagdad könnte eines Tages die Mullahkratie von Teheran als der wirklich ernstzunehmende Challenger des Judenstaates auf die Szene treten. Es wäre verwunderlich, wenn der kluge, diskrete Ehud Barak dieser Situation nicht Rechnung trüge und erste Fühler in Richtung Iran ausgestreckt hätte.

Von einem wirklichen Frieden, von ehrlicher Versöhnung im Umkreis des Heiligen Landes wird auch in Zukunft nicht die Rede sein können. Aber ein Modus vivendi wäre schon ein großer Gewinn für diese von schicksalhaften Konvulsionen heimgesuchte Region.

Zeittafel

um 4000 v. Chr.	Hochkultur der Sumerer im heutigen Mesopotamien.
um 1700 v. Chr.	Hirtennomaden aus Ur in Chaldäa siedeln unter Führung der Patriarchen Abraham, Isaak und Jakob in Kanaan (Palästina).
1480 v. Chr.	Thutmosis III. besiegt bei Meggiddo die Kanaaniter.
	Palästina wird ägyptische Provinz.
um 1350 v. Chr.	Knechtschaft der Kinder Israel in Ägypten unter Ramses II.
um 1250 v. Chr.	Unter Führung von Moses verlassen die Hebräer Ägypten und wandern vierzig Jahre durch die Wüsten Sinai und Negev. Unter Joshua erobern sie das Gelobte Land und siedeln zu beiden Seiten des Jordan.
um 1200 v. Chr.	Volksgruppen aus der Ägäis stoßen nach Kleinasien und Palästina vor. Die Philister lassen sich in der Küstenebene nieder.
1020–922 v. Chr.	Geeintes Königreich unter Saul, David und Salomo. König David erobert 1000 v. Chr. Jerusalem, macht es zur Hauptstadt und gründet das erste Reich Israel. Um 950 wird unter Salomo der erste Tempel gebaut.
1000–450 v. Chr.	Zeitalter der Propheten.
922 v. Chr.	Nach dem Tod Salomos spaltet sich das Reich in das Nordreich Israel mit der Hauptstadt Sichem und das Südreich Juda (Hauptstadt Jerusalem).
722 v. Chr.	Sargon II. von Assyrien erobert Samaria. Ende des Nordreiches Israel.
689 v. Chr.	Babylon wird von den Assyrern zerstört. Neue Hauptstadt wird Niniveh.

587 v. Chr.	Der babylonische König Nebukadnezar erobert Jerusalem und zerstört den Tempel Salomos. Ende des Südreiches Juda. Beginn der »Babylonischen Gefangenschaft« (bis 539 v. Chr.).
559–529 v. Chr.	König Kyros von Persien erobert Babylon. Er erlaubt den Israeliten die Heimkehr und den Bau eines neuen Tempels in Jerusalem. In dieser Zeit findet unter Ezra und den Propheten eine Neuordnung des wirtschaftlichen, sozialen und religiösen Lebens in Judäa statt.
336–323 v. Chr.	Nach seinem Sieg über die Perser erobert Alexander der Große die Hafenstadt Tyros. Palästina wird Teil des Alexander-Reiches. Anbruch der hellenistischen Zeit.
um 200 v. Chr.	Das Alte Testament wird in Alexandria ins Griechische übersetzt.
167 v. Chr.	Der Ptolemäer Antiochos IV. bemächtigt sich der Tempelschätze von Jerusalem und verbietet den jüdischen Kult. Unter dem Hasmonäer Juda Makabi kommt es zum Aufstand. Ab 140 v. Chr. regieren Könige aus dem Hause der Hasmonäer Judäa.
63 v. Chr.	Palästina wird römische Provinz. Gnaius Pompeius setzt den Idumäer Antipater als Prokurator über Judäa ein.
37–4 v. Chr.	Herodes der Große, Sohn des Antipater, regiert unter römischer Oberhoheit über Palästina.
0	Beginn der christlichen Zeitrechnung.
um 33	Kreuzigung Jesu.
66	Jüdischer Aufstand gegen die Römer, nachdem Caligula versucht hatte, sein Bild im Tempel aufstellen zu lassen.
70	Titus erobert Jerusalem und zerstört den zweiten Tempel. Die erbeuteten Tempelschätze läßt er im Triumphzug nach Rom bringen. Die jüdische Festung Massada am Toten Meer fällt 73.
132–135	Zweiter jüdischer Aufstand gegen die Römer unter Simon Bar-Kochba. Kaiser Hadrian schlägt die Revolte nieder. Die Juden werden des Landes verwiesen. Jerusalem wird nach seiner Zerstörung als Aelia Capitolina wieder aufgebaut.
211	Die Sassaniden erringen die Macht in Persien.
	Entstehung des Babylonischen Talmud.
325	Kaiser Konstantin erklärt das Christentum zur Staatsreligion und macht Konstantinopel (Byzanz) zu seiner Hauptstadt.
um 400	Niederschrift des Jerusalemer (Palästinensischen) Talmud.
um 570	Mohammed aus der Familie der Koraisch wird in Mekka geboren.

610 Nach islamischer Überlieferung Beginn der Offenbarungen durch den Erzengel Gabriel, »Dschibril«.

622 Mohammed flieht aus Mekka in die Oase Yathrib (Medina). Die »Hidschra« wird zum Beginn der islamischen Zeitrechnung.

627 Mohammeds Gegner aus Mekka belagern erfolglos Medina. Mohammed vertreibt die jüdischen Stämme aus Medina und gewinnt mehrere Beduinenstämme für den Kampf gegen Mekka.

630 Mohammed und seine Anhänger ziehen kampflos in Mekka ein und reinigen die Kaaba von Götzenbildern.

632 Mohammed stirbt in Medina.

632–634 Abu Bakr, Schwiegervater Mohammeds, wird erster »Kalif«, Statthalter Allahs auf Erden.

634–644 Der Zweite Kalif Omar erobert die gesamte arabische Halbinsel, dringt nach der Schlacht am Yarmuk nach Ägypten und Syrien vor. In der Schlacht von Qadissiya (636/37) vernichtet Omar das Sassaniden-Reich und erobert Persien. Omar trägt als erster Kalif den Titel »Herrscher der Gläubigen«, »Amir-el-mu'minin«.

656–661 Ali Ibn Abi Talib, Vetter und Schwiegersohn Mohammeds, ist vierter Kalif. Der Gouverneur von Syrien, Moawija, erkennt Ali nicht als Kalif an. Nach der Schlacht bei Siffin am mittleren Euphrat zwischen den Truppen Alis und Moawijas spalten sich Alis Anhänger in die »Schiat Ali« (Partei Alis) und die »Kharidschiten« (Sezessionisten). Ein Schiedsgericht setzt Ali als Kalif ab. Ali wird in Kufa von einem Kharidschiten ermordet. Er gilt jedoch bei den Schiiten als einzig rechtmäßiger Statthalter des Propheten. Moawija nimmt den Titel »Kalif« an. Beginn der Omayaden-Dynastie in Damaskus (bis 750).

680 In der Schlacht von Kerbela werden die Schiiten von den Sunniten unter dem Kalifen Yazid geschlagen. Alis Sohn Hussein, der Dritte Imam, fällt im Kampf. Das Martyrium Husseins wird zum großen jährlichen Leidensfest der schiitischen Gemeinschaft.

707–715 Ausdehnung des Islam über Nord-Afrika bis nach Spanien unter der Herrschaft der Omayaden.

732 Karl Martell besiegt das arabische Heer bei Tours und Poitiers.

750 Vertreibung der Omayaden-Dynastie aus Damaskus. Die Kalifen-Dynastie der Abbassiden (bis 1258) verlegt die Hauptstadt nach Bagdad. Der Omayade Abd-el-Rahman flieht und gründet das Kalifat von Córdoba.

	Ein Großteil des Turk-Volkes der Chazaren im heutigen Süd-Rußland tritt zum Judentum über.
786–809	Herrschaft des Abbassiden-Kalifen Harun-al-Raschid in Bagdad.
800	Karl der Große wird in Rom von Papst Leo III. zum Kaiser gekrönt.
874	Mohammed-el-Muntasar, genannt »el Mehdi«, der Zwölfte Imam der Schiiten, entgeht als Kind seiner Ermordung in Samara. Er lebt von nun an in der Verborgenheit weiter und bestimmt als »Verborgener Imam« die Geschicke der Welt. Auf seine »Okkultation« führt sich die Bewegung der »Zwölfer-Schiiten« zurück. Als »Mehdi« wird er am Ende der Zeiten wiederkehren, um das Reich der Gerechtigkeit zu errichten.
909	Das schiitische Fürstengeschlecht der Fatimiden tritt die Herrschaft in Nord-Afrika an (bis 1117).
961	Bau der Omar-Moschee in Jerusalem.
962	Otto I. wird von Papst Johannes XII. zum Kaiser des »Heiligen Römischen Reiches« gekrönt.
996–1021	Der Fatimiden-Kalif Hakim-bi-Amrillah verfällt dem religiösen Wahnsinn. Er verfolgt die Christen und Juden im Niltal und läßt die Grabeskirche in Jerusalem zerstören. Damit löst er die Kreuzzüge aus. Aus der Verehrung Hakim-bi-Amrillahs entsteht die Sekte der Drusen.
1054	Das große Kirchen-Schisma besiegelt die Spaltung der Christenheit zwischen Rom und Konstantinopel in eine katholische West- und eine orthodoxe Ostkirche.
um 1090	Der Ismailitenführer Hassan-es-Sabah begründet in der persischen Festung Alamut den mörderischen Derwisch-Orden der Assassinen.
1095	Papst Urban II. ruft zum ersten Kreuzzug auf (bis 1270).
1099	Die Kreuzritter unter Gottfried von Bouillon erobern Jerusalem.
1171	Der Kurde Salah-ud-Din (Saladin) besiegt die Fatimiden und gründet in Ägypten die Dynastie der Ayyubiden. Das sunnitische Glaubensbekenntnis wird Staatsreligion. 1187 schlägt Saladin bei Hittin am See Genezareth das Kreuzritterheer und erobert Jerusalem für den Islam.
1252	Die Mameluken, frühere Militär-Leibeigene, die überwiegend aus dem Kaukasus stammen, reißen in Ägypten und Syrien die Macht an sich.

1258	Die Mongolen erobern unter Hülagü, einem Enkel Dschingis Khans, Bagdad und ermorden den Abbassiden-Kalifen Mustasim-el-Sahir.
1291	Der Mameluken-Sultan Baibars I. erobert die Kreuzfahrerburgen von Tripoli und Akko. Ende der fränkischen Fürstentümer im Orient.
1370–1405	Der mongolisch-türkische Stammesführer Timur Lenk, auch Tamerlan genannt, tritt die Nachfolge der Mongolenherrschaft an. In 35 Feldzügen verwüstet er den Orient. Sein gewaltiges Reich, dessen Hauptstadt er in Samarkand errichtet, reicht von Anatolien bis Chinesisch-Turkestan, vom Indus bis zur Wolga.
1391	Nach Judenverfolgungen und Zwangsbekehrungen in Spanien entsteht das Marranentum.
1453	Sultan Mehmet II. Fatih erobert Konstantinopel. Ende des oströmischen Reiches und Beginn der Neuzeit.
1492	Die katholischen Könige Ferdinand und Isabella erobern die Festung Granada und beenden die maurische Präsenz in Spanien. Die Juden werden aus Spanien vertrieben.
1501–1772	Herrschaft der Safawiden-Dynastie über Persien. Schah Ismail I. bewährt sich ursprünglich als Anführer des schiitischen Derwisch-Ordens der Kisylbasch. Dieser Orden führt seinen Ursprung auf den Sufi Safi-ud-Din Ardabili zurück. Der Azeri-Türke Ismail I. verfügt, daß seine Untertanen sich zum Glaubenszweig der »Zwölfer-Schiiten« bekehren. Er erobert die heiligen Stätten von Nedschef und Kerbela.
1517	Palästina wird Provinz des Osmanischen Reiches. Der türkische Sultan Selim I. nimmt den Titel »Kalif« an.
1524	Mesopotamien, der heutige Irak, wird osmanische Provinz.
1529	Suleiman der Prächtige belagert Wien. Er läßt die Festungsmauer von Jerusalem bauen.
1683	Die zweite Belagerung Wiens durch die Türken unter Großwesir Kara Mustafa muß unter dem Druck eines christlichen Koalitionsheeres abgebrochen werden.
1745	Der Prediger Mohammed Ibn Abdul Wahhab gründet im arabischen Nedschd die Bewegung der Wahhabiten (streng puritanische Reformbewegung des Islam) gemäß der hanbalitischen Rechtsschule.
1750	Wirken des Rabbi Isaak Ben Elieser in Podolien. Entstehung des Chassidismus.

um 1780	Beginn der jüdischen Aufklärung, der Haskala, unter dem Einfluß von Moses Mendelssohn in Berlin.
1798	Napoleon landet in Ägypten und besiegt die Mameluken. Er dringt bis Akko vor. Nachdem die französische Flotte bei Aboukir von den Engländern besiegt wird, tritt Napoleon den Rückzug an.
1868	Protestantische Templer errichten in Jerusalem, Jaffa und Haifa deutsche Bezirke.
1869	Eröffnung des Suez-Kanals unter dem Khediven Ismael von Ägypten.
1878	Die Briten besetzen Ägypten und erklären es zu Beginn des Ersten Weltkrieges zu ihrem Protektorat (bis 1922).
1881/82	Nach der Ermordung von Zar Alexander II. kommt es zu Pogromen in Rußland. Beginn der ersten »Aliya«, der jüdischen Einwanderung nach Palästina. Um diese Zeit leben ca. 450 000 Menschen im Heiligen Land, 426 000 palästinensische Araber und 24 000 Juden. Errichtung der ersten landwirtschaftlichen Kolonie bei Jaffa.
1894	Dreyfus-Affäre in Frankreich.
1896	Theodor Herzl schreibt den »Judenstaat«. Ein Jahr später findet in Basel der Gründungskongreß der Zionisten in Basel statt.
1899	Kuweit wird britisches Protektorat.
1902	Abdulaziz Ibn Saud erobert Riad und legt den Grundstein für das Königreich Saudi-Arabien.
1903	Beginn des Baus der Bagdad-Bahn durch das Wilhelminische Reich.
1904–1914	Zweite »Aliya« von Rußland nach Palästina. 1914 leben dort ca. 570 000 muslimische Araber, 75 000 christliche Araber und 60 000 Juden.
1909	Gründung von Tel Aviv durch die zionistische Bewegung. Errichtung des ersten Kibbutz.
1914–1918	Erster Weltkrieg.
1916	Im Sykes-Picot-Abkommen teilen Großbritannien und Frankreich ihre Interessensphären im Nahen Osten auf. Syrien und der Libanon sollen französisch, Mesopotamien und Palästina britisch verwaltet werden.
1917	Der britische Oberst Lawrence of Arabia unterstützt die Araber im Kampf gegen das Osmanische Reich.
	In der »Balfour-Deklaration« (2. November) sichert die britische Regierung die »Errichtung einer nationalen Heimstätte in Palästina für das jüdische Volk« zu.

	Am 9. Dezember marschiert General Allenby mit seinen Truppen in Jerusalem ein.
1918	Niederlage und Ende des Osmanischen Reiches.
1920	Konferenz von San Remo: Frankreich erhält das Mandat über Syrien und den Libanon, Großbritannien über Mesopotamien und Palästina.
1921	Die Engländer setzen Feisal als König des Irak ein. Sein jüngerer Bruder Abdallah wird Emir des neugebildeten Staates Transjordanien (ab 1946 Königreich).
1923	Mustafa Kemal Pascha, genannt Atatürk, ruft in der Türkei die Republik aus. 1924 wird der letzte Kalif Abdul Medschid II. abgesetzt.
1925	Reza Khan proklamiert sich zum Kaiser des Iran. Die Pahlevi-Dynastie regiert bis 1979.
1926	Ibn Saud vertreibt den Scherifen Hussein aus Mekka und gründet das Königreich Saudi-Arabien.
1929	In Hebron und Jerusalem kommt es zu Massakern der Araber an Juden.
1930	Der Irak wird durch das anglo-irakische Bündnisabkommen unabhängig, bleibt aber militärisch und außenpolitisch an Großbritannien gebunden.
1939	Ein Weißbuch der britischen Regierung legt die Einwanderungsquote für die kommenden fünf Jahre auf insgesamt 75 000 Juden fest und verfügt ein Verbot, palästinensischen Boden an Zionisten zu verkaufen.
1939–1945	Zweiter Weltkrieg.
1942	Das deutsche Afrika-Korps wird in der Schlacht von El-Alamein zum Rückzug gezwungen.
	Die Nationalsozialisten beschließen in der »Wannsee-Konferenz« die »Endlösung« der Judenfrage. Beginn des Holocaust.
1943	Gründung der sozialistischen Baath-Partei (Partei der Wiedergeburt) durch den arabischen Christen Michel Aflaq in Syrien.
1945	Die britische Mandatsmacht widersetzt sich der jüdischen Einwanderung in Palästina. Die Juden organisieren eine eigene Miliz, die »Haganah«. Die Untergrundorganisationen »Irgun Zwi Leumi« sowie »Stern« unter Führung der späteren Ministerpräsidenten Menachem Begin und Itzhak Shamir verüben Terroranschläge.
1945/46	Mit dem Abzug der letzten französischen Truppen erlangen Syrien und der Libanon ihre volle staatliche Souveränität.

1947	Am 29. November beschließt die Vollversammlung der Vereinten Nationen die Teilung des britischen Mandatsgebietes Palästina und die Schaffung eines Staates Israel.
1948	David Ben Gurion proklamiert am 14. Mai den souveränen Staat Israel. Bei Staatsgründung leben 1,3 Millionen Araber und 600 000 Juden im bisherigen Mandatsgebiet Palästina. Im Mai 1948 wird »Zahal«, die israelische Armee, gegründet.
1951	König Abdallah von Jordanien wird in Jerusalem von einem Palästinenser ermordet. Nachfolger wird sein Sohn Talal, dann sein Enkel Hussein.
1952	Eine Gruppe »Freie Offiziere«, unter ihnen Gamal Abdel Nasser, setzen König Faruk von Ägypten ab und rufen 1953 die Republik aus.
1956	Der ägyptische Präsident Gamal Abdel Nasser verstaatlicht den Suez-Kanal. Zwischen dem 29. Oktober und dem 6. November findet der erste Suez-Krieg statt. Die Allianz von Engländern, Franzosen und Israeli wird auf Veranlassung von Washington und Moskau zum Abbruch der Feindseligkeiten und zum Rückzug gezwungen.
1957	Mit der Eisenhower-Doktrin erklären die USA ihre Bereitschaft, den Ländern des Nahen Ostens wirtschaftliche und militärische Hilfe gegen das Vordringen des sowjetischen Einflusses zu gewähren.
1958	Staatsstreich der irakischen Armee unter General Kassem. König Feisal II. wird ermordet, im Irak eine Republik proklamiert.
1961	Kuweit erlangt die volle Unabhängigkeit.
1963	General Kassem wird bei einem Putsch im Irak erschossen. Die Baath-Partei übernimmt die Führungsrolle im Irak.
1964	Gründung der Befreiungsorganisation für Palästina PLO in Ost-Jerusalem. Erster Präsident ist Ahmed Schukeiri.
1967	Sechs-Tage-Krieg Israels gegen die vereinigten arabischen Kräfte Ägyptens, Syriens und Jordaniens. Die Israeli besetzen nach ihrem Blitzsieg die Altstadt von Jerusalem, das West-Jordan-Ufer, die Golan-Höhen und die Sinai-Halbinsel. Im Sommer wird die religiöse Bewegung »Gush Emonim« gegründet, mit dem Ziel der jüdischen Besiedlung des eroberten Landes. Im September werden die ersten Kibbutzim auf dem Golan und im West-Jordan-Land errichtet.
1968	Ein Staatsstreich des radikalen Flügels der Baath-Partei im Irak bringt General Al Bakr, dann Saddam Hussein an die Macht.

1969	Yassir Arafat wird Präsident der PLO .
1970	Anwar-el-Sadat wird nach dem Tod Nassers ägyptischer Präsident.
	»Schwarzer September« in Jordanien. König Hussein schlägt den Aufstand der Palästinenser nieder.
1971	Nach einem Militärputsch in Syrien wird General Hafez-el-Assad Staatspräsident.
1973	Yom-Kippur-Krieg. Ägyptische und syrische Truppen durchbrechen die israelischen Linien, werden jedoch zurückgeworfen.
1974	Nach dem Rücktritt von Golda Meir wird der bisherige Generalstabschef Itzhak Rabin israelischer Ministerpräsident.
	In Genf unterzeichnen Syrien und Israel ein Abkommen über die Rückgabe Quneitras auf dem Golan.
1975	Beginn des interkonfessionellen Bürgerkrieges im Libanon, der 15 Jahre unter Beteiligung von Palästinensern und Syrern dauern wird.
1976	Die UNO-Vollversammlung erkennt das Recht der Palästinenser an, in ihre Heimat zurückzukehren und unter Führung der PLO einen eigenen Staat zu gründen.
1978	Die israelische Armee besetzt in der Operation »Litani« eine »Sicherheitszone« im Süd-Libanon.
	Am 27. Oktober wird in Oslo bekanntgegeben: der Friedensnobelpreis wird gemeinsam Menachem Begin und Anwar-el-Sadat verliehen.
1979	Nach der Flucht Schah Mohammed Reza Pahlevis und dem Sieg der Revolutionäre kehrt Ayatollah Khomeini am 1. Februar nach Teheran zurück und proklamiert am 1. April die Islamische Republik Iran. Der Schah stirbt am 27. Juli 1980 in Kairo.
	Präsident Anwar-el-Sadat von Ägypten und Ministerpräsident Menachem Begin von Israel unterzeichnen in Gegenwart von Präsident Jimmy Carter ein Friedensabkommen in Camp David (26. März) zwischen ihren Ländern. Israel verpflichtet sich zur Räumung der Sinai-Halbinsel.
	Iranische Studenten besetzen die Botschaft der USA in Teheran. Sie halten ihre Geiseln bis zum 21. Januar 1981 fest.
	Die sowjetische Armee marschiert in Afghanistan ein.
1980	Auf Befehl Saddam Husseins dringen irakische Truppen in die iranische Provinz Khusistan ein. Der erste Golfkrieg fordert auf beiden Seiten hohe Verluste und endet am 20. August 1988.

1981 Präsident Anwar-el-Sadat wird in Kairo von einem islamischen Fanatiker ermordet (6. Oktober). Nachfolger ist Hosni-el-Mubarak.

1982 Die israelische Armee rückt im Libanon ein und erobert Beirut. Die bewaffneten Palästinenser verlassen den Libanon. Yassir Arafat wird am 20. Dezember 1983 mit 4000 Fedayin zum Abzug aus Tripoli gezwungen. Er verlegt das Hauptquartier der PLO nach Tunis.

1983 Schiitische Selbstmord-Attentate zerstören die amerikanischen und französischen Unterkünfte der Multinational Force und verursachen schwere Verluste (68 Franzosen und 242 amerikanische Marines werden getötet).

1987 Beginn des Palästinenser-Aufstandes, genannt Intifada, gegen die israelische Besatzung des Gaza-Streifens und des West-Jordan-Landes.

1989 Tod Ayatollah Ruhollah Khomeinis am 3. Juni. Oberster geistlicher Führer der Revolution wird Ayatollah Ali Khamenei, Staatsoberhaupt des Iran wird Haschemi Rafsandschani.

Nach dem Scheitern ihres Feldzuges am Hindukusch wird die sowjetische Armee zum Rückzug aus Afghanistan gezwungen.

1990 Die irakische Armee besetzt das Emirat Kuweit am 2. August. Präsident Saddam Hussein erklärt Kuweit zur 19. irakischen Provinz. Auf Anordnung von Präsident George Bush finden massive amerikanische Truppenverlegungen nach Saudi-Arabien statt.

1991 Nach Ablauf eines Ultimatums holen die Vereinten Nationen unter Führung der USA zur militärischen Offensive gegen den Irak aus. Nach einem Luftkrieg (16. Januar bis 26. Februar) wird Kuweit durch die Boden-Offensive des General Schwarzkopf befreit. Die amerikanischen und alliierten Truppen dringen auf irakisches Territorium vor und beenden binnen hundert Stunden am 28. Februar die Feindseligkeiten, nachdem Saddam Hussein kapituliert. Die Operation »Wüstensturm« hat nicht zum Sturz des irakischen Diktators geführt. Es gelingt seiner Republikanischen Garde, den schiitischen Aufstand in den Süd-Provinzen niederzuschlagen. Im Norden wird von den Vereinten Nationen jenseits des 36. Breitengrades eine Schutzzone für die irakischen Kurden errichtet.

Mit der Konferenz von Madrid Beginn der direkten Verhandlungen zwischen Israel und Palästinensern unter Vermittlung der USA.

1993	Beginn der Geheimgespräche zwischen Israeli und der PLO in Oslo. Am 13. September unterzeichnen Itzhak Rabin und Yassir Arafat in Anwesenheit von Präsident Bill Clinton in Washington eine »Prinzipienerklärung über die Anfänge einer Autonomie in den besetzten Gebieten«.
1994	Israeli und PLO unterzeichnen in Kairo ein Abkommen über begrenzte Autonomierechte der Palästinenser im West-Jordan-Land und im Gaza-Streifen (4. Mai). 9 000 palästinensische Polizisten sollen in Gaza und Jericho stationiert werden. Yassir Arafat kehrt am 1. Juli nach Gaza zurück.
	Am 10. Dezember wird dem israelischen Ministerpräsidenten Itzhak Rabin, dem Außenminister Shimon Peres sowie dem PLO-Führer Yassir Arafat der Friedensnobelpreis in Oslo verliehen.
1995	Israel und die PLO unterzeichnen im ägyptischen Taba ein Abkommen über die zweite Phase der palästinensischen Autonomie. Das palästinensische Gebiet wird in eine A-, B- und C-Zone aufgeteilt. Itzhak Rabin und Yassir Arafat unterschreiben dieses Abkommen in Washington.
	4. November: Ministerpräsident Itzhak Rabin wird nach einer Kundgebung in Tel Aviv von einem jüdischen Fanatiker erschossen. Außenminister Shimon Peres wird bis zu Neuwahlen israelischer Ministerpräsident.
1996	Parlamentswahlen in den besetzten Gebieten. Die Fraktion von Yassir Arafat gewinnt die Mehrheit (20. Januar).
	Israelische Vergeltungsaktion im Süd-Libanon unter dem Code-Namen »Trauben des Zorns«.
	Bei den Parlamentswahlen geht die Likud-Partei als Sieger hervor. Neuer Ministerpräsident wird Benjamin Netanjahu (29. Mai).
	Nach der Öffnung des »Hasmonäischen Tunnels« in Jerusalem durch die israelischen Behörden kommt es zu blutigen Auseinandersetzungen zwischen israelischer Armee und palästinensischen Polizisten.
1997	Ministerpräsident Netanjahu ratifiziert das zwischen Itzhak Rabin und Yassir Arafat vereinbarte Abkommen über Hebron.
	Baubeginn der jüdischen Siedlung Har-Homa im arabischen Teil Jerusalems.
	Serie von Selbstmord-Attentaten palästinensischer Terroristen in Jerusalem und Tel Aviv.

General Ehud Barak wird Nachfolger von Shimon Peres als Vorsitzender der Arbeiterpartei (Avoda).

Verschärfung des Grenzkrieges im Süd-Libanon zwischen israelischer Armee und schiitischer Hizbullah.

Rückkehr des Gründers der islamistischen Hamas-Bewegung Scheikh Ahmed Yassin nach Gaza.

Mit der vorübergehenden Lahmlegung der Waffenstillstandskommission im Irak beginnt Saddam Hussein eine neue Kraftprobe mit Washington.

Register